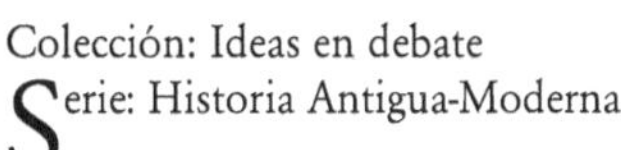

Colección: Ideas en debate
Serie: Historia Antigua-Moderna

Director de serie:
José Emilio Burucúa

La democracia
en tiempos de tragedia.

Asamblea ateniense
y subjetividad política

Ilustraciones:

PORTADA   Orestes en Delfos. A su izquierda Atenea y a su de-
                 recha Apolo. Más a la derecha una Erinia, detrás de
                 Orestes el gran trípode délfico y arriba otra Erinia
                 (imagen realizada a partir de cerámica).

CONTRAPORTADA   Teatro de Dionisio, al pié de la Acrópolis de Atenas
                 (imagen realizada a partir de foto).

LOMO   Partenón, en la Acrópolis de Atenas (imagen reali-
                 zada a partir de foto).

Julián Gallego

La democracia
en tiempos de tragedia.

Asamblea ateniense
y subjetividad política

Univerdidad
de Buenos Aires

MIÑO y DÁVILA
◆ E D I T O R E S ◆

Edición: Primera. Junio de 2003

ISBN: 978-84-95294-41-8

© 2003, Miño y Dávila srl / Miño y Dávila editores sl

Compuesto en: Buenos Aires, Argentina.
Diseño: Gerardo Miño
Composición: Eduardo Rosende

Página web: www.minoydavila.com

Mail producción: produccion@minoydavila.com

Mail administración: info@minoydavila.com

Oficinas: Tacuarí 540. Tel. (+54 11) 4331-1565
(C1071AAL), Buenos Aires.

Índice

A Paola

A mis padres

Prólogo

Todo historiador es hijo de su tiempo y, por mucho que pretenda evitar el vicio del presentismo, es evidente que, si vive preocupado por el modo en que las relaciones entre los seres humanos se desenvuelven ante su vista, éste constituirá necesariamente un impulso para plantearse a partir de ahí los caminos por los que aproximarse al pasado. Sin duda, al menos desde el siglo XIX, la democracia ateniense se ha erigido en un tema de interés, precisamente desde el momento en que al mismo tiempo se pretendía comprender el modo de funcionamiento de la democracia de los estados contemporáneos. Tuvo que llegar el momento de apogeo del sistema parlamentario inglés, coincidiendo con el imperialismo en su forma específica representada por la Commonwealth, para que un historiador, George Grote, político activo del partido whig se planteara, en su monumental *History of Greece* (Londres, 1846-56), el análisis de la peculiar coincidencia entre imperialismo y democracia que caracterizará, a partir de entonces, todos los intentos de comprender la Atenas del siglo V.

Julián Gallego ofrece en este libro una reflexión sobre la política ateniense que también tiene como punto de partida una reflexión actual. La situación vivida se deriva de las condiciones por las que se ha producido una devaluación real de las características que, desde la revolución francesa, han definido la vida política. En los países democráticos el debate ha desaparecido detrás del llamado pensamiento único, apoyado por los partidos y por los grandes medios de comunicación. Ha triunfado el consenso como sistema. lo que ha derivado en un modo específico de actuar por parte de dichos partidos y medios[1]. En los países que se han democratizado recientemente, la intelectualidad se comporta como si se hubiera llegado al objetivo más avanzado en las democracias realmente existentes, por el mero hecho de que se hayan celebrado elecciones. La crisis actual de la política sirve al autor para plantearse la cuestión de la invención de la política.

Por otra parte, las corrientes historiográficas nacidas en la postguerra mundial, desde la teoría crítica hasta el postmodernismo, se plantean la importancia del papel de los modos de comunicación en el progreso del conocimiento histórico. La teoría del discurso sirve de punto de partida para comprender el papel del discurso político en el momento inaugural de la democracia: ésta se presenta como fuente de un nuevo lenguaje. Al tomar el análisis del discurso como punto de partida, el autor puede profundizar en las relaciones específicas entre la dinámica del discurso democrático y las prácticas del estado.

Contrariamente a lo que podría pensarse desde una realidad como la actual, el discurso democrático se manifiesta en el disenso. La política aparece así como modo de actuar sobre las divisiones sociales. No existe un pensamiento único democrático, no hay una teoría democrática de la democracia ateniense, sino que son precisamente los discursos variados que caben dentro de la democracia los que sirven para su definición como una realidad dinámica. De ahí se deriva la relatividad de la verdad en la democracia: sólo es verdad lo aprobado en asamblea y, como en ésta se expresan los oradores y se llega a través del debate y la votación a establecer la «verdad», el discurso se presenta como modo de pensamiento de la política. La verdad no existe previamente, sino que se elabora sobre el no saber en la asamblea. La igualdad de los ciudadanos y de sus diversas opiniones constituye el campo en que se desarrolla el conflicto, a través del cual se llega a la verdad democrática, producto de las actuaciones de los ciudadanos que parten del disenso.

Como no hay verdad previa, los comienzos se presentan como acontecimientos cuyas consecuencias no pueden entonces preverse, como es el protagonismo de los *thêtes* en Salamina. No hay predeterminación. La democracia es el resultado de un confrontación no planificada. Deriva del protagonismo político del pueblo en la asamblea, del protagonismo político de la palabra, como creadora de la historia, no prefijada. El protagonismo político corresponde así tanto al orador como a los oyentes, que escuchan y se dejan

---

1   Ver P.-A. Taguieff, *Résister au «bougisme». Démocratie forte contre mondialisation techno-marchande*, París, Fayard, 2001.

persuadir. De ahí deriva el carácter activo de la participación de la multitud. Se configura así la soberanía del pueblo, frente a la visión que había defendido Max Weber, que definía el sistema como una democracia carismática, en que se imponía el carisma de los políticos profesionales. Por ello la democracia ateniense fue un fenómeno excepcional. De aquí surge la importancia de la persuasión, de la capacidad de hacer fuerte el argumento débil, que es la base de la práctica política. Ésa es la verdad.

A través del lenguaje, la asamblea es fuente de producción de pensamiento. Eso quiere decir que la democracia está en constante refundación. En ese ambiente es donde es comprensible la existencia de los grandes fenómenos culturales de la época, incluido el arte clásico como expresión de la dinámica humanista, tal como lo analizó R. Bianchi-Bandinelli. Pero Julián Gallego se centra principalmente en los fenómenos de carácter literario. Si la sofística es un resultado evidente de tal ambiente cultural, al que contribuye a definir y potenciar, también la historiografía como reflexión sobre la acción colectiva de los hombres requiere un ambiente sólo posible en la democracia. El antagonismo político viene a ser el protagonista de la obra de Heródoto y de Tucídides. Para el primero, el espacio cívico es equivalente al espacio en que se desarrollan las actividades de la asamblea.

También es hija de este ambiente la tragedia, pues en ella se revela la democracia como tensión, aunque el ambiente sea aparentemente el del mundo heroico. En realidad el héroe aparece como una metáfora sublimada del ciudadano, que incorpora las contradicciones del héroe épico trasladadas a la ciudad democrática, para así mostrar de manera más penetrante las contradicciones que se manifiestan en ésta.

Democracia y discurso son pues los dos elementos clave que constituyen el eje del libro. Como los puntos de partida son de gran actualidad, sirven para dar cohesión a una obra de interés candente, por el carácter vivo de las preocupaciones de nuestro tiempo, para entender la democracia y sus relaciones con los diferentes modos de expresarse y comunicarse los seres humanos en cada momento histórico.

Domingo Plácido

*Este libro fue publicado gracias a un
subsidio de la Fundación Antorchas.*

Agradecimientos

Como todos los libros, éste tiene su propia historia, de la cual quiero dejar testimonio a partir de las deudas de gratitud contraídas durante su elaboración. La primera de estas deudas es con mi amigo Ignacio Lewkowicz con quien dimos los pasos iniciales en la formulación de las ideas que luego terminaron organizándose en este libro. Lecturas y discusiones conjuntas me permitieron entre 1991 y 1994 llegar a establecer las líneas centrales de un proyecto de investigación que se benefició luego, entre los años 1995 y 1997, con la concesión de una beca de perfeccionamiento del programa UBACyT de la Universidad de Buenos Aires. Nuestra colaboración continuó posteriormente con el dictado de unos cursos referidos a temáticas afines a las de este libro, sobre cuya base planificamos una publicación que no llegó a concretarse. Este libro es tributario de nuestro recorrido, pues hay aquí hipótesis que han sido también sus hipótesis.

En segundo lugar, deseo agradecer a Domingo Plácido, que hacia 1995 aceptó dirigir desde Madrid la investigación que yo había iniciado. Entre enero y marzo de 1997 pude gozar de su cálida hospitalidad durante la realización de una pasantía en el Departamento de Historia Antigua de la Universidad Complutense de Madrid, para la cual conté con la ayuda conjunta de dicha Universidad y la Universidad de Buenos Aires, en el marco del convenio de colaboración que existe entre ambas. Durante más de cuatro años, sus consejos, inteligencia y sabiduría me permitieron ir concretando mi tesis de doctorado, defendida en la Facultad de Filosofía y Letras de la Universidad Buenos Aires en agosto de 1999, sobre cuya base se organiza este libro. Pero, sin duda, una de las mejores cosas ha sido que Domingo Plácido pasara a contarse entre mis amigos.

Finalmente, mi agradecimiento más profundo es para Paola, por muchas razones: por compartir conmigo los pasos dados en la concreción de este proyecto; por su lectura atenta y su mirada aguda sobre cada avance realizado. Pero, ante todo, por apoyarme, por soportar mis desatenciones, por estimularme, lo que en pocas palabras significa estar a mi lado permanentemente. Para ella es este libro, que quisiera que fuera también suyo.

Julián Gallego
noviembre de 2002

Reconocimientos

Deseo agradecer aquí a Carlos Astarita, que me alentó en todo momento a llevar a cabo esta investigación, me sugirió más de un rumbo –entre ellos, que me contactara con Domingo Plácido– y aceptó ser co-director de la tesis en Argentina.

También quiero expresar mi reconocimiento hacia los miembros del jurado de la disertación doctoral, María Inés Carzolio, Elena Huber y Marta Madero, por su cordial disposición a adaptarse a unos tiempos de lectura del trabajo un tanto urgidos y por las sugerencias hechas durante su defensa oral.

Asimismo quiero agradecer a José Emilio Burucúa, que ayudó a que el libro pudiera formar parte de las publicaciones llevadas a cabo por Miño y Dávila editores.

Introducción

Este libro se propone realizar un análisis histórico de la política a través del vital recorrido de la democracia ateniense durante la segunda mitad del siglo V a.C., considerando a la asamblea como el poder que toma en sus manos la producción de política y postulando que la conformación de un sujeto político se opera en torno al eje de la decisión colectiva a partir del vínculo entre las prácticas de la soberanía popular y las formas de pensamiento político. Se trata pues de establecer la relación de una política con su pensamiento, esto es, el modo bajo el cual una experiencia política se piensa a sí misma a través de diferentes reflexiones y formaciones discursivas. Entre ambos órdenes hay ligaduras que son evidentes y otras no tanto. Una de estas conexiones corresponde a los vínculos entre política y literatura. Pero, ¿de qué política y de qué literatura se trata?

La producción política que vamos a considerar consiste en aquella que depende de la conformación de un sujeto político. La situación ateniense presenta elementos singulares al respecto. Hacia mediados del siglo V, los ciudadanos habían asumido de lleno que la comunidad debía tener un protagonismo sin restricciones de ningún tipo. La asamblea como reunión efectiva de la comunidad se convirtió entonces en el poder principal. La configuración del sujeto político se tramará bajo estas condiciones, pues la asunción de la soberanía efectiva de la asamblea implicará la libertad y la igualdad de todos los ciudadanos para participar de las decisiones de la comunidad. Es justamente en relación con el problema de la decisión que un sujeto político puede advenir, y es también a partir de ella que esta ocurrencia puede ser pensada.

La producción discursiva que analizaremos se organiza en una serie de géneros literarios que poseen sus propios momentos de producción y circulación, es decir, se encuentran históricamente situados. La principal conexión entre la literatura y el medio social ateniense es de tipo político. Los discursos son en este sentido diferentes modos de pensamiento de la experiencia democrática. Claro está, el balance que las obras literarias elaboran se desarrolla a múltiples niveles, pues la práctica política no es unívoca y unicausal. Nuestro recorte gira en torno a la asamblea, la decisión y el sujeto político, concibiendo a los discursos como formas de pensamiento de la disposición que adquieren estos tres componentes en su articulación recíproca.

En el campo así delimitado abordamos el nacimiento de la democracia ateniense y el despliegue de sus efectos. La disposición de un sujeto colectivo en la asamblea se liga justamente a este acontecimiento, dado que actúa como el operador práctico de su ocurrencia. En función de esto, el libro se organiza de acuerdo con dos ejes centrales. El primero consiste en articular la producción política de la asamblea con los géneros discursivos contemporáneos. Así, los diferentes elementos analizados en relación con la asamblea son luego retomados a partir de la manera en que son tratados por cada discurso, según los aspectos sobre los que versan sus respectivos balances de la política del *dêmos*. En cuanto al segundo eje, se trata del advenimiento de la democracia abordado en su singularidad histórica y según el tratamiento que recibe en las producciones literarias. De acuerdo con esto, la secuencia de la exposición se organiza entonces a partir del acontecimiento de la democracia, tras lo cual se analizan el procedimiento y el papel político de la asamblea en tanto efecto de dicho acontecimiento, secuencia que se reitera en las tres partes en que se divide este estudio.

Por cierto, la práctica política de la asamblea no surge con Efialtes, pero es a partir de sus reformas que la política democrática cobra una dimensión sin precedentes: el pueblo por medio de su actuación en la asamblea emerge como cuerpo político que toma en sus manos la producción de decisiones. A lo largo de la segunda mitad del siglo V, éste será un elemento insoslayable. Pero esta presencia política del pueblo no significa consenso o unidad. En rigor, el modo de ser de –de hacer– la política democrática en la asamblea es el de la división, eso que los griegos habían identificado con la idea de *stásis*. La decisión política como proceso de subjetivación de la comunidad de ciudadanos tiene como punto de partida no la unidad sino la escisión de la voluntad cívica, no la síntesis sino la lucha de contrarios. De allí el debate, pues ante la irremediable presencia de la división, lo que la asamblea permite es la articulación de un procedimiento práctico que torna posible un movimiento productivo de la escisión y no un desgarramiento fatal del cuerpo político. La identidad del pueblo, la comunidad como conjunto unitario, es sólo un efecto segundo de la división, una consecuencia ulterior que proviene de la fijación de una decisión. Tal resultado es producto de una lucha que queda momentáneamente zanjada con la votación por mayoría, que concluye con el proceso de toma de decisión. Es sólo *a posteriori* que sobre la división se instala la unidad. La configuración de la comunidad como sujeto político a partir del accionar de la asamblea implica entonces tres momentos: el uso del lenguaje bajo la forma del debate de enunciados, que es el modo bajo el cual se presenta la comunidad escindida; la decisión mediante la votación por mayoría a favor de una de las disyuntivas propuestas en la confrontación dialéctica, que es un segundo modo de la escisión; la reconfiguración de la comunidad como entidad unitaria bajo la idea genérica de pueblo, que es la forma en que se efectúa la decisión como proceso de subjetivación colectiva.

En torno a estos ejes se disponen las tramas de los géneros discursivos y su capacidad para pensar la política democrática. Los discursos histórico, sofístico y trágico, tomados en función del problema de la emergencia de la democracia y sus efectos durante la segunda mitad del siglo V, son considerados como tres formas que trazan un balance de la experiencia política ateniense. Desde nuestra perspectiva, lo que recorre a dichos discursos y permite articularlos con la actuación de la asamblea es una serie de problemas tales como la identidad, el compromiso y la acción concreta (historia), el lenguaje, la ley y la verdad (sofística), la decisión, la justicia y la responsabilidad (tragedia). La elección de los discursos histórico, sofístico y trágico está, pues, en correspondencia con los tres momentos constitutivos de la subjetividad política de la comunidad de ciudadanos atenienses.

A partir del recorrido propuesto pensamos la conformación del sujeto político como un encuentro entre las prácticas y las discursividades políticas de la Atenas de la segunda mitad del siglo V. Esto entraña un análisis concreto de una situación concreta. Pero no siempre ello es posible, es decir, no toda situación es política. De esto se sigue que el sujeto político es raro, en el sentido de que no siempre hay un advenimiento revolucionario y no

siempre se configura un procedimiento de decisión con capacidad
para seguir produciendo efectos innovadores ligados a la radicalidad del acontecimiento. Desde nuestra perspectiva, hay política
cuando un cuerpo colectivo, sea el que fuere y adopte las formas
que adoptare, establece un procedimiento para trabajar sobre la
división que lo constituye. Por ende, el sujeto político depende
de un procedimiento genérico, que en la situación de la asamblea
ateniense implica el debate, la votación y la responsabilidad de
la decisión política. El acontecimiento de las reformas asociadas
al nombre de Efialtes se articula así con el procedimiento de la
asamblea, operador práctico eficaz que hasta el momento de su
agotamiento en la última década del siglo V se mantendrá fiel a los
principios radicales habilitados por el acontecimiento. A lo largo
de este libro buscaremos, justamente, establecer de qué modo,
más allá de su impronta institucional, la asamblea ateniense se
constituyó en sujeto político, vinculándose con ciertos discursos
a partir de una relación inmanente –es decir, no expresiva, ni
representativa– de pensamiento[1].

---

1   La investigación sobre la que se basa este libro fue concluida a fines de
    1998. Tras la disertación, me he ocupado sobre todo de reescribir un texto
    que había sido concebido como tesis de doctorado, cuyo presente for-
    mato ha quedado prácticamente establecido durante el año 2001 (salvo
    cuestiones de detalle), agregando en algunos casos nuevas referencias
    bibliográficas pero de modo no sistemático. Por ello, si bien se hallarán
    citados trabajos publicados en 1999 y 2000, el grueso de los estudios con-
    temporáneos usados data de antes de estas fechas. Por otra parte, si bien
    en los inicios mismos de esta obra en tanto tesis doctoral se contemplaba
    la integración coherente de sus diversos capítulos en un único volumen,
    igualmente, ciertas porciones fueron objeto de publicaciones previas en
    revistas y volúmenes especializados con el objeto de difundir y poner a
    prueba los avances realizados. Para los lectores deseosos de seguir las re-
    elaboraciones sufridas por los artículos damos en el lugar correspondiente
    los datos de los mismos y los capítulos o apartados en los que han quedado
    finalmente integrados.

Capítulo I
Democracia ateniense
y pensamiento político

a) Por un pensamiento político
de la política

La época actual es, entre otras cosas, un momento de crisis de la política. Hoy que la ley del número es la que parece generar los consensos, una encuesta nos diría que a los políticos actuales casi no se les cree. Ciertamente, el ejemplo elegido para justificar la primera afirmación es capcioso: la encuesta mostraría un consenso general en descreer de los políticos, y esto por sí mismo ya sería una forma permitida de expresar el descontento dentro de las reglas del sistema, es decir, mediante la ley del número, donde el voto para la elección de representantes se confunde con las encuestas del marketing. Pero la crisis de la política de la que se habla no se soluciona con políticos creíbles, ya que, en rigor, no se soluciona: la crisis se interrumpe si se inventa una política, si se revoluciona el campo de lo político tal como hoy existe, es decir, si se señalan los límites de la «ficción de lo político» como mediación articulada sobre el lazo social imaginario y la representación soberana estatal[1].

La crisis de la política se articula con el agotamiento del marxismo, una apuesta que produjo efectos a lo largo de prácticamente todo el siglo XX. Hoy podemos decirnos marxistas, y no se trata, por cierto, de rehuir de las identidades ni de sonrojarnos por ello. Nada de eso. Pero el solo hecho de decirnos marxistas no tiene actualmente ningún efecto político, porque invocar este nombre,

---

1   Cf. Badiou (1985), 12-6.

o sus principios, o sus proyectos, no genera ninguna adherencia activa, es decir, no produce política.

Si acordamos en que el marxismo es el discurso en que se sostiene el proletariado como sujeto político, hoy día esto no tiene efectos prácticos. La lectura activa que el leninismo articuló a partir del marxismo, abrió el ciclo de las revoluciones contemporáneas antiburguesas[2]. Sabemos que esta experiencia se encuentra agotada, y que los países otrora socialistas han renegado de su pasado aceptando de lleno la democracia y el mercado, esto es, la ficción de lo político bajo la forma del parlamentarismo de los políticos poco creíbles y el capitalismo de las corporaciones internacionales y la globalización. No se trata aquí ni de añorar lo que la política marxista no pudo ser, hacer o dar, ni de festejar su agotamiento, ni de sumarnos a las reacciones antimarxistas contemporáneas, sino de realizar la valoración apropiada de estos sucesos, hecho que ya se ha emprendido de un modo eficaz[3].

Toda experiencia política activa requiere su balance. Toda política subjetiva genera sus propias formas de pensamiento. Cuando una política se agota es necesario trazar un balance histórico. Pensar de manera histórica la experiencia revolucionaria contemporánea conlleva pensar la política como práctica y como pensamiento. El marxismo ha sido un significante que se ha inscrito en ambos órdenes: en tanto práctica, la política marxista se ha orientado hacia la emancipación mediante la acción revolucionaria, una política de la no-dominación; en tanto pensamiento, la propia categoría de revolución montada sobre la lucha de clases ha sido el modo bajo el cual el marxismo se pensó a sí mismo como praxis política. Hoy que esta experiencia está agotada, la historia puede operar el relevo sintomático de la política –relevo sin garantías– a condición de que sea capaz de inventar un recorrido eficaz para pensar esa tentativa.

Pero pensar históricamente la política marxista no significa que sólo pueda hacerse mediante el balance de esa política. Pensar otros experimentos puede ser un modo, también sin garantías, de inventar un recorrido eficaz para la situación contemporánea. Es claro que el discurso histórico pregunta al pasado aquello que importa en el presente; se trata pues de una dialéctica entre lo muerto y lo vivo[4]. En todo caso, la apuesta permanece abierta, y

---

2   Cf. Romero (1980), 140-8.

3   Lazarus (1996).

4   Cf. Romero (1988), 27-74; de Certeau (1985), 71-128.

es necesario saber discernir qué es lo que corresponde a nuestra experiencia presente y qué es lo que pertenece al pasado histórico, de modo que la pregunta histórica por la política sea ella misma un problema político.

En este sentido, el problema que expondremos aquí es el de la invención de la política bajo su modo democrático, pero también, partiendo de nuestro trayecto por el marxismo, el de la revolución y el agotamiento de un proceso revolucionario. La pregunta por la invención se relaciona con la actual situación de crisis, puesto que si hoy es posible plantear tal pregunta es por la crisis misma de la política de emancipación, de no-dominación, ligada a la emergencia de un sujeto político. El problema de la invención consiste justamente en imaginarse, a través de un recorrido histórico que sirva como campo de experimentación, de qué modo pensar la política en una época sin política, en una época donde más bien asistimos a su retirada. La invención de la política es entonces un nombre sintomático que opera el relevo de la categoría de revolución que había sido puesta allí por el marxismo. Y es el nombre sintomático que recorre buena parte de las producciones recientes sobre la política en la Grecia antigua para hacer referencia a lo que el marxismo había delimitado bajo la categoría de revolución[5]. Es un nombre sintomático porque pone de relieve la producción de un acontecimiento dentro de una interpretación que no remite a política alguna sino a la ausencia de política. Para nosotros, pues, pensar la ocurrencia de la política democrática ateniense tiene relación con esta situación.

Tal vez no resulte inapropiado hacernos eco aquí de ciertas afirmaciones vertidas por el historiador argentino Halperín Donghi que sostiene que «el problema básico de la etapa de revolución era lo que en el lenguaje que ahora se ha hecho trivial podríamos decir la invención de la política, es decir la creación de un nuevo tipo de actividad que crea nuevos tipos de conexiones; cómo esos nuevos tipos de conexiones que se establecen sobre la base de conexiones previas, cómo relaciones de lo social, basadas en un prestigio entre social y cultural, van a concretarse en relaciones políticas»[6]. Llama la atención su constatación –que por cierto no

---

5   Sobre las categorías de invención y revolución, véase Gallego (1996b).

6   Halperín Donghi (1994a), 42. El autor se refería así a su propio análisis (1972) de los procesos y consecuencias que tuvieron lugar a partir de la Revolución de Mayo. Halperín no parece haber utilizado tal «lenguaje trivial» sólo para la ocasión; cf. (1994b), 9.

carece de fundamento– de que hablar de invención de la política resulta hoy día algo trivial. ¿Qué ha sucedido para que pueda afirmarse esto? ¿Por qué la invención de la política resulta ahora un lugar común, sin importancia? El propio autor parece brindar una respuesta cuando afirma que hoy «no hay alternativas de fondo, y en la medida que no hay alternativas de fondo el debate ideológico se hace no sólo muy poco interesante sino también muy poco estimulante». En definitiva, diciéndolo otra vez con sus palabras, esto «refleja la falta de disenso sobre el presente, la creación de un consenso, en muchos casos resignado, que elimina la tendencia a proyectar el disenso que ya no existe hacia el pasado»[7].

No es aventurado diagnosticar que, en la actualidad, esto obedece a que la razón democrática impera todopoderosa en el universo cultural[8]. Esta ideología alimenta hoy en día un sinnúmero de reflexiones politológicas, sociológicas e históricas con las que se busca discernir cómo funcionaban las democracias pretéritas –analizando también las teorías producidas para pensar tales sistemas–, cuáles son las variantes contemporáneas de la democracia, e incluso qué cambios podrían introducirse para mejorar su organización y eficiencia[9]. Pero más allá de sus buenos fines conscientes, creemos que estos esfuerzos no conducen más que a un único objetivo: constituir el reinado de la democracia en el *télos* mismo de la historia, un deseo largamente anhelado por fin satisfecho.

Para nosotros, esto se debe a un escenario muy preciso: lo que hoy se festeja como el triunfo universal de la democracia es, desde nuestra perspectiva de la situación actual, la crisis de la política. Y en este terreno, nos topamos precisamente con el problema de la invención de la política, asunto que si hoy podemos plantear es justamente porque asistimos a la crisis misma de la política, a su ausencia. Tal es la peculiaridad, en definitiva, de esta crisis, que aparece incluso bajo la idea de que hablar de invención de la política resulta ahora una trivialidad. En efecto, la crisis de la política, la revolucionaria principalmente, es lo que ha permitido que en el contexto actual pudiera comenzar a hablarse de invención de la política: ante su ausencia, ante su falta, ante su inexistencia actual, entonces la posibilidad de inventarla. Ahora bien, entre

---

7   Halperín Donghi (1994a), 47-8.

8   Véase Badiou (1991); cf. Deleuze y Guattari (1993), 148.

9   Cf. Held (1992).

la categoría de revolución y la de invención hay una significativa diferencia: mientras que la primera, a partir de la Revolución francesa y la utilización que de ella empezó a hacer el marxismo, había quedado ligada a una práctica política de emancipación efectiva[10], en cambio, la segunda no remite a ningún proyecto de transformación de la sociedad sino que sólo destaca la invención de una nueva política. Es por eso que al no haber política, al estar en crisis, la idea misma de invención se torna trivial. Pero esta crisis es también la crisis del marxismo. No se trata, como dijimos, de sumarnos a la reacción antimarxista contemporánea sino de pensar en la posibilidad de refundar la hipótesis de una política de no-dominación, de la cual Marx ha sido el fundador[11]. La invención de la política trasluce este deseo, aunque no siempre de manera consciente. Sin embargo, la invención de la política es también, de un tiempo a esta parte, un tópico historiográfico que puede estar muy distanciado de la idea de refundar una política de emancipación.

En este sentido, la articulación del interrogante que planteamos ha sido posible no sólo por la crisis de la política marxista sino también por el pensamiento que de la misma han trazado, desde posiciones de lectura diferentes pero enlazadas, en primer lugar, Althusser, sin cuyas inauguraciones sería imposible para nosotros pensar, y, en segundo lugar, Badiou, mediante una reflexión cada vez más filosófica, y Lazarus, que ha planteado algunas trazas de un pensamiento político de la política. Para estos últimos, las huellas y grietas del primero se han constituido en el campo de experimentación sobre el que disponer sus intervenciones. Para nosotros, sus trayectos nos han permitido intentar desde la historia pensar un itinerario bifronte: la política del *dêmos* y la política marxista.

b) Contexto historiográfico: ideología, teoría, pensamiento

La reflexión sobre la democracia tiene sus comienzos en la propia Atenas, puesto que la política popular ha sido desde su mis-

---

10 Cf. Lazarus (1988).

11 Sobre el problema de la crisis del marxismo y la posibilidad de otra política de emancipación, Badiou (1985); cf. Benasayag y Charlton (1993), 151-200.

mo nacimiento el centro de interés de diversas formas culturales, artísticas e intelectuales directamente ligadas a ella. Los géneros discursivos tales como la tragedia y la historia son pruebas de ello, así como también la sofística, la comedia, los panfletos políticos, la filosofía. Incluso el arte escultórico, en especial a través de la obra de Fidias, conlleva asimismo un modo de representación de la democracia de la época de Pericles que sirve para justificar el poderío ateniense[12]. E incluso los textos que asumen una posición decididamente antidemocrática pueden ser considerados modos de pensamiento de la democracia ateniense, como ocurre con el panfleto atribuido a Jenofonte, que desde el inicio señala: «Sobre la constitución (*politeía*) de los atenienses, que hayan preferido esa forma de constitución no lo apruebo... Sin embargo, una vez que así lo decidieron, cuán bien conservan la constitución y ejecutan otras cosas que a los demás griegos les parecen erróneas, lo voy a demostrar (*apodeíxo*)» ([Jenofonte], *República de los atenienses*, 1, 1; cf. 3, 1)[13]. Su intento consiste, pues, en realizar una reflexión mediante una demostración de cómo funciona la democracia ateniense en tanto forma política basada en el poder de los inferiores. Sabido es, por otra parte, que durante el siglo IV tanto Platón como Aristóteles hicieron de la ciudad democrática el centro principal de sus razonamientos[14]. De un modo u otro, el examen de estos asuntos siguió ocupando el interés de estudiosos posteriores, en especial desde el Renacimiento y, sobre todo, a partir de la etapa de la Ilustración en adelante[15].

Con el desarrollo de la historia como ciencia positiva, obviamente, el problema ocupó de entrada un lugar relevante entre las preocupaciones historiográficas. En la actualidad, la producción sobre el asunto se ha visto renovada a partir del planteamiento de nuevos problemas surgidos como resultado de la confluencia de nuevos conceptos, modelos y métodos de análisis. Dentro de este contexto, vamos a destacar aquí las líneas que a nuestro

---

12 Cf. Plácido (1985a).

13 Para un estudio crítico de la *Athenaíon Politeía* del Viejo Oligarca, Leduc (1976); cf. (1981); (1984); Canfora (1980). Ver Fuks (1984) 198-212; Rocchi (1971); Will (1978); Marr (1983); Gabba (1988); Mattingly (1997).

14 Respecto de Platón, véase Pugliese Carratelli (1946); Châtelet (1968). Recientemente, Rossetti (1985); Klosko (1986); Lisi (1989). Sobre Aristóteles, Boudouris (ed. 1995); cf. *infra*, cap. 5.

15 Cf. Vidal-Naquet (1992), 129-209; Loraux (1996), 190-216. Asimismo Held (1992), 52-131.

juicio constituyen los enfoques principales que han signado los estudios contemporáneos: por un lado, los que han centrado sus miras en el funcionamiento de las instituciones y las prácticas políticas, abordando la cuestión desde puntos de vista distintos; por otro lado, los que han privilegiado la producción intelectual de la democracia ateniense, aspecto también desarrollado desde perspectivas diversas.

Pero un mapa diferente se configura si nos situamos entre ambos ejes. Según esta otra mirada, ya no se trataría de examinar las instituciones de gobierno o las formaciones culturales en forma aislada unas de otras, sino que la búsqueda debería orientarse hacia el plano de las conjunciones necesarias o circunstanciales entre las prácticas políticas y las producciones culturales. En este sentido, la relación entre la política ateniense y los géneros literarios de su época se ha constituido en una de las preocupaciones más importantes. De alguna manera, el marco más general de estos debates ha sido el problema de la invención de la política en la Grecia antigua[16], asunto que tiene en la emergencia de la democracia ateniense a uno de sus referentes fundamentales ya que es en ella donde se elabora más acabadamente toda una serie de discursos que confieren a la política su singularidad no sólo en su existencia práctica sino como «conciencia de sí» de un grupo que toma en sus manos las decisiones[17].

Esta capacidad de pensamiento atribuible a la política democrática como parte de su propio proceso de invención y afirmación ha dado lugar al desarrollo de análisis variados que condujeron a un saludable debate cuyo interrogante medular puede formularse de la siguiente forma: ¿existió una teoría sistemática, un pensamiento político o un discurso específicamente democrático sobre la democracia ateniense? Las posturas historiográficas parecen oscilar entre: a) presencia de una teoría sistemática; b) ausencia de teoría que da paso a indicaciones aisladas enmarcadas en una ideología democrática que se desarrolla de manera práctica pero sin adquirir una formulación metódica; c) carácter aristocrático de la reflexión; d) resignificación de los valores aristocráticos en función de los democráticos; e) posible articulación entre las

---

16 Sobre esto, Finley (1983b); (1986a); (1990); Rahe (1994), 14-40. Para más referencias, Gallego (1996b).

17 Utilizo aquí ideas extraídas de Vernant, *L'invention du politique*, texto inédito que el autor ha tenido la amabilidad de facilitarme y a quien mucho agradezco. Cf. Vernant (1965); Farrar (1988), 15-43.

opciones compatibles de los puntos anteriores según las diversas variantes habilitadas. Veamos las posiciones implicadas en este debate.

En un artículo reciente, Hansen daba cuenta de la investigación de Bleicken destacando con fuerza los dos ejes implicados en este estudio de la democracia ateniense: instituciones e ideología. Lo interesante de esta reseña es que no se queda al mero nivel del comentario sino que propone líneas de análisis que intentan precisar la articulación entre ambos aspectos. En efecto, si desde la perspectiva institucional es necesario subrayar los cortes tales como las reformas de Efialtes del año 462, la ley de Pericles de 451, la fase conflictiva de 411 a 403 o la restauración de la democracia desde esta fecha hasta 322, desde el punto de vista ideológico, en cambio, es preciso ponderar el tema sincrónicamente, puesto que ciertas nociones clave no parecen haber cambiado por más de un siglo[18].

En virtud de estos supuestos desacoples entre historia institucional e ideológica cabe preguntarse qué tipo de articulación específica existiría entre prácticas y representaciones políticas y cuál sería el carácter de estas últimas. Pero la cuestión no es simple, y no ha resultado fácil para los historiadores discernir los alcances de la documentación disponible ni resolver el problema en forma más o menos coincidente. Momigliano se mostraba escéptico a este respecto, y si bien señalaba que para desentrañar el pensamiento democrático del siglo V era preciso dejar de lado las barreras platónicas, terminó reconociendo que no había seguridad plena de que hubiera habido en el siglo V un pensamiento democrático bien articulado[19]. Como tampoco es seguro que durante los siglos V y IV el pensamiento democrático haya sido tan estable como lo supone Hansen, de forma tal que se justifique un tratamiento sincrónico del mismo. Raaflaub ha hecho una advertencia importante al respecto, señalando la necesidad de no utilizar indiscriminadamente las fuentes de los siglos V y IV ni centrarse excesivamente en los materiales ofrecidos por los oradores y filósofos del IV. Apuntando específicamente a las visiones contemporáneas de la democracia ateniense del último tercio del siglo V, el autor vislumbra que es posible rastrear las posturas a favor y en contra del sistema ateniense. Para ello, tras un análisis del contexto histórico y político, echa mano a la documentación disponible (historia,

---

18   Hansen (1989c).

19   Momigliano (1960).

tragedia, comedia, etc.), señalando en cada caso cómo es posible reconstruir las confrontaciones entre demócratas y oligarcas y organizando un debate hipotético sobre la democracia que busca sintetizar los argumentos encontrados que podemos hallar en la literatura ática de la época[20].

El reciente estudio de Musti sobre el devenir de la idea de democracia, a pesar de indicar que tal vez se haya discutido el problema mucho más de lo necesario, ha vuelto a dar debate sobre la cuestión de la existencia o no de una teoría democrática de la democracia, tomando una neta posición afirmativa. Las obras de historiadores o filósofos, en general en contra de la tradición democrática, o las piezas teatrales, cuya inscripción es más difícil de verificar debido a su propia estructura, así como tratados y escritos varios, muestran el malestar que la práctica democrática había suscitado. Dentro de este conjunto de representaciones literarias provenientes del interior de la tradición democrática así como de enfoques hostiles o fuertemente críticos, los discursos de Pericles en Tucídides y otras imágenes concurren para delinear un cuadro coherente de concepciones, teorías, valores e ideas capaces de componer una teoría democrática o una ideología de amplia difusión, usando este último término en un sentido totalmente neutral según el autor. El texto base es el célebre *Epitafio* de Pericles en Tucídides. Musti analiza entonces las categorías *koinón* e *ídion*, que a su criterio organizan toda la experiencia política y cultural ateniense, de modo que esta teoría o ideología democrática conlleva analizar la relación entre lo público y lo privado[21].

Pero el discurso fúnebre de Pericles no tuvo una recepción similar en todos los casos. En efecto, a la visión de Musti se contraponen en parte o en todo al menos dos posturas que han señalado, por un lado, el carácter fragmentario aunque democrático de los indicios y, por el otro, la naturaleza aristocrática del género aludido. La primera es la posición de Jones, que destacaba que, a pesar de la abundante literatura producida en la Atenas clásica, los filósofos y publicistas políticos simpatizaban con la oligarquía y que no hay ningún resabio más o menos completo de una teoría democrática de la democracia ateniense. Sin embargo, creía posible reconstruirla a

---

20 Raaflaub (1989). Sobre la oposición entre democracia y oligarquía en la Atenas clásica, Lintott (1982), 125-84, y en especial los recientes trabajos de Fouchard (1997), 179-288, y Ostwald (2000), 21-30.

21 Musti (2000), 9-154.

partir de los vestigios presentes en *epitáphioi* como el de Pericles, donde puede encontrarse la expresión de un espíritu democrático en contradicción incluso con las concepciones políticas de Tucídides, o el de Lisias, donde los ideales de la democracia están mejor asumidos. El discurso fúnebre resultaría así el sitio privilegiado a través del cual recobrar la teoría democrática vigente durante los siglos V y IV[22]. La segunda postura es la de Loraux que se contrapone a la visión de Jones y que propone la falta no sólo de una teoría sistemática sino incluso de toda otra manifestación indiscutiblemente democrática, planteando que la única elaboración sobre la democracia la hallamos en el discurso fúnebre. Si bien como práctica el *epitáphios lógos* es específicamente democrático, en lo discursivo resulta una representación netamente aristocrática. Así, la oración fúnebre revela una ambigüedad porque expresa un elogio de las instituciones democráticas a la vez que pone en circulación imágenes no democráticas. Por ende, para Loraux no existe teoría democrática alguna en consonancia con el desarrollo concreto de la política del *dêmos* sino un desacople entre prácticas y discursos, dado que la lengua aristocrática asume en la situación ateniense la tarea de brindar una representación imaginaria del sistema y los valores de la democracia[23].

Finley ha abordado el tema en más de una ocasión. A comienzos de los '60, tomando en cuenta las ideas de Momigliano ya citadas, formulaba que no había existido en Atenas una teoría democrática, y que ello no debería sorprendernos porque no resulta para nada necesario –se trata incluso de una falacia– que todo sistema gubernamental o social deba ser acompañado por un sistema teórico elaborado. Veinte años después de esta ocasión, criticando a Loraux y su afirmación de que la falta de teoría es una cuestión misteriosa, y a Jones, que creía posible su reconstrucción a partir de indicios, el autor seguirá pensando lo mismo, llevando la discusión a otro plano y habilitando la posibilidad de considerar de modo más amplio las formas de pensamiento ligadas a la política democrática. La reflexión política, dice el autor, no tiene por qué ser un análisis sistemático, pero no debe desecharse que los historiadores, panfletistas o autores teatrales

---

22   Jones (1957) 41-72; cf. Stockton (1990), 165-87.

23   Loraux (1993), 179-229. En esta segunda edición, abreviada, la autora incorpora un prefacio (9-20) en el que intenta ponderar las repercusiones de sus planteos y reafirmar la pertinencia de sus posturas, a pesar de la crítica de autores como Finley y Ober, de quienes hablaremos luego.

puedan estudiarse como pensadores políticos de la democracia capaces de representar en un medio público y compartido, las luchas, opiniones y elecciones políticas que se les presentaban a los ciudadanos en su búsqueda concreta de la vida buena dentro de la *pólis*[24].

El problema que suscita la postura de Finley ya no gira en torno a la existencia o no de una teoría democrática sino en derredor de la relación entre la democracia ateniense y los géneros literarios de su época. Se trata pues de percibir las formas propias adoptadas por el pensamiento político[25]. Meier ha propuesto varios ejes para abordar esta cuestión, señalando las mutaciones de los conceptos políticos durante el siglo V –que conducen de las nociones ligadas al *nómos* a las asociadas al *krátos* y generan una oposición entre *krátos* y *arkhé*– y ponderado la trascendencia de los géneros literarios para procesar la inesperada irrupción de lo político y la democracia. Las tragedias de Esquilo muestran de qué modo se difunde la primacía de la democracia en la cultura del siglo V, siendo así las portadoras del primer pensamiento político. El nacimiento de la historia, vinculado con la forma en que la historiografía plantea el problema del proceso y el acontecimiento, pone de manifiesto que historia y democracia surgen juntas a mediados del siglo V. Y finalmente, la idea de *kháris*, que cumplía un papel importante al funcionar como formulación ideológica que retomaba viejos ideales nobiliarios pero en un marco nuevo que asumía el poder ateniense de la segunda mitad del siglo V[26].

Rodríguez Adrados, por su parte, ha buscado establecer la relación entre ilustración y política articulada alrededor de «la lucha de la idea democrática», hecho que queda representado por la presencia transversal de la forma debate en el conjunto de los géneros literarios. Dicha ilustración tiene como principales referentes intelectuales a los sofistas, pero también a Esquilo y su teoría religiosa de la democracia, a Heródoto y Sófocles y sus concepciones tradicionalistas y al conjunto del pensamiento de la época de la guerra del Peloponeso, así como la serie de idea-

---

24 Para la primera cita, Finley (1981), 19; sobre el último análisis, (1986a), 162-6; cf. (1983b). Acerca de la idea de vida buena, fuera de las prescripciones teóricas de Platón y Aristóteles, Sancho Rocher (1997b).

25 Cf. Fouchard (1997), 181-234.

26 Meier (1988), 149-253, 283-444; cf. (1985), 33-53, que sintetiza la evolución de los conceptos políticos durante el siglo V; (1987), 67-81, sobre la idea de *kháris*.

les, principios y valores morales y premorales que mostrarían la articulación efectiva entre ideas y realidades. Por consiguiente, las obras literarias del siglo V se abordan como teorías políticas surgidas en un contexto histórico concreto, que desarrollan conceptos adecuados para pensar la democracia. Para Adrados hay períodos de acoples y desacoples entre teoría y práctica. Según su argumento, los ideales aristocráticos se traspasaron a las instituciones atenienses. Por ende, las elaboraciones teóricas se encontraban afectadas por dichos ideales. Evidentemente, el autor plantea un punto asociado a la cuestión abordada por Loraux: la articulación entre prácticas democráticas y representaciones aristocráticas. Pero el itinerario de Adrados es diferente, pues concluye que toda la época encierra un equilibrio entre los ideales aristocráticos y los valores populares[27].

Recientemente, Ober ha sostenido que existieron reflexiones democráticas sobre la democracia ateniense. El autor, discutiendo con Loraux, destaca algo que coincide en parte con las ideas de Adrados: los valores aristocráticos fueron incorporados a la ideología democrática. El *êthos* aristocrático y su terminología no suprimieron ni socavaron los ideales igualitarios, sino que por el contrario fueron los ideales aristocráticos los que se conformaron según las necesidades del estado democrático. Hubo pues una subversión del *êthos* aristocrático. Así, el balance entre diversas oposiciones (libertad / consenso; soberanía del pueblo / imperio de la ley, etc.) entrañaba el problema general de la relación entre masas y élite, y, tras esto, la cuestión de cuáles eran los límites que trazaba la colectividad sobre cualquier parte constitutiva de la misma. Los ciudadanos terminaron aceptando los pares contradictorios en unidades complementarias de modo que las tensiones derivadas de la existencia simultánea de las desigualdades sociales y la igualdad política terminaron resolviéndose en el plano ideológico. Este control ideológico de las masas atenienses sobre la élite, si bien no era un sistema perfecto, posibilitaba sin embargo que las tensiones encontraran canales de resolución por medio de figuras simbólicas. Todo ello coadyuvó en favor de un alto grado de armonía social y, por ende, una falta de conflictos de clases abiertos. Al igual que Meier, Ober también destaca la importancia

---

27 Rodríguez Adrados (1975), 99-381; cf. (1997), 15-110, que vuelve sobre
    los problemas mencionados pero desde un punto de vista más literario que
    político.

de la noción de *kháris* en la configuración de las representaciones democráticas, lo cual colaborará en conciliar los intereses de las masas con los de la élite. La democracia creó así un lenguaje independiente de las ideas aristocráticas, inventando palabras nuevas (*demokratía, isonomía*), o bien cambiando el valor de otras ya existentes (*isegoría, plêthos*), o bien subvirtiendo y apropiándose de términos aristocráticos (*kalokagathía, areté*). Mientras el *dêmos* fue árbitro de la opinión pública, el poder de asignar símbolos permaneció en sus manos[28].

Para Brock la posición a adoptar parece ser una intermedia entre la de Ober y la de Loraux. Si bien acuerda con la autora francesa en cuanto a que no hubo teoría democrática ni tratado sistemático alguno, se acerca a la postura de Ober al sostener que hubo una ideología democrática en un nivel menos articulado. En la polarizada atmósfera política de finales del siglo V, los demócratas buscaron difundir y promover sus ideas y las prácticas e instituciones en que ellas se encarnaban. Mediante un estudio de los tipos de propaganda y las principales alternativas que se les presentaban a los demócratas, Brock muestra cómo se articulaba la ideología democrática. A partir de principios como la igualdad, la ley, la libertad, la comunidad y sus posibles conjunciones, los demócratas articularon un pensamiento positivo de la política ateniense. Tomando ideas de Loraux sobre la escritura como algo típico de los *aprágmones* oligárquicos, el autor concluye que la oralidad era lo central de la democracia. Y yendo más lejos aún plantea que el funcionamiento práctico del sistema real que nos presentan el teatro y las demás evidencias dejan ver la falta de necesidad de justificaciones teóricas[29].

---

28 Ober (1989), 289-92, 304-6, 332-9. Sobre la importancia de estos nuevos conceptos y cómo se conjugaron en una teoría articulada de la democracia a partir de una nueva concepción de la noción de *nómos*, Sancho Rocher (1991); (1997), 21-95. La autora señala que la idea de *isonomía* utilizada con el sentido de reparto igualitario de poder se identifica con *demokratía* e implica la desaparición de una autoridad impuesta que posibilita la capacidad de autogobierno y autonormativización del conjunto de los ciudadanos libres de la *pólis*. Basada en la *isegoría*, la democracia asamblearia asignaba así un sentido convencional, consensual y perfectamente mutable a la idea de *nómos*.

29 Brock (1991); cf. Loraux (1993), 185-7, sobre escritura teórica oligárquica y oralidad democrática ligada al funcionamiento de la asamblea donde opera la escritura instrumental de la leyes. Para esta cuestión, Brock remite a Thomas (1989), 15-94; véase Harvey (1966).

En esta línea puede afirmarse, siguiendo a Gil, la existencia de una ideología o mentalidad democrática ateniense fundada en tres preceptos: *eleuthería, isonomía* e *isogonía*[30]. La proyección que alcanza esta ideología, dice Plácido, no debe ocultarnos que esta elaboración es expresión de los problemas de la *pólis*, donde lo urbano resulta la clave fundamental para comprender cómo se desarrolla esta evolución. Tal proyección, cada vez más atravesada por la *stásis* a medida que avanza el siglo V, cuyos ribetes dramáticos adquieren especial intensidad durante la época de la guerra del Peloponeso, se manifiesta con fuerza tanto en el pensamiento como en la religiosidad[31]. Este imaginario democrático involucra, pues, un conjunto de representaciones contradictorias que puede dar lugar o bien a una formulación consensual bajo la hegemonía del *dêmos*, como propone Ober, o bien al enfrentamiento de la teoría sistemática oligárquica con una ideología democrática menos ensamblada pero muy arraigada en las prácticas concretas, como sugiere Brock. Esta ideología no estaba al margen de las contradicciones inherentes a la sociedad ateniense. Con todo, búsqueda del consenso y lucha ideológica serían dos formas discordantes entre sí pero posibles en el terreno de una identidad ateniense capaz de englobar a la comuna ciudadana bajo una idea de concordia cívica[32].

En síntesis, dado que la postura adoptada trasluce una toma de posición en el dominio del análisis histórico sobre la relación que traza una política con su pensamiento, el campo conformado por las diferentes intervenciones historiográficas se presenta como sumamente heterogéneo y conflictivo. Cualquiera sea la posición adoptada, lo que se extrae es el reconocimiento de que toda política activa desarrolla una serie de recursos reflexivos. Para nosotros el problema no consiste en reconocer su carácter partidario aristocrático o democrático, ni en cotejar si su formulación es o no sistemática bajo la forma de una teoría, ni en reconstruir una ausente reflexión democrática mediante los ecos fragmentarios presentes en los textos de los críticos de la democracia. Se trata más bien de comprender si los discursos se colocan en una posición interior a la práctica democrática misma, esto es, si constituyen sus propios recursos de pensamiento para examinar activamente su trayectoria, o si se sitúan en una

---

30   Gil (1989); (1995).

31   Plácido (1984a); (1997a), 192-209. Cf. Jameson (1997a).

32   Véase Scafuro (1994). Cf. Ampolo (1979); Pissavino (1985); (1986).

dimensión exterior, organizando así una mirada pasiva y sin incidencia real en la experiencia política inédita del *dêmos* ateniense. Nuestra opción a lo largo de este texto será por la primera de las alternativas: los discursos como recursos reflexivos interiores a la política democrática.

c) Cuestiones de método:
la política pensada en interioridad

Reconocidas las líneas historiográficas en cuanto a la relación de la democracia ateniense con los discursos, creemos que es necesario pensar el asunto de otro modo. Lo que nos interesa es plantear un nuevo problema: el proceso de subjetivación del cuerpo de ciudadanos atenienses a partir del borde delineado por la intersección de las prácticas políticas con las producciones discursivas, buscando la conexión al nivel de las prácticas concretas. Ciertas reflexiones recientes han replanteado la pregunta acerca de cómo pensar la política, hallando una respuesta a partir de una resignificación de la categoría de sujeto[33]. En este sentido, nuestro proyecto se formula en torno a las prácticas de decisión. Se procura entonces analizar la actividad política de un sujeto y la manera efectiva en que determinados discursos piensan dicha actividad en una posición de lectura en interioridad respecto de las prácticas mismas. Los diferentes géneros discursivos pueden así ser abordados como diversos modos de reflexión política, no tanto por lo explícito o lo implícito en el plano de las proposiciones, sino por la configuración de los enunciados y las condiciones de enunciación que tornan posible su ocurrencia.

En función de esto, resulta ineludible identificar la especificidad de la política democrática ateniense según la forma concreta en que los atenienses desarrollaron sus prácticas y lenguaje políticos. En cuanto a las prácticas políticas, hemos de considerarlas a partir de su nivel más significativo, esto es, la participación directa de los ciudadanos según el modo en que se tomaban las decisiones en la asamblea. En este sentido, es menester señalar el carácter institucional de la asamblea ateniense en tanto sitio donde se articulaba la subjetividad política del cuerpo cívico y

---

33 Véase en especial los trabajos de Badiou (1982); (1985), y Lazarus (1985); (1996).

su singularidad como práctica democrática basada en el debate público y la decisión colectiva de los ciudadanos. Por otra parte, también resulta necesario evaluar los diversos mecanismos de orden práctico estrechamente relacionados entre sí que incidían en el funcionamiento concreto de la asamblea, tales como las prácticas de la oralidad, los modos de argumentación retórica del discurso oratorio, la traza de la verdad implicada en la producción de los enunciados proferidos en la asamblea, el debate y la división de las opiniones, el compromiso y la responsabilidad de los ciudadanos respecto de la decisión votada mayoritariamente.

Pero ¿cómo procesaron estos hechos los propios atenienses durante el siglo V? ¿Y qué efectos produjo más allá de las fronteras del orden político? En ajustada relación con lo anterior se debe situar la constitución del lenguaje político de los discursos ligados al desarrollo de la ciudad democrática, que nos conducen a la dimensión adquirida por la cultura política de la Atenas clásica, en tanto que tales discursos actuaban como formas de pensamiento de la política del *dêmos*. Las diversas formaciones discursivas, puestas en relación con el desarrollo de la política democrática producida por el pueblo en la asamblea, permiten así que nos adentremos en las formas de pensamiento habilitadas por el proceso de subjetivación política del cuerpo de ciudadanos conformado, en forma práctica, en el marco de esa instancia institucional.

La subjetividad política democrática queda pues configurada por el encuentro de dos producciones que podemos categorizar, respectivamente, como las prácticas de decisión en acto y las prácticas de balance activo de los efectos de las decisiones. En el primer caso, se trata de la capacidad política de la asamblea para realizar –dentro de unos modos institucionales que se hallan estatalmente codificados y controlados– una producción legislativa que, en ciertas circunstancias, se convierte en una verdadera invención política. En el segundo, aludimos a la conformación de un pensamiento político en el marco de ciertos discursos con facultad para procesar la práctica democrática, cuya eficacia radica en hacer circular socialmente un balance de esta experiencia confiriéndole una consistencia situacional precaria. En el cruce de ambos órdenes de prácticas estriba la eventualidad de la apuesta política asamblearia, cuya intelección viene dada por las discursividades de la segunda mitad del siglo V a.C.

Para situar en su medio más apropiado la relación entre los discursos y las prácticas democráticas atenienses y precisar mejor el carácter de nuestro enfoque metodológico y conceptual, presentaremos brevemente las condiciones de producción de política en la Atenas clásica. En las sesiones de la asamblea, que eran absolutamente soberanas, los ciudadanos discutían la política participando como integrantes con plenos derechos. No existía allí ningún poder por encima de la persuasión entre iguales que pudiera imponer de antemano un partido a la voluntad política de los ciudadanos. Una vez tomadas las resoluciones, la *pólis* en su conjunto quedaba comprendida en ellas, siendo los ciudadanos los únicos responsables de lo decidido y de lo actuado, pues lo sostenían con su cuerpo. Y esto no es un simple eufemismo, pues como uno de los temas principales de la asamblea era la guerra[34], el hoplita, el soldado en tanto ciudadano, se veía implicado en cada decisión tomada por la *ekklesía*, puesto que ésta involucraba al cuerpo de ciudadanos, y, por lo tanto, al propio cuerpo de cada ciudadano.

Los ciudadanos, pues, discutían entre sí como iguales y en el debate tomaban las decisiones sopesando sólo los argumentos. Tales decisiones inauguraban un devenir irrevocablemente humano cuyos efectos resultaban incalculables puesto que sólo se verían posteriormente, aunque nunca serían definitivos. ¿Cómo se operaba este proceso? Si en la asamblea podían contraponerse tantas voces era en virtud de que ninguna voz podía reclamar para sí una verdad anterior esencial ni proclamarse dueña de la verdad. Era necesario pues convencer a los ciudadanos confrontando a través de la palabra. La producción de la asamblea se fundaba así en dos hechos incontrastables: la división como forma misma del sujeto político en el proceso de toma de decisión y la verdad en el enunciado que sólo emergía como tal una vez que se llegaba a la resolución. En efecto, en la situación de la asamblea democrática la producción y la confrontación de los enunciados políticos implicaban la posibilidad de nuevas decisiones subjetivas a partir de la división de la verdad política. Esta aniquilación de la verdad de los enunciados era inducida por la oratoria, pues, para poder hacer propuestas, debían forzarse nuevos lugares de enunciación. El punto de detención de la proliferación de discursos sólo se daba cuando se llegaba a la votación, mecanismo instrumentado para la toma de la decisión, dado que en la situación concreta de cada reunión de la asamblea, el modo de establecer la verdad

---

34 Cf. Finley (1986b), 105: durante los siglos V y IV a.C., Atenas estuvo en guerra, como media, más de dos años de cada tres.

política de un enunciado consistía en la resolución del *dêmos*. La decisión, asumida como producción de la comunidad de ciudadanos, conduce al problema del compromiso colectivo para sostener lo votado en la asamblea una vez concluida la reunión; hecho que lleva, a su vez, al carácter irreversible de las consecuencias inauguradas por las resoluciones adoptadas en una asamblea singular. De esta manera, en el debate democrático, el encadenamiento práctico conformado a partir del enfrentamiento de los discursos, la aniquilación de la verdad de los enunciados, la toma de la decisión y la irreversibilidad de sus efectos, configuraba el modo de advenimiento en acto del *dêmos* en tanto sujeto político soberano. Será en torno a estos ejes que se constituirán las tramas políticas de los géneros discursivos así como su capacidad para pensar la política democrática en interioridad.

En efecto, en el contexto cultural de la Atenas clásica[35], el despliegue de los discursos trágico, histórico y sofístico resulta vital, pues operan como formas simbólicas nuevas que permiten procesar la inesperada irrupción de la política democrática dentro de un orden ligado al poder de la aristocracia. Podríamos formular esta cuestión indicando que el universo arcaico, en posición de imaginario, se vio perturbado por la emergencia de la práctica política democrática, en posición de real respecto de aquel imaginario. Los discursos, como prácticas que realizan un balance de esa irrupción, resultaron una forma eficaz de toma simbólica de ese real[36]. Ésta sería nuestra perspectiva para comprender por qué el siglo V ateniense se considera un momento inaudito de actividad artística e intelectual[37]. Lo que procuramos es pensar los efectos del acontecimiento de la democracia mediante las producciones discursivas aludidas[38], tratando de establecer el modo en que los propios atenienses los procesaron.

---

35   Sobre ésto, véase Boedeker y Raaflaub (eds. 1998), esp. introducción y conclusiones, 1-13, 319-44.

36   Cf. Milner (1999), 9-18.

37   Respecto de la producción cultural ateniense del siglo V, ver ahora Boedeker y Raaflaub (eds. 1998).

38   La cuestión del surgimiento de tipos discursivos nuevos es un problema que concierne a la obra de Foucault (1967). Lo fundamental de su planteo radica en que la emergencia de un discurso constituye en sí mismo el advenimiento de algo radicalmente nuevo, un acontecimiento, porque se trata de un encuentro indeterminado entre prácticas discursivas y prácticas no

continúa »

El punto de partida consiste en concebir una situación abierta, cuya apertura obedece a acontecimientos políticos que tornan posible un derrumbe del poder aristocrático. Paralelamente, el desarrollo cultural indicado puede plantearse como una cadena de producciones en diferentes campos anudados siempre de algún modo a la política, que operan aperturas que imposibilitan la ocurrencia de un cierre definitivo de la situación. Desde nuestro punto de vista, ésto resulta fundamental puesto que usualmente se ha venido pensando a la *pólis* bajo la idea de una estructura cerrada en la que la política, determinada por la base económica, era la instancia dominante[39]. Es con respecto a esto que elaboramos nuestra diferencia, pues si bien concebimos a la política como la práctica a partir de cuyas efectuaciones se conforma la democracia ateniense de la segunda mitad del siglo V en tanto irrupción del *dêmos* como sujeto colectivo, ello no significa que se la deba pensar como esfera estructuralmente dominante. La política no es la instancia que sutura una totalidad sino una práctica que opera aperturas en la estructura. La democracia ateniense es entonces una situación con una consistencia precaria, cuyas indeterminaciones obedecen a la productividad política y discursiva mencionada. Esta actividad se debe a que la política, entendida como irrupción de sucesos radicalmente nuevos, produce a su turno efectos innovadores. El así llamado siglo de Pericles resulta pues del hecho de que la política pone a circular formas de pensamiento nuevas que trazan un balance de la experiencia democrática mediante un complejo de prácticas discursivas.

Nuestra crítica a las posturas que han planteado que la instancia política era dominante en el mundo grecorromano puede sintetizarse del siguiente modo: si la política es una instancia dominante implica que se trata de un sistema cerrado con un

---

discursivas (institucionales, políticas, sociales, económicas, etc.), lo cual, por su propio carácter, se torna indeducible a partir de las condiciones previas vigentes en ese momento.

39   El trabajo pionero al respecto, de 1963, es el de Parain (1978). A este artículo le siguió uno publicado en 1965 por Vernant (1982), 5-21, en el que intentaba precisar los límites de las categorías marxistas para el análisis de la *pólis*. Una década más tarde, en 1975, Padgug (1981) y Konstan (1981) buscaron articular, a través de sus respectivas lecturas de las *Formaciones precapitalistas* de Marx, distintos conceptos para el análisis de la Grecia y la Roma antiguas. También en 1975 apareció el libro de Hindess y Hirst (1979), esp. 83-111. Y en 1977 se publicaba el artículo de Godelier (1989), 240-59. Véase Plácido (1989b).

funcionamiento estructural en el que tiene lugar una articulación estricta entre dominación y determinación. Para nosotros, en cambio, se trata de pensar la política como una capacidad que sólo instituye en tanto que en algún punto asigna fines a otras prácticas. Por lo tanto, aunque únicamente en este sentido, es la propia práctica política la que en última instancia condiciona y no algo exterior a ella misma, como lo sería por ejemplo la economía. En efecto, la política instituye porque su fuerza condiciona algo en las demás prácticas, es decir que su trayectoria interviene sobre un punto aleatorio del campo de éstas promoviendo en esa medida su constitución. Pero tal caso ya no es el de la política como instancia dominante, sino el encuentro de la práctica política con otras prácticas que debemos entender no como complementaciones entre instancias dentro de una estructura con dominante, sino en tanto encuentros mutuos entre la política democrática y las prácticas discursivas según la singularidad de cada encuentro, y de forma diversa según la índole de las prácticas que se articulan.

De la línea planteada se deduce que la política democrática es producto de la emergencia de una potencia, la fuerza soberana del pueblo que se autoinstituye como cuerpo político y se sustrae al control del poder aristocrático vigente en la cultura de la época. Dicho ésto, es necesario entonces discernir cómo plantear la relación entre la política democrática y las producciones culturales ligadas a ella, tratando de comprender conceptualmente cómo el complejo de prácticas y discursos políticos desarrollados en la asamblea se articulaba con otros conjuntos de prácticas discursivas tales como la tragedia, la historia y la sofística.

El intento consiste, pues, en dejar de lado la cómoda base analítica de la determinación analizando la productividad discursiva como una serie de sucesos conectados a la emergencia del *dêmos* como sujeto político. Reflexionando sobre Foucault, Deleuze ha planteado claramente el problema de manera conceptual[40]:

«Entre las formaciones no discursivas de instituciones y las formaciones discursivas de enunciados, sería grande la tentación de establecer, o bien una especie de paralelismo vertical, como entre dos expresiones que se simbolizarían una a otra (relaciones primarias de expresión), o bien una causalidad horizontal, según la cual los acontecimientos y las instituciones

---

40   Deleuze (1987), 36; cf. 27-48, 75-98 (resaltado en el original).

determinarían a los hombres como supuestos autores de enunciados (relaciones secundarias de reflexión). Sin embargo, la diagonal impone una tercera vía: *relaciones discursivas con los medios no discursivos*, que no son ni interiores ni exteriores al grupo de enunciados, sino que constituyen el límite..., el horizonte determinado sin el cual tales objetos de enunciados no podrían aparecer, ni tal emplazamiento ser asignado en el propio enunciado».

De este modo, el encuentro entre la práctica política y los discursos precipita un sentido, pero no como un signo donde uno es el anverso y los otros el reverso, un significante y sus significados, sino como un acontecimiento, un entrechoque precario y contingente, la emergencia de un real para el cual es menester inventar un recorrido simbólico capaz de procesarlo[41].

Por consiguiente, no se trata de que durante el siglo V la política imponga a los diversos discursos que se van constituyendo nuevos objetos, pues cada uno de ellos configura sus propios objetos de acuerdo con su particular forma de trabajar los enunciados. Pero, ciertamente, la práctica política ha abierto la posibilidad de nuevos campos de localización de los objetos propios de los distintos discursos. Esa relación de la práctica política con cada uno de los discursos surge igualmente en el estatuto adquirido por el poeta trágico, el historiador y el sofista[42]. Ahora bien, según la idea que hemos planteado, que implica pensar la Atenas democrática como efectuación de una serie de acontecimientos, sostendremos que los encuentros entre prácticas son del orden de lo evanescente, de lo sustractivo, y, consiguientemente, de difícil aprehensión. De modo que cuando hablamos de la producción político-discursiva ateniense del siglo V como una cadena de acontecimientos debemos pensarla como una serie de procesos de subjetivación que se efectúan en la situación dada. Lo propio del encuentro entre prácticas contingentes es del orden de lo aleatorio[43]. Agotada su capacidad

---

41 Cf. Milner (1989).

42 Véase Foucault (1970), 212-4; cf. 62-3; (1973). Sobre el aporte de Foucault para el análisis de las formaciones discursivas y su relación con las formaciones no discursivas, de Certeau (1986), 171-98.

43 Cf. Althusser (1988), 32: «En lugar de pensar la contingencia como modalidad o excepción de la necesidad, hay que pensar la necesidad como el

continúa »

activa interviene entonces la capacidad reactiva estatal, el juego de lo posible entre prácticas codificadas y reglamentadas, dicho de otra manera, la combinatoria de instancias en una estructura con dominante. En una situación estructurada ya dada lo que se percibe es la existencia de relaciones entre prácticas (discursivas como no discursivas) institucionalizadas, es decir, en tanto que instancias, con una de ellas que, entonces sí, resulta instancia dominante y se liga al dominio de la práctica estatal. Esto requiere un desarrollo mayor.

De manera general, podemos decir que los discursos operan un relevamiento de las prácticas sociales a través de un recorrido que permite articular el imaginario social como lazo discursivo. Tal sería el efecto de la práctica estatal. Pero si nos quedáramos a este nivel, entonces nuestro trabajo sobre los discursos ligados a la política democrática transcurriría en el plano de la situación estructurada y no en el de aquello que produce aperturas en la situación. Si bien es necesario tener en cuenta que hay prácticas y discursos con capacidad para dominar e imponer sus reglas a otras prácticas en forma permanente, generando así emplazamientos estructurales, de todos modos, también hay que tener presente que existen prácticas y discursos con capacidad para producir acontecimientos, ligándose así a una circunstancia producida por un advenimiento aleatorio y no a la estabilidad de un sistema. Tal es la distinción que establecemos entre las prácticas que cumplen funciones estatales y las que se acoplan a un sujeto político.

Son éstas últimas las que a nuestro entender resultan fundamentales para pensar la productividad discursiva de la segunda mitad del siglo V, pues la actividad de un sujeto político resulta incompatible con el intento reactivo estatal de controlar la producción de significaciones. En este sentido, cabe señalar que la comunidad ciudadana puede definirse según su versión estatal (leyes, prácticas y discursos codificados con capacidad para su-

---

devenir-necesario del encuentro de los contingentes»; 32-3: «Se trata del materialismo del encuentro, de la contingencia, en suma de lo *aleatorio*»; 36: «Una tendencia no posee la forma o la figura de una ley lineal sino que puede bifurcarse bajo el efecto de un encuentro con otra tendencia y así hasta el infinito. En cada cruce de caminos, la tendencia puede tomar una vía imprevisible, por *aleatoria*»; 37: «El materialismo *aleatorio*, requerido para pensar la apertura del mundo hacia el acontecimiento, la imaginación inaudita y también hacia toda práctica viva, incluyendo la política».

bordinar y dar lugar en una estructura), o como cuerpo real de la política democrática (operador activo que traza una fidelidad práctica con el acontecimiento de la democracia). Esta división de la comunidad se produce debido a que, por un lado, el cuerpo cívico se constituye bajo prácticas estatales históricamente determinadas, dando lugar a la definición del ciudadano como elemento básico y de las clases como subconjuntos posibles dentro de un orden institucionalizado, pero, por otro lado, la práctica de la asamblea de la segunda mitad del siglo V conforma y da vigencia a un operador político que no se obtiene ni por sumatoria de los ciudadanos ni por recuento de las clases sino por lo indiscernible de sus partes ligado a su carácter genérico.

Todo ciudadano en tanto miembro de la comuna cívica queda, a la vez, constituido y dividido por esta escisión entre la ley estatal y la práctica política colectiva, en la que los ciudadanos experimentan su capacidad y responsabilidad para decidir. La igualdad de los atenienses, ciertamente, no es un mero principio legal o institucional, ni se funda en el ser individual de los ciudadanos ni en su inclusión estatal; se delimita como ser colectivo a partir de las prácticas y los actos políticos del *dêmos*. En Atenas el lugar por excelencia de esta igualdad es la asamblea, puesto que allí cada voz, cada discurso y cada propuesta tienen el mismo valor. El ciudadano ateniense del siglo V se halla escindido, pues, por un lado, actúa como integrante de un cuerpo político con capacidad activa para participar y decidir, y, por el otro, es un miembro subsumido a las leyes y controles del estado. Tanto en un caso como en el otro nos encontramos no con el ciudadano aislado sino ante un conjunto, ya sea el determinado *a priori* por la ley, ya sea el efecto *a posteriori* de la decisión en acto. El problema radica en que ambos conjuntos pueden ser comprendidos bajo la idea de *pólis*. Pero, en rigor, es menester percibir con claridad que se trata de la idea de comunidad significada por diferentes prácticas, o bien las de carácter institucional ligadas al estado, o bien las de la asamblea como cuerpo productor de la política real. Las prácticas estatales (institucionales, legales, religiosas, etc.) implican un intento de sutura, es decir, de fijación por parte del estado del significado preciso de la idea de comunidad mediante las redes de poder conformadas por el entramado del lazo social imaginario. Las prácticas políticas democráticas de la asamblea, en cambio, implican un plus de sentido respecto del intento estatal de suturar y fijar un significado para la idea de comunidad[44], porque las prácticas políticas colectivas no cancelan el significado sino que producen una apertura del sentido mediante las decisiones que la asamblea elabora después del debate, la confrontación y la adhesión a alguno de los enunciados puestos en juego en la situación. Lo cual implica una permanente tensión que durante la secuencia en que se desarrolla la política democrática radical ligada a la soberanía del *dêmos* no aparece nunca resuelta. Dicha tensión es la que hace posible esa productividad político-cultural inédita ya mencionada.

En efecto, esta situación del cuerpo ciudadano presentado en su accionar en la asamblea va a ser tema de una serie de discursos que emergen a lo largo del siglo V, es decir, un complejo de prácticas mediante las cuales un sujeto se da a sí mismo un pensamiento como condición de su propia ocurrencia en tanto modo histórico singular de la política[45]. Tales discursos son los que operan, cada uno según sus reglas, balances políticos de la experiencia democrática y, por lo tanto, del cuerpo real de esa política que es la asamblea. Ciertamente, en el plano de las formaciones discursivas, los diferentes elementos de la serie planteada dan lugar a distintas maneras de constitución de los enunciados de acuerdo con el modo discursivo de que se trate, según su singular relación con la práctica política y conforme con la índole del asunto que se desarrolle. La tragedia, por caso, traza un balance de la situación del agente ante disyuntivas an- gustiantes: decidir sin garantías, dado que no existe verdad ga- rantizada por autoridad superior alguna. El discurso trágico se hace cargo así del problema del sujeto conformado en función de la toma de una decisión. La sofística, por su parte, desarro- lla principalmente el tema de la división de la verdad política producida bajo las condiciones imperantes en la asamblea y con arreglo al juego múltiple de los enunciados, tratando de significar

---

44   Hemos elaborado esta diferencia entre ambos regímenes de prácticas, uno que clausura el sentido operando según el régimen del significado y otro que se sitúa en exceso en relación con el anterior, a partir de Castoriadis (1989), 122-33; (1993), 69-90, que plantea dos dimensiones del habla, la de código y la de lengua, esta última en exceso respecto de la primera; es por este desdoblamiento que las significaciones imaginarias sociales se conectan con la emergencia de la alteridad, un imaginario radical.

45   Cf. Lazarus (1985); (1996), 61-83, que define lo que denomina «los mo- dos históricos de la política», es decir, la relación de una política con su pensamiento concreto.

en relación con el *lógos* y el *nómos* el hecho de que se puedan producir enunciados nuevos capacitados para dividir la verdad en una situación de enunciación colectiva y contradictoria como la asamblea. A su vez, la historia procesa la irreversibilidad de los acontecimientos políticos y la falta de previsibilidad acerca de sus consecuencias en el momento en que un acto es decidido y debe llevárselo a cabo, puesto que sus resultados sólo pueden ser evaluados posteriormente. Se trata, pues, de un modo de pensar los efectos irrepetibles de las decisiones humanas en tanto resoluciones políticas.

Es cierto que los diversos discursos considerados se desarrollan en el contexto de prácticas sociales, institucionales, rituales, religiosas, económicas, vinculadas de algún modo a la práctica estatal, que es la que intenta fijar una significación unívoca a la idea comunitaria[46]. Se trata de la acción previsible, prudente y ordenada que debe cumplir todo código de signos en tanto determina las cadenas de significantes que operan como significados correspondientes a los significantes dados[47]; aun cuando esta operación pudiera resultar infinita se estaría igualmente en posesión de la regla a seguir para llevar a cabo tal cometido. Pero si los discursos quedan ligados a las decisiones del sujeto político, trazando un balance activo de la experiencia subjetiva del *dêmos*, entonces tales discursos actúan como parte de la invención de la política democrática, el acontecimiento de la democracia como emergencia de una novedad ligada a las inconsistencias de la situación. En tal circunstancia, los procedimientos discursivos ya no son los propios de un código de signos sino que están en exceso con respecto a dicho código: existe una lógica del sentido cuyo modo de organización no da lugar a un conjunto único y unívoco[48]. La práctica estatal, en cambio, implica un intento de dar consistencia a estos discursos, porque, en tanto exista una indeterminación en el campo de producción de las prácticas discursivas, lo que el estado buscará es que los discursos se vean limitados por las reglas que sus prácticas imponen: se trata de establecer un dominio efectivo que coloque al estado en una posición hegemónica sobre estos discursos. Por ende, los dis-

---

46 Cf. Goldhill (1987); (2000), respecto de las Grandes Dionisias como marco ideológico y estatal de las representaciones trágicas.

47 Esto es lo que se desprende de las conceptualizaciones de Eco (1978), 41-179, 341-414; (1986), 336-54.

48 Cf. Deleuze (1989).

cursos quedan tomados en una tensión definida por el cruce de las prácticas estatales con las prácticas políticas democráticas (no estatales) del sujeto.

Si el estado es capaz de producir su dominio, producirá a la vez la supresión del carácter no reglado de los encuentros entre la política democrática asamblearia y las producciones discursivas, estableciendo así una correspondencia institucional simétrica y complementaria: hacer que cada elemento aparezca como una instancia de reunión y fijación del lazo comunitario garantizado estatalmente. Se instituyen así condiciones predeterminadas para la proliferación reglada de los discursos. Cuando esta operatoria estatal prospera, entonces los discursos aparecen como prácticas consistentes, cuya delimitación viene dada por el dominio de los aparatos estatales y las reglas institucionales. Ante la apertura política, el estado intenta una atadura imaginaria, una fijación en lugares preestablecidos. Tal es la articulación entre lo activo del cuerpo político genérico y lo representativo del estado.

De todos modos, es menester advertir que la consistencia estatal no tiene necesariamente que realizarse al margen de las prácticas que traman el advenimiento subjetivo sino que pueden desarrollarse a través de las mismas prácticas y discursos que producen y procesan la experiencia democrática, consumando así su extenuación en tanto que tales. Porque todo acto de invención política y todo pensamiento ligado a ella implican la posibilidad de una circulación social que agote su carácter sustractivo y produzca por ende su emplazamiento por parte de los mecanismos estatales. En un mismo discurso puede aparecer entonces el balance activo, como pensamiento en interioridad de la política democrática, y la función de duplicación representativa de las prácticas del estado[49]. En este sentido, las apelaciones a la ley, a la concordia, a la justicia, al equilibrio, a la moderación, y en contra de todo lo opuesto a estas nociones, resultan elementos importantes para acceder a este aspecto del discurso, de modo que en un mismo discurso podemos leer qué situación se presenta, cuál es su balance activo y cuál es su vinculación con el estado.

Para nosotros, pues, hay una diferencia fuerte entre la práctica política activa y la maquinaria del estado. Badiou señala esta

---

49 Ver las nociones de código, descodificación y sobrecodificación, y de territorio, desterritorialización y reterritorialización en Deleuze y Guattari (1988), 213-37; cf. Deleuze y Parnet (1980), 139-66; Deleuze (1995), 263-86.

distancia planteando, por un lado, el carácter de ficción de *lo* político, es decir, el lazo social comunitario (sociedad civil) y su representación soberana (estado), y, por el otro, *la* política como producción de un sujeto que es efecto de un acontecimiento[50]. En un sentido similar, Rancière delimita las nociones de *política* o conjunto de prácticas enlazadas con la emancipación, *policía* o distribución de las partes y jerarquía de lugares y funciones tanto en las relaciones sociales como en el aparato de estado, y *lo político*, campo de encuentro entre política y policía, y por ende una distorsión producto de la manipulación del malentendido que, en general, impera entre estos dos órdenes de prácticas que estamos tratando de discernir[51].

El otro aspecto importante de la observación de Rancière reside en que la función policial –el estado en sentido amplio– es en sí misma una maquinaria políticamente neutra aunque socialmente de clase: el estado es la cuenta de las partes a partir de la asimetría entre las clases dominante y dominada. Entonces, si no existe política activa, el estado actúa potenciando la asimetría y las jerarquías sociales. Pero si hay política activa producida por la emergencia de un sujeto, la política se apropia de las condiciones estatales, que, por lo tanto, funcionan como condiciones de esa política. Para la posición subjetiva, la forma de gobierno es una de las condiciones sobre la cual tramar una eficacia simbólica. Una forma de gobierno sin sujeto instaura, en cambio, una función sugestiva, funciona como lazo social imaginario. Es la presencia o ausencia de política activa la que establece en cada caso el carácter del estado. Las instituciones se politizan por la irrupción de un sujeto que las captura como condiciones de su propia producción. La posición subjetiva determina, de esta manera, qué instancias institucionales se politizan y cuáles no. Las no politizadas, que aquí identificamos con los aparatos ideológicos y represivos del estado, son las que buscan controlar, ante un acontecimiento radical, la productividad política subjetiva que lo sostiene como invención.

Si no hay política, los procedimientos estatales funcionan regladamente como cuenta de las clases en la situación. Si hay política, el trabajo de la división anteriormente señalado toma asimismo al estado. Mas ésto no implica que el objetivo estricto sea la toma del estado. El estado consiste en series diversas y

---

50 Badiou (1985), 11-6, *passim.*

51 Rancière (1992); (1996), 43-51.

heterogéneas de procedimientos e instituciones. El problema, entonces, es distinguir cuándo estos procedimientos e instituciones operan a pleno como estado de una situación de clases sociales asimétricas y cuándo alguno o algunos de ellos funcionan como elementos apropiados por un sujeto político. Ante la emergencia de una posición subjetiva, los procedimientos e instituciones tienen eficacia simbólica; si no existe posición subjetiva, cumplen una función imaginaria. Podemos decir que si hay sujeto, más allá de los aspectos imaginarios que puedan encontrarse en los discursos activos del sujeto, éstos realizan un pensamiento eficaz en y por los procedimientos e instituciones. Por tanto, no se trata de la política activa contra el estado, sino que los dispositivos estatales caen en este último caso bajo la operatoria de un sujeto político, cuya forma es la división y el conflicto, de lo cual da buena prueba la idea griega de *stásis*. La presencia de la lucha muestra que es en el estado donde se inscribe el trabajo de la escisión del sujeto político[52], estableciéndose entonces un borde en las prácticas estatales mismas que se escinden por la actividad política de un sujeto que toma algo del estado para producir en la inmanencia de la situación. Pero esta producción se conecta al mismo tiempo con un afuera, que es su propia invención. El borde implica un adentro de la situación ligado a los procedimientos, instituciones, reglas, prácticas y rituales del estado, que marcan un intento de inclusión, y un afuera, organizado en torno de lo impredecible, indiscernible e indecidible del sujeto. En esto consiste la escisión que la política activa produce sobre el estado, y tal es el carácter político bifronte que concebimos para la asamblea y los discursos que piensan la política durante la segunda mitad del siglo V: tienen diversas formas de inscripción en el estado, pero funcionan como ámbitos de invención política que producen más allá de los límites de las reglas y controles ideológicos y represivos del estado. Hay pues un exceso del sujeto político respecto del estado. Esta irreductibilidad del primero al segundo implica, justamente, que la política activa no se agote en el mero enfrentamiento asimétrico de una clase social contra otra al nivel del ámbito estatal, de lo cual constituyen indicios claros las críticas al poder popular, tales como las del Viejo Oligarca, Aristófanes, Andócides, Jenofonte, Platón, Isócrates,

---

52 Testimonio de la división y el conflicto que mencionamos se halla en la multiplicidad de sentidos asignados al término *dêmos* (identificable con la asamblea, el estado, la forma de gobierno y el pueblo llano). Cf. *infra*, cap. 3-4.

e incluso Tucídides y Aristóteles[53], pues son indicativas no tan sólo de una actitud de clase sino especialmente de una posición de sujeto tramada en los procedimientos e instituciones del estado que rompe con la asimetría entre las clases y el dominio de unas sobre otras.

d) La singularidad histórica del recorrido propuesto

El cuerpo central de este libro se organiza en tres partes, una dedicada fundamentalmente a la asamblea, las dos restantes, al análisis de la construcción de la verdad en las obras de Heródoto y los sofistas y al estatuto del héroe trágico en la producción de Esquilo, respectivamente. La justificación de nuestra elección radica en que las tres producciones se ligan al nacimiento y despliegue de la democracia: Heródoto, que escribe sus *Historias* en la época de Pericles, momento de auge de la democracia ateniense; Protágoras, Gorgias y Antifonte, sofistas que entre mediados y fines del siglo V asumen la política como el elemento nodal del universo humano; Esquilo, cuya obra conservada se sitúa en las etapas inmediatamente anterior y posterior a las reformas de Efialtes. En todos los casos, las obras son vistas como modos inmanentes de pensamiento de la política, como reflexiones desplegadas en la propia situación. También en todos los casos se trata de indagar los efectos que produce el surgimiento de la política democrática, no el agotamiento. Ello explica que, de entre los trágicos, hayamos decidido tomar a Esquilo y no a Sófocles o a Eurípides, y, en el campo de la historia, a Heródoto y no a Tucídides. En efecto, Esquilo y Heródoto son autores que, aun cuando sus discursos no se instauran sobre la nada, emergen de uno u otro modo como fundadores de discursividades. Es verdad que ambos tienen antecedentes: Esquilo a Tespis e incluso a Frínico; Heródoto a Hecateo. Pero lo que hace de Esquilo y Heródoto fundadores de discursividades es la forma innovadora con que tratan los enunciados en sus respectivos campos. El poeta trágico establece un segundo actor separando aún más la tragedia de sus aparentes orígenes ditirámbicos. El historiador, por su parte, deja atrás las genealogías de origen mítico para

---

53 Véase Ober (1998); respecto de Andócides, cf. Missiou (1992).

adentrarse de lleno en la historia de las generaciones humanas, la historia de la conformación política de la *pólis*. También ambos confluyen sobre la experiencia ateniense anudando sus ideas al advenimiento de la democracia radical a partir de las reformas de Efialtes. Esquilo, especialmente a través de la *Orestía* y las *Suplicantes*, nos brinda una reflexión de las consecuencias de las reformas de 462 y del clima ideológico previo a las reformas, respectivamente. Heródoto, al hacer de Clístenes el fundador de la democracia ateniense, crea una tradición que enlaza su presente, la situación de la época de Pericles –efecto directo de las reformas de Efialtes–, con un pasado que es visto en función de ese presente. En el caso de la sofística, las referencias a Protágoras y Gorgias parecen ineludibles cuando de hablar de este discurso se trata. Pero, ¿por qué Antifonte y no Pródico, Trasímaco o Hipias? Esta elección se basa en una opción a partir de la polémica entre los estudiosos en cuanto a si hubo un Antifonte o dos (uno orador, el otro sofista). En caso de tratarse de uno solo, el *corpus* se amplía considerablemente, constituyéndose por su amplitud en el principal exponente de la producción sofística. Hay además otras razones por las que elegimos a Antifonte. La radicalidad de sus posturas lleva hasta consecuencias impensadas tanto los planteamientos de Protágoras con respecto al pacto social como los de Gorgias sobre la naturaleza del lenguaje. Y si bien las ideas de Antifonte implican una visión de la democracia contrapuesta al optimismo de Protágoras, y en menor medida al de Gorgias, la calidad de sus razonamientos y la extensión del *corpus* hacen necesario examinarlo, aunque con él nos dirijamos hacia un pensamiento que se ubica ya en el agotamiento de la trayectoria política radical de la democracia ateniense.

Adelantemos el recorrido. En la parte I se investiga el surgimiento de la democracia y el papel de la asamblea ateniense, indicando su excepcionalidad y singularidad como poder político. El acontecimiento de la democracia se analiza a partir del suceso de las reformas de Efialtes, contexto en el que se plantea el marco temporal del análisis –desde 462, momento de la actuación de Efialtes, hasta 404, que marca el fin de un modo específico de la democracia ateniense–. Las reformas de Efialtes se consideran el acontecimiento que funda la soberanía popular asamblearia durante la segunda mitad del siglo V, lo cual permite pensar una situación histórica a partir de su emergencia y sus consecuencias. Se trazan también sus filiaciones y diferencias con las reformas de

Clístenes, pues, según algunos, éstas no instituyen la democracia sino sus bases organizativas.

Luego de esto nos adentramos en el análisis de las prácticas concretas de la asamblea, analizadas no según los mecanismos institucionales sino de acuerdo con cuatro ejes que nos permiten recorrer la conformación de la comunidad reunida en asamblea como sujeto político: el compromiso de los ciudadanos en un marco de enfrentamientos; el uso de la palabra como dispositivo productor de divisiones y posiciones encontradas; la votación por mayoría simple como modo de toma de decisión y resolución circunstancial de la escisión; la decisión sancionada como decreto inapelable y soberano mientras se mantenga vigente. El dispositivo asambleario se aborda a partir de: la producción de enunciados políticos, que habilita la posibilidad efectiva de tomar nuevas decisiones subjetivas; la relativización de la verdad de los enunciados, que permite forzar nuevos lugares de enunciación; la toma de decisión, que implica atribuir a los enunciados proferidos y confrontados un valor de verdad de índice político, puesto que en la práctica asamblearia sólo existe un modo de transformarlos en verdaderos: por medio de las decisiones democráticas colectivas del *dêmos*. Este uso de la palabra supone su carácter enteramente performativo.

Por último, se aborda un examen de la asamblea democrática desarrollado por Aristóteles en el libro III de la *Política*. En función de ello, se discute la pertinencia de la aplicación a la *pólis* griega de los conceptos de estado y sociedad, a partir de las nociones de *koinonía* y *politeía* formuladas por el pensamiento filosófico aristotélico. Se destaca la singularidad de la asamblea a través de las dificultades conceptuales del Estagirita para pensar la organización y las funciones de esta institución que él mismo denomina *aóristos arkhé* (poder indeterminado) en relación con las nociones de *koinonía* y *politeía*. Según se desprende del cotejo entre estas nociones, se propone que la asamblea, en tanto reunión efectiva de los ciudadanos cuyas decisiones son soberanas, no se deja encuadrar plenamente ni en el plano de la *koinonía* o sociedad civil, ni en el plano de la *politeía* o estado. Para concluir, se articula el análisis de la *aóristos arkhé* con las ideas de voluntad general de Rousseau, potencia o *conatus* de la multitud de Spinoza y cuerpo genérico de Badiou, mostrándose la conveniencia de ciertas teorías para pensar esta singularidad de la asamblea.

El análisis de la asamblea de acuerdo con los ejes indicados enlaza directamente con las partes restantes del libro referidas a los discursos como modos de pensamiento de la política. En efecto, el problema de la responsabilidad política de los ciudadanos, a partir del compromiso de la comunidad para con las decisiones adoptadas, es clave en el análisis histórico de Heródoto; los problemas de la palabra política, el lenguaje y la ley, la producción de enunciados y la relativización de la verdad, son centrales en las elaboraciones de la sofística; finalmente, la decisión del dilema es algo que recorre las tragedias de Esquilo.

La parte II está dedicada a las formas de construcción de la verdad en los discursos histórico y sofístico, en su relación directa con la política democrática. En cuanto al discurso histórico, se estudia el modo en que Heródoto diseña la identidad política de la comunidad democrática ateniense a partir del compromiso de los ciudadanos para con sus decisiones políticas. Su mirada historiadora toma en cuenta la división y la discusión previas a toda toma de decisión sobre una batalla o una guerra, mostrando el carácter performativo del compromiso asumido. Heródoto desarrolla un pensamiento de las consecuencias de la decisión, pero señalando a su vez cómo ésta se halla en su punto de partida. En este sentido, su planteo no prescinde de la *stásis* como momento propio de la práctica política de la decisión, encontrando en la Atenas democrática el ejemplo más acabado de esta praxis. Comparando el mundo griego con el bárbaro y trazando las diferencias pertinentes entre las ciudades griegas a partir de sus diferentes formas de gobierno, Heródoto establecerá la identidad democrática de la *pólis* ateniense como dialéctica entre la decisión, tomada en el marco de asambleas atravesadas por la *stásis*, y el compromiso comunitario, asumido tras la votación mayoritaria.

En cuanto al discurso sofístico, se examina cómo Protágoras, Gorgias y Antifonte operan con el *lógos* y el *nómos*, condiciones esenciales del funcionamiento y los debates de la asamblea. Con relación al *lógos*, se estudia la concepción sofística del lenguaje y cómo esto permite asumir la capacidad creadora del acto de lenguaje, hecho asociado con el uso de la palabra y la discusión en la asamblea como modos de hacer política y de hacer existir los efectos de tal política. La manera de dirimir la contradicción y el enfrentamiento dependerá de un procedimiento, lo cual nos conduce a los dispositivos de enunciación y resolución de la asamblea. Respecto del *nómos*, se analiza cómo la sofística piensa el surgimiento de la política como emergencia de un pacto social organizado a partir de la ley, considerada como una convención que los hombres pueden cambiar a partir de su trabajo sobre el discurso en un contexto de debate político, es decir, mediante el uso retórico de la palabra como forma de persuadir acerca de la necesidad de tomar tales o cuales decisiones. La ley no es un elemento ancestral que la tradición lega a los hombres sino una producción del accionar político de los ciudadanos. En el campo articulado por la sofística a partir de la palabra y la ley, el problema de la división aparecerá como una condición misma del decir: los discursos son siempre contradictorios, una ley se enfrenta permanentemente a otra ley.

La parte III se centra en la producción trágica de Esquilo, en especial la *Orestía* y las *Suplicantes*. En primer lugar, se analizan los aspectos generales que hacen de la tragedia esquílea un pensamiento político, señalando su carácter no alusivo, así como las condiciones en que las tragedias eran vistas por el público, es decir, cómo se representaban en el teatro de la ciudad durante los festivales de las Grandes Dionisias. En segundo lugar, los problemas medulares que se abordan tanto en la *Orestía* como en las *Suplicantes* son los de la decisión en una situación disyuntiva y la configuración del sujeto trágico. En este sentido, la figura del héroe adquiere el lugar primordial, dado que es en torno suyo que la tragedia expone la cuestión de la decisión entrelazada con la responsabilidad, la necesidad y las acciones derivadas de ésto. La disyunción es lo que hace posible la decisión y constituye al agente en un sujeto responsable. Puesto que la tragedia expone esto en un espacio público y ante un colectivo reunido en el teatro, ella permite entonces transmitir un balance de la experiencia subjetiva de toma de decisión a la comunidad ciudadana, transformándose en un modo inmanente de pensamiento de la situación democrática. La escisión, resuelta a partir de la toma de cada decisión, no queda nunca anulada porque en todo momento el héroe debe hacerse responsable de lo actuado. Esto genera permanentes necesidades que solicitan al agente para que vuelva a tomar decisiones. Lo que se construye de este modo es una cadena que, en tanto no se agota, implica de alguna manera mantener una fidelidad a la elección que ha dado comienzo a la acción. El héroe trágico, según nuestro argumento, resulta entonces una metáfora del ciudadano democrático en tanto y en cuanto ambas figuras evocan un proceso subjetivo centrado en la decisión. En tercer lugar, se conjetura una articulación «secuencial» entre la *Orestía* y las

Suplicantes: mientras que en aquélla se destaca principalmente el acontecimiento de la nueva justicia colectiva, democrática, en ésta se ponderan los procedimientos democráticos ya vigentes.

PARTE I

La asamblea ateniense y la invención de la democracia

Asamblea y democracia

La política griega no ha dejado de llamar la atención tanto por su singularidad como por sus diversas consecuencias, lo cual permite explicar por qué se ha constituido en un problema historiográfico siempre renovado. Pero de un tiempo a esta parte, los historiadores han hablado también de «invención de la política»[1], asunto que debe ser comprendido de modo más preciso a partir de la objetivación de los conflictos humanos mediante la actividad política. Los griegos, sin embargo, no buscaron nunca anular sus enfrentamientos a través de esta actividad, puesto que la decisión política, una vez sustraída del mando del monarca y depositada en manos de toda la comunidad, generalmente no era unánime sino tomada por mayoría, hecho que no estaba exento de luchas[2].

Hablamos pues de la política griega, de su invención, de la objetivación de los conflictos por su intermedio, de la toma de decisiones colectivas. Pero, ¿qué significaba en la Grecia antigua participar de la actividad política? La democracia ateniense presenta elementos que permiten nuevos enfoques al respecto, ya que «Atenas era la quintaesencia política de la *pólis*»[3]. Análogamente, la asamblea ateniense puede considerarse como la quintaesencia política de la Atenas democrática, dado que habilitaba la organización de un poder colegiado basado en la participación igualitaria, directa y efectiva de los ciudadanos. Nuestra inves-

---

1   Cf. *supra*, cap. 1.

2   Cf. Vernant y Vidal-Naquet (1989), 188.

3   Finley (1983b), 39.

tigación buscará formular una perspectiva sobre esta cuestión, examinando la asamblea ateniense durante la segunda mitad del siglo V a partir de la siguiente hipótesis: las prácticas concretas que la comunidad desarrolló en ella configuraron el modo material de ocurrencia de un sujeto político, que en consecuencia se conformaba a partir de las tensiones, divisiones, luchas y decisiones del cuerpo político. De esta manera, intentamos demostrar que la asamblea ateniense constituyó durante el período indicado un ámbito político singular dentro del conjunto de las instituciones de la Atenas clásica, singularidad ligada tanto al carácter de las decisiones como al modo en que eran tomadas.

Se sabe, por otra parte, que la organización institucional de la *pólis* implicaba la articulación entre derecho de ciudadanía, participación política y régimen de gobierno[4]. Las nociones de *koinonía* y *politeía* definidas por Aristóteles para tratar de discernir qué es la *pólis* permiten delinear para la Grecia antigua un modelo coherente de articulación específica entre dichos conceptos. En la Atenas clásica, las reformas de Efialtes abrirán la posibilidad de una configuración realmente nueva de las relaciones entre ciudadanía, participación y gobierno que constituirá a la asamblea democrática en el eje de la organización política de la segunda mitad del siglo V. Los procedimientos práctico-concretos allí vigentes, tales como la oralidad, el debate, la votación, en definitiva, la decisión, al habilitar una soberanía efectiva del pueblo, producirán efectos sin precedentes en el plano de la subjetividad política de los atenienses. Ciertos síntomas de esto pueden detectarse en el pensamiento de Aristóteles, que al definir al ciudadano democrático como asambleísta y juez, señala que se trata de una *aóristos arkhé*, que no podrá ser exhaustivamente aprehendida con las nociones de *koinonía* y *politeía*. Las condiciones históricas sobre las que se articula el pensamiento aristotélico resultan un obstáculo para su razonamiento y nos conducen a la peculiaridad política de la Atenas de la segunda mitad del siglo V, donde resulta imposible fijar en forma definitiva, en un plano conceptual inmutable, la función específica del asambleísta, puesto que todos los asuntos son de su incumbencia. El carácter de «magistratura indefinida» que Aristóteles asigna al miembro de la asamblea democrática se comprende entonces acabadamente a partir de las prácticas concretas de la Atenas clásica, cuya capacidad innovadora no encaja perfectamente

---

4   Cf. Brulé (1995), 133-42.

en la organización del modelo comunitario-estatal de la *pólis* diseñado por Aristóteles.

Capítulo II
El acontecimiento de la democracia

a) La emergencia del pueblo como sujeto político

La ruptura de lo que hoy denominamos contrato social es un hecho que resulta del antagonismo. Esta circunstancia, que Foucault analizaba invirtiendo el axioma de Clausewitz sobre los vínculos entre política y guerra[1], no escapó en ningún momento al pensamiento político griego que buscó diversas alternativas para erradicarla. Aristóteles tenía presente este tipo de situaciones cuando, tratando de teorizar la sustitución de un régimen político por otro (*metabolè politeiôn*), intentó captar las causas de ciertos acontecimientos que producían cambios revolucionarios, y al igual que otros autores griegos percibió que la raíz del problema estaba en la división del cuerpo político y la lucha civil (*stásis*)[2]. Sin embargo, reconocer las causas no implica controlar el motor del devenir, porque el orden político no es más que la continuación por otros medios de la relación de fuerzas que la guerra subyacente produce. El advenimiento de una revolución resulta en verdad un suceso aleatorio que muestra que el control estatal y el lazo comunitario inherentes a todo pacto social no son exhaustivos. En este sentido, el asunto puede plantearse así: la emergencia de un acontecimiento político es un modo singular

---

1   Foucault (1993), 11-22.

2   Respecto del problema de la ruptura, Saxonhouse (1992), 225-32; en general, cf. Petre (2000).

de aparición en el campo social de algo que no se deduce de los antecedentes, puesto que es la presentación de una novedad radical, algo indiscernible respecto de las condiciones de la situación histórica en la que hace su aparición. Una vez producida, esta irrupción puede generar efectos nuevos impredecibles e incalculables que suplementan la situación.

Un acontecimiento político de este tipo lo constituyen las reformas de Efialtes[3], y debemos asumir que su realización supuso el desarrollo de un descomunal conflicto que no se detuvo ni aún después de la promulgación de sus medidas. Si bien es cierto que se tienen escasos datos en cuanto a cómo «fue capaz de conseguir sus cambios críticos, y así da una impresión de "momento pacífico", ... nos deja en la duda el hecho de que fuera asesinado»[4]. Como sostiene Loraux hablando sobre su muerte con mayor ímpetu: Efialtes fue «asesinado en 461-460 por haber osado reducir las prerrogativas inmensas del Areópago, consejo aristocrático al que se liga el aura de un terror sagrado. Muerte política sin ninguna duda»[5], aunque persiste la incertidumbre acerca de los autores y la posible colaboración entre «enemigos» y «amigos» en la consecución del hecho[6].

Algunos historiadores hacen coincidir este acontecimiento con la emergencia plena de la democracia ateniense, porque a raíz del mismo adquiere vigencia la soberanía popular que conduce a lo que ha dado en llamarse una «democracia radical»[7]. Se ha hablado incluso de una «revolución ateniense», puesto que desde las reformas de Efialtes la asamblea adquirió un poder y una libertad de acción muy palpables, transformándose en el cuerpo gubernamental soberano que colocaba al pueblo ante la posibilidad cierta de utilizar el espacio público y abierto implicado en

---

3   Efialtes, lo mismo que Clístenes, no significa para mí la presencia de un personaje notable sino sólo el nombre propio con que se ha asumido la consumación de un acontecimiento revolucionario que tiene por principales protagonistas a las grandes masas que hacen su irrupción en la escena política.

4   Finley (1986a), 136. Sobre la muerte de Efialtes, Stockton (1982); Roller (1989).

5   Loraux (1997), 16.

6   Piccirilli (1987); (1988), 69-78, 106-9.

7   Cf. Hignett (1952), 214-51; cf. Jones (1987). O'Neil (1995), 57-71, analiza lo que él denomina «final democracy» y da su perspectiva sobre las reformas de Efialtes y Pericles.

ella[8]. Se ha podido sostener también que la democracia fue una creación de Efialtes[9], puesto que una vez desplazado el consejo del Areópago otorgó poderes plenos a la *ekklesía*, la *boulé* y los *dikastéria*. Asimismo, este surgimiento de la democracia ha sido explicado como un re-comienzo, porque con las medidas de Efialtes, de alguna manera, el pueblo habría recuperado el comienzo de la democracia diseñada por Clístenes, una ruptura que estableció una efectiva participación igualitaria[10].

La asociación entre ambos casos que propone la última interpretación referida nos plantea el problema de la invención de la política bajo el modo democrático. Pero la cuestión del nacimiento de la democracia se duplica, teniendo su punto de partida en una doble ruptura. Para nosotros la situación a analizar no es tanto las transformaciones inducidas por Clístenes cuanto la actuación de Efialtes, el marco histórico previo y sus consecuencias[11], pues Clístenes no habría establecido la democracia misma sino unas bases organizativo-territoriales que serían luego tomadas por la instauración de la democracia[12]. Esta idea supone un cambio de perspectiva que modifica la visión acerca de que la emergencia de la democracia se ha de atribuir

---

8   Davies (1981a), 60. El autor señala también (54-6) la importancia adquirida por la fórmula de Temístocles respecto de la política exterior ateniense tras el fracaso de Cimón en Esparta y la conecta, aunque de modo indirecto, con la «revolución ateniense». Sobre esto, Wolski (1989); cf. Cole (1974).

9   Vernant y Vidal-Naquet (1989), 106. Cf. Vidal-Naquet (2000), 159-80.

10   Ver Loraux (1979); (1993), 84-5, 211-6. Para Rhodes (2000a), 123-4, la explicación más plausible de esta doble ruptura radicaría en que las reformas de Efialtes completarían las de Clístenes: una vez que los arcontes dejaron de ser los dirigentes más importantes mantener un consejo de ex arcontes resultaba para los demócratas anacrónico, y también provocativo porque tomaba importantes decisiones judiciales que favorecían a Cimón.

11   En torno a este ciclo, Martin (1974); Fornara y Samons (1991), 37-75.

12   Por ejemplo, Mossé (1981), 28: «Clístenes no creó la democracia ateniense, sino las condiciones que iban a permitir el nacimiento de la democracia»; Finley (1983a), 144: «Clístenes remodeló la constitución y puso las bases estructurales de la democracia ateniense»; Finley (1990), 79-80: «En 508-507 [Clístenes] llevó a cabo una serie de cambios estructurales fundamentales en el sistema de gobierno». En forma similar se ha expresado Seager (1982), hecho también asumido recientemente por Stahl (1990), 17. Aunque véase ahora Ober (1996), 32-52, que además de señalar el carácter verdaderamente revolucionario del período 510-506, postula que allí residen los orígenes de la democracia.

necesariamente a sus reformas. Es evidente que esto sólo puede sostenerse retrospectivamente, a partir de las consecuencias que surgen *a posteriori*, porque en el momento del acontecimiento resulta imposible percibir el futuro de las medidas políticas[13]. Sus consecuencias abarcan tanto el plano político-legal (igualdad de los ciudadanos ante la ley, en la participación y en el uso de la palabra en las instancias en que se toman las decisiones) como el espacial, ya que produce alteraciones en el orden de las comunidades locales y en el del parentesco, afirmando la unidad del cuerpo cívico pero manteniendo la dispersión de las aldeas rurales y las circunscripciones urbanas para resignificarlas como especie de *póleis* en microcosmos que comienzan a actuar como órganos políticos del gobierno central. Todo esto supone la quita de una cuota importante del poder que la aristocracia detentaba sobre la base del gentilicio: desde entonces la filiación ya no se hará según el gentilicio sino a través de los demos y las fratrías[14]. En tanto las instituciones locales adquieren peso, y con ello la población campesina, buscar apoyos políticos allí será una de las labores de los aristócratas que deseen realizar carrera política. Como consecuencia de esto se percibe el desarrollo –tal vez profundizándose el uso de mecanismos preexistentes– de formas de clientelismo basadas en los vínculos propios de las aldeas rurales y las necesidades del campesinado. En efecto, el patronazgo sobre las masas rurales que los líderes como Cimón entretejían en el ámbito local del vecindario permitía articular lazos de solidaridad e integración vertical con los campesinos. Así, la distribución de bienes y servicios a favor de éstos dentro de la aldea estaría guiada por la necesidad aristocrática de lograr el apoyo político de los *demótai* en el vecindario para desarrollar una carrera política en el ámbito central. El de Cimón es, en tal sentido, un caso testigo que podría extenderse a otras figuras provenientes de la clase terrateniente (Aristóteles, *Constitución de Atenas*, 27, 3; Plutarco, *Pericles*, 9, 2; *Cimón*, 10, 1-3)[15].

---

13 Heródoto es el primero que hace de Clístenes el fundador de la democracia ateniense. Cf. *infra*, cap. 7.

14 Un tratamiento exhaustivo de las evidencias, la bibliografía y las cuestiones en discusión se hallará en Osborne (1985a), 11-4; Whitehead (1986), 67-75. Cf. Kearns (1985); Langdon (1985); Jones (1999), 51-3, 56-7, 297-300.

15 Cf. Rhodes (1981), 338-40; (1986), 135-8. También Finley (1986a), 66-8; Millett (1989), 23-5; Mossé (1994- 95); Gallego (1997), 55-8;

continúa »

Ahora bien, la distinción entre bases estructurales de la democracia y la democracia misma implica un desdoblamiento que alude, respectivamente, a la organización de un sistema político y a la emergencia de una práctica política capaz de utilizar el sistema ya instaurado en pos de una soberanía popular efectiva. En este sentido, Efialtes radicalizaría las consecuencias de la intervención de Clístenes, y su actuación resultaría «fiel» a la de Clístenes. Pero su fidelidad no significa una mera restauración de las transformaciones de este último sino el desarrollo de una estrategia para asignar al pueblo el poder real. Para ello atacará al consejo del Areópago, que después de las guerras médicas había cobrado prestigio y se había convertido en guardián de la constitución (*tês politeías phylaké*), recuperando un papel que ya habría ejercido anteriormente (Aristóteles, *Constitución de Atenas*, 25, 1-3; cf. 3, 1-6; 4, 4)[16]. La situación posterior a las reformas de Clístenes se había estabilizado, y a partir de esto el estado de cosas resultaba hegemonizado por las familias nobles tanto al nivel local, mediante las relaciones clientelísticas, como en el plano central, a través de una institución que se adjudicaba la capacidad de tener la última palabra sobre las decisiones, los decretos y, en última instancia, las leyes de la ciudad. Pero a partir de la actuación de Efialtes, el consejo del Areópago sólo ejercerá funciones judiciales[17], mientras que la asamblea, el consejo y los tribunales cobrarán impulso, efectivizándose en forma práctica los principios del poder popular.

Pericles, a su turno, desarrollará una forma de desplazar el patronazgo y la autoridad de líderes como Cimón[18]. Se ha argumentado que Pericles al no contar con la riqueza que tenía Cimón utilizó entonces las arcas estatales para generar el apoyo de las masas (Aristóteles, *ibid.*, 27, 4; Plutarco, *Pericles*, 12). Pero cabe conjeturar también que el efecto práctico fue un cambio de política: Pericles dio un salto de lo local a lo central en materia

---

Zelnick-Abramovitz (2000), que articula la cuestión del patronazgo al problema de la *philía*. En general, ver Connor (1971), 3-84; Davies (1981b), 88-131; Humphreys (1983), 22-32.

16 En torno a esta cuestión, Cawkwell (1988); Rihll (1995), 88-90. Cf. de Laix (1973), 29-30.

17 Cf. de Bruyn (1995), 87-110, que aduce que, a pesar de las reformas de Efialtes, el Areópago no habría perdido su capacidad de vigilar el funcionamiento de la *pólis*. Pero su análisis no me deja muy convencido al respecto.

18 Respecto de estas formas de liderazgo, Veyne (1984), 154-77.

de liderazgo, desarrollando así una especie de patronazgo público y estatal que terminará favoreciendo al pueblo urbano (los *thêtes* principalmente), mientras que el antiguo patronazgo rural pierde peso en relación con esta nueva forma[19]. De este modo, la política impulsada por Temístocles en la coyuntura de la guerra contra los persas, la victoria de Salamina y la constitución de la liga délico-ática –que hacía de la marina ateniense un elemento fundamental del poder político-militar de la ciudad[20]–, todo esto se vio consolidado a partir de diversos hechos aleatorios que fueron concatenados por las acciones de Efialtes y Pericles, que terminaron trazando una cesura entre la vieja y la nueva política[21]. Así, mientras que Cimón había asentado su carrera política en el elemento rural, Pericles, en cambio, la asentará en el elemento urbano, sin que ello implique la anulación de lo rural, puesto que este núcleo quedará también incorporado dentro de las nuevas reglas de juego. Pero en el recorrido el centro de gravedad irá cambiado de lo rural a lo urbano.

Resulta interesante, en este contexto, comprobar la visión positiva de Aristóteles acerca del gobierno ateniense de las primeras décadas del siglo V[22], cuando el Areópago tenía en sus manos el dominio de la situación y el poder se asentaba en una relación equilibrada entre las masas rurales y los «buenos» líderes que ejercían los cargos y las magistraturas. Aristóteles considera a esta etapa de la historia ateniense bajo la perspectiva de lo que él mismo cataloga como el primer tipo de democracia, la rural, la

---

19 Ésto había conducido a algunos autores a hablar de «socialismo de estado» (por ejemplo, Cohen (1961), 73-82; Châtelet (1969), 163-7), noción en extremo incorrecta. En rigor, lo que hay que tener en cuenta es el uso de los ingresos del imperio concebido por Pericles, y cómo ello repercutió en la política ateniense y la construcción del liderazgo. Parte de este proceso se desarrolló antes de que Efialtes y Pericles actuaran. Sobre estas cuestiones, Plácido (1995), 82-4; Rhodes (1986), 138-42. Más ampliamente, Connor (1971), 85-198.

20 Cf. Hass (1985).

21 Así parece indicarlo el hecho de que Cimón fracasara en su expedición a Esparta llevando consigo a 4.000 hoplitas, es decir, granjeros acomodados, cuya ausencia en el momento de votar las reformas de Efialtes resultó favorable al cambio constitucional. Volveremos luego sobre este hecho.

22 En rigor, como veremos, en la visión de Aristóteles esta democracia moderada se asociaría en el caso ateniense con las reformas de Solón, y por ende se extendería por un lapso más amplio que el que acabamos de mencionar.

mejor democracia debido a la moderación que la caracteriza, ya que el pueblo se ocupa de sus asuntos y deja para los mejores los asuntos de la ciudad (*Política*, 1318b 6-1319a 19; cf. 1291a 30-9; 1292b 25-30; 1298a 10-9). Esto contrasta notablemente con su visión de la etapa que se abre con Efialtes y Pericles, la democracia de los demagogos. Ya no se trata de una democracia rural sino la que Aristóteles enumera en cuarto lugar, la del pueblo llano, en este caso la de los marinos. La falta de moderación, la radicalidad, es lo que caracteriza a este régimen político, dado que las leyes no ocupan el lugar central sino los decretos del pueblo. Ya no son los mejores los que ejercen el poder sino los demagogos (1319a 24-b 32; cf. 1292a 4-37; 1292b 41-1293a 10; 1298a 28-33).

Bajo una perspectiva de esta índole es claro que lo que se está postulando es una divergencia entre el pueblo campesino y los grupos populares no rurales. Para el caso ateniense hay diversos documentos que reflejan varias circunstancias en las que el pueblo campesino comienza a ser diferenciado del pueblo urbano, lo cual supone una especie de contradicción entre *khóra* y *ásty*. Una de las formas en que esto aparece es la oposición entre el dominio de los mares y el cuidado de los campos. La crítica del Viejo Oligarca a este respecto señala que Atenas se comporta como dueña del mar pero sus condiciones no son favorables para ello, ya que no es capaz de defender sus tierras de las devastaciones e invasiones de los enemigos. Como consecuencia, los labradores y los ricos se hallan a merced de los ataques enemigos mientras que el pueblo sabe que nada de lo suyo va a ser incendiado ni arrasado ([Jenofonte], *República de los atenienses*, 2, 11-4; cf. Tucídides, 1, 142-3)[23]. Según Aristófanes (*Asambleístas*, 197-8), una oposición similar se revela cuando resulta necesario decidir sobre los gastos públicos: mientras que a los pobres les parece bien botar naves, a los ricos y a los campesinos todo lo contrario. Algo semejante se observa también en Tucídides: la estrategia marítima ateniense causó no sólo la devastación de los campos del Ática por los ejércitos enemigos, que afectó a grandes y pequeños propietarios (2, 65, 1-2), sino también el abandono de los campos por parte de los campesinos para asentarse dentro del recinto amurallado de la ciudad (2, 16, 1-2). Se trata de una nueva ideología –que Tucídides pondrá en boca de Pericles– que sintetiza notablemente el cambio operado: «La posesión de unas

---

23 Sobre la relación entre masas rurales y urbanas en la obra del Viejo Oligarca, Leduc (1976), 177-98.

casas y la tierra, que tanto estimáis al estar privados de ellas, no manifiesta vuestro auténtico poder. Tampoco es razonable apenarse por ellas, sino considerarlas como el jardín de una casa, como un lujoso adorno desdeñable comparado con vuestro imperio» (2, 62, 3).

La expresión más acabada de este contraste de valores la hallamos en Aristófanes, que defiende las costumbres antiguas, el accionar de los líderes de antaño y las tradiciones campesinas –como la educación en el hogar y la transmisión del respeto a los mayores–, y considera al campesino como el verdadero elemento de la ciudad, el verdadero soldado. En contraposición, ataca a los sofistas y sus innovaciones en la educación, a los modos afeminados de la vida urbana y a los demagogos y el pueblo llano que actuaban en el ámbito de la ciudad[24]. Pero hay una especie de paradoja en las comedias de Aristófanes, pues al criticar la situación de su tiempo termina por organizar discursivamente una oposición entre lo rural y lo urbano que hasta entonces tal vez no había adquirido una expresión tan acabada. El desplazamiento ocurrido adquiere en sus comedias una claridad meridiana: el campesinado, que hasta la migración forzosa a la ciudad y las devastaciones enemigas durante la guerra del Peloponeso había vivido en el campo y constituía el eje de la organización político-social ateniense, deja entonces de ser el elemento más importante. El poder cae en manos de líderes de nuevo tipo, asentados principalmente sobre el elemento urbano. Por cierto que esta visión nostálgica de Aristófanes tiene bastante que ver con la democracia rural que vimos en Aristóteles, y coincidiría en el caso ateniense con la antigua democracia de Solón, el predominio del Areópago, la política de líderes como Cimón y todas las costumbres por ellos practicadas[25]. No obstante, estos «buenos viejos días» parecen no haber sido tan pacíficos y bucólicos como el comediógrafo y el filósofo suponían[26].

De todos modos, podemos interpretar esta transformación argumentando que la existencia del ciudadano se desarrollaba a dos niveles: como *demótes* en el plano local dentro de los *dêmoi*, y como *polítes* en el plano central dentro de las instituciones de la

---

24 Para todas estas cuestiones y las que tratamos a continuación, Gallego (1997).

25 de Ste. Croix (1972), 355-76, considera que Aristófanes tenía una posición política cimoniana.

26 Cf. Finley (1986a), 152.

pólis[27]. Habría pues dos niveles de pertenencia, siendo el último de los planos mencionados el que, desde Clístenes, establecía el carácter político del primero. Esto nos permite delimitar con mayor sutileza los mecanismos de control del estado. Entre éstos hay que señalar ahora las configuraciones ideológicas. En el caso que nos atañe, el desplazamiento recién aludido llevará a que *demótes* vaya paulatinamente asociándose con *ágroikos*, que se convierte en un mote peyorativo que denota rusticidad y vulgaridad, mientras que la idea de *polítes* va a terminar ligándose con la de *asteîos*, en virtud de lo cual adquirirá una valoración positiva connotando desde entonces urbanidad, inteligencia, refinamiento[28]. Estos son valores que, ciertamente, se delimitan dentro de los grupos dominantes, cuyos modos de vida social poco tienen que ver con las penurias de los campesinos y los pobres urbanos. Pero la contradicción señalada entre lo urbano y lo rural se traduce también en una división de la comunidad cívica no sólo según la inclusión de los ciudadanos en diferentes clases que el estado contabiliza y agrupa en la bipolaridad ricos-pobres, sino de acuerdo con dos sectores del pueblo que en este caso parecen contraponerse: campesinos y pobres urbanos. La división parece darse entonces dentro de las masas populares según su rol como *demótai* (masas rurales) o como *polîtai* (masas urbanas). Mientras que aquéllos se asocian a la falange hoplítica, éstos, en cambio, se asocian al desarrollo de la flota. Esta contraposición, que a la larga mostrará a los «hoplitas como dinosaurios», según la expresión de Hanson[29], y que habría sido tempranamente percibida por Esquilo al preferir que en su epitafio figurara Maratón y no Salamina (*Vida de Esquilo*, 10), irá tomando cuerpo durante prácticamente todo el siglo V[30].

Sin embargo, una distinción tajante entre ambos sectores puede resultar engañosa[31]. Como indica el mismo Hanson, los *zeugîtai* y los *thêtes* lograron hallar el modo de establecer empresas y aspiraciones comunes. Esta confluencia entre ambos

---

27 Cf. Gallego (1996a).

28 Sobre *ágroikos* y *asteîos*, Borgeaud (1993); Hartog (1999), 167-73; *demótes* como plebeyo, Jones (1999), 11.

29 Hanson (1995), 327-33.

30 Cf. Plácido (1997a), 119-43, y en especial Prost (1999); también Lévêque (1978).

31 Ver Osborne (1990a); Hansen (1991), 106-16. Cf. Mossé (1995), 86-108. También Humphreys (1970); Davies (1981a), 89-115.

sectores hizo posible que, ideológicamente hablando, los *thêtes* sin tierras, en un sentido estrictamente político más que militar, se convirtieran en hoplitas, no lo inverso[32].

Además, hasta el año 431, cuando comienza la guerra del Peloponeso, la mayor parte de la población había seguido viviendo en el campo (Tucídides, 2, 14, 2), y a pesar de los estragos y penurias que suele causar la guerra entre los labradores, resulta probable conjeturar que al final de la misma éstos seguían siendo mayoría dentro del cuerpo cívico, puesto que, según parece, sólo una quinta parte de la población no poseería tierras[33]. Por otra parte, desde un punto de vista estrictamente político, no es la división entre ciudad y campo la que marca acabadamente la resolución de los conflictos en la *ekklesía*, aun cuando en diversas circunstancias esto pudiera haber tenido peso. Ciertamente, la asamblea funcionaba como una instancia singular en la que tanto los sectores urbanos cuanto los grupos rurales de la ciudadanía podían ejercer libremente sus derechos. Puede suponerse que, en verdad, y más allá de la precaria situación de las clases rurales durante la guerra del Peloponeso, e incluso más allá de las críticas del Viejo Oligarca y Aristófanes, o las más veladas de Tucídides, los campesinos aceptaron la estrategia de Pericles, de la misma manera en que lo habían hecho en las guerras médicas cuando los persas invadieron el Ática. El discurso de Pericles, del que citamos un pequeño fragmento anteriormente, señala no sólo un cambio de mentalidad que contrapone los intereses marítimos del imperio con los del campo, sino también la aceptación popular de esta política, incluyendo a los campesinos dentro de este sector. De otro modo, hubiera resultado imposible movilizar a la población rural dentro de los muros de la ciudad. Es cierto que

---

32 Hanson (1996), 306.

33 Esto es lo que se extrae del decreto de Formisio que proponía restringir la ciudadanía a los propietarios de tierras (Dioniso de Halicarnaso, *Argumentum* a Lisias, *Sobre la constitución ancestral*), pues de haberse aprobado sólo unos 5.000 habrían quedado excluidos. Se toma como base una población de ciudadanos adultos de alrededor de 25.000, cifra en verdad conservadora según algunos cálculos recientes: Hansen (1982a); (1991), 90-4; cf. Williams (1983). Gomme (1933), 26-27, desecha el dato, aunque el número total que da se acerca al consignado aquí. Ver Mossé (1973b); Hanson (1995), 357-403. Por supuesto, hay que considerar la mortalidad causada por la guerra y cómo pudo afectar de un modo diferente a hoplitas y *thêtes*; al respecto, Brulé (1999). Sobre las devastaciones del Ática, Hanson (1998), 131-73, con los comentarios de Harvey (1986) y Foxhall (1993).

había grupos disgustados con la estrategia, que querían repeler los ataques enemigos sobre la *khóra* ateniense, como ocurrió con muchos del demo de Acarnes. Pero de hecho ellos también terminaron por aceptar el plan de acción establecido (cf. Tucídides, 2, 20-2).

Dos menciones refuerzan esta idea. En un caso, es un pasaje de Jenofonte (*Memorables*, 3, 7, 6), con un tono explícitamente condenatorio, el que deja ver que los componentes de la asamblea conformaban una muchedumbre (*ókhlos*) de cardadores, zapateros, carpinteros, herreros, campesinos, comerciantes, traficantes de la plaza pública y revendedores. El otro ejemplo proviene de Platón (*Protágoras*, 319 d), que también señala la diversidad social de los que habitualmente participan de las reuniones de la asamblea. Resultaría pues una gran simplificación trazar una distinción tajante entre campesinos y masas urbanas, ya que, en rigor, tanto unos como otros constituían en conjunto el pueblo[34]. Clasificar sus posibles ocupaciones económicas es viable, y es lo que le sirve a Aristóteles para realizar su tipificación de los diferentes tipos de democracia, pero no aclara demasiado respecto de la política democrática y las opciones resueltas en la asamblea[35]. A nuestro entender, éste es uno de los aspectos más relevantes de la política ateniense de la segunda mitad del siglo V.

La transformación radical en el estado de cosas de la Atenas clásica que conduce a la situación recién referida fue inducida por las reformas de Efialtes. Su ocurrencia marca a las claras un antes y un después tanto en relación con el ejercicio real del poder político como con respecto a las instituciones en las que el mismo se desenvuelve y los sectores capacitados para participar en ellas. Nuevas formas de liderazgo aparecen a la vez que se esbozan tendencias que configuran de modo más claro a determinados grupos político-sociales. La sustitución de los líderes de viejo estilo por los demagogos, por un lado, y la distinción entre pueblo urbano y campesinado, por otro, son ejemplos de estas evoluciones. Sin embargo, existe una dimensión que en el curso que va de 462 a 404 subsume esta serie de factores, dimensión ligada a la presencia del pueblo como sujeto político que configura a la democracia no sólo como una forma de gobierno con sus bases estructurales sino sobre todo como una práctica política subjetiva, esto es, una voluntad general de poder, que si bien funciona a partir de meca-

---

34 Véase Hansen (1991), 11-2; Starr (1990), 36-7.

35 Cf. Finley (1986a), 112-3.

nismos institucionales reglamentados no se agota en ellos, pues la asamblea resulta en este sentido una magistratura indeterminada[36]. El problema que se presenta, entonces, es el de la delimitación temporal de este ciclo en el que la política es un atributo del pueblo. ¿Por qué decimos que es con Efialtes que este modo radical de la política democrática comienza y por qué hacemos coincidir su agotamiento con el fin del siglo, circunscribiendo su vigencia al período 462-404?

Los acontecimientos que marcan el período de vigencia de esta soberanía popular tienen sus límites cronológicos evidentes en torno a las reformas de Efialtes con respecto al consejo del Areópago, antiguo cuerpo aristocrático que, según Aristóteles (*Constitución de Atenas*, 25, 2), desde las guerras médicas había tomado para sí la prerrogativa de actuar como guardián de la constitución (*tês politeías phylaké*)[37]. Sus medidas de 462/1 inauguran el ciclo en que adquiere vigencia efectiva el modo radical de la política democrática y abren el camino para el despliegue de la potestad asamblearia: el líder popular ataca al consejo en pos de anular dichas prerrogativas quitándoles a los aristócratas el poder real y llevando todo el poder al *dêmos*[38]. En el año 404 la democracia sufre una nueva interrupción[39]. Una de las primeras medidas tomadas por los líderes oligárquicos consistirá en dejar sin efecto las leyes de Efialtes referidas a los poderes del consejo del Areópago (35, 2). El restablecimiento de la democracia en 403 conlleva, paradójicamente, la aceptación de un decreto por el cual dicho consejo vuelve a aparecer como garante de las leyes de la ahora restaurada democracia (Andócides, *Sobre los misterios*, 83-4)[40]. El ciclo radical está clausurado. Pero el agotamiento del modo radical de la democracia no se debe sólo a estos eventos. Otro elemento indicativo al respecto lo constituye la aprobación de una amnistía, una obligación de olvidar instaurada por decreto,

---

36 Sobre la asamblea como magistratura indeterminada y la idea de voluntad general, cf. *infra*, caps. 5-6.

37 Rhodes (1981), 315-7; Cawkwell (1988).

38 Sobre las reformas, resulta fundamental el análisis de Piccirilli (1988), 33-43, obra que en su conjunto constituye el intento más acabado de reunir e interpretar la documentación existente al respecto. Cf. Hignett (1952), 193-213; Sealey (1964); (1981); Wallace (1974); (1985), 83-7. Recientemente, véase Stockton (1990), 41-56; Rihll (1995).

39 Como se sabe, ya había ocurrido otra entre 411 y 410.

40 Respecto de estas cuestiones, Hall (1990); también Wallace (1985), 131-44; Hansen (1991), 288-95.

como forma de restablecer la unidad del cuerpo cívico. Y aún no es lo último que marca el agotamiento de la experiencia política ateniense del siglo V.

Como ha reconocido Mossé[41], si anteriormente se creía que la democracia radical surgía durante la guerra del Peloponeso, luego de la muerte de Pericles, extendiendo su vigencia hasta la caída de Atenas bajo las armas de Filipo en Queronea –un período considerado como de inexorable declive de la política[42]–, en la actualidad, en cambio, se piensa el proceso en otros términos, pues la democracia radical se desarrolla durante el lapso 462-404. A partir de 403 el gobierno ateniense toma una forma más moderada[43]. Tal vez el aspecto más relevante de este cambio sea la limitación de los poderes de la *ekklesía* y la paralela instauración de comisiones de *nomothétai* que toman en sus manos un conjunto de funciones que hasta entonces estaban bajo la órbita de la asamblea[44]. Esto se manifiesta en una serie de mutaciones tales como las revisiones de las leyes, la profesionalización de la política con la separación entre las funciones de los *rhétores* y los *strategoí* que hasta entonces iban juntas, la aparición de la figura del orador como político especializado[45], la aplicación sistemática de la *graphè paranómon* a través de los *dikastéria* encargados de velar por la armonía constitucional, el control más exhaustivo de las leyes sancionadas. Todo esto terminó privando a la asamblea de los amplios poderes políticos y legislativos que detentaba durante la segunda mitad del siglo V[46]. Se trata, pues, de una mutación

---

41 Mossé (1995), 121-3.

42 Por ejemplo, la propia tesis de Mossé (1962), y de Romilly (1975), 154-70.

43 Cf. Strauss (1986), que analiza el contexto histórico posterior a la guerra del Peloponeso, cuando se producen las modificaciones constitucionales que señalamos, y (1987), donde critica el uso de los términos «radical» o «moderado» para clasificar la democracia ateniense de los siglos V y IV a.C.

44 Al respecto, ver Harrison (1955); MacDowell (1975). El problema ha sido reconsiderado por Hansen (1980); (1981); (1983), 161-206; (1991), 161-77, y Rhodes (1985); (1987). Finley (1986a), 96-7 y n. 4, limita los alcances del poder práctico de la *nomothesía* y considera que la asamblea durante el siglo IV siguió teniendo un poder que nada ni nadie limitaban. Cf. *infra*, cap. 6.

45 Ver Perlman (1963); (1967); Hansen (1989a), 1-72; (1991), 266-87. También Sinclair (1988), 34-48; Ober (1989), 104-55. Últimamente, Hamel (1995).

46 Hansen (1987), 94-124; (1991), 150-60, 296-300. La amplitud de poderes y funciones de la asamblea durante el siglo V ha sido analizada recientemente por Starr (1990), 39-48.

fundamental, que la historiografía reciente ha asumido bajo la
idea de un pasaje de la soberanía popular a la soberanía de la ley[47].
Todo esto en lo que respecta al agotamiento del ciclo, que si bien
forma parte del ciclo como límite del proceso, sin embargo, queda
afuera del campo de nuestro interés aquí. Porque para nosotros el
problema consiste en comprender cómo se produce la apertura de
esta secuencia única y cuáles son sus características principales.
Para dar respuesta a esto es menester adentrarnos en un análisis
más preciso de las reformas lideradas por Efialtes.

b) La lección aristotélica
de las reformas de Efialtes

Sabido es que Aristóteles resulta nuestra fuente principal para
el tema planteado. En la *Política*, sus evaluaciones de este suceso
presentan un tono condenatorio. Esta reprobación de los cambios
producidos en Atenas en 462/1 se percibe claramente cuando introduce el asunto de la preponderancia del pueblo y sus malos
dirigentes a partir de las reformas de Efialtes. Si de modo explícito
critica el hecho de que los tribunales adquieran más poder que el
resto de las magistraturas, implícitamente las nuevas circunstancias
deben asociarse con la mayor fuerza adquirida por el pueblo, que
va a acaparar las atribuciones que antes detentaba el aristocrático
consejo del Areópago. De todos modos, para la mirada aristotélica,
la transformación radical que produce este evento conlleva un
cambio constitucional que altera el equilibrio de fuerzas vigente,
mostrando así que el orden no es la esencia de la sociedad sino una
resolución transitoria del conflicto político subyacente[48].

---

47   Asunto analizado, en un libro que muestra acabadamente la gran dis-
     tancia existente entre la democracia del siglo V y la del IV, por Ostwald
     (1986). Recientemente el punto ha sido analizado extensamente por
     Musti (2000), 189-248. Asimismo Hansen (1991), 159-60, 300-4; Todd
     (1993), 298-9; Mossé (1995), 173-8; Cohen (1995), 34-56. Cf. Sinclair
     (1988), 77-105, y Ober (1989), 95-103, 299-304, para quien la frontera
     entre imperio de la ley y soberanía del pueblo no es tan evidente, y tam-
     poco lo es la distancia entre la democracia del siglo V y la del IV. Para
     una posición totalmente contraria a la que aquí seguimos, Sealey (1987),
     146-8: Atenas era una república regida por la ley, no una democracia;
     por lo tanto, la soberanía popular no existió en ningún momento y bajo
     ningún aspecto.

48   Al respecto Finley (1986a), 129-59.

Tales son las precisiones más generales a partir de las cuales el Estagirita considera el fuerte trastrocamiento que conduce de la democracia antigua de Solón a la democracia actual, la de su propia época[49]. El punto de inflexión entre una y otra hace alusión a una situación muy precisa de la historia ateniense del siglo V: las reformas de Efialtes[50]. En efecto, este corte histórico es analizado y utilizado por Aristóteles para realizar una crítica de la nueva situación, ya que habilita la actuación política de malos líderes y de un pueblo que no es el mejor posible. Pero más allá de la condena del filósofo, el aspecto importante de estos cambios consiste en la emergencia de un poder nuevo a través de una institución que hasta ese momento no había conocido el peso que tendría durante la segunda mitad del siglo V. Nos estamos refiriendo a la asamblea como la instancia que coloca el poder efectivo en el pueblo (*en tô dêmo*)[51], pues el acontecimiento de la democracia hallará en este procedimiento la posibilidad de articular una verdadera voluntad general del pueblo. Aun cuando sepamos de la actuación de la asamblea en fechas previas, su mayor importancia dentro del sistema político ateniense resulta desde mediados del siglo V indiscutible, ya que la reunión de los ciudadanos para tomar decisiones sería la garantía efectiva de la democracia directa.

En lenguaje aristotélico, la coyuntura que estamos estudiando implica una *metabolè politeías*, es decir, un acontecimiento que transforma la situación y plasma sus efectos en un estado de cosas que, en consecuencia, se percibe como alterado respecto del anterior. En principio, las nuevas circunstancias se explicarían por el desempeño de líderes capaces de imponer unos cambios que radicalizan la situación democrática y por la opción que

---

49 En lo que sigue no desconocemos esa problemática propia de la Atenas del siglo IV en torno a la *pátrios politeía* y el rol de fundador de la *pátrios demokratía* asignado a Solón. Si bien es cierto que las ideas de Aristóteles deben situarse en este contexto, estimamos que, a pesar de esto, pueden hallarse en los textos aristotélicos elementos relevantes sobre la democracia ateniense del siglo V, cosa que trataremos de demostrar en las páginas siguientes. Sobre Solón y la constitución ancestral, ver Finley (1977), 45-90; Walters (1976); Lévy (1976), 173-208; Mossé (1978); (1979b). Últimamente Hansen (1989b); (1991), 296-300. Sobre la habilidad de los análisis históricos de Aristóteles sobre Solón, Weil (1965), 165-8.

50 Cf. brevemente Lintott (1992), 125-6.

51 Respecto de la consolidación de la asamblea como poder soberano, Starr (1990), 13-31.

hace el pueblo en favor de estos líderes. Según el Estagirita, a partir de la constitución de Solón (régimen en el que habría un equilibrio entre el Areópago, oligárquico, las magistraturas electivas, aristocráticas, y los tribunales, democráticos) los tribunales lograron fortalecerse y con ellos el poder del pueblo y sus líderes (*Política*, 1273b 35-1274a 5)[52]. Los integrantes de los tribunales eran seleccionados por sorteo –marca distintiva de su carácter democrático (Aristóteles, *Retórica*, 1365b 30-1; Heródoto, 3, 80, 6)–, lo cual daba al pueblo la posibilidad de actuar en política. Aristóteles señala también que algunos critican a Solón por esto, ya que la multitud terminó adquiriendo más poder, anulando paulatinamente el de los ricos y distinguidos que controlaban las magistraturas[53].

La explicación aristotélica de este proceso cobra una precisión que es necesario transcribir (*Política*, 1274a 5-11):

«Una vez que éste [el tribunal] logró fuerza (*ískhysen*), los que halagaban al pueblo como un tirano transformaron (*katéstesan*) la constitución en la democracia actual. Efialtes, e igualmente Pericles, restringió (*ekólouse*) la autoridad del consejo del Areópago, Pericles instituyó (*katéstese*) la retribución de los tribunales, y así cada demagogo avanzó (*proégagen*) de un modo creciente hacia la democracia actual».

La democracia del momento de Aristóteles sería así una consecuencia directa de una mutación ocurrida con Efialtes y Pericles, que aparecen como los iniciadores de una evolución que cabe designar, siguiendo el pensamiento aristotélico, con la categoría de *demagogía*, ya que cada dirigente posterior siguió el camino abierto por estos cambios radicales. El destino de la democracia soloniana se resolvería así en la determinación de unos líderes dispuestos a consumar un cambio en el equilibrio de fuerzas instituido por el régimen antiguo[54].

---

52 Cf. Wallace (1985), 48-69.

53 Aristóteles (*Política*, 1273b 35-9; 1274a 15-21) se cuida bien de no criticar a Solón. En efecto, para el filósofo era necesario que el pueblo tuviera control sobre los magistrados eligiéndolos y haciéndoles rendir cuentas al finalizar sus mandatos. Los *pentakosiomédimnoi*, los *hippeîs* y los *zeugîtai* eran los que ocupaban los cargos electivos, mientras que los *thêtes* no tenían participación alguna en ellos.

54 Es preciso llamar la atención sobre el acusado esquematismo del razona-

continúa »

El pasaje muestra, ante todo, la emergencia de una nueva situación a partir de unas acciones políticas que quedan claramente circunscriptas por las distintas formas verbales que ocupan las líneas centrales del párrafo: transformaron (*katéstesan*), restringió (*ekólouse*), instituyó (*katéstese*). Estos verbos, atribuidos directamente a los líderes –el primero a los que halagaban al pueblo y los dos siguientes a Efialtes y Pericles, respectivamente–, connotan un claro intento de pensar cómo se produjo el trastrocamiento de las circunstancias vigentes. Su utilización no deja dudas sobre la deliberada búsqueda de un nuevo equilibrio, que implicaba necesariamente la reducción del poder del consejo del Areópago. La idea de proceso instituyente implicada en la aparición del verbo *kathístemi* indica un modo de pensar en el pasado el comienzo de un proceso todavía vigente: *tèn nyn demokratídn*, expresión que remite a una etapa que Aristóteles interpreta como su propio presente.

En este contexto, Aristóteles (*Política*, 1274a 11-5) se ve llevado a introducir una interesante aclaración. Ante los reproches a las disposiciones de Solón por la posibilidad de que el pueblo cobrara más poder que los sectores dirigentes, contesta que, en realidad, «esto no ocurrió en virtud del propósito de Solón, sino más bien por una coincidencia», o, si se prefiere, una casualidad (*apò symptómatos*): «El pueblo, al convertirse en causa (*aítios genómenos*) del poderío naval en las guerras médicas, adquirió conciencia (*ephronematísthe*) de su importancia, y siguió a malos demagogos (*demagogoùs élabe phaúlous*) en vez de a los gobernantes virtuosos (*antipoliteuoménon tôn epieikôn*)».

El pasaje otorga un abanico muy rico de posibilidades de análisis. Primero, un hecho fortuito, una casualidad, que sólo desde la perspectiva de Aristóteles terminará siendo una «desgracia». La propia expresión *apò symptómatos* implica antes que nada una coincidencia, un evento azaroso. Su carácter desgraciado aparece ciertamente en la aclaración inmediata: el pueblo prefirió lo malo a lo virtuoso. Esto nos conduce a la época de Aristóteles, caracterizada como una corrupción del gobierno de los virtuosos que es la condición principal de la democracia antigua. Evidentemente, el suyo es un punto de vista ideológica e históricamente

---

miento aristotélico: antes de Efialtes está en vigencia la constitución soloniana; después de éste se produce el desarrollo de la democracia actual. Volveremos sobre esto al abordar el tratamiento de estos mismos puntos en su *Constitución de Atenas*.

condicionado de antemano. En segundo lugar, hay que destacar la forma que adquiere la causalidad histórica antes de quedar reducida por los prejuicios filosófico-morales de Aristóteles. La nueva situación se gesta de manera inmanente al desarrollo de las fuerzas que las guerras médicas ponen en movimiento en la Atenas de ese entonces. Ésto va a terminar configurando algo imprevisto y, por tanto, casual. El pueblo pasa a ocupar un lugar político fundamental por el rol militar que desempeña la flota ateniense contra los persas en la batalla de Salamina. Al tiempo que se hace consciente de este hecho, en el momento en que debe elegir opta por malos demagogos y no por gobernantes virtuosos. Estamos claramente ante el advenimiento del pueblo como sujeto político: rol militar, conciencia de este hecho, capacidad para elegir, opción por unos líderes y no otros, toda la serie conduce a una mutación en el régimen político. Pero el paso de la antigua democracia a la reciente, que conlleva un importante factor azaroso, se consuma por la acción política de ciertos líderes que, en apariencia, utilizan los poderes institucionales existentes aunque otorgándoles un peso cuantitativo muy distinto al disminuir o aumentar su incidencia en el orden vigente. Así ocurre cuando se restringe la capacidad del consejo del Areópago y se amplía el protagonismo del pueblo a través de los tribunales. Pero esta mutación no tiene que hacernos perder de vista que se trata, al mismo tiempo, de una transformación cualitativa que coloca al pueblo en una posición de dominio pleno, a punto tal que logra establecer una nueva forma de gobierno.

Otro aspecto de este poder popular lo hallamos en la expresión *antipoliteuoménon tôn epieikôn*, que señala que el pueblo se coloca en oposición a la política de las clases superiores. Como vimos, la situación previa resultaba de un equilibrio de poderes entre tres elementos que, para Aristóteles, lograban controlarse entre sí dando por resultado un gobierno moderado pero con un marcado predominio aristocrático. Los planos de participación estaban estrictamente delineados: los cargos principales en manos de los ricos y distinguidos, *pentakosiomédimnoi, hippeîs* y *zeugîtai*[55]; los *thêtes* integrando los tribunales pero no las magistraturas, aunque con atribuciones suficientes para elegir

---

55 Cabe destacar que esta confluencia entre las tres primeras clases del censo soloniano sólo ocurrirá cinco años después de las reformas de Efialtes, momento en que los *zeugîtai* logran acceder al arcontado y al consejo del Areópago. Ver Rihll (1995), 90-1.

magistrados y hacerles rendir cuentas al finalizar sus mandatos. La posición adoptada por los *thêtes*, cuyo importante desempeño en Salamina se acrecienta y se afirma con la organización de la liga délico-ática, resultaría de la elección entre un gobierno corrompido por el liderazgo desmesurado de los *demagogoí* y uno moderado basado en el liderato equilibrado de los *gnórimoi* y *eúporoi*. Resulta pertinente destacar aquí que la terminología utilizada por Aristóteles para encuadrar las formas de gobierno y las elecciones del pueblo no implica sólo un intento de categorizar a los actores mediante una evaluación socio-política de las clases y sus intereses, sino ante todo un calificativo moral: hay gobiernos buenos y malos, así como existen clases más aptas y menos aptas para ejercer el poder. Atenas desde 462/1, se encontraría dirigida por los peores sectores (*demagogoùs phaúlous*) y su forma de gobierno sería una especie de tiranía popular (*tyránno tô démo*).

Otras consideraciones en diversos pasajes de la *Política* pueden tomarse como otros tantos ejemplos de la perspectiva aristotélica respecto del régimen político ateniense de su tiempo. El filósofo se refiere en estos casos a lo que él clasifica como la democracia del pueblo llano y los demagogos, y a las causas de su destrucción. Tanto para la tiranía como para la democracia radical (*demokratía eskháte*) existen formas y motivos similares de revolución, puesto que una de las características sobresalientes de esta última consiste en ser una forma de tiranía (1312b 34-7). De modo más gráfico aún, Aristóteles argumenta que la tiranía es al pueblo lo que, de acuerdo con Hesíodo (*Trabajos y días*, 21-6), el alfarero es al alfarero, ya que la democracia extrema (*demokratía teleutaía*) es una tiranía. Y puesto que ésta es contraria a las repúblicas (*politeîai*), también lo es la democracia radical, porque ella es una tiranía (*Política*, 1312a 39-b 6)[56].

Reconfiguremos la situación según las diferentes causalidades que Aristóteles ha puesto en juego. En primer lugar, el rol de los tribunales, donde los *thêtes* eran mayoría, que cobran más fuerza e inducen un cambio por el cual el pueblo comienza a ser halagado como un tirano. En segundo lugar, el papel de los líderes Efialtes y Pericles, seguido luego por los demás demagogos, que posibilita ese mayor poderío de los tribunales en detrimento de

---

56 Cf. *ibid.*, 1292b 8-9; 1292b 41; 1293a 33-4; 1296b 29-30; 1298a 31-3; 1312b 34-7; 1313b 32-3; 1319b 1-4; 1320a 17-34; 1320b 31-2. Respecto de la democracia «final» en Aristóteles, Ober (1998), 293-5.

la autoridad del consejo del Areópago. En tercer lugar, junto a lo anterior, una concatenación de eventos azarosos, ya que el mayor poderío del pueblo se debió al papel militar fundamental de la flota en las guerras médicas, a la toma de conciencia política a partir de este rol y a la vinculación con malos guías en vez de los dirigentes virtuosos. En la explicación aristotélica estos múltiples niveles no se hallan en armonía sino que existe una contraposición de planos: se destaca por una parte la actuación de los malos líderes, como si todo dependiera de ellos, pero luego se atribuye el suceso a una circunstancia azarosa por la cual el pueblo, al hacerse consciente de su mayor importancia, toma en sus manos la facultad de decidir y, en este contexto, termina optando por esos malos líderes que, tratando de conseguir garantías de continuidad para sus privilegiadas funciones, lo halagan como si fuera un tirano.

Antes de proseguir, cabe extraer algunas conclusiones provisorias. La nueva situación resulta de la intersección de dos singularidades que, según Aristóteles, sólo en el plano de la coincidencia actuarían como antecedentes del suceso finalmente acaecido: por un lado, la actuación de la flota ateniense, cuyos efectos políticos se hacen sentir en la etapa posterior a las guerras médicas; por el otro, la toma de conciencia de esta situación inédita por parte de los *thêtes*, que no resulta para nada necesario, como tampoco su opción por los demagogos; por último, una superposición de dos órdenes de fenómenos que sólo tiene como explicación la casualidad de un encuentro en el que se produce una importante toma de posición subjetiva. Será en torno a los efectos inéditos de una situación también inédita que el reposicionamiento político del pueblo habrá de producirse. Pero la decisión sobre el sentido de estas contingencias en el estado de cosas de la Atenas de los años 470/60, que conducirá al despliegue de una política diferente a la ejercida hasta entonces, no tiene un horizonte predeterminado al que remitirse sino que responde a lo que la historiografía analiza bajo la idea de invención de la política[57].

Podemos argumentar entonces que existen varios planos del acontecimiento. A partir de la decisión de equipar una flota en función de las necesidades bélicas emerge una serie de consecuencias imprevisibles. Antes que nada, la victoria misma contra los persas. Luego, la creación de la liga délico-ática y la posterior

---

57 Cf. Mossé (1981), 35-6; Finley (1986a), 66-8; Plácido (1997a), 13-4.

conformación de un imperio marítimo para Atenas[58], cuyos tributos colaborarán en sostener el nuevo papel de los *thêtes*. Una vez presentes en la escena política, éstos toman sus propias decisiones promoviendo una democracia radical. Sin embargo, a juzgar por los críticos de Solón a los que Aristóteles se refiere de pasada, habría una predeterminación que marcaría la posibilidad de que esto ocurriese, lo cual parece venir dado por el lugar que ocupa el pueblo en los tribunales a partir de las reformas solonianas.

Cuando Aristóteles vuelva a referirse a la situación imperante en la Atenas posterior a las guerras médicas, el relato adquirirá una forma binaria que contrapondrá los intereses de la minoría con los de la multitud, según el régimen político que cada sector impone cuando ejerce el poder. Obviamente, el enfrentamiento es entre oligarquía y democracia, entre el gobierno de los pocos y ricos y el de los muchos y pobres. Esto implica la posibilidad cierta de un cambio en la constitución, ya que ésta se puede transformar según aumente el poder y prestigio de los magistrados o de algún otro elemento de la *pólis* (*Política*, 1304a 17-9). Tal sería lo ocurrido en Atenas durante la coyuntura en cuestión, puesto que «el prestigio que adquirió el consejo del Areópago durante las guerras médicas hizo más riguroso (*syntonotéran*) el régimen político, y, en sentido inverso, la muchedumbre (*ókhlos*) del servicio de la flota, al ser la causante de la victoria de Salamina, y mediante ella de la hegemonía que trajo consigo el poderío marítimo, robusteció la democracia» (1304a 20-4; cf. 1290a 27-8).

Aristóteles inscribe este razonamiento bajo una relación general de causalidad realmente interesante. Al comienzo del capítulo 4 del libro V propone que «los conflictos civiles (*stáseis*) nacen no en torno a lo pequeño (*perì mikrón*) sino desde lo pequeño (*ek mikrón*), pero los intereses luchan (*stasiázousi*) en torno a las grandes cosas (*perì megálon*). Y principalmente las cosas pequeñas (*mikraí*) influyen cuando se producen entre los poderosos» (1303b 17-20). No es imposible conjeturar que lo pequeño ha adquirido aquí una función similar a la de la coincidencia (*apò symptómatos*) en el pasaje ya citado. Las líneas de fuerza que Aristóteles hace intervenir al presentar la situación política que conduce a las reformas de Efialtes, conllevan lo que podría denominarse un comienzo desde lo pequeño, sin un principio

---

58 Respecto del paso de la liga al imperio, Powell (1988), 1-95. Para el conjunto de cambios producidos durante el siglo V ateniense a raíz de su poderío político-económico, Raaflaub (1998).

de relación directa entre las diversas circunstancias. «Lo que se encuentra al comienzo histórico de las cosas –dirá Foucault– no es la identidad aún preservada de su origen, es la discordia de las otras cosas, es el disparate»[59]. Así ocurrirá con las disputas entre distintos líderes durante el lapso posterior a las guerras médicas, que se desarrollarán en torno a las situaciones coyunturales; o con el nuevo rol militar de los *thêtes* en la flota, que sólo unas décadas después adquirirá peso político; o con la confluencia entre un liderato que se aparta de la modalidad aristocrática y la presencia del pueblo urbano.

Pero el análisis aristotélico está marcado también por una perspectiva genético-teleológica que encuentra viable pensar el rol político de los *thêtes* en los años 460 a partir de su despegue militar en los 480. De modo similar, la división entre buenos líderes y malos demagogos se plantea a partir de lo que éstos terminan llevando a cabo en las décadas ulteriores (una serie indivisa que va de Efialtes y Pericles hasta la época de Aristóteles, pasando por los guías posteriores a éstos). Pero bajo esta misma lógica, el intento de Aristóteles por salvar la acción de Solón de la crítica de ciertos detractores se vería anulado, porque en una mirada como ésta el acceso de la multitud al poder a través de la participación en los tribunales podría llegar a pensarse como la causa de toda la coyuntura. Por eso son tan destacables las marcas que en su discurso tratan de proponer un modo acontecimental de plantear el proceso histórico, porque habilitan un pensamiento muy distinto de una visión fatalista.

Es debido a esto que resulta importante para nosotros hacer hincapié en los elementos que explícitamente encuadran los fragmentos del relato aristotélico: azar de una coincidencia entre series de eventos que poseen su propio comienzo singular; cada comienzo en sí mismo como algo pequeño incapaz de causar un acontecimiento; el suceso como efecto de un evento fortuito (feliz o desgraciado, esto depende ya del juicio moral del que juzga). Desde la coyuntura soloniana resultaba en verdad imposible prever la dimensión que tomarían los tribunales de justicia durante el siglo V. De igual modo, tampoco podía preverse que la función de los *thêtes* durante la batalla de Salamina –coronada por el éxito, asunto azaroso no menor en este contexto– tuviera que desembocar necesariamente en su rol político durante la llamada democracia radical. Finalmente, la puja de poder

---

59   Foucault (1978), 10.

entre líderes y las atribuciones que tomó para sí el consejo del Areópago no estaban predeterminadas sino que dependían de las relaciones de fuerza que pudieran poner a su favor en cada momento. Una muestra de ello se ve en la sucesión de los lideratos desde principios del siglo V[60]: ascensos y caídas dependen en cada caso de las habilidades de los distintos estrategos para resolver y actuar en las diversas coyunturas, de sus alianzas y enfrentamientos políticos, de sus elecciones y rechazos. Sólo *a posteriori* los efectos de los actos realizados mostrarán la pertinencia de la evaluación política del líder triunfante o el error del desplazado.

En definitiva, el acontecimiento significativo es la institucionalización del poder del pueblo. Por el tono de la descripción aristotélica, y según sus sentencias morales, la nueva situación de las fuerzas políticas y los poderes institucionales implicaría más que nada el desequilibrio propio de la corrupción de un régimen político. De allí que, en la visión del filósofo, el sistema surgido en 462/1 asocie las figuras del tirano y el demagogo, categorías políticas execrables para su pensamiento de la mejor *pólis*. Llama la atención en este marco que sólo mencione a los tribunales como institución popular. Cierto es que el pueblo adquiere y desarrolla su poder a partir del lugar en los tribunales, pero sabemos que algo similar también ocurre con su participación en la asamblea. Aristóteles parece concentrarse en los tribunales porque esto le permite poner de manifiesto, por un lado, las bondades de la democracia antigua donde éstos cumplían únicamente una función de control que daba equilibrio a la *politeía*, y, por el otro, algo que parece ser una práctica típica de la democracia radical: el pago por el ejercicio de los cargos públicos y, en especial, por la concurrencia a instancias populares como los tribunales. En efecto, el *misthós* como pago por cumplir la función de jurado es establecido por Pericles, hecho que para Aristóteles no hace más que profundizar los cambios iniciados por Efialtes (*Política*, 1297a 34-8; 1298b 13-21)[61]. Pero el *misthós* para la asamblea recién se instaurará a principios del siglo IV. Es tal vez a causa de esto que, al analizar las transformaciones ocurridas en los años 460/50, el filósofo decide concentrarse sólo en el papel de los tribunales.

---

60 Plácido (1997b), 543-6; cf. Badian (1971); Forrest y Stockton (1987).

61 Véase Hansen (1979); (1991), 38, 150, 159, 241, 302, 315; Markle (1985).

En la *Constitución de Atenas*, las reformas de Efialtes se incluyen en un cuadro más preciso y acotado que el señalado en la *Política*. Hasta 480 «la *pólis* avanzó juntamente con la democracia, creciendo de a poco (*katà mikròn aukhanoméne*)»[62], pero tras la guerra, el consejo del Areópago volvió a gobernar la ciudad no porque un decreto le hubiera otorgado este papel sino debido al prestigio que adquirió al impulsar con su política la resolución del conflicto con los persas en la batalla de Salamina[63]. Si bien, como se propone en la *Política*, fue el pueblo el que consumó la victoria en Salamina, la estrategia para concretar la batalla parece haber sido del consejo del Areópago, que sostuvo a los estrategos en las naves cuando éstos comenzaban a desesperarse. Esto le valió al Areópago el reconocimiento de su dignidad, «y los atenienses fueron muy bien gobernados en aquel tiempo» (23, 1-2). No está claro en el contexto si la imposición casi natural del poder del Areópago interrumpió el avance de la democracia o fue su culminación. Lo que sí es evidente es que su poder aparecía a los ojos de Aristóteles como un buen gobierno.

A diferencia de lo que vimos en la *Política*, en el relato pormenorizado de la *Constitución de Atenas*, entre las reformas de Solón y la etapa que estamos analizando se enumeran dos cambios: la tiranía de Pisístrato y las reformas de Clístenes, que parecen haber cercenado parte del poder tradicional del Areópago (3, 1-6; 4, 4; 8, 1-4)[64], que sólo lo recobrará plenamente tras las guerras médicas. Por otra parte, el texto acota que las reformas de Clístenes fueron más democráticas que las de Solón (41, 2), y, según parece (cf. *Política*, 1319b 19-27), deberíamos asociarlas con la democracia del pueblo llano, puesto que al crear más tribus y fratrías, reducir los ritos cultuales privados a unos pocos comunes y mezclar a los ciudadanos, el poder del pueblo se profundizó a la vez que los antiguos vínculos se debilitaron. Podemos suponer que, de todos modos, Aristóteles no tenía una visión totalmente contraria a esta acción: dado que hay cambios que llevan de la democracia antigua a la reciente y que, desde ese momento, «las magistraturas se proveen por elección, pero no se exigen condiciones en cuanto a la propiedad y es el pueblo el que elige a los magistrados», puede ocurrir que «los candidatos

---

62 Sobre esta etapa, Hignett (1952), 173-92; Forrest (1966), 204-20. Recientemente Meier (1996), 240-96; Brulé (1995), 153-61.

63 Cf. Wallace (1985), 77-83.

64 *Ibid.*, 70-7.

acaben por ensalzar la soberanía del pueblo hasta por encima de la ley». Ante ello, Aristóteles señala la solución que habría que adoptar: «Para que esto no suceda o suceda en menor grado el remedio es que sean las tribus las que elijan a los magistrados y no el pueblo entero» (1305a 28-32). Si bien las medidas de Clístenes parecen conducir a la democracia más reciente, su ordenamiento de las tribus puede resultar útil para corregir desviaciones dentro del nuevo régimen. Esto indica que, sin dejar de ser esquemático, el análisis del paso de la democracia antigua a la nueva delineado en la *Política* resulta válido: si el relato prescinde de las reformas de Clístenes (y de la tiranía de Pisístrato) es porque, en algún sentido, sus disposiciones pueden ser usadas para que, dentro del marco de una democracia del pueblo llano, éste no se coloque por encima de la ley. Además, luego de las guerras médicas el consejo del Areópago se convirtió otra vez en guardián de la leyes, lo cual daba mayores garantías para la conservación de elementos de la así llamada antigua democracia[65].

En definitiva, si bien la comunidad cívica ateniense había quedado definida por el derecho de ciudadanía legislado por Solón, sin embargo, esto no implicó un mando popular efectivo ni un lugar importante para las decisiones de la asamblea[66], dado que el poder seguía en manos de la clase aristocrática. Con la institucionalización, a partir de Clístenes, de la igualdad política para todos los ciudadanos, la asamblea parece adquirir un lugar relevante. Pero el entramado de vínculos clientelísticos, el liderazgo aristocrático sobre las masas rurales y la autoridad

---

65 Aquí no se quiere confundir en lo más mínimo el carácter de las reformas de Solón con el de las de Clístenes. Las medidas de éste significaron un cambio revolucionario no únicamente en relación con la tiranía sino también respecto de las reformas de aquél. Como ya señalamos (cf. *supra*, n. 49), Aristóteles también era tributario de la concepción del siglo IV sobre la *pátrios politeía*, que hacía de Solón el padre fundador de la democracia (cf. *Constitución de Atenas*, 29, 3), que Isócrates expresaba claramente en el *Areopagítico*, 16: «Argumentaré que el único modo de reparar nuestros presentes males y evitar otros riesgos futuros consiste en desear que se restaure aquella democracia instituida por Solón... y restablecida por Clístenes».

66 Respecto de este punto, Ruzé (1997), 350-8; Manville (1990), 145-6 y 152 n. 76. Asimismo Ostwald (1969), 156; Starr (1990), 7-10. Ryan (1994) ubica la institucionalización de la fórmula *dêmos plethýon* en la época de Solón, y señala que las características y funciones de esta asamblea implicaban que ella no fuera una reunión legislativa sino una resolutiva en cuanto a los asuntos de guerra.

recuperada por el Areópago desde las guerras médicas terminaron por limitar el peso de la asamblea[67]. Por consiguiente, pese a la importancia de ambos sucesos, ni en un caso ni en el otro la comunidad reunida en asamblea se había constituido plenamente en operador de la política ateniense.

Pero la situación cambió de signo. Aunque el consejo del Areópago se mantuvo al frente del gobierno ateniense por unos diecisiete años, su poder, no obstante, había comenzado a declinar poco a poco (*hypopheroméne katà mikrón*: *Constitución de Atenas*, 25, 1). De este modo, al crecimiento gradual de la democracia y la ciudad hasta 480, le siguió a partir de allí el gobierno del Areópago hasta que su poder comenzó a decaer gradualmente. Bajo su mandato se organizó incluso un sistema que iba a sostener algo que se había generado en función de una coyuntura precisa: el equipamiento de la flota, ahora a costa de los tributos de los aliados[68]. Esto junto con otras formas de distribución dio a la multitud la posibilidad de cobrar fuerza, hecho que en la *Política* aparecía acompañado de una toma de conciencia a partir de que el pueblo fue la causa de la victoria en Salamina.

En este marco se establecería un delicado equilibrio de fuerzas entre diferentes líderes (*prostátai*), y principalmente entre Temístocles, Arístides y Cimón[69]. Es el momento en que, por impulso de Arístides, se organiza la liga délico-ática, una alianza entre Atenas y las ciudades jónicas en la que éstas deben hacer aportes con el fin de equipar una flota que sirva para defenderse de posibles nuevos ataques persas. Finalmente, la imposición del poder de Atenas sobre los aliados permitió al pueblo ateniense usufructuar de una situación de abundancia, pues con sus tributos e impuestos se mantenían en Atenas más de veinte mil hombres, de modo que las rentas se habían transformado en un ingreso permanente que sólo beneficiaba a la comunidad ateniense (24, 3)[70].

A partir del análisis realizado podemos concluir que ambos relatos se complementan. En la *Política*, el consejo del Areópago

---

67 Véase Starr (1990), 14-23. Cf. Ostwald (1969), 155-9; Fornara y Samons (1991), 55-6.

68 Cf. Sinclair (1988), 9-13.

69 Plácido (1997b), 544-5. Cf. Lintott (1982), 125-8.

70 Es necesario aclarar que Aristóteles da aquí una visión de largo plazo enumerando las distintas formas de manutención estructuradas a partir de los tributos aliados. Por caso, la asistencia a los tribunales comenzó a recibir paga recién a partir de las medidas de Pericles.

aparecía como un sector inclinado a la oligarquía, pues su accionar había infundido mayor rigor a la constitución. Para Aristóteles, esto redundó en beneficio de la ciudad, ya que el Areópago conservó el equilibrio instituido por las reformas de Solón. Pero su carácter oligárquico tendió a limitar la intervención política e institucional del pueblo. Por su parte, la multitud que servía en la flota tendió a hacer más fuerte el sistema democrático[71]. Sería el paso del predominio de un sector al del otro lo que llevaría al nuevo estado de cosas conocido como *demokratía eskháte*, democracia radical que seguiría vigente aún en tiempos de Aristóteles, según él mismo señala. En la *Constitución de Atenas*, desde el momento en que el Areópago pasa a ocupar un lugar privilegiado en el cuadro de las instituciones, la ciudad se ve fortalecida. El pasaje comentado en que se habla de la abundancia de provisiones que se distribuían al pueblo señala una de las consecuencias de este progreso. Pero este fortalecimiento del sector popular tanto en lo militar como en bienestar económico, lo llevaría a asumir un papel protagónico inédito. Es entonces cuando, «habiendo crecido la multitud (*plêthos*) y haciéndose jefe del pueblo (*prostátes toû démou*) Efialtes, hijo de Sofónides, que parecía y era incorruptible y justo hacia la constitución, atacó al consejo» (25, 1).

En la explicación de la *Política*, la democracia radical resulta de una irrupción producto de una innovación liderada por Efialtes y Pericles, reprobable desde el punto de vista de Aristóteles, pero innovación al fin. Se trata, como dijimos, de algo esquemático: la democracia antigua remplazada por la democracia extrema. La descripción que se lee en la *Constitución de Atenas* presenta este asunto bajo la idea de un proceso paulatino, lo cual implica un menor esquematismo. Pero al apelar a una explicación gradualista se atenúa la radicalidad del cambio que las reformas de Efialtes traen. En este sentido, es llamativo el uso que se hace de formas similares para señalar tanto el crecimiento de la democracia como el declive del poder del Areópago, que dan la impresión de procesos tendenciales[72]. También la referencia a la nueva situación del pueblo parece enmarcarse bajo la misma óptica, puesto que

---

71   Strauss (1996), 313-25; cf. (2000). El autor coincide con Hanson (1996) en que esto no implicó un conflicto con los campesinos sino un compromiso político en el que el imaginario hoplítico fue el que proveyó el marco de inclusión que permitió que se respetaran las prácticas tradicionales atenienses.

72   En el primer caso, *katà mikròn aukhanoméne*; en el segundo, *hupopheroméne katà mikrón*.

su intervención política resulta de un crecimiento de la multitud (*aukhanomémou toû pléthous*) a partir de la política de distribución de ingresos organizada luego de las guerras médicas. Esta visión podría situarse en el cuadro concebido en la *Política* para explicar las luchas civiles, que implican grandes asuntos pero que resultan generalmente a partir de pequeñas cosas. En esta línea cabe conjeturar que la contradicción entre el Areópago y la multitud se da a partir de lo pequeño (*ek mikrôn*), produciéndose en un punto singular –las reformas de Efialtes– el cruce de tendencias (*katà mikrón*) que llevaban rumbos aislados. Por cierto, en la producción de un acontecimiento como éste que abre paso a la *demokratía eskháte*, el problema de la circunstancia resulta cardinal, porque permite pensar la ocurrencia concreta de la mutación radical. Es en dicha circunstancia que el advenimiento de un sujeto político puede ser abordado, a partir de situaciones fortuitas que no se reducen a un proceso gradual sino que remiten a una conjunción de tendencias contradictorias. Así, la ocurrencia de un acontecimiento político pensada a partir de esta lógica de lo pequeño, nos conduce en este caso concreto a las estrategias de Efialtes para despojar al Areópago de su poder, esto es, a los cambios producidos desde lo pequeño entre los protagonistas de esta gran transformación (cf. *Política*, 1303b 17-20).

A la combinación azarosa de factores a la que aludía Aristóteles en la *Política* deben articularse entonces las series tendenciales como la decadencia gradual del Areópago y el crecimiento paulatino de la plebe. En este panorama ocurre la actuación de Efialtes. El cambio que va a inducir no excluye tales tendencias (*katà mikrón*) pero se organizará desde lo pequeño (*ek mikrôn*). Su plan consiste, en primer lugar, en iniciar pleitos contra muchos miembros del Areópago a causa de su mala administración. Otro asunto tramado también desde lo pequeño fue la colaboración de un areopagita cuyas intenciones políticas eran disolver el consejo que él mismo integraba[73]. Recién después de este trabajo de zapa que mina la integridad del consejo, Efialtes se decide a hacer una propuesta acusatoria contra el Areópago en su conjunto para quitarle todo el poder añadido, que lo había convertido en guardián de la forma

---

73 Aristóteles lo identifica como Temístocles, hecho que no tendría asidero, pero cf. Piccirilli (1988), 45-57. Ver Tucídides, 1, 137; Diodoro, 11, 54; Plutarco, *Temístocles*, 25, 1; Lenardon (1959); O'Neil (1981). Recientemente, Lewis (1997) ha sugerido una temprana colaboración entre Efialtes y Temístocles, antes del exilio de éste.

de gobierno (*tês politeías phylaké*)[74]. El hecho a destacar es que este golpe se consuma primero ante el consejo de los quinientos y después ante el pueblo (*en tô démo*) por iniciativa del propio Efialtes, de sus aliados así como del consejo de los quinientos. Cabe entonces entender que el asunto se resolvió en la asamblea, pues la idea que transmite la expresión *en tô démo* es justamente que el conflicto fue finalmente resuelto a favor de las medidas de Efialtes por el pueblo reunido en la asamblea para debatir la cuestión (*Constitución de Atenas*, 25, 2-4)[75]. Así pues, en el acto mismo por el cual la asamblea comenzará a actuar como el cuerpo político soberano sin restricciones, es la propia asamblea la que toma la decisión fundante. Conocemos las consecuencias de esta transformación: el Areópago fue privado de sus atribuciones y, salvo en la elección de los arcontes, los atenienses empezaron a gobernarse en forma distinta a como lo venían haciendo. Unos años más tarde los *zeugîtai* pudieron también acceder al arcontado. Pericles estableció nuevas medidas que restringían aún más el poder del Areópago y orientaba la *pólis* hacia el poderío naval, añadiendo también el jornal para los jueces, cosa que tornó a la constitución más popular aún (26; 27, 2-3).

De modo similar a la *Política*, en la *Constitución de Atenas* Aristóteles también pondera negativamente las reformas de Efialtes, pues «sucedió que el régimen político hubo de relajarse más, a causa de los demagogos demasiado ardorosos» (26, 1). Y si bien mientras Pericles estuvo al frente del gobierno los asuntos de la ciudad fueron mejor, a la muerte de éste mucho peor, e incluso para algunos la cosa resultó cada vez peor desde que instituyó para los asistentes a los tribunales la *misthophoría* (cf. 27, 4; 28, 1). Más adelante, cuando realice una enumeración de los cambios de constitución ocurridos en Atenas, llegará a la conclusión de que fue a partir de estos cambios que «la ciudad, por culpa

---

74 Piccirilli (1988), 37-8, señala la paradoja que significa la idea de que Efialtes haya quitado al Areópago todo el poder añadido, porque implicaría que la «revolución» llevada a cabo estaría restituyendo la *pátrios politeía*. Nuevamente, el problema de la lectura que se hace durante el siglo IV a.C. de los fundadores y las características de la «constitución ancestral» vuelve a irrumpir en la visión aristotélica.

75 Plácido (1997a), 210, señala que política e institucionalmente el *démos* es siempre asamblea. Sobre el vínculo entre *ekklesía* y *dêmos*, Hansen (1983), 139-60; (1989a), 213-8; (1991), 94-124. Para posturas distintas a la que aquí seguimos, véase Ober (1989); Ostwald (1986), 130-1; Sinclair (1988), 70-1. Cf. *infra*, cap. 3.

de los demagogos, pecó más a causa del imperio del mar» (41, 2). Los hechos subsiguientes, siempre según el filósofo, hasta la restauración de la democracia en 403 no habrían introducido novedades que modificaran el cuadro de la situación. Por lo tanto, el derrocamiento de los Treinta Tiranos, en tanto producto de la acción directa del pueblo, confirmaría para Aristóteles su soberanía (*dêmos kýrios*). De allí en más el poder de la muchedumbre (*tô pléthei tèn exousían*) aumentaría cada vez más, de manera que el pueblo se haría soberano de todos los asuntos, gobernando mediante decretos (*psephísmasin*) y tribunales (*dikasteríois*), ya que el pueblo detentaba el poder (41, 1; 2). Es por eso que en la *Política* Aristóteles planteaba que desde la época de Efialtes y Pericles la constitución había tomado la forma que tenía en su propio presente.

Estas precisiones nos han permitido entender qué era la *demokratía eskháte* y situar en su debido contexto la mutación radical de 462/1, puesto que es con dicho acontecimiento que la democracia ateniense cobra la forma señalada y el pueblo adquiere todo el poder. Se dirá que la categorización aristotélica se aplica antes que nada a la democracia del siglo IV, época en que el ciudadano que concurre a la asamblea recibe el *misthós*[76]. Sabemos, sin embargo, que tras los golpes oligárquicos de los años 411 y 404, y con la restauración de 403, la democracia ateniense ya no volvió a ser la forma radical que Aristóteles creía. El imperio de la ley, como ha demostrado Ostwald[77], terminaría imponiéndose al poder soberano del pueblo y sus decretos.

El surgimiento de la democracia radical ocurre pues con las reformas de Efialtes. Pericles y los demagogos de la época de la guerra del Peloponeso continuarán dentro de esta modo histórico de la política democrática. En la última década del siglo V, aunque con antecedentes en la anterior, se perciben ya los signos del agotamiento de esta política. Durante este lapso, la *ekklesía* había ejercido el poder real, puesto que era allí donde los asuntos se llevaban ante el pueblo para que los debatiera. Los decretos del pueblo tenían entonces esa fuerza suprema que Aristóteles les atribuía. En la asamblea, ciertamente, el *dêmos* ejercía su *krátos*.

---

76 Cf. Mossé (1979a), 242: «Es evidente que el ciudadano así definido por Aristóteles, es ante todo el ciudadano ateniense del siglo IV que percibe un *misthós*». Esta definición del ciudadano es desarrollada por Aristóteles en el libro III de la *Política*. Cf. *infra*, cap. 5.

77 Ostwald (1986), 497-524.

Capítulo III
La asamblea ateniense: debate y decisión

a) En torno a las condiciones institucionales

El funcionamiento de la democracia ateniense se hallaba articulado sobre un andamiaje institucional en cuyo marco los ciudadanos participaban, desempeñaban los cargos, ejercían el poder, debatían los asuntos públicos y tomaban las decisiones. Dentro de este entramado, la asamblea cumplía el papel primordial en el desarrollo de la política democrática. Aristóteles en la *Constitución de Atenas* (43, 3-6) brinda un testimonio esencial sobre la organización, atribuciones, temario, número y periodicidad de las asambleas, especificando que los prítanos convocan al pueblo por escrito cuatro veces en cada pritanía. Una se considera la principal (*kyría*), y en ella se trata el ejercicio de los cargos (*hai arkhaí*), el suministro de trigo y la defensa del territorio. También ese día se pueden hacer las acusaciones de traición (*eisangelía*) y se dan a conocer los registros de bienes confiscados y los reclamos sobre herencias. En la principal de la sexta pritanía se votan si se realiza o no ostracismo y las acusaciones contra sicofantas, metecos y quienes no hubieran cumplido una promesa hecha al pueblo. Otra reunión es para las suplicaciones tanto privadas como públicas. En las dos restantes se discuten los demás asuntos, y tres de éstos deben versar sobre cosas sagradas, tres sobre embajadas y tres sobre cosas profanas. También se tratan asuntos sin votación previa (*prokheirotonía*).

Esta evidencia, si bien de la segunda mitad del siglo IV, permite hacernos una idea de por qué la asamblea era la manifestación principal de la democracia directa. A la periodicidad y atribuciones de la asamblea debe agregarse también el problema de la cantidad de ciudadanos que asistían a las sesiones –ligado a la necesidad de contar a veces con un quórum determinado–, el modo en que se votaba, así como el carácter de los debates entre los oradores, los alineamientos durante sus sesiones, las enmiendas a las decisiones ya tomadas, etc., todo lo cual alude a los poderes efectivos que poseía la asamblea y a las formas de participación activa de los ciudadanos en las decisiones políticas.

Sin embargo, debido al estado de las fuentes, muchas de las interpretaciones expuestas por los historiadores sólo son pertinentes para la asamblea del siglo IV, momento para el cual la documentación resulta más abundante[1]. Es verdad que ciertas explicaciones propuestas pueden utilizarse para entender la configuración general de la *ekklesía* durante la segunda mitad del siglo V. Pero hay un cambio importante entre un momento y el otro, mutación que ha llevado a los historiadores a discutir la pertinencia de aplicar la idea de soberanía popular al poder ejercido por la asamblea. Según Hansen, afirmar que la asamblea era soberana tal vez sea correcto para el siglo V, momento en que el pueblo en la asamblea podía votar decretos y leyes y someter a juicio todos los procesos importantes; pero en el siglo IV la situación parece ser diferente[2].

La dedicación de este autor a la organización institucional y política de la asamblea ha hecho a su obra ineludible. Pero diversos aspectos de sus análisis han sido discutidos de manera pertinente. Uno de los debates ha girado en derredor del problema de la periodicidad y regularidad de las reuniones de la *ekklesía*. Harris ha señalado que las evidencias disponibles no permiten sacar la conclusión que extrae Hansen[3] de que hubiera una restricción en cuanto al número de asambleas celebradas durante cada pritanía, y que la llamada *ekklesía sýnkletos* era siempre un encuentro extra y no uno pautado dentro de las cuatro reuniones[4].

---

1   Ver Hansen (1983), 1-23, 35-72, 83-138; (1987); (1989a), 1-127, 167-75; (1991), 125-60. Cf. de Laix (1973), 173-94; Walbank (1988); Gauthier (1990); Plácido (1997a), 210-29. Ruzé (1997), 389-470, discute algunos aspectos de las inferencias de Hansen pero en líneas generales concuerda con el cuadro global de su examen.

2   Hansen (1987), 101-7; (1991), 150-1, 154-5. Cf. *supra*, cap. 2.

3   Cf. Hansen (1975), 51-7; (1983), 35-102; (1987), 20-4, 30-2; (1989a), 167-75; (1991), 133-6. Para la respuesta a Harris, ver Hansen (1989a), 177-94.

4   Harris (1986); (1991). Cf. Ruzé (1997), 425-30.

Ambos estudiosos desarrollan su argumentación a partir de los datos del siglo IV en adelante. Ahora bien, lo que los dos dejan ver es que durante el siglo V no existía limitación alguna en cuanto a la cantidad de veces que la asamblea podía reunirse, lo cual implicaba una pauta institucional laxa que supeditaba las reuniones asamblearias a las circunstancias. Si bien esto podía ser aprovechado por los líderes según sus propios intereses[5], podía ser asimismo utilizado por cualquier ciudadano, otorgando de este modo una mayor capacidad al *dêmos* para decidir de acuerdo con las contingencias del momento[6].

También se han objetado sus conclusiones sobre la *graphè paranómon*. Hannick ha planteado una observación importante respecto de la idea de Hansen en cuanto a que si un proyecto de decreto (*proboúleuma*) aún no tratado en la asamblea era sometido a un procedimiento judicial por ilegalidad, en caso de que el tribunal resolviera que no había nada contrario a las leyes, entonces el *proboúleuma* tomaba al mismo tiempo un valor de *pséphisma*, sin necesidad de recurrir a la asamblea popular para que ésta se pronunciara con su voto. Hannick sostiene que una vez finalizado el proceso de la *graphè paranómon*, el proyecto en cuestión debía ser tratado en la asamblea para que se lo votara en su debida forma[7]. Hansen reafirma su postura señalando que durante el siglo IV la *ekklesía* había dejado de ser soberana y que desde 403/2 una parte importante de la decisión política estaba en manos de los jurados que como *nomothétai* resolvían todas las leyes generales permanentes. Por añadidura cuando esos mismos jurados extraídos del panel de 6.000 disponibles actuaban en un *dikastérion* ante una acusación de ilegalidad, sus medidas tenían fuerza política, es decir, no sólo indicaban el carácter inconstitucional o no de un decreto desde el punto de vista legal, sino que en la práctica terminaban resolviendo sobre la vigencia política del *proboúleuma*[8].

---

5   Ver el accionar de Pericles durante la primera invasión espartana sobre el Ática, que «no convocaba a la asamblea (*ekklesían*) ni ninguna otra reunión (*xýllogon*) de ellos» (Tucídides, 2, 22, 1; cf. 2, 21, 3). Su objetivo, dice Tucídides, era evitar que se equivocaran dejándose llevar por la ira más que por la reflexión. En cuanto al significado de *sýllogos*, Hansen (1989a), 195-211.

6   Sobre el carácter de los encuentros de la asamblea durante el siglo V, cf. Starr (1990), 49-64.

7   Hannick (1981). De manera general, Cloché (1960).

8   Para la postura criticada por Hannick, ver Hansen (1974), 51-2; cf. (1987),

continúa »

Al igual que en el punto anterior, el asunto consiste en distinguir claramente el funcionamiento institucional del siglo IV del de la segunda mitad del V, pues durante esta etapa la *ekklesía* actuó sin ningún tipo de restricciones, es decir, ejerciendo la soberanía plena y resolviendo todos los asuntos, tanto los decretos particulares como las leyes generales.

Otro punto de discusión fue presentado por Stanton y Bicknell en cuanto a la posibilidad de que en el recinto de la asamblea los atenienses se ubicaran y votaran por tribus[9]. El análisis de Hansen es al respecto esclarecedor de la libertad de acción de los ciudadanos, pues nada los obligaba a ubicarse en un orden particular. Ellos eran libres de sentarse donde quisieran y, si lo preferían, formar grupos regulares u ocasionales con aquellos con quienes tuvieran alguna afinidad política[10]. Es evidente que esta última visión del asunto deja abierta una serie de alternativas que la primera no contempla. En efecto, esta libertad de los ciudadanos para ubicarse y votar según su parecer limitaba las posibilidades de que las mayorías se vieran controladas por pequeños grupos elitistas: ningún líder podía tener plena seguridad ni del lugar que ocuparían los ciudadanos ni de los acuerdos eventuales que pudieran establecer. Y como esto variaba de una reunión a otra sin responder a pauta alguna preconcebida, existía así un elemento aleatorio que desalentaba cualquier intento de inducir una tendencia en la votación a partir de una estructura compartimentada como la división de los votantes dentro de la asamblea a partir de las diez tribus[11].

92, 99, 101; (1991) 205-12. La respuesta a las críticas de Hannick en Hansen (1989a), 271-81. Una ampliación de la posición de Hansen en Yunis (1988), que señala que los jurados debían siempre hacer consideraciones legales y desarrolla algo que el propio Hansen sugiere pero no trata sistemáticamente por considerarlo irrelevante.

9   Stanton y Bicknell (1987). Sin embargo, el propio Stanton (1984), 40-1, concluía que «la reforma tribal de Clístenes no afectó a la asamblea, que no votó por tribus en ningún período, hasta lo que sabemos. Pero la experiencia de los Alcmeónidas en persuadir a sus seguidores para que fueran a las asambleas tribales y para asegurarse de que votaran del modo apropiado deben haber influido sobre los encuentros de la asamblea». Para trabajos previos, Staveley (1972), 81-2; Ruzé (1983). Véase Sealey (1960); Frost (1976); Whitehead (1981); Kinzl (1989), que ayudan a entender cómo lo regional incidía en la política global.

10   Hansen (1983), 25-34, 102-21; (1987), 12-4, 39-46; (1991), 137-8; cf. (1989a), 155-65, respuesta a las críticas.

11   En cuanto a la capacidad política sin restricciones del pueblo durante el siglo V y la cuestión del voto popular, Finley (1981), 20-1; (1980), 34-5. Recientemente Starr (1990), 32-7.

Una controversia más amplia y conceptual gira en torno a la equiparación, en un sentido estrictamente institucional, del *dêmos* con la *ekklesía*, no con los *dikastéria*. Algunas breves menciones a este asunto se pueden encontrar en Rhodes o Sinclair[12]. Pero las críticas más fundadas a Hansen provienen de dos autores que han tratado de replantear el problema. Ostwald le dedica una extensa nota en la que concluye que si bien el *dêmos* se asocia frecuentemente con la asamblea y rara vez con los tribunales, esto no significa que los *dikastéria* no tengan que ser considerados como representativos del pueblo como un todo[13]. El argumento de Ober hace hincapié en un asunto realmente opinable: la idea de representación aplicada por Hansen. Ober propone en su reemplazo la noción de sinécdoque, una parte que simbólicamente se refiere al todo. De este modo, tanto la asamblea como los tribunales serían partes del cuerpo cívico que aluden al todo que es el pueblo[14]. Para Hansen, la idea de representación sólo se aplica a los *dikastéria*, pues sus poderes se derivan del *dêmos* ateniense –entendido como el estado–, pero no a la *ekklesía* que es el *dêmos* en su sentido institucional. Por ende, en este último caso, *dêmos* se equipara a *ekklesía* y significa el pueblo en asamblea. En un sentido más amplio señala a todos los atenienses, o lo que es lo mismo, el estado ateniense. Finalmente, en su alcance constitucional es sinónimo de *demokratía*, mientras que desde el punto de vista social denota a la gente común[15]. La asamblea no era representativa del pueblo sino que era el pueblo mismo actuando como un cuerpo político[16].

Las distintas perspectivas de estos trabajos no agotan, ciertamente, el análisis de la asamblea democrática. Para nosotros es importante reconocer que el punto de partida radica en que para poder tener participación en la toma de decisiones era necesario que los ciudadanos estuvieran presentes en la asamblea, ya que no existía ninguna posibilidad de una representación de quienes no asistían a las reuniones ni ejercían sus derechos cívicos. Finley

---

12 Rhodes (1981), 317-8, 545; Sinclair (1988), 70-1, 79. Cf. las reseñas de Hansen (1985); (1989d).

13 Ostwald (1986), 34-5, n. 131; cf. Johnstone (1999), 128-9.

14 Se trata en este caso de una reseña de Ober (1996), 107-22, sobre Hansen (1987).

15 Hansen (1983), 139-60; cf. (1989a), 213-8, para la respuesta a las críticas; también (1987), 96-7.

16 Hansen (1987), 104.

destacaba esta cuestión ilustrándola con dos hechos. Hacia 462 unos 4.000 hoplitas habían sido enviados a Esparta al mando de Cimón para colaborar en poner fin a la revuelta de los hilotas; la ausencia de los hoplitas, provenientes de los sectores ricos y medios de la ciudadanía, resultó favorable a la resolución de las medidas democráticas de Efialtes. En 411, con la flota ateniense aún anclada en Samos y miles de *thêtes* ausentes de Atenas, el golpe oligárquico que se estaba preparando encontró la situación más propicia[17].

Ambos ejemplos muestran cómo la base para la toma de decisiones en la asamblea no era la representación por medio de delegados sino la participación directa. Es verdad que el desarrollo de ciertos procedimientos permitió a los líderes salidos de la élite adquirir predicamento entre sus conciudadanos. Sin embargo, la actuación del pueblo no era para nada pasiva; su papel activo lo colocaba en posición de tomar decisiones no meramente instrumentales sino verdaderamente políticas. Esto implicaba el compromiso de todos los miembros del cuerpo cívico para sostener lo decidido colectivamente en la asamblea. Para nosotros, pues, es necesario hacer hincapié no sólo en las formas institucionales por las que se llevaba a cabo la participación popular sino, sobre todo, en el peso real de las prácticas democráticas más allá de lo legalmente establecido. La interpretación de este fenómeno singular implica tomar en cuenta justamente este aspecto: la asamblea ateniense considerada no según sus reglas formales sino de acuerdo con sus prácticas concretas de producción política. Démosle entonces la palabra a la palabra.

b) El marco del debate: igualdad y libertad de palabra

La práctica principal para poder decidir era el debate. Esto implicaba la centralidad y publicidad de los procedimientos, pues la posibilidad de una participación efectiva venía dada por el hecho de que la palabra política fuera un atributo de la co-

---

17 Finley (1983b), 40; (1986a), 96-7. Un análisis similar en Hansen (1987), 10-1. Sobre las reformas de Efialtes, cf. *supra*, cap. 2. En torno a los hechos de 411, Sartori (1951); Hignett (1952), 268-80; de Ste. Croix (1956); Rhodes (1972b); Ruzé (1997), 475-509.

munidad, es decir, estuviera ubicada *es méson*. Esta centralidad significaba también ubicuidad, ya que la forma debate atravesaba toda una serie de prácticas directamente organizadas en torno a la política[18]. De lo cual es ejemplo claro la guerra, que por ende resultaba una operación homóloga a la confrontación de los argumentos, pues el encuentro de las fuerzas en pugna en el campo de batalla implica una potencia del mismo carácter que los enfrentamientos retóricos en la asamblea ateniense[19]. Ciertamente, en el campo de batalla es el peso de las armas el que establece de qué lado está la razón práctica, mientras que «en el juego político cada facción asegura su predominio por su superior poder de persuasión». Pero esta diferencia en cuanto a sus ámbitos respectivos de acción no debe ocultarnos que para los griegos ambas resultan potencias emparentadas «porque aspiran igualmente a coaccionar y dominar al otro: la primera realiza sobre el terreno y el plano de los hechos lo mismo que la otra consigue en la asamblea en el ánimo de los oyentes»[20]. En efecto, una guerra podía evitarse por medio de un buen argumento discursivo, o a la inversa, una guerra podía terminar siendo el modo por el cual se zanjaba un debate previo a partir de los argumentos encontrados de dos estrategos enemigos.

Una cuestión conexa se percibe en la evolución de las formas de verdad entre el período arcaico y el clásico. El desplazamiento de la palabra mágico-religiosa por la palabra-diálogo es fruto de una línea de desarrollo que nace en el seno de las pequeñas comunidades de guerreros que nos describen los poemas homéricos. Esa comunidad de pares ubica en el centro, en un lugar públicamente visible para todo miembro reconocido, aquellos bienes considerados de uso común y por tanto sometidos al escrutinio del conjunto. La palabra toma el camino del diálogo con el otro, apartándose del lugar absoluto y superior que ocupaba en la versión mágico-religiosa. Este diálogo da lugar, consecuentemente,

---

18 Véase Rodríguez Adrados (1997), 15-30; de Romilly (1997b), 87-134. En cuanto a la relación entre democracia y debate teatral, cf. Arnott (1989), 105-31; McClure (1999), 15-9.

19 Sin embargo, no siempre el pensamiento griego reconoce esta homología, eliminando de las resoluciones de la ciudad la cuestión del enfrentamiento en el debate o mostrando a éste como algo de por sí dañino y haciendo de la guerra exterior el único conflicto positivo; cf. Loraux (1997), 17-26.

20 Vernant (1982), 31.

al intercambio y el debate de argumentos, siendo las asambleas deliberativas de guerreros el medio donde esto toma cuerpo[21].

La relación entre guerra y debate aparece en el centro de la escena. Ello no debe extrañarnos, pues no sólo existía una homología entre estas dos prácticas sino también una asociación estrecha entre los que debaten y deciden mediante el uso de la palabra y los que actúan y guerrean con sus propias armas. La ciudad clásica consagrará esta mancomunidad con la definición del ciudadano como soldado. Todo lo cual trae aparejadas consecuencias de relevancia sobre un aspecto de vital importancia para el funcionamiento de la asamblea democrática. En el contexto de la palabra-diálogo, donde cada fuerza política busca la preeminencia mediante su capacidad persuasiva, se trata siempre de vencer al otro de modo que la mayoría se torne favorable a una propuesta. La verdad de esta palabra ya no es producto de una revelación *a priori* sino un efecto posterior del debate de argumentos retóricamente sostenidos en un medio abierto a un público de iguales. Retroactivamente, se atribuirán los hechos al poder de la palabra-diálogo sobre el auditorio, poder que se manifiesta en la capacidad de convencer a los oyentes de la importancia de llevar a cabo tal o cual empresa.

Se trata, por cierto, de una cultura agonística[22] que se percibe asimismo en otras esferas de la realidad como el teatro o los encuentros de los ciudadanos en el ágora, reuniones propias de una sociedad cara a cara[23]. En el teatro la escena cobra vida a partir de la contraposición entre el protagonista y su contrincante, en un juego que por su forma nos conduce a una lógica discursiva según los términos hasta aquí analizados. El intercambio cotidiano de palabras en el ágora nos lleva también por el mismo camino: las comedias aristofánicas así como los diálogos platónicos –aun con los recaudos que deben tomarse al tratar el asunto según el modo que le imprime la creación literaria– permiten corroborar las condiciones en que tenían lugar los encuentros de los ciuda-

---

21 Sobre lo desarrollado, Detienne (1981). Últimamente, Ruzé (1997), 14-106. De todos modos, hay un carácter acontecimiental en la mutación que conduce de la época arcaica a la clásica, respecto de lo cual ver Camassa (1988); Hölkeskamp (1992); Thomas y Webb (1994); también Cole (1991), 33-68; Johnstone (1996a).

22 En cuanto a esta cultura agonística, Cohen (1995), 61-86.

23 Véase Ober (1989), 31-3. Osborne (1985a), 64-66, considera absurdo aplicar esto a Atenas. Cf. *infra*, cap. 9.

danos en una sociedad cara a cara. El diálogo franco, la ironía sutil, la burla soez, el insulto más grueso o el argumento más refinado eran distintos modos de establecer un cambio de ideas entre individuos que compartían las vivencias de una ciudad vitalmente atravesada por la política democrática.

La Atenas clásica se sustentaba en una cultura oral[24]. Como en toda sociedad cara a cara, los cambios de opinión entre ciudadanos implicaban el desarrollo de una serie de vínculos interpersonales que se concretaban mediante mecanismos de comunicación oral. El elemento más significativo radicaba en la centralidad adquirida por la oralidad en la organización de las prácticas políticas. A lo largo del siglo V, el consejo, la asamblea y los tribunales cobraron una fuerza inusitada que permitió el despliegue efectivo de la *demokratía* como poder del pueblo. La palabra hablada ocupaba un sitio privilegiado, pues el gobierno popular implicaba la participación colectiva de los ciudadanos sin mediaciones ni representantes. La toma de la palabra en un medio estrictamente igualitario (*isegoría*) conllevaba la libertad de palabra (*parresía*)[25], esto es, la posibilidad de hablar y dar su parecer ante la comunidad de ciudadanos. En el momento de resolver los asuntos públicos, cualquiera sin ningún tipo de calificación previa podía pedir la palabra y hacer su propuesta ante el pueblo reunido en asamblea ([Jenofonte], *República de los atenienses*, 1, 2).

¿Cómo se organizaba el dispositivo asambleario en tanto lugar singular de enunciación de la política del *dêmos*? El principio de la *isegoría* señala un factor importante de su configuración[26]. Heródoto (5, 78) lo reconoce claramente: la igualdad de palabra implica la libertad del ciudadano como condición para su accionar político responsable. En efecto, bajo los efectos liberadores de la *isegoría* los atenienses comienzan a actuar por su cuenta y en beneficio de sí mismos con un compromiso que la tiranía u otras

---

24 Cf. Thomas (1994).

25 Cf. Spina (1986), 25-43; McClure (1999), 8-15.

26 Al respecto, Griffith (1966); Lewis (1971); Nakategawa (1988); también de Laix (1973), 185-92, que se muestra escéptico en cuanto a la posibilidad real de que el hombre común pudiera utilizar la libertad de palabra para hacer propuestas en la asamblea que luego se debatieran y votaran. Sobre *isegoría*, *isonomía* y democracia, Ehrenberg (1950); Vlastos (1953); Lévêque y Vidal-Naquet (1964), 25-32; Meier (1988), 53-94; Fouchard (1986), 150-9; (1997), 214-34; Sancho Rocher (1991), 241-53; (1997a), 187-200.

formas de gobierno jerárquicas y desiguales desconocen[27]. Esta diferencia se hace evidente en el debate entre los persas. La enunciación de las ideas de Otanes, Megabizo y Darío sólo es posible a partir del reconocimiento del agotamiento de la soberanía del monarca. Destituida su figura y desinvestida de sus privilegios, se abre la posibilidad de un espacio igualitario que es el que hace posible el debate. Sin este terreno en común, el intercambio de pareceres sería irrealizable, ya que en el momento en que alguna de las fuerzas en pugna consiguiera un mayor poder destruiría la equivocidad del campo de debate. En efecto, sólo es posible la coexistencia en tensión de diversos enunciados si ninguno de ellos es capaz por sí mismo de capturar el sentido y convertirse en el único verdadero[28]. El equívoco circula porque todos los enunciados poseen, por principio, las mismas posibilidades de existir. El punto de detención de su proliferación es la decisión. Pero esto es ya un efecto volitivo, que si bien es producido por la palabra mediante el recurso de la persuasión, depende de la acción del sujeto.

En el debate de los persas asistimos, justamente, a la apertura de un espacio igualitario que luego de la discusión se cierra inmediatamente por acción y efecto de la decisión (Heródoto, 3, 80-82). El restablecimiento de la monarquía pone fin al hiato que su caída había abierto. El debate no puede entonces volver a iniciarse porque la restitución del lugar del rey como soberano es incompatible con la democratización del lugar de enunciación. El único habilitado para enunciar es el propio monarca, que por el sitio que ocupa dice siempre la verdad. La *isegoría* en Heródoto es el Otro estricto de la enunciación del monarca. Esta frontera de alteridad entre ambos procedimientos de enunciación refuerza la dimensión singular del espacio igualitario: a diferencia de lo que ocurre habitualmente entre los persas o bajo la tiranía, la palabra puesta en el centro no otorga privilegios ni garantías de verdad a nadie. Todos pueden hacer uso de la palabra, y al hacerlo actúan para beneficio de la ciudad y en favor de sí mismos. Por ende, la característica primordial de un dispositivo tramado bajo estas condiciones es la multiplicidad de voces. En un espacio como éste,

---

27 Cf. Aristófanes, *Acarnienses*, 352-4, que plantea la importancia de la igualdad de discurso para el diálogo, pero no utiliza aquí *isegoría* sino una construcción: *íson íso phéron*. Véase Henderson (1998).

28 Condición ineludible para el liderazgo del demagogo. Cf. Finley (1981), 26: «Si tuviera que escoger una palabra que caracterizara la condición de líder político en Atenas, esa palabra sería "tensión"».

todos deben someterse al escrutinio de la mayoría fundado en la captación de voluntades que produce la palabra mediante la persuasión. El acuerdo se sitúa entonces al nivel del procedimiento que torna posible resolver la división que las diferentes voces habilitan. En el campo isonómico, pues, la apertura es la regla, caso contrario no existe la democracia. Para el Viejo Oligarca ([Jenofonte], *República de los atenienses*, 1, 12; cf. 1, 10), esta igualdad genera una situación extrema, plenamente criticable desde su perspectiva, en la que los esclavos gozan de la *isegoría* lo mismo que los hombres libres, y algo similar ocurre con los metecos en relación con los ciudadanos. Así, según su razonamiento, la igualdad de palabra resulta, en realidad, libertinaje (*akolasía*) puesto que todos sin jerarquía alguna gozan de las mismas prerrogativas[29].

El otro principio del procedimiento de enunciación de la asamblea, la *parresía*[30], no siempre ha sido valorado de manera positiva. Eurípides, por ejemplo, ponía en boca del mensajero de su *Orestes* (902-6) una crítica abierta a la libertad de palabra en el marco de una asamblea[31]. En efecto, la palabra política proferida en un medio público carece de un control externo a sí misma, debido a lo cual un individuo cualquiera, con lengua desenfrenada (*athyróglossos*), lleno de audacia y confiado en la necia libertad de palabra (*amatheî parresía*), puede llevar a la gente a hacer cualquier cosa. Isócrates por su parte señala que la libertad de palabra es lo contrario de la igualdad ante la ley (*isonomía*), del mismo modo que el libertinaje (*akolasía*) no debe confundirse con la democracia ni la ilegalidad (*paranomía*) con la libertad. De manera que, en su clasificación, los principios que rigen la *politeía*, y que se articulan con la idea de democracia, son los de igualdad ante la ley y libertad, mientras que la *parresía* se asocia directamente con el libertinaje y la ilegalidad (*Areopagítico*, 20).

En *Gorgias*, Platón usa el término en varias oportunidades. No falta, en verdad, un cierto tono irónico cuando aparece por primera vez en boca de Sócrates, que halaga a Calicles señalándole que posee ciencia, benevolencia y decisión para hablar (*parresía*). De allí en más, el vocablo vuelve a ser utilizado repetidamente

---

29 Respecto de esta cuestión, Rocchi (1971), 338-40.

30 Cf. Spina (1986), 78-95; de Romilly (1989), 53-67, 111-26; Gabaude (1992); Ruzé (1997), 430-6; Henderson (1998).

31 A partir de las tragedias de Eurípides donde el término está atestiguado por primera vez, el problema de la *parresía* recibió un importante tratamiento por parte de Foucault (1997), 15-49.

para señalar la franqueza y libertad de palabra que caracteriza a Calicles, hecho que él asume como una virtud (487 a-d; 491 e; 492 d; 521 a). La reiteración del término cumple, en realidad, con el cometido socrático de llevar a su interlocutor hacia el terreno que le conviene para poder concluir el razonamiento dialógico en aquello que es su punto de interés primordial. Calicles, halagado por el aparente cumplido de Sócrates, desarrolla sus ideas en función de las preguntas de éste, y es llevado así hacia el campo de intervención socrático. La libertad de palabra reiteradamente señalada ha inducido a Calicles a hablar en función de esta misión, lo cual podría tomarse como un aspecto positivo de la *parresía* siempre y cuando su uso esté en manos de los que saben.

En las *Leyes* el vocablo se reitera más que en ningún otro texto platónico, significando en la mayor parte de los casos hablar con franqueza aunque sin una necesaria remisión al plano político; en dos oportunidades denota un exceso. Si bien estas variaciones de sentido, según su empleo por distintos interlocutores en diversas circunstancias, no permiten concluir algo definitivo, se percibe de todas formas una utilidad de la *parresía* para el ordenamiento de la ciudad. Según señala el ateniense, «es posible que se necesite de un hombre atrevido, que honrando singularmente la libertad de palabra (*parresía*) exponga lo que le parezca que es mejor para la ciudad y los ciudadanos, ordenando en las almas corrompidas (*diephtharménai*) lo conveniente y armonioso para toda la *politeía*, hablando en contra de las mayores pasiones (*epithymíai*) y no teniendo de ayudante a ningún hombre» (835 c)[32]. Está claro que, más allá del contexto político ya mencionado, se habla en este caso del uso de la *parresía* por parte de un hombre singular, un sabio, y no por parte de todos los hombres. Nuevamente, la libertad de palabra puede resultar útil si son los que saben quienes hacen uso de ella.

Para ver en Platón de modo más claro el valor político de la libertad de palabra y su relación con la democracia debemos dirigirnos a la *República*. El hombre democrático, dice Sócrates, es libre, y la *pólis* se concibe como repleta de *eleuthería* y *parresía*,

---

32   Para las demás apariciones, *Leyes*, 649 b: audacia (*parresías*); 671 b: arrogancia (*parresías*); 694 b: franqueza de palabra (*parresían*); 806 d: libertad de palabra (*parresías*); 811 a: hablar francamente (*parresiazómenon*); 829 d: libertad de palabra (*parresían*); 829 e: libertad de palabra (*parresías*); 908 c: franqueza de palabra (*parresías*). Dos menciones más pueden encontrarse en *Fedro*, 240 e: libertad de palabra (*parresía*) y en *Cármides*, 156 a: hablar francamente (*parresiásomai*).

de manera que cada uno tiene licencia absoluta para hacer lo que quiera (557 b; cf. 567 b). La argumentación de Sócrates desembocará finalmente en la idea de que la democracia es anárquica y por consiguiente una forma de gobierno enteramente reprobable. La libertad de palabra aparece así como un factor criticable puesto que resulta uno de los sustentos de la democracia misma.

En Aristóteles el término sólo tendrá el sentido de palabra dicha con franqueza, aunque se percibe también la oposición entre la práctica de la *parresía* y el control que ejerce el tirano sobre sus enemigos, al punto de que en una asamblea los participantes tengan que cuidarse de hablar libremente ante la posibilidad de decir algo inconveniente que llegue luego a oídos del tirano (*Política*, 1313 b 13-16; cf. *Retórica*, 1382b 20). En este contexto, la libertad de palabra se ligaría al dispositivo práctico de la democracia –la asamblea– y se opondría a la tiranía

Las reflexiones citadas indican un problema relevante: en el espacio democrático, *isegoría* y *parresía* son elementos que pueden conducir a una inestabilidad que linda con el exceso: libertinaje, ilegalidad, anarquía. Este es el motivo por el cual varios autores griegos veían con malos ojos la posibilidad de que cualquier hombre pudiera hacer uso de la palabra sin restricciones. Cuando la apreciación adquiere una connotación positiva, se habla por lo general, como vimos en Platón, de un nivel distinto del político, bajo regulaciones que permitirían el uso adecuado de dichos principios, o en su defecto se lo atribuye a un hombre singular capaz de utilizarlos correctamente. Pero ya no se trata de la libertad y la igualdad de palabra como elementos de la democracia, y por tanto no resultan relevantes más que para percibir las críticas a la democracia. Convengamos en un punto: los principios que rigen el uso del *lógos* en la asamblea democrática implican el riesgo de decir sin garantías, puesto que lo que no puede controlarse es la producción misma de enunciados, que son los que en definitiva habilitan las decisiones políticas del *dêmos*.

c) La toma de la palabra: individuo y comunidad

En la asamblea democrática, la oratoria, conformada según el modelo del *lógos* político, constituía el medio por el cual se hacían escuchar las diferentes voces que pretendían intervenir en el debate[33], poniéndose así de manifiesto de modo efectivo el derecho de cualquier ciudadano a dar su palabra si así quería hacerlo, y afirmándose en ese mismo acto la capacidad autogestionaria del poder popular (Eurípides, *Suplicantes*, 440-2: *dêmos authéntes*). La pregunta que abría el debate: «¿Quién quiere tomar la palabra?» (*tís agoreúein boúletai;*)[34], o en una forma más literaria: «¿Quién teniendo algún consejo (*boúleuma*) útil para la ciudad quiere ponerlo en el centro (*es méson phérein*)?», considerada por el personaje de Eurípides (*Suplicantes*, 438-9; cf. *Orestes*, 885) marca distintiva de la libertad democrática, era pronunciada por el heraldo para habilitar la enunciación de propuestas que serían sometidas a discusión.

Cada uno de los que tomaba la palabra se situaba en un lugar determinado por el funcionamiento político e institucional de la asamblea: era el orador que exponía ante la multitud. Los mecanismos procedimentales que articulaban la toma de la palabra por parte del orador permitían el despliegue de la retórica no sólo como arte del discurso deliberativo sino, sobre todo, en tanto posibilidad de proferir enunciados políticos en un marco en que la multiplicidad de voces –la comunidad presente en la asamblea– habilitaba la toma de decisiones que eran responsabilidad de la ciudad en su conjunto. Pero la presencia del orador no señala un carácter individual o personal dentro de un espacio colectivo. La palabra, sostiene Isócrates (*Sobre el cambio*, 254) haciéndose eco de la doctrina del primer inventor, permite que los ciudadanos se convenzan mutuamente y se aclaren aquello sobre lo que toman decisiones; pues todo lo que se ha inventado para dejar de lado la vida salvaje (reunirse para habitar en ciudades, establecer leyes, descubrir técnicas) ha sido posible mediante la palabra[35]. «La palabra, recuerda de Romilly, podía, por sí misma, dirigirse

---

33 Sobre el discurso oratorio, Worthington (1991); (1996); Carey (1994); (1996). Cf. Desbordes (1996); Yunis (1996). Asimismo Lewis (1996), 97-123; Coulet (1996), 117-40, que analizan las funciones de la asamblea en el contexto más amplio de las formas de comunicación oral y escrita.

34 Aristófanes utiliza la pregunta tres veces (*Acarnienses*, 45; *Tesmoforiantes*, 379; *Asambleístas*, 130) para dar comienzo a distintas parodias que evocan a la asamblea ateniense. La misma fórmula se encuentra en Demóstenes (*Sobre la corona*, 170), que señala la sorpresa que había causado en esa ocasión el hecho de que el heraldo repitiera la fórmula una y otra vez y nadie pidiera la palabra.

35 Algo similar se lee en Sófocles, *Antígona*, 332-61.

a todos», motivo por el cual ella era necesaria y soberana[36]. El que tomaba la palabra, si bien lo hacía a título personal –puesto que no existía la idea de representación, es decir, un ciudadano que pudiera hablar en nombre de todo un grupo–, en realidad, hablaba como si fuera la voz de la comunidad a la que por un lapso determinado, el de su locución, le había cedido su aparato fonador[37]. La voz se ubicaba en el centro, hecho que en la práctica implicaba que el orador se situara en el *bêma*. La idea de llevar al centro, que veíamos aparecer en el pasaje recién citado de las *Suplicantes* de Eurípides, y que Detienne destacaba al analizar la configuración de la palabra-diálogo, implica someter la palabra a la consideración de toda la comunidad. Por este mismo motivo, la palabra proferida por el orador ya no le pertenece a él sino que ha sido tomada por la *pólis*. Podría decirse que su voz ya no es suya sino que, por un momento, es la comunidad la que habla a través de su palabra, de manera que el cuerpo político se enfrenta a sí mismo a través de un desdoblamiento en el que la figura del orador circunstancial, que pronuncia el discurso situado en el espacio común, es confrontada con la de los que escuchan. Este distanciamiento se revierte en la medida en que la votación zanja el debate, y por ende la escisión. Por otra parte, el hecho de que un cualquiera pueda ocupar el lugar asignado en el centro implica que ningún elemento logre algún tipo de privilegios en el uso de dicho sitio: en cada situación y según las circunstancias[38], los hablantes tomarán la palabra otorgada por la comunidad reunida en asamblea, cediéndole a ésta su voz para que la política se produzca como evento colectivo.

En tanto la asamblea se organiza durante el debate a partir de dos lugares reversibles, el del orador que habla y el de la multitud que escucha, en tanto cualquiera puede dejar momentáneamente el anonimato y pedir la palabra para ceder su voz

---

36 de Romilly (1997b), 92 y n. 3, donde la autora se pregunta pertinentemente cómo, en asambleas al aire libre de dos mil o tres mil personas, podían dejarse oír las voces. Una respuesta al problema ha sido ensayada recientemente por Johnstone (1996b), que señala ciertos inconvenientes ambientales (ruido, viento, etc.) en el acto comunicacional de los oradores en la asamblea en el marco de la Pnyx.

37 Hemos elaborado estas ideas a partir de las sugerencias de Svenbro (1988), 53-73; cf. (1998), 68-77. Asimismo Havelock (1982), 39-59.

38 Idea expresada por el vocablo *kairós*, que Gorgias tomará debidamente en cuanta cuando señale las condiciones de enunciación de un discurso persuasivo. Cf. *infra*, cap. 9.

a la comunidad, en tanto el que pronuncia el discurso tiene a su disposición los recursos de la retórica, es evidente que las articulaciones entre la enunciación desde el centro del espacio político, los enunciados de la voz hablante y la descodificación por parte del auditorio resultan fundamentales, pues habilitan la toma de la decisión. Lo que se pone en funcionamiento allí es la persuasión, es decir, la capacidad de los discursos pronunciados para causar un impacto sobre los oyentes. En consecuencia, el hecho de prestar la voz no implica una pura pasividad de parte de quien habla; existen oradores mejores y peores, de manera que el uso de la palabra conlleva una capacidad material que actúa sobre los cuerpos de los oyentes, generando estados de ánimo favorables o desfavorables hacia los enunciados que escuchan[39]. Hay, entonces, una individualidad genérica dentro de la asamblea asociada a la ocupación del lugar de la palabra, es decir, un cualquiera que se sitúa en la posición habilitada por el dispositivo en el momento en que su voz ofrece al público «su discurso», entre comillas, porque en realidad ya es de la comunidad. Inmediatamente después de concluida su intervención, la singularidad con la que ha sido investida «su palabra», también entre comillas por la misma razón, y la posición de esta individualidad se desvanecen para dar paso a la utilización del lugar de la palabra por parte de otra individualidad genérica que operará bajo las mismas condiciones en las que lo ha hecho la voz anterior. O, en su defecto, para dar paso a la resolución de la comunidad, que votará en función de los enunciados que las voces han puesto a circular en la situación.

Que las marcas individuales no tienen más vida que la fugaz ocupación del *bêma* por parte del orador lo ponen de manifiesto dos consideraciones. El uso del epíteto *agoraîos* aplicado a varios dioses y en especial a Zeus nos recuerda que el discurso no es atributo del que habla sino del espacio público que hace posible la circulación de la palabra política. La propia Atenea, como se ve al final de las *Euménides* (970-5) de Esquilo, se alegra de haber sido ayudada por la Persuasión divinizada, que vigiló su lengua y su boca, pero el triunfo no es de ella sino justamente de *Zeùs agoraîos*, el dios de la palabra y el debate protector del diálogo en las asambleas (o, cabría decir, de la oposición mediante la

---

39   Este será uno de los argumentos de Gorgias, como se ve en su *Encomio a Helena*: el uso persuasivo de la palabra puede inducir en el que escucha las sensaciones más fuertes y diversas. Cf. *infra*, cap. 9.

palabra)[40]. Es decir que la utilización del *lógos* político, que permite convencer mediante la elocuencia, conlleva la toma de una decisión cuya traza emergente resulta plenamente colectiva, manifestada en este caso religiosamente a través de la figura del rey de los dioses. En el plano profano hay un enunciado que simboliza esta cuestión: «Ha sido decidido por el pueblo» (*édoxe tô démo*). Las inscripciones se abren con esta fórmula, o con la fórmula que dice: «Ha sido decidido por el consejo y el pueblo». Luego se señala la tribu que ejercía la pritanía, el secretario, el presidente, a veces el arconte, lo que propuso el consejo, el nombre del consejero que actuó en función de esto, y por último el nombre del ciudadano que hizo una propuesta de enmienda que fue aceptada[41]. Ciertamente, la presencia del autor de la proposición finalmente adoptada parece sugerir que, en realidad, había un lugar determinado para el individuo ya no de manera genérica sino en forma particularizada. Sin embargo, lo que se conserva es solamente el nombre del consejero que actuó en nombre el consejo —en el caso de que éste hubiera hecho una propuesta y la resolución se tomara sin obstáculos—, o del que hizo la propuesta de enmienda que fue mayoritariamente votada y que, en consecuencia, se transformó en el parecer general de la comunidad. En verdad, el modo en que se introduce el nombre del autor de la propuesta señala esencialmente el carácter genérico del mismo: «Un tal ha hecho la proposición» (*ho deîna eîpe*). Se trata, por cierto, de un cualquiera. Loraux plantea que esta fórmula conserva en el plano de la escritura el contenido de un discurso[42], lo cual se articula con el propio proceso de decisión y el trabajo del *lógos* político. Por otra parte, la proposición queda subordinada a la capacidad de decisión y a la voluntad conjunta del consejo y la asamblea. El nombre del impulsor del decreto indica más bien la carga de responsabilidad que el *dêmos* hace recaer sobre aquél que se sitúa como orador al dar su palabra a la ciudad. Pero el debate y la contradicción entre las

---

40 Buxton (1982), 111-3; de Romilly (1997b), 96. Cf. *infra*, cap. 13.

41 Véase, a título de ejemplo, la siguiente serie de inscripciones de la segunda mitad del siglo V a.C.: *IG*, 13, 34; 40; 61; 68; 78; 102 = *M&L*, N° 46, 52, 65, 68, 73, 85, resp. = Bertrand (1992), N° 23, 25, 26, 29, 30, 33, 34, resp. Cf. con reservas Bingen (1973), 470-9. Sobre los decretos del consejo y el pueblo, Rhodes (1972a), 52-82; de Laix (1973), 88-107. Sobre las fórmulas de apertura de las inscripciones, Hedrick (1999), 408-24.

42 Loraux (1993), 393, n. 38.

distintas voces, así como las enmiendas y revisiones, destacan básicamente que se trata de los procedimientos de un dispositivo abierto y colectivo ligado a la política del *dêmos* (cf. Jenofonte, *Helénicas*, 1, 7, 12)[43].

La persuasión, pues, era el modo que tenían los oradores no sólo para argumentar en torno a una propuesta sino para inducir en el público un estado de ánimo, un conjunto de sensaciones, en definitiva, una serie de pasiones que fueran favorables a sus pareceres. Los antagonismos entre las opiniones generaban discordias, disensos e incluso conflictos desgarrantes, hasta el momento de la votación que inclinaba la voluntad del auditorio a favor de un enunciado u otro. Allí, entonces, el consenso de la comunidad se manifestaba como decreto del conjunto, tal como hemos visto en los encabezados de las inscripciones. Una vez concluido el proceso de decisión, en el que la oralidad constituía el soporte práctico del dispositivo político, se abría paso a la escritura de la resolución, es decir, la fijación de las normas en un medio material en función de su exhibición pública y su conservación. Esto sintetiza los dos momentos en que se divide el proceso de escritura de la ley. Rhodes propone interpretar los términos *pséphisma* y *nómos* justamente en esta clave. Si bien es cierto que antes de 403 ambas palabras designaban básicamente lo mismo, se trata, de todas maneras, del asunto visto desde dos ángulos distintos: *pséphisma* corresponde al acto legislativo o *enactment*; *nómos* es ya un elemento que ha pasado a formar parte del código ateniense[44]. Queda claro que la escritura de leyes y decretos no se contrapone a lo oral. En rigor, lo escrito complementa lo oral: se escribían los decretos para que pudieran ser vistos por el público; se escribían las leyes para que pudieran eventualmente ser utilizadas en los tribunales. Que fueran vistos no significa que fueran leídos, y el uso de decretos y leyes en los tribunales no implicaba leer lo que había quedaba grabado en

---

43 Véase Ruzé (1997), 455-70. El carácter político de las decisiones de la asamblea no implica que la escritura de la ley producida por aquélla siga dentro de estas pautas. Según Osborne (1999), 358, mucho del lenguaje de las inscripciones obedece a las iniciativas privadas de los sucesivos secretarios, siendo unos exhaustivamente minuciosos y otros extremadamente lacónicos. Esto tenía consecuencias políticas, y condiciona nuestra aproximación a la práctica de toma de decisiones a partir de los decretos públicos. Más que grabar una actuación, los textos desplegados públicamente constituían una actuación inscripta independiente.

44 Rhodes (1972a), 49. Para esto y para lo que sigue, cf. *infra*, cap. 6.

una inscripción o estela sino que generalmente eran los propios protagonistas, asesorados por letrados, los que en sus discursos citaban fragmentos de leyes. Nadie se tomaba el trabajo de verificar las citas, pero los textos estaban en la plaza pública como monumentos accesibles para todos. La importancia de la escritura residía en la publicidad[45]. La escritura era, ciertamente, un modo de fijación de la ley que, ligado a la política del pueblo bajo las condiciones de la democracia del siglo V, no implicaba una contraposición entre oralidad y escritura sino que lo escrito estuviera bajo condición de lo oral[46]. El decreto escrito era el resultado de una decisión tomada bajo las condiciones prácticas de la oralidad política asamblearia, en cuyo marco podía incluso enmendarse, revisarse, alterarse, anularse, transformarse lo escrito previamente para dar lugar a una nueva escritura como resultado de una nueva decisión colectiva por medio de los dispositivos orales de la asamblea.

Esta capacidad del *dêmos* para hacer y deshacer en el terreno de los asuntos públicos en el marco de las reuniones de la asamblea había generado la reprobación de Platón (*Protágoras*, 319 b-d), que se quejaba de que si bien en el momento de resolver temas técnicos se consulta a especialistas, para decidir sobre problemas políticos cualquiera puede opinar:

«Cuando es necesario aconsejarse (*bouleúsasthai*) algo respecto de los asuntos de la administración de la ciudad, levantándose para esto aconseja (*symbouleúei*) sobre los mismos tanto un carpintero como un herrero o un zapatero, un comerciante o un propietario de naves, un rico o un pobre, un noble o un plebeyo, y nadie les increpa por esto...: que sin saber absolutamente nada (*oudamóthen mathón*), ni haber tenido maestro alguno, intentan aconsejar; porque es evidente que no creen que se pueda enseñar».

---

45 Cf. Harris (1994); Thomas (1994), 45-9. Sobre la importancia de las inscripciones como forma de publicidad de los actos de la *pólis*, Lewis (1996), 125-42; Coulet (1996), 109-15.

46 Véase Detienne (1988), 31-56. Para Hansen (1991), 311-2, el código de leyes escritas a disposición del público para su inspección era un sello distintivo de la democracia; en las inscripciones la fórmula que se repetía constantemente era que toda decisión debía ser publicada para que pudiera ser leída por quien quisiera. Según Thomas (1992), 144-50, el ímpetu y los detalles precisos de la escritura en Atenas provenían del cuerpo cívico mismo reunido en la asamblea de ciudadanos.

Sin saber nada, salvo que Platón no reconoce aquí ni en ningún lado la importancia de los mecanismos concretos de aprendizaje político a través de los cuales los ciudadanos se instruían en el manejo de los asuntos públicos[47]. La oralidad, concebida como una serie de prácticas con sus propias reglas y formas de concreción, era para los atenienses una forma primordial de transmisión de su cultura política.

En este sentido, podemos decir que la asamblea era un dispositivo colectivo de pensamiento, entendiendo por tal un procedimiento por el que los ciudadanos realizaban la experiencia de decidir la política, y que esto difería del saber, que Platón concebía como el único camino para resolver los asuntos públicos bajo la figura del filósofo como depositario de ese saber. El funcionamiento de la asamblea en tanto dispositivo de pensamiento se encuentra bien retratado en el discurso fúnebre de Pericles: no importa cuál sea la condición social de cada ciudadano, todos están capacitados para ocuparse de los asuntos públicos, más allá de que cada uno tenga sus propias intereses privados, y sigue (Tucídides, 2, 40, 2)[48]:

> «Nosotros solos, pues, consideramos al que no participa de estas cosas no un tranquilo sino un inútil, y nosotros mismos, por cierto, decidimos exactamente y reflexionamos rectamente sobre los asuntos públicos, sin creer que las palabras son un perjuicio para la acción (*ou toùs lógous toîs érgois bláben hegoúmenoi*), sino el no aprender de antemano progresivamente a través de la palabra (*mè prodidakhthênai mâllon lógo*) antes de pasar de hecho a ejecutar lo que es preciso».

Se observa claramente que no se trata de un saber que se posee sino de un procedimiento de pensamiento para la acción, es decir, un análisis de una situación concreta sobre la cual no se posee saber alguno porque, por lo general, implica una circunstancia política contingente que debe resolverse con los recursos de la situación misma.

---

47 Esta era la posición de Protágoras en el diálogo platónico (325 c-326 e), que consideraba que la experiencia otorgaba a los ciudadanos acceso al saber político necesario. Ver Sancho Rocher (1991), 243.

48 Respecto de la concepción política presente en este pasaje, Musti (1985); (2000), 87-122.

En Aristóteles (*Política*, 1331b 18-22; 1332a 29-32) se percibe algo que va en este mismo sentido, pues frente a unas coyunturas políticas siempre cambiantes, fortuitas y peculiares, no hay saber que pueda eximir a los ciudadanos de la responsabilidad de decidir. El *kairós*, que es lo distintivo de estas situaciones, no es parte de la ciencia; y no puede haber ciencia de la acción política porque ella se asocia con el azar. Bajo estas condiciones, no se trata de aplicar un saber ya adquirido sino de pensar los elementos propios del suceso que solicita a los ciudadanos a tomar una decisión.

En el *Protágoras* de Platón, como vimos, hay una inversión de esta afirmación, pues la política, se dice allí, es una actividad en la que todos se hallan habilitados para opinar, pero lo hacen sin poseer el verdadero saber. No obstante, no resulta una deducción directa que opinar implique siempre no saber. Puede darse, y éste es el caso, que por no saber se piense. Por eso, la asamblea es un dispositivo de pensamiento, es decir, una organización material que posibilita deponer los saberes previos para pensar a través de un procedimiento basado en la opinión colectiva y bajo la forma de una apuesta: qué hacer ante los eventos aleatorios presentados. Platón, ciertamente, sólo distingue entre el saber de la ciencia y el no saber de la opinión. Pero no toma en cuenta, y no sabría hacerlo, que la construcción de la verdad política está bajo condición de ese no saber de la opinión colectiva que en la asamblea debe darse a la tarea del pensamiento. No existe en la asamblea un discurso del sabio. Aun cuando concurran aquellos que poseen un saber, no hay lugar para la enunciación del sabio, pues, como señalaba Platón (*Protágoras*, 322 d-323 a), sólo se los consulta en caso de necesitarse algún consejo que involucre a algunos de sus saberes técnicos puntuales. Pero en materia política todos deben participar o no habría ciudades.

Platón traza una diferencia entre *dóxa* de la multitud y *epistéme* del sabio y argumenta que éste debe entender sobre los asuntos políticos[49]. En efecto, para Platón hay diferencias de contenido y sujeto entre *dóxa* y *epistéme*: puesto que en la asamblea los ciudadanos deciden sin saber y en tanto que la democracia es anárquica debido a la indiferenciación que allí impera, la asamblea es todo lo contrario del saber porque funciona sobre la opinión fundada en las apariencias y reniega de la ciencia en tanto saber de las

---

49 *República*, 350 a-b; 428 b-e; 477 a-480 b; 506 a-d; 533 e-534 a. Cf. Plácido (1997a), 278-82.

esencias[50]. Dentro de la asamblea se hace caso omiso de todos los procedimientos que para Platón permitirían determinar a aquellos individuos singulares autorizados a gobernar por estar en posesión del saber y de los métodos que posibilitan obtener dicho saber ligado al ser, la verdad y el bien supremo. La asamblea, para su desgracia, no responde a los requerimientos del criterio filosófico. En el marco del dispositivo productor de la política democrática, *dóxa* y *epistéme* no se diferencian entre sí ni por el contenido verdadero o falso que pueda asignársele a una u otra ni por el sujeto que emite los enunciados pertinentes. El pensamiento de la política que la asamblea produce coincide con el procedimiento mismo por el cual se pueden conjugar e interpretar las diferentes opiniones manifestadas por las diversas voces. Nos hallamos, en verdad, ante el campo de lo *alethés* y lo *pseudés*, el de la ambigüedad de la palabra[51], terreno en el cual la política deviene un atributo del *dêmos*.

Al sostener esto último no desconocemos la existencia de ciertos grupos de acción política –por lo demás, jamás formalizados ni estabilizados como partidos[52]– que trataban de incidir sobre el conjunto de los ciudadanos, asunto que tiene su importancia cuando de analizar el funcionamiento de la asamblea democrática se trata. Estamos hablando, por cierto, de la autoridad que adquirían los demagogos, líderes habituados a hablar en público y capaces de convencer a su auditorio. La práctica habitual de estos *rhétores* en la arena política era la de la persuasión[53]. Tucídides lo manifiesta crudamente durante el debate sobre Mitilene (3, 40, 3; cf. 3, 37-8), cuando hace decir a Cleón que «los oradores que os deleitan con sus discursos tendrán su certamen en ocasiones menos importantes y no en una en la que la ciudad pagará alto precio por deleitarse un poco, mientras que ellos obtendrán un buen beneficio de su bella elocuencia». El historiador juega aquí con la paradoja al poner este argumento en boca de Cleón, porque se sabe que este demagogo era uno de los líderes principales justamente gracias a su capacidad persuasiva. Evidentemente, la finalidad de esta bella elocuencia consistía en lograr que quienes participaban

---

50 Cf. de Romilly (1975), 99-110.

51 El problema se conecta con el tema de la diferencia entre *alétheia* y *apáte*, ver Detienne (1981), 59-85.

52 Finley (1980), 27-37; (1983b), 42. Cf. Meier (1985), 55-76; Pecorella Longo (1971).

53 Véase Finley (1981); Ober (1989), 104-27, 156-65; cf. Sinclair (1988), 136-41.

de la asamblea reconocieran la justeza de las proposiciones que el orador había realizado y las votaran. Se tendrá una dimensión más completa del asunto si se toma en cuenta que estos oradores eran generalmente los políticos principales, personajes salidos de la élite que a través de los métodos democráticos buscaban conservar su ascendencia social sobre el pueblo, utilizando tanto la autoridad y el patronazgo como la palabra en la *ekklesía*[54].

Sin embargo, ellos no eran los únicos que solicitaban la palabra en la asamblea[55], tal como lo muestran Platón (*Protágoras*, 319 b-d; 322 d-323 a), que argumenta en torno al hecho de que en la ciudad democrática cualquiera puede dar su consejo, y Eurípides, que en la asamblea de los argivos que tiene lugar en su *Orestes* (902-23) hace hablar a dos personajes desconocidos, sin nombre propio, uno identificado como un intruso capaz de decir cualquier cosa y otro como un campesino que habla con sensatez[56]. Un pasaje de Aristófanes (*Asambleístas*, 151-5) da a entender que un ciudadano, sin ser un orador habitual, podía pedir la palabra y hacer una propuesta en la asamblea[57]. También Jenofonte (*Memorables*, 1, 2, 40-6; 3, 7, 6; 4, 4, 12-6) y Andócides (*Sobre los misterios*, 77; 96) brindan indicios de que en la asamblea el pueblo no sólo decidía mediante el voto sino que tomaba parte de las deliberaciones haciendo propuestas (cf. Tucídides, 5, 19; 24, 1). Lo importante, de todos modos, es que tanto los líderes como el pueblo estaban de acuerdo en un punto básico: respetar las reglas del juego democrático[58]. En la

---

54 Problema destacado por diferentes autores; cf. Connor (1971); Adkins (1972), 139-41; Finley (1986a), 39-70; Roberts (1986); Ober (1989), 192-247.

55 Véase Spina (1986), 44-60.

56 Cf. Davies (1981a), 57-67; Raaflaub (1989), 36-9. Ruzé (1997), 456-8, 466-70, señala que si bien los oradores provenían de una élite reducida, hay ejemplos claros de que no siempre ocurría así.

57 Aristófanes, crítico de la democracia radical, que señala cada vez que puede la manipulación de los líderes sobre el pueblo, no dejará de reflejar un hecho irrecusable de la situación política ateniense: un cualquiera podía hacer una propuesta ante el pueblo, fuera un campesino como Diceópolis en *Acarnienses*, o un morcillero como en *Caballeros*, o un viñador como Trigeo en la *Paz*, o un ciudadano cualquiera como aquel por quien se hace pasar Praxágora en *Asambleístas* al asumir el rol masculino y hablar en la asamblea popular.

58 El punto es tratado con precisión por Ober (1989), 293-339. Cf. Hansen (1987), 49-93; (1991), 266-87; Sinclair (1988), 81-6; Ruzé (1997), 409-36.

asamblea, pues, la palabra servía de vehículo para convencer al conjunto del cuerpo cívico de la importancia de tomar tal o cual decisión arribándose así a resoluciones en común. El uso popular otorgaba a la palabra puesta en el centro un carácter enteramente democrático, pues la participación de la multitud no constituía una presencia pasiva sino algo enteramente activo[59].

d) Liderazgo y responsabilidad de la decisión

La relación entre oradores y masas es una cuestión recurrente en la literatura de la Atenas clásica. Tucídides, por ejemplo, se quejaba de que después de confirmarse la noticia del desastre en Sicilia, los atenienses «se indignaron contra los oradores que los habían animado a emprender la expedición, como si no hubieran sido ellos los que la habían votado» (8, 1, 1; cf. 3, 43, 4-5)[60]. La crítica de Tucídides al oportunismo de las masas radicaba en que al conocerse la tragedia siciliana, y ante la desazón que esto debió haber generado, los atenienses adoptaron una actitud prescindente y se dedicaron a buscar culpables sin hacerse cargo de la responsabilidad asumida al tomar la decisión. Por otra parte, podemos reconocer en este episodio, remontándonos de los efectos de las decisiones a las decisiones mismas, el hecho importante de que en el momento de decidir no había garantías respecto de los resultados que se iban a obtener, pero igualmente se decidía. Si bien estas situaciones producían inseguridad, de todos modos, los ciudadanos asumían la responsabilidad de tomar la decisión que les parecía más conveniente en cada momento. Por último, se percibe también el modo colectivo en que la asamblea producía las decisiones y el carácter de apuesta política que éstas revestían, pues si bien es cierto que los oradores «los habían animado a emprender la expedición», sin embargo, eran los ciudadanos «los que la habían votado». En definitiva, el desacuerdo de Tucídides no era únicamente con los

---

59 En general, Finley (1986a), 95-113; Jones (1957), 99-133; Sinclair (1988), 106-35. Ésta no era la única forma de intervención popular, a juzgar por el peso del *thórybos* o clamor en los debates de asamblea; cf. Tacon (2001).

60 Sobre el tema de la responsabilidad, Lévy (1976), 29-47.

demagogos sino sobre todo con el pueblo que, habiendo dado su consenso a las medidas impulsadas por los oradores, se volvió contra éstos cuando las consecuencias de la decisión tomada se tornaron desfavorables. Evidentemente, todo un debate acerca de la cuestión de la responsabilidad.

Se ha dicho, y este podría ser un encuadre apropiado para el testimonio de Tucídides, que la actuación del pueblo en la asamblea estaba exceptuada de la rendición de cuentas (*anypeúthynos*), porque al ser el poder supremo de la *politeía* no conocía una autoridad superior a la suya dentro del estado ateniense. Por lo tanto, en caso de un error, no había instancia de corrección de la decisión adoptada por el *dêmos* en el marco de la asamblea, y, en consecuencia, no había a quien echarle las culpas de una resolución mayoritaria. En este terreno, la doctrina que se impone, esgrimida por los demagogos, es que cuando el pueblo yerra ello se debe a los malos consejos o al engaño de los que hicieron la propuesta. Esta idea se encuentra claramente señalada por el Viejo Oligarca ([Jenofonte], *República de los atenienses*, 2, 17): «Y si resulta algún mal de lo que acordó el pueblo, éste acusa a unos pocos hombres de que estropearon el asunto obrando contra él, mientras que, si lo que resulta es un bien, se atribuyen la iniciativa a sí mismos». En Tucídides (3, 43, 3-4), Diódoto alega que los oradores tienen toda la responsabilidad (*hypeúthynos*) por los consejos que proponen mientras que el auditorio no tiene ninguna, de modo que si ocurre un error se castiga al autor de la propuesta; pero si ambos sufrieran un perjuicio igual, la multitud sería más cuidadosa al momento de decidir, porque de haber un error sería responsabilidad de todos. Y lo mismo señala Andócides (*Sobre su regreso*, 27)[61]. Se ha extraído de esto que el pueblo era irresponsable[62]. Pero cabe para nosotros otra interpretación. La decisión del *dêmos* no es en sí misma correcta o incorrecta, porque una política subjetiva no se mide según su éxito o su fracaso sino de acuerdo con los criterios de su propia actividad. Ciertamente, la evaluación a través del par error / acierto es posible, pero constituye una mirada absolutamente externa a la producción del sujeto político. Todas estas quejas se mueven, pues, en la misma dirección: la crítica de la democracia. Tanto la visión conservadora de Tucídides como la del Viejo Oligarca

---

61 Sobre la visión de Andócides de la democracia ateniense, el problema de la decisión y la responsabilidad de la misma, cf. Missiou (1992).

62 Gil (1970).

más que criticar la actitud del pueblo ante sus supuestos errores critican las bases mismas de la democracia en tanto soberanía de la asamblea popular[63]. Los oradores conocían perfectamente cuáles eran las reglas de juego y debían reafirmar su liderazgo dentro de los procedimientos del dispositivo político de la asamblea popular. En caso de hacer una propuesta y triunfar, sabían qué responsabilidad tenían.

Ahora bien, lo que también trasluce Tucídides en su ataque al pueblo por su irresponsabilidad es que, aun en el marco de la política popular, la élite continuó teniendo cierto predicamento en la Atenas clásica[64]. Aristófanes muestra algo del mismo orden, aunque en este caso la crítica cae principalmente sobre los políticos que con facilidad engañaban a los campesinos atenienses[65]. Según su testimonio, «reunida la masa de los trabajadores del campo, no supieron que se les estaba vendiendo de la misma forma; echaban de menos, es cierto, sus higos secos y el aguardiente; pero, en cambio, oían a los oradores. Y éstos, conociendo la debilidad de los pobres y la extremada miseria a que estaban reducidos, ahuyentaron a nuestra diosa a fuerza de agudos gritos» (*Paz*, 632-7; cf. *Acarnienses*, 370-4)[66]. Los líderes lograron, de este modo, que en la asamblea los atenienses votaran en favor de marchar a la guerra. Así, en la ciudad democrática modelo, los campesinos, ciudadanos de plenos derechos, aparecían subordinados a las capas superiores[67]. Sin embargo, Aristófanes (*Paz*, 1159-90) pensaba que el campesino seguía siendo el ciudadano y soldado ejemplar (cf. Eurípides, *Orestes*, 919-21). En cambio, para Teofrasto, esta subalternidad de los campesinos se explicaría por su inferioridad. En efecto, el campesino aparece en su razonamiento como un ciudadano mediocre, pues «la rusticidad parece ser una cierta e indigna ignorancia, y el rústico un hombre capaz de... deliberar con los criados los asuntos más graves y

---

63   Cf. Pope (1988).

64   Respecto del problema del liderazgo en Tucídides, Ober (1998), 79-94.

65   Respecto de la visión aristofanesca del campesinado, Ehrenberg (1957), 103-33. Cf. Gallego (1997).

66   *Caballeros* muestra con claridad cómo concibe el poeta la relación entre el demagogo y el pueblo.

67   Sobre el mundo rural y la condición social del campesinado en la Atenas clásica y acerca de la importancia de los labradores en la democracia ateniense: Meiksins Wood (1988), 81-125; Markle (1990); Hanson (1995), 181-219; también Plácido (1997a), 144-57.

contar a los jornaleros que trabajan en su campo todo lo de la asamblea» (*Caracteres*, 4, 5-6).

¿Nos quedaremos con esta formulación que parece sugerirnos que en la práctica, y a pesar de sus derechos, los campesinos atenienses y el pueblo en general se encontraban marginados del poder político y tenían poca o ninguna incidencia en la toma de decisiones y el gobierno de la ciudad? ¿Concluiremos, sin más, que no existían posibilidades ciertas de participación política para los campesinos en particular y para las masas en general ya sea por su exclusión, ya sea por la manipulación de que eran objeto por parte de la élite? El autor a quien conocemos como el Viejo Oligarca ([Jenofonte], *República de los atenienses*, 1, 6) refería lo siguiente sobre el funcionamiento de la democracia ateniense de la segunda mitad del siglo V:

«Alguno podría aventurar que sería necesario no permitir a todos por igual (*ex íses*) hablar y deliberar, sino a los varones más capacitados y mejores (*ándras arístous*). Pero incluso en este punto, toman la decisión más adecuada permitiendo que hablen los malos (*poneroús*); pues si sólo hablaran y deliberaran los buenos (*khrestoí*), esto sería beneficioso para los iguales (*homoíois*) a ellos pero no sería beneficioso para las masas (*demotikoîs*). Pero ahora levantándose para hablar el que quiera, un hombre malo (*ánthropos ponerós*), buscará lo que es beneficioso par él y para sus iguales».

Su conclusión resulta verdaderamente sorprendente (1, 8):

«Realmente, la ciudad no será la más perfecta con semejantes instituciones, pero así la democracia se conserva mejor. En efecto, el pueblo no quiere ser él mismo esclavo estando la ciudad bien gobernada (*eunomouménes*), sino ser libre y mandar, y poco le importa el mal gobierno (*kakonomías*)».

La postura de este ateniense, un *kalòs kaì agathós*, presenta elementos importantes para el análisis: en primer lugar, si bien considera que las capas inferiores no garantizan el mejor gobierno, si Atenas ha de ser democrática el pueblo deberá participar efectivamente en el poder; en segundo lugar, la genuina participación popular es lo que permite conservar el gobierno democrático. De esta manera, lo que para Aristófanes y Teofrasto significaba el predominio de la élite sobre las masas, para el Viejo Oligarca era la base de la democracia en Atenas. Más allá de su descalificación del gobierno democrático, su afirmación acerca del carácter realmente participativo y popular del régimen político ateniense resulta en verdad relevante.

No es éste el único elemento de interés que encontramos en la obra del Viejo Oligarca. Su visión de la democracia resulta también importante porque, tratándose de un panfleto contra el orden de cosas vigente en la Atenas del último tercio del siglo V[68], de todos modos, reconoce que lo que anima al *dêmos* a ejercer el mando soberano es el deseo de ser libre y no esclavo de las decisiones de otros. Y sólo la permanencia de este principio le permite al pueblo ateniense conservar su poder en la ciudad, pues «si examinas un buen gobierno verás que, en primer lugar, las leyes las dictan los más inteligentes (*dexiotátous*); en segundo lugar, los buenos castigan a los malos; los buenos también deliberan sobre la ciudad y no dejan a los hombres alocados (*mainoménous*) deliberar ni hablar ni participar en la asamblea. Pues bien, a partir de todas estas buenas reglas rápidamente el pueblo caerá en esclavitud» ([Jenofonte], *República de los atenienses*, 1, 9). Por lo cual resultaba atinado a los ojos del Viejo Oligarca que el *dêmos* participara, hablara y deliberara si es que en verdad el régimen político de la ciudad era una democracia.

Aristóteles (*Política*, 1280a 3) había resumido con un fórmula esta importancia del pueblo llano en la ciudad, diciendo que «cuando mandan los pobres, [se trata] de una democracia». De todas maneras, como hemos visto, para el filósofo existía una marcada diferencia en la evolución de las instituciones atenienses entre la situación anterior a Efialtes y la que se abre a partir de sus medidas y las de Pericles[69]. Mientras que la primera etapa resultaba lo más parecido a una república en la que el pueblo campesino participaba del poder pero se encolumnaba ordenadamente detrás de gobernantes moderados, en cambio, la segunda implicaba una corrupción de la primera, pues el pueblo, en especial el urbano, se hacía del poder y elegía a malos líderes capaces de llevar a cabo cualquier cosa con tal de que el pueblo no les quitara sus favores.

Ober ha puesto de relieve que la estabilidad política de la democracia tuvo que ver, en gran parte, con el hecho de que los aristócratas se avinieran a ejercer su liderazgo mediante métodos

---

68   Véase Leduc (1976), 138-44; Canfora (1980), 34-61.

69   Cf. *supra*, cap. 2.

aceptados dentro de la dinámica democrática[70]. En este sentido, los oradores y su audiencia popular concordaban en un punto básico: no atentar contra el principio de la igualdad de derechos y de palabra[71]. Ciertamente, nada podía impedir entonces que los aristócratas se convirtieran en campeones de la causa democrática, utilizando su habilidad y su educación en pos de persuadir a sus conciudadanos, así como sus riquezas y el patronazgo público o privado para conseguir apoyos y clientelas políticas[72]. Se debe tener en cuenta, además, que desde mediados del siglo V la práctica de la oratoria estuvo estrechamente ligada al desarrollo de la sofística, puesto que los sofistas eran también maestros de oratoria[73]. Pero el *éthos* aristocrático se vio subvertido por el poderío político de la democracia, y las élites, ya lo fueran por habilidad o por riqueza, terminaron siendo mayoritariamente cooptadas por el sistema. «En todo caso, señala Ober, los miembros de la élite fueron capaces de retener sus ventajas personales más preciadas: la riqueza de las clases altas, la habilidad retórica de los educados y la condición, basada en el nacimiento y un código exclusivo de comportamiento, de los aristócratas. Pero el despliegue público de las ventajas de la élite se hizo contingente bajo la continua aprobación de la masa. Esa aprobación sólo se dio con la condición de que las ventajas de la élite fueran compartidas con las masas, y fueran así, de modo demostrable, un beneficio para el cuerpo ciudadano en su conjunto»[74].

En definitiva, el punto importante es que la élite desarrollaba sus movimientos dentro del complejo de prácticas y discursos democráticos, y el pueblo lo aceptaba siempre y cuando no se afectara su capacidad de intervenir en los diversos órdenes de la vida de la ciudad. La democracia, pues, no implicaba la inhibición del predominio de la élite. Pero para poder influir sobre el pueblo los poderosos tuvieron que arreglárselas a través de las instituciones democráticas. Existieron, como ya dijimos, un poderío y un patronazgo de las clases nobles sustentados en actitudes de

---

70 Ober (1989).

71 Cf. Hansen (1991), 304-15.

72 Ver Davies (1981b), 9-36. Sobre las formas de actuación política, Rhodes (1986), 135-42; cf. (1996); (1998); Plácido (1997b), 545-7. También Whitehead (1983); (1993); Mitchell (1996); Schofield (1998).

73 Cf. *infra*, cap. 9.

74 Ober (1989), 291-2; cf. 304-14. Cf. Rhodes (2000b), que destaca el rol del pueblo más allá de los líderes.

superioridad notables[75]. No obstante ello, hemos mostrado también
la existencia de una genuina participación popular que permitió
incluso la toma de la palabra en la asamblea por parte del hombre
común. Los campesinos, por caso, que por no residir en la ciudad
podían transformarse en una masa apática, no carecían sin embargo
de cultura y educación políticas. Tampoco eran indolentes y, en
general, tenían tiempo de asistir a las reuniones de la asamblea, en
especial cuando se trataban cuestiones que resultaban vitalmente
importantes, como la decisión de ir o no a una guerra, asuntos en
los que no podían dejar de intervenir (cf. Aristófanes, *Acarnienses*,
19-39)[76].

Se tendrá en cuenta asimismo que los campesinos atenienses
no vivían de manera dispersa y aislada sino en comunas aldeanas
que desde las reformas de Clístenes se hallaban institucionalmente
integradas a la vida política de la ciudad[77]. Tal era la función de los
municipios rurales atenienses en los que se percibe una organización política que tendía a constituirlos en una especie de *póleis* en
microcosmos. En este contexto, los campesinos podían participar
activamente, elegir y ser elegidos, debatir las decisiones, votar, etc.,
de modo que su experiencia política no era escasa. El campesinado
no desconocía ni se desentendía de lo que implicaban la política
y la participación democráticas, dado que los demos funcionaban
como poderes de base y escuelas de aprendizaje político. En la
época clásica, su presencia significaba una forma de organización
estrechamente vinculada al conjunto de las prácticas políticas que
caracterizaba a la democracia ateniense.

Ahora bien, el hecho de adscribir el funcionamiento del gobierno democrático al poder que pudieron ejercer, por un lado,
los aristócratas con respecto a los campesinos y, por el otro, los
líderes de nuevo tipo, los demagogos, en relación con las masas urbanas, no debe hacernos perder de vista que, más allá de
las diferencias de apreciación en cuanto a cuál era la clase que

---

75 En general, Donlan (1980) 155-80. Respecto de las clases altas atenienses,
   fundamentalmente la aristocracia, Bugh (1988), 74-8, 107-19, que analiza
   su fluctuante actuación durante la segunda mitad del siglo V. Cf. Ober
   (1989), 248-59, 279-89.

76 Véase Finley (1986a), 99, 110-1. También Hansen (1987), 7-12; (1991),
   125-7; Ruzé (1997), 418-25.

77 Osborne (1985a), 64-92; Whitehead (1986), 253-326. Cf. Haussoullier (1884),
   11-133; Eliot (1962); Traill (1986). También Meiksins Wood (1988), 101-
   10; Stockton (1990), 57-67; Rhodes (1993); Gallego (1997), 12-9.

ejercía realmente el poder, hay una coincidencia básica entre los autores antiguos que hemos abordado hasta aquí: la referencia al pueblo se ubica en una dimensión sociológica, puesto que se trata en todos los casos de la relación entre las distintas clases que actuaban en la sociedad ateniense. Hemos señalado anteriormente que la situación durante la segunda mitad del siglo V parece evolucionar hacia una oposición entre los ricos y los campesinos, de una parte, y los pobres urbanos y sus líderes, de la otra[78]. Bajo estas condiciones, el Viejo Oligarca, Aristófanes e incluso Tucídides y Aristóteles presentarán a los demagogos como a conductores de nuevo tipo que actúan en política y ejercen el poder apoyándose fundamentalmente en las masas urbanas[79]. Pero como ha planteado Finley, «para un ciudadano de la Atenas clásica no hubiera sido fácil trazar una línea divisoria clara entre ese "nosotros" –esto es, el pueblo llano– y ese "ellos" –esto es, la minoría gubernamental–. Ésta es una dicotomía que frecuentísimamente aflora en las respuestas de nuestros apáticos coetáneos. Tal diferencia de actitudes proviene de la fundamental divergencia entre una democracia de participación directa y una democracia representativa, o sea, no-participativa»[80]. Esto nos reconduce a la delimitación señalada por Hansen en cuanto a la existencia de al menos cuatro sentidos diferentes para el término *dêmos*: como pueblo en asamblea; o, más ampliamente, como el conjunto de los atenienses; o, en el terreno constitucional, como sinónimo de *demokratía*; o, socialmente hablando, como la plebe, la gente común. «La ambigüedad de la palabra *dêmos* –reconoce Finley– es muy significativa: por una parte, se refería al cuerpo de ciudadanos como un todo...; por otra parte, se refería al pueblo común, a los muchos, los pobres... La palabra latina *populus* tenía también la doble connotación. Sin embargo, no se dudaba en el momento de usarla en un contexto dado: los

---

78 Cf. *supra*, cap. 2.

79 Para Aristófanes, como vimos, los demagogos apoyados por los sectores populares urbanos gobernaban en detrimento de los aristócratas y los campesinos. Tucídides tiene, en alguna medida, una mirada similar: la estrategia de Pericles durante los primeros años de la guerra termina favoreciendo a los habitantes de la ciudad y los intereses marítimos y, en contrapartida, arruinando las propiedades rurales de terratenientes y campesinos. Para el Viejo Oligarca, lo mismo que para Aristóteles, los sectores populares urbanos predominan al amparo de los demagogos. Siguen siendo importantes los análisis de Finley (1981); (1980), 27-37; (1986a), 98-108. Cf. Connor (1971), 91-8, 139-75.

80 Finley (1980), 77-8.

escritores y oradores griegos y romanos pasaban libremente de un sentido a otro con fácil comprensión, y, cuando criticaban a la democracia, jugaban libremente con el vocablo *dêmos* o *populus* con no menos comprensión»[81].

Esta ambigüedad, podría decirse incluso este malentendido, alrededor del vocablo *dêmos*, atestigua la dimensión política del asunto, pues en este plano resulta claro que la política pasa a ser un atributo del pueblo. Ciertamente, tras el nombre *dêmos* circula una indistinción entre el conjunto de los ciudadanos y las clases subalternas, entre la reunión en acto de la asamblea y la forma de gobierno, ya que designa tanto a lo que conforma la parte popular como a la comunidad entera, tanto a las decisiones concretas como al andamiaje institucional. Estas definiciones de *dêmos* son, por cierto, interiores a una misma definición común, es decir, no son definiciones externas dadas por un observador que trasciende y contempla pasivamente la situación, sino que son definiciones internas para un habitante de la situación. Siendo así, resulta claro que el malentendido del que hablamos no implica una falta de claridad conceptual sino la instancia misma de un conflicto irresoluble dentro del cuerpo político.

Por otra parte, también es menester distinguir al *dêmos* de los muchos, pues si bien es cierto que generalmente los pobres son muchos y los ricos son pocos, no obstante, no debe confundirse la idea de los muchos con la de una voluntad general conformada a partir de una mayoría política en la situación de la asamblea, es decir, organizada en torno a la toma de una decisión en una momento determinado y ante una circunstancia singular. Es justamente esta indiscernibilidad lo que circula en la indefinición del nombre *dêmos*. En la asamblea, después de aprobada una propuesta a partir de la votación se atribuye la resolución al *dêmos* en tanto conjunto de todos los ciudadanos. La mayoría conformada en la votación no tiene por qué coincidir con los sectores populares, a pesar de que, ciertamente, éstos se hallan presentes en el momento de decidir. Finalmente, la identificación de los pobres con los muchos y los ricos con los pocos sólo tiene sentido cuando se piensa la relación entre el estado y las clases[82], cuestión que queda en suspenso en el seno de la asamblea[83].

---

81 Finley (1986a), 12.

82 Esto debe asociarse con las ideas de comunidad y forma de gobierno. Cf. *infra*, cap. 5.

83 La decisión por mayoría implica una indeterminación real que sólo puede

continúa »

En consecuencia, si el *dêmos* es tanto el conjunto de los ciudadanos como una parte de esta totalidad, entonces, el *dêmos* implica una posición de conflicto o de disputa; porque, en definitiva, ¿qué es el *dêmos*? Es el nombre que recibe el desacople entre su definición como todo y como parte; es el punto de existencia, evanescente, entre una consistencia y otra que no se acoplan a la perfección. Hecho por el cual hay conflicto entre las dos definiciones. Y aquí nos encontramos con la *stásis*, que los autores griegos no dejan nunca de fustigar. Si el *dêmos* es el desacople, entonces su esencia nunca podrá quedar exhaustivamente definida, que es lo que el pensamiento sistemático pretendería. El modo de su existencia es lo que aquí cuenta. Dado que no consiste sino que insiste y es el nombre de una tensión, la existencia del *dêmos* se resuelve en acto.

Considerado de este modo, *dêmos* ya no designa a una parte sociológicamente construible (la plebe, los pobres) sino a una capacidad política. La resolución en acto del carácter de esta capacidad implica la decisión de un sujeto, cuya producción se realiza en la asamblea democrática, dispositivo que permite actuar sobre el desacuerdo entre el todo y la parte por medio de procedimientos concretos: hablar, debatir, votar, decidir. Esta capacidad política del *dêmos* manifestada en acto en las reuniones de la asamblea no se reduce evidentemente a la existencia de ésta como institución propia de la forma democrática de gobierno. La política bajo estas pautas es del orden de lo común, pues lo común es lo que permite al *dêmos* operar en acto. La propia idea de «poner en común» o «llevar al centro» revela que el cuerpo político concretamente conformado en la asamblea es una potencia soberana que no se prescribe sino que se afirma en la acción. Sobre los atributos de lo común (*koinón*) y la fuerza (*krátos*) colocada en el centro (*es méson*) pivoteará toda la ambigüedad del término *dêmos*. Hablamos justamente de la fuerza soberana del pueblo, de lo cual la palabra *demokratía*, aun usada en un sentido crítico o peyorativo, viene a demostrar el rasgo singular del acontecimiento histórico que designa. El carácter común borra toda jerarquía y todo lugar

---

resolverse en situación. En este sentido, resulta sintomático un pasaje de Aristóteles en el que se menciona la división entre ricos y pobres y el hecho de que los primeros sean siempre pocos y los segundos siempre muchos, pues el azar propio de las decisiones tomadas en la asamblea nada dice acerca de que los ricos se encuentren necesariamente en el sector minoritario y los pobres conformen siempre la mayoría (Aristóteles, *Política*, 1279b 6-40).

en beneficio de lo anónimo: cualquier ciudadano puede tomar la palabra y hacer una propuesta. Pero este carácter común no significa comunitario sino el terreno en el que tiene lugar el proceso de división de la comunidad y, por ende, la paralela conformación de un sujeto político. Si el debate se da en nombre del *dêmos*, los enunciados contrapuestos señalan sin embargo que ninguna de las propuestas se identifica plenamente con el interés del *dêmos*, si no no habría división alguna. La votación por mayoría indica el momento crucial de la división, una tensión que ha desplegado sus recursos mostrando el accionar del sujeto político. De esta manera, el pueblo a través de una participación política no representativa generó un tipo de práctica que nos sitúa ante un fenómeno excepcional, una verdadera invención de la política bajo su modo democrático[84]: la actuación de un cuerpo en el que un principio de igualdad genérica dejaba sin efecto las desigualdades y jerarquías sociales[85].

---

84 Cf. Rancière (1996), 33, 51-2.

85 Sobre participación popular, borradura de las diferencias sociales e identidad política, Meier (1988), 255-80; (1985), 9-31; Meier y Veyne (1989), 46-61. Cf. Sancho Rocher (1997a), 182-7, 200-10.

Capítulo IV
La producción política:
enunciación y división

a) Enunciación y persuasión:
la palabra verosímil

Las críticas y censuras de buena parte de los autores griegos a los efectos, según ellos, nefastos para el gobierno de la ciudad, ocasionados por la situación vigente en la democracia ateniense de la época de Pericles[1], tendieron a multiplicarse y crecieron aún más luego de su muerte[2]. La política se había transformado en un atributo pleno del pueblo y los demagogos. Para los detractores de la democracia, unos y otros habían llevado a la ruina de la ciudad, puesto que en el funcionamiento político e institucional de la asamblea estaban implicados los líderes que hacían las propuestas y el pueblo que las aceptaba. La crítica de Platón a esta forma política, en la que cualquier ciudadano podía dar libremente su opinión en la asamblea, es la más acabada. Tres son las razones básicas que esgrime el filósofo: por una parte, la mayoría de los ciudadanos no sabe en verdad qué es el arte político ni conoce su esencia, sino que sólo opina lo que le parece; por otra parte, la democracia es un régimen anárquico que distribuye lo mismo

---

1   Finley (1981), 12-6; Jones (1957), 41-72, recoge una parte importante de las críticas de los intelectuales a la democracia ateniense. Asimismo Connor (1971), 175-94; Ostwald (1986), 199-229; Sinclair (1988), 191-222; Ober (1989), 170-7, y en especial (1998), su reciente libro sobre las críticas al poder popular; Musti (2000), 249-305. Sobre la figura del sicofanta, ver Osborne (1990b); Harvey (1990).

2   Al respecto, Lévy (1976).

para todos los hombres, sean iguales o desiguales; finalmente, la educación está en manos de los sofistas a quienes los ciudadanos son capaces de pagarles para que les enseñen a persuadir a su auditorio con bellas pero engañosas palabras[3].

Si la participación igualitaria, el debate democrático y la oratoria de asamblea merecieron tal impugnación por parte de Platón –que impugnaba así a la democracia misma (*República*, 557 a-562 a; cf. Aristóteles, *Política*, 1317b 2-7; 1318a 3-10)–, es porque tales prácticas generaban permanentes desplazamientos en el funcionamiento del gobierno[4], pues producían una división política de la comunidad y una escisión discursiva de la verdad. Platón, no obstante, no podrá sustraerse a ciertos efectos de esta partición, que aflorará en su especulación como separación entre *dóxa* y *epistéme*, las que se corresponderán de algún modo con la evolución respectiva de las nociones de *apáte* y *alétheia*. Según su visión, la situación de la asamblea democrática dominada por la opinión se asociaría con la *apáte* o engaño, que consecuentemente dominaría sobre la *alétheia* o verdad. Desde esta perspectiva, obviamente, la asamblea queda reducida a lo que el pensamiento filosófico entiende por tal, pues en la reflexión platónica es la verdad filosófica la que se propone como norma para evaluar la actividad política: se trata del pasaje de las discusiones de la asamblea a la filosofía política[5].

Pero hay una producción de verdad en la política que no responde a este ideal exterior. En efecto, la construcción de la verdad de la política del *dêmos* consiste en la decisión colectiva en tanto que atributo del cuerpo reunido en asamblea. El modo de producción de esta verdad política dependía de la división de dicho cuerpo a partir de una escisión producida en el campo de la enunciación colectiva, pues si en la *ekklesía* podían contraponerse tantas voces era en virtud de una partición que traía como consecuencia que ninguna voz pudiera proclamarse dueña de la verdad. Cada voz era una fuerza que confrontaba con otras fuerzas –las demás voces–, de modo que la asamblea resultaba el cara a cara de las fuerzas políticas manifestadas como enunciados

---

3   Las dos primeros aspectos han sido analizados *supra*, cap. 3; sobre el tercero, cf. *infra*, cap. 9.

4   Châtelet (1978), 185-279, señala que para Platón el inconveniente primordial de la *pólis* real era el devenir. Cf. Plácido (1985b); (1997a), 278-82; Saxonhouse (1996), 87-114; Ober (1998), 156-247.

5   de Romilly (1997b), 124-34.

que se encontraban en el debate. Estas voces al emitir sus enunciados mostraban la precariedad de una situación apoyada, por así decirlo, sobre las inconsistencias propias de las condiciones de enunciación de la asamblea, sitio singular de enunciación de una subjetividad que manifestaba su insistencia por medio de un cambio permanente de los enunciados proferidos por las voces. De allí la productividad de la oratoria política de asamblea.

Ahora bien, ¿cómo procedía concretamente el dispositivo asambleario para producir política a partir de las condiciones habilitadas por la igualdad y la libertad de palabra, la capacidad de cualquiera para hablar, las posiciones reversibles del orador y los oyentes, la borradura de las diferencias sociales, la división de la verdad del enunciado? La toma de la palabra en la asamblea es siempre un acto de fuerza. La voz misma es una fuerza que entrará en lucha con otras en el marco del debate. Aristófanes muestra esta situación en varias comedias en las que parodia y critica a la democracia y a los demagogos[6]. Así ocurre en la asamblea que tiene lugar al comienzo de *Acarnienses* (43-173), pero no asistimos allí al desarrollo de un debate y sólo vemos ciertos elementos de tipo organizativo[7]. En *Caballeros* (746-52) la escena no se presenta como una asamblea, pero la trama se desarrollará finalmente frente a Demo de Pnyx, que reunirá una asamblea y determinará a partir del debate entre el paflagonio y el morcillero de qué lado se halla el argumento más persuasivo[8]. Cierto es que tampoco aquí estamos ante un discurso de asamblea, pues la discusión se da bajo la forma típica del *agón* dramático. Para encontrarnos con una parodia de la enunciación de asamblea debemos dirigir nuestra mirada a *Tesmoforiantes* y *Asambleístas*. Pero en ambos casos el uso de la palabra está en boca de mujeres, una inversión propia de la crítica cómica a través de la parodia de la ciudad[9]. En *Asambleístas* (130, 171-240), el discurso de Praxágora es el

---

6   Cf. Harriott (1986), 150-63, que estudia las parodias aristofánicas del funcionamiento de la asamblea. Sobre su visión política, Heath (1987a); Cartledge (1990), 43-53; Henderson (1990); Gil (1996), 81-90.

7   Sobre esta escena, Edmunds (1980), 3-5; Russo (1984), 77-82; Bowie (1993a), 19-24; MacDowell (1995), 48-52.

8   Whitman (1964), 80-103, analiza la construcción aristofánica del debate entre el paflagonio y el morcillero; cf. MacDowell (1995), 97-103. Sobre la crítica al demagogo, Ford (1965).

9   Más aún en *Asambleístas* que en *Tesmoforiantes*, pues, como se sabe, ésta alude a una fiesta de mujeres, mientras que en aquélla se muestra

continúa »

de un orador. Sin embargo, la reunión no se ve en la escena. La oración de la heroína es un ensayo previo, de acuerdo con la trama cómica, que luego tiene efectos favorables. Pero esto sólo se conoce en forma indirecta una vez que la asamblea ha concluido[10]. En *Tesmoforiantes* (372-519), asistimos a un debate en el que las hablantes no tienen más identidad que la de mujer uno y mujer dos. En cuanto al pariente de Eurípides disfrazado de mujer, en la asamblea pasa por ser la tercera oradora, y en consecuencia aparece en la situación escénica bajo las mismas condiciones que las otras dos. Es decir, se trata de ciudadanas cualesquiera dando libremente sus opiniones en la asamblea[11]. Cuando las mujeres descubran al pariente de Eurípides y se abalancen sobre él, éste hará referencia a la *parresía* (540-3), condición que le permitió hasta ese momento hablar sin restricciones y que se desvanecerá en función de dar lugar al desarrollo del episodio cómico. Dejando de lado los contenidos de la comedia, la contraposición de discursos según el modo asambleario se pone de relieve al quedar expuestas las posturas de las mujeres y el pariente de Eurípides. Aristófanes nos brinda así una parodia de los procedimientos asamblearios, ya que toda la secuencia se desarrolla a partir de las formas propias de esta institución.

Pero la operatoria institucional sólo habilita la toma y la circulación de la palabra, siendo cada orador el que tiene que procurarse un lugar para poder enunciar su discurso en forma persuasiva. Cualquiera puede ocupar el *bêma*. Pero ocuparlo significa decir de un modo tal que, a partir de la división de la voluntad del cuerpo político, el enunciado sea realmente una posición de poder que genere adhesiones y que trabaje buscando el triunfo mediante el voto mayoritario[12]. Protágoras lo captará

---

una mutación política de importancia a partir de la acción de las mujeres en la asamblea popular. Sobre la cuestión de la inversión cómica y el rol femenino, Cartledge (1990), 32-42; Loraux (1991a); Taaffe (1993).

10   Respecto de la decisión democrática, la persuasión y la retórica en esta obra de Aristófanes, Rothwell (1990), 26-43, 77-101. Cf. Ober y Strauss (1990), 264-9; Ober (1998), 122-55; Saxonhouse (1992), 18. Sobre el discurso de Praxágora, Taaffe (1993), 115-23; MacDowell (1995), 306-9.

11   Bowie (1993a), 206-10, brinda el marco de la cuestión. Cf. MacDowell (1995), 259-60, 263-6; Moulton (1981), 125-7; Taaffe (1993), 87-94.

12   Finley (1981), 34: «Las desigualdades sustanciales [entre los líderes] eran reales e intensas, lo mismo que los conflictos de interés y las legítimas

continúa »

magníficamente: se trata de que para la comunidad parezca y sea bueno aquello que en principio es tenido por malo. Dicho sin la carga valorativa: se busca que un discurso que en un momento se encuentra en una posición de debilidad porque no es la opinión mayoritaria, se torne, persuasión mediante, una posición fuerte aceptada por la mayoría[13].

La reunión de la asamblea de 411 en la que se produce el golpe oligárquico es un ejemplo adecuado para ilustrar esta concepción protagórea. Al regresar a Atenas los embajadores provenientes de Samos, Pisandro asume la tarea de convencer al pueblo de la necesidad de abolir la democracia (Tucídides, 8, 53-54). Pero muchos (*pollón*) se oponen (*antilegónton*) a esta medida. Evidentemente, una posición débil la de Pisandro. Su actuación buscará entonces deconstruir este parecer general contrario a su palabra (*pollèn antilogían*) enfrentando uno a uno a los opositores y desarticulando sus posiciones, pues ante cada una de las preguntas de Pisandro ellos no tendrán más alternativa que reconocer su falta de respuestas para los asuntos a resolver. En estas nuevas circunstancias, el argumento que inicialmente era débil va a poder enunciarse ahora en una situación fuerte. Pisandro pondrá en tensión toda su capacidad persuasiva recomendando una mayor moderación en el gobierno (*politeúsomen sophronésteron*) y que los cargos se repartan entre un número menor de ciudadanos (*es olígous mâllon*), pero pospondrá la discusión sobre la forma constitucional argumentando que lo importante ahora es la salvación de Atenas. Así, el pueblo en asamblea, teniendo miedo (*deísas*) y esperando cambiar la situación más adelante, concedió (*enédoken*) instaurar una oligarquía. Pisandro logró entonces que lo que parecía y era tenido por malo para la comunidad empezara a parecer y ser tenido por bueno.

Isócrates, discípulo de Gorgias y maestro de oratoria, pondrá en claro esta cuestión. El *Panegírico* (4-5) se abre con ciertas consideraciones que muestran cómo el autor piensa la situación de los enunciados proferidos en el marco de un debate: si bien otros pueden haber hablado antes sobre el tema, se trata no obstante de lograr una superioridad de modo que parezca que nada

---

divergencias de opinión. Bajo tales condiciones el conflicto no sólo es inevitable, sino que es una virtud de la política democrática, pues es un conflicto combinado con consenso». Sin embargo, cf. Loraux (1997), 12-26.

13 Cf. *infra*, caps. 9-10.

se ha dicho todavía. El segundo elemento que indica es el de las circunstancias. Pero éstas no sólo implican la situación a considerar sino sobre todo el estado relativo de las fuerzas discursivas: «Pues los oradores deben callar cuando un asunto finaliza y ya no hay que deliberar sobre él, o cuando uno ve que un discurso es tan definitivo que no puede ser superado por los demás» (5). Pero si las cosas no han cambiado y se estima que nadie habló con certeza, entonces es pertinente volver sobre el asunto. En efecto, no existe una forma única de proceder (6-7). Consiguientemente, no se trata nunca del mismo enunciado por más que un orador u otro hablen del mismo tema (8):

«La esencia de los discursos es tal –dice Isócrates– que se puede exponer un mismo asunto de muchas maneras, empequeñecer lo grande, atribuir grandeza a lo pequeño, tratar lo antiguo con un estilo nuevo y contar a la antigua sucesos ocurridos recientemente, no se debe rehuir un tema que otros trataron antes, sino intentar decirlo mejor que aquéllos».

Lo importante es poder decir sobre un mismo objeto –algo común y conocido por todos– lo que nadie ha dicho, sirviéndose de los hechos en el momento apropiado, reflexionando según lo conveniente para la argumentación y organizando una exposición elocuente. Se debe apreciar claramente cuál es el público, de manera de lograr el efecto persuasivo buscado (9-12).

Las *Suplicantes* de Esquilo[14] y el *Orestes* de Eurípides[15] nos permiten entender la importancia de la persuasión en la toma de una decisión. Ambas tragedias constituyen dos de las escasas ocasiones en que el discurso trágico utiliza la forma de la asamblea para señalar la toma de una decisión por parte de la ciudad. En ambos casos, la asamblea no aparece en escena. En la obra de Esquilo, es Dánao el que cuenta lo sucedido a sus hijas luego de haber expuesto él mismo ante la asamblea la situación de su linaje. En la de Eurípides, es el relato del mensajero el que la introduce para hacer conocer a Electra y al público presente en el teatro, no a través de los ojos sino de los oídos, lo que sucedió en la asamblea argiva. Pero a diferencia de Esquilo, Eurípides (*Orestes*, 875-950)

---

14 Cf. *infra*, cap. 14.

15 Para un análisis de la perspectiva de Eurípides sobre persuasión, retórica y debate, Lloyd (1992), 19-36; Collard (1975); Buxton (1982), 147-53. Sobre la crítica euripídea a la figura del demagogo y el uso inapropiado de la libertad de palabra, Di Benedetto (1971), 130-44.

presenta una situación enteramente atravesada por la *stásis*. Cuando el heraldo invite a hablar, las posturas a favor y en contra de Orestes comenzarán a sucederse. Taltibio lo hace primero, con un discurso ambiguo pero favorable a Egisto. Después hablará Diomedes que propondrá el destierro para cumplir con los dioses. Un tercer individuo, un intruso audaz, de lengua desenfrenada y que confía en la necia libertad de palabra, argumentará que deben matarlo. Un campesino que no frecuenta ni el ágora ni la ciudad pero que es inteligente en el diálogo señalará que debe otorgársele a Orestes el premio de la corona por haber vengado a Agamenón. En fin, también Orestes hablará ante la asamblea pero no conseguirá persuadir a la multitud. Esta imagen de la contraposición de discursos se completa con un cuadro de las reacciones de la multitud: la propuesta de Diomedes provoca un tumulto con manifestaciones de aprobación y rechazo; la del campesino es aceptada por los mejores; la de Orestes, por último, generará el mayor revuelo, pues al no lograr convencer a la muchedumbre —que adopta el consejo del tercer orador— ésta buscará ajusticiarlo allí mismo. Ante estas consecuencias, el mensajero concluirá frente a los ciudadanos reunidos en el teatro que la elocuencia, la igualdad y la libertad de palabra resultan perjudiciales para la ciudad. Pero más allá de la condena, lo que se percibe es que tanto Taltibio como el así llamado intruso han sido capaces de utilizar eficazmente lo que Orestes no pudo. Por ende, el argumento mejor planteado se transformó en decisión, sin que pudieran adquirir más fuerza los enunciados que, según el mensajero, eran moralmente buenos. El régimen de verdad de la práctica política asamblearia no se somete a las reglas morales sino a las del uso persuasivo de la palabra en un medio estrictamente igualitario.

Lo que se aprecia, pues, es que ninguna voz podía reclamar para sí la verdad absoluta y esencial. Había que decidir la verdad práctica de una propuesta en la situación concreta de cada reunión de la asamblea, para lo cual el mecanismo instrumentado era la votación. De esta manera, los discursos se veían suplementados por la fuerza colectiva de los ciudadanos que adherían a uno u otro en la votación, ya que, estando la verdad dividida y no habiendo ninguna garantía divina o real, el único camino posible era llegar a decisiones políticas que *a posteriori* tornaban verdaderos los enunciados votados mayoritariamente[16]. Esquilo

---

16 Cf. Finley (1981), 22-4. Sobre la mayoría política, Ruzé (1984), que contextualiza el pasaje de Esquilo.

es claro al respecto: «Dinos ¿a qué decisión (*télos*) se ha llegado, cómo prevalece por mayoría (*plethýnetai*) la mano poderosa del pueblo (*démou kratoûsa kheír*)?», preguntan las hijas a Dánao que llega de la reunión de la asamblea argiva (*Suplicantes*, 603-4; cf. Aristófanes, *Asambleístas*, 264-7, 297-8). Tucídides también nos ilustra sobre el punto, dejándonos ver que la consecución de una mayoría no está exenta de dificultades. En el debate sobre Mitilene, «expuestas las argumentaciones (*gnomôn*) tan equilibradamente contrapuestas entre sí (*antipálon*), los atenienses se vieron abocados de un modo similar a un conflicto (*agôna*) de opiniones y quedaron en la votación casi empatados (*ankhómaloi*), pero la de Diódoto triunfó (*ekrátese*)» (3, 49, 1-2). La verdad quedaba así subordinada a la decisión tomada tras la confrontación de las posturas. Por ende, nadie podía atribuirse previamente la verdad de la decisión y, una vez tomada, ésta aparecía no como revelación de una autoridad superior sino como atributo del cuerpo colectivo. La verdad decidida en una situación como la que hemos ilustrado radicaba en las decisiones populares, que manifestaban la fuerza política del *dêmos* como una subjetividad ligada al lugar de enunciación habilitado por la democracia. La verdad de la política popular –la decisión sobre la que se sostenía el sujeto– no tenía otro modo de articularse que mediante la palabra, la división de la comunidad y la votación mayoritaria.

Decidir la verdad de una propuesta en la asamblea no significaba para nada una operación lógica que determinase qué enunciado era verdadero y cuál falso. La exposición de los argumentos que cada orador efectuaba se movía en esa zona indiscernible de lo *alethés* y lo *pseudés* que tan bien señalaba Heródoto cuando hacía decir a Darío que para lograr la persuasión era perfectamente posible proferir una mentira (*pseûdos*). Pues en tal situación tanto los que mienten (*pseudómenoi*) como los que utilizan la verdad (*aletheíe*) buscan lo mismo: ganar el favor del público. Mientras que los primeros mienten (*pseúdontai*) persuadiendo con mentiras (*pseúdesi*), en cambio, los segundos dicen la verdad (*alethízontai*) para alcanzar lo mismo pero con la verdad (*aletheíe*). Por consiguiente, aunque utilicen diferentes argumentos quedan equiparados por el debate (3, 72, 4-5; cf. Eurípides, *Suplicantes*, 440; Isócrates, *Panegírico*, 3). Pero si ninguno obtiene nada, entonces también quedan igualados en el ambiguo terreno de la palabra-diálogo, donde el que dice la verdad aparece como mentiroso (*alethizómenos pseudés*) y el mentiroso como veraz (*pseudómenos alethés*), dado que ningún argumento ha logrado su cometido (cf. Heródoto, 3, 72, 2).

El asunto importante es entonces el de la persuasión ante un auditorio compuesto por iguales. En este marco, la proliferación de vocablos ligados a las ideas de lo *pseudés* y lo *alethés* nos conduce a la doctrina sofística del lenguaje y al problema del vínculo entre la palabra y el acto, cuestiones que se enlazan directamente con la concepción del *lógos* como elemento creador de realidad[17]. Éste es, ciertamente, el procedimiento de los oradores en la asamblea, que buscan hacer triunfar su propuesta de manera que sea llevada a la práctica, es decir, que se plasme en los hechos lo que se ha establecido por medio de las palabras. La palabra, pues, crea realidad porque la decisión de la asamblea decide lo que se va a hacer, de lo cual es índice la productividad política del dispositivo asambleario durante la segunda mitad del siglo V[18]. Evidentemente, el *lógos* adquiere en este terreno una capacidad inaudita de generar nuevas situaciones, y en eso consiste justamente el advenimiento del *dêmos* como sujeto político.

b) La diseminación de los enunciados

No siempre las reuniones de la *ekklesía* implicaban un compromiso subjetivo fuerte por parte de los ciudadanos. Una mirada sobre parte de las inscripciones muestra que había resoluciones de orden técnico, administrativo o instrumental, y que en tal contexto los *rhétores* llevaban a cabo la labor fundamental[19]. Pero cuando la decisión versaba sobre la vida o la muerte, el compromiso subjetivo de la multitud adquiría una dimensión superlativa[20]. No habiendo un cuerpo selecto de especialistas que tomara las decisiones militares, y estando el poder en manos de la asamblea del pueblo, eran los propios ciudadanos de manera directa los que

---

17 Cf. *infra*, cap. 9.

18 Davies (1981a), 57.

19 Ver Finley (1981), 25; Hansen (1987), 107-24, centrándose en la información del siglo IV a.C., enumera los diferentes campos sobre los que la asamblea debía resolver y da cuenta de la serie de temas instrumentales. Para el siglo V, sus atribuciones eran absolutas y práctimente ningún tema escapaba a su control. Sobre el problema de los recursos financieros y el papel de los oradores sobre esta cuestión, cf. Kallet-Marx (1994).

20 Cf. Ober (1996), 18-31.

debían hacer frente a circunstancias seguramente angustiantes. Dos ejemplos permiten ver con claridad este punto. En el primero de ellos es la propia vida de los atenienses la que está en peligro. Los persas están avanzando sobre la ciudad. La cuestión a resolver entonces es cómo asegurarse una adecuada defensa que otorgue amparo a Atenas ante el intento de Jerjes de sojuzgarla. La vívida descripción de Heródoto señala cómo los ciudadanos enfrentan una situación de vida o muerte, asumen los riesgos de la decisión y elaboran una apuesta política. En el segundo ejemplo no son los atenienses quienes deben hacer frente al peligro de muerte sino los mitileneos cuyas vidas dependen de aquéllos. Tampoco aquí los atenienses se muestran indolentes, aun cuando el riesgo de perecer no los afecte a ellos directamente. La primera decisión, muerte y esclavitud para toda Mitilene, da pie a la reapertura del debate en la siguiente asamblea, lo cual señala la preocupación por el asunto[21]. En ambos ejemplos, en nombre de lo mejor para Atenas, los debates parecen haber sido arduos, pues la decisión a tomar no versaba sobre un tema menor sino sobre la vida y la muerte y exigía del *dêmos* un compromiso subjetivo que excedía lo meramente legal o institucional.

Veamos la primera situación. Heródoto (7, 142-3; cf. 139; 144) expone una reunión en la que los atenienses, tras lo que parece haber sido un extenso debate, resuelven qué táctica darse para enfrentar la invasión de los persas[22]. Lo interesante de su descripción es que el punto de partida consiste en una consulta al oráculo de Delfos. El mensaje recibido se encuadra dentro de las pautas predictivas, es decir, proviene del dios y por ende es verdadero, pero no es diáfano para los hombres. El problema, de todos modos, no es el mensaje en sí mismo sino el sentido que debe dársele. Éste es justamente el punto de partida de la asamblea, cuando los adivinos enviados a consultar a Apolo exponen su sentencia ante el pueblo (7, 142, 1). La exposición de Heródoto señala con notable precisión las incertidumbres y vacilaciones que anidan en el cuerpo de ciudadanos y que constituyen el dilema en el que se hallan inmersos, pues carecen de seguridad sobre el significado estricto del oráculo. En rigor, no existe un sentido predeterminado y oculto del discurso que deba descubrirse sino que la asamblea producirá una interpretación que no dejará de ser una apuesta. El

---

21 En general, Terray (1990), 247-91.

22 Cf. *infra*, cap. 8.

sentido del oráculo y el destino de Atenas dependerán de un factor excluyente: la decisión del pueblo.

Heródoto indica de entrada que los atenienses no están de acuerdo entre sí y no saben a ciencia cierta qué significa el mensaje. La opiniones comienzan entonces a dividirse (*gnômai állai pollaí*). Es decir que ante un mensaje de la deidad cuya verdad es indudable, se instala no obstante la escisión (*haíde sunestekuîai málista*): significa esto o aquello. Cada uno da su palabra argumentando según los mecanismos y principios asamblearios vigentes. Las posturas se organizan en derredor de un fragmento del mensaje: «Zeus ... concede que un lígneo muro sea el único inexpugnable» (7, 141, 3). Los más viejos señalan que se trata de la acrópolis –pues anteriormente había estado rodeada por una empalizada– y que ésa es la muralla de madera. Otros sostienen que el oráculo se refiere a los barcos, por lo cual exigen que se equipen las naves. La división queda así claramente delimitada para los propios atenienses, y con ella el conflicto inevitable. Pero las dudas subsisten sin que haya salida para la disyuntiva. En efecto, aquellos que interpretan que se trata de los barcos se hallan ante un nuevo dilema: ¿qué quiere decir «¡Oh! Salamina divina, tú en cambio destruirás engendros de mujeres, bien quizás esparciéndose Deméter, bien reuniéndose» (7, 141, 4)? Los intérpretes de oráculos entienden que para los atenienses está fatalmente determinado ser derrotados en Salamina después de haber preparado una batalla naval. La situación se halla claramente en un dilema sin salida aparente.

Temístocles, uno de los principales líderes de la época, toma la palabra. Para él las interpretaciones están mal encaminadas, porque si el mensaje se refiere realmente a los atenienses e indica que ellos van a morir en la batalla, no tendría que haberse expresado de forma tan benigna sino así: «¡Oh! desdichada Salamina, en vez de: ¡Oh! Salamina divina» (7, 143, 1). Por consiguiente, debe interpretarse que, en realidad, el oráculo es nefasto para los enemigos pero positivo para los atenienses y que la muralla de madera son los barcos. En este punto la discusión se detiene y da paso al forzamiento producido por la decisión. En definitiva, lo que muestra Heródoto es que la intervención de Temístocles aúna una voluntad mayoritaria que deja sin efecto el enunciado contrapuesto. Retengamos un detalle del relato de Heródoto. Temístocles no se queda en la interpretación del oráculo y su referencia posible, sino que introduce un término nuevo: si el oráculo hubiera querido enunciar que los atenienses iban a morir lo hubiera hecho de otra manera; pero como lo dijo del modo en que lo hizo, entonces resulta favorable. Queda claro así que ante un mensaje de cuya verdad no se puede dudar porque proviene de la divinidad, no es posible empero afirmar su verdad política como verdad absoluta. Lo que se impone entonces es una interpretación diseñada en el terreno de lo verosímil o probable. No hay pues un sentido prefijado, y esto abre la posibilidad de crearlo desde el *lógos*. El oráculo cobra sentido cuando una nueva cadena significante se pone en el lugar de su significado. Tal enunciado es forzado por la palabra política proferida en la asamblea. Pero como la enunciación es múltiple, el sentido que finalmente se le dará al mensaje oracular deberá decidirse a partir del debate y la persuasión que genera un discurso eficaz. En tales condiciones, la palabra no tiene más garantía que la decisión tomada en la asamblea. Claro está, todo este proceso es el procedimiento mismo de intervención política del *dêmos* en la asamblea, con sus vacilaciones, interpretaciones, disyuntivas y decisión incluidas.

La segunda situación indicada nos lleva a Cleón, figura significativa de la Atenas posterior a Pericles[23]. Aristófanes hará de él el paradigma del demagogo y lo fustigará en casi toda la producción conservada de los años 420[24]. Pero su parodia del accionar demagógico, con una perspectiva totalmente crítica, no nos deja percibir en forma plena cómo se articulaba su actuación concreta en la asamblea. Tucídides, sin dejar de reprobarlo, nos otorga una dimensión distinta que nos permite acceder al dispositivo práctico de la labor política de estos líderes de asamblea[25]. Hay dos circunstancias muy gráficas al respecto. La primera ocurre alrededor de 425/4. Cleón desacredita a unos informantes sobre lo que sucede en Pilos; pero al ser designado inspector para verificar los hechos se ve inmediatamente obligado a proponer que se organice una expedición, y ataca entonces a Nicias señalando que si los estrategos fueran hombres ya habrían concluido la misión y que si él mismo estuviera al mando ya lo habría hecho (4, 27, 3-5). La multitud se alborota contra Cleón. Nicias, tratando de sacar

---

23	Cf. Connor (1971), 91-8; Bourriot (1982); Yunis (1996), 87-92.

24	Especialmente en *Caballeros y Avispas*; cf. *Acarnienses*, 8, 300, 379, 501, 660; *Paz*, 48, 754; *Nubes*, 549, 581, 585, 591; *Ranas*, 569, 578.

25	El problema tiene sus complejidades, en especial por la declaración del propio Tucídides (1, 22, 1-3). Sobre el asunto, West (1973); Westlake (1973); Cogan (1981), 197-232; Rokeah (1982); cf. ahora Hornblower (1987), 45-72; Marincola (1989).

provecho, lo desafía a que se haga cargo de la expedición a Pilos. Cleón se excusa diciendo que él no es el estratego sino Nicias; pero la multitud apoya los dichos de éste y pone a aquél en evidencia. A Cleón no le queda más remedio que aceptar el mando (4, 28, 1-4). Sin embargo, en estas condiciones, va a saber sacar fuerzas de su debilidad: hará que la asamblea vote su propuesta según lo que considera necesario para la misión y elegirá a Demóstenes para que lo acompañe, estratego que estaba en Pilos (4, 28, 4-29, 1). De este modo, por dos veces, cuando la opinión de la mayoría estaba por dar un mentís a sus palabras, Cleón captará la predisposición popular interpretando desde el punto de vista político cuál es el enunciado que debe sostenerse: ante la proposición de enviarlo como inspector, hecho que lo conduciría a confirmar lo dicho por los informantes y a aparecer como embustero, señala que si los atenienses confían en las noticias entonces no hay tiempo que perder y enviar la expedición; frente al desafío de Nicias para que él mismo actúe como estratego, acepta el mando, pide tropas suficientes, se hace secundar por un general experimentado y logra así una victoria en la arena política que se ve confirmada prontamente por el desarrollo favorable de los hechos militares (4, 39, 4-40, 2).

La otra ocasión había tenido lugar dos años antes. Se trata del famoso debate sobre Mitilene[26]. Cleón había logrado que la asamblea resolviera matar a todos los mitileneos adultos y vender como esclavos a mujeres y niños. Pero de inmediato los atenienses comenzaron a sentir los efectos de su propia decisión: estaban arrepentidos y deseaban volver a deliberar sobre el asunto. Muchos magistrados compartían este punto de vista, por lo que en seguida celebraron una nueva asamblea. La deliberación se hallaba extremadamente dividida, dado que diversos oradores sostenían perspectivas diferentes entre sí (3, 36). Entonces, Cleón toma la palabra.

La garantía de verdad que él busca para su discurso se articula directamente con el estado[27], puesto que su posición es netamente conservadora: se trata de sostener lo ya resuelto. Si a causa del funcionamiento del dispositivo político Cleón no puede evitar

---

26 Cogan (1981), 50-65; Connor (1984), 79-91; Leff (1996); Saxonhouse (1996), 59-86; Ober (1998), 94-104.

27 En este contexto, el problema de la construcción de la verdad remite, en rigor, a las operaciones del discurso histórico y a la organización del relato que desarrolla Tucídides, sobre lo cual véase de Romilly (1990), 61-104.

que un nuevo debate tenga lugar, sus argumentos van a tender a desacreditar los mecanismos de producción de decisiones buscando de esa forma un punto de fijación. Se trata, pues, según su perspectiva, de no innovar sino sostener la ley establecida (3, 37, 3). Como vimos, una vez terminado el proceso político, la decisión adquiere la forma de un derecho que aparece como patrimonio del conjunto. Tal derecho no es otra cosa que la codificación de la fuerza soberana del pueblo. Pero el modo de producción de este derecho no es para nada algo unánime sino un momento de extrema tensión y división –la votación por mayoría luego del debate así lo indica–. Cleón, ciertamente, está tratando de operar sobre esta secuencia, ya que la ley cuya estabilidad e inmutabilidad defiende es un derecho emanado de una asamblea previa, en la que él mismo ha sido el impulsor del decreto.

Es por ello que Cleón argumenta contra la innovación política y critica a los atenienses, pues considera que, en realidad, los debates de la asamblea son certámenes que no benefician en nada a la ciudad sino que más bien la cargan de riesgo (3, 38, 4-5)[28]:

«Pero los responsables sois vosotros por haber organizado estas funestas justas: vosotros, que habitualmente sois espectadores de los discursos (*theataì tôn lógon*) y oyentes de los hechos (*akroataì tôn érgon*); que veis los hechos futuros (*tà méllonta érga*) como posibles a partir de las hermosas palabras de los que hablan (*apò tôn eû eipónton*), y los ya ocurridos (*tà pepragména éde*) los juzgáis a partir de las críticas bellamente expuestas (*apò tôn lógo kalôs epitimesánton*), sin otorgar más crédito a lo que ha sucedido ante vuestros propios ojos (*ópsei*) que a lo que habéis oído (*akousthén*). Vosotros, que sois los mejores en dejaros engañar por la argumentación más novedosa (*metà kainótetos lógou*) y en no querer adheriros a lo ya probado (*metà dedokimasménou*): esclavos como sois de las originalidades del momento (*tôn aieì atópon*) y menospreciadores de las costumbres establecidas (*tôn eiothóton*)».

Cleón argumentará incluso que los atenienses van a convertirse en traidores de sí mismos si no dan muerte a los mitileneos (3, 40, 5), dando a entender que no se debe revisar el decreto ya esta-

---

28 Acerca de la oposición entre *lógos* y *érgon*, cf. Parry (1981), 62-89; Terray (1990), 155-60.

blecido y buscando claramente controlar y subordinar la decisión subjetiva del *dêmos* al estado de la situación vigente. Cleón ensaya aquí una desautorización retórica de la retórica[29]. Su discurso se sitúa en la posición del *lógos kreítton* –pues se sustenta en el parecer ya establecido de la comunidad– y su oratoria es consecuente con la idea de situarse en el punto de fijación de la ley: si bien la decisión que defiende ha sido tomada según la forma que ahora critica, su accionar se encamina a no hacer lugar a una nueva decisión. Pero lo que trasunta todo el pasaje es el hecho cardinal de la democracia basada en la producción política de la asamblea. Como había reconocido Pericles, los atenienses son audaces porque no rehuyen de pensar las circunstancias, exponer los argumentos y debatirlos; y esto les permite calcular las acciones a emprender y asumir con responsabilidad la decisión colectiva (2, 40, 2-3). De modo evidente, el uso de la palabra implicaba tomar un riesgo, que consistía en deliberar y decidir incluso medidas que por su novedad escapaban de las normas y costumbres establecidas.

Ninguna resolución de la asamblea era, pues, definitiva. Pero ante una circunstancia dada, la decisión adoptada permanecía vigente hasta que la cuestión fuera replanteada[30]. El texto de Isócrates ya citado señalaba, justamente, la cuestión de cómo reiniciar una discusión. Es evidente que cuando un tema de debate vuelve a colocarse en el centro, eso implica de por sí una condición que ha cambiado: se ha abierto la posibilidad de proferir nuevos enunciados –que se había cancelado anteriormente con la decisión y la votación–. Por lo tanto, esta apertura requerirá la toma de otra decisión, que podrá trazar un rumbo totalmente divergente o insistir en la línea adoptada. Así lo pondrá de manifiesto Diódoto cuando tome la palabra: «Ni repruebo a quienes han propuesto de nuevo deliberar sobre los mitileneos, ni alabo a los que censuran que se discuta varias veces sobre cuestiones

---

29 Cf. Tucídides, 3, 37, 5: «Pues, precisamente así debemos comportarnos nosotros: sin dejarnos arrastrar por la habilidad oratoria en contiendas de ingenio, daros a vosotros, pueblo, consejos contrarios a nuestra opinión»; 3, 38, 6-7: «Buscáis, por así decir, un mundo distinto de aquel en que vivimos, sin capacidad siquiera de pensar de modo adecuado sobre la situación presente: en suma dominados por el placer del oído, os asemejáis más a un público que asiste a una exhibición de los sofistas que a unos ciudadanos que deliberan sobre la suerte de su ciudad». Sobre la retórica de la anti-retórica, ver Hesk (1999); más ampliamente en (2000), 202-41, 248-89.

30 Hansen (1987), 86-8; Ruzé (1997), 462-6; Lévy (1976), 111-45.

capitales... Y quien defienda que las palabras no son una guía de nuestros actos, o es un necio o tiene en ello algún interés particular» (3, 42, 1-2; cf. 2, 40, 2).

Lo anterior nos permite entender que si bien la política democrática de la segunda mitad del siglo V transcurría por canales constitucionales establecidos, de todos modos, éstos no agotaban su realización. La cuestión de la palabra y los factores a ella ligados (oratoria, contraposición y debate de enunciados, división de la verdad, decisión por mayoría de la verdad de un enunciado), expresan fundamentalmente que si bien la política democrática se efectuaba mediante prácticas institucionales reglamentadas, no obstante, existía un margen de precariedad e inconsistencia, borde interior a las propias prácticas institucionales que, por ende, podían volverse aleatorias. Instituciones y reglamentos hacen referencia al estado, que aparece en el pensamiento griego a través del problema de la ley, su estabilidad y su soberanía[31]. Precariedad e inconsistencia nos conducen a la acción del sujeto político en la asamblea que estamos analizando y a la serie de discursos que piensan su experiencia en interioridad que luego estudiaremos.

Un pasaje de Tucídides (3, 44, 1-5), en el que se contraponen ciertos dichos de Cleón con otros de Diódoto, permite pensar la cesura entre un tipo de prácticas y otro. En efecto, al calor del debate en la asamblea éste señala a los atenienses la distancia que separa a un argumento jurídico de una decisión política:

«Yo no me adelanté para hablar sobre los mitileneos ni contradiciendo ni acusando. Pues, si somos sensatos, la discusión (*agón*) no es sobre la injusticia de éstos hacia nosotros, sino sobre nuestras buenas decisiones (*perì tês hemetéras euboulías*). Pues aunque demostrara perfectamente que son culpables, no por eso reclamaría también matarlos si no conviene. E incluso teniendo alguna indulgencia, que no se muestre si no es bueno para la ciudad... Y os pido que por lo especioso (*tô euprepeî*) de su razonamiento no renunciéis a lo bueno (*tò khrésimon*) del mío. Pues estando su discurso más conforme con la ley (*dikaióteros*), en vista de vuestra actual cólera contra los mitileneos, quizá os podría atraer. Pero nosotros no contendemos judicialmente (*dikazómetha*) contra ellos, de suerte que sean necesarios argumentos ju-

---

31 Cf. *infra*, caps. 5-6.

rídicos, sino que deliberamos (*bouleuómetha*) sobre ellos para que resulten útiles».

La respuesta de Diódoto al argumento de Cleón, que planteaba que los mitileneos pretendían imponer la fuerza al derecho[32], no gira pues alrededor de resolver si es legal o no dar muerte a los mitileneos sino decidir políticamente si se conserva el decreto imperante o se establece uno nuevo. La diferencia entre argumento jurídico y deliberación política instaura una brecha entre cómo operar dentro de las posibilidades que establecen las reglas vigentes y cómo tomar decisiones nuevas. Se trata del margen de indefinición propio de las prácticas del dispositivo asambleario, que lleva a la posibilidad de introducir nuevos enunciados y nuevas verdades, en definitiva, nuevas decisiones y nuevas políticas. Es decir, un plus de sentido que habilita la introducción de valores políticos innovadores para los discursos, ya que, en rigor, un nuevo sentido introducido en la asamblea no era otra cosa que una nueva decisión política[33].

Hallamos así planteado en estado práctico el principio, que Platón critica (*Protágoras*, 322 e-323 a), referido a la virtud política, en la que se admite naturalmente a cualquier hombre porque se considera que todos deben participar de dicha virtud o no habría ciudades. Así, basándose en el inalienable derecho de todo ciudadano a dar su propuesta, es lógico que se preguntara si alguien quería tomar la palabra, porque en eso consistía la libertad democrática. Cada uno podía hablar o callarse, y esto era lo realmente democrático (Eurípides, *Suplicantes*, 438-41)[34]. Según este derecho, que admitía la participación de cualquier ciudadano

---

32 Observemos que por su construcción, sus enunciados y su contenido, el discurso de Diódoto se halla en una posición de debilidad (*lógos hétton*), mientras que el de Cleón, en tanto *lógos kreítton*, tiene a favor suyo la cólera de los ciudadanos y la ley. Volveremos en seguida sobre esta cuestión.

33 Sobre el sentido como exceso de una situación conformada como un código de signos, ver las referencias teóricas y metodológicas que brindamos *supra*, cap. 1.

34 Sócrates se quejará amargamente de este asunto, confirmando cuál es el carácter de la situación democrática: cada ciudadano puede mandar u obedecer, pero nada los obliga sino que lo deciden según sus deseos (Platón, *República*, 557 e-558 a). El problema aquí es el de la responsabilidad. Como ya vimos, Pericles pregonaba la necesidad de participar activamente en los asuntos públicos pero no señalaba ningún tipo de coacción para esto (cf. Tucídides, 2, 40, 2).

según su propio parecer, en futuras reuniones diferentes voces podrían volver a abrir el debate generando una nueva discusión. Con lo cual queda claro que la decisión tomada no está dada para siempre sino que existe la posibilidad de producir enunciados y decisiones nuevos. Esto manifiesta la imposibilidad de discernir *a priori* los efectos de una decisión política, pues ella se caracteriza por su falta de garantías, tal como lo pone de manifiesto claramente Diódoto en referencia al accionar de Cleón: «Es un necio si cree que es capaz de prevenir (*phrásai*) de alguna otra manera sobre el futuro (*perì toû méllontos*) cuando es tan incierto (*mè emphanoûs*)» (Tucídides, 3, 42, 2)[35].

Siendo éste el punto de partida de su discurso, Diódoto comenzará a desarrollar su argumento en una posición débil[36]. Evidentemente, una cuestión de *kairós*. En efecto, él había sido uno de los más acérrimos opositores en la asamblea anterior a la idea de dar muerte a los mitileneos (3, 41). Pero la propuesta mayoritariamente aceptada fue la contraria, que por tanto se transformó en el parecer de la comunidad. El *lógos hétton* sólo puede operar si asume de entrada la capacidad de la palabra para abrir el debate. Así, a diferencia de Cleón, Diódoto señalará la importancia de la oratoria y destacará cómo introducir un enunciado nuevo en exceso respecto del estado de cosas vigente. Para poder operar una apertura, será menester deconstruir la acusación de deshonestidad hecha por Cleón, que recae no sólo en el *rhétor* sino en el uso mismo de la palabra. El asunto aquí aparenta ser el mismo que Heródoto ponía en boca de Darío en cuanto a decir una mentira o una verdad según su utilidad ocasional en el marco de un debate. Pero en Tucídides la cuestión ha adquirido una fuerte carga moral[37]. Del optimismo de aquél al pesimismo de éste, la palabra, la persuasión y el debate, que para Heródoto señalaban la posibilidad misma de una política activa, se transformarán en Tucídides en sinónimos de una *stásis* desgarrante (3, 82)[38].

---

35 El propio Diódoto señalará más adelante que, dado que están deliberando más sobre el futuro que sobre el presente, su opinión es que lo mejor será exactamente lo contrario de lo que Cleón pretende. Cf. Tucídides, 4, 62, 5: «Lo imponderable del futuro (*astáthmeton toû méllontos*) –dice el siracusano Hermócrates– domina la mayor parte de los acontecimientos (*epì pleîston*)».

36 Véase Yunis (1996), 92-101.

37 En general, Finley (1975), 63-79

38 Loraux (1993), 211-4. En la tragedia hay un movimiento similar que lleva de Esquilo a Eurípides; al respecto, Musti (2000), 62-77.

En efecto, tanto para Cleón, que ha descalificado retóricamente a la oratoria, como para Diódoto, que hace un diagnóstico de las condiciones de recepción de la palabra a partir de la indistinción entre consejos buenos y malos, el problema se presenta como una cuestión moral. Quienes utilizan malos consejos recurren sistemáticamente al engaño (*peîsai apáte*), mientras que los que hacen uso de los buenos sólo logran la confianza mintiendo (*pseusámenon pistòn*). Así las cosas, Atenas «debido a estas sutilezas [es] la única ciudad incapaz de hacer un bien sin engañar totalmente (*exapatésanta*)» (3, 43, 2-3). Esta condena moral es reforzada inmediatamente por el ya comentado argumento de Diódoto sobre la irresponsabilidad del *dêmos* (3, 43, 4-5). Pero su argumentación apelará a esta supuesta irresponsabilidad para construir una política activa (3, 46, 1; 4): no se debe tomar una decisión incorrecta, confiando en la garantía (*hos ekheggúo pisteúsantas*) que ofrece el control mediante el rigor de la ley (*apò tôn nòmon tês deinótetos*) –la pena de muerte en este caso–, sino realizar un control mediante una práctica activa (*apò tôn érgon tês epimeleías*). ¿Quién es el que decide sino el pueblo que vota, aunque luego no se haga responsable de la propuesta si hay algún traspié o demanda de ilegalidad? Se trata, ciertamente, de lograr en cada caso el favor del pueblo, y esto vale tanto para Atenas con respecto a las ciudades del imperio como para los líderes en relación con el *dêmos* ateniense (3, 47).

Finalizado el discurso de Diódoto, las palabras han hecho su efecto sobre el pueblo. El trabajo de la división insiste, al punto de que los atenienses se verán envueltos en un conflicto de opiniones tan contradictorias como las posturas expresadas, que se extenderá hasta la votación misma en la que la de Diódoto resultará finalmente vencedora (3, 49, 1). Pero antes de que la decisión establezca un punto de detención al debate, los enunciados se encuentran en una posición de igualdad, porque ningún discurso detenta de por sí la verdad de la política y nada puede garantizar o dar seguridad alguna a favor de un argumento. El debate ha desinvestido al decreto de la asamblea anterior de su lugar legal, produciendo una aniquilación de la verdad previa. Sólo la persuasión, que genera en los oyentes estados de ánimo favorables a una propuesta u otra, permitirá configurar una nueva voluntad mayoritaria. La verdad de un enunciado resulta, pues, una verdad decidida a partir de un conflicto de opiniones, hecho que nos sitúa en el campo de lo verosímil: lo que parece más probable según los efectos de un discurso persuasivo, eso es lo que la multitud adopta como parecer y, al votarlo, lo transforma en una ley o decreto resuelto por el pueblo en asamblea.

De todo lo anterior se sigue que un sujeto político se apoya en una apuesta y asume los riesgos de esa decisión sin garantías. Tucídides es gráfico al respecto: es propio de la naturaleza humana, cuando se aspira decididamente a un objetivo, y mucho más si se trata de la libertad o el poder, no encontrar impedimentos ni en la fuerza de la ley ni en cualquier otra amenaza para llevar a cabo la acción. La audacia, el exceso y la violencia, junto con la esperanza, el deseo y el azar, llevan a los hombres a decidir sin garantías, aunque confiando en que alcanzarán lo que buscan. Los factores señalados por Tucídides son, ciertamente, contingentes y excesivos, porque son los que se relacionan justamente con el sujeto y su decisión (3, 45)[39]. En este sentido, la decisión del sujeto sólo se explica por las fuerzas y pasiones que lo llevan a la acción, pues el sujeto político emerge en el terreno de la disyuntiva y el conflicto. Esto no implica para nada que no haya pensamiento, ya que, según Pericles, los atenienses gozaban de la ventaja de ser audaces (*tolmân*) y deliberar especialmente (*eklogízesthai*) sobre lo que iban a emprender; en cambio, a los otros la ignorancia (*amathía*) les daba temeridad (*thrásos*) y la reflexión les implicaba demora (2, 40, 3). La decisión basada en el coraje constituía para Pericles la marca distintiva de la política ateniense. Tal audacia no implica ceguera reflexiva sino un pensamiento concreto de las situaciones concretas sobre las que es preciso decidir y actuar. Este hecho transforma al cuerpo de ciudadanos en sujeto de decisión tomado en la situación de tener que resolver sobre opciones excluyentes: ir o no a una guerra, realizar o no un cambio constitucional, etc. ¿Qué garantías se tienen sobre las consecuencias de las medidas a adoptar? ¿Cómo podrán gobernarse sus efectos si se desconocen? Tal era la situación de los ciudadanos atenienses en la asamblea. Sin embargo, esta fuerza subjetiva conocerá su propio agotamiento, que es, a su vez, la extenuación de la política democrática radical. Cuando Lisandro logre convencer a la asamblea de instaurar una oligarquía no será el coraje el que comande la decisión sino

---

39 Dejamos de lado las menciones del historiador tanto a la pobreza y la riqueza –asociadas, respectivamente, a la audacia y al exceso y la violencia–, por un lado, como a los que dominan o son dominados, por el otro, puesto que todo el pasaje apunta a señalar un rasgo general de toda la humanidad política, es decir, organizada según las pautas de la *pólis*.

el miedo (*deísas*). El sujeto político, el *dêmos* como agente soberano, encontrará así sus propios límites, pues carecerá ya de audacia para reflexionar y tomar decisiones consecuentes con su propio recorrido político. Bajo estas condiciones, se anulará a sí mismo entregando el poder a unos pocos, concediendo instaurar un régimen oligárquico (8, 53-4)[40].

c) La actividad política del demagago

La actuación en la asamblea de líderes como Temístocles, Pericles, Cleón o Diódoto encierra el problema ya mencionado de la relación entre élites y masas. Si hasta aquí nos hemos referido a esta cuestión utilizando este vocabulario u otro equivalente tomado de los análisis históricos recientes, es menester ahora avanzar sobre este terreno. Una mirada sobre el asunto que traduzca la idea de *dêmos* por masas pobres y asocie a los líderes con los ricos implica una lectura sociológica a través del prisma de las clases sociales[41]. Por cierto, este tipo de análisis, así como el de la base económica de los diferentes grupos, es perfectamente posible. Pero ¿es pertinente pensar la producción del sujeto político bajo la condición estructural que define a las clases sociales? Plantear esta cuestión es importante porque podría existir la tentación de asimilar a los diferentes sectores actuantes en la asamblea con distintas clases sociales, instalando así una explicación de la actuación del sujeto político a partir de la determinación de los factores socioeconómicos, lo cual no aclara demasiado el motivo de su acción. Por otra parte, según la terminología antigua, los agrupamientos ricos y pobres, que usualmente sirven de referentes para la aplicación de los conceptos modernos de élites y masas a la Grecia antigua, constituyen en verdad nociones que dependen del funcionamiento de la política de la *pólis*, porque en un análisis político los términos conceptuales son por necesidad categorías de la política[42]. Por

---

40 Sobre el problema del miedo en el discurso tucidídeo, de Romilly (1956).

41 Cf. *supra*, cap. 3.

42 Finley (1986a), 11-38. Véase Ampolo (1981), Rahe (1994), 14-40. Para una crítica al «lugar común de los griegos "inventores" de la política», Canfora (1993), 144-5. Una introducción al pensamiento político griego en Mossé (1973a), edición a cargo de E. De Mas que incluye una antología de importantes textos de autores contemporáneos que han reflexionado sobre el problema.

eso, para nosotros es conveniente pensar la actividad del sujeto a partir de la mutabilidad de las posiciones del orador y el auditorio examinadas anteriormente y de los conflictos que emergen en la situación de la asamblea en función de dar consistencia a la producción política, y no a partir de las posiciones asimétricas de las clases sociales estatalmente definidas[43].

¿Qué papel jugaban entonces oradores como Temístocles, Cleón o Diódoto en el dispositivo asambleario? Sabemos que hubo largos liderazgos como el de Pericles[44]. Tenemos también noticias de que tuvo algún traspié (Tucídides, 2, 59-65). Finley ha expuesto con claridad el modo en que se construía esta posición[45]: la línea política de un líder necesitaba de la permanente aprobación popular en la asamblea, con la presión permanente y renovada de evaluar las circunstancias y las alternativas posibles[46]. Volvemos, sin duda, al problema de la soberanía de la decisión popular, de la que los líderes no pueden escapar: «Veo que también ahora –dice Pericles– tendré que daros consejos idénticos y similares que en el pasado, y considero necesario que quienes de vosotros estén persuadidos, apoyen las decisiones a las que todos juntos estamos llegando (*toîs koinê dóxasin*)» (1, 140, 1). En ocasiones, un orador con predicamento, hábil en el uso de la palabra y capacitado para comprender las circunstancias, perdía sin embargo el apoyo popular. ¿Cómo entender todo esto desde el funcionamiento de las prácticas de la asamblea?

Hemos señalado que el análisis de la actuación del sujeto no se resuelve al nivel del estudio sociológico de los sectores que lo componen. Pero tampoco se resuelve en el plano de las técnicas del uso retórico de la palabra. La síntesis entre ambos abordajes tampoco agota el problema, porque en ninguno de los dos casos se procede a un estudio de las condiciones de la enunciación política de asamblea. Analizar la enunciación de asamblea implica ubicarse en inmanencia a las prácticas que la configuran. Evidentemente, la asamblea es un dispositivo de pensamiento y decisión de situaciones concretas en el que las

---

43   Cf. Finley (1981) 16, 30, 34; (1986a), 22-4, 113.

44   Sobre el liderazgo y la retórica de Pericles según la mirada de Tucídides, Cogan (1981), 36-44; Yunis (1996), 59-86; Farrar (1988), 158-77.

45   Finley (1980), 34-5.

46   Durante la época de Pericles, su liderazgo encontró la fuerte oposición de Tucídides, hijo de Melesias. Al respecto, Frost (1964); para la etapa posterior, Bloedow (1987); cf. Holladay (1978).

técnicas retóricas tienen su lugar, pero siempre bajo condición de ciertos mecanismos de enunciación que conllevan el uso de la palabra abierto a todos, las posiciones reversibles de orador y auditorio, el enunciado de propuestas, la contraposición de las mismas mediante el debate de opiniones, la aniquilación de verdades y saberes establecidos, la persuasión y la votación. Todos estos factores constituyen distintos momentos de la práctica subjetiva de la decisión del *dêmos*.

¿Cuál es la capacidad del demagogo en este procedimiento si ya no reducimos el problema a su *status* social, ni a la relación entre élites y masas, ni a la argumentación retórica? Como vimos, las reuniones de la asamblea implican la proliferación de múltiples voces. La capacidad del demagogo consistirá en captar e interpretar qué enunciados pueden resultar persuasivos para la voluntad mayoritaria. Y eso es lo que critican Tucídides, Platón o Aristóteles[47], pues el demagogo interviene buscando que su enunciado se convierta en la posición de la mayoría, ya que «por definición querer dirigir Atenas implica la carga de intentar persuadir a Atenas y una parte esencial de ese esfuerzo está en la oratoria pública»[48]. En este sentido, es sintomático el lugar relativo de los líderes cuyas posturas resultan triunfantes: la división instaurada por las voces previas es su campo de acción. Su enunciado, posterior respecto de tales voces, resulta eficaz porque toma en cuenta lo ya dicho para usarlo en favor suyo. En los ejemplos considerados, tanto Temístocles como Diódoto hablan últimos e imponen su persuasión, y lo hacen operando en la situación de la asamblea, captando e interpretando la verdad que allí ha aflorado. La primera voz —es decir, el conjunto de los enunciados ya dichos— no cancela sino que abre el debate; la segunda, al montarse sobre la primera, lo cancelará porque inducirá la necesidad de decidir[49]. La eficacia de la segunda voz consiste en intervenir sobre la primera. Cuando un orador logra colocarse en la posición de voz segunda e impone su mayor

---

47 Tucídides, 2, 65, 10: «Sus sucesores [los de Pericles] eran todos ellos de una similar influencia entre sí, y como cada uno pretendía llegar a ser el primero, se dedicaron a sacrificar todos los asuntos a la adulación del pueblo» (cf. 3, 42, 6). Ver Platón, *Gorgias*, 502 e-519 d; Aristóteles, *Política*, 1292a 4-37.

48 Finley (1981), 29.

49 Esto mismo es lo que Isócrates señalaba cuando argumentaba que, en ocasiones, alguien ha hablado de manera tan definitiva que ya no resulta posible en esa situación decir algo más (*Panegírico*, 5).

poder persuasivo, entonces las opiniones de cada uno de los hablantes han dejado ya de ser equivalentes, porque uno de los enunciados proferidos se transforma en la elección de la mayoría. La votación mostrará que ese discurso ha logrado, mediante su mayor poder de seducción, una suerte de dominación sobre el auditorio[50]. Así pues, la disposición de las voces a partir de la puesta en el centro de la palabra, la proliferación y el debate de los enunciados en estas condiciones de libertad e igualdad, la distribución de los mismos en voz primera y voz segunda según su mayor capacidad persuasiva e interpretativa con la consecuente posición dominante de uno de ellos sobre el resto, finalmente, la votación y la decisión, constituyen el procedimiento de pensamiento propio de la asamblea. Un líder de asamblea lo es si logra colocarse en posición de voz segunda. O mejor dicho, ocupar la posición de voz segunda –que no es ni lugar sociológico ni retórico– es lo que instituye a un orador cualquiera en demagogo o líder de asamblea, por más que esto ocurra en la fugacidad de una única reunión.

d) El carácter productivo de la división política

Se ha señalado que, en el lenguaje de la política antigua, el estado es el lugar de encuentro de los intereses conflictivos de las clases, y que clase remite al sentido que tiene en el lenguaje corriente no a su uso técnico[51]. El estado tiene por función producir un vínculo que ligue las partes opuestas por medio de instituciones y aparatos de control, y se espera que dicho vínculo resulte estable de manera que produzca la fijación de un orden. La asamblea ateniense era una de esas instancias destinadas a dirimir las luchas antagónicas entre las clases. Pero estas clases sólo estaban delimitadas al nivel de esas grandes masas empíricas y cambiantes de los ricos y los pobres, que, más allá de la indudable idea de mayor o menor riqueza, eran más que nada categorías de la política y no del análisis económico o sociológico. En determinadas situaciones, por cierto, las luchas políticas

---

50 Tal es la idea de Gorgias acerca del poder persuasivo de la palabra. Cf. *infra*, cap. 9.

51 Finley (1986a), 13, 22-3 y n. 29. Cf. *infra*, cap. 5.

podían organizarse a partir de posturas explicables económica o sociológicamente. Sin embargo, «la evidencia sugiere que en Atenas la división sobre asuntos políticos no siguió estrictamente líneas de clase o sector»[52]. En este sentido, cabe afirmar que la asamblea era un sitio sintomático, porque siendo una de las instituciones del estado no funcionaba allí la estabilidad de un vínculo y un orden fijos. La participación política de los ciudadanos de manera directa y sin restricciones en reuniones abiertas a todos los varones adultos implicó durante la segunda mitad del siglo V una efectiva soberanía popular, pues las decisiones de la asamblea eran las que trazaban el curso que la *pólis* debía seguir. El estado no imponía su rumbo seguro y permanente a la asamblea sino que más bien lo tomaba de las resoluciones soberanas e insoslayables producidas por ésta.

La asamblea ateniense era un sitio sintomático porque abría la posibilidad de una invención de enunciados políticos sin precedentes que excedían la inmutabilidad del orden estatal. Esta productividad había llamado la atención de pensadores como Tucídides (3, 38, 5), que ponía en boca de Cleón la idea de que los atenienses buscaban permanentemente lo innovador despreciando lo habitual. En las *Euménides* de Esquilo (490-1), con la escena transcurriendo ya en Atenas, las Erinias asumen una posición conservadora respecto de esta práctica y se quejan por las nuevas leyes establecidas, lo cual muestra bien a las claras las implicancias del advenimiento de la democracia. Aristófanes, que también hará decir a sus personajes palabras críticas al respecto, nos permite corroborar en un sentido preciso el carácter de estas invenciones políticas[53]. Una formulación muy clara es la que se lee en las *Nubes* (1397-1400):

«Corifeo: Cosa tuya es, movilizador y productor de nuevas palabras (*kainôn epôn*), encontrar alguna persuasiva que te haga dar la impresión de decir cosas justas.
Fidípides: ¡Qué grato es meterse en asuntos nuevos y fuera de lo común (*kainoîs prágmasin kaì dexioîs*) y poder despreciar las leyes establecidas (*tôn kathestóton nómon*)!».

---

52 Finley (1981), 30.

53 Aristófanes, *Nubes*, 480, 896, 943, 1032, 1423-4; *Avispas*, 528; *Aves*, 256-7. En todos los casos la idea de invención se expresa a través del adjetivo *kainós*. Para una relación completa de los pasajes en que la voz mencionada es utilizada por Aristófanes, cf. Todd (1962), *s.v.*

Mucho más claro aún es lo que se aprecia en *Asambleístas* (215-20), donde se concibe una inversión total de la realidad socio-política vigente poniendo a las mujeres al frente del gobierno de la ciudad[54]. El argumento esgrimido para justificar esta medida es el siguiente:

«En primer lugar, todas sin excepción bañan la lana en agua caliente según la antigua costumbre (*arkhaîon nómon*), y no se las verá jamás intentar innovaciones (*metapeiroménas*). En cambio, la ciudad de los atenienses, aunque tuviera algo bueno, no se salvaría si no diera vueltas y vueltas buscando afanosamente cualquier innovación (*ti kainòn állo*)».

Lo paradójico y al mismo tiempo paródico del texto aristofánico es que, intentando criticar el accionar de la asamblea, sitúa la acción en la asamblea misma y concibe la posibilidad cómica de una innovación mayúscula decretada por la propia asamblea: dejar el gobierno en manos de las mujeres. Para lo cual las mujeres, disfrazadas de hombres, utilizan las instancias y los mecanismos de la asamblea: se presentan en la reunión, piden la palabra, argumentan, hacen propuestas, debaten, persuaden al auditorio y logran finalmente el voto mayoritario. El poeta vuelve a insistir (575-80) en la contraposición entre viejas costumbres e innovaciones permanentes cuando el coro señala a Praxágora, la heroína de la comedia, que es necesario mostrar que tiene fuerza en el momento presente (*dýnatai kairós*), ya que la ciudad necesita de algún sabio invento (*sophoû tinos exeurématos*). Y le pide que sólo haga algo nunca hecho ni dicho nunca antes (*méte dedraména mét' eireména po próteron*), pues la gente se enfada si ve siempre viejas soluciones (*tà palaiá*)[55]. El problema crucial es la salvación de la ciudad: se trata de lograr la felicidad para todo el pueblo, y esta salvación sólo podrá provenir de una innovación radical, algo nunca hecho ni dicho nunca antes[56].

Aristófanes muestra que sin la intervención de la asamblea es inconcebible cualquier cambio político en la ciudad[57], lo cual

---

54 Al respecto, Carrière (1979), 94-8; también Saïd (1996).

55 Cf. Rothwell (1990), 87.

56 En cuanto al entramado histórico que sirve de base al diseño cómico de esta mutación mayúscula, se debe tener presente que *Asambleístas* data de 393/2 y, en consecuencia, su relación con *Pluto* de 388 no puede ser soslayada. Sobre estas cuestiones, David (1984a).

57 Como vimos, así había ocurrido en 411 cuando Pisandro logró que la asamblea aceptase cambiar el gobierno democrático por uno oligárquico.

indica que incluso para que los atenienses dejen de innovar e instituyan un orden estable es necesario innovar, y que la instancia soberana de verdad en este sentido es la asamblea. La concepción aristofánica señala así a la innovación como aquello que para los atenienses se ha impuesto como modo de existencia de la política, destacando una ajustada vinculación entre toma de decisiones, producción legislativa e invención política como atributos del poder del *dêmos*. Como argumentará enseguida Cremes ante la disyuntiva de Praxágora –que duda acerca de si los atenienses querrán emprender nuevos caminos (*kainotomeîn*) o seguir aferrados a las viejas costumbres (*toîs ethási toîs arkhaíois*)–, el emprender nuevos caminos (*kainotomeîn*) no debe causar temor, «pues para nosotros el hacerlo está en lugar de cualquier principio (*ant' álles arkhês*), olvidándonos de las cosas antiguas (*tôn arkhaíon*)» (583-7)[58]. La noción de *kainotomeîn* puede incluso significar «hacer una revolución», resultando importante en el contexto su contraposición con dos términos de la misma raíz: *arkhês* o principio y *arkhaíon* o cosas antiguas. La democracia, en efecto, se contrapone a la *arkhé*, es anárquica, puesto que no respeta principio alguno sino que impone la innovación en lo que a sus reglas se refiere[59]. Por eso en la democracia, tal como le pedía el coro a Praxágora, el pueblo tiene la fuerza para actuar según las circunstancias (*dýnatai kairós*), esto es, para advenir políticamente como sujeto de decisión. Cualquiera puede proponer lo que quiera, pero si la asamblea no se torna favorable ninguna invención llega jamás a producirse.

La producción política del *dêmos* era *a priori* indiscernible, puesto que las decisiones del sujeto no podían ser anticipadas ni deducidas. Los debates de las propuestas así como las decisiones tomadas podían colocarse en un borde entre el orden fijado por las reglas e instituciones del estado y un punto de indeterminación que se abría a la creación de novedades no calculables. De manera que el cuerpo efectivo de la política democrática podía producir con sus decisiones, acontecimientos nuevos que, en tanto resignificaban la idea democrática, refundaban de ese modo las bases mismas de la democracia ateniense. Los sucesos ya mencionados producidos en 462 y 411 no fueron los únicos cambios del régimen político ateniense. Aristóteles (*Constitución de Atenas*, 41, 2) enumeró once

---

58 Respecto de estos versos, Taaffe (1993), 121-2.
59 de Romilly (1975), 146-54.

metabolaì politeías en Atenas, contando desde los tiempos míticos
hasta fines del siglo V, de las cuales las seis últimas tuvieron lugar
durante el lapso que va de las guerras médicas al año 403. Salvo
la primera de estas mutaciones, todas las demás se produjeron en
torno a la asamblea, índice tangible de su rol central en la segunda
mitad del siglo V[60].

Ahora bien, ¿qué significaba la presencia de lo imprevisible
en la producción política del *dêmos*? ¿Y qué relación tenía con
el hecho de que la asamblea produjera invenciones políticas y no
mera legalidad? Existe una tensión entre, por un lado, el ejercicio
en acto de la soberanía a través de la decisión política de los atenienses como componentes activos de la comunidad reunida en la
asamblea, y, por el otro, la institucionalización de la soberanía por
medio de la representación de los ciudadanos como integrantes
pasivos de la comunidad bajo el orden inmutable de la autoridad
del estado. Sobre la división que esto genera se instala la producción del sujeto político. Pero el equívoco ronda la situación, ya que
tan pronto la comunidad de ciudadanos aparece como el cuerpo
político que actúa en la asamblea, tan pronto aparece también como
el estado que representa al conjunto de los atenienses en el marco
de la legalidad institucional. Los diferentes sentidos del vocablo
dêmos (asamblea, totalidad estatal, régimen constitucional, sectores populares) nos permiten entender el carácter de este equívoco,
porque la contradicción constitutiva de la *pólis* ateniense durante
la etapa de la democracia radical, presente en el funcionamiento de
la asamblea, era la escisión irreductible entre decisión y legalidad,
que daba consistencia de exceso al sujeto político.

Vernant, partiendo de la fórmula de los órficos, se pregunta
cómo en el plano social se articulan lo uno y lo múltiple. Ciertas
elaboraciones de Ehrenberg[61] lo llevan a proponer una contradicción fundamental en el núcleo de la concepción griega de la
sociedad: «el estado es uno y homogéneo; el grupo humano está
formado de partes múltiples y heterogéneas. Esta contradicción
se mantiene implícita, no formulada, porque los griegos no dis-
tinguieron claramente nunca entre estado y sociedad, entre plano
político y plano social»[62]. Según Finley, no hay diferencias im-

---

60 Véase Finley (1986a), 135-6; (1990), 75-80.

61 Ehrenberg (1960), 89: «Había, pues, identidad entre estado y sociedad, al
    menos en lo que afectaba a los ciudadanos exclusivamente. Esto implicaba
    un asunto problemático en el corazón de la *pólis*. Porque el estado es y
    debe ser uno, mientras que la sociedad es una pluralidad».

62 Vernant (1965), 34-5 y n. 10.

portantes entre estado y gobierno. Resolver problemas comunes, organizar los servicios para la comunidad, establecer leyes y normativas, hacerlas cumplir, etc., son tareas necesarias en toda sociedad compleja. Tales son, entre otras, las funciones de un gobierno. Pero los griegos dieron un paso radical: la fuente de la autoridad se situó en la comunidad misma, en la *pólis*. Los asuntos de gobierno se sometieron a discusiones y votaciones públicas de manera directa, sin la intervención de representantes ni una burocracia especializada[63]. De lo cual se sigue que el problema de la división como procedimiento de producción del recorrido político del sujeto no se delimita exactamente al nivel de la relación entre la unidad del estado y la multiplicidad de partes heterogéneas de la sociedad, sino en la *impasse* entre lo uno y lo múltiple[64], o dicho de otro modo, entre el *dêmos* considerado como todo y como parte. Hegel, que apuntaba a la unidad e identidad del todo y las partes, encontrará filosóficamente un momento evanescente en el que una parte, autonomizada con respecto al todo que le daba su ser como parte, aún no se ha transformado en un todo con sus partes respectivas, es decir, ha escapado fugazmente a ser todo y a ser parte, o lo que es lo mismo, a lo uno y lo múltiple en su relación recíproca[65]. La presencia de esta *impasse* indica la falta momentánea de un orden fijo. Una interpretación de estas ideas ha propuesto ver allí la posibilidad de la emergencia de una fuerza subjetiva que no se identifica ni con el todo del estado ni con lo específico de las partes. Esta fuerza, que depende de una toma de decisión, suspende por esta misma razón la posibilidad de quedar atribuida a la objetividad del estado. Y en esto estriba la imposibilidad de discernir *a priori* los efectos de una decisión subjetiva, que por ende sólo pueden ser evaluados mediante un balance *a posteriori*[66].

---

63 Finley (1983b), 33-4; (1986a), 20.

64 La situación se caracterizaba por una desligadura fundada por la presencia antagónica de ricos y pobres como categorías propias de la esfera política. Cf. *infra*, cap. 5.

65 Hegel (1968), 452-6, plantea la idea de que el todo es igual a las partes como conjunto –es decir, el todo considerado tautológicamente como todo– y las partes son iguales al todo como partes, esto es, las partes son tautológicamente iguales a las partes. «De esta manera, el todo y las partes, caen uno fuera de las otras, como indiferentes; cada uno de estos lados se refiere sólo a sí mismo. Pero, mantenidos así uno fuera del otro, se destruyen a sí mismos... Esta relación consigo mismo de cada uno de los lados es su independencia; pero esta independencia que cada uno tiene *por sí*, es más bien la negación de ellos mismos».

66 Cf. Badiou (1982), 50-4.

La situación de la Atenas de la segunda mitad del siglo V puede ser pensada como el trabajo subjetivo sobre esa *impasse* entre unidad estatal y multiplicidad de las partes, pues la asamblea como lugar de la política del *dêmos* no respondía a la lógica del todo y las partes sino al momento de producción sobre la escisión que escapaba a la gestión estatal ordenada[67]. La naturaleza indiscernible de la decisión subjetiva montada sobre la división de la ciudad democrática implica una comunidad atravesada por la *stásis*, enfrentamiento de los ciudadanos en conflictos que resultaban un obstáculo irreductible para la unidad estatal y que se presentaban en el seno de la asamblea ateniense bajo el modo de la lucha política entre diferentes propuestas, debates de enunciados y votaciones divididas. En este sentido, resulta interesante el uso por parte de Tucídides del término moderación (*sophrosýne*) para calificar a los gobiernos de las ciudades que en 411 se habían vuelto oligárquicas a instancias de Atenas, que ya había recorrido ese camino. Aunque según Tucídides (8, 64, 5), este «mayor grado de moderación» se consiguió cuando «buscaron la independencia, sin tener en cuenta la falaz promesa de buen gobierno (*eunomía*) ateniense»[68]. Si buen gobierno se asocia a moderación de la oligarquía es porque Tucídides, jugando implícitamente con la antítesis entre *hýbris* y *sophrosýne*, no ve a la política del *dêmos* como algo bueno sino como carente de moderación, atravesado por la *stásis* y la desmesura[69].

El análisis de Aristóteles (*Constitución de Atenas*, 26, 1; 41, 1-2) sobre este período se encuadra dentro del mismo punto de vista conservador: los jefes populares –aun los honestos– y la multitud hicieron de la democracia de la segunda mitad del siglo V un mal gobierno debido a que todos podían participar y decidir todo[70]. Una de sus consecuencias principales radicará en la imposibilidad de lograr que la ley funcione como garantía de fijación de la unidad estatal con capacidad de limitar los efectos desga-

---

67 de Romilly (1975), 199-239, indica la ambigüedad del término *dêmos* y analiza los alcances políticos de esta situación en las prácticas institucionales y discursivas durante la segunda mitad del siglo V.

68 Tucídides (8, 53, 3) hace decir a Pisandro lo mismo pero con respecto a Atenas; cf. Ostwald (1986), 344-58. La idea de *eunomía* se había transformado entonces en un valor de la oligarquía; ver Ehrenberg (1946), 92; también Lévy (1976), 167-8; Sinclair (1988), 220-1. Sobre la idea de *sophrosýne* en Tucídides, cf. Wilson (1990).

69 Véase Fisher (1992), 111-3; cf. Cairns (1996), 25-31.

70 de Romilly (1975), 49-56; cf. Sinclair (1988), 202-11.

rrantes provocados por la *stásis*. Los conflictos, sin duda, eran consustanciales a la política del *dêmos* y se ligaban a esa *impasse* que habilitaba la toma de una decisión subjetiva[71]. La política del *dêmos* era una política del exceso, no codificada, e implicaba una sustracción a la moderación de la regla. Su punto de partida era la igualdad colocada *es méson* y, por ende, situada más allá de cualquier parte discernible del cuerpo social[72]. Los enfrentamientos en la asamblea no se deducían de una dimensión clasista sino que dependían de divisiones situacionales, reversibles y fluctuantes de acuerdo con la dinámica del debate y la decisión[73].

Una supuesta reflexión de Tucídides (3, 84, 2) sobre las consecuencias de la *stásis* de Corcira pone de relieve que, «en esa circunstancia, estando perturbada la vida para la ciudad y tras apoderarse de las leyes (*tôn nómon kratésasa*), la naturaleza humana, acostumbrada a cometer injusticia hacia las leyes (*parà toùs nómous adikeîn*), mostraba de buen grado que era incapaz de contener su cólera (*akratès orgês*), más fuerte que la justicia y enemiga de la autoridad»[74]. Esta condena moral viene a señalar que la decisión subjetiva pone en cuestión lo que constituye la base de toda autoridad estatal: el derecho, la legalidad, la justicia, porque la política no es en este caso el campo del imperio de la ley sino lo que excede las normas, escapa a la continuidad de la ley y al orden de lo moderado exacerbando la división. Loraux indica con claridad que la ciudad, atravesada por las luchas de los ciudadanos entre sí, se convierte entonces en una ciudad enferma donde la división se cierne como una amenaza absoluta[75]. O, como sostiene Vidal-Naquet, «en Atenas, el debate político, la lucha

---

71   Por supuesto, había visiones clasistas de este funcionamiento. Como dice Finley (1986a), 140: «el objetivo de una *stásis* era obtener un cambio en alguna ley o convenio, y un cambio significaba una pérdida de derechos, privilegios o riqueza por parte de algún grupo, facción o clase, para quienes la *stásis* era sediciosa... Pero, desde este punto de vista, toda política es sediciosa en cualquier sociedad que tenga algo de participación popular, de libertad para la maniobra política».

72   Cf. *infra*, cap. 5.

73   Véase Reverdin (1945), con algunas ideas todavía sugerentes.

74   El pasaje se considera espúreo desde antiguo, pero, de todos modos, resulta una reflexión importante acerca de las consecuencias que generan las acciones políticas (cf. Tucídides, 3, 45, 6).

75   Cf. Loraux (1991b). Véase ahora su reciente libro (1997), a lo largo del cual muestra que la ciudad ateniense, al hallarse atravesada por las guerras civiles, se convierte en una ciudad acosada por la división en la que el

continúa »

política son presentados la mayoría de las veces no como práctica normal de la ciudad democrática, sino como la *stásis*, por emplear un término cuyo sentido se despliega sobre el espectro que va de la simple posición vertical a la guerra civil pasando por la facción política»[76]. De allí las varias acepciones que podían dársele a la noción de *stásis*. Que la terminología insista con calificaciones que colocan a la *stásis* en una posición de anomalía (enfermedad, amenaza, anormalidad) no hace más que reforzar la idea de que, con la interrupción de las jerarquías sociales y los poderes estatales, el conflicto abre la posibilidad de que se produzcan decisiones políticas subjetivas[77].

Así, la ley no es algo estable y fijo que se asimile simplemente con la autoridad estatal, sino que sufre desplazamientos a raíz de los enfrentamientos de un derecho con otro (*díke*)[78], pues en el espacio isonómico, la constitución misma y la ley de la ciudad podían ser puestas a prueba. Con la ley colocada *es méson* y, por este mismo motivo, sujeta a discusión y objeto de decisión, la *díke* deja de ser atributo de una autoridad superior para pasar a ser un efecto de la política del *dêmos*. Se trata de una lucha entre derechos contrapuestos, un derecho enfrentado a otro en el terreno político, disputa que no es ni más ni menos que la oposición de los argumentos en la asamblea[79]. La escisión entre

---

olvido de los hechos luctuosos resulta ser el modo de tratar de evitar la vuelta de la *stásis*. Pero la *stásis* permanece porque las disputas políticas entre los ciudadanos son el único modo de establecer resoluciones para la ciudad.

76   Vernant y Vidal-Naquet (1989), 190-1. Finley (1986a), 140, referencia ineludible al respecto, destacaba la multiplicidad de acepciones del concepto: «Todos los niveles de intensidad eran abarcados por la espléndida palabra híbrida griega *stásis*. Usada en un contexto sociopolítico, *stásis* tenía una amplia serie de significados, desde la agrupación política o la rivalidad entre facciones (en su sentido peyorativo) hasta la guerra civil abierta. Esto reflejaba correctamente la realidad política».

77   El conflicto civil permanente no implica como condición necesaria la violencia física. Aunque en algunas ocasiones apareció en el horizonte de la política ateniense (el asesinato de Efialtes; los ajusticiamientos y las matanzas de los años 411-403), no siempre ocurría así. Respecto de este punto, Herman (1994); Cohen (1995), 119-42. Ver Johnstone (1999), 126-33.

78   Cf. Vernant y Vidal-Naquet (1987), 18, 154; (1989), 115, 165.

79   Bertrand y Brunet (1993), 143-54, indican breve pero convincentemente esta situación y brindan un compendio de fragmentos documentales que señalan bien a las claras de qué manera los propios atenienses disputaban

continúa »

derechos se instala a partir de la división en el uso de la palabra, que habilita el conflicto de opiniones a partir de la contienda discursiva entre los ciudadanos, ya que ninguno podía colocarse por encima de los demás. La política del *dêmos* ateniense durante la segunda mitad del siglo V, no deviene de la explotación, los sufrimientos, el sometimiento o la debilidad de las clases populares sometidas a los poderosos, pues no hablamos del *dêmos* en su sentido de clase social dominada o subalterna sino en tanto sujeto político configurado por la decisión efectiva del cuerpo reunido en asamblea. El enfrentamiento no se daba entre dominadores y dominados –situados en posiciones asimétricas– sino entre derechos simétricos pero contrapuestos, lucha posible a partir de la igualdad. Como señala Teseo en las *Suplicantes* de Eurípides (433-7; cf. 411-6, 422-5)[80],

«tanto el débil (*asthenés*) como el poderoso (*ploúsios*) tienen una justicia igualitaria (*díken ísen*). Para los más débiles (*asthenestérois*) existe la misma posibilidad de contestar al que tiene fortuna (*eutykhoûnta*), cuando escuchan un insulto; vence el más humilde (*meíon*) al grande (*mégan*) teniendo justicia».

Al haber derechos iguales pero enfrentados, el único modo de decidir es a través de la fuerza, que por ende excede a cualquier instancia que intente mediatizar la lucha. En este sentido, el exceso (*hýbris*) no aparece oponiéndose a la *díke* sino que resulta ser un efecto de la contraposición de derechos.

Estos marcados enfrentamientos signan la etapa de la política democrática radical[81], siendo la última década del siglo V una de

---

entre sí a través de debates apasionados y continuos que no conocían más punto de detención que uno provisorio atado a las circunstancias del momento.

80 Sobre estos testimonios, Di Benedetto (1971), 180-1, que señala que si bien en la respuesta de Teseo al heraldo hay una crítica a la tiranía a la vez que un elogio de los principios generales de la democracia y la libertad de palabra, no se defiende de igual modo a los demagogos. Cf. Lloyd (1992), 76-83; también Cerri (1979), 71-4, que compara las afirmaciones de Teseo con el discurso fúnebre de Pericles. Para un análisis semántico del vocabulario, Vílchez (1988), 311-2. Sobre las *Suplicantes* y su propaganda política, Zuntz (1955), 3-25, 58-62, 88-96. En los versos citados, el poeta pone la situación bajo condición de las leyes escritas. Cf. *supra*, cap. 6.

81 Véase Stockton (1990), 141-64; Natalicchio (1996).

las más conflictivas de la historia ateniense (Aristóteles, *Constitución de Atenas*, 26-28; 41, 2; *Política*, 1274a 5-11; 1304a 17-24). En tales circunstancias, los propios atenienses tratarán de olvidar –bajo la forma de la amnistía– lo que había sido la *stásis*. El estado será el garante de la integridad y estabilidad de la comunidad prohibiendo el recuerdo inoportuno de un pasado conflictivo[82], señal de que la política activa del *dêmos* no residía en la ley y la unidad estatal sino en la división que ahora es necesario olvidar. Siguiendo el lenguaje de Tucídides, la ciudad dividida habría dado paso a la moderación de un buen gobierno. Pero la necesidad de proscribir los excesos de la *stásis*[83] nos indicaría también que hay puntos de indeterminación, inconsistencias de la situación, que el estado no puede simplemente erradicar con la representación imaginaria de la ciudad bajo el orden y la autoridad de la ley. Será el agotamiento de la soberanía política del *dêmos lo que tornará viable la amnistía como cierre del conflicto.*

---

82   Loraux (1997), 11-40, 146-72, y la reseña de Iriarte (1999a). Cf. Lévy (1976), 210-6; Ostwald (1986), 500-9.

83   Respecto de las relaciones entre *hýbris* y *stásis* en el campo de la política ateniense, Fisher (1992), 126-30, 493-500, y, en especial, 130, donde cita un fragmento de Trasímaco (DK 85 B 1) que articula ambas nociones en el terreno de la política.

Capítulo V
Indefinición teórica del dispositivo asambleario[1]

a) Derecho de ciudadanía e inclusión en el estado

La división como procedimiento a partir del cual se produce la política popular nos ha llevado a postular la existencia de una *impasse* entre estado y sociedad. Desde la modernidad, la definición del contrato social ha delimitado las esferas propias de cada una de estas instancias a la vez que sus relaciones mutuas. Al analizar la *pólis* griega, los historiadores no han podido prescindir de ellas[2]. Pero su aplicación no es inocente, ni resulta sencillo discernir cómo usarlas según sus especificidades y vínculos recíprocos. De todos modos, la cuestión del contrato social tiene en alguna medida su comienzo en el pensamiento griego. Los sofistas introducen el problema al proponer el advenimiento de la política y la ley como superadores del estado conflictivo originario. Pero el relativismo que defienden parece apuntar más que nada a la idea de que la ley es sólo una convención mutable, y esto sería el contrato[3]. Sócrates, especialmente en el *Critón*,

---

1   El capítulo es una versión muy corregida del artículo «Aristóteles, la ciudad estado y la asamblea democrática. Reflexiones en torno al libro III de la *Política*», *Gerión*, 14 (1996), 141-82 (Universidad Complutense, Madrid).

2   Schmitt-Pantel (1990), indica un nivel social (*koinón*) distinto de lo político. Cf. Hansen (1993); y esp. (1998), *passim*; (2000); Ober (1996), 161-87. También Castoriadis (1988), 97-131; Sakellariou (1989); Lévy (1990).

3   Cf. *infra*, cap. 10.

les responde con gran fuerza señalando que justamente porque es una convención la ley genera obligación y debe ser respetada en todos sus términos. El contrato que Sócrates propugna no sólo se distingue de la idea sofística sino también del pacto social moderno: mientras que éste es siempre un contrato fundacional que se coloca en el origen de la sociedad, el socrático, en cambio, no funda la sociedad sino que la hace vivir cada día a partir de la ratificación cotidiana del pacto por cada uno de los que participan de éste[4].

Esta concepción del contrato social no prescinde de los aspectos vinculados con el estado y la sociedad. Cuando Sócrates recibe de parte de Critón la insinuación de huir de la prisión, entre los argumentos que esgrime para negarse, imagina la aparición de un personaje singular: *hoi nómoi kaì tò koinòn tês póleos*, que lo advierte sobre lo que está por hacer (Platón, *Critón*, 50 a). Las leyes y lo común de la ciudad sería su traducción literal[5]. En su versión del diálogo, Eggers Lan ha pensado que «las leyes y la comunidad política» no sería una forma inapropiada de establecer el texto español, ya que se acercaría a su sentido más exacto. Sin embargo, Eggers prefirió decir «las leyes y el Estado nacional», dado que «modernamente es la "nación" la que designa el estadio de solidaridad comunitaria entre los habitantes de un Estado»[6]. Que creyera conveniente introducir la aclaración indica de modo concreto las dificultades de la noción.

Podríamos multiplicar las referencias que, no obstante, llegaríamos a esta conclusión: la idea de *pólis* ha resultado equívoca para los contemporáneos. Se habla de ciudad así como de estado, cuando no de ciudad-estado[7]. Se la puede asociar a la comunidad política, ya que a nadie escapa que la *pólis* resulta ser una *koinonía politiké*. Todos estos nombres circulan en los textos de los antiquistas, y generalmente el contexto no deja

---

4   de Romilly (1971a), 115-38. Sobre la concepción socrática del respeto a las convenciones legales y las obligaciones generadas por la ley, Woozley (1979). Recientemente, cf. Ober (2000).

5   La traducción de Calonge Ruiz (1981), es apenas diferente: «las leyes y el común de la ciudad», aunque el neutro parece representar mejor la idea genérica que manifiesta el pasaje citado.

6   Véase Eggers Lan (1987). El pasaje citado se halla en nota 37 *ad loc.*, lo mismo que la aclaración sobre la traducción finalmente adoptada.

7   Los aportes de los trabajos sobre la cuestión así como las perspectivas abiertas para la investigación fueron ponderados por Finley (1984), 35-59. Las obras más recientes se citan a lo largo de este capítulo.

que nos confundamos: entendemos de qué se está hablando y cómo estos nombres pueden intercambiarse entre sí. Si bien los griegos no usaron la distinción entre estado y sociedad, explícita o implícitamente, estas ideas se hallan operando en la mayoría de los análisis de los historiadores[8]. Es evidente incluso que una de las nociones más utilizadas para referirse a la *pólis*, la idea de ciudad-estado, hace alusión a la sociedad civil y, obviamente, al estado, cosa que no siempre se percibe con claridad.

Pero es necesario trazar una delimitación más precisa de estos conceptos. Cabe preguntarse si la expresión de Sócrates «las leyes y lo común» puede tomarse como una referencia que ha de relacionarse con las nociones de estado y sociedad. El diálogo platónico es rico en giros similares al citado. A veces se refiere a las leyes o a la patria, otras a la patria y las leyes, o también a la ciudad y la patria (*Critón*, 50 c; 51 a-c). La expresión «lo común de la ciudad» (*tò koinòn tês póleos*) aparece igualmente en Lisias, que en su *Defensa de Mantiteo* (18) la contrapone a «los particulares» (*toùs idiótas*)[9]. Tal vez el nudo del problema radique en que, en nuestro lenguaje, no contamos con formas adecuadas para traducir algo que para los griegos era claro. De manera que un planteamiento más preciso del problema mencionado resulta un paso necesario.

Ciertas ideas del libro III de la *Política* de Aristóteles permiten discernir qué puede entenderse por estado y sociedad en el marco de la *pólis* griega[10]. La *pólis*, descrita en el libro I como una *koinonía politiké*, va a ser tratada ahora según los dos aspectos englobados en la definición: la *koinonía* y la *politeía*. La primera hace referencia a la comunidad de ciudadanos o «lo común de la ciudad», cuyo punto de partida es el derecho de ciudadanía[11]. La ciudadanía se determina por la pertenencia de los ciudadanos a la comunidad política, «participar de la ciudad» (*tò metékhein tês póleos*), idea que Aristóteles expresa así (1275a 22-3): «el

---

8   Cf. Ehrenberg (1960), 24-7, 39-52 y 88-9; Finley (1966), 55-61.

9   Respecto de la oposición señalada por Lisias, Rubinstein (1998).

10   Se sabe que Aristóteles no nos legó un tratado sistemático sino apuntes y notas no muy bien organizados, a veces digresivos e incoherentes. De todos modos, esto no afecta aquí mi argumento respecto del problema que se va a tratar. Para una introducción a la historia de la publicación de los textos de Aristóteles, Düring (1990), 65-90, 734-8.

11   Para el proceso de evolución histórica de la noción de ciudadano, Levy (1985); Musiolek (1981).

ciudadano sin más por ningún otro rasgo se define mejor que
por participar en la justicia y en el gobierno (*metékhein kríseos
kaì arkhês*)»[12].

Pero toda ciudad consta de los elementos que la componen,
y, por tanto, «es evidente que ante todo el objeto de estudio debe
ser el ciudadano. Pues, en efecto, la ciudad es una multitud de
ciudadanos (*politôn ti plêthos*)» (1274b 38-41). A partir de esto,
Aristóteles concluirá que «aquel al que le está permitido tomar
parte en el poder deliberativo y judicial (*koinoneîn arkhês bouleutikês kaì kritikês*) lo denominamos ciudadano de esa ciudad,
y ciudad, en pocas palabras, es una multitud de tales personas
suficiente para vivir con autarquía» (1275b 16-21). Se llama
ciudadano al elemento básico que pertenece al conjunto *pólis*[13].
La pertenencia a la comunidad de ciudadanos se establece de
manera axiomática a partir de la instauración del derecho de
ciudadanía: *pólis* es el conjunto de todos los ciudadanos que
pertenecen a la comunidad[14].

En Atenas, este conjunto queda conformado desde la *eunomía* soloniana que instituye la libertad como modo de participación de todos los ciudadanos en la ciudad, puesto que cada
ateniense se define desde entonces por el derecho de ciudadanía como la propiedad universal que caracteriza al conjunto[15].
Este proceso se relaciona, en términos de Gernet, con el paso
de una situación de prederecho a otra de derecho[16]. Estamos,

---

12 Sobre la definición aristotélica del ciudadano, Mossé (1967); Pecirka
    (1967). También Lévy (1980).

13 Para una análisis de la primacía de lo social de la *pólis* por encima de lo
    individual del ciudadano en Aristóteles, Allan (1965). Cf. Arendt (1993),
    37-95, que diferencia entre la concepción griega de lo *ídion* y lo *koinón* y la
    moderna de lo privado y lo público. Recientemente, Arnaoutoglou (1998).

14 Al respecto, Aubenque (1998), que indica la importancia de la comunicación
    para la participación en la comunidad y propone traducir *koinoneîn*
    como «comunicar», pues pertenecer a la comunidad implica comunicar a
    los demás mediante la palabra, exponer los asuntos en común.

15 Vidal-Naquet (1983), 297-8, señala dos mutaciones en la formación de la
    pólis. El segundo momento es el que caracteriza a las reformas de Solón
    y la libertad que establece para todos los ciudadanos. Para una revisión
    de estos puntos, Andrewes (1982). Sobre la libertad como condición de la
    ciudadanía ateniense, Wallace (1996). Respecto de la noción de ciudadanía
    en Atenas, Manville (1994). En general Finley (1984), 103-23; Larsen
    (1962).

16 Gernet (1980), 153-226; cf. Cantarella (1987). Para Atenas, Ostwald
    (1969), 62-95

en verdad, ante los orígenes de la ciudadanía ateniense[17]. Para Plutarco (*Solón*, 18, 6-7), la formación de esta comunidad no sólo se fundaba en criterios legales sino también en aspectos prácticos que permitían crear lazos de solidaridad más firmes entre los ciudadanos, pues «el legislador aspiraba correctamente a acostumbrar a los ciudadanos a sentirse y simpatizar unos con otros como miembros de un mismo cuerpo». En esta transformación, lo axiomático radica en la invención de la política que el legislador diseña[18], nuevos puntos de partida asentados en resoluciones prácticas inéditas de índole política, legal e institucional que delimitan las condiciones de participación de los ciudadanos en los asuntos públicos.

Pero la pertenencia no era condición suficiente para definir el derecho de ciudadanía en la democracia ateniense, puesto que «el que es ciudadano en una democracia a menudo no lo es en una oligarquía» (Aristóteles, *Política*, 1275a 3-5). También los espartanos pertenecían a su comunidad, y sin embargo Esparta no era una democracia sino una oligarquía[19]. El principio de la pertenencia tiene que ver con la instauración de la *pólis* en tanto comunidad. Pero predicar la pertenencia del ciudadano a la comunidad como un derecho que sólo la ciudad puede alienar, no implica prescribir una forma de estado para esa comunidad. Sólo indica un precepto que traza un límite entre el conjunto de los integrantes y los que quedan excluidos de la comunidad. La democracia ateniense como forma de gobierno no surge, pues, con la *eunomía* de Solón sino con la *isonomía* de Clístenes[20],

---

17 Respecto del proceso histórico en su conjunto, Manville (1990), *passim* y 124-56, donde analiza la actuación política de Solón, al que le atribuye la «invención» de la *pólis*. Cf. Sealey (1983); Frost (1994).

18 Como plantea Finley (1983a), 119: «Por falta de precedentes [los reformadores] inventaron libremente, en una especie de originalidad forzosa que caracterizó todos los aspectos de la vida y la cultura de la Grecia arcaica. Es apenas exagerado. La estructura política, formada por magistrados, consejos y a la larga asambleas populares, fue una invención libre». Sobre la actuación soloniana, Blaise (1995); Osborne (1998), 257-67.

19 Sancho Rocher (1990), analiza por qué Esparta se diferencia de Atenas y otras ciudades.

20 Sobre las reformas de Clístenes como base de la democracia ateniense, Hignett (1952), 124-58; Lewis (1963); Ostwald (1969), 96-173; (1988); Andrewes (1977); Meier (1988), 53-148; Stanton (1984). Cf. Ober (1996), 32-52; Osborne (1998), 344-61.

que instituye las bases estructurales del estado democrático[21]. Desde entonces, la *pólis* se asienta sobre la igualdad de poder no jerárquica de todos los ciudadanos, según la pauta «un ciudadano equivale a un ciudadano»[22]. El principio de la igualdad es un suplemento del de la pertenencia, puesto que sin éste no hay posibilidad de igualdad democrática. Pero la igualdad no es condición necesaria para pertenecer a la comunidad, a menos que efectivamente se trate ya de una democracia. En efecto, se puede formar parte de la comunidad en condiciones de desigualdad. La constitución de Solón, que estableció la pertenencia a la ciudad sobre la base de la libertad inalienable del ciudadano, había organizado el gobierno a partir de un censo de cuatro clases que determinaba la participación efectiva de manera jerárquica. El estado ateniense adquirirá una forma democrática cuando empiece a funcionar conjuntamente sobre los principios de libertad e igualdad, pues en la Atenas clásica ser ciudadano significaba que cada ateniense fuera equivalente. Es la cuestión de la igualdad aritmética no jerárquica de la democracia, que Platón criticará por hallarla totalmente anárquica[23].

---

21 Obsérvese que aquí, a los fines del análisis que hacemos en este capítulo, plateamos deliberadamente que la democracia es una forma de gobierno y señalamos su presencia a partir de las reformas de Clístenes. Pero nuestro argumento central es que el acontecimiento de la democracia depende de la actuación del pueblo durante las reformas de Efialtes y a lo largo de la segunda mitad del siglo V. En este caso, y a una conveniente distancia de la revolución clisteniana que habilita la organización de una forma de estado, lo que esencialmente ponderamos es la emergencia del pueblo como sujeto político.

22 La idea es claramente expresada por Teseo en Eurípides, *Suplicantes*, 353: Atenas es *isópsephos pólis*. Sobre la relación entre pertenencia al cuerpo cívico, igualdad política y democracia, Hansen (1991), 55-85, que analiza las nociones aristotélicas y sitúa en este contexto a la Atenas clásica, tanto como ciudad-estado cuanto como democracia. También Stockton (1990), 22-41; Sancho Rocher (1991); Raaflaub (1996); Roberts (1996). Sobre la igualdad arcaica y la democracia, Thomas (1996); Morris (1996); (2000), 109-91; Robinson (1997), *passim*.

23 Se ha señalado que desde Homero existía una diferencia entre *íson*, igualdad cuantitativa, y *homóion*, igualdad de figura; cf. Eggers Lan (1995), 29 y n. 22. La cuestión es indicada por Platón (*República*, 557 a-562 a) cuando argumenta que la democracia es anárquica porque en ella impera una igualdad aritmética, y prefiere entonces una forma de gobierno oligárquica en la que se impone una igualdad geométrica. Sobre Platón y la democracia, Manos (1992); Mattéi (1992). Sobre los lazos entre igualdad y libertad, ver Harvey (1965); Phylaetou (1989).

De lo anterior se desprende que para poder establecer qué significaba la pertenencia política a una *pólis* resulte necesario tomar en cuenta su régimen de gobierno (*politeía*), pues toda comunidad implica un estado[24]. Pero ¿qué es el estado en el marco de la *pólis* griega? La existencia de la comunidad de ciudadanos comporta el principio de la inclusión, nivel analítico directamente relacionado con la pertenencia. En efecto, si ésta constituye la presentación del conjunto, ya que la ciudad consta de los elementos que la componen conformando la comunidad de ciudadanos, cada ciudad a su vez debe verse en relación con su régimen político, pues «la *politeía* –sostiene Aristóteles (*Política*, 1274b 38)– es cierta ordenación de los habitantes de la ciudad». Ordenar a los ciudadanos para que desarrollen una vida en común es una operación que por excelencia le compete al estado y sus reglas, lo cual nos remite a la forma en que cada régimen político instaura «las leyes de la ciudad».

Desde Aristóteles se puede postular que el principio de inclusión consiste en una distribución de los ciudadanos en distintas clases o subconjuntos discernibles en la situación. Las distintas formas de gobierno no son otra cosa que eso, ya que en la *pólis* el estado funciona como instauración de una cuenta de las diferentes clases que componen la ciudad, partes que incluyen a los ciudadanos en distintos grupos. Según el filósofo (1279b 6-40), «la tiranía es una monarquía que busca el provecho del monarca, la oligarquía busca el de los ricos, y la democracia, la utilidad de los pobres. [...] El hecho de que sean pocos o muchos los que gobiernen es cosa accidental, lo primero para las oligarquías, lo segundo para las democracias; porque en todas partes los ricos son pocos y muchos los pobres... En lo que difieren democracia y oligarquía es en la pobreza y en la riqueza». Pero Aristóteles (1276b 1-8) sabía perfectamente que las *póleis* no eran sustancialmente democráticas, oligárquicas o tiránicas, pues «si la *pólis* es cierta *koinonía*, y es una comunidad de ciudadanos en una *politeía*, cuando la forma de gobierno se transforma en otra de tipo diferente, es necesario, al parecer, que la *pólis* ya no sea la misma, del mismo modo que decimos de un coro, que a veces es cómico y a veces es trágico, que es diferente aunque a menudo esté integrado por las mismas personas. Igualmente decimos de cualquier otra comunidad o conjunto (*sýnthesis*) que es diferente si es distinto el modo en que se halla compuesto». Lo destacable

---

24 Cf. Ampolo (1981), 28-35.

del planteo de Aristóteles sobre las formas de gobierno de la *pólis* radica en que éstas no operan contando a los ciudadanos individualmente sino según las clases en que diferencialmente se incluyen. El estado resulta así una instancia de unificación de las partes[25].

El estado se identifica entonces con determinada *politeía*, que ordena a los ciudadanos en una comunidad según diferentes modos de composición que dan lugar a las distintas formas de gobierno[26]. Pero en este caso, el estado ya no procede a contar a los ciudadanos sino a las diferentes clases (los ricos, los pobres) que en conjunto componen el cuerpo al que el estado intenta dar unidad[27]. El nivel de la inclusión nos señala entonces una re-presentación de la comunidad de ciudadanos, no a partir del conjunto de los elementos –los ciudadanos– sino del conjunto de los subconjuntos estructurados sobre la base de esos elementos. El estado es el conjunto de las partes de la comunidad de ciudadanos[28].

La evidencia, en definitiva, de que la *pólis* implica los niveles de la presentación y la re-presentación, se halla en la ya men-

---

25 Cf. Saxonhouse (1992), 212-24.

26 Sobre la noción de *politeía*, Bordes (1980); (1982), *passim*, y esp. 433-54, sobre Aristóteles; Murray (1993). Cf. Ober (1998), 310-6; Lintott (2000); Ostwald (2000), 37-40.

27 Newman (1887-1902), I, 223; cf. III, 195-7. El autor consideraba que en esto Aristóteles enunciaba una verdad importante al mostrar claramente que la constitución que caracteriza a un estado en un momento determinado tiene sus bases en el sistema social, hecho que la teoría moderna del contrato social no siempre ha permitido observar. Cuando el marxismo se hizo cargo del asunto Aristóteles se vio revalorizado en este sentido. Sobre la visión marxista de los aportes aristotélicos, de Ste. Croix (1981), 69-80. Finley (1986a), 22 y n. 26, aclara su uso del término clase y critica el «abuso» que de Ste. Croix hace de Aristóteles, al que ha «convertido ahora ... en marxista». La polémica entre ambos autores desató una serie de consideraciones críticas; para una revisión de estos problemas, Plácido (1989b), 55-64; Vidal-Naquet (1992), 104-5, señala por qué de Ste. Croix opta por Aristóteles y no por Platón.

28 Debe quedar convenientemente claro que bajo la noción de representación no se indica para nada la existencia de un gobierno representativo, pues está establecido hasta en el sentido común que el griego era un gobierno directo. Lo que se ha tratado de establecer es una conceptualización de dos niveles claramente discernibles en el pensamiento aristotélico de la *pólis*, que puede hacerse extensivo a aquellos autores griegos que han utilizado la noción de *koinonía* y, especialmente, la de *politeía*.

cionada idea de Aristóteles acerca de que, si se tiene una cierta multitud de ciudadanos en una ciudad, la *koinonía* será diferente si se transforma la *politeía*, por más que los individuos sigan siendo los mismos. En efecto, la ciudad y la forma de gobierno cambian si varían los mecanismos de inclusión de los ciudadanos, y por lo tanto el peso de cada parte dentro de la unidad estatal. «Por ejemplo, cuando una oligarquía o una tiranía se convierten en una democracia», dice Aristóteles (*Política*, 1276a 9-19). A lo cual agrega que «si existen democracias que están en el mismo caso, los actos de tal *politeía* serán actos de la ciudad en la misma medida en que lo son los de la oligarquía y la tiranía. Esta cuestión parece conexa con el problema de cuándo se ha de decir que la ciudad es la misma o que ha dejado de ser la misma para ser otra»[29].

Una cuestión similar se observa en la queja de Teognis de Mégara (*Elegías*, 1, 53-8)[30]: «La ciudad es todavía una ciudad, pero son otros sus habitantes (*laoí*). Los que antes no conocían ni derechos (*díkas*) ni leyes (*nómous*), sino que sus cuerpos cubrían con pieles de cabra, y fuera de la ciudad se apacentaban al igual que gamos, son ahora hombres de bien (*agathoí*)... y los nobles (*esthloí*) de antes son ahora pobres gentes (*deiloí*)». Lo que el fragmento da a entender es que si bien existe continuidad en cuanto a la *pólis*, no la hay en cuanto a su régimen político, y por ende, en este sentido, la ciudad ha dejado de ser la misma. Que sus habitantes sean otros significa que son otros los que gobiernan, según nuevas leyes y derechos de participación. Lo cual implica un cambio en la *politeía*, dado que, de acuerdo con el poeta, ha acontecido una transformación por la cual el pueblo llano ha desplazado del poder a los nobles, que lo habían mantenido fuera de la *pólis*.

Al igual que Aristóteles, Teognis pone de relieve el vínculo entre la forma del estado y la participación política de los distintos subconjuntos en los que se distribuye el conjunto de los ciudadanos. Así, pertenencia a la comunidad significa siempre inclusión en alguna clase que el estado representa en tanto actúa como encarnación de la ciudad. Pero esto no se da sin conflic-

---

29 Al respecto, Moraux (1965), que analiza una serie de circunstancias históricas vinculadas a la visión de Aristóteles a partir de la cuestión de la continuidad o no de la *pólis* según cambie o no su *politeía*.

30 Véase Cerri (1969). Recientemente, Lane Fox (2000); van Wees (2000).

to, porque la participación en la *politeía* según la distribución en clases conlleva la posibilidad de que unos gobiernen sobre otros. En Atenas, va a llegar a ser una obligación cívica que los ciudadanos tomen partido por una de las fuerzas en lucha en el momento en que una disputa surja en la ciudad. En este contexto, lo peor que podía hacer un ciudadano era no sumarse a ninguna de las partes en pugna, es decir, caer en la *rhathymía*, ante lo cual Solón había propuesto que, «cuando haya *stásis* en la ciudad, el que no tome las armas ni con unos ni con otros sea considerado *átimon* y no participe de la ciudad (*tês póleos mè metékhein*)», es decir, que sea privado de los derechos de ciudadanía y excluido de la comunidad política (Aristóteles, *Constitución de Atenas*, 8, 5)[31]. En el mismo sentido parecen moverse las palabras que Tucídides (2, 40, 1-2) pone en boca de Pericles cuando está pronunciando su *epitáphios lógos*: todos los ciudadanos pueden participar en los asuntos públicos, y el que no lo hace no es un tranquilo sino un inútil, ya que resulta más pernicioso no deliberar ni actuar que el hacerlo[32]. Siendo claro pues que el estado representa a las diferentes clases construibles a partir del conjunto de los ciudadanos, no debe perderse de vista que, si la *atimía* era el castigo que se le imponía al ciudadano que no se comprometía en la *stásis*, el acto de tomar partido debía realizarse en el marco de las instituciones del estado de modo que éste pudiera ejercer en forma plena su función. Se trata, en verdad, de la relación entre estado, clase y poder, tratada por Finley en su análisis de la política antigua[33]: los sectores de la comunidad hallan en el estado una instancia para dirimir sus diferencias, puesto que el estado actúa fundamentalmente como el lugar de encuentro de los intereses conflictivos de las clases. Dado que las luchas entre las distintas clases de la comunidad de ciudadanos instalan una desligadura, que toma cuerpo en la *pólis* bajo el modo de la *stásis*, el estado intenta entonces fundar un lazo social a partir de esa división.

Se ha sugerido que el deseo de Aristóteles era fundar una unidad estatal monolítica, pero que el anhelo se ve frustrado por la

---

31 Piccirilli (1976); Santoni (1979); Manville (1980). También David (1984b), que dice que la ley atribuida a Solón debe encuadrarse en el mismo contexto en que surge la idea de Solón como padre fundador de la constitución ancestral, es decir, los conflictos de fines del siglo V y comienzos del IV. Cf. Pecorella Longo (1988).

32 Al respecto, Carter (1986).

33 Finley (1986a), 11-38.

insustancialidad de las partes que el estado debe ordenar[34]. Lo que Aristóteles verifica al analizar la inestabilidad de los regímenes políticos es la existencia de algo que hace imposible que en la práctica se realicen las constituciones puras de acuerdo con el equilibrio del concepto, haciendo de la política un dominio en el que lo patológico predomina regularmente sobre lo normal (*Política*, 1301a 19-1315b 10). Lo que inhibe de hecho la existencia de las formas puras es, en definitiva, la presencia de ricos y pobres que constituye el obstáculo que la política real opone al intento filosófico de reducirla al pensamiento puro, estorbo ante el que Aristóteles titubea en declararlo normal, porque lo que convoca en sus deseos es la extensión y la universalidad de la clase media. Aristóteles ve entonces que los estados reales tienen menos relación con el lazo social que con su desligadura, y que la política real escapa a la sistematicidad del pensamiento filosófico porque el estado en su destino concreto se define menos por el lugar equilibrado de los ciudadanos que por esas grandes masas, esas clases empíricas y cambiantes que constituyen los ricos y los pobres (1318a 30-7), clases que por ende resultan ser enteramente categorías de análisis de la política de la *pólis*[35].

Recapitulando, la comunidad presenta a los ciudadanos de acuerdo con la pauta de la pertenencia, mientras que el estado representa a los ciudadanos según el principio de la inclusión, mediante las clases que diferencialmente los incluyen. Tal es la idea aristotélica, pues toda *pólis* es a la vez una *koinonía* y una *politeía*. Es por ello, justamente, que una comunidad cambia si se transforma el sistema estatal (*metabolè politeías*), pues «cuando se dice que una ciudad es la misma se debe tener en cuenta sobre todo la *politeía*, y puede dársele el mismo nombre u otro, tanto si los hombres que la habitan son los mismos como si son otros completamente distintos» (1276b 9-13; cf. 1290b 39-1291b 30). Esto muestra que la separación entre estado y sociedad, operativa para analizar las situaciones históricas, implica una primacía del primero sobre la segunda. La sociedad, como unidad producida por la hegemonía del lazo social comunitario, sólo existe en tanto acción y efecto de la práctica estatal que busca asegurar su vigencia

---

34 Para esto y para lo que sigue, Badiou (1988), 121-2.

35 Sobre las concepciones griegas en torno a los ricos y los pobres, con un contraste entre ideas y realidades que marca ciertas contradicciones que afloran en Platón y Aristóteles, Davies (1981a), 31-43; cf. Brock (1991).

desdoblándose en lo social. Pero más allá de esta proyección unitaria del estado sobre la sociedad, los conflictos políticos exponen la desligadura que subyace.

b) La asamblea democrática como poder indeterminado

La idea de democracia radical, caracterizada por la soberanía del pueblo por encima de la ley, adquiere su dimensión más acabada en relación con la política ateniense de la segunda mitad del siglo V. Durante este lapso, el pueblo se configura como un sujeto político y convierte a la asamblea en su ámbito de actividad singular. Ciertos desarrollos aristotélicos permiten entender en qué consiste esta singularidad que incide en el funcionamiento institucional de la asamblea democrática a lo largo del período mencionado. En su razonamiento hay un marcado contraste entre el trato que le dispensa a la *ekklesía* y sus precisiones más generales acerca de la *koinonía* y la *politeía*. En efecto, si para Aristóteles la *pólis* es la articulación entre comunidad y forma de gobierno como dos determinaciones claras y distintas, la asamblea, en cambio, no tiene la misma claridad conceptual, pues resulta ser algo esquivo a su intento de definir la *pólis* exhaustivamente en términos teóricos. Nuestro análisis de la caracterización aristotélica de la asamblea democrática apuntará justamente a dilucidar el por qué de esta indefinición ontológica, para lo cual es necesario comenzar indagando la naturaleza de este desacople conceptual.

Un pasaje del libro III de la *Política* (1275a 22-1275b 21) resulta suficiente para nuestros fines. El punto de partida es una definición abstracta: «El ciudadano sin más por ningún rasgo se define (*horízetai*) mejor que por participar en la justicia y en el gobierno (*metékhein kríseos kaì arkhês*)». Enseguida, una ampliación de las características del ciudadano. Es destacable que el ejemplo elegido para definirlo provenga de una democracia, indudablemente Atenas, donde unos poderes (*arkhón*) «poseen un límite de tiempo, de manera que no pueden ser desempeñados dos veces por la misma persona, o sólo por períodos determinados (*horisménon*)[36], y otros se ejercen por un tiempo indefinido

---

36 Al respecto, Rhodes (1972a), 1-16; de Laix (1973), 145-56.

(*aóristos*), como el juez y asambleísta»[37]. Ante la posible objeción de que «éstos no son gobernantes (*árkhontas*) ni tienen por ello parte en el gobierno (*arkhês*)», Aristóteles se ve obligado a aclarar que se trata de una mera cuestión de nombres y que es ridículo despojar del poder (*arkhês*) a los que ejercen el mando soberano (*kyriotátous*). Sin embargo, parece aquí titubear porque esa simple cuestión de nombres disimula mal la dificultad que causa la falta de nombre (*anónymon*) para lo que es común (*kionón*) al juez y asambleísta y el no saber cómo llamarlos. Aristóteles propone entonces una definición (*diorismoû*) para éstos: magistratura indefinida (*aóristos arkhé*)[38], y considera que «son ciudadanos los que participan de ella. Pues éste es, en suma, el ciudadano que mejor se ajusta a todos los denominados ciudadanos». Los poderes de juez y asambleísta, comparados con los que poseen límites, quedan así englobados bajo la idea de *aóristos arkhé* aparentemente en razón del tiempo ilimitado de ejercicio del cargo. Pero esta distinción por comparación designa a la vez la imposibilidad de un pensamiento conceptual pleno de lo que constituye la razón medular del poder político de los ciudadanos en una democracia.

Que el no encontrar una determinación adecuada del concepto, tal como lo requiere la pureza del pensamiento filosófico, incomoda a Aristóteles queda demostrado por su necesidad de introducir una aclaración con respecto a la imposibilidad de reducir a medida común todos los casos: «No hay que olvidar que las realidades cuyos componentes difieren de modo específico, y uno de ellos es primero, otro segundo, y otro tercero, o no

---

37 En torno al funcionamiento de los tribunales de justicia, Hansen (1982b); (1990); (1991), 178-224. Para otros puntos de vista, Garner (1987), 39-48; Cohen (1995), 61-142.

38 Como ya se ha podido ver en otras partes de este trabajo, nos referimos a la asamblea con la idea de «magistratura» a partir de una traducción posible del término *arkhé*. Esto comporta una dificultad, pues la noción de magistratura se refiere por lo general al ejercicio de cargos personales. En el texto de Aristóteles al que nos referimos aquí hay tal vez un uso —que podríamos denominar metafórico— del concepto de *arkhé* que puede entenderse como «magistratura», pues se trata del ejercicio del cargo de asambleísta y juez por parte del ciudadano. El problema deriva de la falta de coincidencia entre los campos semánticos del griego y el español. En nuestro caso, la utilización de «magistratura» está en correspondencia con la idea de *aóristos arkhé* aplicada por Aristóteles al ejercicio del poder por parte de los ciudadanos que actúan sin restricciones en la asamblea y los tribunales.

tienen, en absoluto, nada común en cuanto tales, o muy poco». Y haciendo manifiesto su proyecto introduce a continuación su conocida idea sobre la existencia de formas de gobierno (*politeíai*) inferiores o superiores según sean defectuosas o perfectas, respectivamente. De lo cual se sigue que «el ciudadano será distinto en cada forma de gobierno. Por eso el que se ha tomado es ciudadano principalmente en una democracia, mientras que en las demás formas de gobierno es posible, aunque no necesariamente. Pues en algunas no tiene lugar el pueblo ni recurren a la asamblea (*ekklesían*) sino a las convocadas (*synklétous*), y juzgan las causas por partes». Entonces, para terminar de reducir el problema a un lugar conceptualmente claro, una comparación de la democracia con diferentes realidades específicas que tienen muy poco o nada en común con ella[39], en las que las magistraturas estaban definidas de modo claro para la intelección aristotélica: como ocurre en Lacedemonia, donde «las [causas] de los contratos las juzgan los éforos, las de homicidio los ancianos y las demás causas diferentes magistrados. Y lo mismo sucede en Cartago: ciertos magistrados resuelven todos los procesos». Para consumar el esfuerzo de emplazar lo que escapa a la claridad del pensamiento, la corrección a partir de la comparación: «La definición (*diorismós*) de ciudadano requiere, en consecuencia, una rectificación. En efecto, en los demás regímenes no existe el gobernante indefinido (*aóristos árkhon*) asambleísta y juez, sino el determinado por la magistratura (*katà tèn arkhèn horisménos*): así, a todos o a algunos se les concede la posibilidad de deliberar y juzgar sobre todas las cuestiones o sobre algunas. De este modo, es evidente quién es el ciudadano: pues de aquel que tiene el derecho de tomar parte del poder deliberativo o judicial (*exousía koinoneîn arkhês bouleutikês è kritikês*) decimos que es ciudadano de esa ciudad, y ciudad es, dicho de modo breve, una multitud de tales suficiente para vivir con autarquía».

Evidentemente, de lo que se trata es de erradicar lo indefinido que imposibilita la definición. Pero el problema principal consiste en que, necesariamente, en la democracia radical el mando soberano lo ejercen los poderes indefinidos (*aóristoi arkhaí*), y esto es lo que no deja que se llegue a una definición unívoca del ciudadano. Se hace visible de tal manera la estrategia aristotélica:

---

39   Por supuesto, según la especificidad que el propio Aristóteles les asigna. Y es seguro que las más de ciento cincuenta constituciones que él y su escuela estudiaron tienen aquí un papel.

aceptar como punto de partida lo que luego va a arrojar afuera, esto es, el ciudadano según queda definido en una democracia. Para llevarlo a cabo, Aristóteles declarará imposible la transformación de las diferentes realidades específicas en caso, pero introducirá inmediatamente su teoría sobre las disparidades existentes entre constituciones puras e impuras, haciendo de aquéllas una realidad específica superior a éstas. Comparará después lo que aparentemente no podía ser reducido a caso: Atenas, Lacedemonia, Cartago. Y corregirá finalmente el punto de partida para dar con la definición unívoca de ciudadano: el que tiene derecho a participar en el poder deliberativo o judicial.

La fuente de inquietud en el discurso filosófico aristotélico proviene de las inconsistencias de poderes como la asamblea o los tribunales democráticos, cuya índole indeterminada (*aóriston*) imposibilita delimitar conceptualmente (*horízein*) su cualidad distintiva, es decir, establecer una definición precisa (*hóros*) del sentido de esa idea en el ámbito del pensamiento sistemático. Nada más alejado de la empresa aristotélica, ya que aquello de lo que no puede darse una determinación carecería de sustancia, pues la *ousía* es el elemento básico del cual depende la realidad de todas las demás cosas[40]. Desentrañar la sustancia de algo significa arribar a la última instancia (*péras*). Y esto es justamente lo que perturba de la *aóristos arkhé*, ya que implica un escollo para definir la esencia del ciudadano, dando así su determinación conceptual. Para Aristóteles, lo indefinido se halla indiferenciado, indeterminado, vislumbrándose así lo inextricable en tanto imposible de delimitar. Ronda un vacío de definición porque lo que se sustrae a la posibilidad de ser delimitado produce una *impasse* en el razonamiento. O si se quiere, ronda el infinito, puesto que, de acuerdo con Badiou, en Aristóteles hay una conexión intrínseca entre vacío e infinito: si lo que se presenta afirma su ser a partir de la firme definición de su límite, decir que el vacío es intrínsecamente infinito equivale a afirmar que no es presentable ni definible, está fuera de situación porque está en exceso respecto del ser como definición pensable[41].

Se ha reconocido que la empresa intelectual de la *Política* no está en absoluto al margen de los postulados metafísicos de Aristóteles[42]. No resulta entonces fuera de lugar que analicemos

---

40 Lear (1994), 297-328; Ross (1946), 245-8.

41 Badiou (1988), 88-90. Cf. Düring (1990), 483-89, 497-500.

42 Marías (1970), xxiii-xlii.

cómo se plantea en la *Metafísica* el problema de la indefinición, que es lo que incomoda a su razonamiento[43]. Por cierto, hallamos allí una cuestión similar a la señalada en relación con los poderes indeterminados, pues el asunto que hace obstáculo al pensamiento aristotélico es en este caso el de la indefinición del infinito[44]. Según sus palabras, «aquellos que introducen el infinito (*ápeiron*) no advierten que de ese modo arruinan la naturaleza del bien, pues nadie consentiría en realizar acción alguna sin la intención de arribar a un límite (*péras*)» (*Metafísica*, 994b 12-4). Esta imposibilidad de arribar a un límite impide llegar a una definición, y «los que hablan así anulan el entendimiento (*tò epístasthai*), ya que no es posible saber (*eidénai*) si antes no se llega a los elementos indivisibles (*átoma*); y no es posible el conocimiento (*tò gignóskein*), pues ¿cómo es posible concebir de tal modo las cosas infinitas (*ápeira*)? [...] En suma, ningún infinito tiene ser; en caso contrario, no es infinito el ser para el infinito. Pues, en verdad, si las especies de causas fueran infinitas en número, el conocimiento no sería así posible. Porque creemos saber sólo cuando conocemos las causas, pero no es posible recorrer en un tiempo limitado el infinito (*ápeiron*) añadido continuamente» (994b 20-31; cf. 1066a 35-1067a 37).

La crítica de Aristóteles se centra en un problema básico en el desarrollo de su pensamiento: la falta de fin (*télos*) que implica la presencia del infinito y su carencia de límite (*péras*)[45]. No sólo no hay definición posible ni conocimiento alguno sino

---

43   El problema de la composición de la *Metafísica* no afecta aquí mi argumentación. De todas maneras, cf. Jaeger (1946), 194-261. Ross (1946), 229-78, toma a la *Metafísica* como una obra plenamente aristotélica. Para una postura contraria, Düring (1990), 914-60, que sostiene que no hubo un proyecto metafísico en Aristóteles, aunque tiene que reconocer que los textos reunidos por editores posteriores son aristotélicos. Véase Zucchi (1986).

44   Para un tratamiento general de la idea de infinito en Aristóteles, Lear (1994), 84-103.

45   Es claro por el contexto que Aristóteles polemiza en este punto con Anaximandro, punto que por lo demás está plenamente corroborado. El problema reside en si aceptamos o no las interpretaciones de Aristóteles sobre Anaximandro. Se trata, ciertamente, de un asunto muy discutido no sólo respecto de las ideas de Aristóteles sobre Anaximandro sino también en relación con su visión de todos los presocráticos. Sobre la posibilidad de que Aristóteles sea «fuente» para los presocráticos, O'Brien (1977). En general, Guthrie (1957); Stevenson (1974). Más recientemente, González López (1998).

que, sobre todo, tampoco existe posibilidad cierta de arribar al bien, punto que dificulta claramente la empresa moral aristotélica, que busca como fin último la felicidad en tanto bien supremo de la vida de los hombres en la *pólis*[46]. Por otra parte, tal como el mismo filósofo reconoce al final de su *Ética a Nicómaco* (1180b 28-1181b 24)[47], el punto básico de su interés reside en desarrollar una reflexión sobre la política, asunto que ni los políticos, que actúan en virtud de la experiencia y la costumbre, ni los sofistas, que profesan enseñar la política pero no la enseñan ni la ejercen, han sabido desarrollar, «pues, en efecto, no vemos que escriban ni hablen de tales cuestiones». Desde el punto de vista del saber, toda la empresa política de Aristóteles parece estar establecida en un borde entre la ausencia de la política a causa de la crisis de la *pólis* durante el siglo IV y la ausencia de la política debido a su propio pensamiento, que sólo es capaz de operar a condición de dejar de lado la política real[48]. La cuestión central del pensamiento político del Estagirita radica en entender que lo que se ha dejado afuera del horizonte visible son las prácticas efectivas. Aristóteles no es un pensador de los asuntos concretos de la política de la *pólis* sino el organizador de su retirada definitiva hacia un plano únicamente contemplativo[49].

c) Imprevisibilidad de la política, indefinición de la igualdad

La indefinición del infinito en el terreno metafísico obedece a las mismas causas que la indefinición de los poderes demo-

---

46 Finley (1986a), 162-6, destaca que en esto Aristóteles (al igual que Platón) no se apartaba de lo que los ciudadanos pretendían, es decir, la búsqueda de la buena vida. Pero la coincidencia era en las premisas no en los juicios prácticos. Y es justamente a este nivel donde vemos que Aristóteles (aunque en menor medida que Platón) rechazó muchos de los juicios políticos corrientes por considerarlos falsos o apartados de la verdadera naturaleza de la vida humana.

47 Cf. Joachim (1951), 297-8. Respecto del programa de la *Política* y su relación con los postulados de la *Ética a Nicómaco*, Jaeger (1946), 304-9, 323-9, 445-56. También Düring (1990), 741-81.

48 Para un análisis del pensamiento aristotélico en el marco de la crisis de la *pólis*, Mossé (1962), 348-99.

49 Cf. Farrar (1988), 265-78.

cráticos en el plano político: tanto el *ápeiron* como la *aóristos arkhé* no se pueden delimitar, ni pensar, ni conocer, y, por ende, tampoco se pueden prever sus consecuencias. Aubenque lo ha visto muy claramente. Si en la *Política* Aristóteles se ocupa, en forma voluntaria, más de los legisladores que de los políticos, o prefiere hablar más de las instituciones que de los acontecimientos, esto se debe a que tanto legisladores como instituciones lo excusan en gran medida de tener que tratar con lo imprevisible y el azar, que quedan así excluidos de tener un lugar específico en un tratado científico. No se pueden fabricar los Pericles en serie, dice Aubenque. Y la ciencia no excusa al hombre político de la responsabilidad de la decisión ante circunstancias siempre imprevisibles y singulares. Aristóteles sabía perfectamente que el *kairós* no era una cuestión de la ciencia, ya que lo que ella podía hacer era definir la mejor *politeía*. «En este sentido, concluye Aubenque, hay sí una ciencia política, pero no hay una ciencia de la acción política: sólo hay ciencia de las condiciones que hacen que la acción política tenga la mayor oportunidad de ser a la vez legítima y eficaz. El resto es asunto de hombres y dioses»[50]. Es por ello que el filósofo debe reconocer que es inútil hablar sobre qué hacer en materia política, pues si bien es fácil planearlo, es difícil hacerlo: hablar es una cuestión de deseo; el acto político, en cambio, depende del azar (*Política*, 1331b 18-22). Pero la mejor *politeía* no se establece por azar. Si bien el azar domina, según reconoce Aristóteles –y, por lo tanto, sólo se puede anhelar que la ciudad esté constituida según el deseo–, que la ciudad sea buena ya no es asunto de azar sino de que el legislador disponga de ciencia y decisión para establecer las instituciones más apropiadas para una vida acorde a principios virtuosos (1332a 29-32). De esta forma, a lo largo de la *Política* el vasto campo de los asuntos concretos dejará paso habitualmente a consideraciones abstractas sobre la ciudad ideal.

La ciudad pensada por Aristóteles tiene que dejar algo afuera para poder funcionar conforme a la coherencia que su teoría de las constituciones puras reclama[51]. Aquello arrojado al exterior no es otra cosa que la ciudad vivida, que no resulta sin embargo absolutamente ajena a la disposición del pensamiento. Si dejamos de lado la topología habitual de las esferas, que delimita una alteridad absoluta entre lo interno y lo externo (y aquí es

---

50 Aubenque (1965), 113-4.

51 Kamp (1985); cf. Huxley (1985).

preciso reconocer que buena parte de nuestro pensamiento se halla emplazado en ella)[52], y utilizamos otras ideas respecto del asunto planteado, podríamos pensar que lo externo es interno a la situación en cuestión: es lo que marca un límite a la ley homogénea del todo y produce en él síntomas y paradojas; es lo que atraviesa un campo sin que exista la posibilidad de postular a ciencia cierta su pertenencia al mismo[53]. Por consiguiente, la ciudad pensada es parte de la ciudad vivida, puesto que las formas de pensamiento conforman una dimensión inseparable de las formas de sociedad[54]. Pero en Aristóteles, desde el razonamiento, desde la ciudad pensada, se pretende erradicar lo que perturba de la ciudad vivida. No obstante, esta exclusión sólo es posible si primero se ha presentado en situación lo que debe quedar afuera.

Tal es el carácter de la paradoja aristotélica en el pasaje de la *Política* que estamos analizando, que incluye las indeterminaciones propias de la democracia (*aóristoi arkhaí*) para tratar de llegar a una definición general del ciudadano. Lo que se busca de este modo es tratar de conjurar los riesgos inherentes a un elemento que carece de definición. Sin embargo, al hacer esto el pensamiento de Aristóteles ha incorporado su propio exterior, que en el pasaje en cuestión consiste en partir de la indefinición en el cuadro mismo de una definición. La ciudad pensada por Aristóteles, que ha delimitado su propio exterior para operar y clasificar en su interior, se encuentra así con la ciudad vivida, la de la decisión y el azar, ligada a lo indefinido e ilimitado. Se topa así con lo *aóriston* conectado con lo *ápeiron*, que en definitiva terminan generando síntomas perturbadores en el interior delimitado por el pensamiento filosófico que los ha dejado afuera.

La idea de indeterminación es en sí misma algo que perturba al razonamiento aristotélico, pero que sin embargo se halla presente

---

52 No por nada el propio Aristóteles opera sobre la base de la topología de las esferas, una forma armónica de ordenamiento. Cf. Cornford (1974), 57-8: según Aristóteles, los pitagóricos suponían que las revoluciones de los cuerpos celestes producían un sonido (*harmonía*) cuyas razones son similares a las de los acordes de la escala musical. Ver Düring (1990), 340-6, sobre la armonía de las esferas, y 750-7, sobre la importancia de la armonía musical para la educación del ciudadano. En torno a la relación de Aristóteles con las ideas pitagóricas, Timpanaro Cardini (1962).

53 Sobre nuestra perspectiva para dejar de lado la mencionada topología, ver la idea de «invaginación» planteada por Derrida (1989), 47. Cf. Díaz (1995), 97 y n. 28.

54 Cf. Vidal-Naquet (1983), 289-372.

en su discurso. Se trata, ciertamente, de la irreductibilidad de lo indefinido. Reconstruyamos la secuencia de este advenimiento: algo
genera incomodidad debido a que no se posee el nombre adecuado
para conceptualizarlo. Se dice entonces que es indefinido, pero
indefinido tampoco resulta pertinente porque recuerda la falta de
un concepto exacto. El pensamiento ha quedado así tomado por
la singularidad de lo que quería erradicar. Se trata igualmente de
dar los pasos necesarios para expulsarlo del campo. Pero toda la
exposición previa ya lo ha presentado.

En el caso de la *aóristos arkhé*, esta paradoja se conecta con
la naturaleza de la democracia radical, pues los poderes del asambleísta y juez no estaban definidos ni jerarquizados según un límite
de tiempo, una función precisa, el rango social, etc. Cualquier
ciudadano poseía la capacidad de actuar sin restricciones ni pon-
deraciones de ningún tipo. Los límites eventuales que existían
eran iguales para todos los que decidían participar efectivamente
en tales magistraturas.

El principio que hacía posible este funcionamiento era la
igualdad. Desde una perspectiva metafísica, Aristóteles, sinto-
máticamente, concibe a la igualdad en relación con el infinito[55].
En efecto, un cuerpo puede ser infinito si se extiende de forma
ilimitada, siendo infinito en todas las dimensiones. Pero en virtud
de su carácter tal cuerpo no puede ser ni compuesto ni simple,
dado que, aunque fuera capaz de generar y determinar a los
elementos, se hallaría de todos modos fuera de ellos. Si esto es
así, hecho que Aristóteles niega, entonces «es preciso que haya
igualdad entre los contrarios (*isázein tà enantía*), y que ninguno
de ellos sea infinito (*ápeiron*); ya que si la potencia de uno de
los cuerpos (*thatérou sómatos dýnamis*) llegara a superar en
una cantidad cualquiera al otro, lo finito (*peperasménon*) sería
destruido por el infinito (*apeírou*); no es posible que cada uno
sea infinito, porque un cuerpo es lo que se extiende en todas las
direcciones y el infinito es lo que se extiende sin límites (*ape-
rántos*), de manera que si el infinito es un cuerpo será infinito en
todas las direcciones» (*Metafísica*, 1066b 26-36).

¿A qué responde esta asociación entre infinito e igualdad?
He aquí una posible respuesta de Aristóteles: «Lo igual (*tò íson*)

---

55 Al analizar aquí el problema de la igualdad en Aristóteles según el modo
    abstracto en que aparece en ciertos pasajes de la *Metafísica*, no desconoce-
    mos que el Estagirita expuso sobre la igualdad política en una democracia
    en el libro VI de la *Política*, cuestión que abordaremos luego.

es lo que no es ni grande ni pequeño, sino que por su naturaleza es tanto grande como pequeño; y se opone a ambos (*antíkeitai amphoîn*) como negación privativa, y por consiguiente es un intermediario (*metaxý*). Y lo que no es ni bueno ni malo se opone a ambos, pero carece de nombre (*anónymon*). Pues cada uno se dice de muchas maneras pero no es capaz de recibir uno» (1056a 22-27). De modo similar al infinito, la igualdad se ubica más allá de los elementos y sus posiciones definidas, les niega especificidad, los priva de determinación y opera como intermediario para la comparación. Lo igual no recibe nombre alguno justamente porque no se identifica con ninguno de los elementos que organiza; habilita la oposición de los contrarios pero sin parangonarse a ninguno de ellos, y por dicho motivo presenta un sentido variable que el concepto es incapaz de tomar. De esto se sigue que algo similar debería acontecer con los poderes indefinidos de una democracia donde rige la igualdad, pues lo igual, como la *aóristos arkhé*, no recibe ningún nombre, es decir, no tiene concepto, y al actuar como intermediario de los contrarios se ubica en posición de infinito, ya que en sí mismo carece de fin y de límite. En efecto, los elementos que entran en contraposición en virtud de la instancia que los iguala no pueden ser infinitos porque si no uno destruiría al otro. Pero la igualdad como intermediaria entre ellos permanece indefinida y, consiguientemente, soporta todos los atributos del infinito.

Explicando la concepción de Anaximandro sobre la sustancia primera, origen común y fuente inagotable de todo, «infinita, inmortal y divina, que envuelve y gobierna» todas las cosas como algo distinto de todo, Vernant indica sutilmente el nudo del asunto: «si uno de los elementos poseyese la infinitud que pertenece al *ápeiron*, los demás serían destruidos por él; en efecto, los elementos se definen por su oposición recíproca; es necesario que se encuentren siempre los unos con los otros en una relación de igualdad (*isázein aeì tanantía*) o, como lo dirá Aristóteles en otra parte, en igualdad de poder (*isóteta tês dynámeos*)»[56]. La lectura aristotélica de Anaximandro conlleva un cambio drástico con respecto a la concepción mítica de las relaciones de poder y orden, pues la *basileía* y la *monarkhía*, que en el mito instituían y sustentaban el orden, aparecen ahora como destructoras del orden. «El orden no es ya jerárquico; consiste en la conservación de un

---

56 Vernant cita aquí a Aristóteles, *Física*, 204b 22, 13-9; *Meteorológica*, 340a 16.

equilibrio entre potencias iguales, sin que ninguna de ellas deba obtener sobre las demás una dominación definitiva que acarrearía la ruina del cosmos. Si el *ápeiron* posee la *arkhé* y gobierna todo lo demás, es precisamente porque su reinado excluye la posibilidad, para un elemento cualquiera, de apoderarse de la *dynasteía*. El primado del *ápeiron* garantiza la persistencia de un orden igualitario fundado en la reciprocidad de las relaciones y que, superior a todos los elementos, les impone una ley común»[57].

Las implicaciones de esta noción de *ápeiron* para la distribución del poder son evidentes: no hay dominación definitiva y absoluta entre potencias que son iguales entre sí. El infinito, en tanto ley que gobierna todo pero que no puede a su vez ser gobernada por nada, se sitúa más allá de estas potencias particulares operando como mediador entre ellas. O como indica Vernant en otra parte, «lo no-limitado, al envolver, gobernar y dominar todas las cosas, tiene, por lo tanto, ... por su función mediadora, valor de *méson*»[58], valor que resulta similar a la actividad mediadora de lo igual entre las distintos pares de opuestos. De un modo similar, el principio que otorga consistencia a las magistraturas indeterminadas es algo también indeterminado, pero que sin embargo tiene capacidad para producir determinaciones. Se trata de un principio cimentado en una reciprocidad de relaciones que implica que ninguna de las potencias por él articuladas adquiera más fuerza que las otras, de modo que si entran en lucha el principio de igualdad quede a salvo. Por ende, la situación de la *aóristos arkhé* caracterizada por este equilibrio de poderes se debe principalmente al primado del *ápeiron* que con su indefinición gobierna la producción de nuevas definiciones. En este sentido, es claro que la igualdad se equipara al infinito, porque si bien define a los elementos de la situación se sustrae en sí misma a la posibilidad de ser definida.

La dificultad de estos principios carentes de definición radica en la imposibilidad de discernir su fin último (*télos*), ya que se desconoce la dirección final de lo que no puede ser delimitado. Ciertamente, esto mismo ocurre con los espacios asamblearios, a los que no se puede atribuir una representación unívoca porque sólo resultan definidas sus determinaciones pero no el principio que las produce, dado que la igualdad –base del procedimiento democrático– carece de definición conceptual. La concatenación

---

57 Vernant (1965), 98-9.

58 Vernant (1985), 216. Cf. Aristóteles, *Física*, 203b 7-9.

de lo indefinido, lo anónimo, lo infinito y lo igual es así, para Aristóteles, aquello de lo que no se puede hablar. Se recordará una de las máximas de Wittgenstein... En efecto, mejor callar. Pero también y sobre todo mejor callarlo. El procedimiento que produce la ausencia de la política efectiva del campo de pensamiento aristotélico queda finalmente desentrañado: consiste en erradicar lo que excede al concepto, lo impensable que lleva a paradojas producto de las indefiniciones conceptuales.

Con estas premisas se percibe entonces por qué al analizar la definición del ciudadano según su capacidad para ejercer los poderes principales en una democracia, Aristóteles concluye que no existe un nombre para lo que es común a las magistraturas indefinidas: lo que se encuentra operando en el centro de la escena política como ley común es el principio indeterminado de la igualdad. Así como en el plano metafísico Aristóteles carece de nombre para lo igual que intermedia entre los elementos, en el campo de la reflexión política tampoco encuentra una denominación para lo que es común a los poderes del asambleísta y el juez. En efecto, la vigencia de este principio implica que sean el asambleísta y el juez los que gobiernen (*árkhontas*), es decir, que todos los ciudadanos resuelvan todos los asuntos sin limitaciones de tiempo en el ejercicio de los cargos. Para Aristóteles, sólo en una democracia esto resulta enteramente posible, pero conduce al mando soberano (*kyriótatos*) de las magistraturas indefinidas, así llamadas por la falta de un concepto (*anónymon*) capaz de dar cuenta del elemento común (*koinón*) que hace viable los poderes del asambleísta y juez. La raíz metafísica de la razón política aristotélica queda así delineada y sus consecuencias son fundamentales para entender la singularidad de la *aóristos arkhé*: siendo el poder supremo de la democracia, su carácter indefinido produce un vacío en el centro mismo de la organización política, pues al faltar un nombre para lo igual resulta imposible su determinación. El poder popular aparece así regido por una propiedad que en términos aristotélicos carece de definición.

Indudablemente, el órgano que en la democracia ateniense se ubica en el centro (*es méson*) cumpliendo las funciones intermediarias indicadas es el poder asambleario. En este espacio común, público y abierto, el uso igualitario de la palabra en interés de todos queda habilitado por la ocupación del *bêma*, que simboliza el centro, por parte de cualquier ciudadano. El interés común no excluye para nada las inquietudes, instigaciones y sediciones propias de la oposición de contrarios que la igualdad posibilita. En el marco asambleario, sin jerarquías de ningún tipo que definan un sentido predeterminado, los ciudadanos deciden. Y al decidir definen políticas, pero no definen los princípios indefinidos que hacen posible la producción de política bajo condición de la igualdad. En un contexto político igualitario de equilibrio precario entre potencias opuestas, el modo en que se instaura una delimitación es el decreto de leyes, que es como se manifiesta la soberanía de los poderes indefinidos. Para Aristóteles, esto constituirá una señal evidente del funcionamiento carente de ley fija de la democracia radical, puesto que en este tipo de régimen el pueblo, al transformarse en soberano de todos los asuntos, se coloca indefectiblemente por encima de la ley (cf. *Política*, 1292a 4-37).

En una situación como ésta, lo que gobierna la posibilidad misma de decretar leyes no puede ser determinado ni reglamentado, es decir, no puede quedar fijado de una vez y para siempre según una jerarquía divina, política o conceptual. La soberanía del pueblo consiste en ubicarse por encima de toda ley. Por ende, atenerse a la soberanía de ésta significaría determinar con un fin último los procedimientos políticos, prescribiendo los límites de la soberanía popular y anulando sus efectos prácticos. Esta imposibilidad de fijar en el plano teórico inmutable de un orden político jerárquico la esencia de los poderes democráticos y su capacidad para producir determinaciones era justamente lo que había perturbado a Aristóteles. La indiscernibilidad conceptual procedía del rol de operador real de la política democrática que tenían dichos poderes, o como lo indicaba Aristóteles, de su mando soberano (*kyriótatos*).

En definitiva, en el campo político la igualdad se colocaba más allá de los contrarios pero determinaba su accionar. La igualdad no se ofrecía como lugar de encuentro, tal como ocurría con el mecanismo estatal de la representación, sino que irrumpía como escisión situándose por fuera de los opuestos. Este lenguaje de los opuestos constituyó un lugar común dentro de la cultura griega y se impuso a Aristóteles como una herencia intelectual ineludible[59]. Pero la oposición entre contrarios por medio del papel intermediario de lo igual daba lugar a la división (*stásis*) de la *pólis*. De allí que el Estagirita, tratando de erradicar los peligros de la división adoptara la tradición que proponía a la clase media como garantía de la estabilidad social (*Política*,

---

59 Davies (1981a), 33.

1295a 25-1296b 12)[60]. Para Aristóteles, una *pólis* estable sería posible si la clase media, clara en su teoría pero difusa en la realidad, actuara como garante de un funcionamiento equilibrado imponiéndose sobre los extremos contrarios (1296a 9-24; cf. 1289b 28-32).

Pero en los poderes indefinidos, lo que se situaba en el centro era la intermediación misma de la igualdad sin clases y no los opuestos. Ello no evidencia sin embargo el predominio de una clase media capaz de mantener en equilibrio la situación evitando así los excesos que se derivan de la presencia de dichos opuestos. Se trata, más bien, del dominio de una igualdad que, a través de la división que habilita –y que se encarna en la *stásis*–, produce una *impasse* que suspende la eficacia plena de los procedimientos que el estado pone a trabajar en función de discernir las clases existentes en la situación. Lo cual indica una sustracción de la política con respecto al estado y su lugar de encuentro de los intereses conflictivos de las clases. Un equilibrio moderado al que se llegaría conforme a la prescripción aristotélica de la clase media evidentemente no da respuestas a esta cuestión, porque en rigor lo que actúa es un «equilibrio de poderes [que] dista mucho de ser estático; oculta oposiciones, es el resultado de conflictos»[61]. Este motivo lleva al Estagirita a reconocer que, en definitiva, la base real de la comunidad política no está en la concordia sino en el conflicto. En este sentido, la igualdad no es un plano de armonía sino el campo mismo del conflicto, puesto que no es lo que el estado representa cuando contempla los intereses de cada clase. La igualdad no es lo representado por el estado sino el terreno en el que trabaja la división que atraviesa al cuerpo político y lo constituye como sujeto.

El propio Aristóteles (*Política*, 1301b 26-9) no podrá más que reconocer la relación subyacente a toda *pólis* entre igualdad y *stásis*, «ya que, por todas partes, la *stásis* surge a causa de la desigualdad (*ánison*)... Pues, en general, los que buscan la igualdad se sublevan (*stasiázousin*)». Si las fuerzas en lucha ansían la igualdad pero no están de acuerdo en cómo se debe entender

---

60 · Heller (1983), 305-38, argumenta que la clase media debe ponerse en relación con la *mesotes*, el valor medio ligado a las costumbres y los imperativos de la moral social dominante. Cf. Mossé (1962), 247-53, que plantea que hay un principio de realidad en la idea de la clase media. También, Meier (1988), 95-148. Una crítica de estas visiones, Davies (1981a), 33; Finley (1986a), 23 y n. 31, 64, n. 48.

61 Vernant (1965), 99.

la igualdad y quiénes pueden considerarse iguales, entonces lo igual no es atributo sustancial de ninguna de las partes sino más bien el campo mismo que hace posible el desarrollo del conflicto. La correlación de las fuerzas en una situación dada aparece así como efecto de una igualdad que, colocada *es méson*, produce el despliegue de la actividad política (cf. 1301a 25-b 39; 1318a 11-b 5)[62]. En las magistraturas indefinidas, el carácter genérico de la igualdad democrática terminaba imponiéndose sobre las posiciones opuestas, aunque mejor sería decir que las suplementaba, porque ninguna clase podía apropiarse de lo ubicado *es méson*, a no ser que el espacio isonómico mismo se destruyera.

Es decir, nadie podía atribuirse la producción de las decisiones tomadas, nadie salvo el *dêmos*, que aparecía ambiguamente tanto como un sector cuanto como el conjunto mismo. Los filósofos y pensadores salidos de la élite prefirieron identificar al *dêmos* con la clase de los pobres, y argumentaron entonces que la democracia era una forma de gobierno en la que una multitud indiferenciada de personas sin cultura ni propiedad ejercía el poder soberano[63]. Pero en una democracia radical la soberanía del pueblo confería a sus decisiones fuerza de ley, puesto que eran resoluciones surgidas de la voluntad popular, cuyas divisiones y falta de unanimidad tenían lugar a través de un procedimiento que, en cualquier circunstancia y ante cualquier acontecimiento, debía tomar siempre en cuenta todos los sufragios tanto a favor como en contra, puesto que no excluía a nadie de la participación en la política del *dêmos*. En este marco, la soberanía adquirida por una resolución de la asamblea sólo podía ser revocada por otra decisión del *dêmos*, que decretaba así una nueva ley.

d) La anarquía del acto político democrático

La condición de la política no era la armonía y el respeto a la regla sino el conflicto y el desacuerdo. Lo que Aristóteles buscaba con su definición del ciudadano era la figura abstracta sometida a

---

62 Finley (1966), 61: «Por su misma naturaleza, la *pólis* despertaba este deseo [de igualdad], que los hombres tenían después dificultades para satisfacer». Cf. Tedeschi (1987); Rancière (1996), 13-34.

63 Hansen (1991), 125.

los dictados de la ley y a las determinaciones claras y distintas de las magistraturas definidas, de modo que los que ocuparan tales lugares tuvieran bien delimitadas sus funciones y atribuciones. Pero en los poderes asamblearios democráticos regidos por la indeterminación, los asuntos eran debatidos, decididos y votados por todos los ciudadanos sin distinción ni ponderación alguna de sus virtudes, capacidades, jerarquías o especializaciones asignadas. La asamblea en tanto *aóristos arkhé* propia de la democracia aparece así mostrando su indeterminación de base de acuerdo con su carácter igualitario, infinito y excesivo. Esta indefinición de los poderes democráticos era fuente de luchas que excedían la capacidad estatal de representación de los conflictos, condiciones en las que las fuerzas no podían apropiarse de la situación, a no ser que el principio igualitario quedara destruido. Por lo tanto, la imposibilidad de que uno de los opuestos se adueñara de la situación significaba que carecía de poder sobre lo común ubicado en el centro, ya que si algo o alguien se colocara en una posición jerárquica superior y tuviera poder sobre lo igual, le pondría un límite. A esto obedece que no exista poder sobre lo igual, pero que a la vez éste tenga poder sobre los elementos: lo igual domina pero no puede ser dominado por ninguna de las fuerzas particulares.

La crítica de Platón a la democracia es esclarecedora en este sentido, puesto que para su pensamiento ella resulta totalmente anárquica, esto es, sin *arkhé,* debido a la vigencia de una igualdad aritmética no jerárquica (*República*, 557 a-562 a)[64]. Si no tiene *arkhé* carece entonces de un principio cierto de determinación, y esto es lo que lleva a que sus magistraturas se vuelvan poderes indefinidos. La democracia como soberanía del pueblo queda representada, en cuanto a su principio activo, por el término *krátos*, que nos señala la presencia de una fuerza más que de un gobierno[65].

---

64 Cf. Aristóteles, *Política*, 1317b 2-1318a 10. Sobre la visión platónica de la anarquía democrática, de Romilly (1975), 171-82. Véase Höffe (1991), 174-84.

65 Cf. Rancière (1996), 83-99 y (1992), 59: «La política no es la promulgación del principio, la ley, o la identidad de una comunidad. Dicho en otras palabras, la política no tiene *arkhé*, es anárquica. El propio nombre de *democracia* afirma este punto. Como señaló Platón, la democracia no tiene *arkhé*, no tiene medida. La singularidad del acto del *dêmos* –un *krateîn*

continúa »

En la *República* (588 c) se puede leer una definición de las características de este poder popular, con toda su carga de valoración negativa: «Así pues, la democracia tendría éstas y otras cosas semejantes, y sería, según parece, una forma de gobierno (*politeía*) placentera, anárquica (*ánarkhos*) y equívoca, repartiendo indistintamente una especie de igualdad (*isóteta*) a los iguales (*ísois*) y a los desiguales (*anísois*)». La conclusión que Platón aporta al devenir histórico del sentido de los términos *dêmos*, *krátos* y *arkhé*, haciendo que éste se contraponga con aquéllos, implica la imposición de un principio jerárquico que en verdad apunta contra la soberanía popular y que trasluce el problema de la expulsión de la política del pueblo del terreno de la *pólis*.

Por otra parte, como destaca Mossé, el término *arkhé*, magistratura, Aristóteles lo utiliza generalmente para las funciones de tiempo limitado, a las que se accede por elección o por sorteo[66], lo cual nos muestra por qué no encuentra una definición precisa de la *aóristos arkhé*: ésta tiene un tiempo ilimitado. Pero en tanto el filósofo reserva la noción de *arkhé* para las magistraturas limitadas en su ejercicio, el hecho de que también la use para los poderes ilimitados nos indica la falta de claridad conceptual del discurso aristotélico en relación con los mismos. El poder indeterminado es más bien *krátos* que *arkhé*, esto es, una fuerza que conserva su carácter *aóristos* y que actúa y produce a partir de esta indefinición de las prácticas políticas democráticas. Esto no se contradice con la idea de que el *ápeiron* no tiene el poder (*arkhé*) pero es principio (*arkhé*) de todas las cosas, porque, en tanto que tal, el infinito es *aóristos*, fuerza soberana capaz de producir determinaciones desde su misma indefinición.

La argumentación trazada nos ha permitido mostrar un serio desacople en el desarrollo conceptual de Aristóteles sobre la política. Ante la evidencia de un elemento cuya presencia torna

---

en lugar de un *árkhein*– depende de un desorden originario o una cuenta equivocada: el *dêmos*, o pueblo, es al mismo tiempo el nombre de una comunidad y el nombre para su división, para el manejo de un equívoco. Y más allá de cualquier equívoco particular, la "política del pueblo" transgrede la política estatal [*policy*], porque el pueblo es siempre más o menos que él mismo. Es el poder del *uno más*, el poder de *cualquiera*, que confunde el ordenamiento correcto de la política estatal [*policy*]». O como dice Rhodes (2000b), 474-5: «Atenas no era anárquica... Pero el potencial para la anarquía estaba siempre allí...».

66 Mossé (1979a), 242.

imposible una formalización plena y acabada –puesto que no se deja tomar ni por lo determinado de la *koinonía* ni por lo determinado de la *politeía*–, el filósofo termina por rechazar el desacople del plano conceptual. En esto consiste el procedimiento que hemos analizado. Pero más allá de la noción de magistratura indeterminada y de la estrategia para emplazar la productividad política del *dêmos* en un lugar teórico controlable, vale recordar que la asamblea democrática era una institución estatal que implicaba la puesta en acto del derecho de los ciudadanos a la participación. Sin embargo, era a partir de esta puesta en acto que en la institución se producía la división, la política misma, es decir, la producción en un borde tanto respecto de la pertenencia a la comunidad según el derecho de ciudadanía como en relación con la inclusión de los ciudadanos en diferentes clases de acuerdo con los mecanismos estatales disponibles. La política real de la asamblea es irreductible al concepto como lo es al estado, siendo por lo tanto indiscernible para la intelección aristotélica y no dejándose tomar ni por la definición del elemento más simple, el ciudadano, ni por la composición de esos elementos en la comunidad, ni por el ordenamiento de este conjunto mediante el régimen político. Puede decirse entonces que la *aóristos arkhé*, colocada en el centro de la producción de política, no es una parte plena de la totalidad estatal puesto que la excede[67]. Así, no importa cuáles sean sus lugares y poderes, tanto los sectores como los elementos son por necesidad limitados y particulares, mientras que nada limita ni domina al poder asambleario, que conforma por ende un conjunto genérico.

El recurso establecido por Aristóteles para cerrar el cerco y reinscribir lo que no ha podido tomar, es en sí mismo sintomático: las formas políticas reales resultan siempre de la corrupción de los regímenes perfectos. Sin embargo, no hay posibilidad de que exista una forma de gobierno estable capaz de perdurar, pues la alternancia entre un tipo y otro de régimen político es lo se impone a partir de la dinámica de los mismos. Su aspiración, no obstante, es que la política transcurra por canales predecibles: cualquiera sea la forma política, si ésta se encolumna detrás de la búsqueda del bien común y la vida buena, entonces no habrá lugar para los excesos, porque las conductas humanas e incluso

---

67 Parafraseamos aquí a Vernant (1985), 218, que se refiere a la *Refutación* de Hipólito: «La tierra, situada en el centro, por así decir, no es una parte de ese todo que es el mundo».

los conflictos estarán regidos por la ley. De este modo, la política se ausenta del campo, y lo que aquí denominamos operador real de la política democrática, la asamblea, resulta un exceso respecto de la concepción aristotélica de los regímenes políticos. Pero a pesar de esto, lo patológico insiste en los regímenes reales que no cesan de corromperse. Para Aristóteles, esta corrupción es fruto de las decisiones de los hombres –que, por cierto, deciden mal según el filósofo– y del devenir que ellas provocan. De lo que se trata, entonces, para el Estagirita es de concebir un *télos* y una forma de arribar a él: mientras que discurso moral de la *Ética a Nicómaco* aportará la delimitación de la idea de bien supremo, la reflexión conceptual de la *Política* intentará señalar el sujeto capaz de sostener ese fin. La moderación de la clase media, el régimen político ideal y la educación del buen ciudadano conforman los factores que harían posible dicho objetivo[68]. Tales son los recursos de Aristóteles para salvar la *pólis* y tales los modos tras los cuales la política real queda finalmente erradicada[69].

Recapitulando, el poder indefinido de la asamblea democrática, cuyo referente es la *ekklesía* ateniense, constituye una dificultad para el pensamiento aristotélico, puesto que no se deja tomar exhaustivamente por las ideas de *koinonía* y *politeía* con las cuales Aristóteles define la *pólis*. Esta dificultad, perceptible en su razonamiento a partir de las inconsistencias de la argumentación, remite a la singularidad de la asamblea, una *arkhé* que en rigor es un *krátos*. Por otra parte, como ya vimos[70], el proceso histórico ateniense que conduce a la soberanía plena del *dêmos* es para el filósofo algo que también perturba su concepción de la mejor

---

68   Al respecto, Heller (1983), 275-366, que sostiene que la concepción ética de Aristóteles era una moral social adaptada a un tiempo que se hallaba en un borde entre dos épocas: la *pólis* clásica y el mundo helenístico. En contra, Lear (1994), 177-236: la concepción ética de Aristóteles no implica un tratado de prescripciones morales, ya que no busca convencer a nadie para que sea buena persona, sino que, en realidad, organiza el deseo de comprender por qué debe llevarse una vida ética en la sociedad; los que ya viven esa vida ética son los que deben realizar tal investigación. Aubenque (1980) argumenta que, excepto en el libro I de la *Política* y en el libro I de la *Ética a Nicómaco* –donde Aristóteles articula lo político y lo moral–, en el resto de la *Política* las relaciones con la ética suponen la constitución de un dominio autónomo que es el de la ciencia política. Sobre esto, cf. Irwin (1985). En cuanto a la importancia de la educación para Aristóteles, ver Lord (1996).

69   Sobre los recursos para salvar la ciudad, Micalella (1983).

70   Cf. *supra*, cap. 2.

forma de gobierno. En efecto, su crítica a la situación que emerge tras las reformas de Efialtes y Pericles nos ha mostrado cómo los juicios morales del filósofo entran en acción buscando salvar los obstáculos reales que los acontecimientos y las prácticas concretas producen en su deseo de comprender de manera acabada la política como institución.

Con esto no hemos querido sostener ni por un instante que Aristóteles no supiera qué era la democracia en tanto conjunto de prácticas políticas concretas, y cómo en ese marco funcionaba la asamblea. Pero para él como para Platón fue necesario introducir «un esquema protector de la naturaleza humana» que obligaba «a desafiar los juicios políticos corrientes»[71]. Esto no se vio atenuado ni por su «empirismo» ni por su «sociologismo»[72], dado que su intento ante lo que consideraba erróneo en los juicios políticos corrientes fue prescribir soluciones para lograr la vida buena dentro de la *pólis* y no simplemente analizar las situaciones[73].

---

71   Finley (1986a), 165. Cf. Williams (1983), 251-63: para Aristóteles la vida de la razón teórica es la forma suprema de la vida humana. También Lear (1994), 328-57.

72   Sobre el supuesto «empirismo» de Aristóteles en el análisis social, ver Jaeger (1946), que indica que en el pensamiento aristotélico hay un desarrollo progresivo del empirismo a la vez que un abandono gradual del idealismo platónico. También Châtelet (1978), 389-433; de Ste. Croix (1981), 69-80; Ferguson (1975), 80-8. Lear (1994), 15-29, propone que más que el problema del idealismo o el empirismo, lo importante es examinar el «deseo de comprender» de Aristóteles.

73   En este punto debemos destacar, sin embargo, la postura de Nussbaum (1995), 433-43, que propone que Aristóteles, teniendo sobrada experiencia acerca de la precariedad de las realidades y las actividades que tenían lugar en la *pólis* –puesto que su época estuvo marcada por una profunda inestabilidad–, no va a optar por la búsqueda de la máxima estabilidad y unidad, sino que, «frente a los intentos platónicos de eliminar el conflicto y la inestabilidad reduciendo al mínimo la participación de las diferentes voluntades en la actividad legislativa, Aristóteles defiende una idea de ciudad como "pluralidad" o asociación de ciudadanos "libres e iguales" que gobiernan y son gobernados por turnos». Según la autora, para el Estagirita resulta necesario conservar aquellos factores que para Platón eran fuentes de antagonismos o que implicaban al menos un riesgo de conflicto, como la familia, las relaciones sexuales o la propiedad privada. La ciudad como pluralidad de partes distintas es un tipo de unidad que conlleva la existencia de conflictos, y aun si fuera posible eliminar la base de los mismos, no debería hacerse porque con ello se destruirían valores propios de la *pólis*.

Capítulo VI
La capacidad desvinculante
de la política popular

a) Soberanía del pueblo y voluntad general

En el capítulo anterior hemos tratado de explicar los obstáculos que a nuestro entender surgían en el razonamiento de Aristóteles ante lo que él mismo denominaba magistraturas indeterminadas. Es necesario seguir avanzando sobre esta indeterminación de poderes democráticos como la asamblea, precisando en qué consiste su papel como operador real de la política democrática bajo su modo radical. En este sentido, la afirmación importante de Aristóteles es que no puede objetarse que el juez y el asambleísta son realmente gobernantes (*árkhontas*), puesto que participan en el gobierno (*metékhein dià taût'arkhês*). Por consiguiente, es absurdo querer despojar del poder (*arkhês*) a los que ejercen el mando soberano. El hecho de que detenten la máxima autoridad conlleva que tanto el asambleísta como el juez desarrollen un poder sin límites ni restricciones, punto que en la lengua aristotélica se expresa mediante el superlativo *kyriótatos*, que indica claramente que los ciudadanos que desempeñan tales magistraturas tienen un poder que los capacita para participar de la política de la *pólis* como agentes activos que gobiernan ocupando la máxima autoridad (*Política*, 1275a 26-29).

En un artículo que toma como eje el libro III de la *Política*, Mossé ha tratado de reflexionar de manera general sobre la distinción entre el ciudadano que gobierna (*árkhon*) y el que es gobernado (*arkhómenos*), buscando comprender qué significaban ambas ideas en el contexto del siglo IV, aunque sin limitarse al caso puntual de la *pólis* democrática en la que el *dêmos* ejercería

el mando soberano[1]. El problema es importante porque usualmente
se suele pasar sin demasiadas mediaciones de la comunidad de
ciudadanos, que incluye a gobernantes y gobernados, al cuerpo
político, que queda restringido a los que gobiernan, y viceversa.
Pero ambas cosas no son lo mismo. Como indica Finley, «pertenencia al cuerpo de los "ciudadanos activos" y pertenencia a
la "comunidad (*koinonía*) de todos los ciudadanos" no fueron, a
menudo, sinónimos»[2]. En este sentido, es menester señalar que
el operador real de la política democrática se entiende aquí como
un conjunto genérico que no puede definirse bajo la sola regla de
ciudadanos activos que gobiernan y ciudadanos pasivos que son
gobernados, porque la constitución de un sujeto político implica
tomar en cuenta la actividad que despliega y no su falta o las
relaciones de mando y obediencia.

Esta cuestión nos lleva al problema de la soberanía popular,
puesto que si aceptamos la idea de que en los poderes indeterminados todos los ciudadanos sin límites ni restricciones tienen acceso
al poder supremo, resulta evidente entonces que es el *dêmos* el
que es *kyriótatos*. Esto requiere un análisis más detallado, para lo
cual tomaremos un extenso pasaje de la *Política* que constituye
una de las definiciones más categóricas y críticas de este tipo
de democracia[3]. Aristóteles enumera varias formas de gobierno
democráticas. Una basada en la igualdad. Otra, en categorías tri-
butarias de bajo nivel. La siguiente en la que el poder radica en
la ley y en la que participan todos los ciudadanos, incluso los que
no deben rendir cuentas. La cuarta, también basada en la ley, en la
que todos participan de las magistraturas con la única condición
de ser ciudadanos (1291b 30-1292a 4). Y la última en la que la
multitud es soberana (1292a 5-30):

> «Esto sucede cuando son soberanos los decretos (*tà pse-
> phísmata kýria*) y no la ley (*mè ho nómos*). Lo cual ocurre a
> causa de los demagogos. En las democracias de acuerdo con
> la ley (*katà nómon*) no hay demagogos, sino que los mejores
> de los ciudadanos tienen la preeminencia (*proedría*); pero allí
> donde las leyes no son soberanas surgen los demagogos. Así

---

1   Ver Mossé (1979a); (1995), 124-31. Cf. Savalli (1984), 850 y n. 7, que
    critica la postura de Mossé.

2   Finley (1983b), 37.

3   Sobre la democracia en Aristóteles, Lintott (1992); Saxonhouse (1996), 115-
    41; Robinson (1997), 35-44; Ober (1998), 332-9.

el pueblo (*dêmos*) llega a ser monarca constituyéndose uno de muchos (*heis ek pollôn*); pues los muchos son soberanos no cada uno por sí mismo sino en conjunto. [...] En efecto, tal pueblo, igual que si fuera un monarca, busca reinar (*monarkheîn*) totalmente sin gobernar de acuerdo con la ley, y se convierte en despótico, de modo que los aduladores son honrados; y tal pueblo es análogo a la tiranía entre las monarquías (*tôn monarkhiôn tê tyrannídi*). Por eso la manera de ser de ambos es la misma, y ambos son despóticos sobre los mejores, los decretos gobiernan lo mismo que los edictos, y el demagogo y el adulador son una misma cosa. Cada cual por su parte es el más poderoso entre unos y otros, los aduladores entre los tiranos y los demagogos entre los pueblos de esa condición. Ellos son los responsables de que sean soberanos los decretos y no las leyes al llevar todas las cosas al pueblo (*eis tòn dêmon*), ya que deben su importancia a que el pueblo es soberano de todo (*dêmon pánton eînai kýrion*), y ellos de la opinión del pueblo, porque la multitud les obedece. Además, los que acusan a los magistrados dicen que es menester que el pueblo decida (*krínein*), y éste acepta la invitación complacido; de este modo, todas las magistraturas se disuelven (*katalýontai pâsai hai arkhaí*)».

Es evidente que en una democracia como la que se acaba de caracterizar el organismo soberano es la *ekklesía*, puesto que el *dêmos* política e institucionalmente es siempre la asamblea[4]. Es allí principalmente donde el pueblo se convierte en una especie de monarca colectivo que posee el poder no en forma individual sino en conjunto. Pero en esta tarea no actúa solo. La figura del demagogo resulta en ese contexto un elemento esencial, pues se trata de un líder que, ante una situación en la que todos los asuntos son tratados por el pueblo, opera de manera tal que su opinión, persuasión mediante, pueda ser tomada por el pueblo como un mandato a seguir. Es asimismo en la asamblea donde el pueblo tiene capacidad para establecer decretos sin necesidad de obedecer la ley. En rigor, sus decretos son la ley, y la contraposición entre *pséphisma* y *nómos* tiende a destacar no la falta de reglas, puesto que las hay, sino la fuerza inusitada que adquiere el pueblo en tanto es capaz de hacer, deshacer, rehacer y volver a deshacer las normas a su arbitrio, situándose por encima de las leyes vigentes,

---

4   Plácido (1997a), 210.

legislando sin ataduras y haciendo así que sus decretos sean edictos, o mejor aún, que sus decretos sean leyes[5].

En efecto, durante el siglo V la idea de *pséphisma* se ligaba a la práctica popular del voto o *psêphos*, que era el modo de decisión en las reuniones de la asamblea[6]. A ello se debe que, en principio, no hubiera una distinción estricta entre *pséphisma* y *nómos*, porque *pséphisma* era no sólo el decreto sino la votación, es decir, el acto de decisión, cuyo efecto bien podía ser una nueva ley[7]. Será recién en el siglo IV cuando se llegue a una demarcación más precisa entre *pséphisma* y *nómos*: mientras el primero será de tipo particular, aplicado a resoluciones circunstanciales, el segundo, en cambio, tendrá un carácter más general[8]. Todo esto debe situarse en el marco del reparto de funciones desarrollado en este período que separó la iniciativa de presentar propuestas de la decisión sobre las mismas, a la vez que restringió los poderes asamblearios[9]. Pero en el siglo V lo que debe destacarse es la correlación entre *pséphisma* y *nómos*: la ley en todo caso aparece como un efecto del acto de decisión popular. Tal situación había configurado a la asamblea como el operador real del modo político radical de la democracia ateniense.

¿Qué fuerza singular es la que caracterizaba a tal pueblo que podía soportar al mismo tiempo las calificaciones más duras por parte de Aristóteles, tales como ser un monarca colectivo con un poder despótico, o ser un déspota cuyo poder lo lleva a actuar como un tirano? ¿A qué obedece el hecho de que en este tipo de democracia todas las magistraturas se disuelvan? Para dar una respuesta acabada a los interrogantes planteados vamos

---

5   Cf. de Romilly (1971a), 209-12; Cohen (1995), 41-2.

6   Ver Hansen (1991), 161-2; Ruzé (1997), 441-3.

7   Finley (1986a), 96, n. 4; (1977), 49-51 y n. 10, donde destaca la necesidad de no separar en forma mecánica entre ley y decreto. Haciendo nuestras sus palabras, diremos que si escribimos «leyes» para referirnos a las normas más generales y «decretos» para indicar las decisiones de la asamblea sobre cuestiones singulares, es porque tal distinción de vocabulario parece ser «natural» en nuestro lenguaje, lo cual no significa que lo fuera en la lengua de los atenienses del siglo V a.C. Osborne (1999), 344, da un ejemplo concreto de la falta de distinción entre medidas particulares y reglas generales durante el siglo V, pero a diferencia de Finley señala el cambio operado en el siglo IV a este respecto.

8   Hansen (1983), 161-206; cf. Todd (1993), 18-9.

9   Hansen (1981); Rhodes (1980).

a recurrir a la definición de voluntad general de Rousseau, que nos permitirá explicar algunos aspectos singulares de la productividad política de la asamblea ateniense de la segunda mitad del siglo V. No se trata, por cierto, de asumir su modelo idealizado de la ciudad grecorromana, utilizado por Rousseau con el objeto de criticar ciertas consecuencias derivadas del funcionamiento de la sociedad moderna[10]. Lo que principalmente nos interesa aquí son sus definiciones de soberanía y voluntad general, que en rigor conforman un único concepto, puesto que «no siendo la soberanía sino el ejercicio de la voluntad general, no puede enajenarse nunca, y el soberano, que no es sino un ser colectivo, no puede ser representado más que por sí mismo». Esto ocurre porque la voluntad general tiene por principio la igualdad, dado que si el pueblo prestara obediencia a una autoridad, en ese mismo acto se disolvería y perdería su condición de pueblo, porque si hay un amo ya no hay soberano y así el cuerpo político queda destruido[11]. Por consiguiente, la soberanía reside en la igualdad del cuerpo político, es decir, en la imposibilidad de establecer un orden jerárquico sobre él, salvo que se agote su capacidad de ejercer la voluntad general. Su singularidad como ser colectivo consiste en «representarse» a sí mismo, en actuar por cuenta propia sin necesidad de apelar a encarnaciones externas del poder. Por ende, «la soberanía no puede ser representada por la misma razón que no puede ser enajenada; consiste esencialmente en la voluntad general, y ésta no puede ser representada: es ella misma o es otra; no hay término medio»[12]. La condición necesaria para que no se agote la productividad del procedimiento genérico es que siga vigente lo que cabría denominar la auto-pertenencia del sujeto político a sí mismo[13]. O como argumentará Rousseau: «por la misma razón que la soberanía es inalienable, también es indivisible. Porque la voluntad es general o no lo es; es la del cuerpo del pueblo o solamente la de una parte de él». Y ante esto último, precisa que «para que una voluntad sea general, no

---

10 Cf. Ginzo Fernández (1992). Un análisis del contexto historiográfico en el que se desarrolla la producción rousseauniana en Vidal-Naquet (1992), 129-76.

11 Rousseau (1993), 25-6.

12 *Ibid.*, 94. Un análisis del concepto de voluntad general en Held (1992), 96-102.

13 Respecto del concepto de procedimiento genérico, Badiou (1988), 369-72.

siempre es necesario que sea unánime, pero sí es necesario que se cuenten todos los votos; cualquier exclusión formal anula la generalidad». Aclarado el punto, señala finalmente que cuando la voluntad es general, la declaración de esa voluntad es un acto de soberanía y tiene fuerza de ley, pero si no se trata de la voluntad general es sólo una voluntad particular, un acto de magistratura o un decreto[14].

Desde esta perspectiva, la idea de magistratura se liga a una voluntad particular y se opone por consiguiente al concepto de voluntad general, que claramente se asocia a la existencia de un cuerpo genérico que puede o no ser unánime (y por lo general no lo es), pero que, por ser genérico, no puede excluir a nadie de la toma de decisión. Toda magistratura se halla así definida por el carácter particular de la voluntad que encarna. En esta línea, la asamblea democrática, que Aristóteles veía como una magistratura indeterminada, encarna o mejor dicho es la voluntad general. Por ende, la aplicación a la *ekklesía* de la idea de magistratura deviene desde esta óptica algo confuso, y de allí se deduce la necesidad de señalar su indeterminación, con todas las consecuencias que de ello se derivan. A partir de Rousseau, se comprende por qué magistratura y soberanía popular se oponen: mientras que aquélla implica un procedimiento de exclusión, ésta en cambio no puede excluir ningún voto. Pero no se trata para nada de unanimidad, sino de un cuerpo que tiene en la división el mecanismo productor de su carácter genérico[15]. La asamblea democrática deviene entonces una «magistratura» singular, puesto que lo que ella pone en práctica es la voluntad general, que no es un simple acto de magistratura o un mero decreto sino un acto de soberanía que tiene fuerza de ley[16]. O como argumenta Sancho Rocher hablando de

---

14 Rousseau (1993), 26 y n. 1.

15 Badiou (1988), 379-89, destaca pertinentemente cómo el propio Rousseau se va a encargar de eliminar esta indiscernibilidad de la voluntad general, ligada a su carácter indivisible e inalienable, a través de un mecanismo que va a permitir representar la voluntad general y, por tanto, alienarla y dividirla.

16 Hay aquí, ciertamente, una diferencia entre las precisiones de Rousseau y las de Aristóteles sobre los decretos del pueblo como contrarios a las leyes. Para el primero es propio del ejercicio de la soberanía del pueblo establecer leyes, mientras que es un acto de magistratura el dar decretos. Para el segundo ocurre todo lo contrario, pues las magistraturas sólo están capacitadas para legislar si están claramente delimitadas en cuanto

continúa »

la significación de las nociones de *isonomía* y *demokratía* en la Atenas del siglo V: «No importa sólo ser igual ante la ley, sino a qué hay que tomar como referencia de esa igualdad, no a una ley emanada de uno o unos pocos que ejercen de autoridad legisladora, sino a la comunidad entera, como única capaz de aprobar normas de conducta para sí misma»[17].

Sin embargo, en Rousseau la acción colectiva, colocada en el centro de la política a partir del concepto de voluntad general, no adquiere un tratamiento acabado porque la idea de una práctica democrática ligada a la manera en que la gente común podía desarrollar realmente habilidades políticas permanece sin ser abordada. Ante esto, Wolin propone una alternativa interesante a las nociones de Rousseau –que a nuestro criterio debe ser compatibilizada con éstas–: se trata del concepto de *conatus* de Spinoza[18], que consiste en la potencia de un elemento cualquiera que se esfuerza por perseverar en su ser[19]. Pero Spinoza, prosigue Wolin, estaba espe-

---

a sus funciones y rangos, mientras que el pueblo cuando es soberano establece decretos por encima de las leyes. En verdad, nos encontramos aquí con la cuestión ya señalada de la indistinción entre *pséphisma* y *nómos*, dado que, en la práctica, los atenienses del siglo V no veían como algo necesario esta delimitación que Aristóteles iba a señalar en términos teóricos en función de su crítica de la democracia radical durante la segunda mitad del siglo IV. Para la época moderna, la diferencia entre ambos marcará, respectivamente, el carácter general de la ley o el circunstancial del decreto.

17 Sancho Rocher (1991), 242.

18 Wolin (1996), 73. Sin embargo, véase la postura de Negri (1994), 244-6, que si bien menciona el carácter abstracto del concepto rousseauniano sostiene también que existe en éste una ambigüedad, puesto que en los tiempos de la Revolución francesa, en manos de los *sansculottes*, la soberanía popular contenida en el concepto de voluntad general se convierte en una práctica subversiva que lleva a la implantación de la reivindicación de una constitución democrática. En este marco, para los *sansculottes*, la voluntad general ya no indica la base abstracta de la soberanía en la que el pueblo aparece como sujeto del poder, sino que «la soberanía reside directamente en el pueblo, en su ámbito histórico concreto, no como principio sino como práctica». En favor de las ideas de Wolin, Bodei (1995), 46-7, 522-9, que reconoce en Spinoza y los jacobinos la existencia de dos concepciones opuestas de democracia: para éstos, al igual que para Rousseau, la emancipación humana depende del sometimiento del individuo a la voluntad general; para aquél, en cambio, se trata de que los individuos consigan la autodeterminación política dentro del poder efectivo que a veces logra un cuerpo social colegiadamente.

19 Spinoza (1977), parte III, proposiciones 7-8 y sus respectivas demostracio-

continúa »

cialmente interesado en relacionar dicho concepto con su noción de multitud (*multitudo*), que permite identificar a los muchos con una fuerza elemental cierta. Esta potencia corporizada colectivamente por la multitud se halla, empero, limitada por la psicología de ésta y, por ende, ligada a la imaginación (*imaginatio*), es decir, la superstición, la religión, la fantasía, que mantiene a la multitud en un estado de ignorancia y sin posibilidad de ascenso al nivel de la razón, dejándola vulnerable a las emociones intempestivas –que la conducen al conflicto, la violencia y otras formas de desorden social– y haciéndola oscilar entre el miedo y la esperanza. Pero si la multitud establece instituciones propias, puede adquirir una mentalidad que imite el pensamiento racional. Sin acordar con la conclusión spinozista, Wolin señala igualmente la utilidad de sus ideas para entender el poder popular en la democracia ateniense. En efecto, el *dêmos* ateniense pudo avanzar hacia una ciudadanía completa a través de diferentes instituciones cívicas en las que tenía un papel activo. Así, la importancia de esta potencia que organiza a la democracia ateniense lleva a una situación en la que «los seres humanos ordinarios sobrepasan las barreras del poder representado por la riqueza, el rango, la educación y la tradición y triunfan en la invención de la práctica de la acción colectiva sobre una base continua»[20].

Para Spinoza la multitud sólo puede dejar de lado la esperanza, el miedo y todos los poderes de la imaginación si consigue desprenderse de la posición de obediencia a una autoridad. Para ello es necesario un fortalecimiento del poder de los hombres asociados de modo que no tengan que renunciar a su autodeterminación. Esto es posible si la *communis multitudo* conserva el poder colegiadamente (*collegialiter*), que es lo que la democracia justamente permite, ya que en ella se desarrolla la máxima potencia individual y colectiva, una potencia de toda la comunidad que se autogobierna sobre la base de la igualdad[21]. Como señala

---

nes. Al respecto, Deleuze (1996), 221-5; (1984), 128-37; cf. Bodei (1995), 91-2, 188. Estos autores coinciden en el carácter dinámico del concepto de *conatus*. Asimismo Negri (1993), 246-65. Volveremos en seguida sobre esto.

20 Wolin (1996), 73-4, 85.

21 Respecto de las posiciones políticas de Spinoza, sus definiciones de imaginación, esperanza y miedo, su visión de la multitud, la superación alcanzada por medio de la acción conjunta, la democracia, Bodei (1995), 94-7, 102-16, 174-95, 211-36. Cf. Kaminsky (1990), 61-4, 81-7, 101-10, 129-32.

Spinoza, «el derecho de dicha sociedad se llama "democracia"» que se define como «la asociación general de los hombres que posee colegiadamente el supremo derecho a todo aquello que está en su poder»[22]. En consecuencia, este poder soberano no está limitado por ley alguna sino que todos están obligados a obedecerle, sin que por esto cada individuo se vea obligado a transferir a otro su propio derecho de un modo tan definitivo que le impida ser consultado. En todo caso, lo cede a la mayoría de la sociedad entera de la que él mismo forma parte, y por ello todos siguen siendo iguales. Para Negri, tal poder absoluto asimilado a la democracia no implica una transferencia de derechos sino sólo un desplazamiento de potencias; no hay destrucción sino una compleja trama de organización de los antagonismos. Por lo tanto, todo pacto cobra fuerza si tiene alguna utilidad, si no queda destruido[23]. Podría argüirse entonces que, para Spinoza, la potencia de la democracia no reside en la anulación de los conflictos en favor de un pacto armonioso y consensual sino en que el acuerdo (provisorio) sea un emergente momentáneo de las luchas.

Este hecho clave, claramente planteado por Balibar en su análisis de Spinoza, permite concluir que el cuerpo político sólo existe bajo la amenaza latente de la guerra civil. La causas de la disolución del cuerpo político resultan así enteramente inmanentes a la propia constitución de dicho cuerpo y no expresan otra cosa que una cierta relación contradictoria entre las potencias que lo componen. En este dominio, según Balibar, vemos aparecer la potencia de la multitud, fuerza de discordia así como de concordia. Una multitud capaz de gobernarse por sí misma implica la democracia como modo de existencia ya equilibrado; pero este equilibrio dista mucho de ser estático, «surge cuando los individuos construyen una obra común. En otras palabras, el "alma" del cuerpo político no es una representación, sino una práctica. Se trata de la cuestión de la decisión»[24]. De lo que se habla, ciertamente, es del trabajo dinámico de la división en el seno del *dêmos* y de la toma de decisiones en asamblea. Y es aquí donde se halla la posibilidad de compatibilizar las nociones de voluntad general y potencia de la multitud: ambas implican un ejercicio pleno de la

---

22   Spinoza (1986), 338. Cf. Balibar (1985), 42-8.

23   Negri (1993), 191-202. Cf. Spinoza (1986), 336, 340-2.

24   Balibar (1985), 78-90, brinda las referencias de los textos de Spinoza sobre los que construye su análisis de la concepción política spinoziana. Para el lazo entre *potentia* y *multitudo*, Negri (1994), 369-80.

soberanía por parte del pueblo, sin que por ello quede anulado el antagonismo. En el caso de la voluntad general, porque incluye a todos pero no es unánime puesto que puede fundarse en una votación dividida. En el de la potencia de la multitud, porque se constituye colegiadamente a partir de no excluir, sino todo lo contrario, la resistencia activa de los contrapoderes individuales que luchan dentro del cuerpo político.

Estas elaboraciones nos conducen de la democracia pensada a la democracia vivida, de las elaboraciones conceptuales a las prácticas políticas articuladas en cada reunión concreta de la *ekklesía*. En el pensamiento de Aristóteles la *aóristos arkhé* emerge como un cuerpo genérico que evita la posibilidad de ser discernido *a priori*. Y ésta es su gran diferencia con la comunidad de ciudadanos cuando se la comprende de acuerdo con los elementos que la conforman y la propiedad que los define –los ciudadanos y el derecho de ciudadanía, respectivamente–, y con el estado, que puede ser discernido a partir de la inclusión de los ciudadanos en las clases que diferencialmente los agrupan. En cambio, la asamblea como operador real sólo puede percibirse a partir de las consecuencias que producen en la situación las decisiones del cuerpo político bajo la forma de leyes, decretos, etc. Es decir que tal cuerpo debe ser entendido como una práctica colectiva cuyos efectos permiten comprender, retrospectivamente, la actuación del sujeto político. Se trata del proceso de decisión y balance de la decisión en cuyo transcurso la soberanía no queda en ningún momento delegada en autoridad alguna, sino que es la acción del *dêmos* como cuerpo político basado en la igualdad, la que indica la vigencia de la voluntad general, una potencia de la multitud sin más autoridad que obedecer que su propia capacidad de decidir.

Pero la igualdad como elemento decisivo de la democracia no agota su significado en la sola descripción de la forma constitucional que dicha igualdad adopta, pues existen ciertos tipos de acción con capacidad para quebrar los modos constitucionales. Wolin señala que la acción del pueblo como agente autónomo podría definirse como una acción democrática colectiva que inicialmente obtiene su poder desde fuera del sistema, pues la construcción comienza a partir de experiencias dispersas que se fusionan en la propia conciencia adquirida por el *dêmos* sobre las causas que generan en todos sus integrantes esa falta común de poder. El pueblo se convierte en actor político a partir de esa falta de poder que lo excluye de las instancias en donde se ubica el poder de la autoridad[25]. No emerge como sujeto político cuando trata de hacer que el sistema de gobierno dé respuestas a sus necesidades sino cuando busca dar forma al sistema político en función de ser capaz de hacer surgir por sí mismo su naturaleza colectiva, de posibilitar un nuevo tipo de actor político.

Es justamente en este sentido que hemos podido afirmar que la reflexión aristotélica se encontraba fuera de lugar en relación con la vigencia de las prácticas concretas de la asamblea ateniense durante el período de la así llamada democracia radical. En efecto, sus precisiones en torno a los principios que nos han permitido entender a la *koinonía* y la *politeía* no resultan eficaces para analizar el accionar de este cuerpo político. La *ekklesía* resulta para Aristóteles una indeterminación porque se sustrae a lo determinado de la comunidad como conjunto de elementos así como a lo determinado del estado como conjunto de partes, puesto que la asamblea era el cuerpo real de la política democrática, pero no como una institución definida a partir del funcionamiento de unas reglas y unos mecanismos estables y previsibles, ya que esto sólo constituye el procedimiento operativo pero no la producción política efectiva. Analizar la asamblea de acuerdo con su organización institucional es una manera posible de abordar la labor de la democracia ateniense. Pero lo que no puede interpretarse de modo exhaustivo desde una perspectiva exclusivamente institucional es la actuación del sujeto político en la asamblea, dado que su advenimiento efectivo tenía como índice la decisión política adoptada por los ciudadanos en cada circunstancia, lo cual determinaba su carácter como algo singular, situacional y práctico.

En efecto, siendo cada reunión de la asamblea única en lo que respecta a su composición, la decisión quedaba afectada por las circunstancias específicas (*kairós*), ya que «no había miembros de la asamblea como tal, sino miembros de una asamblea en un día determinado»[26]. Es evidente que al no haber una composición estable ni miembros fijos sino un ejercicio de la soberanía por parte del cuerpo político presente en el momento de decidir, tampoco existía un sector que pudiera atribuirse ser el dueño de las decisiones tomadas, salvo la asamblea misma que no era un sector sino el *dêmos* como conjunto en acto de los ciudadanos. Pero tampoco era una totalidad estatal que subordinara las partes y armonizara sus conflictos. La diferencia entre *koinonía* y cuerpo

---

25   Wolin (1996), 63-4.

26   Finley (1981), 20.

político es que éste no es el simple recuento de los integrantes, y por ende no alcanza con predicar la pertenencia de los ciudadanos para entender la conformación del sujeto político. La diferencia entre *politeía* y cuerpo político es que éste no es el simple recuento de las clases, y por ende no alcanza con señalar la inclusión de los ciudadanos en uno u otro grupo para entender el accionar del sujeto político. El punto de partida para pensar a este último no es el acuerdo organizado por el andamiaje comunitario-estatal sino el desacuerdo político que emerge en la acción, desacuerdo jamás anulado porque la voluntad general o potencia de la multitud nunca es unánime[27]. En efecto, la política del *dêmos* durante el período de su soberanía estuvo atravesada por conflictos desgarrantes que no muestran la vigencia plena del lazo social comunitario y los controles estatales sino la desligadura y los antagonismos subsecuentes. Ni totalidad, ni elemento, ni parte, es en virtud de la singularidad y el carácter colectivo del cuerpo político soberano reunido en la *ekklesía* que las decisiones del pueblo «legislaban» permaneciendo «irrepresentables» para las leyes estatales.

Tales son, como vimos, las cuestiones que Aristóteles no pudo establecer conceptualmente según el discurrir sistemático de su pensamiento filosófico. Si bien es cierto que las distintas formas de gobierno eran diferentes modos estatales de representación de las clases, el problema principal en cuanto a la asamblea democrática radica en que los conflictos que allí tenían lugar escapaban a la gestión del estado como lugar para dirimir regladamente las disputas entre las clases. Esta *impasse* en la formalización de los regímenes políticos realizada por el Estagirita se manifestaba justamente bajo la idea de magistratura indeterminada aplicada a la asamblea democrática. En ésta, la acción colectiva del *dêmos* producía, ciertamente, actos legislativos a partir de una práctica política subjetiva que instituía nuevas situaciones. Pero esto no significaba el mero establecimiento de un marco jurídico regulatorio[28], que de ser así sólo delimitaría las normas

---

27 Cf. Rancière (1996), 61-81.

28 En general, los trabajos que tratan sobre el sistema legal ateniense hacen hincapié, de modo preponderante, en el funcionamiento de las leyes y en su codificación. Por ejemplo, Osborne (1985b); Carey (1998); cf. Boegehold (1996). Para una visión alternativa, Wolin (1996), 63-4, 66-7: «Una constitución puede ser un potente medio de dar forma a un tipo particular

continúa »

de conducta que los ciudadanos debían respetar, actuando como una legalidad que el estado impondría a la sociedad. La *ekklesía* ateniense se configuró así como un «sitio sintomático» en relación con los poderes comunitario-estatales, pues no sólo estaba capacitada para generar legislación sino que su producción no obedecía a regla alguna, porque, como sostenía Aristóteles, en una democracia radical el pueblo y sus votaciones eran soberanos por encima de la ley.

b) Decisión popular, producción y escritura de la ley[29]

Como vimos, la emergencia de este tipo de poder popular que Aristóteles denigra y la correlativa conformación del *dêmos* como sujeto político se producen en Atenas poco antes de mediados del siglo V, como consecuencia de diversos acontecimientos e innovaciones institucionales. ¿Qué relación traza esto con el problema de la decisión, la producción y la escritura de la ley? Davies habla de una «revolución ateniense» y permite pensar una articulación pertinente: «A partir del 460, poco más o menos, se produce un flujo importante de documentación. Datados entre esa fecha y fines del siglo, se han conservado unos trescientos documentos públicos... Estos documentos brindan la posibilidad

---

de democracia mediante la sujeción del *dêmos* a las constricciones institucionales con la esperanza de prevenir ciertos tipos de consecuencias... A pesar de los esfuerzos de los constitucionalistas para dar forma a los actores, para domesticarlos de acuerdo con las prácticas de una *politeía* particular (constitución), ha habido ciertos tipos espectaculares de acción que han roto con los modos constitucionales. [...] La postulación, entonces, es que la democracia ateniense no fue simplemente la extensión de algo viejo sino la creación de algo nuevo que amplió la concepción de lo político, extendió las fronteras del espacio político y transformó las prácticas de la política. Implicó, sobre todo, la construcción de un nuevo actor, autónomo, capaz de escoger y deliberar colectivamente. Pero para que el *dêmos* ocupara una escena hasta entonces reservada a los héroes, reyes y nobles, tuvo que superar o destruir las barreras de clase, rango, riqueza y habilidad».

29 Este apartado constituyó la base del trabajo «Poder popular y escritura de la ley en la Atenas democrática», en R. Chartier y M. Madero (eds.), *Poderes de la escritura, escrituras del poder*, número especial de *Anales de Historia Antigua, Medieval y Moderna*, 34 (2001), 7-33 (Universidad de Buenos Aires).

de seguir los asuntos atenienses con mucho más detalle..., pero también presentan un problema importante de interpretación. ¿Por qué se produjo esta avalancha de documentación?»[30]. Su primera respuesta nos conduce a los cambios políticos que culminan con las reformas de Efialtes, que están en el punto de partida de esta mutación. La asamblea adquirió desde entonces y hasta fines del siglo V un poder inusitado debido a su singularidad como operador real del modo radical de la política democrática, puesto que con sus decisiones trazaba una «fidelidad en acto» con el acontecimiento de la democracia que había abierto la serie de hechos políticos ligados al accionar del *dêmos*. La asamblea se constituyó así en el sitio político donde se manifestaba la significación concreta de la actividad colectiva de los ciudadanos como integrantes de un cuerpo que tomaba decisiones capaces de generar efectos nuevos en relación con el orden vigente. A esto se debe que Finley pudiera sostener sin ambages que «la asamblea fue la corona del sistema, poseyendo todo el derecho y el poder de tomar decisiones políticas, con pocas limitaciones según la práctica actual, sea en precedentes o en alcance»[31].

La segunda respuesta nos lleva a los documentos mismos. Se trata de decretos de la asamblea –clasifica Davies– en torno a cuatro cuestiones: asuntos exteriores en el sentido más general; rendiciones de cuenta de las transacciones anuales; lápidas dedicadas a los caídos en batalla; especificaciones referentes a los cultos, festivales y rituales. Los registros de gobierno se vuelven ostentosamente públicos, pues estos textos escritos sobre piedra, bronce o cerámica estaban destinados a ser expuestos ante los ciudadanos, en especial en la acrópolis y el ágora. El estallido de documentación no es azaroso y señala básicamente «la importancia de la asamblea como *el* cuerpo gubernamental soberano de verdad; la importancia que llegó a tener el consejo de los qui-

---

30 Davies (1981a), 57. El vínculo entre la época de las reformas de Efialtes y el crecimiento de las inscripciones había sido señalado por Meiggs (1972), 18-20, 235. Esta relación ha merecido ahora la atención de Thomas (1992), 132: «Realmente, puede haber alguna relación entre la extensión de los registros y el sistema político... Es decir, parece haber una correlación entre el número de documentos públicos de una *pólis* y el grado en que su constitución era democrática»; cf. (1994), 40-5. Hornblower (1985), 147-60, sostiene que más allá del enunciado general, la asamblea no era realmente soberana, y tenía restringido sus poderes por el consejo de los quinientos, los generales y los demagogos.

31 Finley (1981), 20-1.

nientos, como principal órgano ejecutivo de gobierno; la forma en que podían ser hechas, y lo eran, las enmiendas a proposiciones, desde la parte baja de la asamblea y la devolución del poder a la ciudadanía, a través de la proliferación de juntas que dependían del consejo y de la asamblea y presentaban sus informes a esos cuerpos»[32]. Cuatro principios prácticos garantizaban la vigencia de este poder popular: la libertad de palabra de los ciudadanos; el acceso a los cargos públicos abierto a buena parte de ellos; la paga por el ejercicio de una magistratura; la invención de nuevas instancias de gobierno en función del control del desempeño de los cargos. Toda esta actividad política indica, pues, la construcción de un poder sin precedentes que comenzará a ser identificado con el nombre de *demokratía*[33], que mostrará una especial preocupación por la difusión de los actos políticos de la comunidad, utilizando para esto una escritura realizada en un soporte material durable destinada a ser exhibida públicamente[34].

El cierre del ciclo radical con el consecuente imperio de la ley que restringe la capacidad política del *dêmos*, ¿afecta la particular articulación entre escritura y poder popular que señala Davies? La escritura de la ley tiene en la Atenas clásica un rol central en la construcción del vínculo entre ley y sociedad, pues la publicidad de los actos de gobierno exigía la difusión de las resoluciones políticas, legales y administrativas[35]. El análisis de

---

32 Davies (1981a), 60 (subrayado del autor).

33 Vlastos (1953) sostenía que el término *demokratía* surgía después de la voz *isonomía*: mientras que aquél comenzó a utilizarse en la segunda mitad del siglo V, éste se articulaba con las reformas de Clístenes. Cf. Finley (1984), 103-23; Meier (1988), 155, 289-92, 369-70; Sealey (1987), 98-102. Sin embargo, Hansen (1994), 27-8, ha señalado que la voz *demokratía* se habría utilizado ya a fines del siglo VI o comienzos del V. Según Sancho Rocher (1997a), 194-6, si bien puede interpretarse que la *isonomía* fue creada por los que fueron más allá de la *eunomía*, *demokratía* fue la denominación de un régimen afirmado en la soberanía del *dêmos* (todos los ciudadanos) frente a la reclamada por los pocos.

34 Según Osborne (1999), 347, la importancia de la acrópolis ateniense para la exhibición de las inscripciones no se reduce a su centralidad sino que debe tomarse en cuenta su relevancia religiosa: las estelas en la acrópolis se colocaban ante los ojos de los dioses invitándolos así a proteger a los hombres.

35 Cf. Musti (2000), 96-8. Pero esto no significa adoptar la posición de Meritt (1940), 89-93, que establecía una dependencia estrecha entre gobierno democrático y escritura para publicitar los actos de gobierno. Como señala Hedrick (1999), 425, el despliegue de las inscripciones sólo en parte estuvo

continúa »

este vínculo implica adentrarse de lleno en la producción de la
asamblea, en el modo en que se hacían las leyes, eso que en inglés
se denomina de manera muy gráfica con la expresión *law-making* y que durante la segunda mitad del siglo V implicaba a la
asamblea y su proceso de *decision-making*[36]. Todd, que analiza
el papel fundamental adquirido por la asamblea respecto de las
relaciones entre la ley y la *pólis*, pone de manifiesto con claridad
los lazos indisociables entre decisión política, ley y sociedad. El
conjunto del sistema político democrático, argumenta el autor,
estaba organizado por la ley, y por ende las instituciones de
gobierno se hallaban indisolublemente ligadas a ella. En este
contexto destaca entonces los amplios poderes de la asamblea
durante el siglo V, dado que controlaba todos los asuntos políticos
y poseía una capacidad ilimitada para legislar. Estos poderes
quedarán finalmente restringidos a partir del año 403, cuando la
supremacía popular da paso al imperio de la ley[37].

---

motivado por la ideología democrática, y no hay nada intrínsecamente
democrático en la escritura; el carácter democrático de las inscripciones
no es algo inherente a las mismas sino históricamente producido, es decir,
contingente y contextual.

36 Llama la atención en este sentido la falta de un lugar preciso para la
asamblea en el reciente análisis de Garner (1987). El índice temático,
por ejemplo, no incluye el término ni en su forma inglesa ni en su versión griega. Y es inútil que lo busquemos, puesto que la cuestión central
que se plantea el autor consiste en indagar las peculiaridades tanto de
las leyes particulares como de la administración legal ateniense y sus
procedimientos operativos. Esto no es en sí mismo objetable; pero para
un trabajo que se propone tratar el problema de la ley ateniense centrándose casi en forma exclusiva en el siglo V, no mencionar siquiera a la
asamblea conlleva desentenderse totalmente de un elemento fundamental.
También llama la atención que al analizar los cambios que llevan de la
democracia del siglo V a la del IV a partir del período dramático 411-
403, tampoco entonces diga nada sobre la asamblea (cf. 131-2), pues lo
que los autores suelen destacar en este marco es el tema de los violentos
debates producidos, la revisión de las leyes, la modificación de los procedimientos institucionales para dictar leyes.

37 Todd (1993), 114-6, 293-300; cf. Todd y Millett (1990). Todd critica la
posición de Sealey (1987), 32-52, que sostiene que durante el siglo V se
destaca ya una tendencia hacia el imperio de la ley que concluye lógica-
mente en el IV con la codificación legal y una «separación de poderes».
Sealey dice tomar esta idea de Hansen (1981). Pero como argumenta Todd
(1993), 299-300, Hansen utiliza la idea con un objetivo diferente: no se
trata de una separación entre las instituciones políticas y judiciales, como
pretende Sealey buscando así dejar a los tribunales fuera de la política, sino
de una separación entre cuerpos que proponen iniciativas y cuerpos que
toman decisiones, es decir, una separación de funciones.

Cohen ha ponderado el lugar específico de la asamblea en relación con el problema de la ley dentro del marco de las instituciones populares. La asamblea y los tribunales eran las instancias centrales de un sistema donde soberanía popular e imperio de la ley interactuaban como dos polos que entraban en contacto a través del juego político entre masas y élites permitiendo así un funcionamiento estable incluso en el marco de la democracia radical. Los líderes no podían más que reafirmar su ascendencia en el seno de las instituciones populares, tanto en la asamblea donde debían confrontar ante el pueblo para lograr que se aceptaran sus propuestas políticas, como en los tribunales en los que solían muchas veces juzgarse su honor, posición social y reputación. En Atenas la práctica habitual consistía en determinar a través de un juicio colectivo si los actos de un ciudadano eran correctos o no, y a partir de esto establecer si era un buen o mal ciudadano, tomando en consideración ciertas categorías generales de delitos y los estatutos y expectativas normativas de la comunidad. No se procedía por medio de distinciones definicionales sino según una valoración moral más general tanto de la calidad del acto cuanto del agente actuante. Estas evaluaciones generales que recaían sobre las personas y sus actos, que a veces podían llevar a violaciones de los principios legales que los propios atenienses tenían por obligatorios, no eran excesos de la política y la justicia populares sino más bien contradicciones características que emergían «como el producto de una tensión fundamental dentro del proceso legal ateniense, tensión central a la misma noción de ley en una democracia radical»[38] .

La Atenas de la segunda mitad del siglo V estaba marcada por este modo histórico de la política en el que la *ekklesía* legislaba de manera que operaba no sólo sobre las leyes vigentes o el marco que regulaba la conducta cívica sino sobre las condiciones de posibilidad para establecer reglas, a punto tal que en ciertas circuntancias sus decisiones posibilitaron que «la ciudad dejara de ser la misma ciudad para convertirse en otra» (Aristóteles, *Política*, 1276a 18-9). Fue una decisión de la asamblea la que en el año 462 profundizó la democracia (*Constitución de Atenas*, 25, 4), mientras que otra decisión del mismo cuerpo en 411 abolió la democracia e instauró una oligarquía (Tucídides, 8, 67). Ambas resoluciones, según la interpretación de Aristóteles, transformaron a la ciudad

---

38   Cohen (1995), 41-2, 187-93, cita en 190. Cf. Ober (1989), 289-92, 304-6, 332-9.

en otra porque al cambiar el régimen político cambiaba al mismo tiempo la comunidad. Lo cual pone de relieve que durante la segunda mitad del siglo V la asamblea democrática, que era tanto una manifestación concreta de la comunidad de ciudadanos como una institución del estado que operaba como lugar de encuentro de los intereses conflictivos de las clases, podía exceder ambas instancias. Y así ocurrió cuando asumió para sí el poder soberano o cuando decidió desprenderse de la soberanía, anularse a sí misma y modificar la forma de gobierno y la comunidad.

Podemos concluir entonces que a lo largo de la secuencia histórica singular de la democracia radical el proceso de hacer la ley se hallaba esencialmente conectado con la toma de decisiones en la asamblea. El *dêmos* ejercía allí un poder que no estaba ordenado ni controlado por instancia superior alguna, decidiendo todos los asuntos que eran de su incumbencia y situando sus decretos por encima de la ley. La incidencia de este hecho sobre la fijeza y capacidad de la ley para cumplir la función estatal ya señalada resulta evidente, y la crítica de Aristóteles a este tipo de democracia tiene como punto de partida la dificultad para lograr un gobierno estable bajo las condiciones de la soberanía popular. Desde su mirada, que privilegia el orden de la ley y su garantía de consenso inquebrantable, el problema consiste en la permanente transgresión de la ley derivada del trabajo innovador del *dêmos* como sujeto político que traspasa los límites que impone el ordenamiento estatal y sus prescripciones legales generando una productividad política inusitada al resolver y votar soberanamente todos los asuntos. Es cierto que la oposición entre decretos y leyes es algo que recién cobra fuerza en el siglo IV, a partir de una división de funciones que quita peso a la asamblea dentro de las instituciones atenienses, pues sólo los primeros permanecerán como atributos suyos mientras que las segundas quedarán en manos de los cuerpos de *nomothétai*. En el siglo V esta división no existía –la distinción sólo adquirió sentido con la revisión de las leyes entre 410 y 399[39]–, y tanto decretos como leyes eran atributos de la asamblea. Pero podemos interpretar que la dicotomía entre decreto y ley que tanto perturbaba a Aristóteles indica algo de orden más general, porque si el decreto se coloca regularmente por encima de la ley nos hallamos ante una situación sin normas fijas, mientras que si la ley impera sin discusión actúa entonces como garantía de estabilidad de la constitución.

---

39 Respecto de este punto, véase especialmente Clinton (1982); Robertson (1990); Rhodes (1991).

Los autores griegos asumieron esta última concepción como la única capaz de garantizar la mejor *pólis*. La actitud de Sócrates en el *Critón*, que se niega a huir de la prisión y evitar el cumplimiento de la condena a muerte, implica que el respeto a las leyes como modo de resguardo del régimen político y la comunidad debe situarse por encima de todo[40]. Eurípides señala algo del mismo orden cuando, a título de precepto general, pone en boca de uno de sus personajes de las *Suplicantes* (312-3) la importancia de que se preserven bien las leyes que aseguran la unidad de las ciudades de los hombres. Y lo mismo muestra Aristóteles cuando condena a la democracia en la que el proceso de decisión está completamente en manos del pueblo y los demagogos, porque a su entender esto conduce indefectiblemente a la peor *politeía*. El modo de hacer la ley implica, pues, adentrarse en la forma de gobierno de la *pólis*, y debe tomarse en serio la afirmación aristotélica (*Política*, 1292a 30-37) que señala que

«tal democracia no es una constitución (*politeían*); pues donde las leyes no gobiernan no hay constitución. Por consiguiente, es necesario que la ley gobierne todas las cosas, los magistrados (*tàs arkhás*) los casos particulares y que la constitución decida (*krínein*). De suerte que si la democracia es una de las constituciones, es notorio que una organización tal, en la que todo se gobierna (*dioikeîtai*) mediante decretos (*psephísmasi*), no es una democracia legítima (*kyríos*), ya que no es lícito que ningún decreto sea en general (*kathólou*)».

¿Cuál es el motivo que conduce a Aristóteles a afirmar que se trata de una *demokratía* pero no de una *politeía*, quitándole así el rango de forma de gobierno y, en consecuencia, desechándola como uno de los regímenes estatales capacitados para operar sobre los conflictos y actuar como lugar de encuentro de las clases en pugna? Es evidente que, de todos los enumerados anteriormente, éste es el único tipo de democracia en el que la ley no tiene el poder efectivo, lo cual imposibilita que el estado pueda actuar como instancia de reunión y regulación de las

---

40 Según de Romilly (1971a), 115-38, lo que Sócrates señala en el *Critón* es que la ley obliga porque es una convención y, por tanto, debe ser respetada en todos sus términos. El contrato que Sócrates propugna no funda la sociedad (como sí lo hará el pacto social moderno) sino que la hace vivir cada día a partir de la suscripción cotidiana del pacto y el respeto de la ley por cada uno de los ciudadanos.

disputas de las diferentes partes que conforman la comunidad
de ciudadanos. La conclusión es clara: una democracia es radical cuando el ejercicio de la soberanía del pueblo mediante las
decisiones del cuerpo político en acto interrumpe el predominio
de las leyes haciendo que éstas no sean normas fijas e indiscu-
tibles. La democracia no es únicamente una constitución o un
estado; sólo cuando se respeta el principio de la soberanía de
la ley la democracia coincide con el estado. Pero si esto no sucede, es decir, si el imperio de la ley ha quedado interrumpido,
la democracia ya no se identifica con ni se agota en la mera
legalidad institucional de un régimen estatal, sino que, como lo
indica Aristóteles, las magistraturas se disuelven, son excedi-
das, transformadas y producidas como efectos de la capacidad
desvinculante del sujeto político.

La escritura de la ley en el marco de la democracia radical
nos condujo así a la actividad política sin restricciones de los
ciudadanos en las reuniones de la asamblea. Pero la escritura
de la ley no se confunde con la ley escrita que es su producto
inmediato. El conjunto de inscripciones atenienses de la segunda
mitad del siglo V nos permite acceder a las leyes escritas emana-
das de las reuniones de la asamblea, pero no al momento mismo
de la práctica política asamblearia que es la que «escribe» las
leyes. Aunque resulta evidente que lo escrito y el acto de escribir son correlativos, las prácticas que organizan uno y otro son
muy distintas. La ley escrita supone el espacio de la difusión y
la aplicación normativa de algo ya dado. La escritura de la ley,
en cambio, se articula con el acto de hacer la ley, aunque no se
confunde con dicho acto sino que guarda una conveniente distancia, que venía dada por la capacidad selectiva, independiente
de la decisión política, de aquellos que estaban encargados de
inscribir el decreto[41]. Para Loraux, no obstante, se trata de una
escritura instrumental que se diferencia de la escritura teórica
en tanto que se supone que es transcripción fiel de una sesión

---

41 La separación entre producción y escritura de la ley ha sido señalada con
    fuerza por Osborne (1999), que interpreta la escritura como una selección
    que despolitiza las decisiones de la asamblea ateniense desalentando la rea-
    pertura de los asuntos. «Si hay una brecha entre las palabras de la asamblea
    y las palabras inscriptas en la piedra, hay también una brecha entre las
    palabras inscriptas en la piedra y las acciones resultantes de la decisión de
    la asamblea. Las palabras grabadas en una inscripción no son claramente
    todo lo que sucede como resultado de la decisión que ellos [los atenienses]
    graban» (347; subrayado en el original).

de la asamblea[42]. Por consiguiente, se encuentra totalmente subordinada al *lógos*, porque la escritura permite fijar la adhesión popular a un discurso persuasivo[43]. La autora considera que la finalidad básica de esta escritura exhibida en la plaza pública era la lectura por parte del *dêmos*, que, según Harvey, poseía los rudimentos de la educación, es decir, escribía y leía[44]. Harris ha criticado esta presunción, cuestionando también la real extensión de las prácticas democráticas: sólo una élite, la clase hoplita y la superior, tenía acceso a la lectura y la escritura y era la que dominaba la situación política[45]. La posición asumida por Loraux

---

42 De todos modos, esta escritura instrumental conlleva el problema de quién escribe en la ciudad democrática, dado que se trata de una técnica específica. Se ha sostenido que esta *tékhne*, que escapaba al control del ciudadano ordinario, implicaba una amenaza para el frágil equilibrio de las instituciones cívicas. La *pólis* democrática no es una excepción: existe una contradicción, inherente al propio sistema, entre el ciudadano que ejerce las magistraturas sin más competencia que su sentido cívico y el subordinado que realiza su especialidad grabando las leyes en las inscripciones. La afirmación de esta antítesis viene dada por la importancia que adquieren en Atenas las leyes escritas desde el 410, hecho que se reafirma en el 403 y que queda en plenas funciones desde el 399. Cf. Ruzé (1988), que remite al problema ya planteado: hay un cambio entre la situación vigente durante la democracia radical y lo que ocurre a partir de la instalación de la democracia moderada.

43 Loraux (1993), 185-6. La autora afirma la ausencia de una teoría democrática de la democracia, y se pregunta en este contexto quién escribía, más allá de esa escritura instrumental a cargo de los magistrados correspondientes. La escritura teórica estaba en manos de los *aprágmones* oligárquicos, cuyas posturas, evidentemente, eran contrarias al poder popular. Brock (1991), está de acuerdo con la inexistencia de una teoría política democrática, pero sustenta la idea de que hubo una ideología o pensamiento democrático a un nivel menos articulado, y concluye que, puesto que la escritura era típica de los *aprágmones* oligárquicos, la oralidad era lo esencial de la democracia.

44 Harvey (1966a), en quien Loraux basa sus argumentos. Cf. Finley (1986a), 44-8, que afirma que, de todas maneras, los documentos no se leían demasiado puesto que se trataba de una cultura oral.

45 Harris (1989), 62-3, 79-80, 102-4, postura que es seguida de cerca por Cascajero (1993). El hecho de asumir que sólo los hoplitas y la clase superior tenían acceso a la alfabetización –que Harris propone sólo como hipótesis pero no demuestra– implica que los *thêtes* –la clase más baja de la ciudadanía–, las mujeres y los esclavos estaban excluidos. Pero, dado que los propietarios rurales (es decir, los hoplitas y la clase superior) constituían la mayoría del cuerpo cívico, y que la democratización se daba en el interior del grupo de los varones ciudadanos, criticar a la democracia ateniense porque sólo lo era en los ideales pero no en la práctica no conlleva un gran adelanto.

remite a una interpretación que cuenta ya con varias décadas pero
que aún se impone entre una parte de los historiadores. Nos estamos refiriendo a la conclusión enunciada por Meritt en cuanto a la
ligadura estrecha entre escritura y democracia y a la importancia
asignada al acceso a la información, que ha merecido ahora un
detenido análisis por parte de Hedrick, quien señala que existe
detrás de esto la asunción de que hay una situación semejante en
las democracias modernas y en la antigua Atenas. Pero la escritura en la democracia ateniense debe ser entendida más como un
monumento tradicional usado para cultivar la memoria oral que
como un texto moderno. Una interacción ocasional de la palabra
y el acto con el monumento inscripto hacía posible la puesta en
movimiento de esa memoria, lo cual implica de por sí todo un
marco para entender bajo qué condiciones se daba la lectura de una
inscripción[46]. Esta interacción abarcaba asimismo al procedimiento
de elaboración de las leyes por parte del *dêmos* en la asamblea[47]:

«El carácter ambiguo de la escritura –señala Hedrick– es
comparable a una contradicción en el status de la ley: las
leyes deben entenderse del mismo modo en que un texto es
leído. Las leyes de la democracia ateniense eran vistas como
la autoridad; al mismo tiempo, eran vistas como productos de
"la voluntad del pueblo". Las leyes no cambian. La voluntad
del pueblo, sin embargo, fluctúa. Consecuentemente, había
(particularmente en el siglo V) una tensión entre "soberanía
popular" y "soberanía de la ley"».

Hedrick indica, además, que la escritura de la ley implica una
fijación. En este sentido, puede decirse que la inflexibilidad de la

---

46 Hedrick (1994), 159-66. Thomas (1994), 37-40, coincide con Hedrick al
    sostener que lo escrito era sólo una parte del conjunto de la memoria, y
    concluye que «ésta es la manera característicamente griega de usar la es-
    critura en servicio de la *pólis*, y yo sugeriría que, en efecto, la *pólis* estaba
    aquí extendiendo el papel de la memoria a sus propias promulgaciones. Es
    decir, las inscripciones de la *pólis* tomaron prestado y extendieron a sus
    propias decisiones el hábito de usar la escritura para los monumentos de
    los individuos privados. Las inscripciones públicas podían, por ejemplo,
    conferir honor, y, por su misma existencia, las inscripciones públicas sobre
    piedra parecen tener una autoridad más allá de su contenido literal... El
    papel del monumento privado en piedra fue en algún sentido reproducido
    por las ciudades-estado cuando comenzaron a erigir versiones escritas de
    sus propias promulgaciones».

47 Hedrick (1994), 167-72 (cita en 172).

palabra escrita se contrapone a la flexibilidad de la palabra hablada de igual modo que las constricciones generales y permanentes del imperio de la ley se enfrentan a los deseos singulares y circunstanciales de la soberanía popular. Todo esto es perfectamente entendible y justificable, dado que una vez escrita, es decir, incorporada al código legal, la ley permanece como referencia obligada para el conjunto de la sociedad. Esta posición fija nos conduce a la función estatal de la ley, de la que se espera la regulación de los conflictos en pos de una sociedad ordenada según criterios de consenso y armonía social (cf. Jenofonte, *Memorables*, 4, 4, 15-6). Ciertamente, sólo un nuevo proceso de escritura de la ley puede modificar lo escrito previamente. En consecuencia, el punto central radica en cómo se controla (y quién así lo hace) este proceso de escritura, hecho que nos reenvía al modo en que se hace la ley.

Pero la fijación de las leyes no se garantiza por el sólo hecho de que se trate de leyes escritas, pues éstas suelen cambiar o derogarse muchas veces (cf. Aristóteles, *Retórica*, 1375a 32-3). La cuestión principal radica en saber en quién recae la actividad constituyente. Que Gorgias considere a las leyes escritas (*nómous graptoús*) guardianes de la justicia (*phýlakas toû dikaíou*), nos indica que durante la segunda mitad del siglo V el problema ya formaba parte de las preocupaciones políticas (*Defensa de Palamedes*, 30 = DK 82 B 11a)[48]. En las *Suplicantes* de Eurípides (433-9), Teseo encuadra este asunto en su debido contexto: las leyes escritas (*gegramménon tôn nómon*) garantizan tanto para el pobre como para el rico una justicia igualitaria, permitiendo que aquél use las mismas palabras contra éste si es insultado, pudiendo así el inferior vencer al superior. Pero esta garantía de justicia igualitaria no se agota en la presencia de lo escrito sino que se asocia inmediatamente con la libertad que cualquiera tiene de llevar al centro de discusión (*es méson*) alguna propuesta útil para la ciudad. Sin embargo, esto último no implica una fijación de la ley por la escritura sino justamente la posibilidad de una apertura mediante el debate democrático, que es lo que Eurípides evoca[49]. En todo caso, en el marco de la democracia radical, son en especial las leyes no escritas (*ágraphoi*)

---

48   Al respecto, Ostwald (1973); (1986), 252-3; Sancho Rocher (1997a), 74-6; Fouchard (1997), 366-9.

49   Cf. Eurípides, *Hécuba*, 864-7. Para Aristófanes, *Acarnienses*, 530-2, los decretos que toma el pueblo en la asamblea –que el cómico asocia en este caso con la figura de Pericles– son básicamente leyes escritas.

las que parecen generar obediencia, pues según Pericles en el discurso fúnebre (Tucídides, 2, 37, 3) no respetarlas comporta una vergüenza reconocida por todos. En el enfrentamiento que sostiene con Creonte, Antígona aclarará el por qué: las leyes no escritas (*ágrapta nómima*) resultan inquebrantables en razón de que provienen de los dioses, y ningún decreto humano debería jamás transgredirlas (Sófocles, *Antígona*, 450-60)[50]. Entre los enunciados de Gorgias y Eurípides, de Tucídides y Sófocles, hay constantes interferencias que nos introducen en una zona de ambigüedad en la que es posible tanto la confluencia como la oposición entre leyes escritas y no escritas[51]. Aristóteles será heredero de estas incertidumbres en la definición de la ley, pues si bien en función del cuidado de la comunidad y la seguridad del régimen político lo importante es que haya leyes, resultando indiferente si son escritas o no (*Ética a Nicómaco*, 1180a 35-1180b 1; *Política*, 1319b 38-1320a 1), de todas maneras, la categoría de ley no escrita sigue siendo fluctuante. A veces se asocia con la ley consuetudinaria (*nómos katà tò éthos*), que es más importante y versa sobre cosas más importantes que la ley escrita (*Política*, 1287b 5-8; cf. 1270b 28-31; 1272a 35-9); a veces se asocia también con la ley común, conforme a la naturaleza (*koinòs nómos katà phýsin*), razón por la cual Aristóteles concluye, citando la *Antígona* de Sófocles, que las leyes no escritas son permanentes y por eso más estables que las escritas (*Retórica*, 1375a 32-5; *Política*, 1286a 9-17).

Thomas argumenta que esta distinción entre leyes no escritas y escritas implica que la categoría de ley escrita aparezca ya bien definida[52]. El hecho de que la idea de ley no escrita sólo comience a aparecer en las fuentes a partir de la segunda mitad del siglo V presupone el desarrollo de la categoría mencionada, y nos conduce a un debate especialmente relacionado con el momento político ateniense. Los sofistas, seguramente, cumplen en esto un papel de importancia, preocupados como estaban por las diferentes con-

---

50 Cf. *Edipo rey*, 863-71; Jenofonte, *Memorables*, 4, 4, 19.

51 Andócides, *Sobre los misterios*, 116: la ley ancestral (*nómon pátrion*), es decir, no escrita, se opone a la ley escrita (*stéle*); Lisias, *Contra Andócides*, 10: a los impíos se les debe aplicar no sólo las leyes escritas (*gegramménois nómois*) sino también las no escritas (*agráphois*); [Demóstenes], *Contra Evergo y Mnesibulo*, 71. Sobre estos pasajes, Svenbro (1988), 133-5.

52 Thomas (1996), 16-7; cf. (1992), 130, 146-8.

notaciones de *nómos*: de la ley a la costumbre; de la ley humana a la divina; de la costumbre a la «mera» convención[53]. Pero estos debates intelectuales no sólo se encontraban influenciados por la reflexión sofística sino que estaban especialmente marcados por el desarrollo de la capacidad política del *dêmos* ateniense para hacer la ley durante la etapa de la democracia radical, existiendo un implícito contraste entre el momento de la fabricación de la ley y el de su aplicación[54]. Es cierto que las decisiones de la asamblea ateniense, tanto *psephísmata* como *nómoi*, se escribían y publicaban. Pero el punto central sugerido por Thomas a partir de Jenofonte y Andócides, es que más allá de que las leyes estuvieran escritas, el *dêmos* podía cambiar su modo de pensar y, de este modo, rechazar o alterar las mismas leyes que había establecido anteriormente[55].

Según Jenofonte (*Memorables*, 1, 2, 41-5), Pericles habría dicho a Alcibíades lo siguiente: «Son leyes todas aquellas que la multitud (*plêthos*) tras haberse reunido y haber examinado ha decretado por escrito (*égrapse*), ordenando lo que debe y no hacerse». El carácter de ley como lo que ha sido puesto por escrito es reafirmado por Pericles cuando considera lo que ocurre bajo una oligarquía o una tiranía. Pero ante la insistencia de Alcibíades, Pericles deberá reconocer que si no hay persuasión y el más fuerte le impone al débil lo que debe hacer mediante la violencia, entonces la situación se caracteriza por una falta de leyes o ilegalidad (*anomía*), tanto en el caso de una tiranía como en el de una oligarquía, e incluso cuando la multitud toda ejerciendo su fuerza sobre los que tienen la riqueza decreta por escrito sin persuasión (*gráphei mè peîsan*). Lo que se sigue es que la escritura de la ley no alcanza para garantizar que no se utilice la violencia. Para que impere la legalidad es menester la persuasión y no la mera imposición de los decretos escritos. El uso de la palabra persuasiva como método político fundamental puede generar una decisión conjunta pero siempre a partir de los debates y conflictos asamblearios. ¿Dónde inscribir entonces a la democracia radical, del lado de la legalidad o del de la violencia?

---

53   Thomas (1994), 37.

54   Respecto de esto último, Humphreys (1988), 473-6 (citado en Thomas (1996), 18, n. 16).

55   Thomas (1996), 18-9. Cf. Rhodes (2000b), 474: «La asamblea era perfectamente capaz de tomar una decisión en una reunión, y luego en la próxima reunión (o incluso en la misma reunión) tomar otra decisión que impedía la realización de la primera».

Las ideas que en la misma obra Jenofonte atribuye a Hipias, en el diálogo que éste habría sostenido con Sócrates sobre la falta de valor de las leyes para generar una obediencia con justicia, nos permiten articular una respuesta (4, 4, 12-4). En efecto, según se afirma allí es ley todo aquello que en la asamblea los ciudadanos han decretado por escrito (*egrápsanto*), disponiendo así lo que puede y lo que no puede hacerse. Pero no debe dársele tanto valor ni a las leyes ni a su obediencia, pues los mismos que las establecen suelen cambiarlas o derogarlas cuando ya no las encuentran beneficiosas. Por lo tanto, no están fijas sino sometidas a los vaivenes de la opinión. Sócrates sacará aquí (4, 4, 15-6; cf. Platón, *Hipias Mayor*, 284 d-e) una conclusión similar a la que vimos en el *Critón* de Platón: para que los ciudadanos obedezcan las leyes permaneciendo fieles a ellas es menester la concordia (*homónoia*). Pero tanto el obedecer como el permanecer fieles implican dejar sin efecto los cambios de parecer, los debates y los disensos, cuyo resultado inmediato significaba para Hipias la transformación de las leyes.

Según se desprende de los dichos atribuidos por Jenofonte a Pericles e Hipias, la escritura de la ley no garantiza su fijación ni su vigencia sin desavenencias. La ley escrita sólo se constituirá en garantía de fijación del orden constitucional después de la revisión de las leyes llevada a cabo entre los años 410 y 399. Desde entonces, tal como se lee en Andócides (*Sobre los misterios*, 84-9), los ciudadanos debían atenerse a obedecerlas y permanecer fieles a ellas. Un procedimiento más complejo garantizaría no sólo la publicidad de las leyes y su uso por parte de los magistrados sino la propia sanción de las mismas. Para resguardar la nueva situación se dispuso también que los magistrados no se valieran jamás de una ley no escrita (*ágraphos nómos*). Sin embargo, el punto principal que se desprende del testimonio de Andócides no radica tanto en la prohibición de utilizar una ley no escrita como en la disposición que le sigue, según la cual se establecía que ningún decreto (*péphisma*) ni del consejo ni de la asamblea podía ser más soberano (*kyrióteron*) que la ley. El otro aspecto relevante es que el cumplimiento y la vigilancia de las leyes fijadas por la codificación quedaría desde entonces en manos del consejo del Areópago con el objetivo de que los magistrados hicieran uso de las leyes vigentes.

Como ya señalamos, esta medida junto con otras más cierra la secuencia de la democracia radical abierta por las reformas de Efialtes, reformas que ya había anulado la oligarquía de los

Treinta Tiranos. Si bien se dispuso que las sentencias producidas durante la segunda mitad del siglo V gozaran de plena validez, no todas las resoluciones previas al año 404 fueron restablecidas, puesto que las leyes de Efialtes eran incompatibles con la función de control político asignada al consejo del Areópago desde 403. Así, la escritura de las leyes como criterio absoluto, la sanción de las mismas a cargo ya no de la asamblea sino de cuerpos de *nomothétai* extraídos del panel de jurados por el consejo de los quinientos o por los demos, los decretos subordinados a las leyes, la aprobación misma de los decretos asamblearios sometida al control de los tribunales de justicia a través de la *graphè paranómon*, todo esto se constituirá finalmente en garantía del orden constitucional. El *dêmos* en tanto asamblea pierde de este modo su capacidad de establecerlas y derogarlas[56].

En definitiva, ni durante la etapa radical de la política popular ni en el lapso de la democracia moderada la escritura garantiza por sí misma forma alguna de fijación de las leyes o actúa provocando de por sí su consolidación. Durante el ciclo radical la escritura de la ley es un procedimiento ligado a la soberanía del pueblo para hacer las leyes, y por consiguiente para escribirlas y darlas a publicidad. Con la apertura del ciclo moderado, este último criterio en sí mismo no varía: la publicidad de las leyes seguirá siendo una preocupación primordial. Pero luego de la conflictiva década final del siglo V, la escritura se asociará con un criterio selectivo de fijación de la ley que despolitizará las decisiones como manera de asegurar la estabilidad institucional. No obstante, tampoco en este caso la sola escritura de la ley produce el efecto de fijeza buscado: una serie de cambios en la organización de la constitución ateniense restringirá el poder de la asamblea y trasladará el poder supremo a nuevas instancias de decisión. El cuerpo de *nomothétai*, si bien estaba compuesto por ciudadanos, ya no estará abierto a cualquiera que desee participar: previo a su participación los ciudadanos tendrán que ser seleccionados. Las demás transformaciones y los controles anteriormente mencionados ponen de manifiesto que el poder ya no radica en el pueblo identificado con la asamblea sino en un andamiaje constitucional identificado con la ley, que es la que regulará las articulaciones entre las diferentes instancias. La escritura de la ley, en todo caso, garantizará desde entonces que se respete la competencia prevista para los espacios institucio-

---

56   Ver Robb (1994), 143-6; Musti (2000), 209-18.

nales de poder. Se ha transitado así de la soberanía del pueblo al imperio de la ley.

Pero mientras el *dêmos* poseyó la capacidad de producir las leyes, como ocurrió durante la secuencia democrática radical, el acto de legislar tuvo un sentido más ligado a la idea que expresa el verbo *kathístemi*: establecer, instituir, constituir. Esto conlleva pensar a la asamblea como el procedimiento genérico de la política radical, un sujeto que se configura como una fuerza instituyente o, para decirlo según los términos de Negri, como un poder constituyente[57]. Por cierto, esta capacidad no es permanente sino algo más bien raro, porque lo que suele predominar es el imperio de un conjunto de instituciones estatales cuyas reglas fijas y estables suelen otorgar homegeneidad e identidad a la comunidad[58]. La ley es uno de los dispositivos que generan consenso y continuidad. Pero si el desacuerdo se instala de manera tal que torna precario e inestable cualquier intento de fijación estatal, lo que emerge entonces es el trabajo de la división, es decir, la política como actividad subjetiva desvinculante respecto de las reglas y los aparatos de dominación.

c) El conflicto como actividad del sujeto político

La ley de la ciudad no era algo fijo sino sujeto a mutaciones. Aristóteles presenta justamente esta idea al analizar en qué consiste un cambio de constitución. Pero esta constatación no debe ocultarnos su intento filosófico de construir una ciudad al margen del devenir, que sólo podría lograrse si se consiguiesen las condiciones para una gestión estatal ordenada. Su pensamiento filosófico de la política se funda así en el concepto del lazo comunitario y su representación en una autoridad. Pero hay una dificultad en este postulado filosófico, puesto que no hay ninguna transitividad entre la esencia del lazo social y su representación por el estado[59], dificultad percibida en la *Política* a partir de los desacoples entre comunidad, forma de gobierno y cuerpo político. A pesar de esto, su idea era subordinar la desligadura instalada en la ciudad a tra-

---

57 Véase Negri (1994), 381-408.

58 Cf. Badiou (1992), 234-6 y n. 41. Asimismo Lazarus (1996), 61-133.

59 Badiou (1985), 15.

vés de la propuesta de la universalidad de la clase media capaz de neutralizar la existencia de las partes antagónicas, cancelando así las luchas y el devenir y, por ende, toda posibilidad de política activa (*Política*, 1296a 1-22). Pero esto transcurre sólo al nivel de sus deseos, con la pretensión de solucionar la crisis de la *pólis* por medio del control de cualquier exceso, pues según su creencia las ciudades donde el sector medio era abundante estaban más libres de luchas civiles. Similar función cumplirían las leyes, porque, según Aristóteles (1287b 3-5), «es evidente que buscando lo justo buscan el medio (*tò méson*); pues la ley es el medio»[60].

Claro que esto formaba parte de la ciudad pensada por Aristóteles y no de la política real en la ciudad vivida. En ésta, el exceso es algo que insiste y puede generar una permanente *stásis*, puesto que las situaciones históricas tienen un trasfondo precario que una política radical, que no se deja representar estatalmente, puede poner a trabajar en función de producir cambios revolucionarios. El propio Aristóteles tuvo que reconocer la inestabilidad de los regímenes políticos reales a raíz de las luchas civiles, estableciendo una clara relación entre *hýbris*, *stásis* y *metabolè politeías*. En efecto, según Aristóteles (1302b 5-9), el exceso y la avaricia tienen una fuerza ligada a los intereses sectoriales, *dýnamis* imposible de domeñar y que es causa de sublevaciones y sediciones, ya que los que se exceden y son arrogantes luchan tanto entre ellos mismos como contra la forma de gobierno que les da el poder[61]. El Estagirita no podrá más que reconocer que, incluso en los regímenes bien organizados como la aristocracia o la *politeía*, la *hýbris* de unos y otros conduce a una transformación del estado (1307a 5-25): de la *politeía* a la democracia, de la aristocracia a la democracia, de la *politeía* a la oligarquía, de la aristocracia a la oligarquía. Pero dentro de este cuadro, el poder del *dêmos* no sólo es el gobierno de los pobres sobre los ricos como postula Aristóteles respecto de la democracia, sino también un sujeto político en el que una multitud cualquiera, variable, sin cualificación alguna ni jerarquización previa, ejerce la soberanía sin restricciones. Ya se vio que para Aristóteles una democracia así no merecería siquiera ser contada entre las formas de gobierno. Ciertamente, su inconveniencia radica en la imposibilidad de fijar permanente y establemente las pautas

---

60 Cf. Finley (1986a), 23.

61 Sobre la transitividad entre *hýbris* y *stásis* en Aristóteles, Fisher (1992), 25-7.

de ese procedimiento productor de política que es la asamblea soberana del pueblo. Todas las formas de gobierno, no importa cuáles, pueden tener algún elemento virtuoso si se rigen por la ley. Pero si el *dêmos* actúa como un colectivo que no respeta la ley, se convierte junto con la tiranía en la peor *politeía*, hasta el punto de que el régimen político deja de existir. Lo que se desprende de esto es el carácter excesivo de la democracia radical[62]. La insistencia de la *hýbris* se liga entonces a la producción política de la *ekklesía* como magistratura indefinida, que se presenta como sitio de una subjetividad política singular, un cuerpo múltiple y colectivo atravesado por la *stásis* producida por las condiciones de enunciación igualitaria, hecho que se percibe en la producción constante de enunciados nuevos bajo el modo de los decretos.

La división y el conflicto aparecen así como constitutivos de la política de la *pólis*[63]. Pero en ciertas ocasiones, la producción legislativa tiende a suprimir las luchas, emplazándolas, reprimiéndolas e imponiendo sanciones contra los que son considerados sediciosos. A veces se ve en la *stásis* un mal inevitable que disuelve la ciudad, para lo cual resulta necesario hallar un remedio, la *sotería tês póleos*. Pero no siempre ocurría así: la actividad política de los ciudadanos en la asamblea podía tener en la división la fuente de su producción. A veces no se legislaba contra la *stásis* para salvar la *pólis*, ni se percibía en el conflicto la fuente de todo mal. Loraux ha indicado con sutileza la distancia que separa estos dos extremos a través de la posición que asumen ante la escisión los dos historiadores griegos del siglo V: «El proceso por el cual toda asamblea se escinde en dos grupos opuestos antes de tomar una decisión era en Heródoto "buena división", competencia de la historia y condición de una vida política equilibrada; esto deviene en Tucídides el primer grado de la *stásis*: la división no es más un momento –siempre provisorio– del debate, sino que socava la ciudad»[64].

La asamblea no implicaba el voto unánime de los ciudadanos ni podía erradicar la división existente entre ellos. Existía una imposibilidad de controlar los intereses en pugna gestionándolos por medio de un acuerdo consensuado. Porque, ¿cómo podría el estado ateniense controlar la institución de la asamblea, si

---

62   Véase Sancho Rocher (1997a), 99-133.

63   Cohen (1995), 25-33.

64   Loraux (1993), 213.

ésta de por sí era una parte de ese estado y, sin embargo, las tensiones y las innovaciones que allí se producían escapaban a la gestión estatal? Además, si el estado era el lugar de encuentro de los intereses conflictivos de las clases, ¿por qué entonces el desacuerdo, la división desgarrante, se instalaba en la ciudad sin posibilidad de que el estado pudiera superar esta división en pos de lograr una comunidad armoniosa mediante un lazo social comunitario capaz de subordinar las partes al todo? En la Atenas clásica, de Efialtes a los Treinta Tiranos, tanto para instaurar como para suprimir la soberanía popular, la política giró en torno a la asamblea, que se convirtió así en el índice concreto de la existencia de una política no estatal través de la cual se manifestaba el principio de la pertenencia del sujeto político a sí mismo. Esto permaneció irrepresentable para el estado mientras no se agotó la democracia en tanto acontecimiento político. De allí la posibilidad de que la política como decisión situada por encima de las leyes siguiera circulando en la *pólis* ateniense, es decir, que continuara como algo errante entre la *koinonía* y la *politeía*, entre la sociedad civil y el estado[65].

En efecto, la comunidad de ciudadanos había adquirido durante la secuencia de la democracia radical una significación concreta que no podía ser tomada plenamente por las formas estatales de representación de los intereses de las clases. La comunidad cívica como significación imaginaria es un tipo de lazo social que, como tal, es del orden de lo discursivo[66], lo cual no debe entenderse como algo que transcurre meramente en el plano del lenguaje sino como un entramado de prácticas. Por consiguiente, la idea de comunidad será significada de distintas maneras según las distintas prácticas sociales que se asuman bajo tal idea. El intento hegemónico de significar la idea de comunidad es el del estado, que procura fundar un vínculo estable entre las partes antagónicas buscando así representarlas mediante una noción armoniosa del lazo social comunitario, de modo tal que el estado aparezca como fundamento de la comunidad, depositario de la

---

65   En el pensamiento aristótelico, estas dos nociones aparecen bien determinadas. Pero la forma de la articulación específica entre dichas nociones según el tipo de *pólis* respectivo no es algo perfectamente determinado. Para nosotros, de este desacople se derivan tanto la cuestión de la corrupción de las formas de gobierno como el problema de la *aóristos arkhé*. Sobre el asunto de la errancia de la política entre la sociedad civil y el estado, Badiou (1985), 15-6.

66   Milner (1999), 9-18.

autoridad y la soberanía y garante de la unidad comunal. Pero esta significación no agota el sentido de la idea comunitaria, dado que existen otras prácticas capaces de producir significaciones en exceso respecto del intento de fijación del significado por parte de los aparatos estatales[67].

Las prácticas de los ciudadanos en la asamblea podían dar a la idea de comunidad otro sentido ligado al acto de tomar decisiones. La comunidad significada por estas prácticas colectivas adquiría el sentido de voluntad general, resultando por ende indivisible, inalienable e irrepresentable. El sentido de la idea de comunidad venía dado en este caso por las prácticas activas ligadas a esa alteridad radical manifestada por el poder popular, y no por las estatales. En este plano, vemos delinearse una Atenas dividida en la que la vigencia de la política democrática instituye a la comunidad de ciudadanos no como algo homogéneo (dado que tal sería la naturaleza del intento estatal) sino en virtud de una escisión, una heterogeneidad que es sinónimo de tensión entre las prácticas activas del sujeto político y las prácticas institucionales del estado[68]. Sólo con el agotamiento de la democracia radical y el desarrollo de la así llamada democracia moderada esta tensión perderá su fuerza irrepresentable.

Esta política no-estatal de la multitud responde al hecho de que el pueblo pone las condiciones de su autolimitación controlando su propio poder e incluyendo de manera necesaria el antagonismo como momento constitutivo. La fortaleza y la soberanía del *dêmos* derivan de esta capacidad de autogobierno y del sentido práctico que sus decretos otorgan a la idea de comunidad. En la actuación del sujeto político, la concordia o la discordia son relativas a este antagonismo, y por ende producciones de la potencia de la multitud, de sus pasiones, y no una simple cuestión de gobierno[69]. Existe pues, en este sentido, un *páthos* ligado a la política del *dêmos* que se despliega a lo largo de este

---

67 Cf. Gallego y Lewkowicz (1996).

68 Para una perspectiva teórica sobre estas cuestiones, Benasayag y Charlton (1993), 177-86. El problema del sujeto, punto recurrente de las reflexiones teórico-metodológicas del pensamiento francés –cf. por ejemplo, el número dedicado a la teoría del sujeto y la teoría social de la revista *L'Homme et la Société*, 101 = AA. VV. (1991b)–, tiene en la perspectiva de Badiou (1982), un desarrollo sistemático en el que la cuestión del exceso se liga a una producción política radical.

69 Cf. Balibar (1985), 84-5. Sobre la importancia de las pasiones en la política, Bodei (1995), *passim*.

trayecto singular de la democracia radical. Según se desprende de un pasaje de la *Política* de Aristóteles (1286a 10-20), este *páthos* sólo podría ser controlado por la ley, que aunque regule de manera general dejando lugar para decidir sobre los casos concretos, de todos modos, asegura la vigencia de «lo que no está unido a la pasión (*tò pathetikón*) en absoluto y no de aquello en que ésta es innato (*symphyés*). En efecto, en la ley no existe, pero toda alma humana la tiene necesariamente»[70]. El Estagirita argumentará a continuación que en tanto las leyes son soberanas respecto de los casos que caen dentro de su alcance, aquellos casos en que esto no ocurre tendrán que ser juzgados, delibera-dos y decididos por todos los ciudadanos reunidos, por lo que tales decisiones versarán sobre casos concretos (*kath'hékaston*), pues si la multitud actúa en el marco de la ley y resuelve por sí misma los asuntos en que no hay nada prescripto, resulta más incorruptible (*adiaphthoróteron*) que uno solo o unos pocos, aun cuando dentro suyo puedan surgir conflictos (1286a 21-1286b 3). Ciertamente, si impera la ley, el poder de los muchos, que Aristóteles denomina simplemente *politeía*, garantiza el mejor gobierno. Pero cuando la ley no es soberana, la multitud se con-vierte junto con el tirano en el peor de los gobernantes. De este modo, la ley, al imponer su tranquilidad y su quietud, al permitir incluso que las divisiones de la muchedumbre se resuelvan en forma recta, opera una especie de sosiego de las pasiones, arro-gándose para sí misma «el monopolio legítimo de algunas de las pasiones más fuertes y avasalladoras»[71], tal como Esquilo lo manifiesta en la escena de las *Euménides* cuando Atenea funda el primer tribunal humano.

A este nivel, podríamos decir que el siglo V se halla enmarcado por dos acontecimientos que nos muestran las pasiones desatadas por la democracia[72]. El primer suceso, ocurrido en el 494, señala una prohibición sancionada luego de que el público en el teatro prorrumpiera en lágrimas al ver ante sí la representación de Frínico

---

70   También Platón, *Leyes*, 835 e, contrapone las pasiones (*epithymiôn*), aso-ciadas al exceso o extremo (*eis éskhata*), con el orden de la razón (*lógos*) que debe convertirse en ley (*nómos*).

71   Bodei (1995), 15. Esta función de la ley se ajusta al rol que para el au-tor asume el estado, el cual debe garantizar a los individuos protección y hacerse cargo de resarcirlo según justicia de los perjuicios sufridos, pro-hibiéndole implicarse en una espiral de venganzas personales. Cf. *infra*, caps. 12-13.

72   de Romilly (1975), 57-70.

de *La toma de Mileto*, una derrota del pueblo jónico a manos de los persas (Heródoto, 6, 21, 2). Como se sabe, Atenas era también parte de la familia jónica, participación mediante la cual delineaba su identidad cívica. Una multa para el poeta y que en lo sucesivo nadie pudiera hacer uso del drama fueron las medidas adoptadas por los atenienses para olvidar oficialmente el *páthos* provocado por esa desgracia. Pero esta prohibición de recordar una pasión intensa se sitúa en el plano del discurso trágico en el que la *pólis* ateniense desarrolla una forma de representación de su identidad cívica que no prescinde de la división como elemento de esa identidad[73]. La autolimitación de las pasiones encarada por la propia multitud nos muestra cómo el consenso o el disenso se fundaban sobre la división de la comunidad y eran regulados en función de la misma. No se trataba, por cierto, de anular el antagonismo sino de prescribir el campo para un despliegue productivo que no fuera adverso a la propia potencia del *dêmos*.

Hay un segundo caso, también una prohibición de recordar eventos aciagos, que se centra en las consecuencias de las guerras civiles desatadas en Atenas en 404/3 (Aristóteles, *Constitución de Atenas*, 29, 6; 40, 2)[74]. Pero en este caso a diferencia del anterior la división queda anulada, o al menos eso es lo que se pretende. ¿En qué toca todo esto a la asamblea y su productividad política? En el primer ejemplo, como acabamos de ver, la autolimitación tiene por objeto que el poder del *dêmos* pueda desplegarse. En el segundo, estamos ante un decreto que junto con otros eventos y procesos paralelos cierra el ciclo radical de la política democrática. Se trata, en verdad, de un modo de resolver las tremendas tensiones que se habían desatado a partir del agotamiento de la política democrática radical, cuyas consecuencias adquirieron cada vez mayor virulencia en esa caja de resonancia que era la asamblea. La causa abierta contra los estrategos de la batalla de las Arginusas en 406 es un ejemplo claro que manifiesta las profundas divisiones que atravesaban al cuerpo político (Jenofonte, *Helénicas*, 1, 7). Por supuesto, la lucha civil desencadenda tras la derrota a manos de Esparta llevó la situación por canales imprevisibles. La sanción del decreto de olvido de los crímenes políticos fue entonces una medida excepcional ante sucesos también excepcionales que estaban fuera de todo control. El «decreto de amnistía» de 403 no fue un caso único[75], puesto que la

---

73   Cf. *infra*, cap. 11.

74   Sobre ambos sucesos, Loraux (1997), 146-72.

ciudad democrática conoció otros «olvidos»[76], pero ninguno bajo la forma de un *pséphisma* que prohibiera expresamente recordar la *stásis*. Hasta ese momento, a pesar de las varias e importantes crisis que se habían producido a lo largo del siglo V –el reciente golpe oligárquico de 411 debe obviamente inscribirse en esta lista–, el trabajo de la división había funcionado como un aspecto indisociable de la actividad del sujeto político.

Cuando una pasión invade la ciudad, cuando un *páthos* afecta a los ciudadanos, argumenta Loraux, el peligro se desata afectando las pautas de la *pólis*. «A veces, los desbordes del *páthos* son imprevisibles: entonces, a falta de haberlos contenido por anticipado, se los fecha con esmero y se confía a la memoria cívica el cuidado en negativo, como advertencia para el futuro». Se trata, entonces, de hallar alguna forma de control. Sin embargo, «la mayoría de las veces, el *páthos* es recurrente y previsible, como son los sucesos que, en su inevitabilidad, ritman el tiempo de los hombres; por eso, contra el riesgo del afecto demasiado intenso, la ciudad, en tanto colectividad bien organizada, forjó un aparato de leyes y de reglamentaciones»[77]. Las medidas contra los excesos permitirían erradicar los efectos supuestamente nefastos que aquéllos podían causar. Pero, ¿fueron eficaces durante el período de la democracia radical? Evidentemente, no. La *stásis* y la insubordinación del *dêmos* a la ley eran formas de exceso con respecto a los aparatos y reglamentaciones dispuestos para controlar los riesgos derivados de los afectos demasiado intensos. La soberanía del pueblo por encima de las leyes implicaba que el acto mismo de decidir, si bien se realizaba dentro del marco institucional dispuesto para la asamblea, se asemejara más a un *páthos* que al funcionamiento del aparato legal y represivo propio de toda colectividad estatalmente organizada, un escenario donde las pasiones que afectaban a los ciudadanos, entregados como estaban a las discusiones ardorosas, podían emerger como *stásis*, e incluso como *hýbris* según la mirada crítica de la élite. Así pues, hay una «patología»[78] de la democracia radical que

---

75 Así lo llama expresamente Plutarco, *Preceptos políticos*, 814 b-c, poniéndolo además en relación directa con la multa impuesta a Frínico. Cf. Loraux (1997), 148-50, que cita el testimonio de Plutarco.

76 Por ejemplo, Andócides, *Sobre los misterios*, 73-9, sobre la amnistía de Patroclides del año 405. Al respecto, Thomas (1992), 137-8.

77 Loraux (1995a), 19-20; cf. (1997), 255-77.

78 Cf. Mikroyannakis (1992).

lleva a que Aristóteles la excluya de la categoría de *politeía*: o la democracia es una de las formas de gobierno posibles, y por ende la forma radical no es una democracia, o bien lo contrario, porque una organización en la que todo se gobierna a través de decretos no es una democracia legítima (*Política*, 1292a 34-7).

d) El exceso de la política democrática

En una democracia como la que Aristóteles critica, en concreto la Atenas de la segunda mitad del siglo V a.C., la fuerza del pueblo radica en su capacidad para producir sin ataduras y colectivamente actos libres, esto es, en exceso respecto de toda restricción legal o institucional. Estos actos ponían en entredicho, aunque sólo fuera momentáneamente, aquello que producía la queja de Hécuba cuando sostenía que «no existe mortal que sea libre, puesto que es esclavo o de las riquezas o del azar, o la multitud (*plêthos*) de la ciudad o los textos de las leyes (*nómon graphaí*) lo obligan a usar modales en desacuerdo con su opinión» (Eurípides, *Hécuba*, 864-7). Se observará de entrada que la restricción que pesa sobre los hombres se ubica a nivel de los individuos y no de la comunidad. También hay que destacar la existencia de una contraposición entre dos de esas constricciones: el individuo se encuentra obligado o bien por la multitud o bien por las leyes, pero no por ambas cosas a la vez. Esta visión tal vez prefigure cierto perfil psicológico individual[79], pero nos dice también bastante acerca del carácter comunitario de la política. No establece, como sí lo hará Aristóteles, que la autoridad de las leyes sea mejor que la de la multitud, sino que pone de relieve implícitamente dónde es posible hallar actos realmente libres. El texto de la ley no es en sí mismo un acto sino una reglamentación cuyo respeto fuerza actos guiados por esa ley. La multitud, en cambio, es un sujeto que actúa, y su capacidad para inducir a los individuos a realizar acciones conlleva que los ciudadanos decidan, pero no a título individual sino de modo colectivo.

Se trata, ciertamente, del *dêmos kýrios*, un sujeto político que genera situaciones en las que manifiesta su *krátos* imponiendo

---

79   Véase de Romilly (1989), 141-54. En general, Vernant (1989), 211-32. Sobre la relación entre lo público y lo privado, Wallace (1994); Musti (2000), 123-54.

su ley como derecho común e instaurándola como innovación radical. Si bien ningún individuo en forma aislada (*idiótes*) podía actuar según una libertad plena, el conjunto de los ciudadanos (*tò koinón*) sí podía, y al hacerlo significaba de un modo concreto la idea de libertad. Cuando el poder radica en las decisiones soberanas del pueblo y no en las leyes, es *tò pléthos* el que induce a los que lo integran a actuar de acuerdo con las pautas colectivas. Esto es una obligación sólo para el individuo aislado pero no para el ciudadano incluido políticamente, porque en el dominio político la cuestión de la libertad se plantea como condición de la comunidad, colocándose en un plano que es el de la colectividad[80]. En la Atenas de la segunda mitad del siglo V la idea de lo común se sostiene en y es lo distintivo de la igualdad democrática, ya que en tal caso ningún elemento puede cobrar más fuerza y diferenciarse de los demás destruyendo así la voluntad general. Esto es lo que ocurre en la *ekklesía* donde las decisiones soberanas del pueblo establecen decretos o leyes que instituyen nuevas situaciones. La posibilidad que aquí nos interesa de un acto libre no es la del individuo a la que alude Eurípides en *Hécuba* sino esa que se insinúa en las *Suplicantes* de Esquilo (603-4) cuando las hijas de Dánao preguntan: «Dinos, ¿a qué decisión se ha llegado, cómo prevalece por mayoría la mano poderosa del pueblo (*démou*)?». Se retendrá la ambigüedad que implica el uso de la palabra *démos* en la escena trágica, que convocaba en las mentes atenienses tanto la idea de conjunto de los ciudadanos como la de sectores populares. Y en esto radicaba la eventualidad que se abría para el sujeto conformado en el proceso de toma de una decisión política disyuntiva y escindida. En efecto, la multitud como pueblo soberano, sin atarse a las prescripciones de la ley, tenía en la división su modo de ser. La decisión entrañaba un procedimiento por medio del cual el desacuerdo se resolvía por votaciones mayoritarias, pero circunstanciales. Así funcionaba el mecanismo con que el operador real de la política democrática producía sus decisiones, en una trayectoria libre y en fidelidad con los acontecimientos que habían posibilitado la soberanía popular.

Del enunciado de Eurípides al de Esquilo, el testimonio de Heródoto (5, 78) permite establecer, en retrospectiva, un trazo histórico que delimita el campo de la libertad cívica en relación con la igualdad, un terreno ambiguo, y por ende de lucha, en el

---

80   Al respecto, Hansen (1996); Wallace (1996); Meiksins Wood (1996).

que la idea es tomada por la política[81]: «La igualdad (*isegoríe*) es algo bueno; y si los atenienses estando tiranizados no eran superiores a ninguno de sus vecinos en las guerras, en cambio, librados (*appallakhthéntes*) de los tiranos llegaron a ser con mucho los primeros. Por consiguiente, es evidente que estando sometidos obraban voluntariamente mal, como para un amo, pero tras liberarse (*eleutherothénton*) cada uno se esforzaba con ardor en trabajar para sí mismo». Heródoto sintetiza así las condiciones de la democracia, en la que cada ciudadano como integrante de la comunidad es sujeto activo de esa libertad, que es la suya propia, y no un individuo sin libertad sometido a las obligaciones impuestas por la multitud, como se leía en Eurípides. Sólo se actúa libremente para sí mismo si se actúa colectivamente en un medio igualitario donde la palabra ha sido puesta en común. La política, ese campo ambiguo surcado por lo *alethés* y lo *pseudés*, resulta así un terreno donde la igualdad de palabra es libertad de palabra y viceversa[82].

Pero en una situación como ésta podía ocurrir, y así ocurría, un exceso de palabra, noción implicada en la idea misma de *parresía*. Decir en un medio en el que la libertad de palabra no está regulada, es, si se quiere, la forma misma del *páthos* desbordante al que hacíamos alusión anteriormente. Hablar y debatir sin garantías ni restricciones, tales son las acciones que han dado lugar a las creaciones retóricas. El deleite que puedan producirnos a través de un análisis de los recursos, las técnicas y los estilos no debe hacernos perder de vista que el problema de fondo que se ventila es el uso y abuso de la palabra política. Más allá de la evaluación que se haga del exceso, la *hýbris* consiste en que hay un *páthos* por el poder que conlleva la desmesura verbal implicada en la *parresía*. Bajo estas condiciones, utilizar el discurso es operar con la *stásis* (Eurípides, *Orestes*, 905-6; *Suplicantes*, 411-6). Y hasta tal punto *stásis* y *parresía* podían entrar en resonancia que, en ciertas situaciones extremas, el significado habitual de las palabras podía modificarse en forma notable (Tucídides, 3, 82, 4)[83], hecho que en ocasiones impedía discernir con exactitud quiénes eran los aliados y quiénes los opositores (8, 66, 3-4). De manera que la fluctuación y la inestabilidad de las partes enfrentadas aparecían como las consecuencias más destacadas de los excesos de palabra y las

---

81 Grimal (1990), 79-111.

82 Ver de Romilly (1989), 53-67.

83 Loraux (1986); cf. Immerwahr (1973); Butti de Lima (1988).

pasiones políticas. Se trata de los efectos inherentes a la libertad y la igualdad democráticas, donde la desmesura de la *parresía* se conecta con la *isegoría* provocando que, en su radicalidad, la soberanía del pueblo sea una soberanía excesiva y desreglada de la palabra[84].

La situación que resultaba de esto era en verdad conflictiva, porque no había modo de evitar que, en el momento de tomar una decisión, la división se instalara en el corazón de la voluntad general de los ciudadanos reunidos en la asamblea, cuyo procedimiento no implicaba una votación unánime sino por mayoría. El acto de decidir no estaba libre de luchas, que nos muestran los límites de la ley estatal y su intento de armonizar los conflictos por medio de la vigencia plena del lazo social comunitario. De todos modos, el anhelo de armonía y unidad se halla presente por doquier en los textos griegos[85] que muestran la adhesión de los autores a la idea sintetizada por Eurípides (*Suplicantes*, 312-3) con respecto a que lo que en verdad mantiene unidas a las ciudades es la obediencia a las leyes. Pero estas leyes, escritas o no, no implican la anulación del conflicto ni una fijación definitiva del orden social.

Del recorrido trazado se concluye que durante su secuencia activa la política radical había adquirido un sentido muy diferente de lo meramente estatal o gubernamental. Como práctica con capacidad para producir acontecimientos innovadores, la política del *dêmos* se asocia a cuatro condiciones que, apelando a Badiou[86], podemos plantear así: lo indiscernible, ligado a su carácter igualitario sustraído a las marcas de las diferencias entre clases opuestas; lo genérico, a partir de su conformación como cuerpo singular que se sustrae a lo unitario del concepto, siendo algo informalizable y excesivo; lo indecidible, mediante la producción

---

84   Gabaude (1992), 104-6. Cf. Spina (1986), 25-60; de Romilly (1989), 112-7; Foucault (1997), 3-13, 51-8.

85   En general, Finley (1986a), 177-84. Cf. Loraux (1997); (1993), 179-229, que parece encontrar un anhelo de armonía en las representaciones aristocráticas implicadas en el discurso fúnebre en tanto elogio de la democracia. También Ober (1989), 293-339, señala, aunque desde una perspectiva distinta de la de Loraux, que la hegemonía ideológica de las masas junto con la actuación política concreta de la élite producían un alto grado de armonía social y una escasez de conflictos de clases abiertos. Respecto del contexto histórico del discurso fúnebre de Tucídides, cf. Bosworth (2000).

86   Véase Badiou (1992), 179-212, 287-305.

de decisiones sustraídas a las garantías y normas de evaluación de las leyes del estado y su lugar de encuentro de los intereses; lo innombrable, que se sustrae a la posibilidad de nominación, dado que no hay un nombre para lo que es común a las magistraturas indefinidas ni para lo igual. Tales son los elementos que hemos visto aparecer bajo el modo del exceso a la formalización en el pensamiento aristotélico y tales son las condiciones políticas que nuestro análisis de la asamblea nos ha permitido delimitar, ya que el *dêmos soportaba sobre sí los atributos de la serie compuesta por la igualdad, la libertad, la voluntad general, la decisión sin garantías, la ambigüedad de su propio nombre, serie que se despliega como potencia de las pasiones de la multitud a lo largo de la secuencia del modo radical de la política democrática.*

Parte II

Historia y sofística: dos modos de construcción de la verdad política

Historia y sofística

La construcción de la verdad de la política del *dêmos* tiene en la historia y la sofística a dos discursos que traman su consistencia en la inmanencia de la situación. Ésta es la diferencia fundamental en relación con el discurso filosófico del siglo IV a.C., que se autoproclamará depositario último de la verdad abstracta de la *pólis* y se ubicará por ende en una posición prescriptiva, trascendente y normativa. Así pues, por más que en todos los casos haya un trato con la verdad, existe no obstante una distancia insalvable entre estas configuraciones discursivas: la primera es inmanente a la situación, la segunda la trasciende. Pero, ¿qué es lo que justifica que la historia, a través de Heródoto, y la sofística puedan ser consideradas conjuntamente como formas de producción de verdad?

La verdad en situación de la política del *dêmos* está dada por la posición de lectura en interioridad que sostienen tanto la historia como la sofística respecto de la revolución democrática ateniense de la segunda mitad del siglo V. El pensamiento de la verdad que ambas producen no propone un deber ser sino que asume lo que es para desentrañar las condiciones prácticas de la política democrática. Existen, de todos modos, diferencias de procedimiento entre la construcción de la verdad del discurso histórico y la de la sofística. La historia señala la relación de lo real, en tanto efecto ya dado de acontecimientos humanos, con unas causas que deben ser pensadas como verdad de lo sucedido. Así, la verdad de un evento queda atribuida a su puesta en cadena con aquello que opera como causa. En este terreno, Heródoto se encargará muy bien de mostrar que, respecto de la *pólis*, los

sucesos, en posición de efecto, son producciones colectivas cuyo
punto de partida radica en la decisión de la comunidad, en posición de causa. Atenas aparecerá entonces como el paradigma de
este modelo explicativo, pues toda acción política colectiva será
la puesta en acto de la decisión adoptada tras un debate abierto
a toda la comunidad. El discurso sofístico, por su parte, asumirá
que la verdad está bajo condición de las cambiantes convenciones
sociales y que la posibilidad de estas transformaciones obedece a
la capacidad creadora del lenguaje. Por consiguiente, el trabajo
sobre el *lógos* permite una construcción de la verdad no sujeta a
una esencia inmutable sino al carácter verosímil o probable del
argumento esgrimido mediante la palabra. En estas condiciones,
la convención social en tanto *nómos* emerge como efecto de
verdad creado por un discurso que induce un parecer general
en la comunidad y genera así un lazo social que jamás deja de
someterse a la capacidad hacedora de la palabra, siendo los ámbitos asamblearios de discusión política los lugares privilegiados
donde se comprueba el funcionamiento de los procedimientos
ligados a esta capacidad.

De esta manera, tanto la historia como la sofística establecen una reflexión sobre la producción de la verdad política: en
el primer caso, considerando los actos humanos como efectos
de las convenciones sociales (*nómos*), cuya causa radica en la
fuerza creadora del discurso (*lógos*) puesta en práctica en las
decisiones asamblearias; en el segundo, analizando la manera
en que esta elaboración por el lenguaje se desarrolla y genera
efectos en el plano del ser y en el del hacer de la comunidad.
Un ejemplo de esta preocupación conjunta por la verdad política
lo brinda la relación entre Heródoto y Protágoras en torno a las
politeîai. Como demuestra Lasserre[1], la configuración del debate
de los persas en el primero se articula bien con los elementos
fragmentarios del pensamiento del segundo. Pero en el historiador, la exposición del problema se adecua al modo específico de
construcción de la verdad del discurso histórico: una discusión
de argumentos que tiene como efecto un acto determinado por
la dirección que le imprime la decisión adoptada tras el debate;
la mirada, ciertamente, se organiza desde el resultado histórico
de la situación analizada a partir del cual se busca la causa que
lo ha generado. En la sofística, en cambio, la cuestión aparece
planteada en abstracto, puesto que no se parte de un aconteci-

---

1   Lasserre (1976).

miento preciso sino de la capacidad humana para producirlo, es decir, el lenguaje y la convención.

Otro punto de articulación entre historia y sofística gira alrededor del *primus inventor* y la cuestión de la *tékhne*. En Heródoto ambos aspectos se encuentran entrelazados y recuerdan un progreso tecnológico cuyo punto de partida es plenamente humano, tanto al nivel de una persona como de un pueblo. También aquí es el caso ateniense el que sirve de ejemplo: el establecimiento de la *isegoría* tras la expulsión del tirano genera condiciones favorables para el desarrollo de las *tékhnai* puesto que los atenienses trabajan libremente para sí y no obligadamente para otros. Ahora bien, en este punto se esboza una clara coincidencia entre el historiador y los sofistas, que asumen enteramente el tema del *prôtos heuretés* ligado al dominio técnico: el desarrollo de las *tékhnai* particulares (el trabajo de los ciudadanos para sí) se da sin sobresaltos sólo cuando se inventa la *tékhne politiké* (la igualdad de la comunidad). Las diversas artes se hallan así bajo condición de la invención de la política[2].

En el marco de estas coincidencias, resulta evidente que el tema de la verdad está ligado tanto en Heródoto como en la sofística al problema del *nómos*, la convención humana plasmada en el orden constitucional, y que este orden puede ser discutido, sometido a debate, porque depende de la capacidad humana para inventar mediante el *lógos* en el terreno de la política. Por ende, la asunción del problema del primer inventor se conecta con el carácter humano de la actividad política, siendo la democracia ateniense el lugar por excelencia de esta imbricación entre la palabra y la ley. La construcción discursiva de la verdad política se encuentra, pues, ligada a la invención humana, la capacidad creadora del discurso, la ley como convención organizadora de la comunidad y el cambio de la práctica constitucional a partir del debate asambleario.

---

2   Danieli (1991), 17-21. No comprendemos por qué el autor reduce la *tékhne politiké* a una simple cuestión espiritual contrapuesta al carácter material de las *tékhnai* artesanales; tampoco entendemos por qué descarta la relación entre las concepciones de Heródoto y las sofísticas con el solo argumento de que éstas no están presentes en la cultura de fondo del historiador. Los propios argumentos del autor sobre la importancia de las condiciones políticas para el desarrollo de las artes particulares (vigencia de la *eunomía* que asegura la paz en un estado y la prosperidad para el que trabaja; instauración de la *isegoría* en el caso ateniense) señalan justamente un campo de acuerdo entre Heródoto y los sofistas que el autor deja de lado en su argumentación.

Capítulo VII
Nacimiento de la democracia, invención de la historia

a) Situación historiográfica: historia, memoria, verdad

Heródoto de Halicarnaso expone al público su *historíe* para que no se desvanezcan (*exítela génetai*) con el tiempo los hechos de los hombres[1]. Este pasaje, incesantemente comentado, inaugura con su gesto la operación historiográfica como tal. Es evidente que el discurso histórico asume la función de rescatar del olvido (*léthe*) aquello que, de otro modo, no habría sido recordado por los hombres. De allí que podamos inscribir plenamente la invención de la historia entre las formas de configuración de la verdad, pues para los griegos la verdad es lo sin-olvido (*alétheia*)[2]. Pero debemos desarrollar la cuestión en un sentido más preciso. No se trata simplemente de que la historia actúe como una función de la memoria de las sociedades, asunto en sí mismo importante[3], sino que es necesario establecer con exactitud cuál es el significado cierto de este ademán que abre la dimensión histórica como campo para la reflexión.

---

1   Para una puesta al día sobre Heródoto con un ensayo de clasificación temática, Lachenaud (1985).

2   Sobre *léthe-alétheia*, Detienne (1981), 39-58. Acerca de memoria e historia, Simondon (1982), 259-92. En cuanto a *historía* y *alétheia*, Darbo-Peschanski (1998), 148-9, 156-61 (sobre Heródoto).

3   Sobre la *historía* y la «memoria social», cf. Gould (1989), 19-41; Thompson (1996), 28-51.

Ante el proemio de Heródoto la primera pregunta que debemos hacernos es de qué hechos y de qué hombres se trata. Heródoto inmediatamente precisa que va a ocuparse de las acciones gloriosas y maravillosas de griegos y bárbaros y de las causas de las guerras entre ellos. Debemos asimismo plantearnos cuál es el motivo que lleva a Heródoto a investigar y exponer sus indagaciones, y para quién lo hace, puesto que existe un vínculo estrecho entre los hombres cuyas acciones se rescatan del desvanecimiento temporal y aquellos hombres que podrán hacer uso de la historia. Resulta también pertinente, en este sentido, preguntarse acerca del interlocutor que queda constituido por el discurso herodoteano, puesto que no hay una articulación directa sino más bien un campo de interferencias entre los hombres cuyos actos se exhuman del olvido, aquellos que eventualmente podrán usar el relato y aquellos hacia quienes intencionadamente va dirigida la obra.

Ésto no se resuelve simplemente a partir del argumento de las lecturas públicas que Heródoto pudo hacer de distintos *lógoi*, de acuerdo con la ocasión. Tampoco se da respuesta a los interrogantes planteados diciendo que Heródoto era griego y, por tanto, dirigía su obra a los griegos. Por el contrario, creemos que se trata de buscar las marcas discursivas que nos permitan percibir el interlocutor que el propio texto construye. Para establecer el destinatario de esta discursividad es necesario articular diversos planos implicados en el texto de Heródoto. En primer lugar, veremos en qué sentido nosotros podemos hablar de la investigación de Heródoto como un relato histórico y como una etnografía, dado que sucesión temporal de los hechos y descripción de las costumbres de los pueblos son dos de los ejes que estructuran la narración. En función de esta última cuestión, será importante determinar el lugar del autor en el propio texto de la narración, buscando los gestos expresos y las marcas precisas que habilitan su emergencia en el espacio del relato, que se organiza y distribuye a partir del propio autor como sujeto narrativo. En segundo lugar, abordaremos la época contemporánea de Heródoto, esto es, la situación histórica de la *pólis* griega, y en particular el momento de la democracia ateniense ligado a la figura de Pericles. Un elemento importante en este marco será ponderar en qué sentido la *historíe* constituyó un balance político, puesto que es preciso comprender no sólo la época histórica como contexto de la obra sino también cómo el discurso histórico analiza el pasado interviniendo a su modo sobre las condiciones de su presente. En tercer lugar, vamos a indagar de qué forma Heródoto construye la identidad griega en una relación indisociable con su visión de la alteridad bárbara, y cómo paralelamente identifica a la propia Atenas democrática en el marco general del mundo helénico. Evidentemente, para nosotros la construcción del interlocutor no se circunscribe a una delimitación meramente lingüística, sino en función de la capacidad del relato histórico para pensar la política del *dêmos* en la Atenas de la segunda mitad del siglo V a.C.

b) Discurso histórico y construcción etnográfica

Las pesquisas de Heródoto conforman un conjunto en el que historia y etnografía no se distinguen entre sí como disciplinas específicas, a no ser que asumamos sobre ellas ciertas definiciones exteriores a la propia práctica historiadora[4]. Payen ha sostenido al respecto que Heródoto habilita la tradición de la historia universal, pero que esto no se ha asumido plenamente porque los estudiosos modernos se hallan ante un texto falto de integración, con discordancias y a veces incoherente, en el que se introducen grandes digresiones para describir detalladamente pueblos, países y costumbres. «Que se vea en estos pasajes *excursus* inútiles o las premisas de un discurso antropológico sobre el otro, indica Payen, estas dos hipótesis confirman que ellos perturban la coherencia atribuida a un género al que la *Encuesta* no pertenece»[5]. El intento del autor será reconciliar la historia universal con las digresiones que describen la diversidad de pueblos, sus modos de ocupar la tierra, sus usos cotidianos, costumbres y tradiciones, pues ésta era la forma en que Heródoto conocía. Por otra parte, la práctica de la lectura continua era algo factible a partir del modo material de escritura y circulación de los textos en el siglo V, esto es, por la disposición en columnas sobre rollos de papiro. De este modo, las digresiones argumentadas por los intérpretes modernos de Heródoto no serían tales para el antiguo lector griego[6].

---

4   Cf. Lateiner (1989), 145-62.

5   Payen (1997), 47, 346; 45-9. Cf. (1995).

6   Payen (1997), 41-5; (1995), 309-12. Sobre la unidad de la obra de Heródoto, Fornara (1971), 1-23.

La propuesta de Payen conjugará historia y etnografía ponderando el lugar asignado a las llamadas digresiones en el relato histórico. Su orden será el de la oposición entre conquistadores y resistentes. En efecto, mientras que la marcha de la conquista se desarrolla en la narración mediante una secuencia cronológica, ocupando de este modo el tiempo del relato, la resistencia se hace visible por medio de las descripciones de las costumbres de los pueblos que se oponen a los conquistadores, habitando así el espacio del relato. Tiempo y espacio, conquista y resistencia, se trata de nociones que el análisis de Payen asocia para trabajar sobre la constitución de dos disciplinas, historia y etnografía, siendo la primera ciencia de la continuidad de las sociedades en el tiempo y la segunda ciencia de la diversidad de las sociedades en el espacio[7]. El punto que el autor reivindica consiste en retomar los dos aspectos como parte de un conjunto único, un relato donde ambas formas permiten presentar a los actores según que ejerzan la dominación o se resistan a la misma[8].

Nuestra perspectiva, asociada a la de Payen, no parte de una definición de etnografía externa al discurso herodoteano sino según cómo se conforma en las propias prácticas de observación, comprobación, análisis y escritura que Heródoto lleva a cabo. En este sentido, *éthnos*, *khóre* y *nómoi* (pueblo, país y costumbres) constituyen en su obra términos sincréticos[9]. Por otra parte, tampoco partimos de una definición de historia externa sino según el modo efectivo en que Heródoto la instituye. En este plano, el prometido relato de los hechos de griegos y bárbaros y de las causas de las guerras entre ellos se hallará plenamente logrado si y sólo si se toman en consideración las descripciones etnográficas, pues esta historia de griegos y bárbaros no se constituye a partir de la simple relación de los sucesos (asunto en sí mismo fundamental), sino mediante la intrincación de los pueblos estudiados con los acontecimientos producidos por esos mismos pueblos a partir del enfrentamiento y la extrañeza o el reconocimiento y la convergencia[10].

---

7 Cf. Lévi-Strauss (1958), 3-33; (1983). En función del vínculo entre conquistadores y conquistados, la cuestión había sido señalada por Wachtel (1976), 25.

8 Payen (1997), 75-128. Dentro de la relación entre conquistadores-resistentes es interesante la perspectiva de Jouanna (1984), que señala una zona de grises en el marco general de la contradicción principal: la de los que colaboran o se alían con los dominadores. Cf. Wolski (1973).

9 Payen (1997), 100-5. Véase Lachenaud (1978), 409-25.

10 Cf. Romero (1952), 64-5.

¿En qué consiste pues esta historia-etnografía? Podemos comenzar postulando que se trata de un modo de pensar la identidad específica de Grecia. En este sentido, Heródoto es un pensador de la sociedad de su tiempo. Por un lado, su estudio de griegos y bárbaros implica una etnografía en negativo de la ciudad griega, sus costumbres, cultura y organización constitucional en relación con un otro encarnado en el bárbaro[11]. La mirada sobre uno mismo a través del otro resulta entonces de una inversión[12]: se define la propia peculiaridad en función de la extrañeza o la identificación que causan las descripciones detalladas de otros pueblos, sus usos de la tierra, sus sistemas de creencias, sus tradiciones y valores, su vida cotidiana. Mediante las diferencias y las semejanzas con un otro, se puede percibir el hábito presente en uno mismo[13].

Por otro lado, la historia surge en Grecia en el siglo V claramente ligada a la política, y, de manera especial, como forma de procesar la sucesión de acontecimientos militares políticamente producidos. La historia intentará analizar los aspectos del acontecer humano como sucesos producidos por la *pólis* como comunidad política. Heródoto, a partir de su indagación de las guerras médicas, y Tucídides, con su estudio de la guerra del Peloponeso, habilitan sin antecedentes previos el despliegue del discurso histórico como modo de pensar la sucesión de los acontecimientos políticos y militares[14]. Se trata, ciertamente, de un nuevo género que se organiza a partir de los recursos de una nueva retórica[15].

Antes del nacimiento de la historia, el relator de mitos contaba algo ya sabido. El historiador en cambio investigará lo que no se sabe para tratar de pensar por qué aconteció lo que aconteció[16].

---

11 Sobre estos problemas, Hartog (1980), 225-69. Cf. Rosellini y Saïd (1978); Rtskhiladze (1974). Un trabajo interesante en cuanto a la construcción del otro a partir de las marcas discursivas de los sujetos en el relato herodoteano es el de Casevitz (1983): mientras que el término *ásty* denota identidad, una mirada desde adentro, *pólis* toma el sentido de exterioridad, visión desde afuera.

12 Cf. Augé (1996); también Todorov (1993), 23-116.

13 Cf. de Certeau (1985), 225-59

14 Ver Plácido (1986); López Eire (1990). Si bien Heródoto aparece como el «padre de la historia», hay un recomienzo del discurso histórico con Tucídides; Châtelet (1978), 114-84; Aron (1983), 134-78; también Alsina (1970); (1990); Terray (1990), 155-245.

15 Lateiner (1989), 13-51.

La historia aparece entonces como una forma de analizar el surgimiento de algo que para el pensamiento resulta novedoso, y que terminará ligándose a la naturaleza de la *pólis*, cuyas decisiones y acciones son actos esencialmente políticos discutidos públicamente en asambleas y consumados militarmente en campos de batalla, en un mundo que gira en torno a la autonomía de las comunas ciudadanas[17]. En función de ello, el relato histórico asume que hay un devenir sensible-profano resultante de las decisiones humanas: existe algo que ha ocurrido por única vez, que consiguientemente tiene sentido como singularidad y que debe ser indagado como tal. Por lo tanto, se trata de pensar la forma propia que adquiere la verdad en el caso de estos fenómenos caracterizados por su rareza, y, si corresponde, tratar de discernir en qué consiste su regularidad. El discurso histórico busca así comprender el devenir de la *pólis* como comunidad política, en la que las acciones humanas producen consecuencias irreversibles. Se trata por ende de pensar los efectos de esos actos reflexionando sobre un acontecer que no es azaroso ni necesario sino contingente, resultado de las resoluciones políticas de los hombres, hecho que no ocurre donde las decisiones poseen un carácter divino o cuasi-divino, como en el contexto de un universo mítico. El discurso histórico proporciona ciertos elementos para pensar los efectos de los actos de las comunidades griegas, pues en Heródoto *historíe* significa una indagación que se inaugura con una pregunta, el reconocimiento de la novedad de lo nuevo y la necesidad de pensarlo. La historia queda así indisolublemente ligada a un tiempo sensible-profano, «el tiempo de los hombres»[18].

Lo que Heródoto en definitiva realiza es la apertura de un campo nuevo para la reflexión humana, con una dimensión en interioridad respecto de la política de la Atenas de Pericles, aunque sin dejar de lado los aportes de otras *póleis* al proceso de plasmación de una identidad griega cuya principal característica vendrá dada por la autoridad del *nómos* como forma de asegurar

---

16 Respecto del paso del mito al relato histórico, Finley (1977), 11-44. Cf. Vernant (1985), 89-134. Recientemente, Marincola (1997), 117-27. Sobre la separación ente mito e historia en Heródoto, Shimron (1989), 17-25.

17 Cf. Meier (1988), 335-68.

18 Ver Vidal-Naquet (1983), 61-85; Hunter (1982), 93-115; Darbo-Peschanski (1987), 25-38; (2000); Luce (1997), 15-59. Sobre el desarrollo de la investigación, la comprobación y la construcción del relato en Heródoto, Waters (1990); lo mismo pero en Tucídides, Connor (1984).

la soberanía de la comunidad. Invención de la política, nacimiento de la historia y acontecimiento de la democracia son así momentos correlativos de una historiografía que Heródoto conjuga para brindar a su generación un pensamiento activo de su condición[19].

c) El artificio verosímil: el autor y la narración

Se ha sostenido que por una cuestión metodológica Heródoto se dedicó a la historia inmediata. Pero Momigliano ha establecido que contaba con los medios como para desarrollar una historia más amplia o para abordar de manera crítica las leyendas o mitos[20]. Por lo tanto, hay una decisión que implica de entrada una selección, esto es, la constitución de lo que hoy llamaríamos un *corpus* documental[21], en función de diseñar un relato en torno a aquellos puntos que a los ojos del historiador tenían importancia para su generación, de la cual según se ha dicho fue el «autobiógrafo»[22].

Heródoto decide pues contar la historia inmediata que se relaciona con su generación y la anterior[23]. Para ambas las guerras médicas son un dato fundamental. Esta decisión, la consecuente selección de los «documentos» y su distribución en el espacio del relato se manifiestan en forma material mediante las marcas enunciativas presentes en el texto, conformándose así el discurso histórico a partir de determinadas estructuras narrativas que lo configuran en su especificidad[24]. La más fuerte es la habilitación de un lugar explícito para el «yo» del autor[25], una subjetividad producida a través del juego de los enunciados que adquiere un rol singular, pues parece ir operando internamente el desarrollo del

---

19 Para la relación entre historia y política en Heródoto, Shimron (1989), 72-100; Thompson (1996), 1-6; cf. Châtelet (1978), 101-10.

20 Momigliano (1984), 46-55.

21 Sobre el problema de la documentación en Heródoto, Fehling (1989).

22 Collingwood (1952), 35; cf. Weil (1985).

23 Heródoto, 3, 1??, ?· «la llamada generación humana» (*tês anthropeíes geneês*); cf. Roussel (1975), 34.

24 El problema de la narrativa herodoteana ha sido profusamente analizado. Al respecto, Gould (1989), 42-62; Payen (1990); más ampliamente, Lang (1984). De modo general, Lozano (1987), 113-71.

25 Al respecto, Calame (1986), 71-77.

relato, la correlación de los sucesos, la descripción de los pueblos, las inversiones de los tiempos, las remisiones, las digresiones. ¿Resulta necesario aclarar que casi no conocemos otro Heródoto que ese «yo» del texto de la indagación[26]? Ese Heródoto de Halicarnaso con que se abre el discurso es evidentemente el que nos configura el texto mismo mediante sus intermitentes irrupciones en primera persona aquí y allá, para decirnos que esto lo comprobó o no, que lo cree o no, que lo vio o se lo contaron. Así, a través de la configuración y la lógica de la trama narrativa misma, el autor emerge como organizador de un orden discursivo que hace de Heródoto un «rapsoda y agrimensor»[27].

El autor pues aparece como un «yo» en el relato en función de darle consistencia como discurso. La enunciación se nutre de esta marca fuerte que personaliza el espacio narrativo. Pero ésta no es la única operación que produce. Dijimos que el historiador realiza una selección de los materiales que queda sometida a una decisión previa y más fundamental que hace de Heródoto el sujeto de la narración. Entre la decisión y la narración hay que proceder a recoger los datos, luego cribarlos para recién después organizarlos y contarlos. Para ello Heródoto dispone básicamente de dos dispositivos: la vista (*ópsis*) y el oído (*akoé*)[28]. Estas condiciones sitúan al historiador en la producción de una «historia contemporánea» puesto que centrarse en lo que se ve u oye implica tener ante sí el objeto de visión o a quienes pueden hacer un relato sobre el mismo para beneficio del historiador[29].

La selección y la organización en el relato de los datos vistos u oídos implican ya adentrarnos en las marcas enunciativas que tornan posible que el discurso se despliegue. Hemos dicho que para nosotros el lugar del «yo» del autor resulta primordial. Pero Darbo-Peschanski señala que el lugar que el historiador se reserva para hablar en su propio nombre es muy restringido y que los desarrollos largos que sobrepasan la simple traza o la alusión fugitiva son raros, puesto que cuando interviene sólo lo hace rápidamente en torno a un inciso o un breve asunto. Partiendo de los indicadores del primer libro, donde la primera

---

26 Waters (1990), 10, consigna los escasos datos sobre la vida de Heródoto; también Legrand (1955), 5-37, propone algunas hipótesis a partir de ciertos elementos presentes en el texto de Heródoto.

27 Hartog (1980), 345-63.

28 Darbo-Peschanski (1987), 84-101; también Payen (1997), 120-23.

29 Cf. Marincola (1997), 63-86.

persona del singular aparece 60 veces, concluye que 50 de ellas son breves notas en las que el indagador anuncia o recuerda un desarrollo. El análisis de los libros III a IX arroja un resultado similar que «confirma que la discreción del encuestador es un trazo dominante de las *Historias*»[30].

La excepción notable, continúa Darbo-Peschanski, es la del libro II, donde sobre un total de 182 capítulos el historiador aparece 115 veces, en 70 de ellas hablando largamente. El libro completo, como se sabe, está dedicado a la indagación de Egipto. ¿A qué obedece que en este contexto su intervención directa en el relato aumente exponencialmente? Lo que la autora sostiene, luego de analizar cuidadosamente los argumentos de distintos estudiosos, es que Heródoto interviene en una suerte de *tópos* al que aporta su contribución personal, un *tópos* al que Tales, Jenófanes, Pitágoras, Hecateo y Anaximandro ya han dado forma. Puesto que él aborda un tema ya tratado, hay entonces una necesidad imperiosa de dejar fuertemente su marca personal, la impronta de su individualidad que se manifiesta de manera vigorosa y violenta[31].

La diferencia entre el libro II y el resto de la obra en lo que se refiere a las marcas de autor bien puede obedecer a lo que Darbo-Peschanski argumenta. Su análisis en este punto está sólidamente fundamentado en cuanto a la cantidad y la calidad de las intervenciones. Sin embargo, cabe preguntarse si la aparición del autor de manera estructural responde sólo a esta suerte de polémica que Heródoto sostiene con sus predecesores. Fuera del libro II las marcas del «yo» del autor se ligan a una impresión personal: evocar su búsqueda de información; señalar lo que queda de un monumento en su época; hacer una suposición; aprobar o rechazar una versión de los hechos; declarar su impotencia en resolver una cuestión; rechazar comunicar algo que él sabe. Son en verdad intervenciones breves, prescriptivas, evasivas, de dos palabras a una línea. En menor medida se trata a veces de declaraciones de principio un poco más extensas sobre su manera de proceder. ¿Es débil por ello el lugar del autor en estos casos?

---

30 Darbo-Peschanski (1987), 107-8. Una reconsideración reciente se hallará en Fowler (1996), 69-80, que señala la existencia de diversos modos mediante los que la voz del historiador se hacía escuchar: aparición explícita o implícita de la primera persona; uso de herramientas científicas; referencia a las fuentes; dar información inusual que implicaba un conocimiento especial o una investigación.

31 Darbo-Peschanski (1987), 108-12.

Un relevamiento de estas marcas enunciativas de autor a lo largo del primer libro, nos revela de qué modo los enunciados se conforman en torno de esta nueva figura literaria, a la vez que ayudan a constituirla[32]. En un primer plano evidente se destaca la función del saber del autor: «yo no voy a decir»; «yo mismo sé»; «proseguiré»; «haré memoria». El conjunto de las acciones está comandado por ese «yo» que se enuncia de entrada. Consecuentemente, los modos verbales indican esta intervención fuerte del autor en el texto a partir de su conjugación en primera persona singular. Es justamente con el pronombre personal *egó* que se abre el párrafo que comentaremos a continuación.

Heródoto precisa que los sucesos se desarrollarán en el relato no a partir del modo de su ocurrencia (*ouk érkhomai eréon hos houtos è állos kos taûta egéneto*) sino según lo que el propio autor sabe (*oîda autós*) que fue el primero que cometió injusticia contra los griegos (1, 5, 3). De modo evidente, no existe aquí un dispositivo externo al relato del autor que dé entidad de verdad a los sucesos. La autorización para narrar parte, al menos a este nivel, de una decisión subjetiva: Heródoto de Halicarnaso se dispone a exponer sus indagaciones para que no se pierdan con el tiempo los hechos realizados por los hombres. No hay institución historiadora más allá del historiador. De allí el carácter de invención que cabe aplicar a la obra de Heródoto. Su narración va a continuar remarcando la presencia del yo (*probésomai es tò próso toû lógou*) abriéndose hacia el espacio de las descripciones de pueblos, costumbres, creencias y modos de ocupación del espacio, recorriendo las ciudades de los hombres, tanto las pequeñas cuanto las grandes. Finalmente, el yo dispone la inserción de los hechos así seleccionados en un cuadro temporal: pues muchas ciudades que antes (*tò pálai*) eran grandes ahora son pequeñas, y otras, pequeñas en un tiempo, han alcanzado grandeza en el tiempo del autor (*ep' emeû*). La prosperidad humana no es algo fijo, por lo cual es menester que el autor haga memoria (*epimnésomai*) de los actos de unos y otros por igual (1, 5, 4).

En otras ocasiones, la primera persona singular da paso a la primera del plural, pues en el desarrollo del relato el «nosotros» genera una instancia de implicación más amplia que comprende

---

32 La aparición del nombre propio como marca fuerte del autor debe relacionarse con ciertos desarrollos de la poesía arcaica, sobre todo por el lado de Simónides que trabaja la lengua de tal modo que replantea todo el problema de la verdad de lo que se dice. Véase Detienne (1981), 109-22, que analiza el surgimiento de la figura del autor en el arte poético.

al interlocutor. Se trata, ciertamente, de un modo de establecer desde el texto un público para la historia que se narra. Veamos dos ejemplos: en un caso, se habla de Creso como el primero de los bárbaros que sometió a algunos griegos al pago de tributos, ganándose la amistad de otros; en otro, se dice que Giges fue el primero, después de Midas, hijo del rey de Frigia, que dedicó sus ofrendas a Delfos. En ambos casos, Heródoto reafirma las informaciones consignadas mediante un saber acerca de los actores bárbaros que se expresa con un genitivo y una implicación colectiva dada por el verbo *oîda* en primera persona plural: *tôn hemeîs ídmen*, «nosotros sabemos» (1, 6, 2; 14, 2; cf. 1, 23). El paso del yo al nosotros induce a pensar que una vez asumida la decisión de narrar los acontecimientos, se trata entonces de hacer partícipes de ese saber a aquellos a quienes el relato está destinado.

A lo largo de todo el libro I, como a través de toda la obra[33], las marcas de autor se hacen presentes para distribuir los elementos de la intriga[34], destacando lo que debe ser asumido como lo más importante, ponderando las diversas fuentes de información[35], dando valor de verdad a ciertos indicios en detrimento de otros[36], señalando lo que todavía se conserva en su tiempo en relación con lo que fue[37], dejando caer un manto de duda sobre algunos hechos, que igualmente se consignan porque eso era lo que creían quienes se lo contaron a Heródoto y, en consecuencia, más allá de la verdad objetiva, aparece la importancia de lo que pensaban aquellos que habían sido protagonistas de determinadas acciones, o que sin serlo, habían recibido el relato de parte de otros que sí lo

---

33 Cf. Powell (1938), s.v. *egó*. Véase Darbo-Peschanski (1987), 212, n. 202.

34 Cf. ahora Fowler (1996), 80-6.

35 Heródoto, 1, 20: «yo sé que fue así»; 1, 22, 2: «cuánto yo estoy informado»; 1, 49: «no puedo decirlo»; 1, 51, 4: «del cual sabiendo el nombre no lo revelaré»; 1, 57, 1: «no puedo decirlo con precisión»; 1, 58: «como me parece que es evidente»; *ibid.*: «según me parece»; 1, 60, 3: «como yo lo encuentro»; 1, 75, 1: «por la causa que yo en las siguientes narraciones señalaré»; 1, 75, 3: «como yo al menos opino»; 1, 75, 6: «pero esto yo no lo acepto», etc. Las menciones pueden multiplicarse, pero creemos que la cantidad y diversidad de las mismas resulta un parámetro claro de cómo estas marcas van organizando en torno suyo los elementos del relato herodoteano.

36 Heródoto, 1, 20: «habiendo escuchado a los de Delfos... Pero los milesios añaden a esto lo siguiente»; 1, 70, 2-3: «los lacedemonios dicen... En cambio los samios dicen...».

37 1, 66, 4; 92, 1: «todavía en mi tiempo».

habían sido[38]. En este contexto, hay elecciones que hace Heródoto que le permiten afirmar o negar un hecho, dando así diferentes valores de verdad a los acontecimientos, elecciones a partir de comparaciones entre lo que unos u otros podían indicarle sobre tal o cual suceso[39].

Para Hartog las marcas del yo se distribuyen en cuatro campos: yo he visto, yo he entendido, yo digo, yo escribo. Se trata de cuatro distintas trazas de enunciación. «Yo he visto» ligado a la *ópsis* implica el problema de las pruebas, es decir, la indagación. Esta marca de enunciación permite la afirmación «yo digo»: en tanto se tiene la prueba se puede contar. «Yo he entendido» ligado a la *akoé* opera el relevo de lo que se ha visto por lo que se ha oído. Es menos creíble y persuasivo. Significa que el encuestador está informado pero no de manera directa. A diferencia de la vista que permite al historiador enunciar directamente, el oído reenvía a un enunciador primero que opera como interlocutor del indagador. Cuando las mediaciones entre éste y aquél se amplían, puesto que el primer enunciador no entra en contacto directo con el que investiga, el «yo» da lugar a un «se dice» que denota el rol de los intermediarios. En cuanto a la narración, debemos ubicar a Heródoto entre lo escrito y lo oral. La propia idea de *apódeixis* remite al mundo de la oralidad. Se trata de una oralidad que se escribe. El problema no es la contraposición entre lo oral y lo escrito sino el percibir las huellas de lo primero en lo segundo. Finalmente, «yo digo» y «yo escribo» son dos marcas de enunciación que se asocian a la boca y la mano del narrador. El *lógos* escrito sostiene una relación de fidelidad con un decir primero que aquél autentifica y a su vez lo autentifica. Se trata siempre de escribir un dicho, jamás de transcribir un escrito. Yo he visto, yo he entendido, yo digo, yo escribo, son, en definitiva, cuatro marcas de enunciación organizadas en función de su impacto sobre el destinatario[40].

---

38   1, 182, 1: «Y estos mismos afirman, diciendo cosas para mí no creíbles...»; 1, 183, 3: «Yo ciertamente no la vi, pero refiero lo que es contado por los caldeos».

39   Al respecto, Lateiner (1989), 53-90.

40   Hartog (1980), 271-302. Sobre la oralidad en Heródoto, Evans (1991), 89-146; Hunter (1982), 324-5; Momigliano (1984), 94-104. West (1985) concluye que a pesar del valor que las inscripciones tienen en la obra de Heródoto, ocupan un lugar periférico ya que lo que principalmente le interesa es la tradición viva, lo oral. De manera general, Thomas (1992), 74-100.

En relación con esto último, merece destacarse el modo de presentación de los acontecimientos que tienen que ver con Ciro. El texto se abre con un gesto notable: «Para nosotros (*hemîn*), pues, el relato (*lógos*) investiga (*epidízetai*) desde ahora a Ciro... y a los persas» (1, 95, 1). Llama la atención, de entrada, la autonomía que adquiere el discurso respecto del autor, pues parece atribuirse al *lógos* –y no al autor como hemos visto hasta aquí– una función «poiética», como si fuera una Musa[41], estando en este caso el *lógos* en posición de inspirador de la narración. Claro que el hecho de que sea el *lógos* el que narre y no una divinidad nos ubica ante una entidad de carácter profano que desacraliza el discurso y lo convierte ya en una materialidad propia, que incluso puede, como en este caso, ser sin sujeto. Sin embargo, el autor vuelve inmediatamente a su lugar de soberano del texto: «Así pues, como dicen algunos de los persas, los que no quieren alardear en lo referente a Ciro, sino decir el relato real (*tòn eónta légein lógon*), conforme con estas cosas escribiré (*grápso*), pudiendo también haber manifestado otras tres formas de narraciones (*lógon hodoús*) con relación a Ciro» (1, 95, 1). Es claro que el *lógos* que investiga, esa razón historiadora, se identifica de inmediato con el autor que decide y selecciona entre cuatro relatos posibles el que, según le parece, dice lo realmente sucedido. En efecto, el párrafo nos muestra una fluctuación entre una autonomía del *lógos* que relata (*epidízetai*) y un *lógos* producido por un sujeto que escribe (*grápso*) lo real. Tal fluctuación introduce el consabido problema planteado por Gorgias acerca de si el discurso dice lo real o más bien produce un real[42]. La operación historiográfica inaugurada por Heródoto implica que lo real es un resultado del análisis, pero también queda claro que es su postulado[43]. Pero, ¿cuál es la garantía de verdad de este relato en detrimento de los otros tres? El tamiz parece ser el hecho de que no se muestra demasiado favorable a Ciro, pero, desde el punto de vista más general de la articulación del relato histórico con la operación historiográfica que lo sustenta, el pro-

---

41 Se recordará en este contexto el primer verso de la *Ilíada*: «Canta (*aeí-de*), diosa, la cólera del Pelida Aquiles». Ver las delimitaciones entre la función de la Musa inspiradora antes de la escritura de Heródoto y la función del *lógos* en el relato del historiador que traza Calame (1986), 70-1, 77-81.

42 Cf. *infra*, cap. 9.

43 de Certeau (1985), 53-64; también Romero (1952), 12-7.

blema implicado es el de la construcción de la verdad. La opción de Heródoto conlleva una concepción de la verdad ligada a lo verosímil a partir de su propio parecer (*dokeîn*)[44].

¿Por qué esta necesidad del autor de ponerse como garantía de lo afirmado? Hemos señalado que no existe nada parecido a unos modos institucionales propios que permitan la transmisión de pautas y reglas acerca de lo que es historiar. No se trata sólo de la invención de un tipo discursivo, sino que, por sus propias características y fines, se trata también de un discurso que debe darse criterios de validación. La autoridad de la vista se superpone a la del oído, «pues a los hombres les sucede que los oídos les son más infieles que los ojos» (1, 8, 2). Asimismo, la veracidad del que relata sin exagerar se impone, en la selección del autor, a la del que alardea tomando partido por un personaje destacado. El autor es pues garantía de verdad en la relación que el *lógos* sostiene con el supuesto real del que habla. En este sentido, podemos interpretar que el amplio lugar que ocupa el autor en el libro II dedicado a Egipto obedece justamente a la necesidad de establecer un criterio de verdad apropiado. Tres pasajes anuncian con fuerza este punto mostrando de qué modo la construcción de las pruebas, el relato y la verdad van de la mano (cf. 2, 29, 1; 99, 1; 147, 1). La *ópsis* y la *akoé* son en cada caso las formas de conocer, verificar y establecer su parecer. Es cierto que el indagador aborda aquí un tema muy tratado en el ámbito jónico, y debe entonces afirmar su individualidad manifestándose en forma vigorosa y abiertamente polémica[45]. Pero el gesto también implica que el discurso histórico debe darse sus propias reglas de configuración. No habiendo pautas previas a las que someterse, la tarea fundadora de Heródoto establece sus propias reglas. «Sobre la sola base del libro II, arguye Hunter, es posible concluir que Heródoto sea justificadamente considerado "padre de la historia". En vez de aceptar la validez del *tiempo de los dioses* en Egipto, abrió un vasto *tiempo de los hombres* o *spatium historicum*, para el que, creía, los egipcios tenían evidencia segura. Su intento de recuperar y reconstruir partes de ese pasado, convertir la tradición griega en historia desmitologizándola y humanizándola, fue ya el acto de un historiador»[46].

---

44 Cf. Darbo-Peschanski (1987), 164-89; también Hartog (1980), 363-72.

45 Darbo-Peschanski (1987), 112; asimismo Lateiner (1989), 91-108. Respecto del lugar de Egipto en las *Historias*, ver Benardete (1969), 32-68; Lachenaud (1978), 115-64.

46 Hunter (1982), 50-92 (cita en 92); cf. Shimron (1989), 101-20.

El aspecto polémico radica menos en una cuestión temática que en una programática. Al entablar una discusión con aquellos que han investigado las particularidades de Egipto, Heródoto funda la operación historiográfica como práctica nueva. Si bien puede estar discutiendo con sus predecesores en el campo de un *tópos* al que Heródoto aporta su contribución personal, en tanto la historia emerge como discurso nuevo no hay tal discusión porque antes de Heródoto no hay historia. Respecto de la posición inaugural de Heródoto los predecesores son más bien *precursores*, en un sentido similar al que luego veremos al analizar la actuación de Clístenes como precursor de la invención de la democracia ateniense de la segunda mitad del siglo V. Así, el nacimiento de la historia reorganiza hacia atrás la serie de intervenciones en torno a un tema haciendo que, a lo largo del libro II, Anaximandro, Tales o Hecateo sean sus precursores. Sin Heródoto esta serie no existiría, es decir, los precursores no serían precursores. El historiador no se inserta en una serie de investigadores agregando un punto de vista más sino que, en verdad, funda un nuevo lugar desde el cual se arma la serie de sus precursores. Si Heródoto entra en relación con sus «predecesores» es porque necesita precisar los fronteras de la historia, delimitar su campo específico de intervención, conferirle una identidad que aún no tiene respecto de otros campos ya constituidos. La identidad de la historia en tanto práctica de pensamiento es también el acta de nacimiento de la historiografía como discurso ligado a la invención de la política. Pero este nacimiento de la historia se articula especialmente con un acontecimiento singular: la invención de la democracia. Dejemos para más adelante el análisis de la forma que adquiere este encuentro entre el discurso histórico y la política democrática y destaquemos por ahora que en el nacimiento de la historia la operación historiográfica no tiene más institución que la del autor. De allí que todas las marcas de enunciación que organizan el relato se encuentren subordinadas a la soberanía de un «yo» que nos remite a Heródoto, nombre propio que comanda la exposición, primera palabra de las *Historias* que son «su» historia.

En este terreno, veremos desarrollarse una cesura entre historia y tragedia, dos géneros discursivos que marcan fuertemente la situación cultural del siglo V. La investigación positiva de los sucesos políticos y militares es un asunto nuevo que se abre con Heródoto, pero, para Aristóteles al menos, la novedad que comporta poder abordar un análisis de los incidentes particulares de una generación tiene menos veracidad que el análisis de los caracteres y las acciones de los personajes heroicos que la tragedia pone en la escena teatral, pues el público encuentra allí elementos de tipo universal. La distinción que de entrada establece Aristóteles es entre historiador y poeta, esto es, al nivel de lo que nosotros llamaríamos las marcas de autor[47]. Mientras el primero relata lo sucedido, el segundo, en cambio, lo que podría haber ocurrido (*Poética*, 1451a 39-1451b 11)[48]. Sin embargo, este no es el único plano posible para abordar el asunto. Historiador y poeta hacen referencia a dos modos muy distintos de implicación subjetiva de los autores. Hemos visto de qué modo se destaca en las *Historias* de Heródoto el rol del autor, apelando para ello a una presencia ubicua del «yo» no sólo como medida del relato –en tanto atribuye y distribuye en el espacio discontinuo del discurso los elementos que constituyen a los hombres como actores históricos y a los hechos narrados como acontecimientos con sus causas y efectos–, sino también como medida de comprobación, selección y, en definitiva, verdad de los hechos. Esta fuerte presencia de una subjetividad tan particularizada se corresponde con la visión aristotélica en cuanto a que la historia trata con afirmaciones de carácter particular, aunque mejor sería decir singular: la historia investiga lo que aconteció para explicar por qué aconteció lo que aconteció en su singularidad, topándose entonces con los hombres y grupos singulares que realizaron o padecieron tales acaecimientos. La explicación, la pregunta por las causas que la construcción herodoteana habilita, es de un carácter tan singular como el de los propios hechos que indaga. Singularidad de la explicación, singularidad de la pregunta que establece el gesto historiador, singularidad de lo acontecido, singularidad, en definitiva, del historiador mismo como autor. Podemos destacar aún más profundamente esta diferencia entre historia y tragedia haciendo nuestras las palabras con las que Vernant señala el problema respecto del poeta trágico, pues éste «desaparece por completo tras los personajes que actúan y hablan en escena, por sí mismos, como si estuvieran vivos. En el análisis de Platón, lo propio de la *mímesis* es este aspecto directo del discurso y de la acción: el autor, en vez de hablar en su propio nombre transmitiendo los acontecimientos en estilo indirecto, se

---

47 Sobre el poeta trágico y el historiador, cf. Palomar Pérez (1998) y Hartog (1998), respectivamente.

48 Sobre la relación entre ambos géneros literarios, Ehrenberg (1954), 1-21; Walbank (1960); cf. Lozano (1987), 118-21.

disimula en el interior de los protagonistas, asume su apariencia, su manera de ser, sus sentimientos y sus palabras, para imitarlas»[49].

Hay otra diferencia importante entre el historiador y el trágico que puede inscribirse en las consideraciones de Aristóteles. Pocas líneas antes del pasaje citado, Vernant señala que el público, en el teatro, no asiste al espectáculo de un poeta que cuenta las proezas de unos hombres ya desaparecidos «y cuya ausencia queda implicada por la propia narración», sino al desarrollo ante sus ojos de las hazañas mismas «revistiendo las formas de la existencia real en la actualidad del espectáculo». En relación con la figura del historiador, Momigliano ha tratado de sugerir algo sobre sus posibles audiencias[50], pero el punto permanece en la oscuridad, pues no conocemos de modo preciso ninguna forma institucional en el seno de la cual el discurso histórico tuviera cabida y se desarrollara. En rigor, la oscuridad no es únicamente informativa sino que remite a las condiciones en las que el historiador desarrolla su indagación[51].

Las figuras que sirven de antecedentes en la construcción de la narración histórica son las del poeta, el aedo: Homero, y el hacedor de relatos (*logopoiós*), Hecateo[52]; aunque también deben tenerse en cuenta las historias locales con las *Attiká*[53]. Si bien es cierto que, por un lado, su proyecto difiere del de Hecateo que relataba genealogías, por otro lado, parece existir una rivalidad con Homero, en tanto el modelo de la epopeya es el que aparece retomado al plantear el intento de contar una historia centrada en la guerra entre griegos y bárbaros[54]. Pero Heródoto se aleja tanto de uno como de otro, aun cuando el milesio ya hubiera asumido la posición de autor del relato: «Hecateo de Mileto dice así: escribo (*grápso*) lo que me parece que es verdad» (*FGrHist*, 1, 1, fr. 1)[55]. Pero, como vimos, es con Heródoto que la figura subjetiva del yo del autor adquiere su presencia plena en la organización del relato.

---

49 Vernant y Vidal-Naquet (1989), 91.

50 Momigliano (1984), 105-21; cf. Evans (1979); Flory (1980); también Marincola (1997), 19-33.

51 Cf. Momigliano (1984), 52-6.

52 Respecto de la relación con Homero, Lang (1984), 37-51. Sobre los vínculos con Hecateo, Heródoto, 2, 143, 1; 5, 36, 2; 125; cf. Hunter (1982), 310-3.

53 Ver Maddoli (1985).

54 Hartog (1998), 125, 138-41.

55 Hartog (1980), 286; cf. Lozano (1987), 125-6.

No se trata por cierto de una mezcla de elementos –la epopeya homérica junto con la figura del yo del autor ya asumida por Hecateo–, dado que la encuesta de Heródoto termina conformando un tipo nuevo de narración, una práctica nueva que configura nuevos objetos, funda nuevas relaciones enunciativas y se pregunta por las causas de los hechos de modo que establece un punto de partida y por consiguiente un recorte: no se ocupa de todo lo sucedido sino que busca los comienzos de aquello que su construcción asume como problema a explicar[56].

El otro antecedente que debe considerarse aquí es la figura del *hístor*, que aparece en la *Ilíada* (18, 495-508) con la función de arbitrar después de llevar a cabo una indagación para determinar a cuál de las partes le asiste el derecho. En el siglo VI, los *hístores* jónicos indagarán las realidades físicas y humanas, estableciendo, arbitrando podría decirse, un orden para la multitud de observaciones[57]. Este ordenamiento «arbitrario» implica de algún modo una posición de sujeto que toma decisiones respecto de los materiales estudiados que van a conformar su relato. El yo del autor es la marca de esta posición subjetiva, que en Heródoto adquiere el estatuto de historiador. La fisonomía del indagador conformado en el medio jónico se hará así patrimonio de un tipo de encuestador singular, el historiador, que investiga el espacio de las costumbres y los usos de los pueblos y el desarrollo temporal de las conquistas a partir del eje del enfrentamiento militar inmediato que ha marcado el destino de los griegos: las guerras médicas[58]. Pero a diferencia del autor teatral, el historiador carece de mecanismos institucionales que más allá de su producción permitan una continuidad de las condiciones que hacen posible dicha producción. Lo que hoy denominaríamos la operación historiográfica[59], no tiene entidad más allá de la propia subjetividad del autor que ha encarado la investigación. De allí que aquí hablemos de antecedentes más que de orígenes de la histo-

---

56 Ver Momigliano (1984), 94-6.

57 Al respecto, Press (1982), 23-34; cf. Hartog (1980), 282; van Effenterre (1967), 13; Roussel (1975), 19. Sobre Heródoto y la figura del *hístor* véase ahora Darbo-Peschanski (1998), 172-5.

58 Cf. Payen (1997), 249-80.

59 Cf. de Certeau (1985), 33-129. Sobre la relación entre la historiografía griega antigua y la historiografía contemporánea, Darbo-Peschanski (1998), 143-54.

riografía griega[60], antecedentes que, en este caso, no constituyen una razón de la apertura de la dimensión histórica como campo discursivo con sus propias reglas, pues «tales antecedentes se sitúan en un plano totalmente distinto que el hecho a explicar. No están a su altura». Consecuentemente, no pueden dar razón del surgimiento de lo histórico como tal[61].

Una vez habilitada la dimensión histórica, el problema que se presenta es que el autor carece de las condiciones de transmisión ya no de su saber sino de su hacer. Se nos objetará que otras disciplinas y discursos tampoco contaban con modos precisos de reproducción y, no obstante, el saber-hacer se transmitía. En tales casos, es necesario considerar la función social de cada una de esas actividades para comprender la forma en que las futuras generaciones podían asumir la continuidad de tal o cual práctica discursiva, y, teniendo en cuenta la importancia material de las pautas orales de comunicación, la oralidad debe haber tenido un rol importante en la transmisión de muchos discursos[62]. Otras disciplinas, como la filosofía por ejemplo, tampoco contaban con formas institucionales precisas de continuidad práctica. Pero en esto hay que considerar el papel de las sociedades «esotéricas» como las de los pitagóricos, o las relaciones contractuales como las que los sofistas fueron capaces de desarrollar, o la conformación de escuelas con maestros y discípulos como las que más adelante van a concretar Platón con la Academia y Aristóteles con el Liceo. Nada de esto ocurre con la historia. «La particularidad de los historiadores –señala Momigliano– es que no llegaron a constituir una profesión, mientras no tuvieron ni una función ritual ni un tipo de conocimiento claramente definido por descubrir

---

60   En esta línea, cf. Schadewaldt (1990); también Schrader (1994), 162-96.

61   Estas son las ideas que Vernant utiliza para descartar el problema de los orígenes, pues se trata ante todo de pensar la singularidad de una invención, en su caso, la invención de la tragedia, en el nuestro, la invención de la historia. Cf. Vernant y Vidal-Naquet (1987), 15. Vidal-Naquet (1983), 72, sostiene que «tal vez el primer signo del nacimiento de la historia sea la aparición del nombre del historiador al comienzo de las obras de Hecateo, Heródoto y Tucídides». Sobre el problema de la invención de la historia, ver Châtelet (1978), 36-56; Finley (1977), 40-4.

62   El problema es muy amplio y su investigación, a pesar de la importante producción con que contamos, está de algún modo todavía en sus comienzos. Ver Detienne (1988), y los trabajos agrupados en Detienne (ed. 1988), 251-384. Cf. Thomas (1992), 101-27; Cascajero (1993).

o transmitir»[63]. Es posible que esto se debiera al hecho de que Heródoto o Tucídides, por ejemplo, eran hombres en el exilio, pues tal vez el historiador tuviera al exilio como condición de su hacer, un hombre situado en las fronteras de su sociedad[64].

A partir de los elementos bosquejados hasta aquí, podríamos tratar de interpretar la afirmación aristótelica (*Poética*, 1451b 5-8) de que «la poesía es más filosófica y de mayor dignidad que la historia, puesto que sus afirmaciones son más bien del tipo de las universales, mientras que las de la historia son particulares». En efecto, el poeta trágico, que como autor desaparece detrás de los personajes que por sí mismos desarrollan la trama del drama, personajes con nombres inventados o que provienen de leyendas, da a esos nombres propios caracteres universales, transmitiendo en ausencia un mensaje al público en una relación de ficción que hace que todo ocurra como si el propio drama se corporizara para establecer una comunicación con los ciudadanos presentes en el teatro. Las prácticas institucionales y discursivas bajo las que la tragedia nace y se desarrolla implican determinadas condiciones de producción: se apunta a la universalidad del hombre, pues «el héroe es el modelo de la condición humana»[65], aunque bajo las circunstancias específicas de la Atenas democrática del siglo V. Por ende, el autor trágico, disimulado detrás de las acciones y las palabras de los personajes del drama, postula proposiciones universales, fija nombres propios a ciertos caracteres generales. El historiador, en cambio, sólo puede indagar por qué sucedió lo

---

63 Momigliano (1984), 106-7. El autor señala también que los historiadores «llegaron tarde al mercado (en el siglo V a.C.) y no estuvieron nunca seguros de encontrar comprador para sus productos... A diferencia de los poetas, de los filósofos y de los oradores, los historiadores no se convirtieron nunca en un grupo distinto de los entretenedores o de los enseñantes; no obtuvieron nunca un puesto reconocido en la sociedad; continuamente debieron repetir la reivindicación de que sus historias eran o instructivas o agradables, o ambas cosas, porque la palabra "historia" de por sí no sugería ni instrucción ni placer». Cf. *ibid.* 18-21. Recientemente, Boedeker (1998) ha propuesto que, en la Atenas del siglo V, la historiografía no fue un género bien aceptado comparado con otros géneros que si lo fueron y que representaron el pasado de otra manera, y que en alguna medida esto se debió al peso del autor en la construcción de una narración a través de la cual expresa activamente sus juicios.

64 Momigliano (1984), 20, 63, 107, 116; cf. Hartog (1980), 320-1; (1999), 31-2, 54-5.

65 Vernant y Vidal-Naquet (1987), 124.

que sucedió en tales y cuales circunstancias a tales y cuales hombres: se trata del modo específico de constitución de los objetos del discurso histórico, que responde a la singularidad de la figura subjetiva del autor que investiga, establece y arbitra las causas explicativas de los hechos que analiza[66].

Ausencia del autor en el caso de la tragedia, que otorga paso para que se expresen en escena directamente a través de los personajes las proposiciones universales en torno a la condición humana. Presencia del yo del autor en el caso de la historia, que relata sucesos particulares para los que no tiene una garantía de verdad exterior, divina o universal, y, por lo tanto, debe fundar la verdad en un método de observación y narración, sobre la base de una causalidad que, aunque pueda apelar a veces al modelo oracular como en el caso de Heródoto, no deja por eso de ser humana, y por ende falible. El historiador no cuenta ya con la garantía de las Musas que inspiraban el relato del aedo. En los límites de la experiencia, el historiador debe hallar un sustituto que otorgue garantía de verdad a su narración. La operación historiográfica, el indagar y narrar lo investigado, será lo que se coloque en el lugar de la verdad. La *historia* aparecerá como algo análogo a las Musas, pero bajo una faceta absolutamente humana, particular y concreta[67]. El recorte que opera el discurso histórico implica que el historiador se ocupe de un tiempo eminentemente humano, no del tiempo de los dioses. Dentro de este tiempo de los hombres trata de fijar una causa para los acontecimientos. La historia adquiere así su garantía de verdad a partir de una operación historiográfica que se sustenta no en ciertas condiciones institucionales preexistentes, como ocurre en el caso del teatro, sino en la emergencia de una subjetividad: el autor que crea sus propias condiciones para dar lugar a la narración como producto de una investigación positiva[68]. Esto se observa palmariamente en la construcción de la temporalidad del relato, hecho que Vidal-Naquet muestra con

---

66 Las *Historias* de Heródoto tienen una dimensión literaria que es necesario subrayar. Tal dimensión debe comprenderse dentro de los recursos narrativos que permiten al autor darle una organización a la intriga. Ver Waters (1966); (1971), 86-100; (1985); también Long (1987), 176-92; Calame (1986), 79-81.

67 Véase Hartog (1980), 285-6.

68 Cf. Momigliano (1984), 96; también Châtelet (1978), 80-9. De todos modos, es necesario destacar que el discurso histórico no es aséptico a la recepción de influencias de otros géneros discursivos, respecto de lo

continúa »

claridad al sostener, haciendo suyas palabras de Fränkel, que «para Heródoto el tiempo no es la única coordenada de la curva de la vida, sino, por el contrario, una función del acontecimiento que se relata. Corre cuando el acontecimiento se desarrolla, se detiene cuando hay una descripción, se invierte cuando se habla del padre después de haber hablado del hijo»[69]. Bajo estas condiciones, va de suyo que la historia es un modo de construcción de la verdad y no de comprobación de una verdad ya dada por lo «real». La invención de la historia como dispositivo discursivo es, en este sentido, una obra plena de Heródoto.

d) El momento de Heródoto: la historia como balance político

El nacimiento de la democracia en Atenas fue la efectivización de tres principios estrechamente relacionados entre sí: la *isonomía*, igualdad de derecho a la participación política para todos los ciudadanos, la *isegoría*, igualdad para cada miembro integrante de la comunidad cívica a tener su palabra en los asuntos de la *pólis*, y la *isokratía*, igualdad de poder para todos sin ningún tipo de distinción. Tres principios que pueden resumirse en uno: la igualdad no jerárquica de los ciudadanos. La *ekklesía* aparecerá en este contexto como una instancia singular, pues en ella los ciudadanos actuarán libremente según los principios indicados. En efecto, desde las reformas de Efialtes y la emergencia del *dêmos* como sujeto político, la asamblea, al actuar como operador práctico de la política democrática, se transformó en la institución que hizo posible que la invención de la democracia confirmara su vigencia durante la segunda mitad del siglo V, ya que con sus decisiones actualizaba cada vez el sentido situacional de los prin-

---

cual véase Momigliano (1985), y en especial Thomas (1997), que analiza el uso que hace Heródoto, similar al del arte retórico-sofístico y la medicina hipocrática, del lenguaje de la prueba dentro de sus descripciones etnográficas.

69 Vidal-Naquet (1983), 71-6 (cita en 74); también Payen (1995), 315: «Las descripciones de países y de *nómoi* retrasan la cronología narrativa y la de la conquista que se ve al menos discutida por esta evidencia ofrecida a todo lector: las víctimas ocupan durablemente el espacio del relato»; cf. (1997), 249-80, donde se desarrolla ampliamente esta cuestión. Asimismo Carbonell (1985); Ball (1979).

cipios igualitarios. A partir de entonces, la ecuación establecida pondría en una misma cadena significante la igualdad ante la ley, el derecho para todos los ciudadanos de hacer uso de la palabra en la asamblea y la idea misma de democracia como poder asentado en una igualdad sin jerarquías.

Hay pues una articulación que establecer entre la emergencia de la *isonomía* a fines del siglo VI, asociada a la figura de Clístenes, y el recomienzo democrático en la década de 460, ligado a Efialtes. La ciudad en su modo democrático surgió bajo ciertas condiciones históricas. Pero esto no significa que esas condiciones fueran determinantes de su irrupción, dado que las circunstancias resultan siempre contingentes, mientras que la única condición ineludible para la consumación del acontecimiento es su propia ocurrencia. El surgimiento de la democracia ateniense es lo que en una lectura retrospectiva transforma el estado de cosas en una situación en la que un acontecimiento ha tenido lugar. A partir del advenimiento de la democracia la historia ateniense se reordena hacia atrás, periodizando las discontinuidades respecto de unas series continuas, y hacia adelante, planteando la apertura de otras series nuevas, no regladas, que si bien son efectos de los acontecimientos quedan abiertas a la indeterminación y las inconsistencias, sin leyes de la historia predeterminadas que respetar.

Ciertamente, en la medida en que Efialtes y Pericles resignifican la igualdad en la participación, el uso de la palabra y el ejercicio del poder a partir de una resignificación del papel de la asamblea, Atenas pasa a asentarse efectivamente en el cuerpo de ciudadanos en tanto comunidad política que se gobierna a sí misma mediante las resoluciones soberanas del pueblo. Quedan así redefinidos los parámetros desde los que se hace inteligible el tipo de subjetividad política conformado con la revolución democrática: la asamblea como cuerpo real de la política que con sus decisiones inscribe en la situación las derivaciones innovadores del acontecimiento. La democracia seguirá teniendo vigencia como acontecimiento mientras el cuerpo reunido en la asamblea sea el que produzca la política ateniense. Se trata, por cierto, de una cuestión de nombres, asunto en verdad nada despreciable porque uno de los elementos para pensar la efectuación de un cambio radical es la nominación que el sujeto establece para el acontecimiento del que es agente.

Heródoto, contemporáneo de las consecuencias del despliegue del poder popular, no pasará por alto esto al hacer de Clístenes el fundador de la democracia. En efecto, la mirada historiadora de Heródoto fue capaz en su momento de conectar, retrospectivamente, la situación política entonces vigente a raíz de las reformas de Efialtes con las medidas del Alcmeónida a finales del siglo VI. A sus ojos, éstas eran no sólo el antecedente más claro del poder popular sino su razón misma. Hecho sintomático no sólo de un autor sino también de una época, que nos muestra una de las filiaciones ideológicas de la política ateniense de mediados del siglo V, aquella que trazaba un vínculo con la actuación de Clístenes[70]. De allí que Heródoto (6, 131, 1) pudiera sostener que fue «Clístenes el que estableció para los atenienses las tribus y la democracia»[71], hecho que Aristóteles confirma (*Constitución de Atenas*, 29, 3) al sostener que «las leyes tradicionales Clístenes las dio cuando instauró la democracia». El filósofo reafirma esto al pasar revista a los once cambios constitucionales ocurridos en la historia ateniense, y señala que el quinto de dichos cambios fue «la constitución de Clístenes, después de caída la tiranía, y más democrática que la de Solón» (41, 2)[72].

Esquilo antes que Heródoto había puesto de relieve ciertos efectos prácticos del modelo político ateniense –cuyos ciudadanos no son esclavos ni súbditos de nadie–, como la victoria militar de la *pólis* democrática sobre el poder despótico de Jerjes retratada en los *Persas*. Hay también una pintura nítida de la situación democrática en las *Suplicantes* (603-4), donde se destaca el hecho de que el pueblo es realmente capaz de ejercer el poder mediante su mano soberana. Aunque Esquilo no utiliza la locución *demokratía*, sí aparece un sintagma novedoso,

---

70 Thomas (1989), 247-51, muestra la coexistencia contradictoria de dos tradiciones orales sobre la liberación de Atenas de la tiranía: la de los tiranicidas, Harmodio y Aristogitón, y la de los Alcmeónidas. La honestidad intelectual de Heródoto (6, 123, 1-2) lo lleva a poner de relieve el rol de estos últimos dado que los atenienses habían dado excesivos honores públicos a los primeros. Cf. Podlecki (1966b).

71 El pasaje citado se refiere a Atenas, pero ya en 6, 43, 3 el historiador utiliza el término *demokratíe*.

72 Aunque también señale que, en realidad, el régimen político instaurado por Clístenes «no era... democrático, sino muy semejante a la constitución de Solón» (29, 3), es claro que, de haber sido así, entonces Solón nunca podría haber sido considerado el «padre» de la democracia ateniense.

démou kratoûsa kheír, que prefigura el término. Por otra parte, el despliegue de la democracia tiene en las *Euménides* a una de las primeras expresiones del impacto que a pocos años de la actuación de Efialtes había generado la difusión de la política del *dêmos* en la cultura de la época. Esquilo, pues, permite entender la situación que caracterizaba el recomienzo de la democracia en los años 460, momento en el que un nuevo acontecimiento revolucionario se ponía en cadena con el suceso de las reformas de Clístenes mediante una práctica política y un pensamiento eficaces.

En este clima ideológico la indagación de Heródoto trazará una línea interpretativa que permitirá conectar la política de Efialtes y Pericles con la revolución de Clístenes, pero no porque en forma deliberada lo presente así en su texto sino porque el modelo democrático es el que comanda la indagación de la *pólis*, fruto quizá de su experiencia en acto del funcionamiento político ateniense. Esta afirmación resulta en verdad un tanto problemática, ya que hay posturas igualmente documentadas y argumentadas a favor y en contra de la idea de que Heródoto era un partidario de la democracia ateniense de la época de Pericles[73]. En efecto, el asunto de las simpatías políticas de Heródoto ha dado lugar a una amplia producción historiográfica que aún no ha podido llegar a una conclusión definitiva[74]. Un primer problema radica en la cuestión de los viajes de Heródoto a Atenas, en una fecha que se ubica entre el año 450, 447 ó 445, para su primera llegada, y el

---

73 La visión tradicional sobre la afinidad del pensamiento de Heródoto y la democracia ateniense de la época de Pericles es la que representa, Legrand (1955), 106-7, aunque ello no significa una condena al régimen espartano (cf. 108-9). Parecida a la postura de Legrand en cuanto a la actitud de Heródoto hacia Esparta es la de Waters (1972). Criticando una interpretación escéptica que veía incluso elementos antiatenienses en Heródoto –cf. Strasburger (1955)–, la postura proateniense fue defendida breve pero firmemente por Harvey (1966b). Se ha sostenido asimismo que Heródoto era un admirador de Atenas, pero aristocratizante y contrario a la democracia de Pericles; cf. Forrest (1984). Para una posición más matizada que señala la imposibilidad de decidir sobre este problema y se inclina hacia la idea de que Heródoto se sitúa políticamente en un plano distinto de la simple toma de partido, Fornara (1971), 37-58; Lachenaud (1978), 317-8; Hartog (1980), 366 7.

74 Respecto de la idea de que Heródoto no era partidario de la democracia ateniense de la época de Pericles, sino más bien un crítico de la política de Clístenes y los Alcmeónidas, véase ahora Georges (1994), 157-63, que analiza el papel de Clístenes y sus reformas. Para una puesta al día sobre el problema, Payen (1997), 196-8.

443, cuando se traslada a Turios[75]. Otro punto de discusión gira en torno a si existió o no un círculo de intelectuales directamente ligados a Pericles. Si bien antes se daba por cierto un vínculo estrecho entre Pericles y pensadores o artistas como Protágoras, Anaxágoras, Sófocles, Fidias y el propio Heródoto, hoy día la crítica se muestra escéptica sobre una posible relación directa entre ellos[76]. En este contexto se deben considerar las referencias a las reformas de Clístenes, lo cual entraña incursionar en otro de los aspectos debatidos: la idea de que Heródoto tenía una visión favorable hacia los Alcmeónidas[77]. Pero todo esto no impide que Heródoto pudiera desarrollar una reflexión sobre la política democrática ateniense.

Un indicio de la articulación que Heródoto establece entre la *isonomía* clisteniana y la *demokratía* de Efialtes y Pericles lo encontramos en el hecho de que, tras analizar los cambios acaecidos en varias ciudades griegas a fines del siglo VI haciendo uso de las nociones políticas igualitarias vigentes en ese contexto (*isonomíe, isokratíe* e *isegoríe*), hable de las reformas de Clístenes como instauradoras de la *demokratíe*, término que aparece atestiguado por primera vez en la literatura griega justamente en Heródoto, es decir, después de la segunda mitad del siglo V[78]. Si bien el historiador es coherente al utilizar las nociones igualitarias para señalar los cambios operados en las ciudades jónicas a fines del siglo VI, incluyendo a Atenas en ese marco[79], sin embargo, cuando vuelve a referirse al proceso de instauración de la *isonomía* en Atenas haciendo mención a Clístenes (6, 131, 1), introduce entonces la idea de democracia, concepto político

---

75 Sobre este punto, a favor Legrand (1955), 29-37; una posición escéptica, Podlecki (1977), 246-65.

76 En cuanto a la primera postura, Schwartz (1969); Rodríguez Adrados (1975), 269-73; para una posición escéptica que retoma los argumentos ya esgrimidos por otros autores, Stadter (1993).

77 Sobre este punto, Hart (1982), 1-16; Develin (1985); Murray (1987).

78 Cf. Musti (2000), 78-81.

79 La voz *isokratíe* aparece en Heródoto, 4, 92, *a* 1, en boca del corintio Socles, y se refiere de algún modo a Atenas. La idea de *isegoríe* la hallamos por única vez en 5, 78, en relación con las nuevas prácticas políticas instauradas por las reformas de Clístenes. La palabra *isonomíe*, término habitual para hacer referencia a dichas reformas, no aparece sin embargo en ningún caso conectada con dichas reformas en el texto de Heródoto: cf. 3, 80, 6; 83, 1; 142, 3; 5, 37, 2. Ver Ostwald (1969), 137-73.

adecuado para relacionar la situación ateniense de la segunda mitad del siglo V con la de la última década del VI, pero a la vez concepto histórico inapropiado por anacrónico para dar cuenta de los procesos políticos de fines del siglo VI según las ideas entonces circulantes. Como dice Payen, «Heródoto la afirma [a la democracia] en su nombre, con fuerza, ... y, para decirlo aún más categóricamente, a riesgo de un anacronismo del que proponemos la hipótesis de que es deliberado»[80].

La afirmación de Heródoto podría interpretarse como una auténtica invención de la tradición[81]. En efecto, al hacer de Clístenes el fundador de la democracia el historiador produce un desplazamiento semántico que enajena el origen del concepto de su marco histórico efectivo. La invención del concepto de democracia en época de Heródoto queda así disimulada detrás del evento de la instauración de las prácticas políticas de carácter isonómico por parte de Clístenes. Al atribuirles el nombre de democracia, Heródoto no hace más que suponer su existencia desde fines del siglo VI. Sin embargo, es desde las condiciones enunciativas del relato herodóteo que es posible nominarlas de tal modo y, por lo tanto, sólo tiene sentido político para la situación en la que el relato se constituye[82]. El mecanismo de invención de una tradición consiste pues en la borradura del acto fundador, el del concepto de democracia, y su remisión a otro acto, el de la fundación de la política isonómica a fines del siglo VI, que vendría a otorgarle al significante democracia su significado concreto. No obstante, la tradición histórica tiene su propia emergencia, y es la atribución por parte de Heródoto de la idea de democracia a las reformas del Alcmeónida lo que las hace existir bajo este concepto preciso. Se ve claramente que no se trata para nada de un problema de fuentes sino de uno de perspectiva. La tradición sobre los Alcmeónidas existe, y Heródoto la retoma[83]. Pero al atribuir a Clístenes la instauración de la democracia, y no únicamente la liberación de la tiranía, Heródoto ya no está retomando sencillamente tradiciones preexistentes sino que está interviniendo sobre ellas. De seguro, hay un hecho que permite a Heródoto explayarse: la actuación

---

80 Payen (1997), 202. Meier (1998), 283-333; (1985), 33-53, señala un cambio a nivel del pensamiento político que conduce de los conceptos «nomísticos» del siglo VI a los conceptos «cratísticos» del siglo V.

81 Cf. Hobsbawm (1992); Marincola (1997), 3-19.

82 Cf. Hart (1982), 174-5.

83 Thomas (1989), 264-81.

concreta de Clístenes. Pero es la interpretación del historiador la
que produce una tradición sobre la invención de la democracia, y
no que la tradición ya estaba presente en las fuentes de Heródoto.
La invención de una tradición resulta así un modo posible de
construcción de la verdad por parte del relato histórico.

Cabría aplicar a esta situación lo que Borges indicaba respecto de Kafka: la figura del Clístenes herodóteo, fundador de la
democracia ateniense, conlleva adentrarnos en la idiosincrasia de
Heródoto, pues es a partir de éste que así lo percibimos. La palabra
que Borges depura es la de *precursor*. Evidentemente, desde el
discurso de Heródoto, Clístenes aparece como un precursor de
la democracia de la segunda mitad del siglo V, dado que tal es la
relación política que se deriva del relato histórico, pues «el hecho
es que cada escritor *crea* a sus precursores. Su labor modifica
nuestra concepción del pasado, como ha de modificar el futuro»[84].
Lo cual nos habla también del lugar de Heródoto en la historiografía, tal como vimos anteriormente en cuanto a la relación que el
historiador sostiene con «sus» precursores[85]. Señalemos también
que el tema indicado debe encuadrarse en una problemática que se
desarrolla de manera muy fuerte durante la segunda mitad del siglo
V y que se condensará en torno al tema del «primer inventor»[86]. A
la luz de esto último, Clístenes resulta entonces el primer inventor
de la democracia, y así se infiere de la tradición inaugurada por
Heródoto. Es la función historiadora la que ha creado esa tradición como pensamiento activo. No sabemos mucho sobre cómo
Heródoto fue entendido por sus contemporáneos[87], pero podemos
asumir que es en su discurso donde los atenienses hallaron por
vez primera un relato sobre el nacimiento de su democracia[88].
Una tradición, no carente de lazos con la verdad histórica, había
sido inventada.

---

84 Borges, «Kafka y sus precursores», en (1974), 710-2, cita en 712 (subra-
    yado del autor). Un sentido similar cabe asignar a la aserción borgiana de
    que Tácito no percibió la Crucifixión aunque su libro la registra; «El pudor
    de la historia», en (1974), 754-6, en 754. En efecto, sólo se ve lo que se
    está habituado a ver, aquello para lo cual se tiene un juicio apropiado según
    determinada circunstancia histórica.

85 Momigliano (1984), 134-50.

86 Cf. *infra*, cap. 10.

87 Véase Fowler (1996), 62-9, que da elementos para el problema pero se
    detiene en los antecesores.

88 De modo general, Canfora (1973).

¿Qué podemos extraer de estos hechos que testimonian, en el caso de Heródoto, la asociación del término *demokratíe* con las ideas de *isonomíe, isokratíe* e *isegoríe* instauradas a partir de las reformas de Clístenes, y, en el caso de Esquilo, la vigencia del poder popular en tanto modo de tomar resoluciones políticas por medio de votaciones en donde la mayoría decide? La propuesta de Loraux consiste en pensar en un comienzo y un recomienzo de la democracia, con respecto a los cuales la historia y la tragedia indican lo que la democracia ateniense tiene para decir sobre sí misma. Según este criterio, Heródoto y Esquilo «testimonian el espíritu del primer período», la etapa del comienzo con la mutación inducida por Clístenes, mientras que Tucídides y Eurípides «hablan la lengua de la segunda», el recomienzo con la política de Efialtes y Pericles[89]. Sin embargo, ¿cómo entender las ideas de comienzo y recomienzo, Clístenes ligado a Heródoto y Esquilo, Efialtes y Pericles unidos a Tucídides y Eurípides?

Tratemos de delimitar mejor estos momentos que vislumbramos a partir de sus nombres propios. Desplacémonos por un instante fuera de los límites que aquí estamos considerando y tomemos el ejemplo de las reformas de Solón. Contamos para este caso con un testimonio valioso de parte del propio reformador que, reflexionando *a posteriori* sobre su práctica política en una lengua poética, le da su nombre propio: *eunomía*, que designa no sólo los efectos producidos por las reformas que el legislador puede percibir luego de algunos años, sino sobre todo el propio acto político llevado a cabo[90]. No contamos con una información similar para la fundación de las nuevas prácticas políticas operada por Clístenes. Pero los historiadores coinciden en que la igualdad fue la principal característica de sus reformas y que en el marco del siglo VI quizá su nombre propio fuera *isonomía*, como se desprende de la equiparación hecha por Heródoto entre las nociones igualitarias y la idea de *demokratía*. Pero esto también indica que la organización instituida por Clístenes sólo será asociada con la idea de *demokratía* recién durante la época de Pericles, momento en que queda reafirmada la igualdad de derechos para todos los ciudadanos, tanto en la participación como en el uso de la palabra y en las decisiones políticas, siendo ésta claramente la definición de democracia vigente en la Atenas de la

---

89 Loraux (1979), 6 y 8, respectivamente.

90 Cf. Loraux (1988); también Blaise (1995).

segunda mitad del siglo V[91]. Todo esto no es una mera cuestión de nombres, porque un elemento indicativo de la producción de un acontecimiento y de la presentación de la fuerza que lo produce es justamente su nombre propio[92]. Es en este sentido que las interpretaciones de Esquilo y Heródoto establecen un lenguaje político capaz de significar la irrupción del pueblo en la escena política, lenguaje que no se liga directamente a la actuación de Clístenes sino que produce un enlace entre los sucesos que abren el primer período y la nueva apertura que se opera poco antes de mediados del siglo V.

En efecto, entre la revolución clisteniana y el momento en que el poeta y el historiador escriben dos cambios revolucionarios se han producido. Tras las guerras médicas el poder cae en manos del consejo del Areópago que actúa como guardián de la constitución imprimiéndole su rigor. Hacia 462, como efecto de las reformas de Efialtes, el Areópago es desplazado y el poder es asumido plenamente por la *ekklesía* y la *boulé*[93]. Puede que la idea circulante en la época de Pericles fuera efectivamente que la democracia había surgido con la intervención de Clístenes, hecho que nos conduce nuevamente a Heródoto. Y lo que sobre todo hallamos en sus *Historias* es un soporte interpretativo para que esto pudiera sostenerse. Como señala Meier[94]:

«Historia y democracia han nacido en Grecia aproximadamente en el mismo período, hacia mediados del siglo V. Esta afirmación presupone dos elementos. En primer lugar, se hace coincidir el momento del nacimiento de la democracia con el del surgimiento del *concepto* de democracia. Con esto no se quiere negar que a más tardar con la obra de Clístenes, por ende hacia 510 o poco después, se hayan tenido en Atenas formas de participación popular en la política que se presentaron como genuinamente democráticas y que indujeron ya a los contemporáneos de Heródoto a definir a Clístenes como el creador de la democracia ateniense. Lo que sobre todo queremos decir es que tiene sentido hablar de democracia sólo

---

91 Como lo muestra de manera elocuente Tucídides en la famosa oración fúnebre de Pericles (2, 37). Cf. Loraux (1993), 179-229; Musti (2000), 87-122.

92 Respecto de esta cuestión, Lazarus (1996), 150-60.

93 Cf. *supra*, cap. 2.

94 Meier (1988), 369 (subrayado en el original); cf. 370-4.

cuando está presente también su concepto, es decir, a partir de los inicios de la segunda mitad del siglo V».

Así, después de instaurada la democracia radical con Efialtes y Pericles, los atenienses empiezan a establecer una filiación que hace de Clístenes el inventor directo de las prácticas democráticas vigentes en la segunda mitad del siglo V. En este sentido, Heródoto resulta ser un lúcido intérprete político, pues en pleno clima pericleo denomina *demokratía* a la revolución clisteniana: desde los efectos de las reformas de Efialtes, que Heródoto conoce «por la vista» y no sólo «por el oído», interpreta históricamente la *isonomía* de fines del siglo VI como fundación de las prácticas democráticas.

Capítulo VIII
Heródoto y la identidad política de la democracia[1]

a) Alteridad bárbara: la representación imaginaria del otro

En las *Historias* de Heródoto se observan ciertas huellas claras del pasaje del mito a la razón: el relato no es un producto de la inspiración de las Musas sino uno de un autor, un «yo» que investiga, analiza, comprueba y finalmente cuenta a partir de un trabajo sobre el *lógos*. De este modo, el discurso histórico acomete el acontecer humano como un devenir sensible-profano no reglado e irreversible. A partir de esto, Heródoto buscará desentrañar la identidad de la *pólis* griega en contraposición con la alteridad bárbara, diseñando así un «nosotros» por medio de un análisis a la vez histórico y etnográfico, pero también investigando las diversas organizaciones constitucionales[2]. En estas condiciones, Heródoto llevará a cabo un examen de Grecia y la aparición de la *isonomía* en las ciudades, destacando en este cuadro la singularidad de Atenas.

---

1 Partes de este capítulo se usaron en dos secciones de la ponencia «En los márgenes de la igualdad. Figuras del bárbaro en la Atenas democrática», en P. López Barja y S. Reboreda Morillo (eds.), *Fronteras e identidad en el mundo griego antiguo. III reunión de historiadores*, Santiago de Compostela - Vigo, 2001, 157-77, en 157-70.

2 Momigliano (1984), 12; cf. Redfield (1985) que señala el importante aporte de Heródoto, especialmente político, al continuo debate cultural de los griegos sobre su forma de civilización, pero que se niega a ver su investigación como una etnografía o antropología.

Desde el punto de vista constitucional, el balance histórico herodóteo se consolida en el reconocimiento de un nuevo concepto político que permite comprender los nuevos acontecimientos y las realidades subsecuentes. A partir del momento en que Heródoto hace equivaler la igualdad, producto de la revolución isonómica de Clístenes, con la democracia, hace girar el recorrido histórico operado en el siglo VI –del intermedio anómalo de la tiranía a los gobiernos basados en la *isonomía*–, y con ello una buena parte del relato, en torno a un enunciado que opera un desplazamiento discursivo que nos conduce del movimiento histórico de la Hélade de fines de la era arcaica a la singularidad de la Atenas democrática de mediados del siglo V. Momigliano precisa que «el nacimiento mismo del género histórico en el siglo V a.C. difícilmente pueda separarse de la victoria de las instituciones democráticas en Jonia y en Atenas con su exigencia de cambio». En tal sentido, Heródoto no sólo rescata del olvido lo memorable sino que pone de relieve, prosigue Momigliano[3],

> «la diferencia entre los persas y los griegos en cuanto a instituciones y costumbres y la especial contribución de Atenas a la victoria... Las victorias de Maratón y Salamina eran conquistas de la joven democracia ateniense. Consciente como era de las características más tradicionales del comportamiento espartano en la guerra, juzgó a los espartanos menos capaces de derrotar a los persas que los atenienses... Heródoto escoge firmemente la guerra persa como un acontecimiento que merecía ser recordado en sí mismo, porque era la victoria de los griegos y con ello la victoria de la libertad griega sobre el despotismo persa».

Con Heródoto, pues, la historiografía griega se abre como dimensión discursiva que busca analizar los cambios ocurridos en el pasado en función de desentrañar sus causas y sus efectos aún vigentes en el presente. Trata asimismo, en la medida de lo posible, de prever qué consecuencias podrían acarrear mutaciones análogas en el porvenir[4]. En una línea similar a la de Momigliano podemos situar las ideas de Meier, que indica que la subversión de la que surge la democracia resulta una causa directa del nacimiento de la historia, aunque los presupuestos intelectuales jónicos cumplen

---

3　　Momigliano (1984), 52 y 50-1, respectivamente.

4　　Cf. Darbo-Peschanski (1998), 189.

también un papel importante[5]. Algo análogo subraya Finley al indicar que el nuevo impulso para dar respuesta a la pregunta por las causas de la guerra vino de la *pólis* clásica, y que esto debe ponerse en relación con la política como actividad humana nueva elevada al lugar de la actividad social más fundamental, en particular dentro de la democracia ateniense. Pero apelar únicamente a la ruptura que los filósofos jónicos realizaron respecto del mito, implica abordar sólo una parte de la verdad, puesto que se deja sin explicación por qué Heródoto inventó esta nueva dimensión de la reflexión humana[6].

En este cuadro, resulta necesario precisar de qué modo se establece la relación entre el nacimiento de la historia como campo abierto al conocimiento humano y la emergencia de la democracia ateniense. Debemos ver en la propia obra de Heródoto cómo adquieren precisión estas ideas y se configura discursivamente la posibilidad de dicha relación. Si bien se trata de no dejar que se desvanezcan los hechos de griegos y bárbaros, no es menos cierto que hay en Heródoto un intento de delimitar la identidad griega en relación con la alteridad bárbara.

Esto no niega la humanidad de los extraños sino que afirma la propia identidad tanto por el lugar que de suyo les corresponde a los griegos en la historia como por el lugar que Heródoto les asigna a los otros no griegos en función de construir un nosotros helénico. Lo cual nos lleva hacia el interlocutor que la obra construye, cuya composición depende de cómo queda identificado lo griego por un doble movimiento: por un lado, la descripción de pueblos, países y costumbres extrañas[7]; por el otro, el relato de los hechos (en especial los hechos, no los pueblos, países y costumbres como en el caso de los bárbaros) que han posibilitado a las ciudades griegas llegar a ser lo que eran en el momento de la contienda con los persas.

Plantear la relación entre lo griego y lo bárbaro a partir del relato de Heródoto implica, en efecto, adentrarse en una retórica de la alteridad que habilita la definición de la propia identidad helénica[8]. Por lo tanto, es preciso entender qué significa bárbaro en el discurso de Heródoto. La definición no es unívoca y ha dado

---

5   Meier (1988), 369-444.

6   Finley (1977), 40-4.

7   Cf. AA. VV. (1990), dedicado a Heródoto y los pueblos no griegos

8   Sobre esta cuestión, Hartog (1999), 111-22; Payen (1997), 163-92; Georges (1994), 115-207.

lugar a debates y controversias. Según Waters, en las *Historias* el significado del término hay que verlo en una perspectiva eminentemente histórica, ya que existe una evolución que va de una valoración despojada de todo tinte peyorativo en la época arcaica a una connotación negativa a partir del siglo IV que se formulará con precisión en el discurso oratorio. En principio, bárbaro implicaba meramente no griego, tal vez de habla no griega y en consecuencia ininteligible. Pero su sentido negativo parece estar ya presente en las ideas populares en época de Heródoto. Waters reconoce este hecho cuando propone que Heródoto poseía una gran amplitud de criterios debido a su experiencia en acto entre los bárbaros, cosa que sus contemporáneos griegos no tenían. De allí que en las *Historias* no se considere al bárbaro como inferior o incivilizado[9]. Por su parte, Laurot propone que más importante que el antagonismo categórico entre griego y bárbaro es la distinción evolutiva entre ambos términos. Dentro de la unidad de la humanidad, Heródoto no condena al bárbaro sino que exalta el modo de comportamiento griego. No se enfatizan las faltas del bárbaro sino las cualidades específicamente griegas de las que aquél da una réplica. Al igual que Waters, Laurot propone que es recién en el siglo IV que aparecerá su significado denigrante[10]. A diferencia de éstos, Lévy distingue dos aspectos de la noción: uno lingüístico y otro étnico y geográfico que implica el despotismo, la servidumbre, el lujo excesivo, la crueldad y la grosería[11]. Si bien acepta que en el siglo VI en ciertos medios el término bárbaro parece tener un valor descriptivo y aparentemente neutro para designar a los no griegos, de todos modos, indica que ya en la era arcaica la definición original daba a la idea un matiz peyorativo que en su desarrollo llevaría a la noción bien conocida que planteaba una relación helenocéntrica y una alteridad no recíproca.

En definitiva, en el proceso de afirmación de la ciudad isonómica, la fabricación imaginaria de la identidad griega hará de la figura del bárbaro a su antónimo. Al dar el paradigma de la autodefinición con respecto al otro bárbaro, en principio Heródoto ofrece su elaboración a la mirada genérica griega, o, para decirlo con palabras de Hartog[12]:

---

9   Waters (1990), 111-3.

10   Laurot (1981).

11   Lévy (1984).

12   Hartog (1980), 19.

«Las *Historias* son en efecto ese espejo en el que el historiador no ha cesado jamás de mirarse, de hecho de interrogarse sobre su propia identidad... Pero el espejo se entiende también en otros dos sentidos. Si por lo demás es un espejo en negativo, el espejo de Heródoto es, en los *lógoi* consagrados a los no griegos, ese espejo que él ofrece a los griegos... En el recorrido de algunos de los *lógoi* consagrados a los otros, el texto de Heródoto es tratado como un relato de viaje, es decir, como un relato que tiene el deseo de traducir al otro a los términos del saber griego compartido y que, para hacer creer en el otro que construye, elabora toda una retórica de la alteridad».

De este modo, la figura del bárbaro elaborada por Heródoto cumple una función ideológica de importancia en la representación imaginaria de lo griego. Ahora bien, como veremos a continuación, con la revolución isonómica, la definición de la ciudadanía trazará su eje principal en torno a la igualdad y la libertad conseguidas a partir de la expulsión del tirano. En este contexto, Heródoto ajustará la imagen del bárbaro a la de un otro que se delimitará con respecto a la identidad política griega, en especial, como frontera conceptual de la autodefinición de la *pólis* democrática, borde más allá del cual el ámbito cívico devendrá un espacio alterado y no identitario.

b) Identidad griega: la construcción del espacio isonómico

La definición del bárbaro no es por cierto el único nivel de análisis que hallamos en las Historias. Dentro de los términos cronológicos de la indagación, mediados del siglo VI hasta la conclusión de las guerras médicas, el fenómeno de la *eunomía* ha quedado atrás[13]. Si bien en algunas ocasiones Heródoto se refiere a procesos que se inscriben bajo esta idea política[14], los pone in-

---

13 Es decir, la instauración de un gobierno bien ordenado que da lugar al desarrollo de la ciudad griega en tanto espacio cívico constituido en torno a un hogar común y basado en un delineamiento más acabado de un derecho que deja atrás las formas arcaicas del prederecho.

14 Como ocurre en 1, 65-66, cuando relata el modo en que los espartanos en

continúa »

mediatamente en relación con el período que le interesa, que actúa
como punto de partida de su indagación. En efecto, el contexto
en que desarrolla el tema de la *eunomía* espartana nos remite
a la situación inmediata posterior, cuando en Esparta reinaban
Alexándrides y Aristón, la misma época en que la tiranía de Pisístrato se hallaba ya instalada en Atenas (1, 64-65; 67). Si bien
Heródoto permite encontrar datos importantes para estos procesos de constitución de comunidades políticamente organizadas a
partir de un derecho positivo encarnado en el «buen orden»[15], de
todos modos, el centro de la historia radica en lo que constituye
la bisagra entre finales del siglo VI y comienzos del V: la serie de
sucesos que conducen en determinadas ciudades a la instauración
de constituciones basadas en la *isonomía*[16].

Veamos detenidamente el problema. Dos primeras ocurrencias del término en las *Historias* se dan en el contexto del debate
entre los persas sobre la forma de gobierno a adoptar después
de la muerte de Cambises y la expulsión de los magos, época en
que los hijos de Pisístrato gobernaban en Atenas. En esa oportunidad, Otanes asegura que el gobierno de la multitud (*plêthos
árkhon*) «tiene el nombre más hermoso de todos, *isonomíe*» (3,
80, 6), y consiste en que las magistraturas se gobiernen por sorteo (*pálo arkhás*), el poder esté sometido a rendición de cuentas
(*hypeúthynon arkhén*) y todas las decisiones se tomen en común
(*bouleúmata pánta es tò koinón*)[17], lo cual ya había sido introducido por Heródoto al presentar el asunto: Otanes proponía llevar
las cuestiones al centro (*tà prégmata es méson*) para debatirlas
públicamente (3, 80, 2). Como se sabe, la idea de establecer la
isonomíe entre los persas fue finalmente vencida (3, 83, 1).

---

el reinado de León y Hegesicles, y a raíz de la actuación de Licurgo, muda-
ron sus leyes por otras nuevas, obteniendo de este modo un «buen orden».

15 Forrest (1966), 98-174, denomina a estos procesos revoluciones y pone en
cadena sucesiva la de Corinto, la de Esparta y la de Atenas.

16 Lévêque y Vidal-Naquet (1964), 28 y n. 3, han tratado esta cuestión
mostrando que para Heródoto el nudo principal de los procesos políticos de esta época reside en los cambios que tienden a posibilitar la
institucionalización de la *isonomía*, trazando las diferencias adecuadas
con las nociones de *eunomía* y *demokratía*. Cf. Sancho Rocher (1991),
239-46.

17 Cf. 6, 43, 3, donde se concibe la idea de que los persas debían democrati-
zarse (*demokratéesthai*).

El vocablo aparece por tercera vez cuando hacia 518 Meandrio, el sucesor de Policrates de Samos, tras haber congregado una asamblea de todos los ciudadanos, asegura que él tiene el cetro, todas las fuerzas (*dýnamis pâsa*) y el gobierno (*árkhein*) sobre los ciudadanos, pero que no actuará por la fuerza (*katà dýnamin*). En definitiva, puesto que los hombres son semejantes entre sí (*andrôn homoíon*), y una vez colocado el poder en el centro (*es méson tèn arkhén*), proclama finalmente la *isonomíe*, que aparece inmediatamente relacionada con la nueva libertad (*eleu-theríe*)[18] de los ciudadanos protegida desde entonces por Zeus Eleutheros (3, 142, 2-4). La última aparición se da en el contexto de la rebelión jónica hacia el año 500, cuando Aristágoras «renunciando en primer lugar de palabra a la tiranía, estableció en Mileto la *isonomíe*» (5, 37, 2).

Se ha afirmado y con razón que la contraposición política principal sobre la que reflexiona Heródoto es la existente entre tiranía e igualdad, aquélla como paralela a la esclavitud, ésta como análoga a la libertad[19]. Heródoto va relatando diversos acaecimientos políticos que giran en torno a la confrontación mencionada. En el discurso de Otanes el antagonismo es evidente. Pero donde más claramente se establece la diferencia entre la tiranía del déspota y la igualdad, considerada en este caso bajo el aspecto de la *isegoría*, es en el pasaje en el que se reflexiona sobre los efectos de las reformas de Clístenes (5, 78; cf. 66, 1)[20]:

«Así pues los atenienses acrecentaron (*eúxento*) su poder. Y es claro, no por una sola cosa sino de todas formas, que la *isegoríe* es algo bueno; y si los atenienses estando tiranizados (*tyranneuómenoi*) no eran superiores a ninguno de los vecinos en las guerras, en cambio, librados de los tiranos (*apallakhthéntes tyránnon*) llegaron a ser con mucho los primeros. Por consiguiente, es evidente que mientras estaban sometidos (*katekhómenoi*) obraban voluntariamente mal, como para un amo (*despóte*), pero tras liberarse (*eleuthero-*

---

18   Véase el ejemplo similar de Cadmo de Cos en 7, 164, 1.

19   Plácido (1986), 20-4, precisa los términos de esta contraposición y da una importante bibliografía. Cf. Springborg (1992), 23-40; Saxonhouse (1996), 31-57.

20   El pasaje ha sido objeto de diversos análisis: por ejemplo, Loraux (1979), 3-4; (1993), 212-3; también Lewis (1971), 130-1, y el análisis, a mi entender, fundamental de Nakategawa (1988).

thénton) cada uno se esforzaba con ardor en trabajar para
sí mismo».

Hemos visto ya que esta oposición también aparecía cuando
Samos dejó atrás la tiranía, instaurándose un poder basado en la
igualdad (*isonomíe*) y asociado a la nueva libertad atribuida a los
ciudadanos en tanto hombres semejantes entre sí (3, 142, 2-4). Y
otra vez, cuando Aristágoras estableció la *isonomíe* anulando la
tiranía en Mileto y procurando llevar a cabo lo mismo en el resto
de las ciudades jónicas (5, 37, 2). La contradicción entre ambos
elementos aparece nuevamente cuando los espartanos intentan
restaurar la tiranía en Atenas. En esa ocasión el corintio Socles
acusará a los lacedemonios de querer disolver el gobierno basado
en la igualdad de poder (*isokratía*) y restaurar la tiranía en las
ciudades (5, 92, *a* 1). De lo cual se sigue que es sobre este par
contradictorio que Heródoto está delineando la identidad de la
pólis griega.

Por ende, la reflexión de Heródoto sobre la identidad griega a
través del análisis de la alteridad bárbara no puede separarse del
modo en que, a partir de este proceso de construcción de la identidad, redistribuye el espacio griego según la manera en que cada
pólis desarrolla su ser griego o, mejor dicho, practica su propia
identidad y se identifica así con lo helénico. En este sentido, el
pasaje referido al debate de los persas resulta ilustrativo del papel
de la alteridad bárbara para delinear la propia identidad de los
griegos. Pero, a la vez, también es un indicio de las divisiones
que puede contener esa identidad griega, hecho que nos conduce
a la propia época del historiador, momento en que los debates
entre oligarcas y demócratas se agudizaban[21]. Es menester pues
analizar este pasaje para delimitar los enunciados que en el relato
de Heródoto configuran un discurso sobre la identidad griega y
sus límites.

En un plano general, el debate resulta fundamental para entender el pensamiento político de Heródoto[22]. El discurso de Otanes,
como vimos, traza el argumento a favor de la igualdad y en contra

---

21 De modo general, Raaflaub (1989); Sancho Rocher (1997b).

22 La bibliografía sobre ésto es muy amplia; cf. Brannan (1963); Ostwald
(1969), 111-5; Hegyi (1973); Lasserre (1976); Evans (1981); Bordes
(1982), 242-9; Giraudeau (1984), 101-11; Lateiner (1989), 163-86; Raaflaub (1989), 41-5. Recientemente, con un examen de la identidad persa,
Thompson (1996), 52-78.

de los excesos de la monarquía. Sin embargo, la alocución de Darío establece la contraposición entre el poder popular, la oligarquía y la monarquía (3, 82, 1). Tres y no dos son las formas que se oponen, hecho que se torna posible a partir de la intervención de Megabizo, que defiende una oligarquía para el gobierno persa (3, 81, 1). El término oligarquía aparece también en el pasaje en el que el corintio Socles relata cómo en su ciudad dicho régimen político dio paso a la tiranía a raíz de las luchas entre los oligarcas (5, 92, *b* 1)[23], argumento que se ajusta al de Darío acerca de que la oligarquía lleva al mal gobierno y, en definitiva, da paso a la monarquía. Darío también arguye que el gobierno popular basado en la igualdad conduce necesariamente a la monarquía debido a las luchas internas que genera (3, 82, 3-4). Pero la oposición vital es la que se da entre *isonomíe* y monarquía, pues cuando al final del debate la decisión recaiga en la monarquía, será Otanes (que defendía la *isonomíe*) el que se apartará voluntariamente de participar en la selección del nuevo monarca, argumentando otra vez sobre las virtudes del gobierno igualitario.

Ahora bien, la contradicción entre igualdad y monarquía es correlativa a la existente entre igualdad y tiranía. En este sentido, la igualdad es un atributo de la organización política de las ciudades griegas que se asocia con la libertad y el buen gobierno. La tiranía, en cambio, es una anomalía dentro del espacio cívico griego: los hombres están sometidos y actúan de mala gana pues deben obedecer a un *despótes*. Esta anomalía, presente en varias

---

23 Es interesante relacionar aquí la anécdota relatada por Heródoto, según la cual la madre de Pericles había soñado que engendraba un león y «en pocos días engendra para Jantipo a Pericles» (6, 131, 2), con los dichos que pone en boca de Socles, quien señala esto mismo respecto de Cipselo –el que derrocó al gobierno oligárquico en Corinto e introdujo una tiranía–, pues los baquiadas habían recibido un oráculo que decía que el nacimiento de un león fuertemente feroz iba a doblegar las rodillas de muchos (5, 92, *b* 3). ¿Responden ambos ejemplos a los enunciados que Heródoto pone en boca de Darío en cuanto a que tanto la oligarquía como el gobierno del pueblo conducen al poder de un hombre fuerte? Quizá deba interpretarse este curioso paralelismo como una alusión a lo que sucede en la fase posterior a 479, momento en que, como señala Hartog (1999), 117, «culmina la etapa en que los atenienses fueron los "salvadores de Grecia" y va a comenzar el tiempo de la hegemonía y luego del imperio de Atenas». La respuesta que en todo caso pueda darse a este asunto implica dos puntos importantes: la visión de Heródoto sobre la democracia ateniense así como las posibles relaciones que pudo haber sostenido con el círculo de Pericles. Sobre esto, Cimino (1976); cf. Payen (1995), 315; (1997), 196.

ciudades griegas durante el período de la historia estudiado por
Heródoto, se asocia entonces no con los elementos propios de
la civilización política que identifica a los griegos sino con una
alteridad: la identidad de la tiranía viene dada por la presencia
del bárbaro dentro de la ciudad griega. El otro que Heródoto
construye a partir del enfrentamiento de lo griego con lo bárbaro,
y la extrañeza que su presencia implica, no es únicamente algo
externo sino un concepto que permite entender cuál es el límite
de la experiencia política de la *pólis* más allá del cual el espacio
cívico deviene un espacio alterado o barbarizado. La monarquía
es lo propio de los bárbaros, como parece demostrarlo el debate
de los persas, pues si damos crédito a Heródoto –que por dos
veces se esfuerza en destacar la veracidad de este hecho (3, 80,
1; 6, 43, 3)– los persas, aun teniendo la oportunidad de elegir
entre tres formas de gobierno diferentes, terminan por escoger
la monarquía, forma política tradicionalmente utilizada y sobra-
damente conocida por ellos. Lo propio de los bárbaros es, en el
orden político, la relación entre un amo y sus súbditos. Lo propio
de los griegos es la igualdad y la libertad, formas que permiten
que los hombres actúen políticamente para sí mismos y no para un
despótes. La tiranía como producto de la ciudad griega, el hecho
de que los hombres sean súbditos de un amo, implica la traza de
lo bárbaro en lo griego, la presencia de un fenómeno singular, una
alteridad que hace desvanecer la pretendida homogeneidad de la
identidad griega. Cabría decir que el bárbaro no está en los otros,
en los extraños, sino en los propios, en los griegos. Esta oposición
entre el carácter colectivo del gobierno igualitario y el carácter
unipersonal del poder despótico es destacada por Payen: si bien
las acciones desarrolladas por los monarcas durante sus campañas
de conquista son narradas por Heródoto como relatos de vida,
sin embargo, no es el rey conquistador el que deja su impronta
en el relato y en la historia sino que queda un lugar vacante para
los pueblos que se oponen a la dominación. El contraste se torna
más pronunciado en el momento en que Jerjes debe enfrentarse
al pueblo ateniense, pues el relato de vida dejará su lugar a otro
espacio discursivo. Payen se pregunta si se trata de otra forma de
dominación o *arkhé*, y responde[24]:

«No se trata solamente de un rechazo de la crónica laudatoria
de un individuo, sino que cuando Atenas aparece al costado

---

24 Payen (1997), 84-5; (1995), 317, 323-7. Ver Evans (1991), 41-88; Hart
   (1982), 113-57; Momigliano (1986), 36-58.

de Jerjes, su presencia tiende a oscurecer la figura del Rey, como si el funcionamiento político de la ciudad, colocando en un primer rango al *dêmos* y los magistrados, exigiera otro tipo de narración. Una entidad colectiva deviene sujeto del relato y esta conmoción entraña una innovación en la escritura, prueba suplementaria de que, en las *Historias*, los paradigmas de la tradición son afectados por un trabajo de *poíesis*, de creación de un nuevo género. La figura de la conquista toma poco a poco el paso sobre la herencia narrativa de las Vidas».

Así, la diferencia entre el rey y la ciudad se afianza en la distancia que separa a ambas figuras, en el enfrentamiento entre gobierno personal de uno solo y gobierno colectivo de los ciudadanos. Que en este contexto la entidad colectiva sea Atenas, no puede significar más que la reafirmación de la oposición inmanente que hay entre igualdad y tiranía, entre libertad y dominación. La identidad griega se sostiene en el carácter colectivo de sus decisiones y acciones políticas, cuya posibilidad radica en la igualdad. La alteridad bárbara, la presencia misma del rey en el relato, sólo puede existir a partir de una ausencia, la de la igualdad.

Pero lo que también llama la atención en el debate de los persas es el desplazamiento de la contraposición entre igualdad y monarquía hacia un tercer término hasta ahora excluido: la oligarquía. Tres y no dos son entonces las formas políticas que se enfrentan a partir de los argumentos de los oradores. Cada una, implícita o explícitamente, debe confrontar sus virtudes con las otras dos. Pero esto es algo sólo aparente, porque el discurso de Heródoto está dispuesto de forma que el enfrentamiento se dé entre igualdad y monarquía. En efecto, el primero en hablar es Otanes que defiende la *isonomíe* en contra de los males causados por el gobierno despótico. Su discurso bien podría ser el de un ateniense que defendiera las virtudes de las reformas de Clístenes en relación con los excesos y la falta de virtud de la tiranía (gobierno de la multitud que domina todos los poderes por sorteo, que rinde cuenta de sus acciones y donde todas las deliberaciones corresponden a la comunidad). El que habla en segundo lugar es Megabizo, que introduce en el debate constitucional el tercer término, la oligarquía, y critica tanto a la monarquía –a la que califica de tiranía– y a los excesos del tirano (*tyránnou hýbrin*) como al poder de la multitud y a los excesos de un pueblo irresponsable (*démou akolástou hýbrin*). Una vez presentado este tercer término, la exposición de Darío en defensa de la monarquía resulta una conclusión lógica, pues según el orden del discurso es necesario contraponer las virtudes del gobierno de uno solo con los defectos de la *isonomía* y la oligarquía que son defendidas por Otanes y Megabizo, respectivamente.

Ahora bien, el punto importante es que la contraposición entre *isonomía* y oligarquía a que da lugar el discurso de Megabizo resulta anacrónica en el marco en que está presentada, pues el desarrollo del concepto de oligarquía parece ser paralelo al de democracia hacia mediados del siglo V. Ciertamente, Heródoto escribe después de esa fecha y, por lo tanto, es lógico que lo utilice. Pero esto contrasta con la meticulosidad del historiador para describir los acontecimientos políticos y sociales que conducen de la tiranía a la igualdad, situación en la que Heródoto parece cuidarse muy bien de no hablar de democracia sino de *isonomíe, isokratíe* o *isegoríe*, según hemos referido más arriba. Que Heródoto utilice aquí el término oligarquía, lo mismo que el de democracia en el pasaje sobre Clístenes ya analizado, parece ser un modo de hacer lugar al debate político contemporáneo[25]. En este sentido, podemos sostener junto con Lévêque y Vidal-Naquet que «todo ocurre como si Otanes hablara en representación de una época donde la distinción entre oligarquía y democracia aún no estuviera hecha y donde la palabra *isonomía* recubriera simplemente la oposición con la tiranía»[26]. En efecto, la oposición que recorre el período que va de finales del siglo VI a comienzos del V es la que acabamos de señalar.

¿Han podido los persas sostener efectivamente este debate, tal como lo señala Heródoto en dos oportunidades, y desarrollar a su vez elementos para reflexionar políticamente sobre qué forma de gobierno era la más conveniente, incluso sin haber desarrollado esas formas? Canfora ha sostenido que hay entre los historiadores una idealización que ha llevado al lugar común de los griegos «inventores» de la política[27]. Basa su argumento en el debate constitucional recién comentado, ocasión en la que los líderes persas tuvieron oportunidad de considerar la hipótesis de poner en común la política dejando el poder en manos del pue-

---

25 Cf. Hart (1982), 65-70.

26 Lévêque y Vidal-Naquet (1964), 28-9.

27 Canfora (1993), 144-5. El autor sólo cita aquí a Meier (1988), 53-94, y su *interpretación* sobre la tendencia a la *isonomía*, pero su crítica al lugar común de los griegos inventores de la política parece abarcar también a otros historiadores.

blo. Se puede aceptar su pedido de que le creamos a Heródoto y confiemos en su honestidad, pero esto no implica que haya tenido que ser necesariamente así. Porque Heródoto habla de un debate entre dirigentes acostumbrados a gobiernos de antecámaras, sin participación popular, en el que se discuten los pro y los contra del gobierno de la multitud, la oligarquía y la monarquía pero no se piensa ninguna forma práctica de realización. En definitiva, la cuestión importante no es si la idea existía o no antes de que los griegos la «inventaran», sino cómo se instauró de modo práctico y concreto. La invención no es una cuestión de ideas meramente, sino un complejo de prácticas en el que la invención mental participa, pero que no se agota en eso. En este sentido, es claro que con Clístenes los atenienses pusieron las bases para efectuar sus prácticas isonómicas y no únicamente sus ideas, sin preocuparse demasiado por la paternidad de las mismas. Se trata, por cierto, no sólo de la invención de la política sino sobre todo de una política inventada. Ya Finley había advertido que la diferencia primordial entre la política pregriega y la griega radicaba en que aquélla era una política de antecámaras en la que los súbditos sólo tenían que obedecer al amo de siempre, el rey, mientras que el invento griego implicó el desarrollo de una política de cámaras, es decir, pública y abierta al conjunto de los ciudadanos[28]. En verdad, incluso la forma en que los persas deciden optar por la monarquía luego del debate constitucional nos sitúa en presencia de un gobierno de antecámaras y no de uno de cámaras, pues en ningún momento el pueblo irrumpe en escena. La decisión corre por cuenta de un selecto grupo de siete hombres, de entre los cuales sólo tres manifiestan su opinión sobre los criterios a tener en cuenta para optar por uno u otro de los regímenes considerados.

Por otra parte, la exposición de los argumentos efectuada por cada uno de los persas es absolutamente griega, y podría decirse incluso que se trata de una presencia fuerte de las prácticas atenienses a este respecto. Es sintomático en este sentido lo que Heródoto había puesto en boca de Darío poco antes de que los siete confabulados atacasen a los magos. En ese momento, tratando de persuadir a los demás, Darío pronuncia un discurso digno de ser citado en extenso (3, 72, 4-5)[29]:

---

28 Finley (1986a), 73-6.

29 Respecto del problema del engaño en la obra de Heródoto, Vílchez (1972)

continúa »

«Pues allí donde es necesario decir alguna mentira (*pseûdos*), dígase. Porque anhelamos lo mismo los que mienten (*pseudómenoi*) y los que se sirven habitualmente de la verdad (*aletheíe diakhreómenoi*). Ciertamente, los unos mienten (*pseúdontai*) cuando tienen la intención de obtener algo habiendo persuadido con las mentiras (*peúdesi peísantes*), y los otros dicen la verdad (*alethízontai*) para conseguir algo de provecho con la verdad (*aletheíe*) y que se confíe más en ellos. Así, sin practicar lo mismo, nos preocupamos por lo mismo. Y si nada fuera a obtenerse, igualmente el que dice la verdad sería mentiroso (*hó alethizómenos pseudés*) y el que miente veraz (*hó pseudómenos alethés*)».

El problema evidente es el de la persuasión ante un público de semejantes. En este cuadro la reiteración de términos construidos a partir de las ideas de lo *pseudés* y lo *alethés* nos introduce de lleno en una doctrina sofística del discurso[30]. En efecto, poco antes del pasaje citado, y como introducción a su exposición, Darío había propuesto una perspectiva general acerca de la relación entre la palabra y el acto que nos conduce directamente al estatuto creador del *lógos*, porque «muchas cosas no se pueden demostrar con palabras, sino con hechos; pero lo que se puede con palabras, ningún hecho fuera de eso llega a ser claro» (3, 72, 2).

Se trata de un principio que parece ir bastante bien con la lógica del discurso sofístico, los *dissoì lógoi*, pues respecto de un tema de debate el sofisma es capaz de establecer la posibilidad de sostener posturas alternativas, e incluso excluyentes, sin que su verdad o falsedad las descalifique antes de ser sometidas a discusión. Y en este terreno, si un argumento falaz es capaz de persuadir, vale lo mismo que uno verdadero en la tarea de convencer al auditorio; y si ni uno ni otro sirven para obtener la decisión que se cree más apropiada, en ese caso, el discurso verdadero se vuelve tan mentiroso como el mentiroso puede pasar por verdadero. Es decir, sus efectos prácticos sobre un público son los que determinan su carácter verdadero o falso, pues si el argumento mentiroso es el que se lleva a la práctica, entonces dicho discurso va a quedar concretado en la realidad. Evidentemente, lo que se impone es el

---

señala la convivencia de las nuevas ideas ligadas a la sofística con las tradicionales permitiendo una articulación entre sabiduría, verdad y engaño. Cf. Dihle (1962).

30 Cf. *infra*, cap. 9, respecto de esta cuestión propia de la sofística.

criterio de la praxis: el acto, incluso el hecho mismo de decidir por el argumento supuestamente falaz, da entidad real a las palabras proferidas. Pero esta praxis implica reconocer de entrada la capacidad creadora del *lógos*, porque es a partir de un enunciado que un acto puede articularse. En este sentido, los argumentos de Darío en cuanto a que tanto la oligarquía como el gobierno popular llevan indefectiblemente a la monarquía quizás hayan sido falaces (y de hecho los persas parecen carecer de alguna experiencia política respecto de la oligarquía y la democracia y sus consecuencias prácticas). Pero según Heródoto, el argumento de Darío fue votado por el resto de los miembros del grupo, lo cual llevó a que Persia siguiera siendo una monarquía. Otanes, por su parte, pudo haber argüido motivos verdaderos, como el hecho de que la monarquía conduce a excesos como los que cometió Cambises[31], pero esto no convenció a los demás, y según el criterio de la praxis, su moción se volvió falaz, pues al llevarse a cabo la propuesta de Darío, los dichos de Otanes se volvieron mentirosos en relación con las prácticas concretas.

En definitiva, la edificación de la identidad griega implica no sólo la construcción de un otro encarnado en el bárbaro que sirva como punto de comparación y extrañeza, sino también la delimitación de ciertas condiciones para el despliegue de una política articulada en torno a la igualdad y la libertad y opuesta a la imagen del tirano. Esto acarrea un primer desplazamiento del ámbito general helénico al espacio isonómico desarrollado en algunas ciudades a finales del siglo VI, contexto al que será posible aplicar la concepción del lenguaje como elemento creador de realidad que Heródoto utiliza para encuadrar el debate de los persas, mostrando así el carácter griego que insiste tras el ropaje bárbaro del mismo.

c) De la comunidad fundada en la ley a la ciudad igualitaria

De lo argumentado hasta aquí se desprende la necesidad de situar el debate persa sobre las formas de gobierno no en su encuadre bárbaro sino en el contexto de eso que Hartog[32] demuestra

---

31 Al respecto, T.S. Brown (1982); cf. Waters (1971), 53-6.

32 Hartog (1980), *passim*. Vidal-Naquet (1983), 73 y n. 75, destaca esta cuestión y cita a Hartog.

como una presencia casi obsesiva en las *Historias* de Heródoto
del modelo del espacio cívico griego. En este sentido, Loraux[33]
ha señalado que

> «la historia de las ciudades es para Heródoto la de las decisio-
> nes, y, del lado griego, no hay batalla que no esté precedida
> por un debate real: hace falta que se opongan los pareceres
> antes de que venza la mejor opinión, porque resulta seguro
> en este pensamiento optimista que ella vence siempre. Este
> esquema propiamente político es en verdad griego y con-
> trasta con las falsas deliberaciones de los bárbaros; pero es
> incluso más específicamente *ateniense* si se tiene en cuenta
> la repugnancia de los lacedemonios a convocar una asamblea
> en la que sus aliados puedan expresar sus reivindicaciones:
> se podría entonces decir que la democracia ateniense es una
> vez más el modelo en materia política».

Se podría encuadrar este análisis en el marco de las descripciones que hace Heródoto de, por un lado, las costumbres de los
pueblos bárbaros, y en especial de los persas que protagonizan
el debate, y, por el otro, la organización constitucional de las *póleis* griegas. Sin embargo, desde el punto de vista político, este
recorrido no nos llevaría mucho más allá de una conclusión bien
establecida entre los estudiosos: la diferencia entre griegos y bárbaros consiste en que aquéllos por lo general son ciudadanos de
sus ciudades mientras que éstos suelen ser súbditos de un rey[34]. En
efecto, «todo ocurre como si una asamblea, en el mundo bárbaro,
no pudiera reunir más que reyes»[35]. Pero no siempre las comuni-

---

33 Loraux (1993), 213 (subrayado en el original); cf. 211-6. Ver He-ródoto,
    9, 6-10. Las afirmaciones de Loraux valen para el texto de Heródoto, y
    así las tomamos aquí, aunque se puede señalar, en cuanto a la falta de
    deliberaciones, la coincidencia con las ideas expresadas por Finley (1977),
    262-3. Respecto del papel del pueblo y la asamblea de ciudadanos en Es-
    parta, Butler (1962); Kelly (1981). Una revisión completa del asunto, que
    da a la asamblea y las deliberaciones en Esparta un lugar importante en su
    organización y decisiones políticas, es el de Ruzé (1997), 129-240.

34 Ver Lateiner (1989), 181-6, que señala cómo Heródoto a través del debate
    constitucional privilegia el *nómos* por encima del depotismo, y Georges
    (1994), 47-75, que señala el marco en el que lo anterior es posible: la in-
    vención de los persas en el imaginario griego. Cf. también Fornara (1971),
    24-36; Benardete (1969), 69-98; Briant (1990).

35 Hartog (1980), 330; cf. 330-3, donde se analiza el debate constitucional.

dades griegas estaban organizadas según las pautas de participación colectiva. Veremos luego que la presencia de la tiranía es, justamente, uno de los factores que pone en entredicho el modelo cívico griego y genera un enfrentamiento en su interior entre lo que lo identifica y lo que lo altera.

Pero vayamos ahora hacia otra cuestión vinculada a ésta, pues, en ciertas ocasiones, la contraposición nos lleva a la diferencia entre Esparta y Atenas. Hay un pasaje de Heródoto que destaca el contraste entre ambas ciudades: «Pues parece ser más fácil engañar (*diabállein*) a muchos que a uno (*polloùs... è héna*); si bien [Aristágoras] no fue capaz de engañar a uno solo, Cleómenes el lacedemonio, en cambio lo hizo con treinta mil atenienses. En efecto, convencidos (*anapeisthéntes*) los atenienses votaron (*epsephísanto*) enviar veinte naves en ayuda a los jonios» (5, 97, 2-3). El primer elemento que se destaca es la diferencia entre la decisión de uno solo y la de la multitud. En el campo de esta última el engaño es posible, hecho que nos recuerda los principios discursivos puestos de manifiesto por Darío. Sin embargo, en el terreno de una reunión colectiva el punto esencial es la persuasión no la verdad, pues está claro que los atenienses tomaron su decisión a partir del convencimiento de todos. El punto radica no tanto en el engaño sino en la capacidad de la palabra política de inducir a la acción a un cuerpo colectivo, más allá de que se demuestre con hechos o con palabras, tal como indicaba Darío.

Pero la imagen de una Esparta comandada por uno solo parece no ajustarse a la que Heródoto va a poner más adelante en boca de Demareto. Para éste, si bien toda Grecia posee sabiduría y una severa ley y rechaza la pobreza y el despotismo, los lacedemonios por sí solos son capaces de enfrentar al Gran Rey y sus propósitos de esclavizar a Grecia (7, 102, 1-2). Es en los dichos de Jerjes que hallamos planteado el asunto que aquí nos interesa. Para éste, el punto sobresaliente radica en que los griegos, al ser todos igualmente libres y al no estar gobernados por uno solo, no podrían enfrentar con éxito a su ejército (7, 103, 3). Demareto da a esto una respuesta contundente (7, 104, 4-5)[36]:

«Así como los lacedemonios, peleando uno a uno, no son peores que ninguno de los hombres, así también en conjunto son los mejores de todos los hombres. Dado que siendo libres (*eleútheroi*) no son libres del todo; pues sobre ellos hay una

---

36   Cf. Lachenaud (1978), 514-25.

ley soberana (*despótes nómos*), a la cual temen mucho más que los tuyos a tí. Hacen pues lo que ésta ordena. Y ordena siempre lo mismo: no permite rehuir del combate ante ningún contingente de hombres, sino que se debe permanecer en su puesto para vencer o morir».

Notemos de entrada que este sometimiento a la ley soberana de parte del conjunto de los lacedemonios se plantea en el terreno de la guerra. Pero ¿qué sucede en el plano de las decisiones políticas? Es aquí donde cobra fuerza la diferencia señalada por Heródoto entre la decisión de uno solo y la de la multitud, puesto que si bien los espartanos al combatir defienden la libertad, rechazan la esclavitud y respetan al máximo la ley, esto no implica que en el campo político sometan a debate las resoluciones tal como lo hacen los atenienses. Esta distancia entre unos y otros aparecerá también en torno a un asunto muy preciso: la restauración de la tiranía en Atenas.

En efecto, el hecho más sintomático del modo utilizado por Heródoto para construir la identidad política de la *pólis* democrática es para nosotros la contraposición con la tiranía, alteridad que anida dentro de la propia ciudad griega pero que, como hemos visto a partir del debate de los persas, se manifiesta como una característica identificatoria del poder monárquico en el mundo bárbaro antes que en el mundo helénico. Como señala Hartog, en las *Historias* el rey y el tirano van de la mano. Uno está respecto del otro en una posición recíproca de espejo: el tirano refleja al rey así como éste lo hace con aquél. La imagen del poder tiránico se forma en relación con el poder real y viceversa. En el cruce de ambas imágenes se construye la representación del poder despótico[37].

En cuanto a Atenas, lo que resulta significativo es la situación posterior a las reformas de Clístenes en la que los espartanos aparecen como los impulsores de la restauración de la tiranía. En este contexto, podemos retomar lo señalado por Loraux: en Heródoto la democracia ateniense es el modelo en materia política de la manera en que los griegos debaten las decisiones a tomar y de la conformación específica de su espacio cívico. Veamos esto con más detalle antes de introducirnos en la política espartana respecto de las consecuencias de las reformas isonómicas atenienses. Heródoto identifica el espacio cívico con la reunión del

---

37   Hartog (1980), 330.

pueblo en asamblea, el uso de la palabra, la suspensión de los criterios de verdad o mentira y, por consiguiente, la utilización de la persuasión por parte de los oradores ante la multitud. Tanto a raíz de la exposición de Darío sobre el problema de la verdad o la mentira como a partir de la comparación entre la decisión de Cleómenes y la de la multitud ateniense ante los pedidos de Aristágoras (3, 72, 2; 4-5; 5, 97, 2-3), hemos podido observar con respecto al problema del engaño que éste no implica un juicio moral de valor negativo sino el reconocimiento de que en el terreno político las ligaduras entre saber, engaño y verdad no son relaciones lógicas sino que están sujetas a las condiciones específicas del dispositivo asambleario[38]. Entre tales condiciones, el uso de la palabra capaz de persuadir, es decir, la argumentación por medio del *lógos*, es lo que permite la articulación efectiva del espacio político. En este contexto, es el caso ateniense el que por regla general actúa como modelo de la *pólis*, cuya política implica poner los asuntos en común, ubicarlos en el centro[39]. La disputa entre Jantipo y Milcíades comentada por Heródoto nos sirve como ejemplo: el primero ventila ante el pueblo (*hypò tòn dêmon*) una causa por traición proponiendo la condena a muerte del segundo; finalmente, el pueblo se pronuncia (*prosgenoménou toû démou*) y lo sanciona por fraude pero no le impone la muerte sino una multa (6, 136).

Otro caso es la decisión de la asamblea ateniense acerca del sentido del oráculo sobre Salamina y la pared de madera luego de lo que parece haber sido un extenso debate, hecho importante porque esa decisión, según asume el propio Heródoto haciéndose totalmente responsable de su opinión (7, 139), llevó a la definitiva salvación de Grecia, pues sin la flota ateniense los persas no hubieran sido detenidos por ninguna muralla ni por ningún ejército. La exposición de Heródoto de esta asamblea muestra las dudas existentes entre los ciudadanos y la falta de garantías sobre el sentido preciso de un discurso como lo es el oráculo proferido por la Pitia (7, 140-2)[40]. Si bien dice la verdad, la enuncia con pudor. No se trata de una verdad diáfana que los hombres comprenden y aceptan inmediatamente, sino de un discurso interpretable a partir de la lógica de lo verosímil[41]. Su sentido viene dado por una nueva

---

38   Cf. Vílchez (1972), 52-4.

39   Cf. Giraudeau (1984), 59-62.

40   Respecto del rol de la Pitia en Heródoto, Dewald (1981), 110-2.

41   Cf. *infra*, cap. 9.

cadena significante que se pone en el lugar del significado; su sentido es forzado por la palabra política enunciada en la asamblea. Heródoto señala que muchas eran las opiniones, en primer lugar, las de los adivinos. Unos decían que la muralla era la acrópolis; otros, en cambio, que eran las naves. Pero estos últimos no podían entender qué significaba la invocación «¡Oh! Salamina divina», pues según el oráculo sería fatal que, tras haber organizado una batalla naval, fueran derrotados. Haciendo uso de la palabra, la interpretación y la persuasión[42], Temístocles propone que no hay dudas de que el oráculo es favorable y que obtendrán la victoria, pues, en rigor, los aspectos nefastos del mensaje están destinados a los enemigos (7, 143-4)[43].

El último ejemplo que aquí daremos nos presenta elementos similares a los casos anteriores pero señalando el rol del consejo en la organización de las reuniones de la asamblea y el orden de los temas a debatir. La situación gira en torno a un tal Licides, consejero que está dispuesto a aceptar la propuesta de Murijides, el enviado de Mardonio, de que Atenas se una a los invasores obteniendo a cambio importantes prerrogativas. Lo interesante es que Licides no propone hacer nada de espaldas al pueblo sino, por el contrario, llevar el asunto a la asamblea (*es tòn dêmon*). Pero esto no ocurrirá porque dentro del consejo la oposición será unánime, así como también lo será por parte de los atenienses que aunque no integraban el consejo estaban en el ágora y se informaron de lo sucedido. El castigo a Licides, su mujer y su familia (fueron apedreados incluso por las mujeres[44]) nos muestra cómo la toma de decisiones podía dar lugar a sanciones éticas y morales (9, 5). Pero no debemos interpretar que en este caso se rehuyó al debate público en la asamblea; aquí esto es rechazado no porque se impugne el procedimiento en sí sino porque la propuesta de Licides implicaba poner en duda la posición ateniense respecto de los persas y aceptar de algún modo su dominación sobre el Ática con el consiguiente reconocimiento de su poderío sobre los atenienses.

---

42 Sobre la capacidad persuasiva de Temístocles, sus dotes para actuar de acuerdo con las circunstancias (tiempo, lugar e interlocutores) y su relación con los que pasarían por ser los primeros sofistas, como Mnesífilo (cf. Heródoto, 8, 57-8), Detienne y Vernant (1988), 285.

43 Respecto del discurso de Temístocles y su inserción en el contexto de la acción de las *Historias*, Hohti (1976), 59, 131-3; también Lang (1984), 7 y 152-3, n. 18.

44 Cf. Dewald (1981), 98.

El problema de las decisiones del pueblo en la asamblea nos reconduce a un asunto ya planteado: la utilización por parte de Heródoto del término *demokratíe*. Ciertamente, estamos ante una cuestión compleja que requiere la descomposición del vocablo en sus elementos formadores. El análisis que ha hecho Payen de esta cuestión nos permite ubicar a Heródoto en el lugar adecuado respecto de este punto[45]. Partiendo de las interferencias entre *krátos, arkhé* y *hegemoníe*, el autor señala que el *krátos* es una potencia, una fuerza peligrosa que debe ser controlada porque puede poner a un individuo por encima de otros otorgándole una autoridad superior. Un modo de operar este control sería colocarlo en común, en el centro. Lo que queda claro es que el *krátos* conlleva un primado de lo político. Pero en este terreno la relación con la *arkhé* debe ser precisada. De acuerdo con Payen, el *krátos* señala el momento de la victoria en las circunstancias propias de la lucha, mientras que la *arkhé* es una dominación destinada a durar, que se inscribe en el tiempo, es decir que se reproduce y, por tanto, es una consecuencia del ejercicio reiterado del *krátos*. Por su parte, la *hegemoníe* suele aparecer ligada a la *arkhé*, en especial en aquellas situaciones en que un pueblo logra imponerse sobre otro y dominarlo.

¿Significa esto que al trazar estas relaciones entre los tres términos señalados Heródoto está anticipando el desarrollo de una nueva forma de *hegemoníe* en la que los atenienses, al ejercer un *krátos* destinado a durar, terminan por desplegar una *arkhé*? Es cierto que al final del período que cubren las *Historias* empieza la llamada pentecontecia, etapa obviamente conocida por Heródoto a lo largo de la cual los atenienses organizarán y consolidarán su imperio o *arkhé*[46]. ¿Es entonces el poder ejercido por el *dêmos*, al que Heródoto da el nombre de *demokratíe*, el que permite pasar de la lucha vitoriosa a la dominación? Payen explora las articulaciones entre *krátos* y poder popular en Heródoto y encuentra que también aquí la ambigüedad subsiste, puesto que *arkhé* designa el ejercicio regular de las magistraturas por sorteo[47], mientras que *krátos* es el

---

45 Payen (1997), 192-203. Cf. Rhodes (2000a), 124-7, que permite entender el contexto en el que el término democracia se conforma como una denominación positiva en oposición a la oligarquía.

46 En Tucídides *arkhé* designa el devenir de la hegemonía ateniense en un imperio tiránico.

47 Payen (1997), 198.

medio de realización de la *arkhé* así como el segundo elemento de
la palabra democracia. El análisis del debate de los persas permite
entender las constantes fluctuaciones de sentido que sufren estas
nociones. Pero Payen concluye atinadamente que «la posición
de Heródoto es perfectamente clara y audaz. Frente al adversario
que, tal como Megabizo, hace del término un eslogan injurioso,
es necesario sostener con fuerza el nombre único de *isonomía*...
Para lo demás, barriendo el oprobio que finalmente no se liga ni
al origen ni a la práctica del régimen, asumir efectivamente el
término *demokratía*»[48]. ¿Sucede entonces que en manos del *dêmos*
el *krátos* cambia de valor? En efecto, el *krátos* puede tomar una
forma aceptable cuando, situado *es méson*, queda sometido al
control de un procedimiento colectivo.

Ahora bien, esto en cuanto a la democracia ateniense de la
época de Heródoto. Pero ¿qué ocurre con la democracia establecida por Clístenes, de la que Heródoto nos ha hablado ya? Aquí
vemos surgir la competencia con Esparta, pues los lacedemonios
comprenden con rapidez que una vez expulsada la tiranía, los
atenienses ya no les obedecen sino que se sitúan en un pie de
igualdad (*isórropon*) con ellos. En estas circunstancias, los espartanos perciben que la restauración de la tiranía puede hacer
que los atenienses se dejen gobernar dócilmente, mostrándose
entonces como defensores de sus caracteres básicos, la esclavitud
y el despotismo, mientras que los atenienses aparecen paralelamente defendiendo su libertad e igualdad recién conseguidas. El
primer intento de restaurar la tiranía en Atenas ocurre luego del
fracaso de la contrarrevolución de Iságoras para desbaratar las
reformas de Clístenes, ayudado por el rey espartano Cleómenes[49].
En esa ocasión, éste reune un ejército junto con los aliados del
Peloponeso e invade el Ática «buscando castigar al pueblo de los
atenienses y queriendo también instalar a Iságoras como tirano»
(5, 74, 1)[50]. Pero el intento fracasa debido a las deserciones dentro

---

48 *Ibid.*, 202. En contra, cf. Georges (1994), 129-30, 137-8, 140-3, etc., que
    señala que Heródoto sostiene una posición filoespartana y, por ende, critica
    de diversas maneras la situación de dominación imperialista que ha orga-
    nizado la Atenas de su tiempo.

49 Ciertamente, aquí interviene la cuestión de los sobornos a la Pitia por parte
    de los Alcmeónidas (Clístenes) para que vaticinaran a los lacedemonios
    expulsar a los tiranos de Atenas (cf. Heródoto, 5, 63, 1; 66, 1). Cuando más
    adelante los espartanos descubren el asunto, deciden entonces intervenir
    para que Atenas vuelva a ser sumisa (5, 90, 1).

50 Cf. de Romilly (1971c).

de filas de los atacantes, incluida la del otro rey espartano Demareto, por lo cual los espartanos disponen desde entonces que sólo uno de los reyes salga al mando de una campaña militar. Brown sugiere una comparación entre Cambises y Cleómenes que nos permite trazar algunas conjeturas[51]. Heródoto parece bosquejar un paralelo entre la locura repentina de Cleómenes (6, 75, 1: *autíka... maníe noûsos*), que previamente se había mostrado un poco alocado (*hypomargóteron*), y la de Cambises que enloqueció de inmediato (3, 30, 1: *autíka... emáne*), pero que ya antes no era cuerdo (*oudè... phrenéres*)[52]. Lo que sirve de encuadre para esto es la importancia asignada en el relato herodóteo a los actos individuales de personajes notables. Podemos interpretar que el intento de Cleómenes, que mantiene en secreto sus proyectos para con los propios espartanos, se inscribe en el terreno señalado por Payen en el que confluyen las vidas de personalidades sobresalientes y las campañas de conquista por ellas lideradas[53]. En este sentido, los espartanos no aparecerían como responsables sino como súbditos de un rey sin límites.

La segunda ocasión en que los espartanos intentan reinstalar la tiranía en Atenas da lugar a una serie de importantes consideraciones de índole política por parte de Heródoto, que nos permiten, por un lado, delinear de manera más clara la relación que a nivel discursivo asocia la tiranía con la falta de libertad y, por el otro, vincular estos enunciados con aquellos referidos a la situación de la monarquía persa[54]. En primer lugar, cabe destacar el paralelismo existente entre el reinado de Cambises en el imperio persa y la tiranía de Hipias en Atenas. En ambos casos se trata del mando de un amo sobre sus súbditos, pero

---

51 Brown (1982), 402.

52 Al respecto, Hartog (1980), 342-3; (1999), 121; Griffiths (1989), 70-2; Georges (1994), 155-6, 187-8.

53 Cf. Payen (1997), 79-85.

54 Respecto de esta cuestión, cf. especialmente Waters (1971), 7-42, que tal como lo hiciera con el término bárbaro señala que en Heródoto no hay una valoración negativa del tirano o el rey sino un interés en dar cuenta de la diversidad de los hechos. En contra, Ferrill (1978), que sostiene que el uso del término tirano tiene en Heródoto connotaciones claramente negativas. (Para estas cuestiones me he beneficiado del trabajo monográfico desarrollado por H. Francisco (inédito), que participó del seminario que sobre los problemas planteados en este libro presenté en 1996 en la Facultad de Filosofía y Letras de la Universidad de Buenos Aires).

también de situaciones en las que éstos carecen de control sobre los actos de ambos monarcas: a la arbitrariedad intrínseca que caracterizaría a la tiranía según su propia naturaleza se suman también los excesos cometidos por cada uno de los monarcas en sus respectivos países producto de su *hýbris*[55]. Pero si bien en el caso persa las consecuencias de los actos de Cambises (actos de locura que parecen constituir el patrón de conducta de los líderes persas y no un caso aislado[56]) desembocan en el debate constitucional ya comentado, de todos modos, dada su «naturaleza» los bárbaros se inclinan por una forma de gobierno monárquica, incluso a pesar de haber tenido la oportunidad de elegir un régimen basado en la igualdad[57]. Asia, por cierto, es la imagen de la tiranía[58]. En el caso ateniense, en cambio, la posibilidad de establecer un gobierno de la multitud basado en la igualdad se encuentra precedida por los cambios políticos que conducen a la instauración de constituciones basadas en la *isonomía* en diversas ciudades jónicas (cf. Heródoto, 5, 36-38). Por otra parte, el nuevo gobierno popular ateniense surge como consecuencia no de un debate entre líderes sino de un conflicto civil en el que la correlación de fuerzas en pugna se ve seriamente trastocada cuando Clístenes decide apoyarse en el pueblo y se inclina hacia un gobierno basado en la *isonomía* (5, 66, 2; 69, 2): el *dêmos* se constituye de manera práctica en un actor político que adquiere poder no a raíz de un debate que considera su posible ejercicio del gobierno sino a partir de su intervención concreta y efectiva como fuerza política con capacidad para zanjar la *stásis* establecida en la ciudad.

El resultado inmediato de los cambios acontecidos en Atenas es su engrandecimiento político y su mejor organización militar, porque desde entonces cada ciudadano no actúa de mala gana para un *despótes* sino voluntariamente para sí mismo, puesto que se trata de un gobierno igualitario. Son justamente estas consideraciones las que hallamos en el relato de Heródoto acerca de por qué los

---

55　Sobre el problema de la *hýbris* en Heródoto, Fisher (1992), 343-85, y esp. 360-7; cf. Payen (1997), 143-5.

56　Keaveney (1996) señala que la conducta de Cambises no es un caso aislado de locura sino que se inscribe en el patrón de comportamiento de los nobles persas y su concepción de la justicia y el poder.

57　Cf. Hartog (1980), 335-45, que señala además que el tirano y el rey tienen a la transgresión por ley, pues el poder despótico opera a nivel del deseo político y sexual sin límites, *hýbris* y *éros*.

58　Georges (1994), 13-46.

espartanos intentan reinstalar la tiranía en Atenas, apelando para ello a un nuevo gobierno de Hipias que se encontraba refugiado en Sigeo en el Helesponto. Ciertamente, el problema crucial que se les presentaba a los espartanos era «ver a los atenienses acrecentarse (*aukhoménous*) y de ninguna manera estar dipuestos a obedecerles (*peíthesthai*)», razón por la cual aquéllos comprenden que sólo el sometimiento de Atenas a la tiranía haría de ella una ciudad débil dispuesta a ser gobernada dócilmente, pues de otro modo, los atenienses, siendo libres, estarían con los espartanos en un pie de igualdad (5, 91, 1).

El discurso espartano ante los aliados convocados para reponer en el poder al tirano Hipias no deja lugar a dudas en cuanto al motivo principal del intento político lacedemonio: los tiranos eran varones huéspedes «que se comprometían a presentar a Atenas sometida (*hypokheirías*)» (5, 91, 2). La respuesta de Socles de Corinto, ciudad aliada a los lacedemonios, reafirma contundentemente la idea argumentada (5, 92 *a*, 1-2):

«Puesto que vosotros, lacedemonios, disolviendo la *isokratíe* os preparáis para restituir las tiranías en las ciudades, nada hay entre los hombres ni más injusto ni más sanguinario. Pues si esto os parece ser ciertamente provechoso, que se tiranicen (*tyranneúesthai*) las ciudades, habiendo establecido vosotros en primer lugar un tirano entre vosotros mismos, en tales circunstancias buscad también establecerlo en las demás. Pero estando actualmente vosotros sin la experiencia de los tiranos y cuidando terriblemente de que esto no exista en Esparta, os comportáis vergonzosamente para con los aliados».

El relato posterior del propio Socles acerca del advenimiento en Corinto de la tiranía de Cipselo y Periandro no hace más que confirmar qué tipo de calamidades produce el gobierno despótico y qué anomalías resultan de la presencia del tirano en la *pólis*, por lo cual los corintios resuelven no restablecer las tiranías en las ciudades. Finalmente, a pesar de las advertencias de Hipias sobre las aflicciones que los atenienses causarían en el futuro a los corintios, el resto de los delegados aliados aceptaron las razones de Socles y resolvieron «no hacer nada revolucionario en torno a una ciudad griega» (5, 93, 2).

Es remarcable que en esta ocasión los lacedemonios sostuvieran deliberaciones abiertas con los aliados, hecho que rehusarán más adelante; es de destacar asimismo que no fueran capaces

de persuadir al resto de la conveniencia de la medida propuesta.
Si contrastamos este pasaje con aquel otro de Heródoto que nos
muestra la tendencia espartana a no debatir las decisiones (cf. 9,
6-10), debe subrayarse entonces la ambigüedad de la posición
espartana en esta oportunidad en que intenta restaurar la tiranía
en Atenas: desea anular la igualdad, base cardinal de un sistema
de gobierno asentado en el poder de decisión de la multitud, pero
debe aceptar un debate en un pie de igualdad con sus aliados,
marco en el que el discurso de Socles es capaz de convencer al
resto de la necesidad de no erradicar los gobiernos igualitarios en
favor de las tiranías.

Cabe extraer algunas conclusiones de lo anterior. En primer
lugar, esta intervención espartana en pos de imponer un nuevo
gobierno tiránico en Atenas responde evidentemente a sus intereses estratégicos de control sobre el conjunto de la Hélade[59]. Ya
no se trata del plan secreto de un rey como Cleómenes que junto
al derrotado Iságoras busca una venganza personal yendo contra
Clístenes y sus seguidores. En todo momento Heródoto enuncia
los actos que se llevan a cabo como acciones del colectivo espartano, *Lakedaimónioi* o *Spartiêtai*, tanto cuando narra los sucesos
utilizando el estilo indirecto como cuando usa la forma directa
y cede la palabra a alguno de los protagonistas de los hechos[60].
En segundo lugar, si se tienen en cuenta los desarrollos anteriormente considerados en torno a la monarquía entre los bárbaros
y las bondades de la igualdad y la libertad en contraposición a
la tiranía y la esclavitud que ella implica, resulta evidente que
el hecho de que los espartanos intentasen restaurar la tiranía en
Atenas conlleva una condena implícita a su actitud, máxime si
se considera que, como expresa Socles, ellos no habían conocido
nunca esta situación. En tercer lugar, esta política espartana es
enunciada en el contexto del relato de la revuelta jónica contra
la dominación persa, lo cual parece dejar a los espartanos en una
posición complicada. Uno de los acontecimientos centrales de
este proceso radica en la instauración de gobiernos populares en
varias ciudades jónicas, hecho que seguramente colaboró para
que sus ciudadanos se hallaran mejor dispuestos a combatir contra el dominio externo, pues, como el propio Heródoto reconocía
respecto de Atenas, luchaban para sí mismos y no para un amo.

---

59 Cf. Carlier (1977).

60 Acerca del uso de los discursos directo e indirecto por parte de Heródoto,
Lang (1984), 142-9.

La negación espartana a brindar ayuda a los jonios sublevados, a la vez que la aceptación ateniense para hacerlo, no hace más que reforzar el cuadro de situación. El relato aparece así marcado por procesos políticos y militares que conducen simultáneamente a la igualdad y a la sublevación contra el invasor persa. Esparta al negarse a otorgar auxilio parece distanciarse de la Grecia que entra en colisión con el otro encarnado en el bárbaro. Su intento de volver a imponer la tiranía reafirma su posición ligada a la alteridad más que a la identidad griega. Atenas, en cambio, se suma a esta Grecia que resiste la conquista y comienza a asentar su fuerza en los valores de la igualdad y la libertad: la ciudad se identifica con un espacio orientado hacia un centro igualitario donde cada uno de los ciudadanos detenta una parte alícuota del poder político.

Todo esto nos conduce a una consecuencia: los espartanos, al buscar restablecer la tiranía en Atenas en función de su mejor dominio sobre la Hélade, quedan en una posición análoga a la de los persas que han establecido su dominación sobre un vasto conjunto de pueblos. Por otra parte, las afinidades que encuentra Heródoto entre la monarquía bárbara y la tiranía griega, sumado al hecho de que los espartanos quieran reinstalar esta última entre los atenienses en detrimento de la igualdad, hace de los lacedemonios una fuerza ligada –aunque más no sea coyunturalmente– a la anomalía dentro de la *pólis*, la alteridad que perturba la verdadera identidad política griega. En el momento mismo en que la ciudad griega comienza a conocer las ventajas de la igualdad, Esparta queda situada del lado de la reacción contra este acontecimiento, hecho agravado por la situación de la revuelta jónica en la que los griegos de Asia Menor luchan por la libertad contra el déspota persa[61]. Resulta sintomático que Heródoto exprese la oposición de los aliados al proyecto restaurador de los lacedemonios señalando que lo que aquéllos terminaron resolviendo fue no hacer nada nuevo respecto de una ciudad griega (5, 93, 2), pues la agresión contra la *isonomía* ateniense sería ya no sólo un ataque contra esta ciudad sino una afrenta contra el propio modelo de la *pólis* griega.

---

61 Respecto de esta cuestión, la bibliografía es enorme y con variadas perspectivas; ver Lang (1968) y la respuesta de Waters (1970). Para otros enfoques, Evans (1976); Tozzi (1977). Una reconsideración crítica del problema se hallará en Neville (1979); cf. Maddoli (1979).

d) Singularidad ateniense: autodefinición política de la *pólis* democrática

¿Cabe decir a partir de lo argumentado que en Heródoto la democracia es el modelo en materia política? La respuesta a esta pregunta no transcurre al nivel de la simple afirmación o negación. Cuando encuentra oportunidad trata de destacar las ventajas de la igualdad, como cuando habla de las consecuencias benéficas de la *isegoría* en Atenas, la que deliberadamente se asocia con la democracia en el pasaje en el que Clístenes aparece como el que estableció para los atenienses ese régimen político. ¿Se trata de una postura antioligárquica que involucra a Esparta? La falta de verdaderas deliberaciones entre los espartanos señalada por Loraux es un elemento a tener presente en este contexto, aunque a juzgar por las palabras de Demareto sobre la importancia de la libertad y la ley para los espartanos, se diría que Heródoto no critica a Esparta. En cuanto al gobierno oligárquico, no está muy claro, pero los elementos que hemos expuesto parecen reafirmar la idea de que la mejor *pólis* es la democrática. Y considerando el debate que al respecto se desarrolla en la época misma en que Heródoto redacta sus *Historias*, debería pensarse que sus enunciados implican un modo de tomar partido en tal debate[62]. Retomando lo dicho sobre los lazos entre *krátos* y *arkhé* podemos decir con Payen[63] que,

> «restituyendo con precisión al término *demokratía* su origen oligárquico, Heródoto le quita por consiguiente el lastre de su carga injuriosa colocándolo en igualdad con *isonomía*, y sugiere al menos que *krátos*, aunque largamente asociado con procesos de conquista, puede en ciertas condiciones cambiar de valor. No parece entonces que, en el pensamiento de Heródoto, la hegemonía haya devenido un imperio del hecho mismo de la *demokratía*».

Por otra parte, a los ojos de Heródoto, la bien organizada Esparta, defensora de la libertad y respetuosa de la ley en el campo de lo militar, podía aparecer actuando contra la identidad de la *pólis* misma forjada en torno a las prácticas igualitarias en momentos en que era necesario resistir la conquista del invasor.

---

62 Cf. Raaflaub (1989), 44-5.

63 Payen (1997), 203

Así, lo griego queda asociado entonces no sólo con la libertad sino también con la igualdad. La tiranía, espejo del carácter despótico de la alteridad bárbara que había sido dejada atrás a raíz de las revoluciones isonómicas, persiste como alteridad dentro de los límites de lo griego: presencia que marca las fronteras de la identidad helénica no en función de un otro absolutamente externo sino de un otro producido a partir de las experiencias y trayectorias propias de la *pólis*. Si bien se aplican a dos grupos de pueblos, griego y bárbaro no son esencias inmutables. Entre una noción y otra hay trasvases. El análisis de Georges sobre el origen bárbaro de los pelasgos y por ende de los atenienses, a diferencia del origen plenamente helénico de los dorios y en especial de los espartanos, indica que pueblos de origen bárbaro pueden devenir griegos como ocurriría con los atenienses[64]. Pero lo contrario también es posible: los espartanos pueden tener un rey «barbarizado» cuya locura lo asemeja a los monarcas persas y pueden también tratar de instaurar la tiranía en su provecho como lo hacían los propios persas en las ciudades jónicas[65]. A su vez, los persas tal vez tuvieron su debate constitucional en cuanto al mejor gobierno y pudieron incluso establecer democracias (6, 43, 3). En definitiva, Grecia no es una unidad indivisa, inmutable y sustancial sino una entidad heterogénea y cambiante que no responde a una esencia: puede incluir ciudades dominadas por tiranos, o que devienen griegas habiendo sido anteriormente bárbaras, o que propugnan como la espartana la anomalía tiránica en la *pólis*. Los espartanos, en efecto, bien pueden tener su buen gobierno, pero hacia adentro carecen de verdaderos debates políticos y hacia afuera se han mostrado capaces de atentar contra una ciudad griega tratando de imponer una anomalía. Ambos aspectos, alteridad y anomalía, resultan así dos enunciados de un discurso que a partir de un conjunto helénico heterogéneo termina delimitando la identidad de la *pólis* democrática como la «normalidad deseable».

En consecuencia, dentro del sistema de conceptos conformado por el relato de Heródoto, los enunciados griego y bárbaro designan dos nociones correlativas que permiten definir lo propio y lo extraño, la identidad y la alteridad con respecto a la *pólis* griega. Hay

---

64 Georges (1994), 130-43; cf. Hartog (1999), 112-3.

65 Sobre la política del Gran Rey hacia los griegos y el rol de los tiranos como aliados, Austin (1990); cf. Burn (1970), *passim*. En cuanto a la concepción del tirano en la cultura griega, ver McGlew (1993), *passim*, y esp. 183-212; también Rosivach (1988); Escribano Pano (1993).

dos aspectos o momentos que permiten constituir a cada una de estas nociones: por un lado, la etnografía como una narración que establece una retórica de la alteridad, un discurso antropológico sobre el otro; por el otro, la historia como una reflexión sobre la dimensión propiamente humana de las constituciones políticas y los acontecimientos militares, asuntos que forman el factor principal de la identidad de la *pólis*. La conjunción de ambos aspectos en un relato en que se oponen conquistadores y rebeldes y la instauración del par nosotros-otros tienen por objeto la comprensión de los límites de la experiencia de la *pólis*. Por ende, la alteridad no es externa sino interna a la identidad griega misma. Tomando una imagen de Derrida[66] cabría decir que la alteridad bárbara está «invaginada» en la identidad griega; ésta «no está rodeada sino atravesada por su límite», que es la alteridad. No se trata entonces de afrontar el problema del borde entre ambas bajo un esquema de pensamiento que formule la existencia de un «límite circular que bordea un campo homogéneo». En efecto, la identidad de la *pólis* no lo es, sino que está delimitada por procesos disímiles: los cambios políticos internos que conducen en el siglo VI a la igualdad y la resistencia a la conquista de los opresores persas, pues ambos desarrollos comportan desligarse de una posición de subordinación vivida como una esclavitud respecto del déspota. La presencia del monarca en el ámbito específico de la ciudad aparece entonces como una frontera de alteridad en relación con la identidad griega, frontera señalada dentro de la *pólis* misma por las diversas características del poder arbitrario. En efecto, la alteridad está encarnada por el bárbaro pero en un relato destinado a entender la identidad griega. En la conformación de lo griego, la oposición con el bárbaro queda apoyada por la antítesis entre tiranía e igualdad, entre esclavitud y libertad, entre deseos de un déspota y decisiones de un cuerpo colectivo. La asociación entre igualdad, libertad, decisión y cuerpo colectivo produce en el discurso un efecto de sentido que permite precisar los límites de la identidad de la *pólis* griega en torno a las prácticas políticas democráticas. Esta asociación narrativa es la que hace posible el paso de la alteridad bárbara a la identidad griega y de ésta al modelo político ateniense.

Esta identidad está en un proceso de constante construcción e interacción con respecto a una alteridad cuya retórica se articula a lo largo de buena parte de la literatura griega[67]. En efecto, hay

---

66 Derrida (1989), 47.

67 Al respecto, Georges (1994), *passim*.

una actitud hacia el bárbaro que comporta esa retórica de la alteridad de la cual Heródoto nos brinda una versión sistemática traduciendo, nombrando, clasificando y describiendo al otro a través de una serie de polaridades, complementos y disyunciones, diferencias e inversiones, comparaciones y analogías[68]. Sin embargo, como ha demostrado Hall, la invención del bárbaro debe mucho también a la definición de la identidad griega a través de la tragedia, que es ante todo ateniense. La polaridad entre griego y bárbaro en la escena teatral se constituye «como una expresión de lo que los estructuralistas llaman el *Otro*, todo lo que no era la Hélade, y en particular el "club" de hombres que constituía la población ateniense»[69], puesto que la Gran Dionisia era un festival organizado para celebrar la ciudadanía ateniense[70].

Esta invención del bárbaro enfrentado al griego, pero en un medio cultural generalmente ático, se percibe tanto en los desplazamientos enunciativos del relato de Heródoto que ya hemos analizado como en los de la tragedia[71]. Desplazamiento en un doble sentido, puesto que en la tragedia lo bárbaro quedará especialmente representado como una invención de Persia[72], mientras que lo griego dejará paso al protagonismo ateniense. Y así se percibe en los *Persas* de Esquilo a través de un marcado contraste entre la monarquía persa y la democracia griega (ática), entre la supresión del disenso y la libertad de palabra: «la asunción subyacente es que la administración persa es el opuesto exacto del sistema democrático ateniense»[73].

---

68   Cf. Hartog (1980), 224-69.

69   Hall (1989), 162 (subrayado en el original).

70   Pero celebración no significaba adulación. Según Goldhill (1988), las representaciones trágicas implicaban un hondo cuestionamiento de la ideología democrática ateniense. En este marco el autor analiza la representación de los *Persas* de Esquilo, obra que enseguida abordaremos.

71   Como dice Hall (1989), 58: «La conceptualización del conflicto con Persia como una lucha de los griegos unidos y disciplinados contra la violencia extranjera era el ímpetu único detrás de la invención del bárbaro. Pero simultáneo a la aparición de los persas como una amenaza proyectándose en el Este había sido el cambio en Atenas hacia la democracia».

72   *Ibid.*, 56-100, donde Hall analiza cómo en los *Persas* Esquilo «inventa» a Persia haciendo entrar la historia en el mito y la tragedia y llevando a los bárbaros a la escena teatral. Cf. Pelling (1997).

73   *Ibid.*, 97. Esta asunción, que evidentemente opone monarquía a democracia en el terreno ideológico, no era tan neta en el plano real. Al respecto, Braund (2000).

Que la oposición es entre Persia y Grecia es lo que de entrada anuncia el coro de ancianos en el prólogo (*Persas*, 1-2). En efecto, persa y griego son las dos identidades que más se reiteran a lo largo de la tragedia[74]. Pero los términos de esta contraposición van a dar paso en un doble recorrido a dos entidades, más abarcativa la primera respecto de los persas más restringida la segunda en relación con los griegos, identidades que ponen de manifiesto el interlocutor que el texto construye. La primera entidad alude a los bábaros, de quienes siempre se señala su derrota total e irreversible[75]. En cuanto a la segunda, vemos que la oposición del bárbaro se da en especial con respecto a Atenas, cuya primera aparición en boca de la reina señala algo que luego retomará Heródoto: sólo si se domina a Atenas se logrará que Grecia en su totalidad sea súbdita (*hypékoos*). A partir de allí, en cada una de las diez veces que aparece, Atenas evocará para los persas la derrota que para ellos conlleva su coraje[76]: se trata de una ciudad odiosa (*stygnaí*) e inexpugnable (*asphalés*), pero también ilustre (*kleinôn*), cuya venganza (*timorían*) ha hecho perecer a todo el ejército persa cerca de la propia Atenas, a raíz de la astucia de un hombre griego del ejército de los atenienses (Temístocles). Atenas y Grecia, en ese orden, costituyen en boca de la sombra de Darío el límite que Jerjes en tanto mortal no supo ver (231-4, 285-6, 347-9, 355, 474, 716, 824, 975)[77].

Ciertamente, en la trama humana de los *Persas* lo que se percibe es que la concepción divina del Gran Rey está destinada

---

74   La primera, bajo la forma *Pérsai* treinta y cuatro veces (1, 15, 23, 91, 104, 140, 157, 171, 252, 255, 258, 267, 282, 332, 434, 441, 473, 512, 514, 532, 597, 623, 643, 655, 682, 693, 711, 714, 912, 924, 979, 986, 1013, 1016); bajo la forma *Persikós* siete veces (116, 182, 247, 335, 412, 516, 789); bajo la forma *Persís* diez veces (59, 135, 155, 250, 288, 406, 541, 646, 1070, 1074). La segunda, bajo forma *Hellás* nueve veces (2, 50, 186, 234, 271, 758, 796, 809, 824); bajo forma *Héllen* catorce veces (338, 351, 355, 358, 362, 369, 384, 388, 393, 402, 452, 455, 790, 900); bajo forma *Hellenikós* dos veces (409, 417); bajo forma *Hellenís* una vez (334).

75   El persa se asocia con la tierra bárbara, toda la raza bárbara y los bárbaros muertos en Maratón en boca de la reina (187, 434, 475); todo el ejército bárbaro, la flota bárbara, todos los bárbaros y la armada bárbara en boca del mensajero (255, 337, 391, 423); la lengua bárbara, todo el ejército bárbaro y los bárbaros en boca del coro (634, 798, 844).

76   Sobre la cuestión del coraje, Jouanna (1981), 4-7.

77   Respecto de la construcción de las figuras de ambos monarcas, Saïd (1981).

a sucumbir. Los atenienses, ni esclavos (*doûloi*) ni súbditos (*hypékooi*) de nadie, obtienen el triunfo sobre los persas a raíz de su destreza, su coraje y la protección de Atenea (231-89, 337-49). El episodio central es la batalla de Salamina, cuya descripción laudatoria Esquilo pone en boca del mensajero (353-432). Los efectos de este desastre militar persa son básicamente políticos, dando lugar a la contraposición entre libertad y despotismo (584-94):

«Tras largo tiempo, por tierras de Asia ya no se rigen por las leyes persas, ya no pagan tributos a las exigencias del amo (*desposýnoisin*), ni se prosternan en tierra adorándolo, dado que el poder real (*basileía iskhýs*) ha perecido. Ya no tienen los hombres la lengua guardada (*glôssa en phylakaîs*); pues para hablar libre (*eleúthera bázein*) se ha soltado el pueblo (*laós*), puesto que el yugo que la fuerza imponía se desató».

La libertad de palabra y el coraje de una ciudad en la que sus ciudadanos no tienen por encima a nadie que los mande arruina a la Persia despótica, en la que el absolutismo y la servidumbre universal sólo pueden existir siempre y cuando se reproduzca la relación entre dominadores y dominados[78]. Atenas emerge así como la que habilita la libertad del pueblo respecto del déspota y la posibilidad de una palabra sin ataduras, es decir, la igualdad democrática. La victoria de Atenas sobre Jerjes es un espejo de la victoria del pueblo sobre el tirano, puesto que éste y aquél son espejos recíprocos uno del otro.

Se ha dicho que Heródoto fue un lector atento de Esquilo[79]. Esa lectura atenta debería incluir la percepción de que sólo si hubieran sometido a Atenas los persas habrían logrado que toda Grecia fuera esclava. En efecto, si las *Historias* de Heródoto se abren indicando que la *apódeixis* va a versar sobre lo realizado por los hombres a fin de que no se pierdan con el tiempo las grandes obras de griegos y bárbaros y las causas de las guerras entre ellos, la posibilidad misma de la existencia del relato debemos buscarla en la liberación de Grecia del déspota bárbaro. Es en este punto donde el rol de Atenas adquiere en las *Historias* una dimensión singular (7, 139)[80]:

---

78 Cf. Georges (1994), 76-114.

79 Jouanna (1981), 7.

80 Cf. 7, 144, sobre el impulso dado por Temístocles a la construcción de la flota, y 7, 161, 2, sobre el mando ateniense de la misma. Respecto de estas cuestiones, Wolski (1985).

«Aquí me encuentro necesariamente forzado a manifestar una opinión odiada por la mayor parte de los hombres, y, sin embargo, porque me parece ser verdadera, no me detendré. Si los atenienses, horrorizados por el peligro que sobrevenía, hubieran abandonado su propio país, o si, no habiéndolo abandonado, se hubieran quedado pero entregándose a Jerjes, ninguno habría intentado oponerse al rey por mar. Así pues, si por mar ninguno se hubiera opuesto a Jerjes, en el continente habrían sucedido estas cosas: aunque se hubieran tendido muchas hileras de murallas a través del istmo de los peloponesios, los lacedemonios se habrían quedado solos, traicionados por sus aliados (no voluntariamente sino por la fuerza, al ser capturada ciudad tras ciudad por la armada bárbara); y estando solos y habiendo demostrado grandiosas hazañas, noblemente habrían muerto. O habrían sufrido eso, o bien antes, al ver a los demás griegos medizándose, se habrían valido de un acuerdo con Jerjes. Y así, de una forma u otra, Grecia estaría bajo los persas. Pues no puedo entender cuál sería la utilidad de las murallas tendidas a través del istmo, si el rey dominaba sobre el mar. Pero ahora, si alguien dijese que los atenienses fueron los salvadores de Grecia, no faltaría a la verdad, puesto que, según ellos se hubieran vuelto hacia una u otra de las alternativas, esas cosas sucederían. Y habiendo elegido que Grecia quedara libre, fueron ellos mismos quienes despertaron el patriotismo de todos los demás griegos que no se medizaron, y quienes, con el apoyo de los dioses por cierto, rechazaron al rey. Ni los terribles oráculos venidos de Delfos, y que los llenaron de temor, los convencieron de abandonar Grecia, sino que se quedaron y se arriesgaron a enfrentar al invasor del país».

¿Qué decir finalmente del lugar del modelo democrático en Heródoto? El recorrido esbozado nos permite concluir que el nacimiento de la historia está secuencialmente ligado a la invención de la democracia ateniense. La reflexión sobre el otro bárbaro como modo de abordar la propia identidad helénica da paso a un pensamiento en interioridad de la política del *dêmos* ateniense a partir del problema de la decisión. La identidad que el relato herodóteo construye pone en cadena la cuestión de la libertad de palabra y la de la acción en el marco de una comunidad política. La expulsión del tirano y la derrota del Gran Rey son dos determinantes de la emancipación de la *pólis* respecto del vínculo amo-esclavo. En ambos hechos Atenas tiene un rol decisivo. En ambos también, el problema de la decisión es central. La historia, al poner en cadena los efectos irreversibles con las decisiones que los desencadenan, funda *a posteriori* un pensamiento activo y eficaz de las consecuencias incalculables de una decisión política en apuesta. No debe extrañar, pues, que en este terreno la reflexión lo conduzca de la generalidad de Grecia a la singularidad de Atenas: de las comunidades basadas en el *despótes nómos* al advenimiento de un sujeto político que funda su soberanía en su capacidad de discutir y decidir qué resolución darse en cada caso. Al articular la *isonomía*, que emancipa al pueblo del tirano, con la conformación de la asamblea como dispositivo de la política del *dêmos* a partir de las reformas de Efialtes y Pericles, al conectar la derrota de los persas en manos de Atenas con la liberación de Grecia, tal como ya lo había enunciado Esquilo, Heródoto termina asignando al término *demokratía* un valor positivo en un contexto ideológico que lo había marcado con un matiz fuertemente peyorativo. En Heródoto, lo que hace de Atenas una tierra libre no es sólo la *politeía* o la *arkhé*, sino sobre todo las prácticas políticas por medio de las cuales se toman las decisiones, esto es, el *krátos* que ejerce el *dêmos*.

Capítulo IX
La construcción retórica del mundo de la *pólis*

a) El discurso sofístico: la palabra y la ley

Siempre que se aborda algún elemento filosófico, histórico o cultural relacionado con la producción de los sofistas del siglo V, es menester señalar las dificultades que presenta el tratamiento de un *corpus* documental tan fragmentario e indirecto[1]. Menos problemático resulta conectar la sofística con la Atenas clásica, dado que diversos testimonios atestiguan la presencia de las principales figuras en varios momentos de la segunda mitad del siglo V[2]. Asimismo, el auge en la ciudad ateniense de una reflexión impregnada de sofística es algo que se deja observar tanto en la presencia de sofistas «autóctonos» (tales los casos de Antifonte

---

1   Tendremos oportunidad de mostrar un ejemplo de tales dificultades deteniéndonos brevemente en el problema de los títulos, los contenidos y la organización de las obras de Protágoras.

2   Sobre la presencia de sofistas en Atenas y su conexión con figuras políticas, Plácido (1972); O'Sullivan (1995); también Rodríguez Adrados (1975), 159-215. Para la etapa ulterior, *ibid.*, 307-51, y esp. Capizzi (1986); (1990), 149-96. Acerca de la relación entre sofística y democracia no en el plano de las relaciones interpersonales sino en el del pensamiento de las condiciones y prácticas democráticas desarrollado por la sofística, Müller (1986); Tordesillas (1992). Wallace (1998) ha señalado últimamente que si bien los sofistas trazan un lazo positivo con la democracia ateniense de los años 450 a 430, luego de 430 las posturas sofísticas ayudarán a destruirla; por otra parte, su desarrollo no se distinguiría tajantemente del estado filosófico previo sino que habría continuidades.

o Critias, por ejemplo) como en las improntas de este discurso en los géneros discursivos de su época[3].

Un *corpus* tan fraccionado parece sugerir una imposibilidad cierta de pensar la sofística según sus procedimientos discursivos específicos. En efecto, ¿cómo plantear la pregunta por el tipo preciso de enunciados que produce la sofística si carecemos en gran medida de los textos donde podremos verificar la regularidad de los mismos? A esto se agrega una dificultad adicional esbozada por los analistas modernos del problema: ¿constituyeron los sofistas una escuela, un movimiento o una corriente filosófica particular[4]? Para Cassin, la unidad de la sofística vendría dada por su construcción como un «artefacto platónico», una suerte de borde que permite trazar los límites del campo filosófico y segregar lo que no pertenece a dicho campo. La sofística sería una apariencia de filosofía o, si se quiere, una filosofía de las apariencias[5]. Pero la dificultad continúa incluso para los que han tratado de rescatar el gesto sofístico o aquellos que han ponderado en forma positiva su estatuto filosófico. A la hora de establecer su perspectiva estos estudiosos no han podido evitar el platonismo incrustado en la imagen del sofista, aun cuando sus conclusiones se dirigieran hacia una crítica exhaustiva del idealismo platónico destacando en contraposición el materialismo sofístico[6].

Estos problemas tendrán aquí un tratamiento que no dejará de lado los inconvenientes señalados. En función de ello, no asumiremos la empresa de investigar las regularidades enunciativas de la sofística sino que indagaremos ciertas consecuencias de eso que Cassin denomina el efecto sofístico, cuyo rasgo central quizá consista en su capacidad de producir una demarcación respecto de

---

3　Respecto de estas cuestiones, de Romilly (1997a), 17-44. Cf. Petruzzellis (1957); (1965); Scaife (1996).

4　En cuanto a la idea de que los sofistas constituyen un movimiento, Kerferd (1988), 13-25. Schiappa (1999), 48-65, critica la idea de que exista una retórica sofística unitaria, puesto que esto es producto de la mirada platónica.

5　Cassin (1995), 24-5.

6　Cf. en especial Kerferd (1986); también Poulakos (1996), que pone de relieve que Aristóteles no fue un simple heredero de las interpretaciones platónicas de la sofística, sino que desarrolló su propia visión considerando positivamente sus aportes en la conformación de la retórica (corrigiéndola y agregando a sus contribuciones la demarcación del nuevo territorio de la teoría retórica) y criticándola en cuanto ella permanece en el plano de lo aparente y lo accidental sin abordar lo real y lo regular. Asimismo, Natali (1986).

los elementos constitutivos del estado filosófico previo, trazando así una trayectoria propia que conlleva una serie de pasajes que conducen a los nuevos ejes considerados por los sofistas[7]. Cassin plantea estas transformaciones como tres pasajes: de la ontología a la logología, de la física a la política, de la filosofía a la literatura[8]. A partir de estas mutaciones se articulan entonces tres campos respectivos, logología, política y literatura, que conforman el efecto sofístico mencionado como producto de diversas intervenciones. Por ende, más allá de la dispersión y el fraccionamiento del *corpus*, lo que emerge a consecuencia de esas intervenciones son fragmentos de un discurso sofístico, perceptibles no sólo en los trozos documentales de los propios sofistas sino también en buena parte de la literatura de la segunda mitad del siglo V, en la que se puede observar una serie de gestos y marcas que nos llevan a las temáticas sofísticas. En efecto, muchos de los fragmentos discursivos sofísticos pueden aprehenderse justamente gracias a las improntas que este pensamiento ha dejado en el espacio cultural de la Atenas clásica, huellas realmente importantes dado que nos permiten entender uno de los «modelos de racionalidad» que trata de definir la situación de la ciudad en el plano de las ideas y los comportamientos políticos en los momentos descarnados de la guerra del Peloponeso[9].

Nuestro acercamiento a estas cuestiones será, pues, necesariamente fragmentario por un doble motivo: por un lado, debido a los escollos ineludibles de las fuentes; por el otro, por una limitación autoimpuesta en cuanto a los problemas a desarrollar y los sofistas a considerar, dado que en función de nuestro enfoque sólo nos limitaremos a estudiar en detalle a Protágoras, Gorgias y Antifonte, concentrándonos en dos núcleos fundamentales de sus reflexiones: el *lógos* y el *nómos* como elementos con los cuales la sofística elabora un pensamiento positivo acerca de la particularidad inherente a la organización de la *pólis* a partir del carácter ficcional del pacto político en tanto convención social.

---

7   Los nuevos ejes implicarán a su vez una nueva enseñanza; véase de Romilly (1997a), 45-68.

8   Cf. Cassin (1995), partes I, II y III.

9   Véase Plácido (1997c); otro modelo de racionalidad es obviamente el socratismo contrapuesto a la sofística; cf. *idem* (1991), y (1985b), donde se indica la coincidencia de la sofística con las representaciones arquitectónicas, etc.

b) Hacer cosas con palabras:
el ser como efecto de discurso

La imagen del sofista después de la crítica de Platón convoca en nuestra mente la figura de un parlanchín que usa todo tipo de argumentos con tal de lograr su objetivo de conquistar al auditorio. Cuando se dice todo tipo de argumentos se quiere destacar, siempre según la tópica platónica, justamente su capacidad para utilizar cualquier razonamiento, sin que importe demasiado que sea bueno o malo, justo o injusto, verdadero o falso. Lo que interesa antes que nada, según la línea crítica del platonismo, es lograr el objetivo de convencer o captar la voluntad de un público utilizando ante todo la palabra como instrumento[10].

La reflexión aristotélica respecto del lenguaje es ejemplificadora de esta posición del *lógos* en la ciudad griega, pues entre las diversas especies, los hombres se destacan no por su capacidad para asociarse –hecho verificable en muchos otros grupos de animales– sino en especial por su posibilidad de manifestar a sus semejantes su parecer, es decir, de utilizar el *lógos* para comunicar. De este modo, según Aristóteles, el *zôon politikón* confluye con el *zôon lógon*, o mejor dicho el hombre es a la vez una cosa y la otra (*Política*, 1253a 7-18), puesto que la *pólis* en tanto asociación humana por excelencia es esencial y necesariamente «una civilización de la palabra política»[11]. Esto no significa para nada que la palabra tenga en Aristóteles un estatuto similar al que le asigna la sofística, pero pone de relieve la ubicuidad del *lógos* en la cultura política de la Grecia clásica.

La posición del *lógos*, tomado en su sentido más inmediato y general de palabra hablada o escrita, pero también como razonamiento o argumentación retórica, se destaca entonces por su centralidad en la organización de la ciudad griega, en especial la democrática. Esta centralidad implica una ubicuidad de la cultura oral, que impregna incluso la cultura escrita. Pero las prácticas sociales de la Atenas clásica se hallan atravesadas también por la lógica del *agón*, disputa o lucha que en el campo de la política adquiere la forma del debate o la discusión[12]. Quienes debaten o

---

10 Respecto de estas cuestiones, Soulez (1986); cf. Kerferd (1988), 37-58.

11 Ver Vidal-Naquet (1983), 19-32.

12 Sobre lo oral, lo escrito y el debate en la organización política de la ciudad, Detienne (1988).

discuten son, ante todo, los ciudadanos, lo cual se ve favorecido por tratarse de una sociedad cara a cara. En efecto, principalmente en el *ágora*, pero también en otros ámbitos, siempre que ello es posible los ciudadanos aprovechan la ocasión para intercambiar sus pareceres acerca de sus problemas cotidianos, que no son otros que los de su ciudad, que deviene así un tema obligado.

Los tres términos griegos que hemos destacado, *lógos*, *agón* y *ágora*, nos introducen a una situación bien precisa en la que todos ellos se articulan en torno a un tipo de práctica centrada en la palabra-diálogo[13] según una lógica discursiva que implica a cada uno de los momentos que quedan representados por la palabra, el debate y el espacio público. Quizás el momento culminante de este entrecruzamiento de elementos propios de una cultura política nos lo otorgue el desarrollo literario de la segunda mitad del siglo V[14]. La presencia de estos tres ejes es asumida plenamente y abordada por los discursos de la época, ejes que, por otra parte, atraviesan y conforman a dichos discursos como otros tantos géneros literarios que, dentro de su especificidad respectiva, estaríamos tentados en calificar de «sofisticados», dado que la sofística deja sus marcas no sólo en el plano de ciertos contenidos sino en los propios objetos constituidos por los diversos enunciados de los géneros literarios de la época.

Pero, ¿cuáles son estas marcas enunciativas? De los diversos aspectos que podrían señalarse en derredor de esta cuestión, el problema de la verdad es uno de los núcleos que principalmente desarrolla la sofística, pero no de manera afirmativa y sustancialista sino en función de la división, dispersión, multiplicación o negación de la verdad. De acuerdo con unos procedimientos retóricamente concebidos y un relativismo ontológico que remite el asunto a las convenciones humanas[15] –es decir, un lazo imaginario social que, como tal, es del orden del discurso–, la sofística procede a ligar la cuestión de la verdad con el discurso y la política. Que la verdad quede dividida, o multiplicada, o negada, significa que no existe criterio alguno sobre la misma

---

13   Cf. *supra*, caps. 3-4.

14   Situación paradójica, pero única vía de acceso posible. En efecto, el desarrollo de los géneros literarios en tanto producción escrita se origina a partir del papel de la cultura oral en el conjunto de las prácticas sociales. Sobre la sofística, daremos algunas referencias bibliográficas más adelante.

15   Kerferd (1988), 109-41.

que pueda garantizarle un carácter unitario y absoluto[16]. A raíz
del problema de la verdad y la aparente falta de interés de los
sofistas al respecto se ha sostenido que ellos no eran pensadores[17]. Pero, de todos modos, cabe que apliquemos a la sofística
la calificación de pensamiento, puesto que lo que en concreto
dejan de lado es el problema de la verdad ontológica ligada a
la *phýsis*, esto es, la naturaleza de las cosas, para abordar el carácter convencional del pacto político. Su producción, disímil y
despareja en tanto se agrupan distintos pensadores con diferentes
perspectivas, desarrolla por primera vez un pensamiento positivo
sobre los elementos constitutivos del mundo humano: la ciudad,
la política, el hombre. Es una reflexión que dejará de lado el
examen de la naturaleza del mundo y las cosas para centrarse
especialmente en los asuntos políticos. Los sofistas elaboran así
un pensamiento político de la política[18].

Esto da lugar a un campo de contradicciones que afecta no
sólo a la verdad sino a la propia definición del ser. El mundo
adquiere entidad en torno al hombre, sus convenciones y capacidades para producir mediante la palabra. Pero esto no implica
fijar un criterio de verdad asociado a una definición «física»
exhaustiva del ser. Al contrario, el campo que de este modo se
abre a la reflexión es el de la política, que compete a la totalidad
de los hombres. Por otra parte, hombre no designa para nada
una sustancia sino una subjetividad ligada al conjunto práctico-
discursivo que la política de la *pólis* democrática instituye. Es
a raíz de esto que la virtud política, que puede ser enseñada,
transmitida y utilizada por todos sin distinción, resulta en especial
una característica del poder popular. Es así también que adquiere
relieve el saber sensible-profano, un elemento necesario para la
adquisición y la comunicación de la experiencia humana, que
de acuerdo con la producción sofística habrá que considerar
en relación estrecha no ya con la verdad sino sobre todo con el
discurso y la ley.

El interés de los sofistas por la palabra en función de un
decir eficaz los ha colocado tanto frente a sus contemporáneos
como ante la mirada de la posteridad en el lugar de maestros

---

16 Cf. Guthrie (1988), 166-77; también Terray (1990), 28-31.

17 Marrou (1965), 55-72, sostiene que los sofistas no eran pensadores porque
    no buscaban la verdad.

18 Acerca del carácter político de la reflexión sofística, cf. Winton y Garnsey
    (1983), 49-54.

de elocuencia[19]. En efecto, bajo el tratamiento que le dispensan los sofistas la retórica adquiere un estatuto no sólo en el orden práctico sino en el de la reflexión[20]. Es usual cuando se habla de ellos que inmediatamente se asocie su pensamiento y sus enseñanzas con el arte de la oratoria, que comienza desde entonces a desarrollarse como campo autónomo que implica un hacer y requiere un saber sobre ese hacer[21]. Este interés por la retórica, a un tiempo práctico y teórico, adquiere en Gorgias una precisión y una concisión notables[22].

La palabra, dice Gorgias, es un soberano poderoso que, aunque posee un cuerpo pequeñísimo y muy invisible, es capaz de realizar las mayores y más divinas empresas: elimina el dolor, suprime la tristeza, infunde alegría, aumenta la compasión (*Encomio a Helena*, 8 = DK 82 B 11). Se impone, pues, una primera constatación: no importa cuán diminuto e imperceptible sea, existe una corporeidad del discurso, y la acción de la palabra sobre la *psykhé* humana es del orden de lo material en virtud justamente de la corporeidad del *lógos*. Hay un efecto del discurso sobre los cuerpos de una potencia tal que puede inducir cambios en los estados respectivos de los mismos. Las lágrimas, el dolor, el temor, la alegría, ciertamente, son experiencias del alma[23]. Pero en tanto son estremecimientos inducidos en los oyentes mediante la palabra, conllevan, luego, la intervención de un sentido preciso, el de la audición, que articula así un campo específico para la acción corporal del discurso (*ibid.*, 9)[24].

---

19 Gomperz (1951), I, 462-3.

20 Cf. Lesky (1968), 369-89. Para una síntesis reciente, Coulet (1996), 88-96, 140-5.

21 En efecto, resulta un lugar común entre los antiguos, y en especial en los diálogos platónicos, poner de relieve la capacidad oratoria y la elocuencia de los sofistas. Sobre la concepción y la enseñanza sofísticas de la retórica, Kerferd (1988), 79-108; de Romilly (1997a), 69-102.

22 Sobre su obra, Donadi (1985); Schiappa (1996); (1999), 114-32. Cf. Capriglione (1985); Casertano (1986).

23 En torno a ésto, Segal (1962).

24 Leszl (1985), compara los efectos que la pintura y la poesía producen sobre la *psykhé*. Ciertamente, ambas son capaces de generar imágenes perceptibles por medio de los sentidos pertinentes para cada caso. Tales imágenes (*eikónes*, donde evidentemente encontramos una ligadura inmediata con *eikós*, lo verosímil o probable) constituyen representaciones y, como tales, ficciones. De allí que se asocien a la *apáte*, engaño o error, y no a la *alétheia*, verdad. Por otra parte, es Simónides el que pasa por ser el

continúa »

Esta corporeidad, cuyo poder soberano induce estados de ánimo diversos y realiza enormes empresas, es evidentemente una fuerza, la de la persuasión, pues el discurso actúa sobre el alma convenciéndola a través de la sugestión[25]. Esta fascinación puede incluso llevar al extravío y al engaño de la opinión. La fuerza de la persuasión conduce a la ejecución inmediata de la acción obedeciendo los mandatos y aprobando los actos que la palabra induce[26]. Se trata pues de un poder que se ejerce de modo que genere una especie de dialéctica entre amo y esclavo: la persuasión priva de libertad; por lo tanto, quien utiliza los recursos de este arte priva de libertad, mientras que el que es persuadido se ve privado de ella (*ibid.*, 10; 12). De allí los sentidos variables que adquiere el verbo *peítho*, que en voz activa significa justamente persuadir y en voz media implica la idea de dejarse persuadir, consecuentemente, obedecer y, por lo tanto, someterse[27].

El discurso persuasivo posee, por cierto, un poder equivalente al de la fortuna, el destino o los dioses (*ibid.*, 6). Pero la diferencia esencial radica en el hecho de que se trata de un instrumento disponible y manejable por los hombres. Su utilidad es tal que permite crear un consenso en una multitud que, seducida, acepta los argumentos del que habla aun cuando carezcan de veracidad, siempre que sea un hábil orador (*ibid.*, 13). Como veremos, en este punto tanto Protágoras como Antifonte suscribirán lo mismo que Gorgias: el discurso retóricamente utilizado persuade y genera adhesiones; esta capacidad encarnada en la comunidad implicará que aquello que ella adopte por acción y efecto de la palabra resultará, socialmente hablando, lo conveniente[28].

En la situación conformada en torno a una práctica discursiva tendiente a la persuasión, el criterio que prima no es el de la verdad sino el de la opinión. Un auditorio bajo los efectos de la persuasión no prioriza la veracidad de lo dicho sino la habilidad retórica. Es en estas circunstancias que se conforma una «opinión pública», un parecer de la comunidad cuya característica principal reside en

---

primero que compara poesía y pintura, dando a entender que ambas poseen una conformación artificial, es decir, ficcional o representativa; sobre estas cuestiones, Detienne (1981), 110-2.

25 Sobre esta fuerza de la persuasión presente incluso en Platón, Motte (1981).

26 Véase Saunders (1985), 211-4, 223-4.

27 De modo general, Longo (1985); también Johnstone (1999), 89.

28 Cf. Cassin (1994), 87-92.

la precariedad. Gorgias lo subraya en forma clara cuando sostiene que «en la mayor parte de los casos, la mayoría de los hombres toma a la opinión como consejera del alma. Ahora bien, la opinión siendo inconsistente e incierta (*sphalerà kaì abébaios*), impulsa a los que se sirven de ella hacia fortunas inconsistentes e inciertas (*sphaleraîs kaì abebaíois*)» (*ibid.*, 11).

Siguiendo a Gorgias, Derrida muestra que el *lógos* en tanto *phármakon* (*ibid.*, 14) puede ser bueno y malo simultáneamente, pues no se rige por el bien y la verdad. Esto remite a una indeterminación misteriosa del *lógos*. En tal caso la inconsistencia y la incertidumbre de la opinión se deben justamente a esta indeterminación propia del *lógos*. Así, en el espacio ambivalente del *phármakon*, el discurso no se establece como un lenguaje transparente del saber –algo que recién ocurrirá a partir de Platón– sino que permanece como poder. En el interior de esta indeterminación Gorgias determina la verdad como mundo del *lógos*, mundo que es por la potencia creadora de la palabra sin garantía exterior al espacio que ella delimita. El *lógos*, concluye Derrida, antes de ser dominado por el orden de la verdad, una verdad trascendente por cierto, es un ser vivo, salvaje, ambigua animalidad, a causa de su fuerza mágica o «farmacéutica». «El *phármakon* está *comprendido* en la estructura del *lógos*. Esta comprensión es un *dominio* y una *decisión*»[29].

Por consiguiente, si el criterio de verdad queda suspendido en función de privilegiar la opinión, si sobre la opinión se monta la fuerza de la persuasión generando situaciones respectivas de mando y obediencia, si bajo los procedimientos de esta práctica concurren los oradores conjuntamente con la multitud, si la verdad resulta ahora de la opinión en tanto aquélla aparece como mundo del *lógos*, si el discurso es poder, dominio y decisión, resulta evidente que de lo que se trata entonces es de una situación política[30]. Aristóteles trata de algún modo esta cuestión cuando indica que es necesario que los ciudadanos sepan al mismo tiempo mandar y obedecer (*Política*, 1277a 25-32). Y dado que el mecanismo por medio del cual puede generarse una situación como la que el Estagirita precisa implica la persuasión, es menester entonces detenerse sobre el funcionamiento de un recurso retórico que se aplica justamente en situaciones políticas como las de la asamblea

---

29   Derrida (1975), 173-5 (subrayado en el original). Cf. Capizzi (1990), 61, 185.

30   Ver Cassin (1995), 74-80, 202-11.

o los tribunales, donde los oradores apelan a los elementos que un discurso persuasivo puede suministrar en función de convencer mediante la elocuencia[31].

Aristóteles señala al respecto el campo de acción del entimema[32]: se trata de un silogismo retórico cuyas premisas son probables o verosímiles y cuyo fin es la persuasión y no la demostración estricta. Aunque, en rigor, se debe tener presente que los argumentos retóricos son una especie de demostración, ciertamente retórica, y esto es el entimema. Pero el filósofo no quiere dejar librado al uso del vulgo esta capacidad del discurso; es menester establecer una garantía para el empleo correcto de esta fuerza del lenguaje, pues el entimema es «el más fuerte de los argumentos» (*kyriótaton tôn písteon*). De allí que crea conveniente aclarar que quien tiene la facultad de ver lo verdadero es también el más apto para abordar lo verosímil: «por eso, tener hábito de conjeturar frente a lo verosímil es propio del que también posee el mismo hábito con respecto a la verdad» (*Retórica*, 1355a 4-19).

En este punto preciso, una coincidencia y una disidencia emergen entre el sofista de Leontini y el pensador de Estagira. Por una parte, ambos consideran a la persuasión como una fuerza de alcances notables sobre la cual aquél destaca que es imposible de resistir y éste estudia su carácter de silogismo peculiar, el entimema, que versa sobre lo verosímil o probable. Por otra parte, la diferencia entre ambos estriba en que, según Gorgias, el criterio que impera generalmente es el de la opinión, algo que debe asumirse tal como es en la práctica, mientras que, para Aristóteles, habría que regular la utilización de los recursos retóricos, pues sólo los que tienen la facultad de ver la verdad son los que pueden hacer un mejor uso de los criterios que regulan el campo de lo probable. De lo cual se desprende que el discurso elocuente o bien carece de regulaciones externas a sí mismo, o bien debe ser regulado según un criterio preciso: la capacidad de ver la verdad y la adecuación del intelecto con el ser.

Veamos la definición de Gorgias del estatuto de la palabra: el *lógos* no es lo realmente existente, pero es a través suyo que nos comunicamos[33]. Al entrar en relación con los demás, comunicamos

---

31   Carey (1994) estudia los medios retóricos clasificados en Aristóteles, *Retórica*, 1356a 1-21.

32   Cf. Arnhart (1981), 8-10; véase Kennedy (1996), 173-4.

33   Sobre el lenguaje en Gorgias como no representativo de la realidad ex-

continúa »

la palabra y no lo realmente existente, puesto que ella es distinta de lo real. Por lo tanto, aunque algo exista y pueda ser aprehendido, no podrá ser comunicado al prójimo (*Sobre el no-ser o sobre la naturaleza, ap.* Sexto Empírico, *Contra los profesores*, 7, 84 = DK 82 B 3). Porque, ¿cómo podría lo que no es (*tà mè ónta*) comunicar lo que es (*tà ónta*)[34]? Es a partir de esto que, según el razonamiento gorgiano, resulta pertinente sostener que no puede formularse criterio de verdad utilizable. De esto se sigue que nada existe, en el sentido de que no hay una adecuación entre el intelecto y el ser de las cosas que permita arribar a la verdad. Esta es la conclusión a la que llega Sexto Empírico al comentar el tratado *Sobre el no-ser*: «Tales son entonces las aporías desarrolladas por Gorgias: el criterio de la verdad se desvanece en cuanto depende de ellas. Porque no puede haber ningún criterio de aquello que no es, ni puede ser conocido, ni está en su naturaleza ser comunicado a los demás» (*ibid.*, 7, 87; cf. 7, 65)[35].

Se percibe así cuáles son las bases que impiden la constitución de un criterio de verdad y cómo a cambio de ello lo que funciona es el criterio de opinión. En efecto, si bien es cierto que para Gorgias el discurso se constituye a partir de los objetos que nos llegan del afuera, las cosas sensibles, no es menos cierto que «el discurso no es representativo del afuera, sino que es el afuera el que se vuelve significativo del discurso» (*ibid.*, 7, 85)[36]. El discurso no puede comunicar lo existente, puesto que si bien la palabra tiene realidad difiere sin embargo del resto de lo real; la palabra no es real de la misma manera que las cosas sensibles (*ibid.*, 7, 86). Las consecuencias de las aporías de Gorgias cobran a partir de esto último toda su dimensión y trazan su conexión con la radicalidad de su idea acerca de la persuasión.

La fuerza de esta última, que opera mediante la corporeidad de la palabra, actúa sobre los cuerpos humanos infundiendo estados de ánimo que pueden conducir al error y la ilusión. No es el criterio de verdad lo que prima sino la opinión, pues la mayoría de los hombres tiene a ésta como consejera. Su inconsistencia e

---

terior, el mundo de las cosas, Mourelatos (1985). Acerca de la interpretación de Mourelatos, Cassin (1995), 62-4. Ver también Schiappa (1999), 133-52.

34 Cf. [Aristóteles], *Sobre Jenófanes, Zenón y Gorgias*, 980a 20-b 9.

35 Respecto de la doctrina gorgiana en torno a la verdad y el ser, de Romilly (1997a), 104-6.

36 Véase Cassin (1995), 66-74.

incertidumbre gana así al hombre. Pero esta capacidad persuasiva no conduce a Gorgias a asumir, como sí lo hará Platón, que como el hombre vive en el mundo de la *dóxa* –la apariencia que, según Platón, imposibilita acceder a la verdadera esencia de las cosas– es necesario entonces elevarse al mundo de la verdad a través de una *epistéme* adecuada. Nada de eso. El sofista asume el problema en plena inmanencia, sin buscar la trascendencia de unas ideas cuya verdad incontrastable asegure un núcleo a salvo del devenir. Para Gorgias, dado que no hay forma de establecer criterio de verdad objetivo, entonces sólo se puede opinar mediante la palabra, comunicando no lo realmente existente ni una forma representativa del mundo exterior, sino un discurso que hace de su afuera (mundo sensible) una instancia significativa de la palabra[37].

Por consiguiente, el hombre no tiene modo de escapar del discurso y sus constricciones. Las tres tesis de Gorgias sobre el no-ser adquieren en su último postulado, que dice que si algo existe y puede ser aprehendido por el hombre, no puede sin embargo ser comunicado a su prójimo, su formulación más importante (*ibid.*, 7, 65)[38]. Ya no interesa en sí mismo saber si algo existe o no, ni siquiera si, en caso de existir, puede ser aprehendido; lo que resulta relevante es si ha de poder comunicarse al prójimo[39]. Es justamente en este plano donde el sofista descubre la singularidad del lenguaje: lo social, la comunicabilidad que hace posible que haya un prójimo, se erige a través suyo en una inmanencia respecto de la cual es menester ponderar incluso el problema del ser. Y puesto que no existe un criterio de verdad que actúe como garantía de adecuación entre la palabra y el mundo, es posible entonces que la fuerza de la persuasión se erija en un poder similar al de la fortuna, el destino o la divinidad. Recurrir a la retórica puede, ciertamente, convertirse en un medio de inducir al error o el engaño, pero también al acierto o lo verosímil. Pero al nivel planteado, esto resulta indecidible, porque según el criterio de la opinión todo es incierto e inconsistente. No obstante, de acuerdo

---

37 Respecto de estas cuestiones, Montano (1985); también Tuszynska-Maciejewska (1989).

38 La primera tesis sostiene que nada existe; la segunda, que si algo existe no puede ser aprehendido por el hombre. Para un análisis de la secuencia demostrativa de las tesis del *Sobre el no-ser* de Gorgias, Gomperz (1951), I, 532-8; también Dupréel (1948), 62-74; Untersteiner (1949), 177-207.

39 Sobre el *Sobre el no-ser* y sus formas discursivas y argumentativas, Montoneri (1985); Wesoly (1985).

con los postulados radicales gorgianos acerca del ser del lenguaje, no existe otra posibilidad que la de decir, hablar, proferir enunciados sin garantías. Aunque, de todos modos, un cierto criterio se esboza: si el discurso ha de persuadir es porque, antes que nada, es capaz de comunicar, es decir, producir sentido. La producción de sentido delimita en verdad un «nosotros», una idea de comunidad, a partir del lazo social imaginario.

Las conclusiones de Cassin al respecto señalan que si la filosofía, preocupada por el ser de las cosas, había planteado una relación entre significante, sentido y referencia según un criterio ontológico en el que el discurso resultaba conmemorativo del ser, la sofística, en cambio, operará según la logología: el discurso hace ser, el ser es un efecto del decir. Mientras que en el primer caso el afuera se impone e impone que se lo diga, en el segundo, el discurso produce el afuera[40]:

«Se comprende que uno de estos efectos-mundo pueda ser el efecto retórico sobre el comportamiento del oyente, pero éste no es más que uno de sus efectos posibles... El discurso sofístico no es solamente una performance en el sentido epidíctico del término, es de cabo a rabo un performativo en el sentido austiniano del término: "Cómo hacer cosas con palabras": es demiúrgico, fabrica el mundo, lo hace advenir –y nosotros tenemos la medida exacta en todo momento con la ciudad y la política».

Desde este punto de vista, se trata entonces de analizar los procedimientos de producción del discurso, campo en el que la sofística produce una intervención en ruptura con el pasado. El problema que los sofistas asumen haciendo *tabula rasa* es ciertamente el del acontecimiento, que implica la posibilidad de que se produzcan en forma renovada cambios en los efectos de sentido provocados por las palabras. Este acontecimiento, que Milner señala como «el encuentro en que tal o cual precipitado de sonido y tal o cual precipitado de representación se han chocado y juntado de manera en apariencia tanto o más eterna cuanto que, no teniendo ninguna razón para producirse, no tiene ninguna razón para cesar», no tiene según el autor forma de ser dicho por el lenguaje más que bajo la dimensión de un signo de olvido, dado que, de otro modo, habría que poder decir en el lenguaje el instante que

---

40 Cassin (1995), 73.

precede inmediatamente al lenguaje[41]. De allí que la sofística no se plantee el problema de la *alétheia*, lo sin-olvido, en el plano del *lógos*, pues en éste la verdad del ser como adecuación entre la palabra y el mundo sensible es para la sofística un imposible. De manera correlativa, el signo de este olvido (*léthe*) es claramente para Gorgias –según Sexto Empírico– la desaparición de todo criterio de verdad (*tò tês aletheías kritérion*), porque ésta no es la adecuación del *lógos* a algo externo que lo trasciende, sino producción inmanente del discurso, y por ende mutable, pero no como un juego indefinido del lenguaje sino como una decisión en el terreno de las prácticas políticas.

La sofística establece pues su reflexión en torno al estatuto creador de la palabra. Es en el campo político donde claramente se percibe esta operación, dado que la sofística otorga a la palabra en tanto producción colectiva capacidad de hacer ser. En efecto, el pacto político, es decir, la *pólis* como comunidad emergente de un acuerdo, se sostiene en la propia producción política de la ciudad que, mediante la palabra, crea el mundo y lo hace advenir en tanto que experiencia humana con sentido. La sofística desentraña así los mecanismos de la ficción en que se sostiene el lazo social imaginario pero no para criticarlo desde una posición trascendente sino para poder producirlo como efecto de discurso. De esto se sigue que para poder producirlo en su carácter discursivo el lazo deba ser una ficción: si el discurso no conmemora el ser del afuera sino que hace ser su propio afuera, entonces la ficción es a la vez la regla y el propio criterio de verosimilitud. Esto implica que su realidad es de un tipo muy distinto que la de las cosas sensibles en tanto «supuesto real existente». De todos modos, esta formulación debe ser discutida porque asume lo que habitualmente se toma como real como criterio de existencia: es decir, el mundo, las cosas sensibles, etc. Si la palabra hace ser, entonces ello supone que los criterios de existencia aceptados se vean trastocados. Es la ficción del lazo, según el parecer de la comunidad dirá Protágoras, lo que otorga carácter de real al mundo creado por el *lógos*, que es lo que a la comunidad humana le interesa y nada más. Que esta ficción sea incierta e inconsistente, según el primado de la opinión, es algo que sólo se revela a partir del propio trabajo del discurso, pues la producción de nuevos enunciados es la que hace inconsistir a los ya dados. Pero como el lazo social imaginario sólo existe

---

41 Milner (1989), 75.

en y por el discurso, está claro que el hecho de que haya incertidumbre e inconsistencia no destruye su ficcionalidad sino que nos muestra su modo de ser[42].

En una formulación preliminar de nuestras ideas acerca de la sofística, habíamos planteado que ella estaba a mitad de camino en el pasaje de la verdad en la enunciación a la verdad en el enunciado. Se ve de inmediato el carácter foucaultiano de esta formulación[43]. Este tránsito, verificable no sólo a partir de los cambios mencionados en la asignación discursiva de la verdad sino también por medio de una serie de transformaciones en cuanto a los procedimientos prácticos de producción discursiva según el eje delimitado por las prácticas de oralidad y escritura, conlleva asimismo una mutación en la concepción misma de la idea de verdad. Por lo cual se requiere una mayor precisión en torno al punto, pues la noción de verdad no permanecerá igual a sí misma en ese tránsito que nos lleva de la era arcaica a Platón.

Detienne ha realizado un meticuloso análisis de este desarrollo, señalando que hay un proceso de secularización por el cual el pensamiento religioso cede terreno ante nuevas prácticas y formas de concebir la palabra[44]. Esto conduce a una desvalorización de la *alétheia* a la vez que a una paralela emergencia de una noción distinta: la *apáte*. En este recorrido, un nuevo tipo de poeta como Simónides de Ceos junto con las sectas filosófico-religiosas realizarán un trabajo de zapa que socavará los principios de la verdad asentada en una enunciación determinada por el poder de esos lugares sociales singulares como los del rey, el sacerdote, el adivino y el poeta inspirado por las divinidades. Así, de Simónides a los sofistas surge una línea de reflexión que toca lo esencial de la nueva configuración de la verdad, o mejor dicho de lo verosímil.

Esta nueva configuración se orienta a lo ambiguo, ya que se desarrolla en el mundo de la política, esfera de la ambigüedad por excelencia. En este sentido, la sofística y la retórica plantean en el campo reflexivo una lógica de la ambigüedad, a la vez que, en el terreno práctico, formulan criterios eficaces para actuar en ese plano ambiguo que es el mundo de la contingencia. Lo cir-

---

42 Al respecto, Castoriadis (1989), 283-334

43 Foucault (1973), 16. Sobre las ideas de Foucault y las de Detienne que ahora veremos, Hesk (2000), 143-51.

44 Detienne (1981), 87-147, y en especial 120-6. Cf. Jarratt (1991), 53-9, sobre Gorgias y el problema de la *apáte*.

cunstancial pertenece al terreno de la opinión y la persuasión que
habilitan la posibilidad de que puedan inculcarse imágenes, esto
es, un trabajo discursivo que genera y regenera cada vez el lazo
social. Como señalan Detienne y Vernant[45]:

> «*Strophaîos* es también el sobrenombre que los griegos dan al
> sofista, que sabe entrelazar (*symplékein*) y trenzar (*stréphein*)
> los discursos (*lógoi*) y los artificios (*mekhanaí*)... El sofista
> es un maestro de trenzados y entrelazamientos de discursos,
> *lógoi*. Trenzados, porque el sofista conoce el arte de tornar-
> se flexible de mil maneras (*pásas strophàs stréphesthai*), de
> maquinar mil tretas (*mekhanâsthai strophás*), de revolver,
> como el zorro, contra el adversario el argumento del que éste
> se ha servido... Entrelazamientos, porque el sofista no cesa
> de encabalgar las dos tesis contrarias: verdadero Palamedes,
> ... habla con tanto arte que es capaz de lograr que las mismas
> cosas aparezcan ante sus auditores unas veces semejantes y
> otras desemejantes, unas y múltiples a la vez».

El *lógos*, pues, no tiene nada que comunicar fuera de sí mismo,
no dice la verdad como adecuación de la idea a un «mundo real»
exterior. Por ende, la precisión foucaultiana en cuanto a un tránsito
de la verdad en la enunciación a la verdad en el enunciado, es correcta en el plano de la *alétheia*, y en este contexto se constituirán el
razonamiento de Parménides así como el de Platón, que construyen
una ontología sobre la base de que el discurso es conmemorativo
de una verdad ubicada fuera de él[46]. Pero en rigor la sofística no
se halla a medio camino de este recorrido –tal como afirmamos
de entrada–, sino fuera del tránsito mismo, pues ya no es la *alétheia* lo que le preocupa sino la *apáte*. El trabajo retórico sobre el
discurso que los sofistas propugnan gira en torno a la producción
de la persuasión, hecho que Platón pone de relieve al hacerle decir a Sócrates que el que se propone ser un buen orador no tiene
necesidad alguna de plantearse el problema de la verdad (*Fedro*,
272 d): en los ámbitos de actuación pública, a nadie le preocupa
lo más mínimo la verdad (*aletheías*), sino que lo que interesa es
lo persuasivo (*pithanoû*). Así, el desarrollo de la sofística implica
la constitución de un campo autónomo, «una zona específica de

---

45 Detienne y Vernant (1988), 47-8.

46 Cf. Cassin (1985); cf. (1994).

lo ambiguo, un plano de lo real que pertenece al orden exclusivo de la *apáte*, de la *dóxa*, de lo "*alethés* y de lo *pseudés*"». Se trata de un campo que deja afuera la *alétheia* y se constituye como otro sistema de pensamiento en el que «lo ambiguo ha dejado de ser la unión de los contrarios complementarios, para convertirse en la síntesis de los contrarios "contradictorios"»[47].

Ahora bien, si no hay criterio de verdad, si además el centro de interés se ha trasladado a la ambigüedad de una situación en la que simultáneamente existen lo verdadero y lo falso –esos contrarios contradictorios de los que habla Detienne–, ¿significa todo esto que no hay modo de producción o construcción de la verdad ya no filosófica u ontológica sino política, que es el nivel preciso que hemos visto aparecer según lo dicho hasta aquí? Por otra parte, es necesario establecer cuál es la relación que lo anterior traza con la situación democrática para desentrañar los mecanismos productores de lo que, para nosotros, constituye el operador real de la política, esto es, la escisión de la comunidad de ciudadanos que la instituye a ésta como sujeto político[48].

Los sofistas asumen que, en tanto el discurso crea, hace ser, hay lo político, ya que la política es un asunto de *lógos* y de *homología*. La política como instancia específica no subordinada a otra instancia más determinante es uno de los mayores efectos de la posición crítica de la sofística respecto de la ontología. Así, el tratado *Sobre el no-ser* deviene la matriz de la política de los sofistas[49]. Por consiguiente, todos los elementos indicados (verdad, mecanismos democráticos, escisión) deben concebirse ligados a los procedimientos que el discurso establece para poder producir. Será importante entonces que abordemos los métodos prácticos que la reflexión sofística elabora y analiza a partir de esta concepción del *lógos*, pues la construcción de la verdad   –no unitaria sino dividida y contradictoria– aparecerá como un eje importante del funcionamiento de la sofística. En tal sentido, resulta significativa la operatoria de dos modos de producción de un efecto de verdad según la configuración adoptada por la práctica discursiva en determinada situación: por una parte, las *Antilogías* de Protágoras que deben relacionarse con la centralidad adquirida por la asamblea ateniense durante el siglo V; por otra parte, las

---

47   Detienne (1981), 126.

48   Cf. *supra*, parte I.

49   Cassin (1995), 151-3.

Tetralogías de Antifonte que remiten a la misma situación histórica pero a la práctica de los tribunales.

c) Ambigüedad y contradicción: los argumentos contrapuestos

Sabido es que de Protágoras sólo nos han llegado fragmentos y testimonios indirectos. De todas formas, los críticos modernos han intentado reconstruir los contenidos y la organización de las posibles obras del sofista de Abdera. Esta tarea ha encontrado en Untersteiner a un tenaz sistematizador de las obras de Protágoras[50]. Partiendo de su ordenamiento, Plácido pone en claro de modo conciso la distribución de los títulos que transmite Diógenes Laercio (9, 55 = DK 80 A 1), que se corresponderían con los contenidos de las *Antilogías* según una distribución en cuatro grandes núcleos temáticos basada en las precisiones de Platón en el *Sofista* (232 b-c): sobre los dioses, sobre el ser, sobre las leyes y la política y sobre las artes. De acuerdo con lo que su propio título denota, las *Antilogías* poseerían un carácter crítico[51].

En cuanto a la primera sección de las *Antilogías*, su título *Sobre los dioses* no nos llega en la enumeración que hace Diógenes sino cuando señala que quizá su lectura se haya realizado en casa de Eurípides (9, 54). El nombre se desprende asimismo de las primeras palabras del fragmento que daría comienzo a la obra y que el propio Diógenes transmite en su versión más extensa: «Sobre los dioses no puedo saber ni si existen ni si no existen, ni cuál sea su naturaleza, porque se oponen a este conocimiento muchas cosas: la oscuridad del problema y la brevedad de la vida humana» (9, 51 = DK 80 B 4)[52]. Esta tesis, que también conocemos gracias a la afirmación que Platón pone en boca de Sócrates en el *Teeteto* (162 d-e), y que implicaría para Protágoras el destierro de Atenas y la quema de sus obras en la plaza pública[53], se hallaría asimismo en un tramo de las

---

50 Untersteiner (1949), 16-27.

51 Plácido (1973), 29-35, brinda la información disponible y las discusiones sobre los problemas implicados en la distribución de los títulos y los contenidos correspondientes a los mismos.

52 Para un sucinto análisis de la cuestión, de Romilly (1997a), 111-5.

53 Al respecto, Plácido (1988).

Bacantes de Eurípides donde habría una crítica implícita de la misma.

Tanto en los dichos de Cadmo: «no menosprecio a los dioses yo, que soy por nacimiento mortal», como en los de Tiresias: «tampoco nos hacemos los sabios ante las divinidades... Ningún argumento las derribará (*oudeìs autà katabaleî lógos*) por los suelos, por más que lo sabio resulte invención de los ingenios más elevados» (*Bacantes*, 199-204), se ha creído percibir una respuesta a Protágoras, lo cual se vería reforzado por el uso de *katabaleî* seguido de la palabra *lógos*, al afirmar que ningún argumento derribará las tradiciones ligadas a los dioses[54]. En efecto, el sofista sería el autor de unos *Argumentos demoledores* (*Katabállontes lógoi*) que Eurípides evocaría a través de las palabras de Tiresias. Pero hay que advertir que a las figuras de Cadmo y Tiresias se opone la de Penteo, que no defiende las tradiciones ancestrales de los padres sino las ciudadanas, pero que no se presenta como un sofista. Es preciso pues tener presente que se trata de personajes que asumen diferentes roles y que, en consecuencia, son portadores de diversos enunciados. Tampoco debe perderse de vista que el poeta ha sido considerado el más sofista de los autores trágicos[55]. Y se tendrá en cuenta también que Diógenes Laercio hacía mención a la posibilidad de que el texto *Sobre los dioses* hubiera sido leído por primera vez en casa del tragediógrafo, aun cuando fuera un dato que él mismo ponía en duda. La asociación entre los *Argumentos demoledores* atribuidos a Protágoras y los versos de Eurípides llevaría a interpretar la obra protagórea bajo la visión tradicional según la cual dichos razonamientos sólo buscarían destruir. Pero según el criterio de Untersteiner y Plácido, la obra sería la segunda gran producción del sofista, cuyo título completo sería *La verdad o los argumentos demoledores* (*Alétheia è katabállontes lógoi*), que a diferencia de las *Antilogías* tendría un carácter constructivo[56].

De todos modos, de la exposición de Diógenes a la mención implícita de Eurípides pasando por la cita de Platón y algunos

---

54 Cf. Eurípides, *Heracles*, 757-9, donde el coro de ancianos sostiene contra Lico una máxima de tono general que puede resultar evocadora de la prédica protagorea: «¿Quién es el que ha mancillado a los dioses con su impiedad y —siendo mortal— ha lanzado contra los felices habitantes del cielo la insensata acusación de que son impotentes?». Por supuesto, esto no hace de Eurípides partidario inmediato de los dichos del coro.

55 Cf. Petruzzellis (1965).

56 Untersteiner (1949), 25-6; Plácido (1973), 35-7.

otros autores[57], una cuestión emerge claramente: Protágoras tenía una postura agnóstica respecto al ser o el no-ser de los dioses y su naturaleza[58]. Esto se fundamentaría en su consabida tesis de que el hombre es la medida de todas las cosas, de las que son como de las que no son[59]. En rigor, si el sofista de Abdera creyó conveniente no pronunciarse acerca del ser de las divinidades, fue justamente por ser consecuente con la idea del carácter condicionado de la existencia humana: no sólo se trata de un problema oscuro sino que, además, tal perspectiva se ve agravada por la brevedad de la vida humana. Este corto lapso remite en verdad al hombre en tanto medida, pues afirmar algo acerca de la naturaleza del mundo, las cosas y los seres que lo habitan significa comprometer la dimensión humana tanto cuanto ésta pueda alcanzar en el conocimiento de lo ambiguo.

Esto nos conduce a la segunda de las secciones, el tratado *Sobre el ser*[60], del que sólo contamos con una mención indirecta en la que, según un escrito de Eusebio (*Preparación evangélica*, 10, 3, 25 = DK 80 B 2), Porfirio habla de dicha obra. Podría interpretarse que también Cicerón hace referencia al texto al atribuir a Protágoras una gran producción sobre la naturaleza de las cosas (*Sobre el orador*, 3, 32, 128 = DK 84 B 3). Según se puede inferir del *Sofista* platónico (232 c), su contenido versaría sobre la generación y la esencia de las cosas visibles que existen en la tierra y en el cielo. Del pasaje de Platón también se induciría el carácter crítico de la obra, pues los sofistas serían contradictores (*antilogikoí*). Esto concordaría con el testimonio ya citado de Eusebio que indica que Porfirio, al leer casualmente *Sobre el ser*, encontró una argumentación contra aquellos que sostenían que el ser es uno, argumento que Eusebio no cita pero que según se desprende de sus dichos tuvo ante sus ojos, tratándose de un amplio desarrollo expositivo. A esta sección correspondería también el *Arte de la erística* y, eventualmente, el así llamado *Juicio sobre la paga*.

En cuanto al tratado sobre erística, Gomperz sostiene que la dialéctica de Protágoras no era interrogativa (como la socrática)

---

57 Por ejemplo, Cicerón, *Sobre la naturaleza de los dioses*, 1, 24, 63 = DK 80 A 23; Filóstrato, *Vida de los sofistas*, 1, 10, 2 = DK 80 A 2; Eusebio, *Preparación evangélica*, 14, 3, 7 = DK 80 B 4.

58 Cf. Lloyd-Jones (1971), 130-7.

59 Sobre lo cual hablaremos más ampliamente en el próximo capítulo.

60 Para lo que sigue, Plácido (1973), 30.

sino más bien retórica, y se basaba en discursos extensos que se seguían uno al otro para refutarse mutuamente. Por otra parte, considera que no hubo ningún escrito del sofista de Abdera que recibiera el nombre de erístico, simplemente porque la idea tenía un sentido denigrante como para que Protágoras la utilizara para denominar a una de sus obras. Existiría sí un tratado o manual de retórica y a éste haría referencia Diógenes[61]. Sin embargo, Duchemin señala que la lucha mediante la erística impulsada por Protágoras desde los años 450 habría sido objeto de un entusiasmo universal[62], hecho que se conectaría con el tema del *agón* tanto en la tragedia como en otras manifestaciones literarias del siglo V a.C.

Ahora bien, a pesar de las breves y escasas referencias con que contamos, en ambas secciones habría un elemento que marcaría el tono del trabajo protagóreo[63]: la crítica de las opiniones vigentes. La deconstrucción de los argumentos se opera por medio de la refutación[64], es decir, el carácter *antilogikós* del discurso que actúa sobre el argumento ajeno para dejarlo sin sustento. Para Protágoras, desentrañar el ser de las cosas conlleva poder sostener al mismo tiempo un discurso y su contrario, los *dýo lógoi antikeímenoi* de los que habla el texto de Diógenes que enseguida referiremos. Incluso su agnosticismo respecto de los dioses y su naturaleza no prescinde, en función del planteamiento del problema, de los discursos dobles de manera de poder afirmar que se los conoce de acuerdo con su ser o su no-ser[65]. Si bien Protágoras no encuentra solución al asunto, puesto que la condición humana se lo impide, por su forma de concebir la cuestión se deja ver lo consecuente de su método.

Con respecto a esto último, Diógenes señala que «Protágoras fue el primero que dijo que sobre todas las cosas hay dos argumentos contrarios entre sí» (9, 51 = DK 80 B 6a; cf. DK 80 A 20). La definición del método implica, tal como la crítica moderna ha permitido establecerlo, que los *lógon agônes* constituyen un sistema formal de exposición diferente de la dialéctica socrático-platónica[66]. Por lo tanto, las *Antilogías* serían básicamente un

---

61 Gomperz (1951), I, 516 y n. 1.

62 Duchemin (1968), 15-20.

63 Cf. Untersteiner (1949), 28-54.

64 De modo general, Canto (1986).

65 Ver Guthrie (1988), 231-3.

66 Cf. Plácido (1973), 37-40; también Gomperz (1951), I, 516 y n. 1; Jaeger (1957), 498.

despliegue de un método crítico fundado sobre una contraposición permanente de *lógoi*, tal como ocurría en la democracia ateniense. Y éste sería el verdadero hallazgo de Protágoras, que percibiría las contradicciones como reales y haría una adaptación metodológica de ellas a partir de los presupuestos de la ciudad democrática. Se trata del «reconocimiento de la existencia de un mundo contradictorio, en que las diferentes posturas tienen validez real»[67]. El desarrollo de esta metodología sofística, si bien tiene antecedentes en la historia del pensamiento griego, deja de lado sin embargo las necesidades de orden teórico-científico para inserirse en un terreno estrictamente práctico[68].

Este plano práctico nos lleva a las siguientes dos secciones del trabajo del sofista. Respecto de la última de ellas, *Sobre las artes*, cabe señalar brevemente que se trataría de una crítica de las *tékhnai* en función de considerar a la política como el arte más elevado[69]. Es en la tercera sección que la crítica protagórea aborda justamente lo referente a las leyes y el conjunto de problemas ligados a la política y el mundo de la *pólis* (cf. Platón, *Sofista*, 232 d). Tales contenidos se desarrollarían en una serie de escritos entre los que sobresalen *Sobre la constitución*, del que, según Diógenes (que sigue a Aristóxeno y Favorino), Platón habría tomado el contenido de la *República* (3, 37 = DK 80 B 5)[70]. Algunos han pensado que, en rigor, sólo existiría una coincidencia temática con el libro I de la obra platónica, bien en todo su desarrollo   –puesto que reflejaría las opiniones de los sofistas en torno al asunto–, bien en los argumentos expresados por Trasímaco (336 b-354 c), bien en el diálogo con Polemarco (331 d-336 a). Otra posibilidad de acercarnos a la teoría del sofista surge de la hipótesis de que el debate de los persas transmitido por Heródoto sería un reflejo del escrito protagóreo[71], que de tal suerte versaría sobre la confrontación entre diversas formas de gobierno, hecho que estaría en correspondencia con el carácter crítico de las *Antilogías*[72]. A su vez, el escrito *Sobre la constitución originaria*, si aceptamos el

---

67 Plácido (1973), 39. Véase Jarratt (1991), 49-53.

68 Cf. Jaeger (1957), 271.

69 Ver Untersteiner (1949), 50-1; Plácido (1973), 34-5 y n. 41.

70 Para las diferentes interpretaciones de este asunto, Plácido (1973), 31 y n. 21.

71 Cf. *supra*, cap. 8.

72 Véase Plácido (1973), 31-2. Connor (1971), 199-206, señala que el debate

continúa »

sentido jónico de la *katastáseos*, se referiría al cuerpo social con una metáfora significativa del organismo humano, hecho corriente para la época.

Llegados a este punto es necesario adentrarnos en el relevante aspecto crítico del método protagóreo. Si el principal descubrimiento del sofista consiste en haber asumido el carácter real de las contradicciones del mundo según la contraposición binaria de argumentos, *dýo lógoi antikeímenoi*, cuando nos situamos en el plano político esto sólo ya no alcanza. Se trata en efecto de tomar en cuenta que con el advenimiento de la política, según el relato mítico del *Protágoras* platónico que ya veremos[73], adquiere relieve también la utilización política del lenguaje, en especial en la oratoria. Es en este contexto que tiene plena vigencia la *orthoépeia* aplicada al discurso político[74]. Por ende, el uso del *kreítton lógos* resulta ante todo político[75] y se encuentra ligado a la única *tékhne* existente en la etapa política de la civilización, la *politikè tékhne* y su consabida virtud[76].

Si a partir de los escasos testimonios y fragmentos podemos decir algo sobre la doctrina de Protágoras, en cuanto a la imposibilidad de saber nada acerca de la naturaleza de los dioses, o sobre el ser de las cosas y el hecho de que el ser no es uno, o incluso sobre la técnica, que necesariamente habrá de ser siempre insuficiente e imperfecta ya que está ligada a la fase prometeica de la civilización, o también en torno al arte y la virtud políticos, en tanto regulan y posibilitan la existencia de un pacto, si algo en efecto puede decirse es que en el recorrido de los diversos temas de estas cuatro secciones hay un método único que le sirve al sofista para abordarlos tratando de captar el devenir del mundo como contradictorio. Es, pues, la función refutadora del discurso lo que da a las *Antilogías* un sentido crítico. Al asentarse en la dualidad y la contraposición de argumentos, no sólo como modo de pensamiento sino como forma de aprehensión y acción sobre el mundo, Protágoras lleva hasta consecuencias no experimenta-

---

refleja el pensamiento político griego de las décadas de 430-420. Por su parte, Adkins (1972), 130, dice que se trata de una parte de un debate sofístico sobre la mejor constitución transportado por Heródoto a Persia. De manera exhaustiva, Lasserre (1976).

73 Cf. *infra*, cap. 10.

74 Segal (1962), 158-62; Capizzi (1990), 95-101.

75 Gomperz (1951), I, 522-6; Untersteiner (1949), 66-75.

76 Para esto y lo que sigue, Plácido (1973), 58-62.

das el principio de contradicción. Rechazando la idea de Zenón acerca de que lo real está libre de contradicciones, que conduce a la negación del mundo material, el sofista de Abdera asume algo de un valor político revolucionario: las posturas contradictorias, lo mismo que los *lógon agônes*, tienen validez real porque se articulan con la lucha de discursos de la democracia ateniense[77]; esto conlleva por lo tanto establecer un modo de pensamiento en interioridad a los presupuestos formales de la *pólis* democrática.

Pero Protágoras no se contenta únicamente con la tesis de los argumentos dobles y contrarios, sino que avanza la idea de una posición relativa de los mismos, que puede determinarse como una fortaleza inicial de uno de ellos y, consecuentemente, una debilidad inicial del otro[78]. Para poder producir una dialéctica verdadera capaz de superar esta disimetría y llegar así a un nuevo estado de cosas mediante una inversión en la que el argumento débil se hace fuerte y viceversa, es menester considerar que el modelo de los *dýo lógoi antikeímenoi* implica un campo discursivo atravesado por la lucha de fuerzas, una dialéctica de enunciados que no conduce a una síntesis de contrarios sino al establecimiento de un poder por efecto de la refutación, que en virtud de la presencia de las voces-fuerzas que traman la situación puede ser a su vez destronado por medio de una nueva refutación[79]. En este recorrido, Protágoras establecerá una forma de construcción de la verdad, que en el caso de la retórica admite la posibilidad de una ficción de verdad[80], lo cual nos sitúa nuevamente ante el problema del carácter discursivo del lazo social.

El funcionamiento del razonamiento fuerte se asienta, al igual que el conjunto de la teoría protagórea, en la tesis del hombre como medida. Según Sexto Empírico, una consecuencia importante de esto es la supresión del criterio de verdad. En efecto, puesto que toda representación u opinión es verdadera, y en

---

77 Capizzi (1990), 59-72, señala que a este respecto la sofística traza una salida retórico-erística al dilema trágico.

78 Cf. Solana Dueso (2000), 76-84.

79 Platón y Aristóteles elaborarán a raíz de esto una serie de procedimientos para tomar la palabra, tanto en el sentido de capturarla como en el de empezar a hablar ellos para que los sofistas dejen de hablar. Buscarán entonces darle una base objetiva al discurso y así dejar al sofista sin ningún estatuto. Aristóteles podrá decir entonces que, si se persiste junto con los sofistas en proferir un discurso inanalizable, se trata luego de una planta que habla. Cf. Narcy (1986); Plácido (1991).

80 Cf. Untersteiner (1949), 93-5.

virtud de que todo objeto de representación u opinión para alguien inmediatamente «es» para ese alguien, entonces, la verdad es relativa y por ende no hay criterio (*Contra los profesores*, 7, 60; cf. 7, 55-59 = DK 80 B 1; 7, 389 = DK 80 A 15). El objeto sensible, lo que se percibe, es siempre verdadero (Platón, *Teeteto*, 167 a). Pero si sobre todas las cosas se pueden argumentar dos posturas contrapuestas es porque la verdad relativa a lo percibido se subordina a la percepción de las contradicciones, pues de otro modo se tendría un número indefinido de discursos. Esta idea abona la hipótesis de que el *homo-mensura* implica un convencionalismo sociológico[81].

Por ende, el problema de la representación u opinión se ha de centrar en lo que es o en lo que no es, campo donde se aprecia que si bien no existe la posibilidad de un criterio absoluto de verdad y todo resulta relativo, sin embargo actúa la convención[82]. En efecto, en la llamada apología de Protágoras del *Teeteto* de Platón, la verdad se afirma en función de la medida humana de lo que es y de lo que no es (166 d-167 c). El problema consiste en comprender cómo el interés común prima sobre el de los individuos, pues en el terreno de la opinión debe tomarse en cuenta si algo es más o menos conveniente. A partir de esto se puede argumentar que lo conveniente para la *pólis* parecerá justo, pues en cada ciudad será justo y bello lo que ella considere así mientras esa costumbre perdure (*héos àn autà nomíze*). Será función de los oradores hacer que las cosas convenientes a la *pólis* parezcan justas, pues mediante la palabra se logra una conversión que hace que lo que inicialmente parece y es malo, termine pareciendo y siendo bueno. Se puede entonces sostener que no hay nada que esencialmente sea o no sea, sino que es el parecer de la colectividad el que se hace verdadero cuando se formula de una forma determinada y durante el tiempo que dura ese parecer.

Si se admite lo anterior, necesario es concluir que el criterio de verdad o bien queda ligado a una posición subjetivista, que señala que no hay ni puede haber opiniones falsas ya que éstas se basan en las percepciones, que son siempre y por definición verdaderas,

---

81 Dupréel (1948), 25: «Los nombres... son arbitrarios y sólo valen para el acuerdo de todos en designar una misma cosa por el mismo signo. Es la invariación del signo lo que introduce lo estable en lo indeterminado. La frase famosa proclama entonces el primado de la convención sobre la naturaleza bruta, la doctrina de Protágoras es, en lo principal, *un convencionalismo sociológico*». Cf. *infra*, cap. 10.

82 Cf. Guthrie (1988), 178-223, y esp. 183-92.

o bien se establece un criterio objetivo de verdad. Protágoras se sitúa entonces en un plano práctico: no hay unas percepciones más verdaderas que otras; pero las opiniones fundadas sobre esas percepciones pueden ser mejores o peores (167 a-b). Será menester, pues, que lo mejor parezca y sea justo y bueno. En este punto, y no habiendo en los hombres opiniones falsas, el criterio del hombre como medida se traslada a la posesión de una mayor o menor sabiduría de acuerdo con la capacidad de mostrar mediante palabras lo más conveniente para una *pólis* en ciertas circunstancias y según el criterio social vigente. Pero, ¿cómo se opera para hacer que parezca y sea bueno y justo algo que de entrada se halla considerado bajo sus modos contrarios, es decir, algo que está en una posición inicial débil? Aquí se pone en funcionamiento el *kreítton lógos* como forma de corrección.

Para no entrar en contradicción con los dichos de Protágoras en el *Teeteto*, que llama imágenes (*phantásmata*) a las percepciones y las considera mejores o peores pero no verdaderas o falsas, pues todas son verdaderas, hablaremos de una construcción social de la verdad, entendiendo por tal la práctica discursiva sofística, esto es, la oratoria, cuyo fin es que los ciudadanos se convenzan de aceptar lo que a la ciudad le conviene. Lo que conviene es, por lo tanto, el propio sustento de la convención política, y como tal implica un imaginario basado en *phantásmata* aceptadas por la comunidad a partir de la función retórica del lenguaje. La persuasión resulta así, como en Gorgias, la forma práctica de construcción de la verdad. El lazo imaginario que hace ser a la colectividad es plenamente una ficción discursiva ya que no se homologa según el ser de las cosas sino según el devenir de las convenciones y costumbres socialmente aceptadas[83]: si una norma perdura es porque desde el *lógos* se la considera lo mejor; si otro discurso plantea otra norma como mejor y esto es asumido por la *pólis*, no habrá más que un remedio: que el lazo discursivo cambie su conformación de acuerdo con tales transformaciones. Imposible no reconocer en esto un modo de pensamiento sobre la dinámica política de la democracia ateniense y su agente práctico por excelencia que es la asamblea y la lucha de discursos que allí acontecen.

---

83 Cf. Detienne y Vernant (1988), 278: «Para el sofista... no existe otro campo de acción que el devenir, el cambio, lo que jamás permanece igual a sí mismo». Puesto que el discurso es una fuerza hostil e inquietante, enfrentarse a ella implica prever siempre la oportunidad fugaz para engañar a esa potencia polimorfa.

El método del argumento fuerte de Protágoras había sido definido por Aristóteles al analizar los entimemas aparentes. Si el entimema es un silogismo que opera en el campo de lo probable y cuyo fin es la persuasión, «en la retórica hay un entimema aparente que procede del no ser absolutamente probable sino con relación a algo». Una probabilidad de este tipo no es absoluta, y así sucede justamente con «aquello de hacer al argumento inferior el más fuerte» (*Retórica*, 1402a 7-8, 23-4)[84]. Por cierto, es en el terreno de lo probable y en relación con la convención política donde debe ubicarse la potencia del *kreítton lógos* en tanto entimema aparente. De todos maneras, dado su carácter de tal, se cumplen también en este caso las potencialidades que Aristóteles percibe en el entimema, al que define como el más fuerte de los argumentos. El sofista, que logra con las palabras el fin buscado, opera a partir de una debilidad inicial, porque, en rigor, es necesario convencer de algo que no se tiene por norma común. Esto se realiza en la democracia por medio de la retórica, por lo cual el sofista ha de enseñarla como método para llevar a cabo la práctica política democrática. Según Plácido[85], la mayor fuerza del *kreítton lógos*

«consiste en tener una mayor capacidad de persuasión. El hacer más fuerte un argumento viene a ser lo mismo que darle mayor fuerza de convicción... De ahí que la actividad retórica sea una labor política, y la profesión del sofista sea la adecuada al estado. El efecto buscado con el *kreítton lógos* no es el de la Verdad con mayúsculas, única y absoluta. Es el de la superación de las diferentes "verdades" opuestas».

En esa situación, una verdad política ambigua y relativa puede imponerse como producto de la suplementación de los argumentos contrarios, a partir de la fuerza superadora de un mejor razonamiento. En este punto nos topamos con el problema de la decisión: sólo se ha de adoptar el *lógos kreítton* si la mayoría, sobre la base de la persuasión, así lo hace. El sofista es aquel que enseña el arte político en una sociedad que se sustenta en la virtud política como atributo de todos los ciudadanos[86]. Esto

---

84 Cf. Solana Dueso (2000), 173-8.

85 Plácido (1973), 60-1.

86 La virtud política es enseñable y debe lograrse que los ciudadanos aprendan

continúa »

sólo se da plenamente en una democracia, que en consecuencia es ya una superación de aquellas formas políticas en las que no se lleva totalmente a la práctica el principio que reza que la virtud política es un atributo de todos los ciudadanos. La *héxis* democrática deviene así la mejor por su asunción plena de la *aretè politiké*, es decir, porque posee una disposición mejor de acuerdo con su constitución, su temple, sus hábitos y sus aptitudes. La *héxis* democrática se liga, pues, al poder persuasivo de la palabra en un medio en que la virtud política es atributo de todos los ciudadanos. Pero esta comunidad de intereses no anula la división sino que más bien se organiza a partir de ella. La resolución siempre circunstacial y precaria de las diferencias se logra por medio del *kreítton lógos*.

d) Los dichos y los hechos: la construcción de lo verosímil

Podemos finalmente dirigirnos a las *Tetralogías* de Antifonte. Si en el caso de Protágoras y otros sofistas el problema del *corpus* radicaba en su estado fragmentario, con Antifonte ocurre algo distinto que radica en su multiplicidad o al menos en su dualidad: hubo un Antifonte orador y otro sofista. El primero mereció una alabanza del austero Tucídides por sus dotes de orador hábil para concebir cursos de acción. A pesar de no participar de los debates ni acudir a la asamblea, brinda igualmente asesoramiento a aquellos que lo consultan cuando necesitan resolver algún asunto judicial o político. Fue ideólogo de la revuelta oligárquica de 411; murió ajusticiado por la restauración democrática[87]. Del segundo se tienen menos datos.

Uno de los argumentos esgrimidos para separarlos es el estilo. Pero ya Hermógenes (*Sobre las formas oratorias*, 2, 11, 7 = DK

---

perfectamente qué es el respeto y la justicia. Esto, por cierto, nos remite al problema del contrato político, que veremos en el próximo capítulo. En este punto, por otra parte, vemos que la crítica radical de todos los valores y el abandono del fundamento ontológico y la trascendencia da paso, en un segundo momento, a la reconstrucción de las virtudes, en especial la política, en un plano de inmanencia que diseña sus propios mecanismos de autocontrol. Al respecto, de Romilly (1997a), 191-212.

87   Tucídides, 8, 68; cf. 8, 90. Para otros datos, Platón, *Menéxeno*, 236 a; Jenofonte, *Memorables*, 1, 6.

87 A 2), el primero de los textos que se conservan que traza la distinción entre los dos Antifonte, advertía que las diferencias estilísticas bien podían responder a los diversos géneros literarios, aunque él mismo, sin hacer a un lado las dudas, optaba por la idea de que orador y sofista eran distintos. Lesky comprueba a partir de las diversas referencias una variada actividad que avalaría la idea de que se trata del mismo personaje bajo múltiples facetas; pero adopta no obstante el criterio de Nestle que planteaba la imposibilidad de que quien fuera dirigente de la revuelta oligárquica pudiera, a su vez, haber manifestado las ideas sobre la igualdad natural de todos los hombres que se lee en el *Sobre la verdad*. La duda subsiste, pero Lesky opta por duplicar a Antifonte[88]. Gernet avala también la idea de que hay al menos dos Antifonte. El asunto, sostiene, es aún más complejo porque en el *corpus* se transmiten los discursos o restos de discursos y las *Tetralogías*, que no serían del Antifonte «real» (*sic*) sino del otro, el sofista[89].

El problema, que Untersteiner creía cerrado a partir del punto de vista elaborado por Bignone[90], fue sin embargo reabierto por Morrison, que sostuvo la hipótesis de la identidad[91]. Varios trabajos recientes han vuelto sobre el asunto. Al ocuparse del rol de Antifonte en el golpe oligárquico de los Cuatrocientos, Ostwald se plantea el asunto de la identidad y señala que si bien las pruebas no son conclusivas es probable que tanto las *Tetralogías* como los discursos realmente pronunciados y el tratado *Sobre la verdad* fueran del mismo autor, es decir, Antifonte orador y sofista[92]. Cole aduce en forma sumaria que puede o no ser el mismo autor. Pero su tratamiento de las obras parece llevar a la idea de que no hay desdoblamiento[93]. Grimaldi declara que

---

88   Lesky (1968), 382-3; Nestle (1961), 139-41; también Guthrie (1988), 284-6.

89   Gernet (1923), 4-16, 172-5. Nestle (1961), 140, sostiene que es probable que tanto las *Tetralogías* como los fragmentos sofísticos pertenezcan a uno de los Antifonte, mientras que los demás discursos, los fragmentos de oratoria y el texto *Sobre la concordia* serían del orador.

90   Unsterteiner (1949), 274-8. Cf. Bignone (1974), 7-57.

91   Morrison (1961).

92   Ostwald (1986), 359-64.

93   Cole (1991), 100: el análisis de las *Tetralogías* junto con las demás obras oratorias de Antifonte deja ver que no hay diferencias sustanciales que lleven a separar a los autores.

muy posiblemente hubo un Antifonte, no dos[94]. La reconsideración más extensa y fundamentada es la de Cassin que analiza el conjunto de cuestiones y afirma la identidad: Antifonte, orador y sofista. La autora hace de este problema una prueba del propio estatuto de la sofística: el personaje es en sí mismo un paradigma de la impugnación sofística de la identidad, puesto que existe un paralelo entre las perspectivas contradictorias de la sofística y los juicios también contradictorios que se han sostenido sobre Antifonte[95]. Consecuente con esta revisión del asunto por parte de Cassin, que se apoya en otros trabajos recientes[96], aquí se considerarán las producciones discursivas del orador y el sofista bajo el nombre único de Antifonte[97]. En consecuencia, las *Tetralogías* serán consideradas parte integrante del *corpus*, lo cual lo convierte en uno de los repertorios más importantes, incluido en el decálogo de oradores áticos[98], que se caracteriza por una impronta sofística evidente que Hermógenes, a pesar de duplicar a Antifonte, no pudo más que reconocer a partir de sus estilos *sophisteúsantes*.

Pero, ¿a qué se debe nuestro interés en esta polémica en torno a la identidad? La marcas sofísticas presentes en los textos nos llevan a pensar en un deliberado trabajo sobre los enunciados conforme a las circunstancias, de modo que las diferencias de estilo que podemos encontrar entre unos escritos y otros no obedecen a diferentes identidades sino a una identidad nominal que se disuelve en una enunciación discursiva múltiple. Lejos de pensar en la lineal y permanente soberanía del autor como alguien siempre idéntico a sí mismo, se debe pensar que la identidad es una cuestión de estado y ley que la dinámica creadora del discurso no tiene por qué tomar en cuenta[99], máxime cuando estamos hablando de un sofista que asume en plenitud las radicales consecuencias que Protágoras y Gorgias producen con sus intervenciones en torno al problema del estatuto y el funcionamiento del lenguaje persuasivo. «Es pues por sólidas razones teóricas, argumenta Cassin, ligadas a

---

94 Grimaldi (1996), 33-4.

95 Cassin (1995), 154-61.

96 Por ejemplo, Avery (1982); Gagarin (1990).

97 Por nuestra parte, también hemos tenido presente las consideraciones a favor de la unicidad de Antifonte que aportan Plácido (1989a) y Palerm (1996).

98 Cf. Worthington (1994).

99 Véase Foucault (1990), 7-9.

la sofística como impulso de lo político y a la especificación de lo convencional y lo legal como lógico o del lenguaje, que un mismo Antifonte es susceptible de ser percibido, por un lado, como orador y sofista y, por el otro, como oligarca y demócrata, sin que se tenga que buscar en la historia la coartada de un desdoblamiento»[100].

Ahora bien, ¿qué es una *Tetralogía*? Su estructura se halla concebida como una sucesión de cuatro discursos: acusación, defensa, segunda acusación que toma en cuenta el discurso de la defensa, segunda defensa teniendo en cuenta los dichos de la nueva imputación. Es un punto aceptado que se trata de un ejercicio de retórica judicial, lo cual hace de las *Tetralogías* una especie de tratado metodológico-práctico. Gernet señala que la causa está elegida de tal suerte que el arte del sofista pueda desplegarse; de esta forma, la argumentación judicial resulta un ejemplo del modo en que la sofística ha entendido y elaborado el problema[101].

Esta construcción sofística incluye, por un lado, los testimonios –y la tortura para el testimonio servil[102]–, que pueden ser confirmados o refutados, y, por el otro, las verosimilitudes (*eikóta*), las pruebas demostrativas o presunciones (*tekméria*) y los signos (*semeîa*), los medios sofísticos por excelencia (Antifonte, *Tetralogía*, 1, *d* 10)[103]. Gernet considera que el sofisma en que se apoyan las *Tetralogías* conlleva, por ejemplo, la posibilidad de que, al mismo tiempo, el acusador pueda deducir la prueba del móvil de la pretendida culpabilidad que atribuye al pretendido culpable (*ibid.*, *a* 8; *c* 6), mientras el acusado, por su parte, con dos hipótesis incompatibles pero buscando desarmar el prejuicio que lo acusa, insinúe que, incluso si fuera el homicida verosímil (*eikótos apékteina*), tendría que ser absuelto, puesto que, por un lado, había sufrido antaño graves daños como para tener que defenderse –sin los que él no pasaría ahora por ser el asesino verosímil–, y, por el otro, si se condenara correctamente, deberían ser arrestados «los que mataron y no los que son acusados de haber matado» (*ibid.*, *b* 10). La primera *Tetralogía*, concluye Gernet, ofrece así un ejemplo característico del arte de la sofística, que consiste en presentar cualquier asunto bajo sus aspectos contradictorios[104].

---

100 Cassin (1995), 164.

101 Gernet (1923), 47-8.

102 Véase Mirhady (1996) y la respuesta de Thür (1996).

103 Cf. Barthes (1982), 52-4; Johnstone (1999), 85.

104 Gernet (1923), 49.

Pero el uso contradictorio de la misma situación por las dos partes que se enfrentan en el litigio no es algo privativo de la sofística sino que también se verifica en la retórica desde que se conforma como disciplina con Córax y Tisias[105]. Ciertamente, la distancia entre una y otra es escasa; en todo caso, ambas remiten a una condición propia de la democracia[106]. Esto es lo que el autor de las *Tetralogías* lleva a sus últimas consecuencias lógicas: la argumentación fundamentada en lo *eikós*, es decir, lo verosímil o probable[107], y la construcción de razonamientos verosímiles, *eikóta*, que se enfrentan pretendiendo ser unos más verosímiles que los otros, *eikótera*[108]. El discurso se halla pues atravesado por los procedimientos sofísticos tanto en lo referido a los *dýo lógoi antikeímenoi* como en cuanto al *kairós*, esa oportunidad singular que Gorgias definía en su *Defensa de Palamedes* (22 = DK 82 B 11a) de la siguiente forma: «Muestra a éstos –señala Palamedes a su acusador imaginario– el modo, el lugar, el tiempo, cuándo, dónde, cómo me viste»[109]. Es evidente que los discursos contrapuestos, lo verosímil y la circunstancia apropiada conllevan esa lógica de la ambigüedad que con rigor destacaba Detienne.

Una perspectiva importante a tener en cuenta en este tipo de producciones discursivas es el público que autores como Antifonte tenían en mente al momento de elaborar sus textos. Se trata por cierto de un público común de oyentes reales o supuestos más que de lectores o investigadores. Los jueces de los tribunales, los participantes de una asamblea, constituían un público con estas características. Cole dice con razón que cualquier texto ático

---

105 Cf. Platón, *Fedro*, 273 a-c; Aristóteles, *Retórica*, 1402a 16-23. Al respecto, Grimaldi (1996), 21-2; también Gagarin (1994), 48-51. Para una visión de conjunto del problema de los comienzos de la retórica y su relación con la sofística, Kennedy (1994), 11-29; Yunis (1998); Schiappa (1999), 3-29, y 34-47, sobre Córax y Tisias.

106 Cf. Plácido (1973), 66: «Retórica y sofística se conjugan, en definitiva, para una misma función. La finalidad por la que se crean ambas es conseguir hacer del discurso un instrumento de victoria en la asamblea, y darle una base científica a ese instrumento». Ver Desbordes (1996), 44-54.

107 Respecto del trabajo sobre lo verosímil, con especial énfasis en los desarrollos producidos por Antifonte, ver Gagarin (1994), 52-3, 55-6, 62-4.

108 Véase López Eire (1994), 47-8, 61.

109 Sobre la cuestión, Tortora (1985). Respecto al *kairós* en Protágoras, Solana Dueso (2000), 21-30.

típico nos brinda la impresión de haber sido compuesto para la práctica y la demostración: «Es una pieza modelo dedicada a la clase de asunto verosímil para presentarse para la discusión repetida en la oratoria política, judicial o epidíctica y diseñada para que sea útil en tan amplia variedad de tales situaciones como sea posible»[110]. Las *Tetralogías* de Antifonte son el ejemplo más acabado de este modelo, pero no el único, no sólo por la forma o el contenido sino también en cuanto al problema de la responsabilidad.

En efecto, asunto similar al tratado en la segunda *Tetralogía* habría sido discutido por Pericles y Protágoras a lo largo de todo un día (Plutarco, *Pericles*, 36). En ambos casos la cuestión importante radica en definir la responsabilidad por el acto ocurrido; también en ambos casos se pone en evidencia que no hay un modo verdadero de arribar a una resolución. Existen probabilidades; un argumento es más verosímil que otro. El modo práctico de establecer una decisión implica el debate, donde la verdad se escinde conforme a un cálculo contradictorio de probabilidades retóricamente argumentadas. Pero en este punto de la comparación entre ambos ejemplos Cole remarca algo de gran valor: existe una diferencia considerable entre la pieza escrita y la presentación oral de los argumentos. Esta última implica mucho más que una lectura; conlleva gestos y entonaciones. La duración de una exposición, el tipo de argumentos utilizados, la construcción de los mismos, el compromiso del cuerpo en un acto de habla de acuerdo con lugar, circunstancia y modo, deben advertirnos contra la tentación muchas veces presente de asimilar inmediatamente la performance oral con el modelo escrito[111].

Si las *Tetralogías* constituyen un ejercicio de escuela, y por ende no se confunden con las prácticas orales articuladas en los espacios públicos, ello se debe a que se trata de un modelo. Sin

---

110   Cole (1991), 75; cf. 97-8.

111   *Ibid.*, 77-8. Derrida (1975), 172, destaca la capacidad y maleabilidad del lenguaje oral según las exigencias del momento y el por qué del reproche de los sofistas a la escritura. En efecto, quien actúa con la voz penetra más fácilmente en el alma del interlocutor para producir en ella efectos singulares y llevarla a donde pretende. En torno a la interpretación derridiana de la retórica antigua, cf. Cohen (1994), 79-80. Respecto de lo oral y lo escrito en relación con la sofística, O'Sullivan (1996) muestra que, al igual que otros, el asunto era propicio para el debate, y que los sofistas trataron el problema con la misma ambigüedad que otras cuestiones. Sobre la oratoria, Desbordes (1996), 38-43.

embargo, a juzgar por un pasaje del propio Antifonte (*Sobre el coreuta*, 14) en un discurso realmente pronunciado donde se habla de una declaración posterior del acusador[112], ellas no se hallarían alejadas de los procedimientos vigentes en el derecho ático, lo cual avalaría la idea de que el modelo de los cuatro discursos, dos para la acusación y dos para la defensa, tendría algún sustento en la práctica legal. Las *Tetralogías* en sí mismas no han de entenderse, por supuesto, como una práctica judicial concreta posteriormente sistematizada. Su mayor importancia radica en que es un cuasi-género en el que la contraposición sucesiva de los cuatro discursos interpreta y ordena los mismos «hechos» cuatro veces[113].

Dado que la política democrática está ligada al uso retórico de un lenguaje creador, las *Tetralogías* no son en tal sentido una sistematización de la práctica misma sino una reflexión a partir de la práctica, un pensamiento en interioridad a la misma donde se asiste a la «fabricación de lo legal»[114]. Esto constituye también una construcción de la verdad en el plano de lo ambiguo, en el plano de lo circunstancial (*kairós*) y lo verosímil (*eikós*). En los alegatos, los oradores sólo presentan aquello que resulta conveniente en ese momento argumentándolo retóricamente. Así, el uso antilógico de la palabra alcanza a la ley misma: «Me absuelve (*apolýei*) también la ley, dirá Antifonte, conforme con la cual soy perseguido (*diókomai*)» (*ibid.*, 3, *b* 5). El uso de las contradicciones, los desdoblamientos, los forzamientos de la lengua con una palabra enfrentada a otra, tales son los efectos del decir en el marco de una práctica discursiva productora de verdad bajo el modo de las verosimilitudes.

Verosímilmente (*eikótos*), dice la acusación en la primera *Tetralogía*, el acusado lo premeditó, por lo que verosímilmente también él lo ha matado para defenderse de sus ataques (*ibid.*, 1, *a* 6). Según el acusado, en cambio, es aún más verosímil (*eikóteron*) que él hubiera previsto que iba a ser verosímil que fuera tenido por sospechoso (*ibid.*, *b* 3). Esto representa una comparación entre dos argumentaciones igualmente probables. Así, la

---

112   El acusador ha hablado en primer lugar; el de Antifonte es el alegato del acusado; consecuentemente, *en tô hystéro lógo* significa el segundo discurso de la acusación, dando a entender la posibilidad de que el derecho ático contemplara un mecanismo como el que desarrollan las *Tetralogías*.

113   Cassin (1995), 155.

114   *Ibid.*, 163.

comparación circunscripta al momento preciso de la disputa se convierte en el criterio para evaluar: la lógica de lo verosímil, que ante un hecho probable pueda contraponerse otro también probable, es lo que vemos transcurrir en las *Tetralogías*. A partir de un análisis exhaustivo de las marcas de enunciación presentes en ellas, especialmente en la primera, Cassin consigna cuatro leyes[115]. Dos de ellas ya las hemos visto aparecer, la de lo verosímil y la de la comparación, esta última más fuerte que la primera porque conlleva una decisión entre dos probabilidades. La tercera ley, una lógica de la inversión, se desprende de alguna manera de la segunda, pero en rigor se trata de un mecanismo perpetuo (cf. *ibid.*, *c* 7 y *c* 9; *d* 10 y *b* 4): es verosímil que alguien haya previsto un homicidio, señala la acusación, y por eso es culpable; pero es incluso más verosímil que alguien previera que iba a ser verosímil que él había previsto el crimen, argumenta la defensa, y por consiguiente es inocente; y un paso más todavía: podrá resultar aún más verosímil que alguien haya previsto que iba a ser más verosímil que él hubiera previsto que iba resultar verosímil que él había previsto el crimen, puede decir la acusación para sostener la culpabilidad del acusado. Y se podrá dar un último paso, el cuarto discurso, el segundo de la defensa, siguiendo el criterio esbozado. Y viceversa; se podrá argumentar de igual manera, pero en sentido contrario: el criterio de lo menos verosímil. El enunciado verbal que comanda esta ley es prever, es decir, la premeditación (*epiboulé*). La cadena perpetua de verosimilitudes invertidas, de tal modo que ella conduce a que lo verosímil sólo implique lo verosímil, nunca la verdad.

El acusado podrá sostener que «los que pretenden refutarme conforme a las verosimilitudes, dicen que yo soy el homicida del hombre no verosímil sino realmente (*ouk eikótos all' óntos*). Sin embargo, se ha demostrado que las verosimilitudes (*eikóta*) están más bien a favor mío» (*ibid.*, *d* 10). Cassin propone cuál es el campo de asignación de la verdad: hechos, actos y cosas, que son otros tantos elementos que deben ser establecidos, por lo que esta verdad no sobrepasa jamás el fuero interno[116]. Ciertamente, los jueces sólo pueden juzgar la responsabilidad de los actos mediante la interpretación de los hechos que los oradores argumentan según la lógica de lo verosímil. Así lo dice claramente Antifonte: «Es pues desde los dichos (*legoménon*) que hay que considerar la verdad

---

115   *Ibid.*, 171-5.

116   *Ibid.*, 174.

(*alétheia*) de los mismos [los hechos (*tà prakhthénta*)]» (*ibid.*, 2, *d* 2; cf. 1, *d* 1). Algo similar señalaba Gorgias en la *Defensa de Palamedes* (35) al decir que sería fácil la decisión si sólo se lo hiciera a partir de lo dicho, porque mediante las palabras la verdad de los hechos sería evidente para los oyentes.

Por lo tanto, lo mismo que vimos ya en nuestro análisis del *Sobre el no-ser* de Gorgias, igual que Protágoras lo exponía en la apología del *Teeteto* de Platón, Antifonte afirma que no hay modo de acceder a la verdad directamente, si entendemos por tal la adecuación entre la palabra y la cosa, es decir, el discurso como lo que conmemora o representa un mundo que se encuentra fuera de él. En el caso del sofista de Leontini, una de las formas de demostrar que nada existe radica justamente en la singularidad de la realidad del discurso que sólo permite comunicar lo que él es. No hay pues criterio de verdad; el discurso es una fuerza capaz de producir efectos sobre los cuerpos. En cuanto a Protágoras, si bien el punto de partida es el opuesto, por cuanto para él las percepciones de cada uno son verdaderas, aun así, el hecho de que puedan sostenerse juicios contrarios sobre lo mismo, que las imágenes puedan confrontarse para determinar si son mejores o no, que se llegue en definitiva a través del argumento más fuerte a una inversión de los puntos de vista de los hombres en función del interés general de la comunidad, todo esto nos conduce al poder persuasivo del *lógos*, a su naturaleza contradictoria y a su capacidad comunicativa en virtud de la cual es posible la producción de una ficción retórica de la verdad que no es otra cosa que el lazo social en que se sostiene la experiencia colectiva como una experiencia con sentido. Antifonte, por fin, produce sobre la base de las antilogías un discurso de características específicas asociado con la práctica de los tribunales en el que el trabajo de lo verosímil, los discursos dobles enfrentados constantemente, los argumentos en pro o en contra con arreglo a la interpretación de los mismos hechos, muestran que estos hechos no son una garantía de verdad para los dichos sino más bien efectos de esos dichos, producción discursiva que hace ser. El discurso triunfante según el veredicto de los jueces remite al poder persuasivo del *lógos kreítton* y a las adhesiones de la voluntad ciudadana que éste genera en torno de sí.

Entonces, en la escena pública la palabra hace ser, produce un efecto de real. Su modo de veridicidad es el de la *apáte* mediante la persuasión, que es la fuerza propia del discurso en tanto corporeidad material. La persuasión conduce a una acción inducida –privada de libertad decía Gorgias con respecto a Helena–; hace que los oradores convenzan a la multitud de que lo que ésta tiene por malo, en realidad, sea y parezca bueno y deba ser ley en la ciudad; permite a través del juego de lo verosímil llegar a una decisión. Tal es el carácter del discurso creador. Y tal es el sentido de la práctica discursiva como fuerza que excede el marco previsible de las reglas institucionales para producir, a través de la seducción, una decisión en el ámbito de lo colectivo, es decir, hacer la política.

Lo probable y lo ambiguo como horizonte de la verdad hacen de ella una figura retorcida o, mejor dicho, una emergencia a partir de un retorcimiento de las formas discursivas que puede conducir a la posibilidad de un salto, esto es, acercar a un borde. Pero el retorcimiento puede implicar también un modo del agotamiento de la productividad de un régimen de discursividad dado. Esta última perspectiva se asocia, como sostenía Borges, con el barroco en tanto «aquel estilo que deliberadamente agota (o quiere agotar) sus posibilidades y que linda con su propia caricatura»[117]. Así pues, un agotamiento con estas características tal vez no lleve más que a la caricatura, es decir, a un discurso que hace una parodia de sí mismo sin atravesar el borde que sus propios procedimientos han erigido. La posibilidad del salto, en cambio, ya no implica el barroquismo sino otra figura que de acuerdo con un concepto de Derrida ya mencionado denominaremos «invaginación». Se trata, ciertamente, de la clausura de un campo, pero pensada no como «el límite circular que bordea un campo homogéneo sino como una estructura más retorcida», puesto que «la representación de una clausura lineal y circular rodeando un espacio homogéneo» es una autorrepresentación metafísica. La figura retorcida, «inva-ginada», señala la situación de un campo que «no está "rodeado sino atravesado por su límite", "señalado en su interior por el surco múltiple de su margen", "huella simultáneamente trazada y borrada, simultáneamente viva y muerta"»[118].

Tal sería el modo que propondríamos para pensar la producción de la verdad según el régimen discursivo sofístico. No se trata ni de la autorrepresentación de la verdad y sus límites mediante el *lógos*, ni de la adecuación de la palabra con el mundo, sino de la producción de una verdad por un discurso que asume su capacidad de hacer ser, cuya fuerza consiste en una materialidad que actúa

---

117 Borges (1974), 291.

118 Derrida (1989), 47.

sobre los cuerpos. La *alétheia* ya no interesa como hecho en sí, inmutable, absoluto y esencial. Sólo importa lo verosímil capaz de abrir un campo para la decisión, es decir, un procedimiento que con sus márgenes múltiples oficia como límite que atraviesa la situación política de los tribunales o la asamblea permitiendo que los discursos adquieran su estatuto de verdad a partir de la inconsistencia y la incertidumbre y en virtud del convencimiento y la decisión. Por ende, «lo que a cada ciudad le parezca (*dokê*) justo y bueno, esto es (*eînai*) para ella en tanto que crea (*nomíze*) en eso» (Platón, *Teeteto, 167 c*).

Capítulo X
La sofística
y el acontecimiento de la política[1]

a) El «primer inventor»:
la organización política de la humanidad

Plantearse el problema de la organización política desde el punto de vista de la sofística implica moverse principalmente entre Protágoras, que es el que por primera vez percibe a la política como un pacto, y Antifonte, que traza una distinción radical entre la ley y la naturaleza, sin dejar de lado las consecuencias que se extraen de las tesis gorgianas sobre el no-ser, la verdad y la función del lenguaje. El problema del pacto radica en establecer los vínculos adecuados entre las esferas de lo político y lo social, clasificación conceptual que no existe en el pensamiento griego pero respecto de la cual es posible señalar algo a partir de las nociones de *politeía* y *koinonía*, que nos han permitido dilucidar en qué sentido podemos aplicar con alguna propiedad a la Grecia antigua los conceptos de estado y sociedad, puesto que la *pólis* era al mismo tiempo tanto una forma de gobierno cuanto una comunidad[2]. Esto es lo que vemos aparecer justamente en el mito del *Protágoras* de Platón, no bajo el modo de lo simultáneo sino de manera sucesiva. En primer lugar, gracias a Prometeo, las múltiples artes y las fuerzas dispersas de los grupos humanos

---

1   Las secciones a) y b) se publicaron como «Protágoras y la invención humana de la política. Las condiciones del pacto social en la Atenas democrática», *Argos*, 24 (2000), 85-112 (Asociación Argentina de Estudios Clásicos).

2   Cf. *supra*, cap. 5.

configuran ya una vida social; en segundo lugar, por un acto de Zeus, el advenimiento de la unidad política de la sociedad permite agrupar las fuerzas humanas.

Un relato de esta índole nos conduce sin duda a una cuestión mayor: el estatuto de los mitos en la obra platónica, problema al que Brisson le dedicó un libro completo[3]. A partir de sus aportes y los análisis de Vidal-Naquet[4], hemos llegado a la conclusión de que el mito en la obra platónica se coloca en posición de aquello que no puede ser representado por la razón. En efecto, si bien la cultura griega ha transitado del mito a la razón[5], una vez apartado y relegado el mito reaparece en el pensamiento racional, mostrando así el carácter inacabado de esta operación. La posición del mito que postulamos para la obra platónica es la de lo que no puede ser pensado según los criterios de adecuación entre verdad, esencia y saber. El mito pasa a ocupar entonces el sitio de lo que estando en exceso respecto del pensamiento racional de todas maneras se hace manifiesto en su interior.

Una análisis del mito del *Protágoras* conlleva para nosotros no perder de vista esta cuestión, por lo cual será necesario preguntarse qué es aquello que en esta narración se ubica en exceso en relación con el pensamiento platónico. Adelantaremos aquí que de lo que se trata en este relato es del problema de la invención de la política, que para los griegos hace ser a la sociedad, y del pacto[6], cuya configuración posibilita que de las fuerzas múltiples

---

3   Brisson (1994).

4   Vidal-Naquet (1983), 304-47; (1992), 74-128.

5   Cf. Vernant (1985), 247-9, 264-6, 334-64. Untersteiner (1949), 76-8, postula que el mito es externo con respecto al pensamiento y lleva a cabo su análisis del mito de Protágoras a partir de esta distinción.

6   Como introducción general al problema del pacto social en el pensamiento sofístico, Guthrie (1988), 139-50; Kerferd (1988), 179-208. Respecto de la formulación del pacto social en el mito de Protágoras, Dupréel (1948), 30-5, que lo relaciona con la tesis del convencionalismo sociológico que el autor asume en torno al *métron ánthropos* protagóreo. También Untersteiner (1949), 79-85, con la crítica de Plácido (1973), 35, n. 41, que considera algo verdaderamente forzado la aplicación que hace Untersteiner del *lógos* débil y el *lógos* fuerte a la evolución de las *tékhnai*, es decir, una etapa previa donde prima la dispersión de los intereses de las artes particulares, el *hétton lógos* de la *tékhne*, y una etapa superadora, el *kreítton lógos* en que el técnico se convierte en exponente del interés de la comunidad, *tò koinê dóxan*. En verdad, dice Plácido, el argumento fuerte es un instrumento asociado básicamente al arte político.

y dispersas, sus conflictos y sus peligros, surja una sociedad con capacidad para incluir lo múltiple[7].

Un contexto histórico preciso nos permite situar la cuestión. Hacia mediados del siglo V toma una fuerza inusitada un tema que va a cristalizar alrededor de la idea del «primer inventor» (*prôtos heuretés*)[8]. Esquilo presenta una visión sobre este asunto en el *Prometeo encadenado* (436-506). El propio dios detalla cómo los hombres han recibido de su parte el conjunto completo de invenciones (*sophísmata*), procedimientos (*mekhanémata*), artes (*tékhnai*) y recursos (*póroi*), y concluye señalando que, en definitiva, «los mortales han recibido de Prometeo todas las artes (*pâsai tékhnai*)»[9]. Sófocles también expone esta idea en la *Antígona* (331-66) haciéndole decir al coro que no existe nada más asombroso que el hombre: posee una destreza técnica y una habilidad superiores a lo que podría imaginarse; se ha enseñado a sí mismo la palabra y la reflexión, a partir de las cuales se desarrolla la ciudad y sus formas civilizadas de comportamiento[10]. Y algo similar se lee en Isócrates (*Sobre el cambio*, 24). Son los hombres, pues, los que han conquistado las técnicas, asunto sobre el que los sofistas no dejarán de insistir en ningún momento, por lo general en relación con el problema de la ley y la naturaleza. Es evidente que estos textos nos llevan directamente a la concepción protagórea expresada en la obra platónica[11], dado que el problema principal del que tratan los pasajes de Esquilo y de Sófocles es el del saber técnico y su adquisición por parte de los hombres. En el *Protágoras* la cuestión de las *tékhnai* también se destaca como un asunto de primer orden (322 a)[12]:

«El hombre, dice Protágoras, cuando tuvo participación en el destino divino, en primer lugar, fue el único de los animales

---

7   Este aspecto de la doctrina sofística implica una reconstrucción a partir de nuevos criterios luego de haber hecho tabla rasa mediante una crítica al extremo de los valores vigentes. En efecto, el problema del pacto es un punto positivo del pensamiento sofístico, que trata de establecer nuevos criterios con los cuales concebir la sociedad sin recurrir a las ideas tradicionales. Cf. de Romilly (1997a), 166-90.

8   Vidal-Naquet (1983), 71-2.

9   Cf. de Romilly (1997a), 30-1.

10   Segal (1981), 152-206; Knox (1982).

11   Cf. Saïd (1985), 131-54.

12   Gilli (1988), 85-115.

que, a causa del parentesco con los dioses, creyó en ellos y empezó a erigirles altares y estatuas. Después articuló la voz y en seguida mediante el arte las palabras, e inventó casas, vestidos, calzados, lechos y los alimentos de la tierra».

Algo similar con respecto a los dioses se desarrolla en el fragmento conservado del *Sísifo* atribuido al sofista Critias[13]. Hubo un tiempo en que no había orden en la vida humana. Después los hombres establecieron leyes punitivas y la justicia como soberano imparcial. Pero ocultamente los delitos seguían cometiéndose por lo que un hombre inteligente inventó a los dioses para bien de los hombres, a quienes persuadió de creer en ellos y temerles, de modo que los crímenes de los malvados tuvieran en los dioses a los guardianes de sus actos. Introdujo una doctrina adecuada y, ocultando la verdad con un argumento falso, extinguió así la ilegalidad que reinaba (Critias, *Sísifo* = DK 88 B 25)[14].

No obstante la semejanza, una diferencia importante se esboza: para Protágoras, los hombres tienen lazos de parentesco con los dioses; para Critias, en cambio, los dioses son una invención de un hombre sabio para persuadir a los hombres de la utilidad de vivir políticamente organizados[15]. Ciertamente, el relato de Critias asume en plenitud la doctrina sofística en torno a la humanidad del primer inventor. En el mito del *Protágoras* esto no se esboza así, ya que la capacidad inventiva de los hombres sólo puede desarrollarse una vez que Prometeo les concede el fuego junto con la sabiduría técnica, luego de haberlos robado a Hefesto y Atenea. La organización política de la sociedad es también un don divino, de Zeus en este caso, que lo entrega al hombre por

---

13 Tío de Platón, aristócrata, opositor radical de la democracia y miembro activo de los Treinta Tiranos, que toman en sus manos el gobierno de Atenas luego de la derrota en la guerra del Peloponeso.

14 Cf. de Romilly (1997a), 115-9, y en especial, Hesk (2000), 179-88.

15 En las *Suplicantes* de Esquilo (449-52, 480-99) Dánao, por recomendación de Pelasgo, realiza una invocación a los dioses colocando ofrendas en los altares. Esta apelación a los dioses cumple una función a la vez utilitaria y política, lo cual no significa que para Esquilo los dioses sean una invención humana. Pero es interesante constatar el paralelismo entre ambas situaciones: en el ámbito político, las leyes y los procedimientos y prácticas institucionales no aseguran un inmediato consenso. La presencia de los dioses puede entonces ser una herramienta coercitiva para lograr los fines buscados. En el caso de Pelasgo, convencer en la asamblea que se va a celebrar; en el caso del fragmento de Critias, lograr la obediencia a las leyes. Cf. *infra*, cap. 14.

medio de Hermes (321 d; 322 c)[16]. El mito asume como un dato la existencia de los dioses (320 c-d), y pone al nivel de éstos, de su voluntad y de sus decisiones, el acto inventivo por el cual la humanidad adviene como una singularidad respecto de los demás grupos de seres vivientes[17].

Es precisamente entonces que la narración platónica se aparta de la temática del *prôtos heuretés*. En el diálogo esto aparece como fruto de una elección pedagógica. Sócrates pide al sofista que demuestre lo más claramente posible si la virtud es enseñable (*didaktón*). Protágoras se pregunta cómo habrá de demostrarlo, si relatando un mito (*mython légon*), como el más anciano a los más jóvenes, o discurriendo por medio de un razonamiento (*lógo diexélthon*). El sofista elige según lo que ha de resultar más agradable al auditorio: narrar un mito (320 c).

Dos conclusiones se imponen. Por un lado, el hecho de enseñar sobre la base de la persuasión es una de las formas que los sofistas utilizan para poder transmitir sus lecciones a sus discípulos. Ser más agradable (*khariésteron eînai*) es la expresión que Platón pone en boca de Protágoras, dejando en claro así el papel que los sofistas asignan al uso del lenguaje en el acto de enseñar a los demás su saber. Por otro lado, se percibe una evidente oposición entre narrar un mito y discurrir por medio de un razonamiento. Esta contradicción, ligada a ese tránsito del mito a la razón ya mencionado, se presenta ahora en el terreno del *lógos*. Se trata de una oposición no de una exclusión del mito, y así se lee en el propio texto de Platón: *mython légon epideíxo è lógo diexélthon*. La opción por el mito muestra que éste se ubica dentro del campo de la razón, y es desde ésta que se decide introducir un relato mítico de acuerdo con las necesidades. Pero, ¿cuáles son estas necesidades? Desde la perspectiva sofística, lo que importa es persuadir para que el lego aprenda. Pero según el punto de vista platónico, el mito deberá permitir cerrar un problema que la *epistéme* no puede racionalmente elaborar: el problema de los comienzos.

---

16 Cf. Solana Dueso (2000), 95-109.

17 Vale la pena mencionar aquí el agnosticismo de Protágoras. Según su afirmación, sobre los dioses no se puede decir nada, ni que son ni que no son, ni cuál sea su naturaleza (Diógenes Laercio, 9, 51 = DK 80 B 4; cf. de Romilly (1997a), 111-5). Por lo tanto, si Protágoras utilizó en verdad el mito que Platón refiere, su función sería básicamente pedagógica y persuasiva, para enseñar y convencer a sus oyentes acerca de lo que el sofista imparte como doctrina.

En verdad, el mito del *Protágoras* busca desentrañar por qué la virtud política es enseñable, en tanto que todos los hombres participan de ella por igual. La narración expone que es a raíz de una decisión de Zeus que la *aretè politiké* es adquirida por el hombre, y es también a causa de su disposición que todos han de participar de ella. Sin embargo, en la lógica del mito lo que se cuenta es cómo se llega a tal situación: en primer lugar, el robo de Prometeo; después, la piedad de Zeus. Estamos, pues, ante la cuestión de los inicios de la *pólis*. Es justamente aquí donde Platón se aparta de la idea de que la invención de la política, y más aún la de los dioses, sea un producto humano tal como decía Critias[18]. Según la doctrina general del filósofo, la política de los hombres en el mundo sensible sólo puede ser una copia defectuosa de una esencia ideal e inmutable. La corrección para esto ha de venir de la mano del filósofo-rey[19]. Pero, ¿cómo los hombres, en el mundo de la *dóxa* y las apariencias, han adquirido la política? Esto es lo que en el pensamiento platónico está en exceso respecto de la razón, es decir, lo que no puede ser pensado por ella[20]. La invención de la política, que para los sofistas era una capacidad humana[21], será lo que Platón no podrá aceptar como tal porque, de ser así, haría caer a la política enteramente en el terreno de la *dóxa* y, por lo tanto, no sabría ser regulada según la necesidad rigurosa del concepto que exige el filosofema político platónico.

De este modo, el mito, que en un sentido se opone al *lógos*, muestra que, en otro sentido, se halla en el interior de éste

---

18 Vidal-Naquet (1983), 342, n. 52, destaca que tanto en el *Político* (274 c) como en la oración fúnebre del *Menéxeno* (238 b) Platón hace una opción a partir de dos posibilidades, o la invención humana o la invención divina de las artes y las técnicas, eligiendo la versión que más se opone al humanismo.

19 Estos son los problemas que aborda la *República*. Cf. Jaeger (1957), 656-76; recientemente, Lisi (1989).

20 Cf. Rancière (1996), 31: «Tal es la lección que Platón mismo da en el gran mito del *Político*. Es vano querer buscar modelos en la época de Cronos y los necios ensueños de los reyes pastores. Entre la época de Cronos y nosotros, el corte de la distorsión ya se ha producido siempre. Cuando a uno se le ocurre fundar en su principio la proporción de la ciudad, es que la democracia ya pasó por allí. Nuestro mundo gira "en sentido contrario", y quien quiera curar a la política de sus males no tendrá más que una solución: la mentira que inventa una naturaleza social para dar una *arkhé* a la comunidad».

21 de Romilly (1997a), 213-24.

(*Fedón*, 61 b)[22]: no está excluido de la razón sino que sutura los razonamientos; no opera enlaces lógicos sino míticos; torna posible la continuidad de la demostración sin que pierda efectividad ni se produzca una dispersión de la razón. El mito sutura y no deja que las fisuras de la razón irrumpan haciendo estéril el intento[23]. Aquello que Critias asumía como obra del «primer inventor», en tanto los hombres por sí mismos y según las necesidades adquirían la política y creaban a los dioses como reaseguro y representación de las leyes, en Platón, en cambio, será obra de los dioses: sólo hay invención de la política en tanto que designio divino[24]. Las decisiones y el acto mismo de creación transcurren totalmente en el mundo de los dioses, sea por la falta de inteligencia de Epimeteo, sea por el robo de Prometeo que busca remediar la imprudencia del anterior, sea por la piedad de Zeus que entiende que a los hombres no les basta sólo con las técnicas particulares para poder conservarse y vivir organizadamente fundando ciudades. Es menester la política. En todas las etapas, los hombres son sujetos pasivos de las empresas divinas. Lo que el mito platónico deja afuera para permitir la coherencia de un pensamiento sin contradicciones es la actividad humana, la invención en inmanencia de las artes y técnicas y de las prácticas políticas colectivas, eso que el coro de la *Antígona* de Sófocles o el fragmento del *Sísifo* de Critias ya habían asumido sin ambages.

Ahora bien, el lugar que ocupa el mito en el discurso filosófico de Platón no invalida que podamos considerar ciertos elementos del relato, aunque mediados por el código platónico, como aspectos explícitos de la concepción política de Protágoras. La tendencia general de los estudiosos modernos ha sido tomar el mito como un texto pertinente para entender el pensamiento protagóreo[25]. Una

---

22 Sobre la oposición en Platón entre relato mítico y discurso verificable ver Brisson (1994), 114-43.

23 *Ibid.*, 144-51, sobre la utilidad del mito en Platón.

24 Vidal-Naquet (1983), 342-3, señala que Platón no se aparta fácilmente de Protágoras. En el *Político*, junto al ciclo de Zeus se colocan la filosofía, la ciencia y la ciudad, y siguiendo a Golschmidt (n. 55), que plantea que la ciudad parece no tener ninguna utilidad en el más allá, aduce también que si bien para Platón la ciencia puede en teoría ser separada de la Institución cívica, en la edad de oro los hombres casi no la practican.

25 Plácido (1973), 36-7; (1984b), 174, n. 11, da las referencias principales de las interpretaciones a favor y en contra de que el mito sea una expresión significativa del pensamiento del sofista.

consideración a tener en cuenta es que el mito se inserta en el plano general de los ataques platónicos contra la democracia[26], cosa que, de todos modos, no desdice la alternativa de leer los contenidos sofísticos allí presentes. El análisis estructural de Brisson pone en claro cómo, a pesar de hacer referencia a un pasado mítico lejano, el texto traza lazos inmanentes con las ideas políticas de la segunda mitad del siglo V[27], y en especial con la idea de que la política es el campo de acción dominante en la vida humana[28].

Por ende, las polémicas sobre la democracia y sobre la inmanencia y el primado de lo político se conjugan de manera tal en el pensamiento de Protágoras que conducen tanto a la formulación de una suerte de teoría del pacto social como a una especie de historia de la humanidad, al final de la cual el advenimiento de la política posibilita la existencia misma del contrato social y de la sociedad humana[29]. Plácido indica que, en su desarrollo, el mito ofrece tres etapas diferentes de la historia de la humanidad[30]. La primera, la época de las interpretaciones cosmológicas, evoca el nacimiento de las especies: en la distribución de Epimeteo se ve transcurrir el estado natural cuando el hombre se halla aún en situación de inferioridad (320 c-321 c). Luego nos encontramos con la etapa más primitiva de la evolución de la sociedad: a partir de la intervención de Prometeo los hombres dominan ya las técnicas pero son incapaces de nuclearse y vivir en sociedad porque carecen de la política (321 c-322 b). La última etapa, que se abre con la donación de Zeus mediante su emisario Hermes, evoca el nacimiento de la política y la participación colectiva de los hombres en la ciudad, de acuerdo con las relaciones de solidaridad y mutua dependencia entre los ciudadanos y contrariamente al dominio de las diversas *tékhnai* que son individuales (322 c-d). Estamos ciertamente en el terreno del arte político (*politikè tékhne*) y su atributo, la virtud política (*politikè areté*), que Zeus ha dado a todos por igual[31].

Esto último convoca de inmediato a la *pólis* democrática y nos lleva directamente hacia aquello que había provocado la demos-

---

26 Cf. Capizzi (1970).

27 Brisson (1975).

28 Sobre la cuestión, Lami (1975).

29 Cf. Kahn (1981) y Narcy (1990), 41-5, que analizan el mito y la argumentación del *Protágoras*.

30 Plácido (1984b), 163-6.

31 Cf. Adkins (1973); Gilli (1988), 143-81.

tración de Protágoras en el relato platónico, es decir, el argumento socrático en torno a la asamblea ateniense (319 b-d)[32], pues para el sofista el hecho de que la virtud sea un bien colectivo hace posible su transmisión por medio de la enseñanza y el aprendizaje[33]. El carácter comunitario de la *aretè politiké* no se ve afectado por las diferencias de grado en la posesión de la misma, hecho que en sí mismo depende de muchos factores. Para Plácido[34],

«Lo que simboliza, entonces, el don de Zeus son las condiciones históricas generales propicias para el desarrollo de la política y que existen en la *pólis* democrática. Bien entendido, la concesión de la *aidós* y la *díke* no vienen de Zeus. Éste es sólo un símbolo común a otras representaciones de la democracia ateniense».

Es claro entonces que el acontecimiento que periodiza esta historia de la humanidad es el nacimiento de la política, y en especial de la democracia. Pero, ¿sobre qué elementos se asienta este contrato político? En el mito (322 c), Protágoras declara que lo que Zeus envió a los hombres fue el respeto (*aidós*) y la justicia (*díke*) para que actuasen como principios ordenadores de las ciudades (*póleon kósmoi*) y lazos creadores de amistad (*desmoì philías synagogoí*). El reparto del respeto y la justicia se hizo entre todos los hombres para que todos tuvieran su parte en ambos, ya que si pocos participaran de ellos no habría ciudades (322 d)[35]. Y esto ha hecho posible que la ciudad se organizara a partir de la amistad, puesto que[36],

«No puede haber comunidad sin *philía* ni *philía* sin sentimiento de justicia y reconocimiento de la humanidad del otro, con quien en lo sucesivo las relaciones ya no pasarán más por la violencia sino por la mediación del discurso persuasivo. La

---

32 Se trata del famoso pasaje en que Sócrates destaca que cuando los atenienses se reúnen en la asamblea y deben resolver sobre cuestiones técnicas, consultan a especialistas, pero al decidir sobre asuntos que compiten a la organización de la ciudad, cualquiera puede pedir la palabra y aconsejar

33 Guthrie (1988), 250-6.

34 Plácido (1984b), 166.

35 Véase Gilli (1988), 358-61; Solana Dueso (2000), 109-21.

36 Hartog (1999), 166.

política es una "técnica" y la ciudad, que no compete a la naturaleza sino a la cultura, es *artificio*».

Según la concepción sofística, este carácter «artificial» de la *politikè tékhne* depende de un precepto práctico: respetar las reglas del juego político, lo cual la diferencia completamente de la intención ética de las reflexiones platónicas y su acento puesto en la autonomía de un sujeto moral. Dentro de este cuadro, la *aidós* y la *díke* implicarán tanto el respeto de la opinión pública, a partir de lo que los otros registran y esperan, como la regla o el procedimiento que permite mostrar en público la norma de conducta a respetar. La *aidós* lleva a sentir respeto por la *díke*, mientras que ésta permite a cada uno demostrar aquélla.

b) El *lógos* y el pacto social: la convención en torno a lo verosímil

La emisión de sonidos, la articulación de palabras y posteriormente el pensamiento son desarrollos humanos a partir de los aportes de Prometeo. Por ende, el *lógos* parece no cumplir en la consecución del pacto políticamente organizado una función fundante[37]. Pero en tanto algo inmanente y autoconstituyente, para la sofística la política no dejará de ser nunca un asunto de *lógos*. ¿Cómo se acopla el mito a este requerimiento? La respuesta ya no se encuentra en el mito sino en el argumento que Protágoras desarrolla a continuación, donde saca las conclusiones adecuadas para la demostración de que la virtud política es un atributo de todos que puede enseñarse y aprenderse[38].

En primer lugar, cuando se establece una consulta sobre la virtud política, es decir, cuando los atenienses utilizan la palabra en las reuniones públicas, todos toman parte de la misma porque todos participan de esta virtud o no habría ciudades (323 a). Esta conclusión, adelantada al final del relato mítico, deja entrever ahora el rol del discurso. El segundo elemento que establece Protágoras, para que Sócrates no crea que es engañado, consiste en

---

37 Cf. Cassin (1995), 215-25. Aquí sigo de cerca su desarrollo pero dejo de lado su análisis de la relectura que hace Elio Arístides del mito protagóreo.

38 Kerferd (1988), 169-78.

demostrar que aunque alguien no sea justo debe decir igualmente que lo es (323 a-c):

> «Puesto que todos los hombres piensan realmente que cada hombre participa de la justicia y de las demás virtudes políticas..., si ven a uno que es injusto, y que sobre sí mismo dice la verdad en público (*talethê enantíon pollôn*), lo que entonces pensaban que era prudencia (*sophrosýnen*), decir la verdad, ahora es locura (*manían*), y dicen que todos deben mostrar que son justos, lo sean o no (*eánte ôsin eánte mé*), o el que no finge justicia está loco; porque es necesario que nadie, cualquiera que sea, deje de ningún modo de participar de la misma, o no debe estar entre los hombres».

No se trata pues de decir la verdad (*alethê légein*) sino de mostrar que se es justo (*phánai eînai dikaíous*): decir lo que la virtud política exige en función de que el consenso que sostiene la situación siga vigente. Pero tal consenso sólo existe debido al *lógos*, y no se postula nada que más allá de él sea capaz de garantizar la unidad del lazo social. Se trata, ciertamente, del régimen discursivo sofístico. Si no se dice la verdad sino que se profiere aquello que la comunidad acepta para que todos participen de la comunidad, se trata entonces de ficción, de lazo social imaginario. Volvemos a encontrarnos aquí con una formulación de igual tenor que la de Critias (*Sísifo*, 25-6 = DK 88 B 25), para quien el respeto a la justicia a través de la vigilancia de los dioses es un falso argumento que oculta la verdad pero que hace posible que el orden político de la sociedad pueda mantenerse. Para Protágoras, no debe decirse en público la verdad cuando ésta atente contra el fundamento del lazo social basado en la virtud como atributo de todos. Si alguien dice ser no virtuoso debe ser excluido de la política, pues de otro modo la *pólis* misma corre peligro. La verdad que no puede ser dicha es la verdad de la situación que al advenir destruye el orden de lo dado. La idea de Protágoras viene a reconocer de algún modo lo mismo que Antifonte comprueba: la teoría del pacto no da garantía alguna de que se actúe con justicia, sólo establece cuál es la condición a respetar, y alcanza con que alguien muestre o diga que la respeta para que el pacto subsista. Ciertamente, Antifonte va un poco más allá que Protágoras al señalar que la violación sistemática de las leyes que algunos usufructúan no tiene una contraparte similar para quienes eligen obedecerlas (*Sobre la verdad*, fr. 1,

A, col. V-VI = DK 87 B 44)[39]. Esto conduce a la posibilidad de
que el lazo social se vea socavado desde su propio interior[40]. Por
esta línea argumental llegamos nuevamente a Critias: ya que el
pacto sólo postula cuáles son las leyes que rigen el acuerdo pero
persiste la posibilidad solapada de que sea violado, entonces, es
necesario inventar un reaseguro, los dioses, dado que la creencia
y el temor que infunden, al poner el respeto en un plano trascendente, garantizan un mejor cumplimiento de los preceptos
del pacto que la inmanencia pura de las leyes humanas. Claro
que de Protágoras a Antifonte y Critias, avanzamos de la primera generación de sofistas a la segunda y transitamos también
desde la *akmé* de la democracia ateniense a los estragos de su
agotamiento[41]. Pero, igualmente, todos ellos comparten la idea
básica acerca de cuáles son los fundamentos del pacto político.

El argumento de Protágoras sobre decir o no la verdad es
comparable al que, con fines distintos, según otro contexto y en
un régimen discursivo diferente, desarrolla Foucault cuando sostiene que se puede decir la verdad pero no estar «en la verdad»
del discurso de una época. «Se puede decir la verdad siempre que
se diga en el espacio de una exterioridad salvaje; pero no se está
en la verdad más que obedeciendo las reglas de una "policía"
discursiva que se debe reactivar en cada uno de los discursos»[42].
Esta exterioridad salvaje es lo que en el razonamiento protagóreo
aparece bajo la idea de locura, dado que ante cualquiera que diga

---

39   Cf. Farrar (1988), 116-7.

40   Esto es lo que pone de relieve Farrar (1988), 106-23, al argumentar que
     si bien la apelación al *nómos* conlleva una externalización del orden, a
     la vez que la apelación a la *phýsis* implica un fortalecimiento del orden
     desde adentro, de todos modos, la oposición entre *nómos* y *phýsis* mues-
     tra los peligros de la socialización: que la *phýsis* al ser expulsada afuera
     de la *pólis* ya no sirva de reaseguro y que el *nómos* como orden interno
     no sea capaz de garantizar la fortaleza de la misma. El peligro de la so-
     cialización no es otra cosa que la disolución del lazo social. Cf. Rancière
     (1996), 29-34.

41   de Romilly (1997a), 140-65, señala que la crítica radical de todos los va-
     lores inaugurada por la primera generación de sofistas da paso a partir de
     la segunda generación a un inmoralismo como consecuencia directa de
     la *tabula rasa* instaurada por los sofistas en su afán de destruir cualquier
     atisbo de trascendencia. De todos modos, esta no era la única opción, pues
     junto al inmoralismo de la época de la guerra del Peloponeso, cuando todo
     recurso es válido para reafirmar las propias posiciones, existe también otra
     posibilidad, la de una reconstrucción positiva de los valores a partir de la
     tabula rasa.

42   Foucault (1973), 30-1.

la verdad, si ésta atenta contra los supuestos de la situación, la ciudad deberá actuar para excluirlo radicalmente de ella, de modo que su enunciado no termine por desorganizarla. Si la situación se apoya sobre el supuesto de la participación de todos en la justicia y la virtud política, ser injusto y decirlo implica colocarse afuera del sistema. La función «policíaca» del discurso concebida por Foucault tiene su correlato en las constricciones que señala Protágoras cuando establece que la educación, los tribunales, las leyes o cualquier otra compulsión deben actuar sobre los hombres para obligarlos constantemente a preocuparse por la virtud, si no serían una especie de salvajes (327 d). Así, el mundo resulta un efecto del *lógos*, el decir produce que una situación pueda advenir. Pero ese decir prescribe desde entonces lo enunciable y lo decible, de modo que, bajo su ley, hay discursos indecibles, estructuralmente prohibidos[43].

El último argumento de Protágoras tendiente a demostrar que de la virtud participan todos y que esto es un efecto de discurso lo hallamos en la afirmación del sofista acerca de que todos, dentro de sus posibilidades, son maestros de virtud, lo mismo que cualquiera que enseñe a los niños a hablar griego (*hellenízein*). En efecto, el aprendizaje de la lengua materna es algo similar a la enseñanza de la virtud, y por ende la *aretè politiké*, al igual que la lengua materna, debe ser objeto de la *paideía* desde la infancia (328 a; 325 c). Así, conjuntamente con el *lógos* comienza a transmitirse aquello que hace que las ciudades puedan existir, pues todos los hombres son aptos para participar de la *aidós* y la *díke*, o en su defecto no podrían existir las ciudades. La conclusión que se impone es que si el mito se toma como un texto significativo de la doctrina protagórea, entonces el *lógos* habrá de cumplir el rol creador que le cabe según la concepción sofística[44]. Para ello, como vimos, es menester ir más allá del mito, continuar con el razonamiento argumentativo, avanzar sobre el relato en el que

---

43   Badiou (1985), 91-7, denomina a esto *interdicto* del lugar como categoría no de la política sino de la ley. En efecto, siguiendo el razonamiento que hace el autor, se puede decir que la proposición «yo soy injusto» está estructuralmente prohibida, según la ley de los lugares establecida por el enunciado que sostiene que la virtud política, basada en la justicia y el respeto, es algo que se aplica a todos los hombres. Por lo tanto, enunciar que se es injusto va contra la ley establecida sobre la virtud política y excluye a quien lo profiere sin que tal enunciado tenga valor político alguno.

44   Para una análisis del mito de Protágoras en tanto *lógos* o argumento, Farrar (1988), 87-98.

el *mythos* se inscribe en el *lógos*. Esto es lo que de algún modo sintetiza el propio Protágoras: «Te he dicho, Sócrates, con un mito y un argumento cómo la virtud es enseñable» (328 c)[45]. En este terreno, Protágoras no sólo inscribe la narración mítica en el pensamiento racional sino que, sobre todo, él mismo con su propia intervención se inscribe de lleno en la decisión sofística en torno al estatuto productor del discurso[46].

Otra derivación de la tesis protagórea sobre la necesidad de que todos participen de la virtud política atañe a la tesis del *homo-mensura*. Ya es un tópico en las discusiones sobre el punto privilegiar o bien el aspecto subjetivista, o el genérico, o el convencionalista de la tesis. En concreto, la formulación de la misma dice así: «El hombre es la medida de todas las cosas, de las que son en cuanto son, de las que no son en cuanto no son»[47]. La interpretación subjetivista es la que realiza Sócrates en el *Teeteto* (152 a), pues sostiene que «tal como una cosa me parece a mí que es, así es para mí, y tal como una cosa te parece a ti que es, así es para ti». Se trata entonces del problema de la percepción, ya que las cosas son para cada uno lo que él percibe (152 b-c). La segunda interpretación, la genérica, tal vez no haya tenido una formulación tan clara en la antigüedad. Pero algunas glosas de Sexto Empírico muestran una postura objetivista (*Esbozos pirronianos,* 1, 218 = DK 80 A 14): «[Protágoras] afirma también que las causas inteligibles de todos los fenómenos radican en la materia, por cuanto la materia, en la medida en que aquéllos dependen de ésta, es en potencia todo cuanto a todos se revela». Este objetivismo, que al menos en potencia apunta a todos, implica una idea genérica del hombre. Veamos las consecuencias derivadas del subjetivismo y el objetivismo.

Recientemente, Terray ha señalado con justa razón que los sofistas optan resueltamente por la inmanencia y, por lógica consecuencia, llevan a cabo una crítica radical de todas las formas de trascendencia. A raíz de ello, políticamente hablando no puede concebirse desde entonces ningún fundamento ontológico

---

45 Cf. Brisson (1975), 28-36; (1994), 142.

46 Para Jarratt (1991), 60, en la sofística el *nómos* será el mediador entre el *mythòs* y el *lógos*.

47 Protágoras, *ap.* Sexto Empírico, *Contra los profesores,* 7, 60 = DK 80 B 1; Platón, *Teeteto,* 152 a, 166 c-d; *Crátilo,* 386 a. Plácido (1973), 40-58, da las diversas interpretaciones y traducciones de esta tesis. Cf. de Romilly (1997a), 106-11.

ni para la ciudad ni para la ley. Esto es lo que se deduce de la afirmación del sofista en la apología que leemos en el *Teeteto* (167 c): «Pues lo que a cada ciudad le parezca bueno y justo lo es para ella mientras se mantenga en tal opinión». Terray analiza seguidamente la tesis del hombre como medida como un embate contra la trascendencia[48], optando por la interpretación subjetivista tal como ha sido aceptada en la antigüedad a partir del comentario de Sócrates que ya citamos: «El hombre de Protágoras –concluye Terray– es el individuo singular, y su doctrina es resueltamente subjetivista y sensualista», por lo cual el autor critica decididamente la postura que da a la tesis protagórea un sentido genérico[49].

Uno de los principales sostenedores de esta otra interpretación ha sido Gomperz. En primer lugar, porque ella es preferible a la individual y subjetivista. En segundo lugar, porque la tesis del *homo-mensura* trata del hombre o de la naturaleza del hombre que percibe lo que es real, en tanto que lo que no es real no puede ser objeto de percepción. Por tanto, la teoría del conocimiento del sofista de Abdera parte de la noción genérica de hombre y no del individuo. Es Platón quien atribuye a Protágoras la idea de que lo que parece verdadero a cada uno es verdadero para él, hecho que conduce a un subjetivismo o escepticismo extremos, nombres que por lo demás hacen demasiado honor a una doctrina que no era la del sofista. Así, mientras el *Protágoras* brinda un retrato fiel, aunque exagerado, el *Teeteto* sería en cambio una caricatura. Por todo esto, concluye Gomperz, no hay en el sofista tal escepticismo universal sino una concepción del hombre como ser genérico[50].

La tesis convencionalista, según la entendemos, hace hincapié en un aspecto distinto al privilegiado por las posturas aludidas hasta aquí. En este sentido, Dupréel argumenta que atribuirle al sofista una visión genérica de la naturaleza humana lleva a convertirlo en un precursor de Kant, tanto si se considera esto bajo la idea de un subjetivismo a la manera kantiana o un empirismo naturalista. Para él, Protágoras era profundamente antinaturalista, el primero que deja de lado radicalmente todo recurso a la *phýsis* cuando de

---

48   Terray (1990), 21-4. Cf. Rossetti (1986).

49   Terray (1990), 24-8; ver Chappell (1995), que parece sostener la tesis subjetivista o individualista. También ha sido sostenida por Lesky (1968), 373-4; y Guthrie (1988), 172-4, 183-92; cf. Windelband (1955), 121 y n. 62.

50   Gomperz (1951), I, 502-13.

explicar las cosas o justificar los valores se trata. Sin embargo, esto no lo lleva a adoptar la tesis individualista que sostiene el platonismo. Protágoras fue el menos «individualista» y por ende el más «social» de todos los pensadores de la antigüedad. La idea del *homo-mensura* lejos de expresar una teoría de la percepción y la apariencia, implica en esencia una concepción sociológica del conocimiento y su valor. El criterio a tomar en cuenta es el de lo social, pero no como una naturaleza sino como una convención mutable, cambiante, que puede ser transformada mediante la acción. Se trata de una pragmática que establece la jerarquía de los conocimientos según su valor práctico y de acuerdo con la transmisión social de los mismos por el discurso. Por eso la importancia asignada por la sofística a la educación y la oratoria. Ambas prácticas, en efecto, pueden hacer cambiar las disposiciones aún no pulidas de los individuos y transformarlas en otras. Es por todo esto que para Dupréel la doctrina de Protágoras resulta un convencionalismo sociológico: «Una fórmula breve y decisiva expresa a la vez el sentido verdadero, la intención y el alcance del aforismo protagóreo: las cosas no son *por naturaleza*, son *por ley*, no *phýsei* sino *nómo*»[51].

Terray tiene razón, ciertamente, cuando señala que la postura genérica de Gomperz conduce a una visión trascendente del *homo-mensura*. Pero su visión nos parece desacertada cuando critica la idea que sobre esta tesis aporta el trabajo de Caujolle-Zaslawsky, que más que una interpretación genérica del hombre señala una perspectiva sociológica o convencionalista[52]. En efecto, Caujolle establece un planteamiento cercano al de Dupréel, pues su argumento apunta a comprender al *homo-mensura* no como el hombre genérico o el individuo sino en tanto intermediario entre ambos extremos, es decir, el elemento representativo de un grupo. La idea de representatividad podría, en verdad, conducir a un retorno de la trascendencia. Pero Caujolle aclara el punto al sostener que hombre designa, de manera verosímil, la idea de una colectividad asentada en el consenso que implica el respeto a una misma ley, es decir, el hombre como un emergente de una sociedad singular e históricamente determinada.

Interpretación genérica de acuerdo con un criterio naturalista e interpretación sociologista según la idea de una convención cuyo modo de ser es el cambio, no son evidentemente lo mismo.

---

51 Dupréel (1948), 14-25; cf. Bayona Aznar (1999).

52 Caujolle-Zaslawsky (1986), 157.

Mientras que la primera instala la trascendencia, la segunda pone el acento en un relativismo de orden práctico que no desdeña la acción humana. Ésta parece ser la interpretación políticamente más activa de la tesis del sofista. Ello justifica que se hable del hombre en sentido colectivo, es decir, ni ser genérico ni ser individual[53]. En este punto preciso, la idea protagórea de que todos los hombres han de participar de la virtud política o no han de existir las ciudades, se conecta con el principio del hombre como medida de lo que es y de lo que no es. Otra vez el enlace lo opera la función discursiva. El criterio de lo que es o no es no queda ligado a lo verdadero o lo falso sino a las representaciones imaginarias, que podrán ser tenidas por buenas por una sociedad mientras tal convención se mantenga.

Esto es lo que pone de relieve la así llamada apología de Protágoras, que Platón hace decir a Sócrates en una situación en la que éste trata de reproducir cuáles serían las refutaciones del sofista ante lo que Teeteto y él han manifestado al ridiculizarlo. En esta intervención, Protágoras parece establecer un punto de detención a las interpretaciones de la tesis del *homo-mensura* (*Teeteto*, 166 d-167 c). El primer problema que despeja es el de la verdad: puesto que lo que a alguien le parece que es, así es para él, no hay entonces unas percepciones más verdaderas que otras. Lo que se perciba será siempre la verdad. En consecuencia, el sabio no opera sobre la verdad, porque no hay nadie que haya trocado las opiniones falsas en verdaderas. Sabio es aquél a quien lo que le parece que es malo, lo trueca haciéndolo parecer y ser bueno. Pero existe la posibilidad de establecer criterios de valor: algo puede ser mejor o peor para alguien. Para un enfermo será mejor lo saludable, para lo cual el médico le suministrará medicinas (*pharmákois*) que mejoren su estado. El sofista, compara Protágoras, logra el cambio con palabras (*lógois*). De este modo nos hallamos con una formulación ligada a la doctrina de Gorgias, que Derrida ha destacado: el *lógos* es un *phármakon*[54]. Pero, ¿a quién se dirige este remedio? En principio, a todos los

---

53   Así lo señala Nestle (1961), 117-9. Untersteiner (1949), 54-66, en forma más ambigua habla tanto de lo individual como de lo genérico. Rodríguez Adrados (1975), 206-7, prefiere no introducir ninguna distinción entre uno y otro. Adrados, llamativamente, atribuye a Nestle la posición de Gomperz (que, como vimos, hablaba del hombre genérico) y a Untersteiner una posición individualista que tampoco se condice con las afirmaciones de éste.

54   Derrida (1975), 173.

que se hacen instruir. En este sentido, Protágoras señala que los oradores sabios y buenos son a las ciudades lo que los médicos para los enfermos o los campesinos para las plantas. Todos ellos son sabios porque pueden aportarle a cada uno su respectivo remedio. En el caso de los oradores el *phármakon* resulta ser el mismo que el del sofista, esto es, el discurso. Los «enfermos» a los que los oradores o los sofistas deben volver saludables no son otra cosa que las *póleis*, es decir, los ciudadanos, dado que su cometido es hacer que para ellos sea y parezca justo lo benéfico, no lo pernicioso. Porque lo que cada ciudad tenga por justo y bueno, eso será efectivamente para ella mientras siga valorándolo como tal. Así, la conclusión de la argumentación protagórea nos lleva al punto de partida: «El sabio logra que en vez de que sean malas todas las cosas les parezcan y sean buenas». Y todo esto nos conduce al *kreítton lógos*, punto central de la teoría protagórea, pues el orador y el sofista consiguen con el uso de la palabra que algo que al comienzo se encuentra en una posición de debilidad se convierta en un elemento fuerte.

De modo que, según se lee en el *Teeteto* (167 c), para Protágoras hay un parecer que hace ser (*dokeîn eînai poieîn*): se hace que sea lo que parece, cuestión que no debe ser asociada con la verdad (*alétheia*). En rigor, la contigüidad de estos tres infinitivos, parecer, ser, hacer, nos muestra cuáles son los ejes de la doctrina sofista: se trata, en primer término, de una práctica; pero también de una ontología relativa que no se liga al ser como una verdad fija e inmutable sino al parecer cambiante de una colectividad. En todo caso, para que un parecer sea, hay que trabajar en pos de ello. El verbo *dokeîn*, como señala Detienne[55], es un vocablo directamente asociado con la actuación política, del cual deriva *dóxa*, la opinión. Por lo que los sabios, los oradores y los sofistas, al hacer que algo parezca y sea, establecen el modo de ser en el terreno de lo que hemos denominado un relativismo ontológico.

En un campo de fuerzas así concebido, el procedimiento esbozado por Protágoras implica una manera eficaz de construcción de la verdad ya no como *alétheia* sino en tanto *dóxa* ligada a lo *eikós*, lo probable o verosímil que se sostiene como fruto de una convención o acuerdo: el tiempo durante el que una idea se mantenga como socialmente válida para una ciudad dada es el lapso de vigencia de una verdad construida según

---

55 Detienne (1981), 115, 120.

los criterios analizados. Si en un primer momento el problema del *homo-mensura* Protágoras lo plantea ligado a la percepción (*aísthesis*) como verdad, en un segundo momento, sin embargo, el ser viene dado por el parecer, al cual se llega a partir de la disyuntiva entre lo bueno o lo malo, lo mejor o lo peor. Así, mientras la percepción es del orden de los sentidos de cada uno e implica un subjetivismo manifiesto, el parecer, en cambio, conlleva adentrarse en el terreno de unas prácticas colectivas donde es posible un uso persuasivo del lenguaje que conduce a la conformación de un imaginario social. El *parecer* es lo que *efectivamente es* para una ciudad que toma eso como ley, norma o costumbre. Obsérvese que el parecer, que Sócrates ponía en principio al nivel del individuo, adquiere en esta formulación un modo de implementación social que convalida la interpretación que Dupréel planteaba sobre el convencionalismo sociológico[56]. El subjetivismo socrático es, tal como el propio Sócrates lo señala al imaginar lo que el propio Protágoras diría, la ridiculización de las ideas del sofista. La formulación protagórea podría expresarse así: El hombre es la medida de todas las cosas, de las que son en cuanto son, de las que no son en cuanto no son. Y puesto que se es hombre en tanto se participa de la virtud política, hombre designa al ser político, es decir, al ciudadano. Así, aquello que cada ciudad haga parecer y ser para sus ciudadanos mediante el arte político y la persuasión basada en el procedimiento del argumento fuerte, eso será la medida del ser de las cosas[57].

Pero, de todos modos, no hay que desdeñar la posibilidad de analizar en la tesis la presencia de un sentido individualista, aunque no en una dimensión absoluta. Se trataría más bien de un derivado de la educación protagórea como medio de dominio individual que permite que las opiniones de cada uno se hagan fuertes, esto es, que las opiniones de un cualquiera tengan validez. Ahora bien, que un cualquiera tenga cabida en el plano político conduce en especial a la situación de la democracia ateniense, donde cualquiera puede proponer o enmendar leyes, votar a favor o en contra de un político, etc. Es decir que un cualquiera implica

---

56 Dupréel (1948), 25.

57 Debe recordarse en este contexto que la virtud política es un atributo de todos los hombres, siempre y cuando se atengan a respetar no la verdad sino el parecer de la comunidad, dado que, en toda circunstancia, se debe mostrar que se es justo, sin importar si esto es verdadero o no. Decir la verdad, decir que se es injusto, conduce a la exclusión de la locura o al salvajismo de los misántropos; cf. Platón, *Protágoras*, 327 d.

a todos los hombres, y por ende volvemos a encontrarnos con la tesis del *Protágoras* de Platón donde el sofista sostiene que todos comparten la virtud[58]. Por otra parte, si bien interesa la opinión individual e interesa sobremanera la colectiva, no es menos cierto que en la reflexión del sofista la unidad humana es, como plantea Plácido, muy relativa, porque en la práctica sólo el habitante de la ciudad democrática es capaz de aprender la virtud política a través de esa contraposición de verdades que se realiza día tras día. Entonces, con este procedimiento la opinión individual se supera en la colectiva. Por consiguiente, el mundo es asumido como algo cambiante porque el hombre cambia: con su accionar trata de establecer la mejor norma e informa así al conjunto del mundo material[59]. Estamos pues ante una concepción dinámica que torna posible la aceptación de la capacidad inventiva del hombre para establecer sus propios destinos políticos, idea condensada con claridad en la imagen del *prôtos heuretés*.

Este hombre no es una forma abstracta e intemporal sino una subjetividad modelada según las prácticas políticas específicas de la ciudad democrática ateniense. Pero este entramado de prácticas no debe pensarse ni como una objetividad insoslayable ni como una trascendencia[60]. En el seno de un conjunto de instituciones, hábitos y normas hay en verdad un espacio para una subjetividad colectiva. Se trata de situaciones históricas y, por tanto, de una materialidad mutable, cambiante. Es en inmanencia a estas prácticas que los hombres pueden subjetivarse. En consecuencia, la posición genérica o la individual sólo pueden ser planteadas

58 Se recordará que la crítica de Sócrates a que cualquiera, aunque no supiese nada, pudiera levantarse en la asamblea y pedir la palabra para dar su opinión en los asuntos políticos provocó la demostración de Protágoras en torno a la idea de que la virtud pueda y deba ser enseñada a todos (cf. Platón, *Protágoras*, 319 d-e). Un hombre cualquiera es sólo un individuo no *el* individuo tomado como medida subjetiva, e implica no discernir dentro del conjunto social mucho más allá de esa categoría. Un cualquiera, alguien, es similar a la categoría de *algo* que Hegel (1968), 104-5, analizaba como la menos determinada de todas. En este caso, alguien, un cualquiera, predica la existencia de la posibilidad de implementar individualmente la tesis del *homo-mensura*, pero nada más que eso. El relativismo de esta fórmula protagórea requiere entonces una delimitación mayor, y esto viene dado por las determinaciones sociales, que si bien no anulan el relativismo implican, eso sí, lo social como condición.

59 Plácido (1973), 56-7, y nn. 150-1.

60 Sobre las ideas de trascendencia e inmanencia ver Deleuze y Guattari (1993), 39-62.

en relación con el criterio de lo colectivo, criterio que no implica armonía o falta de contradicción sino un momento dado en el estado de las fuerzas políticas. Dentro del campo colectivo ligado a una comunidad históricamente dada, la perspectiva genérica puede ser argumentada: se trata en todo caso de una fuerza que conduce a la trascendencia y, por ende, a la fijación de un orden como una especie de naturaleza. Pero el punto de vista individual también puede ser sostenido: es otra fuerza que conduce al escepticismo basado en un subjetivismo extremo que no permite llevar a cabo ninguna acción. Entre las fuerzas lo que se instala es el conflicto, que en el cuadro democrático puede aportar resoluciones parciales pero nunca definitivas. El discurso es el campo de esta lucha; las antilogías, un modo de asumir la materialidad de las contradicciones; la contienda entre el argumento fuerte y el débil, la manera de indicar que toda lucha arroja vencedores y vencidos, pero también la posibilidad de volver a la contienda. El enunciado de la tesis del *homo-mensura* no otorga la certeza agradable de un habla o un acto con garantías, sean objetivas o subjetivas. La tesis es más bien el terreno mismo de la lucha entre los diversos opuestos que hemos visto aparecer en esta argumentación. En todo caso, la formulación pone el acento en la profanidad de un tiempo, la segunda mitad del siglo V, en el que el hombre, sin una definición de su esencia, es colocado en el centro de la escena como actor de su destino, como inventor de su mundo[61]. El mundo divino queda limitado en cuanto a sus acciones y sus efectos: ya no se puede afirmar nada sobre los dioses, ni si existen ni si no existen, ni cuál sea su naturaleza, porque no pertenecen a la dimensión donde se desarrolla la experiencia humana. Se puede incluso extremar la tesis del *homo-mensura* y plantear, como el *Sísifo* de Critias, que los dioses al igual que la sociedad son invenciones humanas. Pero es preciso insistir: nada de esto implica la trascendencia de la figura humana como elemento sustancial e inmutable. La sofística no busca el ser del hombre sino que practica un relativismo ontológico radical. El hombre es según lo que la convención política permite que sea, esto es, según lo que el lazo social imaginario en el que se sostiene la experiencia comunitaria hace que sea[62]. El criterio es práctico y por lo tanto producido por medio de intervenciones, forzamientos, actos. Se trata de política y de discurso.

---

61 Escohotado (1975), 152-77.

62 Gallego y Lewkowicz (1996).

Por eso, toda la polémica entre lo genérico y lo individual ha estado mal planteada, rastreando criterios objetivos o subjetivos de adecuación o inadecuación entre el mundo y el intelecto, entre el objeto gnoseológico y el sujeto cognoscente[63]. Los sofistas sólo se plantean la cuestión del conocimiento en función del *lógos* y la política, y descubren mediante su trabajo sobre el lenguaje la potencia del discurso para producir, hacer ser. En política esto implica una fuerza capaz de introducir la alteridad en el seno de lo mismo, de «invaginar» en la metafísica de la representación el límite mismo de un surco múltiple y divergente, como señala Derrida[64], surco que no implica la comodidad de las reglas institucionales que rigen una lengua e invitan a decir con garantías[65]. No se trata de un decir que trace una relación sin fisuras entre un *lógos* y otro, puesto que en el discurso no todo es *lógos*. También hay *érgon*, la fuerza de la práctica. Si hasta aquí no hemos hecho distinción alguna entre *lógos* y discurso y los hemos usado para traducir uno a otro, es necesario a partir de aquí comprender esta diferencia: hay algo que tiene que ver con el *lógos* pero que no es *lógos* sino *érgon*, decisión práctica. Puede parecer paradójico o ambiguo, pero tales son las aporías que la sofística produce al postular que la palabra hace ser. Existe aquello de lo que no se puede hablar. No se trata en tal caso de callar sino de actuar. Actuar en el *lógos* no sólo significa hablar sino tomar debidamente en cuenta el momento oportuno o *kairós*. La circunstancia implica pues la acción encarnada en una decisión. La tesis del *homo-mensura* habilita así una articulación entre *lógos* y *érgon* en la que la elección de la ocasión adecuada nos conduce al problema de la acción subjetiva.

---

63   Para un intento de resolver estas cuestiones, Bernsen (1969), 141-2, que tras revisar fuentes, fragmentos e interpretaciones de la tesis concluye que el subjetivismo extremo no puede sostenerse; es necesario un punto de objetividad: «La tesis del *homo-mensura* diría: "Es una verdad objetiva que no hay verdades objetivas". En mi opinión sólo resultará posible negar la existencia de un concepto objetivo de verdad a través de esta expresión en sí misma contradictoria. Y siendo la expresión en sí misma contradictoria hallamos difícil decir que afirma o niega algo en absoluto: la expresión carece de un sentido definitivo... Por ende, debemos concluir que la tesis real del *homo-mensura* no versa sobre sino que sólo pretende versar sobre el concepto de verdad objetiva, y que no es claro cómo la tesis tratara posiblemente del concepto de verdad sin desistir de representar un subjetivismo consistente».

64   Derrida (1989), 47.

65   Foucault (1973); Badiou (1982), 92-101.

En su análisis de la tesis, Farrar concluye que en Protágoras el orden es completamente inmanente a la dimensión social de la experiencia humana, y la razón y la acción, es decir, *lógos* y *érgon*, son los únicos modos de dominio de sí que los hombres poseen para vivir en sociedad. La teoría protagórea es expresiva de la autonomía del hombre y su búsqueda de lo que cree que son sus intereses, y también lo es de la posibilidad de conseguir el orden mediante la interacción de las fuerzas sociales, un orden que no debe ser entendido como algo trascendente. Hay por ende un intercambio entre el hombre y el mundo que define la realidad que puede ser conocida; tal interacción es, según Farrar, estable en lo general cuanto localmente variable. En este sentido, la tesis del *homo-mensura* se asocia en especial con la democracia ateniense, directa, participativa, capaz de incluir a los más pobres. Luego, su contenido es político. En efecto, dado el contexto político e intelectual ateniense, Protágoras interpreta el proceso de interacción democrática como algo capaz por sí mismo de proveer respuestas a las cuestiones suscitadas en su desarrollo. El sofista brinda a partir de esto una explicación de la naturaleza humana y la política según la forma en que el hombre experimenta su vida en sociedad. Así, la acción política es tanto una expresión de la personalidad colectiva como un control colectivo de sí misma que la comunidad ateniense produce en su devenir, lo cual permite articular la sociedad civil, las cualidades sociales o cívicas y la búsqueda de la armonía social. Pero todo esto, dice Farrar, no trasluce un punto de vista empírico y concreto que se ligue directamente a las relaciones sociales atenienses; la teoría de Protágoras asume la dimensión política de la democracia desde afuera de las prácticas[66].

Este último argumento parece ubicar a Protágoras no en un plano activo sino en el de la contemplación. ¿Es que el sofista demoledor de toda trascendencia, partidario de la inmanencia, se ubica él mismo en trascendencia respecto de las prácticas? Su posición de extranjero no es en sí misma sinónimo de exterioridad. Hay de parte suya un accionar que se asocia de inmediato con su teoría y su práctica en la *pólis* democrática: su voluntad formativa. Lo que Protágoras admite plenamente es la necesidad no sólo de hablar o razonar sino también de actuar. En la ciudad el sofista habla pero procurando que se asuma el discurso como acto. Esto es justamente lo que plantea Sócrates en el *Teeteto*

---

66   Farrar (1988), 44-9, 77-8, 87, 97-8.

(152 b) al señalar que Protágoras no habla neciamente sólo por hablar, no es un charlatán. Algo similar refiere en el *Protágoras* (329 b): el sofista es capaz de decir largos discursos o hablar brevemente según la necesidad. Y esto es también lo que a los ojos de Sócrates lo distingue de todos los demás: los oradores populares, el propio Pericles o cualquiera de los que son hábiles para hablar (328 e-329 a). Pero nos llevaríamos una idea errada si asumiéramos las palabras de Sócrates como una forma de exclusión de Protágoras de los aspectos propiamente sofísticos de su prédica real[67].

Su práctica, plenamente sofística, es tanto una *paideía* como una actividad económica que se conecta con las prácticas políticas[68]. Busca, por cierto, a quienes son capaces de pagar sus enseñanzas; establece relaciones individuales, de maestro a discípulo. Pero su fin consiste en enseñar la virtud porque ella es enseñable y así lo creen también los atenienses (Platón, *Protágoras*, 328 c). En consecuencia, su exterioridad respecto de las prácticas políticas no lo es tal en relación con la cultura política de esa sociedad cara a cara que es la Atenas clásica. En inmanencia a la situación de la comunidad democrática ateniense en tanto colectividad convencional, es decir, en inmanencia a las discursividades que traman el lazo social imaginario, los sofistas desarrollan una actividad cultural de nuevo tipo basada en su labor intelectual, su saber enciclopédico y el arte de la elocuencia. Según Gentili, «el gran éxito y el amplio predicamento que obtuvieron esos profesionales del intelecto en una ciudad como Atenas se ha de poner necesariamente en relación con el carácter democrático de su constitución, que abría el área del poder a las clases tradicionalmente excluidas de él»[69]. En

---

67   Cf. Cassin (1995), 110-3.

68   Esto ya lo veía con agudeza Hegel (1955), 11-2: «Llamamos cultura... al concepto aplicado en la realidad... La cultura, así entendida, se convierte en la finalidad general de la enseñanza; por eso surgió por doquier multitud de maestros de sofística. Más aún, los sofistas son los maestros de Grecia, gracias a los cuales, en realidad, pudo surgir en ésta la cultura. [...] Los sofistas, al aspirar a este tipo de cultura y a su difusión, se convierten en una clase especial dedicada a la enseñanza como negocio o como oficio, es decir, como una misión, en vez de confiar ésta a las escuelas; recorren para ello, en incesante peregrinar, las ciudades de Grecia y toman en sus manos la educación y la instrucción de la juventud». Cf. Cassin (1995), 192-5.

69   Gentili (1996), 350; también de Romilly (1997a), 22-3. Para una visión

continúa »

sus transacciones con los que podían acceder a sus enseñanzas, los sofistas se abstrajeron de las jerarquías tradicionales con la ayuda del dinero, convención socialmente aceptada que permitía apuntar al ciudadano, cualquiera fuera éste, para conformarlo como artífice activo de la vida política. Por otra parte, la reflexión sofística sobre el *lógos* y los procedimientos persuasivos ligados al dominio del discurso entroncaban directamente con el funcionamiento práctico de la asamblea en tanto cuerpo donde el *dêmos* desarrollaba su soberanía. Por lo tanto, en contra de la conclusión de Farrar, sostenemos que el pensamiento sofístico se establece en interioridad a las prácticas políticas asumiendo en plenitud las consecuencias de un mundo sensible-profano.

El otro aspecto de la reflexión sofística sobre la política atañe al tema del *nómos* y su relación con la *phýsis*, terreno en el que el pensamiento sofístico produce una gran transformación de los problemas filosóficos a partir del tránsito simultáneo del ser al *lógos* y de la *phýsis* al *nómos*[70]. Como vimos en los desarrollos referidos al mito de Protágoras, la política implica un pacto. Este acuerdo es un asunto de justicia y de respeto, y sus imbricaciones recíprocas: respeto por la justicia, justicia basada en el respeto. Esto constituye el despliegue del arte político que Zeus dona a los hombres para que no perezcan. Hay un pacto que requiere reconocer en todo momento las bondades de la justicia y sostener siempre el carácter justo, y por ende virtuoso, de cada una de las acciones y decisiones individuales. Estamos ante un problema de ley y de consenso. Sin respeto a la convención política no

---

global del problema de la educación impartida por los sofistas, Jaeger (1957), 263-302. Debemos destacar también la importancia que reviste ubicar los problemas sofísticos en el marco de las prácticas de la oralidad y la escritura. La *paideía* es uno de ellos, tema reconsiderado recientemente por Robb (1994), que no otorga un lugar destacado a los sofistas en la evolución de la *paideía* entre los siglos VIII y IV a.C. Sobre el tema, Muir (1982), que pondera la relación de los sofistas con la educación a partir de la organización de la colonia de Turios, de la que Protágoras habría sido uno de los redactores de las leyes.

70   Problema que constituye un tópico de la sofística. Cf. Barker (1960), 74-6; Guthrie (1988), 64-136; Adkins (1972), 106-12; Kerferd (1988), 143-67. Para una síntesis reciente, Terray (1990), 56-63. Por su parte, de Romilly (1971a), 73-95, coloca a los sofistas en su lugar correspondiente en la evolución del pensamiento griego en torno a la ley. Hay que destacar también Ostwald (1986), 250-73, que analiza las tesis sofísticas sobre la oposición *phýsis-nómos* y el peso que adquieren a partir de la mayor polarización política, social e intelectual de la década del 420. Cf. Kelley (1990), 14-34.

hay ley que pueda imponerse al estado de naturaleza; sin ley que respetar, es decir, sin lo político como esfera de existencia de las ciudades, no hay tampoco modo alguno para los hombres de superar la posición de debilidad inicial con relación al estado natural. Incluso el dominio de las diferentes técnicas resulta insuficiente, y provoca la preocupación de Zeus que termina enviando a Hermes para que a todos los hombres los haga partícipes de la virtud política. En definitiva, para Protágoras la ley es un valor fundamental que permite que advenga esa sociedad política que es la *pólis*[71].

c) El *nómos* como ficción: naturaleza, política y verdad[72]

El enunciado protagóreo proponía que la virtud política iba de la mano con la justicia y que, a la manera de un imaginario social, la comunidad debía compartir la idea de que todos los hombres eran justos; y éstos, más allá de que efectivamente lo fueran, debían a su vez sostener esa significación básica como margen de la situación política para poder así quedar incluidos en la ficción del pacto. Para definir con mayor precisión qué se entiende por justicia y qué relación guarda con el carácter ficcional del pacto es necesario que nos dirijamos a las precisiones de Antifonte[73]. «La justicia (*dikaiosýne*), argumenta el sofista, consiste en no transgredir (*mè parabaínein*) el conjunto de leyes (*tà pánta nómima*) de la ciudad en la que se participa como ciudadano (*politeúetaí tis*)» (*Sobre la verdad*, fr. 1, A, col. I = DK 87 B 44)[74]. En su radicalidad, esta definición es tal vez la expresión más acabada y evidente del carácter convencional

---

71   Sobre la importancia de la ley en el advenimiento de la política, Bertrand (1999), 15-37.

72   Extractos de esta sección se usaron en un apartado de la ponencia «En los márgenes de la igualdad. Figuras del bárbaro en la Atenas democrática», en P. López Barja y S. Reboreda Morillo (eds.), *Fronteras e identidad en el mundo griego antiguo. III reunión de historiadores*, Santiago de Compostela - Vigo, 2001, 157-77, en 170-6.

73   Para situar esta cuestión en el contexto histórico apropiado, de Romilly (1997a), 119-37.

74   Véase la versión del *Sobre la verdad* de Cassin (1995), 273-8; cf. Bertrand (1999), 298-303.

de la legalidad de la *pólis*. Veamos sus consecuencias. La tesis del *homo-mensura* se puede interpretar en forma plena como un convencionalismo sociológico siempre y cuando se acepte la tesis de Antifonte, que conlleva una fabricación de lo legal de acuerdo con la productividad del discurso ya señalada. Si no existe definición de una esencia humana absoluta y universal, si en Protágoras la unidad del género humano es tan relativa, entonces el hombre como medida es el ciudadano que respeta la justicia según las leyes de la ciudad de la que forma parte. Es a raíz de esto que podemos trazar una relación entre la virtud política como algo enseñable y el hombre como medida de lo que es: ser es ser políticamente para la *pólis*. Pero en política no hay una esencia: se es según la ley de cada ciudad, según la singularidad de sus prácticas. El *homo-mensura* es el ciudadano según su especificidad a partir de su derecho concreto de ciudadanía. No sólo se trata de enunciar la exigencia de un convencionalismo sociológico sino de asumir radicalmente la tesis en función de la singularidad de las prácticas políticas de cada comunidad.

El punto de partida de Antifonte es el ser político del hombre de acuerdo con la ley. Pero, no obstante esto, su discurso dará un lugar expreso a lo natural, hecho que parece contradecir el lugar común que señala que los sofistas dejan de lado la *phýsis* para ocuparse del *nómos*. En esto, el sofista también argumentará con extrema radicalidad. La primera consecuencia que extrae Antifonte de la tesis propuesta (fr. 1, A, col. I) es que cualquier hombre hará uso de la justicia en total acuerdo con sus intereses (*heautô xymphróntos*) si ante testigos observa las leyes de la ciudad (*toùs nómous megálous*), pero si solo y sin testigos acata las de la naturaleza (*tà tês phýseos*). No transgredir la justicia según la ley implica situarse en el espacio público comunitario. Fuera de éste, en privado, sólo se actúa de acuerdo con la justicia si se respeta lo que la naturaleza impone. En el paso distributivo del ser político genérico al caso individual, lo más útil para un hombre ante los demás, los testigos, es observar plenamente las leyes de la *pólis*; pero considerar al hombre aislado de todo y de todos permite delimitar hasta dónde funcionan las pautas de sociabilidad. Una vez sin testigos, lo más conveniente para un hombre es obedecer las normas de la naturaleza. El hombre en privado es un ser natural; en público, un ser político. ¿Es Antifonte un adepto al naturalismo? Es menester destacar que la naturaleza en la formulación del sofista sólo aparece en un segundo momento. De entrada lo que tenemos es la justicia, las leyes, la ciudad y la participación como ciudadano, contexto en el que el hombre individual entra en relación con los otros. Luego, el hombre absolutamente solo, sin público, en privado. Es recién aquí cuando vemos aparecer las leyes naturales. En el discurso de Antifonte, la naturaleza aparece en segundo lugar. Esto, como ya veremos, implica que la ley sólo se asienta en el consentimiento de los que participan del pacto, sin nada que la trascienda y actúe como fundamento[75].

Las derivaciones de este desplazamiento del *nómos* a la *phýsis* son tanto o más radicales que la tesis misma. Para Antifonte las exigencias de las leyes son accidentales, puesto que los preceptos legales son productos de las convenciones, no nacen por sí mismos. En cambio, las prescripciones de la naturaleza revisten un carácter necesario: se producen espontáneamente, no son el resultado de pacto o contrato alguno (fr. 1, A, col. I). La ley aparece entonces como *contra natura*, pero enunciada siempre en primer lugar. Evidentemente, el sofista no puede encontrar el estado natural pleno que se corresponda con la vigencia sin trabas de las leyes naturales. Si de acuerdo con lo debido los ojos ven o no, los oídos oyen o no, la lengua dice o no, las manos hacen o no, los pies llevan hacia un lugar o no, el espíritu desea o no, todo obedece pues a las codificaciones de las leyes (col. II-III). El afuera de las leyes no radica en una exterioridad salvaje respecto de las mismas, la misantropía señalada por Protágoras, sino en la esfera de lo privado, un afuera interiorizado. La naturaleza, indica Cassin, es el secreto de lo privado. En efecto, primero se es ciudadano; luego, se puede actuar o pública o privadamente; si se está en el espacio público, lo mejor es respetar la ley; pero si se trata de la vida privada, la naturaleza. Es entonces, y sólo entonces, que puede aparecer la condición natural del hombre: «la naturaleza nunca es más que la escapatoria del secreto al imperio de lo político»[76].

---

75 de Romilly (1971a), 83-4, señala que Antifonte no estaba dando consejos, puesto que resulta necesario trazar una diferencia entre una dialéctica
conceptual y un orador práctico; Antifonte debe ser ubicado en el primer
campo, donde su análisis permanece inatacable, y si bien podían sacarse
ciertas consecuencias prácticas, nada indica que así lo haya hecho. Lévy
(1976), 98-9, contesta a lo indicado por de Romilly, y argumenta que, dado
que la concepción subversiva de Antifonte implica una depreciación de la
ley, sería extraño que el sofista no sacara las consecuencias prácticas de
sus propias posiciones; al limitar el campo de aplicación de la ley, lo que
en rigor hace es describir cómo la gente actúa, encontrando la razón de la
conducta real de los hombres.

76 Cassin (1995), 168-70.

Pero, ¿qué ocurre cuando alguien transgrede las leyes? Va de suyo que el problema debe ser planteado en torno a las dos esferas que el sofista ha delimitado. Si se transgreden las normas sociales pero sin testigos, es decir, sin la presencia de aquellos que forman parte de la convención, no existe entonces vergüenza ni castigo. Si esto es descubierto, ocurre todo lo contrario. En cambio, si se hace violencia más allá de lo posible a «algún principio connatural a la naturaleza misma, aunque escape al conocimiento de toda la humanidad, el mal no es por ello nada menor; ni sería mayor en caso de que todos fueran testigos. Porque el daño resultante no lo determina la opinión (*dóxa*), sino la verdad (*alétheia*)» (col. II). La opción es evidente: naturaleza y verdad están en el mismo plano. Pero por eso mismo, al igual que la naturaleza, la verdad es siempre segunda. En el terreno de la opinión, que es el del acuerdo, importa más no ser visto que no transgredir, o dicho de otro modo, importa decir lo conveniente, no la verdad. Algo similar veíamos en el ejemplo que daba Protágoras tras la narración del mito: es más conveniente sostener el criterio legal, decir que se es justo a pesar de ser y saberse injusto, que asumir la verdad y declarar la injusticia ante testigos[77].

Son interesantes las consecuencias de esta correlación entre el texto del *Protágoras* platónico y los fragmentos del *Sobre la verdad* de Antifonte. Según el argumento del sofista de Abdera, alguien es injusto si se reconoce como tal respecto de normas que son convencionales. Pero si ello es desconocido por sus conciudadanos, ningún castigo ni vergüenza alguna caen sobre él. Si enuncia en público la verdad (ser injusto), es culpable por transgredir ante testigos las reglas sociales. Pero habrá dicho la verdad, no una opinión. La conclusión de Protágoras apunta en la misma dirección que las reflexiones de Antifonte. El que dice la verdad pasa por loco y, como tal, queda excluido de la sociedad; la comparación platónica es significativa: sería un misántropo similar a los que componían el coro de salvajes de una comedia de Ferécrates (*Protágoras*, 327 d). Declarar la verdad es propio del ámbito de lo privado no del ámbito de lo público; por lo tanto, no puede decirse, debe conservarse en secreto[78]. Así concebida, la verdad es aquello a lo cual no se escapa y sobre lo cual no puede haber convención o pacto político. En consecuencia, la

---

77   de Romilly (1971a), 80, encuentra en el punto de partida del tratado *Sobre la verdad* de Antifonte un relativismo cercano al de Protágoras.

78   Véase Untersteiner (1949), 300-14.

naturaleza no se despliega, ni se descubre, ni es aquello en lo que se está inmerso originariamente, sino que es lo que queda en el vacío de lo político. Como dice Cassin[79]:

> «Para Antifonte, como para Protágoras y para Gorgias, nosotros somos primero seres lógico-políticos, y sólo después, de nuevo o de otro modo, animales físicos. Es además por eso que el ciudadano de Antifonte, como el de Protágoras, no puede ser perfecto más que si es hipócrita, y el de Gorgias, sólo si acepta ser defraudado o engañado. Brevemente, si el *Sobre la verdad* de Antifonte es un *Sobre la naturaleza*, es que para Gorgias en primer lugar todo *Sobre la naturaleza* es un *Sobre el no ser*. La *phýsis*, primera evidencia en tanto primer nombre del ser para la ontología, se convierte en régimen sofístico, donde la primera evidencia es la política como efecto masivo del *lógos*».

Decir la verdad pero no estar en la verdad de la situación, estar en la verdad pero no decirla, tal la formulación foucaultiana. En Antifonte, la verdad como asunto de naturaleza implica que no pueda advenir en el campo de lo político que es un asunto de *nómos* y de *dóxa*. El campo de lo natural es el de la vida privada. En privado, la verdad ligada a la naturaleza. Pero sin testigos no hay posibilidad alguna de comunicar, y cuando hay testigos no se dice la verdad sino la opinión, que es lo que la convención acepta. Lo cual nos lleva a la tesis gorgiana: nada existe; si existe no puede ser aprehendido; si es aprehendido no puede ser comunicado. El hombre aislado de Antifonte puede aprehender la verdad con respecto a los preceptos naturales pero no sabría comunicarla a los demás, pues su presencia implica de por sí lo social, donde no impera la verdad sino la opinión. En privado, ¿qué importa que algo exista si tal verdad ontológica no puede ser dicha? En público, en el plano del *nómos* y el *lógos*, la naturaleza no es y, por ende, tampoco la verdad es. La política requiere que se esté en la verdad de la situación: ser un ciudadano excelente entraña vivir en la hipocresía, no enunciar más que lo que permite ser ciudadano. Tanto Protágoras como Gorgias, Critias o Antifonte no dicen más que ésto: el lazo social imaginario es una ficción comunitaria, el terreno de la opinión; el discurso político deviene así una verdad situada y, por consiguiente, una verdad no dicha en el sentido foucaultiano del término.

---

79 Cassin (1995), 171

Pero, ¿qué sucede si se enuncia esta verdad en el espacio político? Lo natural, ligado a la verdad y al ser, ¿implica un exceso con respecto al pacto capaz de desorganizarlo? La política no se funda en la verdad (*alétheia*) o el ser (*eînai*) sino en el parecer (*dokeîn*). La consistencia que trama lo político gira en torno a la opinión, la hipocresía, la ficción. El enunciado de Antifonte de lo natural como verdad es un efecto de *lógos*. Su lugar en el plano de lo privado también lo es. O, dicho de otra manera, la distinción entre ley y naturaleza, opinión y verdad, público y privado, se enuncia en y por el discurso. Pero éste, ¿a qué reino pertenece, al social o al natural? El *lógos* gorgiano, las *Antilogías* de Protágoras y las *Tetralogías* de Antifonte nos llevan a afirmar que todo asunto discursivo señala un espacio sin criterio de verdad absoluto y sustancial, que el discurso opera con las contradicciones del mundo en tanto fuerzas discursivas que se enfrentan en y por el discurso, que en el terreno de la palabra política no se trata nunca con lo verdadero sino con lo verosímil. El discurso está en el orden social, pertenece a este plano y, en tanto que hace ser, produce lo social como efecto de sí. Consecuentemente, la enunciación es inmanente a lo social: no hay *lógos* natural.

Ahora bien, la consistencia de lo político está organizada en sí misma como pacto o convención. Su trama es la del discurso, por lo cual es posible afirmar que lo social funciona como lazo imaginario. Su operatoria implica la ficción, terreno no de la verdad en sí sino de lo verosímil, campo de fricción entre fuerzas que pueden reclamar con igual derecho la «verdad», pero que al hacerlo así muestran que no estamos en el espacio de la *alétheia* sino en el de la *dóxa*. Si la distinción entre ley y naturaleza se enuncia desde el discurso, si éste por sí mismo hace ser por el solo hecho de decir, si la distinción aludida es entonces efecto de *lógos*, ¿puede algo que ha sido arrojado afuera del mundo de convenciones reaparecer en éste? ¿Puede lo natural presentarse en lo social? ¿Puede el secreto de lo privado presentarse en público? Recordábamos recién que Protágoras excluía a todo aquél que decía la verdad pero no era capaz de sostener la ficción de verdad sobre la que se fundaba la situación: era o un loco o un salvaje. Veamos qué dice Antifonte.

Tras distinguir entre ley y naturaleza y considerar lo que ocurre si se transgrede una u otra, el sofista argumenta que «la mayor parte de las cosas justas según la ley está en conflicto con la naturaleza». El corolario extraído por Antifonte señala que «lo útil, tal como está fijado por la ley, es una cadena impuesta a la naturaleza;

pero lo útil que la naturaleza fija es, en cambio, libre» (*Sobre la verdad*, fr. 1, A, col. II y IV). La libertad de acuerdo con la utilidad natural se contrapone a las ataduras de la ley, que imponen a los hombres unos fines que los apartan de los que son más próximos y más afines a la naturaleza (col. III). No se trata, simplemente, de una contraposición entre lo positivo y lo negativo de un orden u otro, porque la naturaleza es más bien amoral y no necesariamente inmoral[80]. Ahora bien, dado que la distinción entre ley y naturaleza está hecha desde el *lógos*, y teniendo en cuenta que en el enunciado de Antifonte la ley es siempre primera y sólo en un segundo momento se enuncia la naturaleza como tal para un campo externo pero internalizado por la política, hablar entonces de obedecer en público las leyes de la ciudad y en privado las de la naturaleza implica proyectar lo prescriptivo, que es del plano de lo contingente y convencional, sobre lo necesario en tanto que estado natural (col. I). Por ende, la naturaleza, propone Cassin, imita a la ley a la vez que se presenta como el modelo de perfección del que la política sólo es una distorsión: Antifonte no es sencillamente un naturalista que desprecia la ley en favor del placer de hacer lo que se quiera (col. IV-VI)[81].

Pero necesitamos avanzar otro paso más sobre las reflexiones del sofista para concretar nuestra respuesta a la cuestión planteada. De acuerdo con otro fragmento del *Sobre la verdad*, el problema de la igualdad, básico para la política de la *pólis* democrática, debería replantearse según una valoración diferente de las nociones de *nómos* y *phýsis* (fr. 1, B, col. II):

«En esto nos comportamos como bárbaros (*bebarbarómetha*) unos con otros, ya que por naturaleza (*phýsei*) todos hemos nacido para ser semejantes en todo, tanto griegos como bárbaros. Y es posible constatar que las cosas que son por naturaleza son necesarias a todos los hombres... Ninguno de nosotros ha sido distinguido, desde el comienzo, ni como griego ni como bárbaro».

Las prácticas y las concepciones habituales aquí desechadas hacían hincapié en la desigualdad entre unos y otros. Esto impli-

---

80 Lévy (1976), 102.

81 Cassin (1995), 189-90. Cf. Antifonte, *ap.* Estobeo, *Florilegio*, 3, 20, 66 = DK 87 B 58. Al respecto, Farrar (1988), 118-9. También Antifonte, *Sobre la verdad*, fr. 2, col. I-II = DK 87 B 44, y de Romilly (1971a), 87.

caría una decidida condena a la distinción tradicional entre griegos y bárbaros. No obstante, los dichos previos a nuestra cita, hasta donde puede leerse y según las restituciones adoptadas, parecen apuntar a otras diferenciaciones aún más fuertes dentro de la ciudad: entre nobles y no nobles, entre ciudadanos y no ciudadanos. En el dominio político, propone Lévy, este tipo de pensamiento es verdaderamente revolucionario, ya que en nombre de la naturaleza y de la utilidad incita a rechazar la ley y la tradición[82]. Obsérvese que si bien Antifonte habla de igualdad natural entre griego y bárbaro, por otro lado, esta última idea resulta un concepto apropiado para dar cuenta de una forma de comportamiento que hace especial hincapié en la desigualdad y, por ende, en la inferioridad. Es aquí donde vemos producirse una inversión de los términos. Si participar en la política (*politeúetaí tis*) es no transgredir las leyes de la ciudad particular a la que se pertenece, si la práctica política se funda sobre la diferencia y exclusión del que por naturaleza es igual (el no noble, el no ciudadano, el bárbaro), es entonces en el ámbito de la vida pública y las leyes de la ciudad donde los hombres, obedeciendo ante sus conciudadanos lo que las leyes ordenan, se comportan como bárbaros (*bebarbarómetha*), ya que establecen diferencias políticas y legales respecto a otros que son naturalmente semejantes a ellos. Así, en el marco de la práctica política, se instituye el destierro de los que son iguales por naturaleza pero diferentes según la ley. En el caso del no noble, podemos reconocer a las oligarquías; en el caso del extranjero o el bárbaro, a las ciudades griegas en general, pero en especial a la ateniense[83]. Por consiguiente, las mismas leyes por las que un hombre se hace ciudadano de una ciudad griega determinada lo convierten paralelamente en bárbaro en relación con los no ciudadanos a los que considerará como diferentes y, en el límite, como inferiores. En Antifonte hay pues una articulación lógica entre naturaleza y ley que entronca con el hecho de ser ciudadano de una ciudad y volverse bárbaro allí mismo. Como concluye Cassin en su análisis de este problema[84]:

«Si se parte de "ciudadanizar", la naturaleza es lo que escapa a lo político en lo político mismo. Pero ella constituye al mismo

---

82 Lévy (1976), 103.

83 Cf. *supra*, cap. 8, donde abordamos el tratamiento de Heródoto en sus *Historias*.

84 Cassin (1995), 188.

tiempo una legislación imparable, algo así como el modelo mismo de la ley: nada la transgrede sin ser castigado. Si se parte de "barbarizar", la naturaleza es descalificada como fundamento de las diferencias, bárbaro es el que cree en una diferencia natural entre griego y bárbaro, griego es el que se relaciona con la ley no como idiosincrasia sino como universal. Pero es aún... la naturaleza la que constituye el modelo de esta universalidad».

Existe en consecuencia una división entre la legalidad de la naturaleza y la legalidad de la ley, entre la ley natural del hombre y la ley política del ciudadano, que conduce a que la única forma posible de representar la universalidad legal sea atenerse a esa necesidad natural que no «barbariza», que no convierte en bárbaro. Antifonte llega así a proponer que la adecuación de los actos con la verdad sólo se consigue respetando a la naturaleza. Pero esa naturaleza, a la que se le concibe una legalidad superior a la legalidad de la ley de la ciudad, tiene por modelo justamente a esta última. La deducción de Cassin es elocuente al respecto: el procedimiento utilizado por Antifonte implica una torsión entre naturaleza y ley en el núcleo mismo de la ley, de lo cual es todo un síntoma la posición de la naturaleza en el interior de la ley misma[85]. Concepción verdaderamente revolucionaria que rechaza la ley en nombre de la naturaleza, de acuerdo con Lévy, o la naturaleza como una torsión sintomática en el seno mismo de la ley, según la apreciación más rigurosa de Cassin, de un modo u otro estamos ante algo que le hace obstáculo a la ley en tanto que en ella se incluye[86].

Si contextualizamos el razonamiento de Antifonte a partir de la situación político-legal ateniense que se presenta en la oración fúnebre del *Menéxeno* de Platón[87], tal vez podamos penetrar un

---

85   *Ibid.*, 190.

86   Sobre esta idea de obstáculo, Badiou (1982), 21-30.

87   Hecho nada forzado, puesto que Antifonte es un sofista «autóctono» de Atenas, no un extraño, y sus elaboraciones –como indican Ostwald (1986), 260-66, y Farrar (1988), 113-7– se insertan en los debates de la convulcionada década de 420. Por su parte, la oración fúnebre del *Menéxeno* resulta esclarecedora de la ideología política ateniense de esta época. Si bien el texto platónico resulta en verdad una burla de la situación ática, su confrontación con el *Sobre la verdad* de Antifonte hacen la prueba de la ideología justificadora del poder ateniense. Respecto de la construcción dramática de la obra platónica y su relación con la política ateniense de fines del siglo V, cf. Vidal-Naquet (1992), 80-2.

poco más en qué significa que la naturaleza se coloque en exceso respecto de la ley, y podamos concluir que el enunciar en público la verdad lleva a un exceso de la naturaleza sobre la ley que produce efectos que recorren subrepticiamente el territorio mismo de la ley. «La causa de nuestro sistema político, relata Sócrates citando la supuesta oración fúnebre de Aspasia, es la igualdad de nacimiento (*isogonía*). Porque otras ciudades están integradas por hombres de toda condición y de procedencia desigual, de suerte que son también desiguales sus formas de gobierno, tiranías y oligarquías». Es a raíz de ello que la situación ateniense, basada en las formas de la igualdad, conlleva que los ciudadanos no se consideren ni esclavos ni amos unos de otros, puesto que «la igualdad de nacimiento según la naturaleza (*isogonía katà phýsin*) nos obliga a buscar una igualdad política según la ley (*isonomía katà nómon*)» (238 e-239 a). Este enunciado, al hacer que por necesidad se correspondan la igualdad de nacimiento y la legal y que la participación en la política tenga tales fundamentos, implica como contrapartida, según lo señalado por Antifonte, convertirse en bárbaro al negar la igualdad natural de todos los hombres. Lo que se señala en otro pasaje del *Menéxeno* se mueve en una dirección similar: «Así es en verdad de segura y sana la generosidad y la independencia de nuestra ciudad, hostil por naturaleza al bárbaro (*phýsei misobárbaron*), porque somos puramente griegos (*eilikrinôs Héllenas*) y sin mezcla de bárbaros (*amigeîs barbáron*)» (245 c)[88].

¿Qué tipo de exceso es éste que el enunciado de la igualdad natural viene a producir en la situación política? Para dar por fin una respuesta a la cuestión debemos realizar un último rodeo. La derivación de la igualdad política de acuerdo con la ley a partir de la igualdad de nacimiento remite al mito de la autoctonía. Esto implica la presencia de una ley ateniense igual para todos los que han nacido iguales, que no son otros que los propios ciudadanos atenienses. Hay con el bárbaro una diferencia de ley que proviene de una diferencia de naturaleza. En efecto, los atenienses son griegos puros sin mezclas de bárbaros. Por lo tanto, la mezcla corroe la diferencia de nacimiento (unos nacieron iguales, otros han nacido desiguales), y conduce a no poder discernir unos de otros destruyendo la igualdad política según la ley e instalando las diferencias por efecto de la ley. Por eso, si Atenas ha de se-

---

88 Sobre el *epitáphios lógos* del *Menéxeno* de Platón, Loraux (1993), 321-37.

guir siendo democrática, una igualdad política acorde con la ley, deberá mantener su pureza e igualdad de nacimiento. El mito de la autoctonía ha sido racionalizado[89].

Para Antifonte, en cambio, hay igualdad de nacimiento entre griegos y bárbaros, ambos son naturalmente iguales. La diferencia sólo existe entonces en el plano de la ley, pues se actúa según justicia cuando no se transgrede la ley de la *pólis* en la cual alguien se «politiza» (*politeúetaí tis*). Entonces, hay desigualdades por la ley, pero no las hay por naturaleza. Ahora bien, el imaginario en el que tanto el *Sobre la verdad* de Antifonte como el *Menéxeno* de Platón enuncian sus dos tesis contrapuestas es el *lógos* ático, el de la democracia isonómica. Es aquí donde la diferencia política ha devenido diferencia natural, porque la igualdad democrática que los atenienses se reservan para sí mismos (que sólo es, en principio, una igualdad por la ley) aparecerá luego fundada sobre la igualdad de nacimiento, naturalizando así la situación y haciendo de aquélla sólo una derivación de ésta. En Atenas, los hombres al nacer, y por el solo hecho de nacer allí, nacen ya iguales entre sí, pero naturalmente diferentes con relación a los que no son atenienses. Por ende, la fórmula de Antifonte se invierte de manera tal que en la oración fúnebre expuesta por Sócrates la naturaleza bárbara no es para nada similar a la ática: hay diferencias según la ley de cada ciudad que remiten a diferencias de base que son naturales. Se produce así un pasaje desde la igualdad natural y la desigualdad de acuerdo con la ley singular de cada ciudad, enunciada por Antifonte, a una desigualdad natural que sirve de fundamento a la desigualdad en la ley, puesto que ahora ésta se asienta en aquélla.

La situación política ateniense funciona entonces basada en un lazo social imaginario que consiste en sostener que la igualdad en la ley de los atenienses, que sólo a ellos beneficia, tiene su fundamento en la naturaleza. Se trata pues de una justificación ideológica de la singularidad ática mediante el mito racionalizado de la autoctonía. La democracia misma es subsidiaria de este mito, pues, fuera de Atenas, hay griegos que no son puros y sin mezclas y, por lo tanto, no son hostiles por naturaleza al bárbaro. Ciertamente, como se concluye en el *Menéxeno*, en Atenas no habitan «ni Pelops ni Cadmos ni Egiptos o Dánaos, ni tantos otros que son bárbaros por naturaleza (*phýsei bárbaroi*) y griegos por ley (*nómo Héllenes*), sino que habitamos nosotros

---

89 Sobre el punto, cf. *idem* (1984), 35-73; (1996).

mismos, griegos y no semibárbaros, de allí el odio puro a las razas extranjeras (*tês allotrías phýseos*) de que está imbuida nuestra ciudad» (245 d). Si hay quienes son bárbaros por naturaleza pero que son griegos por ley en otras ciudades, ello indica que la conjunción de mayor pureza entre ambas determinaciones, igualdad por nacimiento e igualdad legal, es sólo ateniense. Y señala también, según la crítica platónica, el punto límite de la democracia ática.

Desde el imaginario ateniense de la autoctonía se postula una paradoja: la existencia de ciudades griegas que poseen una vida «no-social» social, una vida en sociedad organizada según la ley pero que, dada la naturaleza de los hombres que integran tales sociedades –de desiguales condiciones y de diferentes procedencias–, no es social según naturaleza. Desde las pautas atenienses de vida social se predica que hay una exterioridad, una vida «no-social», que es la del bárbaro, en la que naturaleza y ley no se corresponden, pues está en su naturaleza no ser iguales entre sí ni en relación con los atenienses. Por ello, si bien en otras ciudades los bárbaros pueden por ley transformarse en griegos, tales ciudades se encuentran a merced de formas de gobierno desiguales, oligarquías o tiranías, debido a que dichas sociedades están compuestas por hombres de desigual condición y procedencia.

Por cuanto los bárbaros lo son por naturaleza y su desigualdad reside en ella, en tanto la naturaleza no es del orden de lo público sino el secreto de lo privado, y teniendo en cuenta que en el terreno de la ley y la política se debe actuar según lo que conviene a éstas y sólo en el plano de lo privado obedecer a la naturaleza, según todo esto, enunciar la verdad como lo hace Antifonte al asumir la igualdad natural de todos los hombres, no constituye para la situación política ateniense un enunciado capaz de producir una línea política sino que, en rigor, lleva a la disolución de la situación política democrática. Se trata de una interdicción estructural cuya aparición en el campo de la política democrática lo desestructura. La política activa ateniense no se consuma a partir de esta interdicción sino de una imposibilidad histórica, una disyuntiva, sobre la cual se decide, y cuyo efecto es suplementar la situación política. La naturaleza no es del orden de lo político; es su límite más allá del cual la política deja de existir.

Consecuentemente, pasar de enunciar que todos los atenienses son iguales de acuerdo con la ley a que todos los hombres son iguales según la naturaleza, implica un exceso radicalmente irreductible para la situación política. Este enunciado no puede ser asumido por la política porque, como sostiene Antifonte, la naturaleza es la verdad. La política, en cambio, no remite a la naturaleza sino a la ley, es decir, una retórica discursiva cuyo juego es el de la opinión y la persuasión. Si podemos decir que la concepción de Antifonte es revolucionaria, es porque la naturaleza hace síntoma en lo político. Su fuerza residiría, en tal sentido, en el hecho de insistir en cada acto político en que la ley y el lazo, tras un cambio radical de parecer, se desarticulan para luego dar paso a otra configuración imaginaria de la sociedad. Pero una insistencia tal no puede jamás llegar a consistir políticamente debido a la separación fundante entre naturaleza y ley, delimitación que la propia sofística ha producido y que adquiere en Antifonte su formulación más radical. La naturaleza, pues, no puede nunca remplazar durablemente a la ley y a la justicia en tanto que criterios de la política, ni mucho menos aún constituirse en el fundamento mismo de la sociedad.

La posición de Antifonte no implica naturalismo, puesto que, como vimos, atribuye a la naturaleza una organización legal que de algún modo imita a la de la ley. Pero su crítica radical de todos los valores conduce al nihilismo. Hacer de las leyes algo tan artificial lleva, en forma general, a considerar artificiales las desigualdades sociales existentes, no sólo aquéllas que quedan soslayadas por la política democrática con cada advenimiento del pueblo como sujeto político sino también las que señalan el límite de acción mismo de la política popular. Cabe concluir, en este sentido, que el humanismo naturalista no constituye una de las condiciones de la política democrática ateniense.

Por otra parte, habíamos visto que era en nombre de la igualdad, pero por el desacuerdo en torno a lo que ella significaba, que la *stásis* advenía en la ciudad democrática, hecho que operaba una escisión en el interior de la comunidad política[90]. Antifonte, al radicalizar el enunciado de la igualdad y al poner a la naturaleza como condición de semejanza, «barbariza» la política ateniense a la vez que «politiza» la barbarie. Esta disolución de las fronteras no es sin embargo un enunciado posible para la democracia ática, porque más que producir una suplementación, esto es, una novedad radical que fuerza un lugar nuevo en la situación vigente, conduce a la disolución y la parálisis.

---

90 Cf. *supra*, caps. 3-4.

Cassin tal vez tenga razón al decir que los contenidos de la oración fúnebre del *Menéxeno* de Platón cuadran en forma perfecta con los actuales propósitos del Frente Nacional francés[91]. Pero el salto de la democracia ateniense a la democracia francesa actual no se da sin inconvenientes. Entre ambas situaciones históricas, los supuestos sobre los cuales una y otra funcionan cambian radicalmente. Que Antifonte enuncie y critique los supuestos «racistas» sobre los que descansa la democracia ateniense desde el interior de ésta misma no significa que ella pueda aceptarlo. Esto no sólo obedece a una cuestión meramente ideológica, un racismo que rechaza al bárbaro y lo justifica racionalizando el mito de la autoctonía en pos de la pureza de la sangre. Se debe también a un interdicto estructural que adquiere, por cierto, una forma mítica y una racionalización ideológica. En la asamblea ateniense, donde el pueblo como comunidad política se constituye en sujeto activo, la producción de acontecimientos se liga no a la igualdad natural –que jamás emerge en lo político– sino a la suplementación del enunciado de la igualdad política acorde con la ley. La justificación ideológica consiste en invertir la causa y hacer que la igualdad según la ley se fundamente en la igualdad de nacimiento de los atenienses puros y sin mezclas. En rigor, la disolución que el enunciado de la igualdad natural entraña para la situación democrática ateniense adquiere su poder disruptivo en el contexto crítico de finales del siglo V.

Si la naturaleza no puede advenir en el seno de lo político es a causa de que, como Gorgias proponía, la naturaleza es el no-ser. De igual modo podemos argumentar para Antifonte, pues en su discurso la naturaleza es la verdad que no puede ser dicha en público, ya que implicaría no respetar en presencia de testigos las leyes por las que uno se hace ciudadano. La política es un asunto de discurso, opinión y persuasión. No funciona según un criterio ontológico de verdad. La tesis protagórea de que la virtud política es enseñable puesto que todos participan del arte político, adquiere así una mayor precisión: «todos» significa el conjunto de los ciudadanos de acuerdo con la ley de la ciudad de la que se forma parte. En Atenas, son ciudadanos los que nacen como tales. El mérito de Antifonte es haber sido más radical y consecuente que Protágoras al extraer sus conclusiones de la tesis relativista del pacto político. En consecuencia, aduce Lévy, la ley se funda sólo sobre el consentimiento de los ciudadanos, y en esto reside

---

92 Cassin (1995), 176.

justamente la diferencia entre Antifonte y Protágoras. Así, la ley
«no tiene valor o incluso existencia más que por relación con los
contratantes (*toùs homologésantas*), y el autor va aún más lejos:
la ley no tiene valor más que por relación con lo que los contratantes pueden conocer. En efecto el relativismo de Antifonte,
más consecuente que el de Protágoras, no deja lugar a una justicia transcendente a la ley»[93]. Es por eso que el propio Antifonte
puede sostener que «ningún mal es peor para los hombres que
la anarquía; conscientes de ello, los antepasados desde el inicio
acostumbraban a los niños a ser mandados y hacer lo que se les
ordenaba (*árkhesthai kaì tò keleuómenon poieîn*), a fin de que
llegados a edad adulta no se vieran turbados al afrontar un gran
cambio en sus vidas» (*ap*. Estobeo, *Florilegio*, 2, 31, 40 W = DK
87 B 61). Aquí también se deja ver su radicalidad para plantear el
pacto político desde un relativismo ontológico, asunto asimismo
asumido por el sofista en el escrito *Sobre la concordia*, pues, a
juzgar por los comentarios que de él nos han llegado, para formar
parte políticamente de una ciudad no sólo no se deben transgredir
las leyes en público, sino que también resulta necesario que el
hombre se convenza no por encontrarse obligado por la ley sino
por la aceptación racional de la misma (*Sobre la concordia* = DK
87 B 44a)[94]. Si Lévy puede tener razón al hacer de Antifonte un
revolucionario, ya que su culto a la naturaleza desembocaría en
la democracia naturalmente igualitaria y el cosmopolitismo[95], es
justamente en virtud de esto –que se desprendería de la idea de
una igualdad natural de todos los hombres– que la *pólis* misma
deviene imposible porque el cosmopolitismo no puede tener existencia precisa en ciudad alguna. Se trata, como ya señalamos, de
un interdicto estructural que jamás podrá advenir en la situación
política de la democracia radical ateniense asentada en la igualdad
según la ley. Antifonte, en todo caso, extrema los recursos del pensamiento político y, al hacerlo así, nos permite reflexionar sobre
los supuestos no sólo de la práctica política sino del pensamiento
político interiormente ligado a ella.

---

93 Lévy (1976), 98 y n. 7. Respecto del relativismo protagóreo, Cole
    (1972).

94 Cf. *Sofistas. Testimonios y fragmentos*, Madrid, 1996, introducción,
    traducción y notas de A. Melero Bellido, 374-5, n. 54 (DK 87 B 61, *ad
    loc*).

95 Lévy (1976), 104. Cf. Untersteiner (1949), 314-22. Sobre el cosmopolitis-
    mo, Ramírez Vidal (1998).

d) Entre la palabra y la ley:
el acto como verdad de la política

A lo largo de este capítulo hemos hablado de dos problemas fundamentales del pensamiento sofístico, el discurso y la ley. Desde ambos ejes, hemos tratado de bosquejar ciertos fragmentos de un discurso sofístico sobre la verdad, ya no como adecuación del intelecto con el mundo sino como construcción discursiva que supone una serie de condiciones y procedimientos de producción. La verdad así comprendida no emerge como esencia pura, absoluta y sustancial sino como efecto de un encuentro múltiple de fuerzas. Esto conlleva una verdad que es consecuencia de divisiones, tensiones, dispersiones, un estallido de la idea arcaica de verdad (la verdad en la enunciación) en beneficio de la palabra-diálogo, cuya verdad es efecto de discurso, donde el debate y la publicidad constituyen sus procedimientos de producción insoslayables. La verdad construida bajo tales condiciones es, pues, un efecto eminentemente práctico e inmanente de una situación urdida por una multiplicidad de voces cuya coexistencia es posible justamente mediante el discurso y la ley, operadores que instituyen el lazo social imaginario como comunidad de lengua y como comunidad de normas. Que el decir haga ser o que la norma pueda ser cambiada hablan del mismo asunto: la práctica política en tanto poder instituyente de un sujeto activo conformado en las condiciones de un pacto a la vez discursivo y legal. En tales circunstancias, los modos de la verdad no se asocian a la transparencia de una trascendencia inmutable, lugares de la Verdad con mayúscula[96], sino más bien a la opacidad de las palabras persuasivas, productoras de opiniones y verosimilitudes, de artificios, engaños y ficciones, modo de ser de la verdad bajo las reglas de juego de las prácticas políticas de la Atenas democrática.

Es por todo esto que la sofística como emergente discursivo se diferencia de la filosofía centrada en la ontología y la naturaleza. En efecto, la filosofía que había surgido en el siglo VI en Jonia, estaba centrada en el tema físico, en la naturaleza de las cosas, y aunque esta preocupación por la *phýsis* tuviera relación con

---

96 La Verdad con mayúscula remite aquí a esos modos de producción de verdad que Detienne (1981), 21-85, estudia bajo las especies de la palabra mágico-religiosa. Un análisis filosófico de esos lugares de la Verdad con mayúscula se encontrará en Balibar (1995), 39-70.

la configuración del «universo espiritual de la *pólis*»[97], de todos modos, hasta ese momento la filosofía no había desarrollado una reflexión propiamente política sobre la política. En efecto, fue en la Atenas del siglo V cuando se forjaron las condiciones para una invención de la razón estrechamente vinculada a la ciudad, el colectivo político y la democracia[98]. La intervención de los sofistas alrededor del problema del *lógos* resulta, a este respecto, un acto fundante, pues durante la segunda mitad del siglo V este nuevo discurso aborda los temas relacionados con el hombre y la *pólis*, el rol del ciudadano en su comunidad y los problemas de la ciudad: justicia, libertad, igualdad, bien común, todas cuestiones ligadas a la política. En este cuadro, como vimos, lo que primordialmente desarrolla este discurso es el tema de la división de la verdad, la idea de que no existe una verdad única y absoluta. La sofística busca así significar cómo y por qué la verdad política se encuentra irremediablemente dividida al estar bajo las condiciones que imperan en la asamblea. Como se aprecia en el *Protágoras* de Platón, la voz de cualquier ciudadano tiene valor y el debate entre las voces marca la división efectiva de la verdad. La argumentación de un orador en un debate dice seguramente «algo de verdad», pero no de manera definitiva; porque en ese mismo o en un futuro debate puede proponerse un nuevo argumento con capacidad para persuadir a los oyentes sobre la pertinencia de una nueva decisión y, por ende, una nueva verdad.

La sofística tiene pues una dimensión política al tratar el problema del discurso y al presentar teóricamente la posibilidad de sostener distintos discursos en torno a un mismo objeto, que, a su vez, sólo es un objeto producido por un decir eficaz, un *lógos* creador. Este trato con la verdad ligada al juego de los enunciados, el hecho de que los sofistas sean maestros de elocuencia que imparten sus enseñanzas a políticos que actúan en la asamblea, todo esto permite que el discurso sofístico desarrolle una serie de recursos teóricos y prácticos y elabore un pensamiento activo acerca de la verdad de la apuesta política como verdad de la decisión de los ciudadanos en la asamblea. En este sentido, cabe destacar que si

---

97 Cf. Vernant (1965), *passim*: en los inicios de las reflexiones filosóficas griegas se encuentre el advenimiento de la *pólis*, aunque la ciudad misma, es decir, la política, no sea el centro explícito de tales pensamientos, puesto que lo que constituye el núcleo de los mismos es la naturaleza, la *phýsis*.

98 Cf. Châtelet (1993), 15-37.

bien es cierto que la sofística tiene una voluntad de verdad, no lo es menos que ella pone las condiciones para una aniquilación racional de las verdades, estableciendo paralelamente un procedimiento que permite la aniquilación de los saberes, tal como lo muestra el debate entre el *lógos* fuerte y el débil, y abriendo a partir de esto la posibilidad de tomar decisiones nuevas. Así, el sofisma basado en el entimema opera una apertura que hace viable la discusión hasta arribar a una decisión, y esto es lo que lo diferencia del silogismo, cuyo carácter lógico es conclusivo. Lo que muestra el discurso sofístico es el hecho de que un cuerpo político no sostiene «la Verdad», absoluta, inmutable y esencial, sino «una verdad», situada, circunstancial e inmanente, y que esta verdad coincide con la decisión del cuerpo político, dado que, en ausencia de una verdad trascendente y sustancial, la decisión política es una verdad precaria que adquiere consistencia a partir del compromiso y la responsabilidad del colectivo de los ciudadanos presentes en la asamblea.

Queda claro entonces por qué la sofística tiene en la división de la verdad el punto nodal de sus intervenciones, y cómo circula allí el hecho de que la Atenas clásica se encuentre vitalmente atravesada por la política democrática. En efecto, en la situación democrática la voz de cualquier ciudadano tiene capacidad para producir nuevos enunciados conducentes a la toma de nuevas decisiones. La aniquilación de las verdades permite forzar nuevos lugares de enunciación y decidir sobre la verdad de los enunciados confrontados, porque no existe nada que les otorgue garantía alguna, nada salvo las propias decisiones. La sofística es pues una práctica discursiva estrechamente ligada a la situación de la política ateniense, que deja de lado la preocupación por la naturaleza para ocuparse de la política. Su preocupación por el hombre no es una preocupación universal ni tampoco como ser biológico, sino como ser social destinado a vivir en *pólis*. Y esta reflexión se centra fundamentalmente en la *pólis* democrática ateniense. De allí que podamos hallar en los sofistas un pensamiento político interior a las prácticas de la política del *dêmos*.

En definitiva, la sofística desarrolla el problema de la división de la verdad producida bajo las condiciones de la asamblea y según el juego múltiple de los enunciados tratando de significar políticamente dicha división. Adquiere su dimensión política a partir del problema del discurso y el pacto. Presenta la posibilidad de sostener distintas perspectivas en torno a un mismo objeto, sin por ello anular el carácter contradictorio de las mismas. Despliega una serie de recursos teóricos y prácticos que posibilitan elaborar un pensamiento eficaz sobre la verdad política como apuesta y decisión. De esto resulta una práctica discursiva articulada sobre ciertos procedimientos que permiten a los que eventualmente los utilicen ser capaces de persuadir en la situación de la asamblea. Así, la sofística procesa el hecho de que puedan producirse nuevos enunciados que dividen la verdad en la situación, nuevos actos políticos que implican un forzamiento ligado a la productividad enunciativa de la asamblea en tanto sitio de la subjetividad democrática. Por ende, como la política no tiene una verdad garantizada por una autoridad sino una verdad dividida y decidida por un colectivo genérico igualitario, se trata de decidir en cada debate la verdad de los enunciados puestos en juego, y de producir así el lazo social comunitario como pacto legalmente sancionado a partir de los efectos políticos de las decisiones soberanas del pueblo.

Héroe trágico y sujeto político: la democracia a través del teatro de Esquilo

Héroe trágico y sujeto político

Los historiadores coinciden plenamente en que el sistema religioso griego estaba organizado en estrecha conexión con las formas políticas de la ciudad[1]. La experiencia griega de lo sagrado no se articulaba a partir de un dogma o una iglesia, sino a partir de un escrupuloso respeto (*eusébeia*) de las prácticas de culto y la ritualidad, es decir, como una religión que se caracterizaba principalmente por los cuidados que los hombres debían a los dioses[2]. Esta religiosidad respondía a las particularidades de cada grupo humano, de modo que el patronazgo de los dioses resultaba fundamental para cimentar el cuerpo cívico, convertirlo en una verdadera comunidad y unir en una totalidad al conjunto del territorio velando por la integridad del estado frente a otras ciudades[3]. La religión actuaba entonces como uno de los elementos que daba sustento al desarrollo de la política en la ciudad griega, especialmente a partir del efecto psicológico de una participación continua, masiva y solemne en los ritos estatales[4].

La diversidad de estos rituales se puede apreciar con claridad en el calendario de las ciudades, que prescribía puntualmente las celebraciones a realizar. Estas fiestas y ritos tuvieron un brillo notable en la Atenas del siglo V[5], siendo las Grandes Dionisias uno

---

1   Al respecto, ver Sourvinou-Inwood (1990); Bruit-Zaidmann y Schmitt-Pantel (1992), 92-101; Sissa y Detienne (1994), 259-72.

2   Cf. Vegetti (1993).

3   Vernant (1991), 39-48.

4   Finley (1986), 42-3.

5   Jameson (1997a); cf. (1999).

de los eventos más destacados. En este marco se realizaban las representaciones teatrales, las cuales se constituyeron, seguramente, en uno de los aspectos más ricos de la experiencia político-cultual ateniense. Su carácter cívico contribuyó de manera singular a la exaltación no sólo de los sentimientos religiosos sino fundamentalmente del orgullo nacional y el patriotismo. En dicho contexto, el discurso trágico se constituirá en una de las manifestaciones culturales más importantes, puesto que permitirá desarrollar formas de pensamiento directamente ligadas a la construcción de los poderes políticos de la *pólis* ateniense. La tragedia, pues, como fenómeno ligado al funcionamiento democrático nos conduce directamente a las dimensiones religiosa, discursiva y política de la ciudad ateniense, dimensiones sobre las cuales vamos a reflexionar a lo largo de este apartado.

En este contexto, el análisis de la producción trágica de Esquilo apuntará a ponderar de manera más general en qué medida la tragedia resulta un acto colectivo de enunciación, y cómo el propio Esquilo en tanto que autor aparece como un factor activo de esta práctica discursiva, capaz de diseñar una posición de lectura en interioridad del acontecimiento de la democracia y las prácticas de decisión política puestas en marcha por el *dêmos*. El lugar de Esquilo en la construcción de un pensamiento sobre el poder popular no estriba tanto en su genio individual como en su implicación subjetiva en las formas colectivas de enunciación del teatro, a partir de las cuales su trabajo sobre la lengua resulta eficaz al producir un «texto» que se consuma como espectáculo público. Esta capacidad de producir enunciados no supone en Esquilo una simple adscripción a los recursos de un género ya dado sino la posibilidad de enunciar de una manera singular, que modifica las pautas propias de la actividad teatral a la vez que induce una reflexión sobre la situación de la *pólis* marcada por la irrupción del *dêmos* como sujeto de su devenir. Su rol como poeta implica, en este sentido, un pensamiento de la política, lo cual hace de él un fundador de discursividad.

Capítulo XI
La mirada trágica
de la política democrática[1]

a) La democracia
en las tragedias de Esquilo

Considerar la producción dramática de Esquilo como una forma de pensamiento político sobre la democracia ateniense constituye hoy día un punto bien establecido[2]. En efecto, los estudios modernos sobre la tragedia ática han fundamentado con precisión la relación que de un modo u otro ligaba a este género literario con las circunstancias políticas, jurídicas, ideológicas y sociales de su época[3]. Estos planteamientos y problemas se han visto reflejados en los análisis de la producción trágica de Esquilo que han buscado comprender en qué sentido y bajo qué condiciones su obra poética constituyó uno de los modos de reflexión política de la ciudad ateniense acerca de sus propias prácticas democráticas[4].

---

1   Este capítulo apareció prácticamente en su versión actual con el título «La mirada trágica de la política: la democracia a través del teatro de Esquilo», en J. Gallego (ed.), *Prácticas religiosas, regímenes discursivos y el poder político en el mundo grecorromano*, Buenos Aires, 2001, 31-65

2   Para un balance crítico, Saïd (1998), 275-84; Zelenak (1998), 3-16.

3   Como muestra de la vasta producción moderna sobre el tema, véase la serie de artículos aparecidos en la revista *Dioniso*: Diano (1969); Carrière (1969), Uscatescu (1969); asimismo Alsina (1971), 11-105; Pòrtulas (1981); Alegre (1988). Cf. especialmente Vernant y Vidal-Naquet (1987), 13-9; Massenzio (1995), 61-71.

4   Cf. Stoessl (1952); Costa (1962); Davison (1966); Miralles (1968); Kitto

continúa »

Una forma posible de abordar la cuestión consiste en situarse entre ambos ejes, es decir, buscar por medio de un estudio simultáneo del funcionamiento del sistema democrático, su organización y sus hábitos políticos, por un lado, y de los desarrollos intelectuales, las creaciones culturales y la sensibilidad de los atenienses, por otro, los diversos planos en los que se concretarán las conjunciones necesarias o contingentes entre la esfera de las prácticas políticas y la de las producciones discursivas.

Nuestra perspectiva se inscribe en este contexto, pero es necesario destacar que el texto trágico no es alusivo. Ésta ha sido una forma de abordaje habitual dentro de determinada línea de análisis. Algunos autores han pensado que la relación de la producción trágica de Esquilo con la política ateniense debía buscarse al nivel de las alusiones o las construcciones expresivas acerca de ciertos hechos y protagonistas concretos de la historia ateniense[5]. Nosotros, en cambio, pensamos en otro tipo de vínculos entre tragedia y política, que si bien toma en cuenta la posible relación con el momento histórico, intenta sin embargo ponderar la función discursiva de lo trágico en tanto que forma de pensamiento situada en una posición de lectura en interioridad respecto de la política. Por cierto, no tenemos el conjunto del pensamiento de Esquilo sino tan sólo fragmentos. Y tampoco se trata de *un* pensamiento, unívoco y sistemático, sino de reflexiones, en plural, que se desarrollan de acuerdo con unas condiciones de posibilidad que emergen en el teatro según la particular relación allí establecida entre las prácticas discursivas y las no discursivas.

La cronología de las obras de Esquilo nos servirá para ilustrar el asunto. Hace algunas décadas, cuando aún no se conocía la fecha que actualmente se le asigna a las *Suplicantes*, 463 a.C., se creía que la trilogía de las *Danaides* –en la que esta pieza se incluía– se había representado en torno a los años 493/90[6]. Esto

---

(1969). Esta bibliografía es sólo una muestra del lugar que ocupa el problema entre los estudiosos modernos. Más adelante daremos más referencias.

5   Cf. los trabajos citados en la nota anterior; también Alsina (1971), 22-6, y, en forma más completa, Podlecki (1966a). Nuevas referencias aparecerán cuando el trabajo avance.

6   El supuesto arcaísmo de la obra y la creencia en que se refería a los inicios de la democracia clisteniana habían llevado a fecharla cerca de 490. Así opinaban Mazon (1946), 3, y Croiset (1965); cf. Kitto (1961), 1-30; Murray

continúa »

había llevado a que se creyera, visto la cercanía temporal con las transformaciones producidas por las reformas de Clístenes, que la obra brindaba un testimonio laudatorio del advenimiento de la democracia ateniense. Así lo ponía de relieve Ehrenberg[7], muy poco antes de que se descubriera el papiro que hizo cambiar la cronología esquílea. Aunque ciertos elementos de sus argumentaciones en torno al nacimiento de la democracia no se resientan a pesar de este cambio en la datación, de todos modos, es preciso llamar la atención sobre la fragilidad de las hipótesis cuando se intenta establecer una correlación entre una obra dramática y su contexto histórico-político. En efecto, si anteriormente las *Suplicantes* eran interpretadas como un testimonio del comienzo de la democracia a partir de las reformas de Clístenes, hoy, en cambio, deben relacionarse con el recomienzo democrático a partir de Efialtes[8]. Y puesto que la obra manifiesta, en cierto modo, aspectos inherentes a la ideología política de la Atenas de la época, resulta factible comparar sus enunciados con los de la *Orestía* del año 458[9].

No obstante esto, Loraux ha ligado la producción dramática de Esquilo con el espíritu del primer período de la democracia, el que se abre con las reformas de Clístenes[10]. Pero, de todos modos, no podrá dejar de reconocer que en las *Suplicantes* se halla ya

---

(1940), 10, 35-6; (1947), 247. Tras descubrirse el papiro que cambió la cronología esquílea, algunos siguieron sosteniendo que, según los elementos trágicos y los sucesos históricos a ellos conexos, las *Suplicantes* pertenecían a las obras tempranas de Esquilo: Diamantopoulos (1957). Respecto de la nueva cronología, Earp (1953); Yorke (1954); Wolff (1958); (1959); Lloyd-Jones (1964). Brevemente, Lesky (1968), 270-1; (1966a), 80-2; Alsina (1971), 31-2. Un análisis completo del problema cronológico, Garvie (1969), 1-28. Ver Deman (1975), que no se pronuncia sobre el tema pero da elementos de interés a partir del problema de las crecidas del Nilo aludidas en los vv. 559-61. Sommerstein (1997), 76-9, propuso recientemente el año 461 como fecha de la representación, lo cual refuerza nuestro argumento a favor de su relación con la *Orestía* y la coyuntura de las reformas de Efialtes.

7   Ehrenberg (1950), 517-23.

8   Las ideas de comienzo y recomienzo organizan la exposición sobre la emergencia de la democracia y los discursos de la época que realiza Loraux (1979), 6 y 8; cf. (1993), 211-6.

9   Lévêque y Vidal-Naquet (1964), 27. Alsina (1971), 33-7, traza una relación entre *Danaides* y *Orestía*, asunto también expuesto por otros autores que luego abordaremos.

10 Loraux (1979), 8-11; cf. (1993), 215-6.

la elaboración de una idea de democracia (el célebre sintagma *démou kratoûsa kheír* viene inevitablemente a nuestra mente) y una terminología democrática que se diferencia del conjunto de nociones organizadas en torno a la idea de *isonomía*[11], transformación que probablemente obedezca a las luchas políticas de la época de Efialtes[12]. Por su parte, Rodríguez Adrados, siguiendo una línea de análisis independiente a la sustentada por Loraux, manifiesta, sin embargo, ciertos puntos de contacto con las ideas de la autora francesa, pues sostiene que Esquilo realiza la defensa y fundamentación del ideal de la democracia de Clístenes[13]. Parece evidente que, más allá del carácter alusivo que pueda otorgársele o no al lenguaje trágico, la ciudad democrática se ve convocada al teatro no sólo por el hecho de que el cuerpo de ciudadanos se haga presente en el teatro para presenciar las representaciones dramáticas sino porque la *pólis* misma se constituye en el objeto propio de la formación discursiva trágica.

Podemos, ciertamente, fechar cada tragedia de Esquilo que nos ha llegado entre 472 y 458, y suponer que existe alguna relación entre las obras y su contexto. Pero no resulta para nosotros posible establecer una correspondencia término a término entre cada texto y los acontecimientos significativos de su momento[14]. Por supuesto, los *Persas* (472) deben ponerse en contacto con la victoria ateniense en Salamina, así como las *Suplicantes* (463) con el clima ideológico previo a la actuación de Efialtes, o la *Orestía* (458) con los cambios acontecidos en 462/1 en torno al consejo del Areópago. Mas nada autoriza a extraer mayores conclusiones que las de tipo más general. En todo caso, la tragedia esquílea muestra en otro plano el modo en que se asume en Atenas la vigencia de la política. Merece recordarse aquí que el poeta, que había hecho en los *Persas* una alabanza de Salamina, *parece* tomar partido cerca de su muerte por Maratón; una opción política indica Vidal-Naquet[15]. Es decir, casi un cuarto de siglo después de la gran victoria naval, y a pocos años de las reformas de Efialtes, el poeta *parece* pronunciarse por la guerra hoplítica

---

11 Idea ligada al comienzo democrático, al espíritu de la primera democracia. Cf. Sancho Rocher (1997a), 23-40, 187-200.

12 Loraux (1993), 212.

13 Rodríguez Adrados (1975), 154-8.

14 Vernant y Vidal-Naquet (1989), 104-6.

15 *Ibid.*, 105.

y no por la naval. Sin embargo, sólo puede decirse «parece», pues no hay más indicios a favor o en contra de tal afirmación.

En el mismo orden de cosas, se ha afirmado también que hay un vínculo «transparente» entre la lengua trágica de Esquilo y el desarrollo de la democracia de la primera mitad del siglo V a.C., pues se habla de ésta en una lengua democrática[16]. Pero, en rigor, no hay univocidad en el discurso trágico. Entonces, no sólo no se trata de saber si los textos traslucen las opciones políticas del poeta, sino que tampoco se trata de encontrar el carácter democrático más o menos explícito o implícito de la reflexión trágica. La tragedia realiza una tarea de pensamiento inmanente de la política, y esto es lo que resulta primordial abordar. Sus objetos no se constituyen en una relación directa o expresiva con respecto a las instituciones de la ciudad, o a partir de la imposición de la práctica política. Sus objetos se configuran de acuerdo con el particular modo de trabajar los enunciados que el discurso trágico posee. Por cierto, debe reconocerse que la práctica política emergente ha abierto la posibilidad de nuevos campos de localización de los objetos inherentes al discurso trágico. Las narraciones míticas no son simplemente representadas en la escena del teatro de Dioniso[17]. El discurso trágico reelabora el material mítico tanto en lo que respecta a los personajes y sus caracteres (en efecto, héroe épico y héroe trágico no son lo mismo) como en lo atinente a la escena en que el drama se desarrolla. Las nociones que los enunciados trágicos ponen en tensión ya no son las de un universo mítico en el que los dioses determinan directamente los actos de los hombres. Se trata desde entonces de un mundo humano en el que los dioses intervienen pero donde sus interferencias resultan más complejas y mediatizadas. En la tragedia, los hombres, y sólo ellos, son los responsables de sus acciones y decisiones, y esto se entronca con todo un vocabulario técnico y legal que nos conduce desde una cultura de la vergüenza, en la que el mundo era un espectáculo para los dioses, a una cultura de la culpabilidad, donde, si bien los dioses intervienen, se percibe ya un campo de acción enteramente humano[18]: el héroe debe responsabilizarse de sus actos ante sus pares, ante los dioses, aunque también ante los ciudadanos.

---

16 Loraux (1979), *passim.*

17 Rodríguez Adrados (1983), 361-494.

18 Dodds (1980), 39-70.

b) Dos escenas de la ciudad democrática en el teatro de Esquilo

«El conflicto entre los sexos es el tema gobernante de dos trilogías esquíleas, ambas en la ciudad de Argos y ambas enfocadas sobre el perturbante problema de las mujeres que matan a sus maridos». Así comienza el análisis de Zeitlin acerca de la trilogía de las *Danaides*, uno de los más importantes al respecto. La otra trilogía a la que se refiere es la *Orestía*. En los dos casos, al vengarse de sus socios masculinos, las mujeres, madres o vírgenes, «se rebelan contra la institución del matrimonio mismo, que en esta sociedad androcéntrica legitima la sexualidad y la procreación dentro de la familia y dictamina que los maridos manden sobre las esposas para la conducción ordenada de los asuntos domésticos y cívicos. Como una transacción social de intercambio y reciprocidad regulada por el dar y el tomar esposas, el matrimonio también implica necesariamente las cuestiones de las relaciones no familiares entre un *oîkos* (hogar) y otro. En el proceso, por lo tanto, también provee un punto cardinal de negociación entre *oîkos* y *pólis*, entre los intereses privados y públicos»[19].

La cuestión del matrimonio tiene, pues, en el drama de las *Danaides* un lugar central, hecho que irrumpe con gran fuerza en la última parte de la tragedia. En efecto, cuando la acción trágica de las *Suplicantes* se aproxima a su fin –un fin ciertamente provisorio–, las ambigüedades y las tensiones vuelven a instalarse súbitamente en la escena[20]. Las Danaides, que huían de los hijos de Egipto, han visto consideradas sus súplicas a los dioses de la ciudad. Los argivos, democráticamente, han decidido darles el asilo que reclamaban otorgándoles un lugar como metecos. Dánao recordará a sus hijas la importancia de la prudencia enseñada (*sophronísmasin*: 992), modestia (*tò sophroneîn*: 1013) que debe estimarse más que la propia vida. Todo parece encaminarse hacia un final en armonía. Sin embargo, alguna novedad puede ocurrir, decidida por los dioses, por supuesto. Si bien el alma de las Danaides, tal como lo aconseja su padre, parece no cambiar de ruta (1016-7), el drama no está acabado.

El coro se desdobla. El principal, el de las Danaides, invocará a Ártemis la casta, ¿para que no llegue la boda con los hijos de

---

19   Zeitlin (1996), 123; cf. Zelenak (1998), 17-31 y 59-72, sobre la *Orestía*.

20   Cf. Vernant y Vidal-Naquet (1987), 21-42.

Egipto, o para que ninguna boda se produzca? Las palabras previas de Dánao parecen sostener esta última alternativa (991-1013). El coro de sirvientas (complementario y a la vez contradictorio de las Danaides) pondrá en escena la contraposición: no debe olvidarse a Cipris, la diosa fecunda (1034-8), instalando de este manera el temor por un nuevo sino cuyas consecuencias resultan ineludibles: «Lo que el destino (*mórsinon*) tenga decretado, eso sucederá. No puede dejar de cumplirse el grandioso e impenetrable pensamiento de Zeus. Junto a numerosas mujeres antiguas que en boda acabaron, en eso acabarás» (1048-52). La ley del matrimonio se impondrá también sobre las Danaides. Este ineluctable destino incluye castigos, dolores funestos y guerras sanguinarias (1044-5). El impenetrable pensamiento de Zeus, que dispone el sino que irremediablemente los mortales padecerán, muestra a la luz dos posibles hechos que ya forman parte de ese destino: sufrimientos renovados y bodas inevitables para las fugitivas. ¿Cómo se abre paso este seguro pero desconocido desenlace para los protagonistas? ¿De qué manera pueden los hombres discernir un futuro que, aun cuando ya se halle decretado por los dioses, resulta para ellos inescrutable?

Lo que las sirvientas anuncian no constituye, sin embargo, más que sus temores, pues no es posible que los hombres se anticipen a lo que pueda suceder, aunque Zeus ya lo tenga decidido. En estas condiciones, la mesura se impone. Las sirvientas destacan la actitud justa ante los dioses: no exagerar en nada que concierna a ellos (1057-62). Pero esta mesura tiene su contraposición trágica en la *hýbris* de las hijas de Dánao. Las plegarias que dirigen a la divinidad –«que a mi justicia acompañe la justicia, de acuerdo con mis súplicas, mediante los recursos salvadores procedentes de la deidad» (1072-4)– implican un intento cargado de insolencia de condicionar el destino decidido por Zeus.

Este final abierto hacia un desenlace imprevisible para los protagonistas nos envía a la apertura de la tragedia en la que las Danaides, recién llegadas a Argos, imploran como suplicantes ante los altares de los dioses de la ciudad. En esa situación cuentan el hecho que las ha llevado a huir[21]: «Zarpamos de las bocas de finas arenas del Nilo, dejando al huir el país de Zeus, vecino de Siria, sin que un decreto de la ciudad (*pséphu póleos*) nos hubiera impuesto pena de destierro por delito de sangre alguno (*oútin eph' haímati demelasían*), sino impulsadas por aversión congénita hacia unos

---

21   Ver Zeitlin (1996), 127-36.

varones (*all' autogeneî phyxanoría*), porque renegábamos de la impía boda (*gámon asebê*) con los hijos de Egipto» (5-11)[22]. Este hecho que constituye el núcleo del drama no encuentra una solución en esta tragedia sino que parece recorrer la trilogía. Resuelto el dilema de Pelasgo y los argivos, vuelve a reaparecer el eje central alrededor del cual se constituye el ciclo trágico. Desgraciadamente, esto está perdido para nosotros.

En las *Suplicantes*, sin embargo, es posible percibir sobre qué elementos se constituye una situación disyuntiva. A todo lo largo de la obra, la ciudad de Argos entra en el dilema que el azar, con un suceso inesperado, abre para los ciudadanos. Aunque Zeus tenga decidido de antemano el curso de los hechos, los hombres sólo pueden vivirlo como algo contingente que debe ser decidido en cada situación. Pero existe, además, algo que está dado de entrada en este caso: el voto de la ciudad, hecho que a lo largo de las *Suplicantes* nos sitúa en un contexto democrático. Este voto, llamativamente, tiene la capacidad de decidir el destierro en caso de algún delito de sangre, cuestión que enlaza con el problema de las venganzas que expone el ciclo trágico de la *Orestía*. Aunque éste no es el caso de las hijas de Dánao –pues está claro que no han sido desterradas de la ciudad a raíz de un crimen de sangre–, la afirmación acerca de que un *psépho póleos* puede imponer el exilio ante un delito criminal implica que ya esté en vigencia un derecho positivo como atributo de la ciudad. No se aplica a las Danaides porque no es su caso, pero tal derecho existe y en alguna medida permite delinear la *pólis*.

La situación que describe la *Orestía* se presenta, en este sentido, como algo diferente a la de las *Suplicantes*, ya que Orestes debe huir a Delfos perseguido por las Erinias luego de haber dado muerte a su madre Clitemnestra. Hay pues, en este caso, un delito de sangre. Pero en las *Euménides* aparecerá delineado un nuevo derecho, no sólo porque desde entonces sea un tribunal humano el que juzgue este tipo de crímenes, sino porque la absolución de Orestes implicará que de allí en más la ley del matrimonio se ubique por encima de cualquier

---

22 Sobre este pasaje y los problemas que presenta su interpretación, Miralles (1968), 113-5. El mito es presentado, de entrada, con una variación importante: las hijas de Dánao huyen junto a su padre no por el miedo de éste hacia los hijos de Egipto, sino porque aquéllas no desean unas bodas impías con sus primos. Veremos luego cómo ambos temas terminarán cruzándose; cf. *infra*, cap. 14.

otra. Encontramos aquí, lo mismo que en los dichos del coro de sirvientas en la escena final de las *Suplicantes*, una potente afirmación del papel esencial del matrimonio en función de mantener el cuerpo político, rol apoyado sobre una poderosa construcción ideológica que considera a la unión nupcial como uno de los mayores prerrequisitos para la vida civilizada. Quien transgreda esta ley, como lo hace Clitemnestra, se encontrará en una situación perniciosa; quien tratando de remediar un delito contra la ley matrimonial cometa un crimen, como lo hace Orestes, podrá quedar absuelto[23].

La conexión que acabamos de trazar entre ambas trilogías ya había sido señalada por Mazon, que sostenía que el vínculo entre el ciclo de las *Danaides* y la *Orestía* consistía en el carácter de institución sagrada que se le asignaba al matrimonio[24]. En efecto, en las *Euménides* el poeta hace decir a Apolo, uno de los jóvenes dioses políticos, que el lecho nupcial, que decreta los lugares respectivos del hombre y la mujer (*eunè andrì kaì gynaikí*), tiene más fuerza que un juramento (*hórkou*), puesto que está custodiado por la justicia (217-8). La ley del matrimonio parece entonces imponerse por encima de cualquier otra consideración. Las instituciones sociales se hallan en un plano superior a la naturaleza, el *nómos* se ubica por sobre la *phýsis*[25]. Pero el hecho de que en las *Euménides*, cuando las Erinias intentan llevarse a Orestes del templo de Apolo en Delfos, el propio dios tenga que hacer notar –en un *agón* en el que sus argumentos se contraponen con los de las viejas deidades– que la ley matrimonial es superior a cualquier otra, o que en las *Suplicantes* las Danaides lleguen a Argos huyendo de las bodas con sus primos, pero pidan sobre todo que ninguna boda ocurra, nos muestra que la superioridad del *nómos* sobre la *phýsis* debe reafirmarse en un campo que no es el de la armonía sino el de la confrontación. Evidentemente, estamos en una situación de fuerza: *díke* contra *díke*, la ley antigua contra la ley nueva[26]. En una coyuntura como ésta será menester

---

23   Zeitlin (1996), 123.

24   Mazon (1946), I, 10.

25   Cf. Alsina (1979), 110, n. 20: «Las instituciones, pues, según Apolo son superiores a la propia ley de la naturaleza: el *nómos* a la *phýsis*. Curiosa doctrina que anticipa algunos puntos de vista sofísticos». Ley y naturaleza son, en verdad, dos campos definidos en relación mutua, donde el primero construye al segundo en el plano de la oposición.

26   Vernant y Vidal-Naquet (1989), 114-21, y esp. 115: «La tragedia continúa: derecho contra derecho».

decidir hacia dónde se inclinará finalmente el derecho. Sabemos sin embargo que, en una organización social androcéntrica como lo es la *pólis* griega, tanto las hijas de Dánao como Clitemnestra terminarán pagando su *hýbris*, dado que lo que se espera es el cumplimiento de las leyes políticas.

El aspecto más interesante de esta correlación tal vez radique en que, en el ciclo de la *Orestía*, lo que Apolo sostiene respecto del matrimonio implica el paso de una situación en la cual la justicia de la sangre es la que gobierna a otra en que la justicia pasa a ser un atributo de la ciudad, y no sólo eso, sino que además se trata de la decisión ecuánime del consejo del Areópago integrado por los ciudadanos elegidos por Atenea para representar al pueblo. Esta novedad radical introducida en Atenas por la diosa implica una configuración absolutamente diferente respecto de las antiguas tradiciones ligadas a la sangre[27]. Si bien las *Suplicantes* también ponen en escena un asunto que gira en torno al matrimonio, que, al igual que en la *Orestía*[28], culmina con el asesinato de los esposos

---

27 Al respecto Gernet (1980), 211-5.

28 Detienne (1981), 105-6: «El advenimiento de la ciudad griega señala el fin de este sistema (el prederecho): es el momento que Atenea evoca declarando a las Euménides durante el proceso a Orestes: "Digo que las cosas no justas no triunfan con los juramentos". Palabra decisiva que el coro de ciudadanos prolonga con las siguientes: "Entonces, haz tu indagación y pronuncia el juicio recto" (*Eum.* 432-433). Los juramentos que decidían mediante la fuerza religiosa ceden su lugar a la discusión que permite a la razón dar sus razones, ofreciendo así al juez la ocasión de construirse una opinión después de haber oído el pro y el contra. Triunfa el diálogo. Pero, al mismo tiempo, la antigua palabra deja de tener importancia. Las *Suplicantes* de Esquilo nos lo muestran claramente: cuando el coro celebra a Pelasgo, rey de Argos, le canta: "Es tuya la ciudad, es tuyo el consejo; jefe de pleno dominio, eres el señor del altar, hogar común de la ciudad" (370 y ss.). Pero el rey rehúsa el homenaje de un coro que le ofrece la máscara de su antiguo prestigio. Él se dice servidor del pueblo: "Cualquiera que sea mi poder, nada puedo hacer sin el pueblo" (398-399). Para defender a las "suplicantes", el rey recurre a la persuasión como cualquier orador. Ya no habla de lo elevado de su función; pronuncia un discurso ante una asamblea donde el voto reside en la mayoría (604). Su antiguo privilegio se transforma en el de las decisiones colectivas: "Así ha decidido (*kraínei*) sobre ello un voto unánime emitido por la ciudad" (942-943). El pueblo es el que da los decretos *decisorios* (*pantelê psephísmata*), el conjunto de los ciudadanos "realiza" (*kraínei*). Las antiguas nociones de *télos* y de *kraínein* no son más que metáforas. La eficacia mágico-religiosa se ha convertido en la ratificación del grupo social (601). Es el acta de deceso de la palabra eficaz».

a manos de las propias esposas, no obstante, la situación se desarrolla en un contexto que presupone ya los cambios políticos que acontecen en la última parte de la *Orestía*. En efecto, junto con las formas decisorias colectivas –que los argivos van a poner en práctica cuando voten dar asilo a las hijas de Dánao para no ir contra la voluntad de los dioses de la ciudad–, la ley del matrimonio –que las Danaides rechazan apelando a la idea del incesto– constituye una institución organizada ya según lo prescripto por Apolo en las *Euménides* en el *agón* con las Erinias: «¡Les has quitado todo el valor y has reducido a nada las promesas de fidelidad hechas a Hera, la diosa que da cumplimiento a las bodas, y a Zeus! También privas de honor con tus palabras a Cipris, de la que les nace a los mortales todo lo más grato. Sí, el lecho conyugal que asigna el destino al esposo y la esposa tiene más fuerza que un juramento, porque está custodiado por la justicia» (213-8; cf. *Suplicantes*, 1035-8, 1048-52). A esto obedece que, tal como se vislumbra al final de las *Suplicantes*, el rechazo de las hijas de Dánao a contraer esponsales no sólo con sus primos sino con cualesquiera otros hombres constituya en definitiva un acto de *hýbris* que Zeus se encargará de amedrentar.

Lo que, en definitiva, está bajo examen en ambos casos es la propia *pólis*, sus leyes y sus instituciones[29]. Pelasgo, el rey argivo, destaca el asunto al señalar la singularidad de las leyes de cada ciudad: lo que en Argos resulta impío puede no serlo en la tierra de donde provienen las Danaides y los hijos de Egipto (387-91). Ciertamente, las ciudades se conforman, en cada caso, según la lógica específica que el discurso trágico posee para establecer sus propios objetos. Siguiendo las ideas de Zeitlin y Vidal-Naquet al respecto, cabe conjeturar que, en el conjunto de las tragedias, la contraposición se da generalmente entre Atenas (u otras ciudades equivalentes), como ciudad unida y sin conflictos, y Tebas[30], la anticiudad . Las circunstancias de las *Suplicantes* nos hacen pensar en la primera de las opciones planteadas, pues, políticamente hablando, Argos se mostrará como una ciudad sin divisiones[31]. Por otra parte, en la *Orestía*, la anticiudad se encuentra encarna-

---

29 Cf. el análisis de la evolución del vocabulario político que realiza Musti (2000), 47-61.

30 Zeitlin (1990b); Vernant y Vidal-Naquet (1989), 191-4; también Donini (1986).

31 Argos representa aquí lo que Atenas en el *Edipo en Colono* de Sófocles, o en las *Suplicantes* y los *Heráclidas* de Eurípides, o incluso en la escena final de las *Euménides* del propio Esquilo.

da también por Argos, que alcanza la pacificación y deja atrás el antiguo universo tiránico de los príncipes y sus venganzas sin fin una vez que Atenas adviene a la escena como imagen misma del nuevo universo político. Las *Euménides*, en efecto, muestran al público un suceso que periodiza en el interior de la *Orestía* una discontinuidad entre dos momentos en que imperan leyes distintas, situación que se resuelve con la contraposición de las fuerzas en pugna, el cierre de un ciclo y el comienzo de otro en el que una nueva justicia se organiza. Pero esto no implica que la ciudad unida del final de la *Orestía* conlleve una unanimidad total de los votos sino la posibilidad misma de un *agón* democrático en el que el diálogo y el debate se imponen como modo de la política. En este marco, la *pólis* adquiere el poder de decidir sobre los crímenes de sangre, y sus decretos comienzan a establecer el veredicto apropiado para los mismos. La situación resulta así plenamente política, como político es el modo de resolución de los conflictos. Las *Suplicantes* nos dejan ver, en otro contexto trágico, los efectos de la novedad establecida. No se trata en este caso de saber qué tipo de justicia debe administrar los delitos de sangre, pues en la apertura de la obra éstos ya son competencia de las decisiones de la *pólis*. El poder del pueblo que vemos fundarse al final de la *Orestía*, ocupa a lo largo de las *Suplicantes*, según la organización institucional que sus enunciados delimitan, una posición universal respecto de la *pólis*: desde entonces las decisiones sólo al pueblo le corresponden.

El advenimiento de esta circunstancia radicalmente nueva, que permite salir del terreno cíclico de las venganzas privadas para pasar a la esfera del dominio público, parece conectarse con una teoría religiosa de la democracia[32]. En efecto, es Atenea la que dispone el nuevo procedimiento, por medio de una ley establecida para el pueblo del Ática, en el momento de dictar sentencia en el primer proceso por sangre vertida (*Euménides*, 681-2). Sin embargo, esta nueva disposición de las fuerzas políticas e institucionales de la ciudad no implica que Orestes tenga necesariamente que quedar libre, o que los argumentos de Apolo sobre la supremacía de la ley del matrimonio sean ya universalmente admitidos. Orestes, por cierto, podría haber sido condenado. Pero, en tal caso, por más que su culpa tuviera su origen en un crimen de sangre, su castigo ya no se inscribiría en el ciclo repetitivo de las venganzas, puesto

---

32 Rodríguez Adrados (1975), 128-58.

que un tribunal público sería desde entonces el que se expediría en torno a estas cuestiones[33].

Esta nueva situación conserva elementos que implican que detrás del equilibrio logrado, tensiones y ambigüedades, conflictos y ambivalencias subsistan, haciendo de la justicia instaurada una instancia atravesada por la *stásis*, que puede habilitar otras formas de *hýbris*[34], pero también la posibilidad de que los conflictos puedan resolverse mediante decisiones elaboradas según los mecanismos del *agón* democrático[35]. En el tribunal es el voto el que decide, pero anteriormente hay una exposición ante los jueces de los hechos y los testimonios. El procedimiento puesto en práctica implica forzosamente la palabra como instrumento de lucha: la persuasión y la contraposición de argumentos resultan esenciales en la nueva situación. El voto, forma misma de la decisión, puede o no ser unánime, puede imponerse por mayoría, o incluso, como en el juicio a Orestes, puede darse una igualdad de sufragios que implica la absolución por una convención de procedimiento. Un efecto de la reconfiguración de la situación se percibe con la integración de los dioses antiguos y los nuevos en el orden de la ciudad democrática. Atenea y las Erinias coincidirán en la importancia de que la ley y la justicia sean respetadas por los ciudadanos, de modo que la ciudad no sufra ningún daño. Desde entonces el procedimiento, abierto al conjunto cívico y organizado en torno a un espacio público, constituirá a todos los ciudadanos en agentes de la política de la ciudad.

Los atenienses que en el año 458 vieron el ciclo de la *Orestía* no pudieron haber pasado por alto este hecho. Tampoco pudieron haber olvidado tan rápidamente que un lustro antes el poeta había puesto en escena un drama en el que la justicia pública y el consenso democrático eran condiciones vitales en la Argos de las *Suplicantes*, donde los asuntos de la ciudad se sometían al debate de los ciudadanos en la asamblea, y cuyas decisiones determinaban el rumbo político a seguir. ¿Puede pensarse alguna vinculación entre ambas representaciones, más allá de la cuestión del matrimonio que hemos desarrollado a lo largo de este apartado?

---

33 MacLeod (1982b), 133-8, propone un visión distinta, pues sugiere que si Orestes no hubiera sido absuelto de su crimen la fundación del primer tribunal humano encarnado en el consejo del Areópago hubiera fracasado.

34 de Romilly (1977), 13-9.

35 Vernant y Vidal-Naquet (1987), 27 y n. 3.

¿Existía algún dispositivo institucional, práctico y discursivo a la vez, que hiciera posible la circulación de una relación interna entre estos dos pensamientos? Los problemas de la justicia, el tribunal, la asamblea, el uso de la persuasión, la contraposición de razonamientos, la decisión mediante el voto, nos hablan innegablemente de un juego político que se organiza alrededor del funcionamiento y las prácticas institucionales de la *pólis* democrática, aunque según el modo en que dichos elementos son trabajados e instituidos por la tragedia como objetos discursivos. ¿Cómo trazar entonces una relación entre los elementos del discurso trágico y los de la política de la ciudad democrática, entre las prácticas discursivas y las no discursivas?

c) Ver y oír, participar y mirarse: el teatro de la ciudad

Puede pensarse que la *Orestía* opera una especie de balance no sólo con respecto a las circunstancias de la época inmediata a la obra sino también en relación con la propia producción trágica, dentro del espacio institucional que la ciudad le otorga, el teatro de Dioniso, y de acuerdo con unas prácticas que se encuadran en los festivales teatrales de las Grandes Dionisias. De manera más concreta, podemos postular que la trilogía de Esquilo conservada establece un vínculo –insistimos, no sólo temático– con un discurso ubicado a su mismo nivel y hecho público bajo condiciones institucionales similares: la trilogía de las *Danaides*[36]. Que la tragedia tiene algo que ver con la ciudad democrática y, más precisamente, con la Atenas de su tiempo, ni que decirse tiene. Bastará que recordemos que lo que usualmente denominamos, de manera formular, la tragedia griega del siglo V, es únicamente ática. Que las *Suplicantes*, por su parte, nos brindan un testimonio

---

36 Alsina (1971), 22-42. Ferrari (1986), destaca que el teatro de Esquilo anterior a 458 implica una perspectiva disociada del espacio teatral: una zona puede ser ignorada durante una parte del espectáculo hasta que en un momento es puesta de relieve para enfrentar la zona que hasta entonces había sido el único polo de referencia visual. El lenguaje, por cierto, juega su rol en estos desplazamientos de la visión. Esto implica una diferencia importante entre la *Orestía* y la producción previa, hecho que conlleva la posibilidad de que la trilogía conservada esté, en cierta modo, actuando como balance de los procedimientos teatrales utilizados anteriormente. Cf. Taplin (1977), 12-28; di Benedetto (1989).

del clima ideológico en el que se operan las reformas de Efialtes[37], o que la *Orestía* nos muestra cómo la política fue imponiendo sus pautas a las demás esferas de la ciudad[38], son puntos que resultan difícilmente rebatibles.

No obstante, el problema no estriba ahora en este tipo de cuestiones sino en cómo funciona el discurso trágico en tanto complejo de prácticas que hace posible la consecución de la producción dramática y genera la temporalidad propia de lo trágico. Este asunto no se resuelve sólo al nivel de los textos sino que implica esencialmente la puesta en escena en el teatro y, consecuentemente, la situación especial de los festivales dionisíacos con su inscripción netamente pública[39].

Entonces, ¿qué veían los atenienses? ¿Cuándo y bajo qué circunstancias veían lo que veían? ¿Cómo se organizaban los festivales para que la producción dramática tuviera lugar y la ciudad pudiera mirarse? ¿En qué plano quedaba implicada la *pólis* democrática? Comencemos por señalar, en forma breve, el lugar de lo visual y lo auditivo en la Grecia antigua[40]. En la comunidad de varones libres que componían el cuerpo cívico, los vínculos de solidaridad se encontraban recorridos por relaciones de rivalidad y competencia en el campo del honor. El reconocimiento de los ciudadanos entre sí en la esfera de la vida pública provenía de aquello que la vista y el oído podían aportar. Conseguir reconocimiento público era llegar a ser un objeto especial de visión y de audición, es decir, destacarse de la multitud anónima. En la tradición literaria griega, el rey, el guerrero, el atleta, constituían figuras especiales que lograban diferenciarse del resto, espectáculos de gloria, valor máximo en un mundo de viriles competidores.

Paulatinamente, en la *pólis* griega, y especialmente en la ciudad ateniense, sobre todo desde la institucionalización de los concursos trágicos, el conocimiento visual irá imponiendo sus privilegios sobre el auditivo[41]. La tragedia se encargará de profundizar esta diferencia al mostrar al público la apariencia engañosa de las cosas, permitiendo desarrollar la experiencia de su verdad y, consecuen-

---

37   Ver Lévêque y Vidal-Naquet (1964), 27 y n. 3.

38   Meier (1988), 148-253.

39   van Erp Taalman Kip (1990), 3-20; también Taplin (1999), 33-37, cf. Arnott (1989).

40   van Erp Taalman Kip (1990), 99-115; cf. Segal (1993); Rosenmeyer (1983).

41   Cf. Storm (1998), 28-69.

temente, la salida a luz de su esencia oculta[42]. En este sentido,
puede sostenerse que el teatro, en especial el trágico, condensa el
conocimiento del mundo propio del ciudadano. Ver, escuchar, y, a
partir de ello, pensar en lo público y en un público de semejantes,
tales son las operaciones que el drama habilita[43]. Si en el universo
mítico el mundo era un espectáculo para los dioses, en la tragedia,
en cambio, el mundo de los mitos deviene en un espectáculo para
los ciudadanos[44]. Sin embargo, la tragedia no busca deleitar al
espectador sino su implicación práctica por medio de dos temas
fundamentales: el debate sobre los valores, con sus consecuencias
evidentes sobre el espacio de la vida pública, y el problema de
la decisión, corazón de la tragedia así como de la organización
política democrática.

La tragedia es un espectáculo de la ciudad. Pero, ¿en qué
consiste? El discurso trágico es, cronológicamente hablando, el
primer discurso emergente que perfila, de algún modo, un balance de la nueva experiencia política de la democracia ateniense.
Ahora bien, la tragedia como fenómeno cultural ateniense del
siglo V, irrumpe bajo ciertas circunstancias y con determinadas
características, entre las cuales no es un punto para nada menor
la invención de Esquilo[45], que transforma la herencia dramática
previa al introducir un segundo actor y al hacer del héroe trágico
un sujeto de decisión situado en una encrucijada donde carece
de garantías para las resoluciones que tiene que adoptar. Las
creaciones posteriores de Sófocles y Eurípides no sólo implica-
ron la continuidad de un género como el trágico, con pautas y
modos propios de organización, sino, sobre todo, la producción
de nuevas intervenciones en el orden de lo artístico que abrie-
ron renovadas posibilidades para seguir pensando aquello que
constituía el nudo vital de la experiencia del ciudadano en la
democracia ateniense[46].

---

42 Segal (1988).

43 Plácido (1997a), 230-60.

44 Miralles (1992); cf. Loraux (1999), 120-37.

45 Sobre la tragedia como una invención de Esquilo, Murray (1940), 1-36;
también Mazon (1946), I, i-xxxii; asimismo, Thomson (1949), 324-39;
Knight (1943). Esta idea de Esquilo creador de la tragedia ha sido revisa-
da, pero ello no disminuye en nada la magnitud de su empresa; cf. Lesky
(1968), 268-98; Fernández-Galiano (1986), 78-124.

46 Acerca de Sófocles, Vernant y Vidal-Naquet (1989), 159-84. Para Eurípides, Gregory (1991), 1-17, 185-9. Para una introducción general al
problema, Iriarte (1996); Albini (1999), esp. Parte I.

La tragedia, pues, es ante todo una práctica y no sólo un texto[47]. Es un discurso cuyos enunciados establecen relaciones discursivas con los medios institucionales no discursivos[48]. El teatro, como práctica en tal sentido, es un espectáculo ligado a la *pólis* democrática que convoca la mirada de un público de ciudadanos, al que implica en una participación colectiva en función de pensar sobre la propia condición de la ciudad[49], sin que por ello la tragedia sea alusiva. A esta tarea concurren múltiples niveles semánticos que cobran su real dimensión en cuanto consideramos el acto de comunicación masiva que tales niveles permiten organizar[50]. Estas representaciones teatrales de carácter trágico durante las fiestas religiosas de las Grandes Dionisias o Dionisias urbanas[51], requerían, en su necesidad de convocar efectivamente a la comunidad entera, de esfuerzos destacables por parte de la ciudad, que muestra a lo largo de su historia un compromiso notable para con los festivales. La ciudad disponía de fondos específicos para su realización (el famoso *theorikón*)[52],

---

47   Ligada a la oralidad, según Havelock (1982), 261-313; cf. Slings (1992). Véase, sin embargo, Wise (1998), *passim*, que hace hincapié en la importancia de la escritura para el desarrollo del teatro y las demás instituciones culturales, legales y políticas de la Grecia antigua.

48   Foucault (1970), 65-81, 263-77; también Deleuze (1987), 27-48. Sobre estos problemas en el marco griego, Calame (1986), 85-100.

49   Por ejemplo, Schlesinger (1963), 41-56, que, tomando como punto de partida la reflexión aristotélica, sostiene que la tragedia es un proceso de pensamiento.

50   Jedrkiewicz (1992). Cf. Cantarella (1965); Longo (1990). Respecto del contexto social del teatro y las convenciones de la tragedia ateniense, Rehm (1992), 3-74. Para una visión general, Demont y Lebeau (1996).

51   Sobre estos festivales, Pickard-Cambridge (1953), 55-126; Parke (1977), 125-36. Últimamente, Connor (1989); (1996), y esp. Goldhill (1987), la crítica de Griffin (1998) y las respuestas de Goldhill (2000) y Seaford (2000). Cf. Cole (1993); Kavoulaki (1999). En invierno, las Dionisias rurales se llevaban a cabo en muchos demos áticos, lo cual indica una presencia importante del culto dionisíaco en la *pólis* ateniense: Whitehead (1986), 212-22; Parke (1977), 100-3. Se hallarán también indicaciones en Mikalson (1977); Parker (1987). Acerca del culto de Dioniso, su admisión en la Atenas arcaica y su plena inscripción en época clásica, Detienne (1986); Daraki (1994), 189-98. Respecto a la relación entre drama y culto dionisíaco, Vernant y Vidal-Naquet (1989), 17-25; Seaford (1981).

52   Fondos que seguían teniendo plena vigencia en la época de Demóstenes (cf. *Tercera Olintíaca*, 31), aun a pesar de la decadencia del género trágico para esta fecha.

y, de ser necesario, asistía monetariamente a los pobres para que
pudieran costearse un asiento en el teatro. Los festivales estaban
financiados por medio de liturgias, modo bajo el cual la comunidad hacía que los ricos distribuyeran parte de su riqueza en
beneficio de la ciudad[53]. Los ricos costeaban así ciertos servicios
que el estado brindaba a la comunidad, haciéndose cargo, por
ejemplo, de los gastos de preparación y ensayo de actores y coro,
esto es, actuando como *khoregós*. Debido a que en Atenas era
señal de orgullo cívico y ascendencia política gastar en liturgias
aun más de lo requerido, de ello resultaba una competencia entre
los ciudadanos económicamente poderosos que financiaban a
cada uno de los autores teatrales que presentaban sus obras en
las Dionisias, buscando de este modo afirmar su autoridad y su
prestigio a través del patronazgo público[54].

Para que un poeta quedara autorizado a recibir un coro había
una selección previa en la que el arconte de la *pólis* elegía las
obras a representar. Las tragedias que el público iba a ver en el
teatro habían sido seleccionadas previamente. Cada poeta presentaba una tetralogía, es decir, tres tragedias y un drama satírico.
Durante tres días consecutivos se hacían las representaciones, tras
lo cual un jurado consagraba al ganador. Entonces, se gastaba dinero, concurría como público principalmente el cuerpo de ciudadanos –aunque también no ciudadanos–, se contaba una historia
por lo general ya sabida, y el *dêmos*, en cierto modo, era juez de
los concursos. ¿Qué pasaba allí? ¿Cuál era el sentido político de
que la ciudad entera presenciara las representaciones teatrales?
Según las prácticas implicadas en el complejo institucional en
que se sustentaba el discurso trágico, la política resultaba ser
aquello sobre lo cual el poeta estaba tratando de reflexionar, y la
situación del ciudadano, la vivencia que la tragedia debía procesar[55]. En el siglo IV, Aristóteles (*Poética*, 1449b 22-8) asignaba
a la tragedia una función educativa, catártica, moralizante. Pero
Aristóteles no era un contemporáneo de la tragedia, ya que escribía en plena decadencia de la *pólis* cuando este discurso tendía
a perder su función pública[56]. Durante el siglo V, en cambio, el

---

53 Finley (1974), 209-44; Davies (1967); Rhodes (1982).

54 Whitehead (1983). Respecto del valor político y el prestigio otorgados por
    la *khoregía*, cf. Wilson (1997).

55 Cf. Palomar Pérez (1998).

56 Salkever (1986); cf. el reciente diálogo entre Segal (1996) y Easterling
    (1996). Ver Le Guen (1995).

discurso trágico cumplía un rol esencialmente político, ya que si bien apelaba al mito retomando historias de héroes lejanos, en rigor ponía en escena la división del sujeto humano tomado en la tensión derivada de la elección entre disyuntivas excluyentes.

Este trabajo sobre la lengua mítica que los enunciados trágicos realizaban, habilitaba un haz de líneas de fuga capaz de trazar un vínculo activo con los fragmentos de pensamiento que cada espectador, y el público todo, pudiera eventualmente albergar. El heroísmo, su virtud y sus límites, era justamente uno de los problemas que la reflexión trágica suscitaba. En efecto, puesto que la tragedia era uno de los modos mediante los cuales la ciudad democrática confeccionaba su identidad, la labor de los poetas trágicos sobre el material mítico, al poner en cuestión el bagaje mítico que el público traía, tendía a provocar efectos de pensamiento. La tensión que de esto se derivaba, se manifestaba en el enfrentamiento del actor con el coro, que exponía al héroe a la crítica del público reunido en el teatro y, trágicamente, lo hacía devenir en tirano frente a la ciudad que lo observaba[57]. De esta manera, buceando en la lejanía del mito y poniéndolo en tela de juicio, la tragedia mostraba, ante todo, las culpas y las faltas del héroe, que lo conducían en forma inexorable de la gloria a una catastrófica caída, a causa de unas decisiones cuya responsabilidad sólo a él le correspondía, y que sólo se manifestarían como erróneas una vez que el destino hubiera sido desvelado[58].

d) División, unidad: la «anti-política» trágica

La posibilidad de plantear que la tragedia vehiculizaba formas de pensamiento sobre la ciudad democrática implica, como ya dijimos, tomar en cuenta la representación trágica, puesto que era en la escena del teatro de Dioniso donde el cuestionamiento del héroe adquiría vida propia mediante un desdoblamiento en el que héroe y coro se oponían, a la vez que cobraba vida un vínculo que trascendía la escena y la *orkhéstra* implicando también a la

---

57   Lanza (1997); también Plácido (1992); Hakim (1992). Cf. Catenacci (1996).

58   Vernant y Vidal-Naquet (1989), 106. Sobre el problema del error del héroe, Bremer (1969); también Simondon (1982), 239-56.

comunidad presente en las gradas del teatro[59]. Los cuestionamientos, enfrentamientos y oposiciones que la tragedia exponía, hacían posible la constitución de una conciencia trágica cuya característica principal era la ambigüedad. La tensión derivada de esto instalaba ante los espectadores el problema de la división que anidaba en la ciudad.

Ahora bien, la forma en que la tragedia pone en cuestión la figura del héroe no es el único modo que la Atenas clásica encuentra y elabora para abordar el asunto del heroísmo. En efecto, asumiendo el ideal aristocrático de la *areté*, pero no en un marco mítico sino en uno estrictamente político y militar, el discurso fúnebre rescata la figura del héroe en el seno de una organización colectiva y democrática: el héroe ya no es el personaje individual y singular de los mitos sino un miembro de un cuerpo homogéneo que responde a las directivas que el conjunto establece. La *areté* es entonces virtud cívica dentro de una ciudad unida[60].

Ciudad unida, división de la ciudad: las perspectivas de estos géneros discursivos parecerían ser incompatibles, y no habría entre ambos posibilidad de confluencia alguna, pues mientras el discurso fúnebre resalta la unidad, la tragedia, en cambio, destaca la división de la comunidad. No obstante esto, Richard Seaford ha formulado recientemente la idea de que la ambigüedad trágica –ligada fundamentalmente a la inestabilidad dionisíaca– tiene su contraparte en lo que el autor denomina una «ambigüedad controlada» incrustada en las prácticas cultuales y políticas implicadas en los festivales teatrales. El texto trágico, por cierto, no puede abstraerse de dichas prácticas sociales en el seno de las cuales se desarrolla y cobra vida. Y es justamente por ello que el dionisismo sería para la *pólis* democrática un agente no de la división sino de la unidad: «Dioniso... es el dios cívico que tragedia tras tragedia preside sobre la autodestrucción de las familias dominantes del pasado mítico, para beneficio de la *pólis*, el dios que de este modo ha puesto claramente un fin a esa introversión y autonomía de la familia que hizo surgir el conflicto trágico. Pero, por supuesto, el beneficio puede siempre perderse. Dioniso es en efecto para audiencia ateniense un "agente elemental de lógica inhumana", pero sólo si ellos [los atenienses] omiten honrarlo a él en la clase de festivales de la *pólis*»[61].

---

59   Vernant y Vidal-Naquet (1989), 167; cf. Massenzio (1995), 9-42.

60   Sobre esto, Loraux (1993), *passim*.

61   Seaford (1994), 367; cf. Storm (1998), 8-27.

Henos pues ante un dilema: ¿la tragedia, como modo de identidad de la ciudad democrática, pondera la escisión o la unidad? Para Seaford, el hundimiento del héroe, la expulsión del tirano, implican, en sí mismos, la posibilidad de que la ciudad sea *una*, incluso en esa anticiudad que es la Tebas trágica[62], puesto que la conjunción del texto trágico con las prácticas teatrales exhuma todos los poderes disruptivos de la alteridad dionisíaca, apartando su ambigüedad, transgresión e inestabilidad, a favor de una ambigüedad controlada, y por lo tanto inactiva, aducimos nosotros. Por el contrario, para Vernant la trágica es una conciencia desgarrada y sin sutura, puesto que las respuestas que consigue no logran satisfacerla en plenitud y dejan las cuestiones abiertas[63]. Sin dejar de tomar en cuenta las ideas de Seaford en cuanto a la necesaria conexión entre texto y prácticas sociales, creemos, sin embargo, que la división constituye uno de los elementos centrales de la reflexión trágica. La ritualidad de los festivales dionisíacos no implica, de por sí, una forma de control de la escisión que produce la presencia de la alteridad sino el modo bajo el cual ésta se presenta en el teatro de la ciudad. Esta escisión recorre de cabo a rabo la constitución del operador trágico por excelencia que es el héroe.

Una idea similar hemos podido verificar en el reciente libro de Loraux sobre la tragedia griega, a la que califica de «antipolítica» porque se trata de «un comportamiento que se desvía, rechaza o pone en peligro, conscientemente o no, los requisitos y las prohibiciones constitutivas de la ideología de la ciudad, que funda y nutre la ideología cívica. Por "ideología de la ciudad" entiendo esencialmente la idea de que la ciudad debe ser –y entonces por definición es– *una y en paz* consigo misma»[64]. Esta elección requiere algunas explicaciones, y la autora las brinda a continuación señalando que en el plano de las formaciones imaginarias la política aparece como una práctica del consenso que, por ende, olvida el conflicto o, más precisamente, el carácter por definición

---

62 Seaford (1994), 363-6. Sobre la Tebas trágica como anticiudad, Zeitlin (1990b), *passim*. Su posición, así como la que se lee en Vernant y Vidal-Naquet (1989), 183-221, se distancia notablemente de la que sustenta Seaford, pues Tebas representa para los primeros la anticiudad, imagen trágica de la *pólis* escindida, desgarrada por la *hýbris* de los protagonistas y la *stásis* subsecuente.

63 Vernant y Vidal-Naquet (1987), 27-8.

64 Loraux (1999), 45-6; cf. 28-44 (resaltado en el original).

conflictivo de la política[65]. En definitiva, sea que se considere la política como consenso o que se considere el conflicto como la esencia misma de la política, tanto en un caso como en otro la tragedia será antipolítica porque, con respecto al primer caso, «se caracterizarán entonces como antipolíticas las actitudes que exceden de hecho el orden cívico», mientras que en relación con el segundo caso, «será antipolítico todo comportamiento que rechaza el funcionamiento ordinario de la ciudad, y tales comportamientos se reivindicarán como auténticamente políticos, pero políticos bajo el modo del *anti-*, una política que se opone a otra»[66].

La posición de la Loraux apunta a señalar, ante todo, la necesidad de no reducir la tragedia a la política. Estamos de acuerdo en esto, y de hecho ya hemos señalado que no se trata solamente de ver los contenidos políticos sino el modo en que los enunciados trágicos elaboran una serie de elementos propios de su género. Pero el problema del conflicto como algo inherente al discurso trágico que Loraux analiza a lo largo de su libro, ese conflicto que se define como antipolítico, permite pensar que la tragedia habilita un pensamiento en interioridad de una política que es otra respecto de la ideología oficial. Entiéndase bien, no es un pensamiento político porque siempre esté reflexionando sobre cuestiones que inmediatamente podrían asociarse con la política, sino porque ponen en escena la escisión del héroe, el agente trágico, ante las decisiones que debe tomar y sostener. Esa otra política es la que tiene por base a la división.

Por tanto, el problema del heroísmo, y las consecuencias derivadas del tratamiento de esta temática por el discurso trágico, nos llevan a priorizar la división más que la unidad. Son las elecciones disyuntivas del héroe, y sus decisiones responsables, las que lo hacen advenir como sujeto trágico, conectando así su situación en la escena teatral con la experiencia del ciudadano democrático y sus encrucijadas en la asamblea de la ciudad.

Esta conexión se construía alrededor del mito. El género trágico, en efecto, tomaba generalmente temas conocidos por todos, fundamentalmente temas míticos, en muy pocos casos históricos.

---

65 Este olvido del carácter conflictivo de la política ha sido analizado por la propia autora en una serie de trabajos que hacen hincapié en el funcionamiento de una memoria política de la ciudad que se parece a una práctica consecuente del olvido. En su mayor parte, tales textos han sido reunidos ahora en Loraux (1997).

66 *Idem* (1999), 46.

De este modo, la tragedia procedía a una explícita resignificación del material mítico: si en el mito todo ocurría «automáticamente», en la tragedia, en cambio, se tratará de decisiones humanas[67]. Mientras que en el universo mítico, el futuro de los hombres estaba detrás suyo –porque era a través del pasado mítico que se podía prever el futuro–, en el terreno trágico, en cambio, el héroe que toma decisiones comienza a experimentarse a sí mismo como agente. En la tragedia, el héroe, dolorosamente, termina enterándose por medio de su decisión dónde está y cuál es el sentido de su destino[68]. Por lo demás, el hecho de que la tragedia resignifique el mito indica, entre otras cosas, que tras el mismo mote de héroe, el héroe mítico y el trágico designen dos subjetividades muy distintas. El héroe mítico actúa en un escenario pautado de antemano, vacío de toma de responsabilidad. El trágico, en cambio, está dividido y decide sin garantías: transcurre simultáneamente entre dos órdenes, el humano y el divino, sin saber a ciencia cierta en qué serie se inscriben realmente sus actos. «Si los héroes trágicos –subraya Augé– son radicalmente distintos de los héroes míticos, es ante todo porque los primeros no proceden de una anterioridad a la Ley»; no pueden fundarla, ni hacerla actuar en su beneficio. Ellos «viven, sin esperanza de retorno, las contradicciones y las exigencias, a veces contrarias, de la Ley. Si bien oponen la ley a la ley, no oponen nada a las leyes. Desde este punto de vista, los héroes épicos ya no son héroes míticos o, si se prefiere, ya son héroes trágicos»[69].

La situación trágica consiste en que un individuo quede dividido entre dos leyes: puede ser entre la ley tradicional y la nueva, entre la ley divina y la humana. De este modo, la tragedia pone en escena los mecanismos que rigen la decisión subjetiva del héroe trágico ante una situación disyuntiva en torno a su destino[70]. El destino nunca se conoce de antemano, y si al final

---

67 Redfield (1992), 58; también Gaskin (1990); Llinares (1997).

68 Cf. Nicolosi (1969).

69 Ver Augé (1993), 192. Del héroe épico al héroe trágico, pasando por la figura del héroe de los cultos áticos, es lo que desarrolla Seaford (1994), *passim*, demostrando cómo colaboran los mitos y los ritos, la épica homérica y poesía trágica, en la afirmación de la *pólis*. Véase Plácido (1997d).

70 Sobre los problemas de la voluntad y la responsabilidad del héroe trágico, Vernant y Vidal-Naquet (1987), 43-76: la culpa trágica se construye en una constante confrontación entre la antigua concepción religiosa de

continúa »

el héroe descubre que las consecuencias de sus decisiones y sus actos parecen confirmar los oráculos divinos, los presagios y los portentos, esto sólo constituye una mirada retrospectiva a partir del resultado, desde donde se encuentra un sentido para el destino sufrido a partir de los enunciados oraculares. Las disyuntivas del héroe trágico nos muestran una figura eminentemente humana distanciada de la esfera de los dioses, a pesar de la permanente interacción con ellos. Su dilema es también compartido por el coro, de modo que la oposición entre posibilidades, la elección de una de ellas y la responsabilidad por los actos los implica a ambos[71].

El dilema trágico, expuesto en el teatro ante los ojos de los ciudadanos, manifiesta las implicancias tanto individuales cuanto colectivas que conlleva la toma de decisiones. En este sentido, el héroe trágico oficia como metáfora del ciudadano democrático tomado en la inevitable encrucijada de descubrir su destino por medio de una decisión. El coro remite, en tal caso, a la comunidad reunida para participar del destino que el héroe habrá de decidir. De este modo, la escisión del sujeto político encuentra en el discurso trágico una forma activa de reflexión con capacidad institucional para dejar improntas en la situación del ciudadano ateniense[72]. En efecto, la división del sujeto, que otorga su carácter trágico a la representación teatral, transforma al héroe trágico en índice de cómo ocurre esa tensión en todo agente situado en la encrucijada de una decisión. El ciudadano democrático en tanto componente de un sujeto político colectivo con capacidad de actuar en la asamblea, resulta el interlocutor de este mensaje, pues se trata de un agente cuyas voluntad y responsabilidad políticas se constituyen en torno al problema de la decisión. A su vez, el coro, que también se halla en el dilema, implica el carácter comunitario de la *pólis*. En definitiva, la trama es metáfora de la situación del ciudadano ateniense situado en medio de una tensión permanente, producto de la puja conflictiva entre dos leyes, la divina y la humana, la antigua y la nueva, la estatal y la política activa. Entonces, la identificación puede producirse porque tanto el héroe cuanto el coro en la trage-

---

la falta, mácula que va unida a toda una estirpe, y la percepción nueva esbozada por el derecho acerca del agente considerado como un indivi-duo particular que elige deliberadamente cometer un delito. Cf. Miralles (1968), 42-55.

71 Nancy (1986). Recientemente, Calame (1999).

72 Vernant y Vidal-Naquet (1989), 83-95.

dia, así como cada ciudadano y la propia comunidad cívica en la práctica política, se encuentran divididos. Al igual que el héroe, el espectador, en tanto ciudadano y hoplita, que decide reunido en asamblea y que, con su cuerpo, sostiene lo decidido en el campo de batalla, es responsable no solamente a causa de sus elecciones sino principalmente por poner su cuerpo en cada decisión.

Lo que transcurre y está presente en todo este proceso de balance activo del destino trágico del ciudadano y la *pólis* es la imposibilidad de resolver, de anudar, la división del sujeto. En nuestro criterio, el discurso trágico produce enunciados y formas simbólicas con capacidad para procesar activamente la división del sujeto político, dilema continuo e irresoluble. Podría decirse entonces que, permanentemente, la situación del ciudadano en la Atenas del siglo V es trágica, porque su condición no es la tensión de un desenlace: su situación ante un dilema es tomar una decisión colectiva en la asamblea que produce efectos que habilitarán la toma de otra decisión ante otro dilema. Es decir, transita de una decisión a otra decisión conquistando soluciones que no son definitivas sino precarias y contingentes. La tragedia es, en este sentido, la promesa de sostenerse en el propio dilema.

En efecto, el héroe trágico en tanto se hace cargo de sus actos es juzgado por los espectadores que asisten al desarrollo de su drama. El juego de los conceptos jurídicos a través de las fluctuaciones, las oposiciones y las incoherencias que los enunciados trágicos permiten, enmarcan la acción del héroe como agente comprometido y, consecuentemente, pasible de culpabilidad. El coro, el otro elemento novedoso del drama trágico, asiste como entidad colectiva al desgarramiento del héroe en la escena. La ciudad democrática, que presencia el espectáculo, se conecta así con la ciudad en tanto que objeto constituido por el discurso trágico. Éste no habla de aquélla; su implicación depende del funcionamiento de las prácticas singulares del teatro donde la ciudad concurre para verse a sí misma. La ciudad trágica es un producto de discurso y, por lo tanto, no representa la ciudad real. Tampoco propone, como una necesidad, una ciudad ideal que deba imitarse, aunque a veces esto se vislumbre en algunos casos. En rigor, ciudades armoniosas y ciudades reprobables se suceden en la escena trágica, pero ninguna de ellas alude a la ciudad democrática real. La ciudad trágica sólo ocurre una vez, en el momento singular de los festivales teatrales, puesto que, por otra parte, sólo en muy pocas ocasiones hubo reposiciones de las piezas durante el siglo V. De allí su singularidad, ligada al acto de ver y oír, de participar y mirarse en cada tragedia que ocurre ante los espectadores. La ciudad trágica, expuesta a su drama, no soporta la reiteración. La fugacidad irrepetible del estreno es su modo de ser, como también lo es para el teatro ateniense durante el siglo V.

En la tragedia, pues, era la propia ciudad democrática la que se representaba a sí misma, cuestionando su realidad por medio de un cuestionamiento del mito. Mas no extraía de ello respuestas absolutas sino que dejaba instalado un debate que, al quedar abierto, se volvía conciencia trágica, algo precario y relativo. Cabe resaltar aquí que en la palabra *théatron* se halla la raíz *théa*, acción de mirar u objeto de visión, y por lo tanto espectáculo. Por añadidura, *théatron* implica no sólo el lugar del espectáculo, el teatro, sino también el público, el conjunto de los espectadores, así como el objeto mismo del espectáculo. Bajo estas condiciones, la tragedia enseñó a la ciudad a mirarse.

Capítulo XII
Preludio arcaico:
figuras de la tiranía en la *Orestía*[1]

a) El orgullo de Agamenón:
tiranía en masculino

El coro, que acaba de definir en términos jurídicos la guerra contra Troya (*Agamenón*, 41), comienza a relatar los sucesos de la campaña militar (45-257)[2]. El pasaje destacable por sus consecuencias es el sacrificio de Ifigenia[3], un sacrificio corrompido, como dijera Zeitlin[4]. El augur había interpretado con acierto el mensaje divino: un sacrificio diferente, impío, que implicará la pérdida del respeto al marido y pondrá en vigencia la saña vengadora de una hija (150-5). Remedio más grave que perecer en el temporal resultará para el rey el vaticinio de Calcante (198-204).

Pero aunque el adivino haya hecho su predicción sobre las futuras disputas dentro de la familia del Átrida, para los mortales

---

1   Este capítulo fue publicado como «Figuras de la tiranía, lo femenino y lo masculino en la *Orestía* de Esquilo», en *Género, dominación y conflicto: la mujer en el mundo antiguo*, número monográfico de *Studia Historica. Historia Antigua*, 18 (2000), 65-90 (Universidad de Salamanca).

2   Sobre estos versos, West (1979).

3   Acerca del sacrificio, Lloyd-Jones (1983). En forma breve, Lebeck (1971), 60-3; Segal (1980). De modo general, Loraux (1985), 62-8, 75-81. Sobre las innovaciones de Esquilo con respecto al relato homérico en la construcción del motivo del sacrificio de Ifigenia, Lynn-George (1993).

4   Zeitlin (1965) y (1966). Véase Vernant y Vidal-Naquet (1987), 135-59; Zak (1995), 45-50.

de todos modos el destino no está escrito de antemano: Agamenón debe hacer una elección en ese momento[5]. En efecto, ante la situación presentada es menester decidir si se acepta el designio de Ártemis, con toda la escuadra a su merced, y se realiza el sacrificio de Ifigenia a manos del mismo Agamenón. La elección en favor de la salvación de la flota es lo que de entrada parece manifestarse como mandato moral en la mente del rey: «¿Cómo voy yo a abandonar la escuadra y a traicionar con ello a mis aliados?» (212-3). Pero Agamenón también sabe que se halla en una situación límite: «Grave destino (*kér*) lleva consigo el no obedecer, pero grave también si doy muerte (*daíxo*) a mi hija» (206-8). El mandato moral que surge de la fidelidad hacia los aliados parece ser una imposición difícil de evitar. Ante esto, sin embargo, se esboza en la mente del rey otra reflexión que sentencia qué significa en el mundo humano el hecho de decidir: «¿Qué alternativa está libre de males (*áneu kakôn*)?» (211). El destino decidido por los dioses aparece para los mortales como algo inexorable. En esta intrincación de necesidad y responsabilidad se desarrolla, pues, el campo de la acción humana: necesidad decretada por las deidades pero en un pensamiento que no es diáfano y accesible para los hombres; responsabilidad de los mortales de acuerdo con sus obras. Sin saber a ciencia cierta en qué orden de causalidades se inscriben sus actos, los hombres, de todos modos, deben decidir un sentido para su destino a partir de un ambiguo pero ineludible mensaje divino, que establece el campo de las elecciones posibles para los cursos de acción[6].

---

5   Cf. Vernant y Vidal-Naquet (1987), 66: «El oráculo de Ártemis transmitido por Calcante no se impone al rey como un imperativo categórico. No dice: sacrifica a tu hija, sino solamente: si quieres los vientos, es preciso que los pagues con la sangre de tu hija».

6   Sobre la acción trágica como campo en el que concurren conjuntamente la necesidad y la responsabilidad, véase Lesky (1966b). Rosenmeyer (1982), 257-307, dice que el accionar de los dioses así como la elección, la culpabilidad y el castigo de los hombres deben agruparse bajo la idea de responsabilidad. Importantes también resultan las puntualizaciones de carácter general de Rivier (1968), así como los análisis de la trilogía de Esquilo de Hammond (1965). Cf. también Granero (1977); (1978). Moreau (1985), 7-8, señala que la visión del mundo de Esquilo no tiene la coherencia de un sistema filosófico ni debe atribuírsele la problemática de un filósofo, tal como a menudo ha hecho la crítica esquílea sobre el problema de las relaciones entre responsabilidad y fatalidad. Todas estas cuestiones han sido recientemente discutidas por Nussbaum (1995), 53-87, que critica la aplicación de categorías lógicas derivadas del principio

continúa »

Una vez adquirida una certeza, y cuando el terreno de la práctica abone la idea de que se ha escogido lo mejor, Agamenón se mostrará exultante. Su regreso a Argos es un regreso con gloria: la victoria sobre Troya fue total. El rey atribuye la decisión y el triunfo en la guerra a los dioses sedientos de sangre (813-8)[7]. Sus dichos no muestran orgullo, pero el público conoce por boca de Clitemnestra las funestas consecuencias de la campaña con sus secuelas de muertes y saqueos, la falta de ley y equilibrio con que se condujo el ejército una vez derrotado el enemigo, la actitud impía de los hombres de Agamenón hacia los dioses y los templos troyanos, la posibilidad cierta de que los conquistadores de hoy sean los sometidos de mañana (324-5, 330-3, 338-40). Ciertamente, la reina está anunciando aquí lo que le sucederá a Agamenón una vez que regrese a Argos. La prudencia del rey en la celebración de la victoria, así como en lo que respecta a la ciudad y su gobierno (844-6), esconde mal su orgullo. El coro saca entonces la conclusión latente en las palabras de Clitemnestra (459-70):

«Mi alma (*ménei*) espera escuchar algo aún oculto por las tinieblas, que a los autores de tantas muertes no dejan de verlos los dioses, y con el tiempo las negras Erinias, al que ha ido teniendo fortuna feliz, mas fuera de la justicia (*áneu díkas*), mediante un cambio de la fortuna que arruina su vida, lo sumen en la oscuridad, pues no tiene fuerza para defenderse el que se encuentra ya entre los muertos. Gozar de manera arrogante (*hyperkópos*) es algo muy grave, que el rayo de Zeus alcanza la casa de gente así».

El coro anticipa el itinerario del ciclo vital de Agamenón bajo la imagen del león que va creciendo en el hogar hasta transformarse en un sacerdote de Ate. Como ha argumentado Knox, la figura del león nos muestra a un personaje que dentro de la ciudad crece hasta llegar a ser no un rey sino un tirano (716-36)[8].

---

de no contradicción al análisis de la decisión subjetiva y la acción del agente, y que establece que en el discurso trágico podemos encontrar elementos más certeros que en las elaboraciones filosóficas puras para analizar la acción práctica real y ver cómo actúa allí una concepción ética aplicada. Últimamente, cf. Zak (1995), 50-7; Storm (1998), 127-33.

7   Sobre el discurso de Agamenón al entrar en escena, Goldhill (1984a), 66-79.

8   Knox (1952); recientemente, Coppola (1997).

Pero esta figura pone también de manifiesto el estatuto mismo del héroe trágico enfrentado a la ciudad. Exhibición y rechazo constituyen los modos habituales de la existencia trágica en la representación teatral[9]. Tal es la condición que debe sobrellevar Agamenón, encerrado en su paradójica posición de gloria momentánea e inminente caída. El rey deja ver entonces su *hýbris*. Si bien fueron los dioses los que votaron para que la guerra tuviera lugar, Agamenón no podrá disimular su protagonismo; es él quien ha realizado el sacrificio de su hija; es él quien exclama apenas llegado: «En primer lugar, es justo saludar a Argos y a los dioses del país, los cómplices de mi regreso (*emoì metaitíous nóstou*) y de las cosas justas que impuse (*epraxámen*) a la ciudad de Príamo» (810-3). Los dioses han sido sus aliados, pero es el rey quien asume el papel protagónico en los actos cometidos. El castigo ha sido obra de Agamenón y su ejército. Si bien las divinidades han colaborado, queda claro que la responsabilidad de los actos es de los hombres. El rey se arroga gustoso el papel de artífice de la justicia impartida.

El orgullo y la desmesura de Agamenón se muestran finalmente al público[10]. Si en un primer momento duda acerca de los honores que debe recibir, dado que «con eso sólo a los dioses se debe rendir honor, que a mí no deja de darme miedo (*oudamôs áneu phóbou*), siendo sólo un mortal, caminar sobre esa belleza bordada», pidiéndole a Clitemnestra que «como a un hombre, no como a un dios, me des honores» (922-5), sin embargo, en segunda instancia, los argumentos persuasivos de Clitemnestra podrán más que la censura de los hombres y el poder de la voz popular (931-40), convenciéndolo de hacer el camino hasta el palacio sobre la alfombra púrpura (941-3). Deseando no ser alcanzado por la envidia de la mirada divina (946-7), el rey se apresta a transitar sobre la alfombra respondiendo a la solicitud de Clitemnestra: «Puesto que me he visto obligado a hacerte caso en esto, voy a entrar en palacio pisando la púrpura» (956-7). Su entrada al palacio, donde tendrá su último baño[11], es a la vez su salida definitiva de la escena[12].

---

9   Véase Vernant y Vidal-Naquet (1989), 103.

10   Cf. Fisher (1992), 280-9.

11   Seaford (1984) asocia la forma en que muere el rey con el ritual del funeral y trata de ponderar las imágenes que esto pudo convocar en la audiencia.

12   En torno a esta escena, Taplin (1977), 308-16.

El destino augurado por el adivino se abre paso dando cumplimiento a la voluntad de la deidad. La necesidad encuentra así sus meandros por medio de las decisiones responsables de los hombres. El coro, que ya había presentido angustiado la presencia de las negras Erinias que con su furia vengadora dan por tierra una vida feliz (459-70), vuelve ahora a percibirlas: «Mi corazón, sin ayuda de lira, canta por dentro el fúnebre canto de Erinias, sin que nadie se lo haya enseñado, sin tener ya valor para abrigar alguna esperanza» (990-4)[13]. Los ancianos argivos concluyen su canto señalando la inexorabilidad de un destino ya prescrito, aunque dejan abierta la posibilidad de que, bajo ciertas circunstancias, otro sino pueda contraponerse a lo decretado previamente y logre mayor peso (1025-7). Veremos luego que cuando Orestes sea perseguido por las Erinias encontrará gracias a Apolo y Atenea la posibilidad de escapar del seguro final de muerte que aquéllas le envían. Pero no estamos aquí ante un caso así, pues en estos pasajes del *Agamenón* en los que la muerte se anuncia sin descanso la situación parece tener una única salida: la inevitable necesidad (1042, 1071: *anágke*)[14]. El hado que se cierne sobre el rey lo acompaña desde el momento mismo en que Calcante hizo sus vaticinios, sin que otra suerte pudiera imponerse sobre lo ya decidido: Ártemis, la diosa de la caza, tiene desde entonces atrapado en sus designios a Agamenón, que ha conquistado Troya tal como el águila había cazado a la liebre preñada (114-20). Cuando Clitemnestra lo atrape en su red, el designio divino se terminará de concretar bajo la imagen de una cacería por fin concluida (1382)[15].

Los vaticinios de Casandra no desarrollarán otra cosa que lo que ya ha sido presentado a lo largo del drama (1072-1326)[16]; y si bien el corifeo se muestra sorprendido y desorientado, el coro ha dado sobradas muestras de su conocimiento de la situación y de su falta de medios para actuar sobre ella. El destino decretado finalmente se cumple, hecho que muestra al público cuál es la condición del hombre[17]: «¡Ay de las cosas humanas!», se lamenta

---

13 Cf. Gannon (1990).

14 Véase Oulette (1994).

15 Cf. *Coéforas*, 192-4 Ver Lebeck (1971), 63-6; Vernant y Vidal-Naquet (1987), 142-4.

16 Sobre esta secuencia, Leahy (1970); Schein (1982). Acerca de la capacidad profética contraria a las normas que posee Casandra, véase Iriarte (1990), 104-14; (1999b); ver también McClure (1999), 92-7. Cf. Mac-Leod (1982a); Goldhill (1984b), 174-6.

17 De modo general, Gantz (1981).

Casandra, «cuando van bien, una sombra parecen; y si van mal, con una esponja húmeda se borra el dibujo» (1327-9). Agamenón es asesinado por Clitemnestra. Su muerte, como el coro lo ha anticipado, paga la deuda contraída por otras muertes cometidas (1335-42)[18]. En el terreno de los dioses, su *hýbris* encuentra una justicia guiada hacia un nuevo equilibrio. Pero en el terreno de los hombres, es remediada por otra acción humana cargada también de *hýbris* –el premeditado asesinato a manos de Clitemnestra–: la posibilidad de que nuevos males se produzcan está simplemente inscrita en la lógica misma del relato.

La queja mortal de Agamenón pone fin a los cantos del coro: el rey muestra su carácter frágil y falible y lo sufre en carne propia. Cuando el público vuelva a tener noticias de Agamenón será para enterarse de que ha sido herido mortalmente. La escena de la muerte no se ve, se oye entre bambalinas, según los gritos del rey que provienen del interior del palacio (1343-5)[19]. Cuando Clitemnestra se apreste a salir nuevamente a escena, sólo entonces el espectáculo de la muerte será objeto de la mirada del público[20]. Las puertas abiertas de par en par dejan ver los cadáveres de Agamenón y Casandra. La muerte del rey da por terminado el ciclo heroico del Átrida. Las imágenes trágicas en torno suyo nos han mostrado tanto su gloria como su caída. Su heroísmo sucumbe ante la venganza de su propia esposa por la muerte de Ifigenia, la hija de ambos. La soledad del rey en el instante en que debe cargar con sus culpas y asumir su mortal destino muestra en público la fragilidad del héroe: sin la gracia de los dioses, que lo habían acompañado en los momentos de gloria; sin el favor del pueblo, que si bien es mencionado en varias ocasiones se mantiene al margen de los sucesos que bañan de sangre a la casa real (cf. 456-7, 795-8, 844-6, 882-4, 938); sin la intervención de los ancianos, que aunque conocen el sino no pueden más que asumir su inevitabilidad.

La *hýbris* del héroe, la justicia vengadora de las Erinias –que se abre paso mediante actos humanos que cobran venganza por delitos de sangre–, el hecho mismo del asesinato, la soledad ante el trágico desenlace sin poder ensayar defensa alguna que permita

---

18   Sobre la culpabilidad del rey, Lloyd-Jones (1962), que analiza los diversos aspectos de su caída.

19   Sobre esta dialéctica adentro-afuera, según lo que se ve y lo se escucha en escena, Padel (1990), 354-65.

20   Cf. Deforge (1997), 69-76.

mostrar al héroe en su carácter de tal ante la inminencia de la muerte[21], todo esto desarrollado ante los ojos de los atenienses pone en escena la imposibilidad del heroísmo en el marco de la ciudad democrática. En efecto, la individualidad del héroe trágico queda contrastada con el espacio público del teatro donde los ciudadanos se han dado cita y con el carácter colectivo de las prácticas políticas atenienses en las que las prácticas religiosas, rituales y cultuales de los festivales dionisíacos se incluyen[22].

El héroe oficia, ambiguamente, tanto de metáfora como de antítesis del ciudadano democrático. Si bien es verdad que los espectadores hallan en la escena trágica las trazas singulares, necesariamente angustiantes, de un proceso subjetivo de toma de decisiones que tiene en la figura del héroe a un sujeto responsable de sus acciones[23], no es menos cierto que esta identificación queda al mismo tiempo confrontada con el hecho de que el advenimiento de la comunidad ateniense como sujeto político sólo ocurre en el acto mismo de tomar decisiones que son efectos de prácticas democráticas colectivas, y no individuales y tiránicas como ocurre por lo general en el caso del héroe trágico. Es, justamente, con respecto a esta concepción de la acción política como acto colectivo que la tiranía de Agamenón, y la de Clitemnestra y Egisto que sobrevendrá prontamente, permite a la ciudad democrática reflexionar sobre su propia condición, pues ante la mirada de la multitud ateniense el tirano está condenado de antemano a sucumbir.

b) Clitemnestra y Egisto: tiranía en femenino

Tras haberse escuchado los gritos de muerte de Agamenón, Clitemnestra reaparece en escena con sus manos manchadas de

---

21 Esto es lo que de algún modo evoca Orestes cuando se lamenta de que su padre no haya muerto luchando en Troya, como un héroe en el combate (*Coéforas*, 345-53). Algo del mismo tenor vuelve a plantear cuando califica de indigna para un rey la muerte que Agamenón ha recibido (*ibid.*, 479-80).

22 Cf. *supra*, cap. 11.

23 Acerca de la angustia en Esquilo, ver de Romilly (1971b). Desde un punto de vista teórico, la conexión entre angustia y decisión ha sido establecida por Badiou (1982), 175-92.

sangre[24]. Habla como un hombre, por cierto, y resulta en sus dichos muy persuasiva aunque poco prudente. No deja proseguir las deliberaciones del coro, consejo de ancianos que según la propia Clitemnestra puede en ocasiones tratar de buscar salidas políticas para la ciudad en caso de que el gobernante perezca (*Agamenón*, 882-4). En esa situación, los buenos consejos del coro se contrapondrán abiertamente a la soberbia y la arrogancia que muestra Clitemnestra.

Según se desprende de esta tragedia, las deliberaciones de los ancianos parecen ser prudentes porque participan todos y están abiertas a la mejor opinión. Además, en ellas se contempla al conjunto de los ciudadanos como un actor político al que debe dársele participación en el asunto. Tienen en claro también la necesidad de meditar bien antes de actuar, buscando basarse en hechos positivos y no en meras conjeturas. Los ancianos toman finalmente sus decisiones por mayoría tras sopesar diversas propuestas y argumentos (1347-70). En este sentido, el consejo ha percibido con clarividencia la tiranía que se avecina para los argivos y hace partícipe al público de sus temores (1345, 1365). Pero su mesura ante la situación parece ser una exagerada prudencia: decide no actuar más allá de su certeza buscando saber con claridad qué ha ocurrido con Agamenón (1371).

Sin embargo, la situación del coro tras la muerte del rey trasluce una división inusual dentro de este cuerpo colectivo, que suele expresarse en conjunto o a través del corifeo. El coro parece actuar mesuradamente en cuanto a los procedimientos democráticos formales. Pero las diferencias de criterio manifestadas y la votación dividida conllevan una situación caótica. La proliferación de las voces individuales de los coreutas es incompatible con la función colectiva que el coro tiene asignada. Incluso sus constantes apelaciones a la concordia, sus temores por el curso de los hechos y sus posibles catástrofes, en fin, sus lamentos por la desmesura de los protagonistas que conduce a funestas desgracias, todo esto queda en nada cuando el propio coro entra en el dilema tomando parte en los hechos, sufriendo las catástrofes y sumándose a la suerte de los protagonistas y sus funestas desgracias. Enfrentándose primero a Clitemnestra y posteriormente, de manera más virulenta, a Egisto, el coro manifiesta que también puede caer en *hýbris*. Es que a todo lo largo del drama los ancianos argivos componen un coro confundido, hecho que se manifiesta con fuerza justamente en

---

24   Cf. Taplin (1977), 322-6.

este pasaje: ruptura «histérica» de la unidad, dispersión individual, tal disolución de la voz coral es en sí misma evidencia suficiente del desorden reinante[25].

En el otro extremo se coloca la actitud de Clitemnestra que, muy segura de sí, se ufana de haber cometido su acción sin ayuda alguna: «Éste es Agamenón, mi esposo, pero cadáver. Obra es ello de esta diestra mano, un justo artífice. Esto es así» (1404-6). Ella misma sin avergonzarse ni omitir detalles ha relatado al público el plan urdido para asesinar a Agamenón (1380-90). Tampoco siente vergüenza de decir lo contrario de lo que había dicho en otra oportunidad, ni de aclarar que debía usar esas artimañas porque estaba tramando acciones hostiles en contra de unos enemigos con la apariencia de amigos (1372-5)[26], enunciado ya anticipado a Agamenón por el coro: el buen conocedor de su rebaño sabe distinguir a los que parecen tener un corazón favorable pero cuyos halagos revelan una amistad fingida. Ciertamente, el coro no hace más que advertir, aunque en forma críptica, la conducta de Clitemnestra, que el rey podría haber conocido si hubiera sido capaz de distinguir entre el ciudadano justo y el reprobable (795-8, 807-9)[27].

El accionar impropio de la reina no se debe sólo a su adulterio[28]. Su decisión de hacer justicia por mano propia, esa furia terrible vengadora de la muerte de un hijo (154-5), fue meditada antaño (1377-8), hecho que destaca la responsabilidad así como la culpabilidad de Clitemnestra por el acto cometido. Sin embargo, su triunfo no es en el terreno de lo humano un resultado ineluctable. Por el contrario, la necesidad del desenlace nos conduce al mundo de los dioses. La invocación de la reina a Zeus se mueve en este sentido, dado que es gracias a él que todo sino llega a su fin. Clitemnestra puede entonces pedir que se cumplan sus plegarias, aunque desconoce si Zeus dará cumplimiento a lo que ella desea (973-4). Desde la perspectiva de los dioses, la *hýbris* de Agamenón debe ser punida; pero para los mortales no es evidente que así vaya a ocurrir. Por otra parte, el instrumento para esto debe ser

---

25 Sienkewicz (1980), 140-1; también Winnington-Ingram (1954). Sobre el rol estructural del coro dentro de la tragedia, cf. Gould (1996) y la respuesta de Goldhill (1996).

26 En cuanto al uso retórico del lenguaje que hace Clitemnestra, Goldhill (1984a), 89-95.

27 En cuanto a estos pasajes, Harriott (1982).

28 Al respecto, Patterson (1998), 140-8.

otro mortal. Es así que el cruce de causalidades y motivaciones se desata. Las tensiones y ambigüedades se acumulan estallando en cada acto decisivo que compromete la vida humana. En la escena de bienvenida a Agamenón, Clitemnestra expone sin ambages esta dialéctica entre responsabilidad y necesidad: «Un pensamiento (*phrontís*) no vencido por el sueño junto con las deidades dispondrá en forma justa el destino (*heimarména*)» (912-3). Al finalizar su acción, la reina asumirá con regocijo el triple desenlace (1391-2)[29]: la realización del destino decretado por los dioses; el asesinato de Agamenón, obra de su mente ejecutada por mano propia; la finalización de su matrimonio. Sus palabras la muestran exultante y llevan al coro a reprocharle no el asesinato sino justamente sus dichos: «Nos asombra tu lengua. ¡Cuánta osadía al hablar! ¡Cómo te jactas con ese lenguaje junto a tu marido!» (1399-1400). Pero tal asombro no se corresponde con lo que el coro ya sabe acerca de la capacidad persuasiva de Clitemnestra. Por cierto que los ancianos hubieran preferido no tener que confirmar ahora lo que ya sospecharon anteriormente.

En efecto, después de contar a los espectadores cómo Agamenón resolvió su dilema ante el requerimiento del sacrificio de Ifigenia, el coro se presenta ante el palacio para rendir honores a Clitemnestra, al frente de la casa ante la ausencia del varón. En tales circunstancias el corifeo pone convenientemente en claro que los honores a la mujer le corresponden únicamente en su carácter de esposa (258-60)[30], es decir, por su vínculo relativo de acuerdo con los lugares respectivos delimitados por el matrimonio[31]. El coro, que no carece de elementos para anticipar el conflicto que habrá de desatarse dentro del palacio, traza cautamente la demarcación de las posiciones sociales correspondientes al hombre y la mujer conforme al parentesco y al poder que cada uno tiene de acuerdo con la ley marital. El ámbito al que se alude es el del *oîkos*. Pero

---

29 Sobre las metáforas usadas por Clitemnestra para describir el asesinato de Agamenón, Morgan (1992).

30 Una idea ligada a esto se esboza en *Coéforas*, 629-30.

31 Hecho importante porque es respecto de este espacio institucional que Orestes advendrá como sujeto de decisión asesinando a su madre y vengando así a su padre. Aquí se anticipa, de algún modo, lo que luego constituirá uno de los ejes cruciales de la trama trágica, en especial, en las otras dos piezas de la trilogía en las que Orestes, a partir de defender –con el apoyo de Apolo– la institución sagrada del matrimonio, decide su curso de acción, sufre luego las consecuencias de sus actos y queda finalmente absuelto (cf. *Coéforas*, 904-7, 918-21; *Euménides*, 213-8).

se trata en este caso de uno singular: la casa real[32]. Si bien existe una distancia entre *pólis* y *oîkos*[33], de todos modos, está bien claro que es el rey el que en principio gobierna tanto la casa como la ciudad (580-1, 774-81, 1090-2). Con el desarrollo del drama se hará evidente para los espectadores que ambos aspectos deben guardar entre sí una conveniente separación que torne imposible el heroísmo de una figura tiránica. Pero, por ahora, el palacio ocupa el centro de la escena pública tanto en el teatro como en la *pólis* argiva. Estamos lejos de una figura como Pelasgo que el mismo Esquilo construye en las *Suplicantes*, el soberano argivo que se abstiene de tomar por sí solo una decisión si ha sido la ciudad entera la que recibió la afrenta, situación en la que el heroísmo cívico del rey se sostendrá gracias a la disolución de su poder en beneficio de la comunidad de ciudadanos[34].

Ahora bien, la figura de Clitemnestra, que como esposa sólo debería ser el complemento necesario del *oîkos*[35], muestra mal sin embargo este rol reservado para la mujer en un contexto social en que el varón asume para sí todas las prerrogativas públicas[36]. Cuando la reina finalice su relato sobre la caída de Troya, el corifeo llegará a la siguiente conclusión: «Hablas, mujer, con sensatez, como lo haría un prudente varón» (351). Al inicio de la tragedia, también el vigía se había referido a ella en términos similares: «Así lo manda un corazón de mujer previsora y tan decidida como un varón (*gynaikòs andróboulon*)» (10-1). El corifeo, que había cuestionado los dichos de la reina sobre la guerra, no tendrá más remedio que aceptarlos, pues Clitemnestra ha dado sobradas muestras de la verdad de sus palabras, invocando para ello la garantía de los dioses (272-3)[37].

Ciertamente, la garantía de verdad de lo que se dice radica en los dioses, e incluso un posible engaño también parece ser atributo de las divinidades: si no se trata de algo verdadero

---

32 Véase Fartzoff (1984).

33 Respecto de esta cuestión, Plácido (1994).

34 Cf. *infra*, cap. 14.

35 Al respecto, ver la clara definición de los lugares y roles respectivos del hombre y la mujer que desarrolla Orestes en el diálogo que sostiene con Clitemnestra poco antes de darle muerte (*Coéforas*, 918-21; cf. 663-4). Con relación a estos versos y la significación de *telesphóros* y otros términos ligados a éste, Goldhill (1984b), 169-74.

36 Cf. Goldhill (1984a), 33-42; asimismo Gagarin (1976), 92-5.

37 Respecto de la capacidad persuasiva de Clitemnestra, véase el importante análisis de McClure (1999), 72-92.

decretado por las deidades, puede estar ocurriendo que éstas induzcan a error. Sin embargo, los hombres no tienen nada que les indique que están siendo engañados. La relación entre verdad y divinidad está mediada en el mundo terreno por la falibilidad humana. Alguien pudo percibir mal o pudo ser engañado sin darse cuenta. Esto es relevante porque la palabra en sí carece de garantía si no hay un pronunciamiento divino. Así ocurre cuando el corifeo pregunta a Clitemnestra quién pudo hacerle saber tan rápido la noticia del triunfo ante los troyanos, a lo cual ella contesta: «Hefesto, enviando un brillante fulgor desde el Ida» (281)[38]. Pero la ayuda de los dioses no quita a los mortales su capacidad de decir según unas reglas enunciativas que permiten comprender si se está hablando con acierto o no[39]. En este terreno, el corifeo encuentra en la reina a una mujer que puede hablar con la sensatez y prudencia propias de un varón. Este carácter ambiguo y ambivalente de Clitemnestra, pivoteando permanentemente sobre rasgos femeninos y masculinos, pondrá en evidencia que más que ante una heroína estamos en presencia de un travestimiento de género que hace de la reina uno de los héroes del drama[40]. Para decirlo con las palabras que Yourcenar pone en boca de Clitemnestra: «Poco a poco yo iba ocupando el lugar del hombre que me faltaba y que me invadía»[41].

Pero en su canto posterior, el coro toma inmediatamente distancia del reconocimiento del corifeo y pone en duda las afirmaciones de la reina: un rumor recorre la ciudad, pero la buena

---

38   Cuestión importante, pues cuando en las *Euménides* se plantee nuevamente la cuestión de la verdad, en el contexto del primer juicio por un crimen de sangre, los dichos de Orestes se sostendrán en la decisión que él mismo ha tomado –con el consejo de Apolo–. La verdad de su acto y su justicia se decidirá en el terreno de lo humano, ante el tribunal, y ya no en el de lo divino, por más que Atenea, Apolo y las Erinias sean parte del juicio. Orestes, por su parte, enuncia su verdad sin apelar a los dioses: «La maté; no es posible negarlo» (*Coéforas*, 588). Recién cuando el corifeo pregunte quien lo convenció para que así lo hiciera, Orestes hará de los oráculos de Apolo una de las causas (*ibid.*, 594).

39   Veremos luego que, detrás del problema de la buena o mala *peithó*, la utilización de una lengua elocuente recorre el conjunto de la trilogía. Cf. *supra*, cap. 13-14.

40   El carácter ambivalente de la reina ha sido destacado por varios estudios: Winnington-Ingram (1983), 84-95; Moreau (1985), 185-95; Sommerstein (1989); Iriarte (1990), 115-23; Zeitlin (1996), 87-119; Crespo (2000).

41   Yourcenar (1995), 105.

noticia bien puede no ser verdad, puesto que los dioses pueden estar engañando a los mortales. No conforme con haber dicho esto, los ancianos sostienen también que es propio de una mujer investida de autoridad dejarse arrastrar por una alegría prematura antes de que el suceso realmente se manifieste (475-84). El coro remata su parlamento con una fórmula de tono general: «Crédulo en exceso, el corazón femenino se deja ganar fácilmente al conmoverse con rapidez; pero también, con vida corta, perece el rumor propagado por una mujer» (485-7). Clitemnestra no se inmuta sino que parece acomodarse bien a la idea de una disputa con los ancianos sobre la verdad de los rumores (489-92)[42]. Cuando el heraldo termine de contar las buenas nuevas la reina se mostrará exultante. El coro, por su parte, deberá reconocer que ha sido vencido por los argumentos de Clitemnestra (583-6). Sin embargo, la reina sólo aceptará este reconocimiento a condición de enrostrarle al coro sus propios dichos en contraste con lo que la realidad ha manifestado: se la presentaba como un ser inestable (*plagktós*) que actuaba según las conmociones ocasionales de sus sentimientos, pero el relato del heraldo ha venido a confirmar que ella tenía razón (590-3).

Mientras tanto, Clitemnestra se apresta a recibir al rey jactándose de haber sido fiel y estar diciendo la verdad (605-14). El corifeo no dejará pasar la oportunidad de mostrar la falacia que encierran las palabras de la reina: «Así ha hablado ella para ti conforme lo entiendes –dice al heraldo–, discurso especioso (*euprepôs lógon*) para agudos intérpretes» (615-6). Cuando el corifeo vuelva a referirse a alguna cualidad de Clitemnestra el enigma encerrado en las palabras anteriores estará ya develado. El anciano hará hincapié en lo mismo que ya había destacado en el primer diálogo entre ambos: el modo de hablar de la reina. Sin embargo, lo mismo ya no es lo mismo, y la propia reina señala la distancia entre sus anteriores palabras y las que ahora profiere: «No sentiré vergüenza de decir lo contrario de lo que he dicho antes según era oportuno (*kairíos*)» (1372-3). Puesto que Clitemnestra utiliza los dichos más convenientes conforme las circunstancias se desarrollan, el coro va variando paralelamente su perspectiva sobre su forma de hablar. De la inicial sensatez de prudente varón que le atribuía, hallamos en un segundo momento la duda del coro

---

42 Seguimos aquí a Page (1972), que atribuye a Clitemnestra estos versos y los siguientes hasta la entrada del heraldo (489-502). Sobre el problema de la verdad en estos pasajes del *Agamenón*, Goldhill (1984a), 48-59.

acerca del relato de la reina sobre la victoria en Troya; el hecho de que el coro reconozca la derrota en el intercambio de pareceres cuando la suerte de Agamenón y su ejército se confirma, no hace cambiar su idea en relación con el lenguaje de la reina y la veracidad de sus palabras. Es lógico pues que para el coro la prudencia se trueque en osadía[43]. La reina responde de modo similar a como ya lo había hecho hecho antes: «Intentáis sorprenderme, como si yo fuera una mujer irreflexiva (*aphrásmonos*). Pero yo os hablo con intrépido corazón (*atrésto kardía*)» (1401-2).

Inestabilidad (593), irreflexividad (1401), ambas palabras en boca de Clitemnestra que interpreta con tales ideas la visión que de ella tiene el coro. La reina, en cambio, intenta mostrarse estable y reflexiva tanto en sus actos como en sus palabras. Pero, en rigor, ambas nociones enunciadas por la esposa de Agamenón resultan ambiguas. Sus acciones y sus dichos muestran a un ser capaz de urdir un plan en función de un objetivo estrictamente personal, la venganza. Desde el punto de vista social su actuación es enteramente repudiable: las maldiciones del pueblo harán de ella un ser sin ciudad, objeto de un odio implacable para los ciudadanos (1409-11). No obstante esta sentencia de los ancianos, la reina no se atemoriza sino que asume para sí y para su amante Egisto un poder personal que ratifica las sospechas de que una tiranía se está imponiendo en Argos (1434-6)[44]. El enfrentamiento parece inevitable. La reina amenaza: sólo si los ancianos son capaces de vencer en el combate la reina aceptará la imposición de su poder, pero, en caso contrario, Clitemnestra hará pagar a aquéllos lo

---

43 Osadía que incluso parece estar destacada por la utilización de un lenguaje obsceno por parte de Clitemnestra para referirse al concubinato de Agamenón y Casandra. En efecto, dos recientes estudios han propuesto que no es necesario corregir la lectura *histotribés* de los manuscritos por *isotribés*. Por diferentes vías, Koniaris (1980) y Tyrrell (1980) llegan a una conclusión similar respecto del término *histotribés*: alude al pene erecto. Ambos difieren, sin embargo, en cuanto a cómo considerar a Casandra: mientras que Koniaris sugiere que, de acuerdo con los dichos de Clitemnestra, Casandra aparece como una prostituta o libertina, Tyrrell, en cambio, considera que esto no es así: Casandra es la amante de Agamenón, hecho que provoca los celos de Clitemnestra. El punto importante es que el término obsceno puede tener cabida en boca de Clitemnestra porque ella aparece caracterizada como un hombre. Sin embargo, para el corifeo su lengua ha dejado de ser prudente (*Agamenón*, 351: *euphrónos*) y se ha vuelto osada (1399: *thrasýstomos*).

44 En verdad, como hemos visto en el apartado anterior, la imagen del «león en la casa» aplicada a Agamenón hace de él también un tirano.

que considera una tremenda imprudencia (1421-5). Clitemnestra, subraya Zeitlin, parece decidida a transformar el poder que posee como esposa del rey en una regencia permanente, asumiendo así la actitud política del *týrannos*[45].

Los cantos siguientes pondrán claramente de manifiesto los canales por los que ha venido transcurriendo y aún transcurre la justicia: Dike –la vengadora de Ifigenia– se enuncia en las palabras de Clitemnestra asociada a Ate y las Erinias (1432-3). Se trata del espíritu de la familia, la venganza de la sangre vertida, que antes de que un crimen se apague exige que otro se produzca (1476-80)[46]. La secuencia se remonta hasta Atreo, padre de Agamenón y Menelao, que mató a los hijos de su hermano Tiestes y se los sirvió como manjar en un banquete. Prosigue con el sacrificio de Ifigenia por parte de Agamenón. Y se completa ahora con la muerte del rey a manos de Clitemnestra. Sin embargo, el ciclo de venganzas privadas por los delitos de sangre cometidos no está cerrado ni mucho menos. El coro bien lo sabe y lo enuncia sin dilaciones en más de una ocasión: Dike se prepara para otra acción, para otro destino (1535-6). A un ultraje ha de responderse con otro ultraje. Es ley de Zeus que el culpable sufra: se expolia al que expolia, el que mata paga. Por lo tanto, resulta difícil juzgar. La maldición que pesa sobre esta casa parece irremediable y la estirpe está condenada a la ruina (1560-6).

El ciclo infinito y repetitivo de las venganzas se cierne ya sobre Clitemnestra. Ella lo comprende bien y atempera su lengua y sus pretensiones con el objetivo de que cesen los derramamientos de sangre (1567-76). Pero la reina, que parece ahora querer dejar de lado su rol masculino y su arrogancia cargada de *hýbris*, no podrá evitar la soberbia de Egisto, al que ha invocado antes como un escudo protector (1435-6). En efecto, apareciendo por primera vez en escena acompañado de gente armada[47], Egisto proclama a viva voz su dicha por la llegada del día de la justicia. La venganza ocupa el centro de su discurso. El recuerdo del crimen de Atreo contra los hijos de Tiestes, a la sazón sus hermanos, es invocado ante el coro y el público. Egisto, que hasta aquí ha tenido un rol

---

45 Zeitlin (1996), 91-2.

46 En relación con el problema de la venganza en la *Orestía*, tema tratado profusamente en los estudios modernos, resulta interesante el análisis de Gantz (1977) sobre la imaginería del fuego como símbolo de los aspectos destructivos de la venganza; cf. 28-34, sobre el *Agamenón*.

47 Para esta escena y las que siguen, véase Taplin (1977), 327-32.

enteramente pasivo, casi femenino[48], cabría decir, complementario del rol masculino que ha asumido Clitemnestra[49], se hace cargo a partir de ahora del plan y del crimen. La muerte de Agamenón es también fruto de su venganza (1577-1611)[50].

Dada la *hýbris* de Egisto, que desea convertirse en tirano de Argos junto a Clitemnestra (1632-3, 1638-42), el enfrentamiento con los ancianos se torna inevitable. Su cobardía[51], ligada a su papel femenino complementario[52], es destacada por el coro cuando lo acusa sin tapujos de no haber sido capaz de matar él solo a Agamenón (1634-5, 1643-5). En este contexto, el instrumento de una nueva venganza adquiere nombre propio: Orestes es invocado por los ancianos como verdugo de los tiranos (1646-8). La inversión de roles enunciada por Clitemnestra al hacer de Egisto su protector, se completa ahora en el momento en que ella se interpone entre ambos contrincantes a poco de trabarse en combate: evita el enfrentamiento y sostiene sin disimulo alguno que la suya es la opinión de una mujer digna de ser aprendida (1661). Clitemnestra, aparentemente, ha «retornado» al papel que por su género le correspondería de acuerdo con el orden social imperante y la dominación masculina.

La ley de la venganza ha venido imponiéndose en cada acto de los mortales. Ha arrastrado incluso a los ancianos, que a lo largo de la obra habían tratado de ser prudentes y moderados y que no cesaron de indicar la desmesura de las acciones humanas, como lo muestra su resolución cuando escuchan los gritos de muerte de Agamenón. Su *hýbris* no se debe a su oposición a la tiranía de Egisto y Clitemnestra, sino a su decidida toma de partido por una de las partes, tanto por Agamenón, que no pudo llevar a cabo una digna defensa de sí mismo, como por Orestes, a quien proclaman como el vengador triunfal de los nuevos tiranos. Nada ni nadie

---

48 Cf. Zeitlin (1996), 92; Iriarte (1990), 121, n. 27.

49 Puesto que, por más que no haya aparecido en escena, se sabe de su presencia en el palacio.

50 Interesante resulta respecto de este triángulo de amor y muerte cierto paralelismo que se halla en Heródoto (1, 11-2) en la historia de Candaules, su mujer y Giges. Cf. Catenacci (1996), 168.

51 Casandra contrapone claramente a Egisto con Agamenón a partir de la imagen del león ya mencionada –que desarrollamos en el apartado previo– y denomina a aquél «león cobarde» (*Agamenón*, 1224).

52 Así lo indicará rotundamente Orestes cuando señale que Argos está dominada por dos mujeres, dado que el alma de Egisto es tan femenina como el alma de Clitemnestra (*Coéforas*, 304-5).

parecen poder escapar del ciclo de las venganzas. La *pólis* no constituye aún la pauta dominante.

c) La mácula de Orestes: último acto de una ley

El nuevo ciclo heroico, el de Orestes, se superpone en sus inicios con el ciclo tiránico de Clitemnestra y Egisto, y nos conduce a la segunda pieza de la trilogía. Su regreso a Argos abre el drama, pero sus palabras rápidamente ponen de manifiesto que la tragedia continúa. En efecto, tal como lo anticipara el corifeo en la parte final del *Agamenón*, Orestes mostrará con sus dichos iniciales que el móvil de la venganza sigue siendo el motor de las acciones: «¡Oh! Zeus, concédeme vengar la muerte de mi padre y sé, de grado, aliado mío», proclama abiertamente el hijo de Agamenón (*Coéforas*, 18-9)[53]. La idea de la venganza recorrerá de aquí en más la obra como una muletilla[54]. La devolución de la ofensa recibida, si bien comporta un acto humano, tiene siempre a los dioses como aliados, tal como se aprecia en las palabras de Orestes o en las que más adelante pronunciará el corifeo (119). El enunciado «dar muerte por muerte» (121) estructura el espacio del relato y configura el horizonte de la acción trágica de Orestes. El coro, Electra y Orestes serán los portadores de este enunciado repetitivo, como reiterativo es el ciclo de las venganzas por crímenes de sangre. Dada la forma en que murió Agamenón, argumenta el corifeo, no deja de ser piadoso devolver mal por mal (123). Las plegarias de Electra piden lo mismo: que ante los culpables, los que mataron, se presente un vengador que les haga pagar su falta con la muerte, impartiendo justicia con la ayuda de Gea y Dike (142-4, 148). De inmediato el coro invoca la presencia de un varón provisto de Ares, capaz de liberar con su lanza, sus dardos, su arco y su espada la morada de Agamenón (158-61).

Las expresiones de deseo de la hija de Agamenón y del coro constituyen la anticipación de la escena del reencuentro. Orestes deja su escondite y se muestra ante su hermana[55]. El reconoci-

---

53 En torno a *Coéforas* y los móviles de la acción de Orestes y Electra, Goldhill (1984a), 99-207.

54 Cf. Gantz (1977), 34-7; también Deforge (1997), 77-80.

55 Cf. Wiles (1988).

miento de Orestes por parte de Electra refuerza el pedido: que
Zeus, el más fuerte de todos, junto con Kratos y Dike venga en
ayuda (244-5). El coro trazará una síntesis de las circunstancias
vigentes invocando a las Moiras, Zeus y Dike: «Que a palabras
de odio, respondan palabras de odio... Que por golpe asesino se
pague otro golpe asesino: que el que lo hizo lo sufra» (309-10,
312-3). La venganza es el fin (328, 385-92). Los dos hermanos
y el coro no cesan de reclamarla (398): «Ley es que las gotas de
sangre vertidas en el suelo otra sangre exijan, porque la muerte
invoca a las Erinias, agregando a una ruina (*áten*) otra ruina (*ep'
áte*) que arranca del muerto anterior» (400-4). Los mortales y los
dioses se hallan, pues, convocados para una misma tarea.

Hasta aquí todo parece estar predeterminado. Desde el éxodo
del *Agamenón* ha quedado abiertamente aclarado que Orestes será
el ejecutor de la venganza. Pero los lazos entre el mundo divino
y el terrenal no son tan simples y directos. Orestes ha recibido un
oráculo de Apolo: sus desgracias serán enormes si no va contra
los que mataron a su padre y, en compensación, los mata de igual
forma en que ellos lo hicieron con Agamenón (*Coéforas*, 269-74,
497-9). Sin embargo, la necesidad que la divinidad impone no es
el único motor de la acción, pues los hombres actúan movidos
también por sus propias pasiones y dolores que hacen de ellos
agentes responsables de sus actos (300). El propio Orestes señala
la confluencia de la necesidad divina y la responsabilidad humana:
«¡Vas a pagar el ultraje a mi padre por deseo de los dioses y acción
de mis manos!» (435-7). La acción del héroe trágico transita inevitablemente entre dos órdenes de causalidades. Discernir ambos
niveles no es algo que pueda llevarse a cabo desde una perspectiva
estrictamente lógica y racionalista. Lo que se impone antes bien
es un punto de vista eminentemente práctico, eso que Nussbaum
ha identificado como los diversos niveles de acción del agente
inherentes a una conflictividad trágica[56].

La acción trágica requiere por ende del compromiso del héroe.
En general, su destino, su vida y su futuro quedan supeditados a
la resolución de un crimen, una afrenta del pasado, una situación
inesperada, un enigma. El asunto es siempre materia de decisión
y lucha. Y así lo destaca el coro: «¡Conviene llegar al combate
con inflexible decisión!» (455). En este contexto, los enun-ciados
en torno a las leyes de la venganza adquirirán en boca de Orestes
una formulación notable, que implica reconocer la puja de dere-

---

56 Nussbaum (1995), 53-87.

chos como un enfrentamiento de fuerzas que habrá de resolverse mediante una acción concreta: «¡Ares luchará contra Ares! ¡Dike contra Dike!» (461). Pero inmediatamente el coro no dejará de notar que más allá de la lucha de fuerzas, se trata también de una miseria innata de la estirpe, un golpe discordante y sangriento de Ate (466-8, 472-4).

Ahora bien, los elementos señalados sólo conforman las constricciones bajo las que Orestes habrá de advenir como sujeto trágico. Vemos, por cierto, que un factor fundamental se encuentra ya esbozado: la decisión de Orestes de ser el instrumento así como el artífice de la venganza. Sin embargo, para discernir qué lo asocia y qué lo diferencia de las demás figuras heroicas de la trilogía es necesario seguir las trazas de su acción del mismo modo en que lo hemos hecho con Agamenón, Clitemnestra y Egisto.

Orestes cuenta con una aparente «ventaja» inicial respecto de éstos: la certeza proveniente de Apolo de que su destino está atado a la venganza de su padre. En los casos anteriores, si bien los personajes perciben que deben decidir sus cursos de acción, ni los portentos y augurios enviados por los dioses resultan de fácil interpretación ni las consecuencias que se derivan de sus actos son suficientemente claras para los protagonistas. Orestes, en cambio, sabe por el oráculo de Loxias de qué modo habrá de pagar su culpa si no ejecuta la venganza requerida. Sus dichos al respecto son diáfanos: «Pero me decía una y otra vez (*éphaske*) que lo pagaría personalmente con muchas desgracias repulsivas para mi querida alma» (276-7). El mensaje divino se ha anunciado repetidamente. Apolo incluso alzó formidablemente su voz y le gritó a Orestes las desgracias (271-2). Si entonces Orestes duda acerca de si dar crédito a los oráculos, esto obedece a su propia condición de mortal incapaz de tener por algo enteramente seguro la interpretación del mensaje. Pero de inmediato anuncia su deber de realizar la acción aunque la certeza no sea plena (297-8). Cuando se embarque en concretar la acción, lo profetizado por Loxias será una verdad sin fisuras, pues Apolo nunca engañó a nadie (558-9)[57]. Cierto es que no hay indicios, al menos por el momento, de que Apolo no esté haciendo algo similar a lo que el coro le señalaba a Clitemnestra cuando ella aseguraba que ya era un hecho la victoria sobre Troya y aquél respondía que podía ser un engaño de los dioses. Se esboza, es verdad, un manto de duda

---

57 El coro confirmará, luego de concretado el oráculo de Apolo, la verdad sin engaños de lo que Loxias había profetizado (cf. *Coéforas*, 953-6).

de cara al futuro, pero ello no obedece al hecho de que Apolo vaya efectivamente a engañarlo sino a la incapacidad humana para prever el futuro. El acto a realizar ya está dispuesto. Lo que Orestes no es capaz de percibir son sus consecuencias futuras. Pero con su poder predictivo, Loxias anticipará a Orestes la absolución por el tribunal constituido por Atenea en Atenas (*Euménides*, 79-83).

Delineadas las circunstancias, trazado el objetivo que se ha de cumplir, conocido el mensaje de la divinidad y tomada la decisión, resta entonces saber de qué modo se plasmará en actos el heroísmo de Orestes. El primer elemento a destacar es el deseo de hacer que Clitemnestra y Egisto paguen las culpas usando medios similares a los empleados por ellos. Orestes establece un plan: Electra debe volver al palacio y, haciendo como si nada pasara, guardar silencio, de manera que los que mataron a Agamenón a base de engaños mueran también engañados con idéntico ardid (*Coéforas*, 554-8). Orestes utilizará su astucia haciendo caer en la trampa a Egisto y Clitemnestra. A partir de aquí la acción dramática se organizará en torno al engaño que hará perecer a la pareja de tiranos. La reina, que antes del regreso de Agamenón había preanunciado el cambio de fortuna señalando la posibilidad de que los vencedores se tornasen en vencidos (*Agamenón*, 340), sufrirá ahora consecuencias similares a las auguradas por ella a su esposo[58]. Egisto, que alardeaba sobre su responsabilidad en la suerte de Agamenón y justificaba su papel en las sombras en la necesidad del engaño por medio de una mujer (1636-7), pagará ahora el mismo precio. El coro, reforzando el carácter repetitivo de la venganza, trazará la conexión entre el crimen de Clitemnestra y Egisto y una serie de crímenes, y concluirá que la ilustre Erinia habrá de imponer finalmente sus deseos de sangre (*Coéforas*, 585-652)[59].

Enterado de los sucesos, Egisto se hace presente[60]. En su breve entrada anterior, Clitemnestra ya había anticipado que las

---

58 Así lo percibirá la propia Clitemnestra cuando se entere de que Orestes no ha muerto sino que es él quien acaba de matar a Egisto. «Mediante engaños perecemos igual que nosotros matamos... ¡Veamos si vencemos o nos vencen!» (*Coéforas*, 888-90). Electra también participaría del engaño a Clitemnestra no sólo con su silencio sino en forma activa, si atribuimos a Electra los versos 691-9, según el argumento de Seaford (1989).

59 Ver Stinton (1979).

60 Cf. Taplin (1977), 346-8.

decisiones del palacio le correspondían a él (716). El problema del engaño y la verdad de las palabras ocupan el espacio discursivo tal como ya había ocurrido en el intercambio de ideas entre el coro y la reina en el *Agamenón*, hecho que nos remite al problema de la persuasión[61]. «¿Cómo puedo creer (*doxáso*) –pregunta Egisto– que eso es verdadero y real (*alethê kaì bléponta*)?» (844). La exclusión de la mujer como agente portador de cosas verdaderas y el hecho de que sea Egisto el que decida la verdad de los enunciados (845-7) abonan el terreno para que las palabras del huésped extranjero, Orestes, sean tomadas por Egisto como pruebas evidentes de la verdad. El relato de Orestes es el que se espera de un hombre, un semejante, considerado de acuerdo con las reglas que rigen las relaciones de hospitalidad y amistad (707-8). Siguiendo su instinto tiránico, Egisto pretende ubicarse en el lugar de un juez capaz de discernir la verdad enunciada por el extranjero: «No podrá engañar mi mente clarividente» (854). Esto supone aspirar a tener un poder de carácter divino, de forma que la verdad no escape en nada a su control. Sin embargo, su inteligencia depende de lo que el huésped le diga. Por ende, su capacidad para evaluar está sometida al uso de una lengua persuasiva y al imperio de la opinión, que de alguna manera democratiza el acceso a la verdad. Egisto no muestra otra cosa cuando, al preguntar al corifeo cómo puede creer que se trata de algo verdadero y real lo que se le dice sobre la muerte de Orestes, el verbo *doxázein* aparece en su boca. Su ligadura con la palabra *dóxa* no necesita más comentarios. La opinión implica un terreno en el que la verdad ya no depende del lugar que se ocupa sino de la proliferación de las palabras. Pero además de esto, otra restricción acota el poder de Egisto, mostrando que el tirano es también un mortal: sólo puede esperar la aclaración del asunto a partir de poner a prueba al extranjero y saber por sus propios dichos «si estuvo personalmente cerca de él en el momento de morir, o si lo dice por haberse enterado de un vago

---

61 En *Coéforas*, 726, se invoca la ayuda de Peitho, asunto importante que nos muestra a qué situaciones se asocia la persuasión. El engaño no es tal para quien lo sufre si el que lo perpetra resulta convincente. De todos modos, Peitho recibe en lo inmediato un calificativo, *dólian*, que la liga directamente a la consecución del engaño. La persuasión, pues, tiene por base la falacia, y sigue siendo de alguna manera un producto de la mentira. Y en tanto el engaño parece ser algo de por sí condenable, considerada desde un punto de vista moral la persuasión también lo es. Cf. *infra*, cap. 13.

rumor (*ex amaurâs kledónos*)» (851-3)[62]. Verificar la verdad de las noticias que trae el huésped consiste en privilegiar la vista por sobre el oído, pero teniendo que utilizar el oído para poder discernir si lo que éste cuenta lo ha visto directamente o no. El tirano deberá así confiar en sus sentidos y en la persuasión del huésped. Su pretensión de clarividencia queda sometida a la precariedad de la vida humana; su anhelo de omnipotencia cuasi divina perece, y con él su poder sobre los mortales.

En efecto, las apariencias lo engañan; Egisto sucumbe asesinado por la espada de Orestes (869). Igual que en el asesinato de Agamenón, de la misma manera que en el próximo homicidio de Clitemnestra, la muerte no sube a escena[63]: transcurre tras los bastidores, dentro del palacio, necesariamente fuera del campo visual del público. Cuando por determinación del hado de su padre (927)[64], Orestes proceda a matar a su madre, que le implora en escena que no lo haga, la arrastrará al interior del palacio para hacerlo fuera de la vista del público, junto al cadáver de Egisto (894-5, 904-7, 929-30, 975-9). Se cumplen así dos cometidos correspondientes a dos registros diferentes de la poética trágica: no mostrar la muerte misma es una regla generalmente aceptada por los poetas, es decir, una limitación que el relato trágico se autoimpone; que la pareja de tiranos muera uno junto al otro, tal como había ocurrido con Agamenón y Casandra, responde a las necesidades particulares de la construcción de esta obra, pues así termina por configurarse un movimiento paralelo entre dos destinos igualmente funestos, poniéndose de relieve la *hýbris* que anida en los mortales faltos de prudencia[65].

Pero Orestes no concluye su plan sin sobresaltos. Sólo podrá hacerlo una vez que quede clara la frágil frontera que separa la decisión de la duda. Ante Clitemnestra, que le pide que se detenga y que guarde respeto a la que lo crió (896-8), titubea por un momento sin saber qué hacer. Las intenciones de la reina no parecen ser honestas, pues apenas entendió el sentido del enigma

---

62 Cf. Heródoto, 1, 8, 2: «Pues a los hombres les sucede que los oídos les son más infieles que los ojos».

63 Respecto de este asunto, Taplin (1977), 356-9; cf. Deforge (1997), 81-4, 129-32.

64 El término *aîsa*, hado, que aparece en este verso, ha sido enmendado con *haîma*, sangre, en la creencia de que se adapta mejor al sentido global de la trilogía. Véase Roberts (1984).

65 Con respecto a este paralelismo, Loraux (1985), 53-5.

del esclavo sobre la muerte de Egisto, pidió de inmediato un hacha en función de dar batalla (889). Ahora parece querer ganar tiempo generando dudas en el ánimo de Orestes. Y algún efecto produce. «¿Qué debo hacer?», pregunta a Pílades el hijo de Agamenón, «¿debo sentir escrúpulos de matar a mi madre?» (899). Orestes no puede actuar con la decisión que se había propuesto. El deseo de los dioses y la acción de su propia mano como artífices de la venganza no son una unidad sin grietas. En el terreno humano, la relación entre necesidad divina y responsabilidad del agente sufre interferencias. Si de entrada Orestes creía que tenía una certeza plena, que le había hecho exclamar: «¡Qué yo muera, después de matarte!» (438), ahora la presencia de la madre ha turbado por un instante su mente.

Pílades, quien hasta aquí no había intervenido y que no lo volverá a hacer, toma la palabra: «¿Dónde van a quedar, entonces, esos oráculos de Loxias vaticinados en su templo y tu fidelidad a los juramentos? Piensa que es preferible que todos sean enemigos y no los dioses» (900-2). Este consejo, semejante de algún modo a la opción de Pelasgo en las *Suplicantes*, va a marcar la elección de Orestes ante la disyuntiva planteada. Pílades parece actuar aquí como una especie de *alter ego* de Orestes, como la encarnación puesta afuera de una voz interior que dice lo pertinente para sostener la decisión asumida. Este desdoblamiento funciona, pues, como metáfora de la escisión de ese agente que es el sujeto trágico, que llega finalmente a una decisión no sobre la base de una certidumbre uniforme sino a través de dudas, sufrimientos y angustias sin solución definitiva. El héroe debe apoyarse en las inconsistencias de su ánimo, asumiendo un destino para el que no posee garantías.

Sin embargo, una guía se esboza: como lo pone de relieve Pílades, es necesario ponerse del lado de los dioses[66]. Orestes

---

66 Pero el campo religioso no es un campo de armonía sino de batallas y alianzas, de fuerzas y dominaciones, que configuran un espacio absolutamente atravesado por la lucha por la supremacía, hecho que se manifiesta claramente en este ciclo trágico, y en especial en *Euménides* con la confrontación entre viejos y nuevos dioses. Al respecto, Meier (1988), 183-92. Cf. Solmsen (1995), 186-205; Lloyd-Jones (1971), 90-5. Los problemas que hemos señalado constituyen el centro de interés de dos importantes artículos sobre la *Orestía*: Rabinowitz (1981), 178-86, Cohen (1986), 136-9; cf. también Moreau (1985), 153-70, 276-89; Deforge (1986), 229-313. La articulación en la *Orestía* de lo religioso con lo político ha sido abordada por Bowie (1993b), 12-8. Esquilo también

continúa »

reafirma su elección: «Reconozco que tú ganas –dice a Pílades– y me aconsejas bien (*paraineîs moi kalôs*)» (903). Cuando Clitemnestra intente de nuevo convencerlo de que no lo haga, señalando la presencia de las Erinias vengadoras de una madre, Orestes muestra la firmeza de la decisión, ya no las dudas: «¿Y cómo voy a evitar las de mi padre, si esto abandono?» (925). Ante las alternativas, pues, se impone por necesidad una elección disyuntiva. El héroe entiende que esto no debería suceder, pero no tiene otra salida que actuar dando muerte a su madre o no actuar dejando sin venganza la muerte de su padre (929-30). «¿Qué alternativa está libre de males?», había dicho Agamenón en el momento de optar por el sacrificio de Ifigenia. Aquí ocurre algo similar, y eso es lo que hace del sino del héroe un destino trágico.

Una vez que Orestes lleve a Clitemnestra al interior del palacio, el corifeo hará notar la inexorabilidad del hado heroico. Deplorará el doble crimen de Orestes, aunque tiene esperanzas en que un nuevo orden se instale en la casa que tantas desgracias ha sufrido de manera que no caiga en una completa perdición (931-4). Algo similar había planteado anteriormente, tras el diálogo entre el corifeo y la nodriza, pidiendo que los dioses rediman con una nueva justicia la sangre vertida antaño en los crímenes sucedidos y que el viejo homicidio no tenga más crías en el palacio (803-5). Tanto antes como después del crimen de Orestes comienza a vislumbrarse la necesidad de dejar atrás la antigua forma de punir los crímenes de sangre y que una nueva justicia se organice.

Sin embargo, el ciclo no está cerrado ni mucho menos. La venganza ha sido el móvil de la acción de Orestes. Dike, la hija de Zeus, estuvo de su lado (948-9). Los dos tiranos pagaron sus delitos (973-4). Pero el coro y Orestes comprenden que el mismo destino que sobrevoló sobre los demás miembros de la familia también se cierne sobre el hijo de Agamenón (1007-9, 1016-7). El coro lo dice sin ambages: «Ningún mortal puede atravesar una vida libre de daño sin pagarlo (*átimos*)... ¡Tan pronto ha pasado una pena, otra que viene!» (1018-20). Orestes ve entonces la presencia de las Erinias. Mientras tanto, comienza a perder su sano juicio[67]. Vienen a su mente los vaticinios de Apolo, toma

---

desarrolla este conflicto entre viejos y nuevos dioses en el *Prometeo encadenado*; al respecto, Saïd (1985), 326-40, que compara las *Euménides* con el *Prometeo encadenado* justamente en función de esta lucha entre las divinidades antiguas y las más jóvenes.

67　Sobre esta escena, Brown (1983).

los atributos del suplicante y se dirige a su templo en Delfos para purificarse. Pero percibe también que la mancha que le quedará por el crimen cometido trascenderá su muerte: su fama será la de asesino de su madre (1021-43). Cuando se apresta a marchar comienza a ser perseguido por la misma justicia por él practicada. Unas mujeres iguales que Gorgonas, vestidas de negro, enmarañadas en múltiples serpientes, goteando por sus ojos repugnante sangre, se le aparecen: las Erinias vienen a cobrarse venganza por la muerte de Clitemnestra. Sólo él las ve (1048-50, 1053-4, 1057-8, 1061-2)[68]; sólo él en su estado de locura adquiere el don de la clarividencia[69].

La singularidad de la situación de Orestes adquiere nuevamente relieve. Si para ejecutar la venganza recibió en forma directa la palabra de Apolo, sin portentos de por medio que interpretar, ahora, sin mediar señal alguna en el mundo tangible de los mortales, recibe la amenaza de las propias Erinias. Sus padres sólo actuaron sobre la base de indicios y premoniciones. Agamenón y Clitemnestra recibieron sus Erinias mediante la conjunción del deseo divino y una mano humana. Pero Orestes no; tanto para bien como para mal, sus interlocutores han sido y siguen siendo los propios dioses. Su huida hacia Delfos para suplicar a Apolo, la venganza de las Erinias que lo seguirán dondequiera que vaya, la intervención de Atenea, muestran al público en qué contexto seguirá la acción dramática. Cuando la escena de *Euménides* se abra, un hecho singular se hará visible para los espectadores, de acuerdo con la singularidad de la situación de Orestes: los dioses han bajado al mundo de los hombres. El coro, con sus últimas palabras en el éxodo de *Coéforas*, dejará planteado el problema a resolver: «¿Dónde acabará en verdad, dónde terminará por dormirse la cólera de Ate?» (1074-6).

d) Imágenes trágicas
de un heroísmo imposible

La tiranía ha quedado instaurada en Argos de la mano de los crímenes de sangre, una impresión que los coros tanto de *Aga-*

---

68 Cf. Maxwell-Stuart (1973).

69 No estamos, ciertamente, ante «las bendiciones de la locura» de las que

continúa »

menón como de *Coéforas* confirman explícitamente. En *Agamenón*, el término tirano aparece en dos ocasiones (1355, 1365), en boca de dos coreutas, en el momento en que el coro se disuelve y Clitemnestra y Egisto están imponiendo su tiranía sobre la ciudad. Este uso del vocablo se diferencia del que se hace cuando, a guisa de burla, el coro se refiere a las pretensiones de Egisto de transformarse en «el rey (*týrannos*) de los argivos» (1633). La referencia a los argivos comandados por Agamenón como el león carnicero (*omestès léon*) que destruye Troya lamiendo la sangre tiránica (*haímatos tyrannikoû*) hasta saciarse (827-8) nos muestra la ambigüedad del término, pues en verdad nunca es inocente su uso en el discurso trágico. En *Coéforas* la ambigüedad se repite: el vocablo aparece en boca del coro aplicado a las divinidades ctónicas, en contigüidad inmediata con el término *basileús* (358-9); en boca de Orestes, en directa referencia a la forma indigna en que murió Agamenón en tanto rey (479); y otra vez en boca de Orestes pero aplicado ahora al poder tiránico de Clitemnestra y Egisto (973).

En el marco de la justicia privada de la sangre sería esperable la continuidad de este tipo de poder. Sin embargo, la venganza de Orestes no dará paso a un nuevo reinado tiránico. Es verdad que así como el ciclo de Agamenón se cerraba con un impío asesinato, así también el nuevo ciclo heroico parece de antemano estar predeterminado por idéntica lógica. Pero el público presente en el teatro verá con el desarrollo de la trama de las *Euménides* que no tiene por qué esperar la continuidad de la justicia privada, el ciclo de los crímenes de sangre y la tiranía.

Como se sabe, todo esto hallará su punto de detención en la propia Atenas. Orestes es juzgado por el primer tribunal humano fundado por Atenea[70]. Su derecho, y con éste el de su padre, triunfa por sobre el de la madre. Atenea vota a favor suyo y declara sin ambages que lo masculino debe imponerse sobre lo femenino: la ley del matrimonio es ley fundamental de la *pólis*. Orestes puede entonces regresar a su Argos natal, ciudad ahora aliada a Atenas. ¿Volverá simplemente para ocupar el lugar dejado vacante tras la

---

habla Sócrates en *Fedro*, 244a; cf. Dodds (1980), 71-102. En cuanto a la *Orestía*, el problema ha sido tratado globalmente por Simon (1984), 119-26. Sobre este estado de locura en el que cae Orestes, un estado en verdad transitorio, véase Padel (1992), 162-92; (1997), 53-5, 101-4, 125-9, 257-60.

70 Respecto de la imagen de la tiranía que brinda la *Orestía* a los atenienses, cf. McGlew (1993), 190-6.

muerte de su padre? Ciertamente, el cierre del drama transcurre plenamente en Atenas, lo cual no permite ver qué ocurre desde entonces en Argos. Pero el mensaje que se desprende de los versos finales de las *Euménides* implica la conformación de una oposición, resuelta de antemano, entre Atenas y la tiranía: mientras que ésta se asocia al despotismo y la anarquía, aquélla resulta su absoluto contrario (696; cf. 527). ¿Orestes, pues, volverá a su tierra para transformarse en un «león en la casa», tal como lo fue su padre? La restitución de Orestes a su lugar de heredero[71] no dejará las cosas como estaban antes de la partida de Agamenón hacia Troya. En primer lugar, el ciclo de las venganzas privadas parece definitivamente cerrado. Pero, en segundo lugar, el poder de Orestes una vez restituido al frente de su *oîkos* y su *pólis* ya no podrá ser el de un tirano. La justicia colectiva que lo ha absuelto en Atenas de la culpabilidad por el matricidio exigirá que desde entonces sea la *pólis* la que se sitúe por encima de los hombres: el héroe trágico, tras haber devenido en tirano frente a la comunidad reunida en el teatro, sucumbe ante el poder colectivo encarnado por la ciudad, la misma que ha estado observando sus dilemas y su caída. El tirano bajo la máscara del héroe oficia así como una especie de espejo en negativo de la comunidad política y su «moral social»[72]. Dice Miralles[73]:

«La tragedia griega, ofreciendo al comienzo una visión nueva, compartida, una ilusión que refunda y pone en cuestión a los héroes de la tradición, traduce, al final, una desilusión colectiva, brevemente: la imposibilidad del heroísmo. Porque los antiguos héroes vueltos a la vida no han podido resistir a la mirada frente a frente de toda la ciudad: una mirada que los encierra en sí mismos enfrentándolos a una realidad que pone en evidencia su crisis sin remedio ante el juicio de la ciudad, a los ojos de los espectadores».

Pero el tirano no es el único espejo en negativo que la tragedia elabora. La figura del bárbaro, por caso, es otro de los elementos centrales que en su paso por la escena trágica contribuye a delinear la identidad cívica ateniense[74]. Y aún más importante resulta

---

71 Cf. Patterson (1998), 143.

72 Lanza (1997), 19-46. Para una genealogía de las imágenes del tirano y el héroe, Catenacci (1996).

73 Miralles (1992), 75.

74 Véase Hall (1989), 160-200.

en esta tarea la construcción de las imágenes de la mujer y lo
femenino respecto del dominante mundo masculino de la *pólis*[75].
Según Zeitlin[76]:

«Para Esquilo la civilización es el producto último del conflicto entre fuerzas opuestas, realizada no a través de una
coincidentia oppositorum sino a través de una jerarquización
de valores. La solución, por consiguiente, coloca lo olímpico
sobre lo ctónico en el nivel divino, lo griego sobre lo bárbaro
en el nivel cultural y lo masculino sobre lo femenino en el
nivel social. Pero el conflicto masculino-femenino subsume
los otros dos proveyendo la metáfora central que "sexualiza"
las otras disputas y las atrae dentro de un campo magnético,
aun cuando mantenga su propia función emotiva en la dra-
matización de los asuntos humanos».

En efecto, la configuración de la tiranía en la *Orestía* se establece en relación directa con el modo en que se instituye lo
femenino y lo masculino en los diversos personajes del drama. En
este sentido, la fuerte imagen de Clitemnestra, con su ambivalente
rol desde el punto de vista de lo que cabría esperar del género
femenino, resulta inentendible sin el lazo complementario, y en
principio invertido, que sostiene con Egisto. Por otra parte, la
disposición que el discurso trágico asigna a Clitemnestra no puede
desligarse de sus oposiciones, enfrentamientos y conflictos con el
mundo masculino: primero, con Agamenón; después, con el coro
de ancianos; finalmente, con Orestes; momentos que nos muestran
la interacción de lo masculino y lo femenino en la construcción
de la figura del tirano en la Atenas democrática. El despliegue de
esos momentos en torno al personaje central de Clitemnestra nos
lleva así por un desarrollo en el que, simultánea y sucesivamen-
te, se van destacando los aspectos concernientes a la tiranía y el
género, al conflicto y la dominación, como otras tantas facetas de
su carácter trágico.

Con la fundación por parte de Atenea del primer tribunal
humano, es Atenas la que finalmente sube a escena. La tiranía

---

75 Acerca de lo femenino en la tragedia griega, véase Foley (1981); Zeitlin
    (1996), 341-73; Des Bouvrie (1990), 110-31. Sobre lo femenino en general,
    cf. Cantarella (1991), 63-89; Loraux (1995b), 3-43, 227-48. Respecto de
    la mujer en la sociedad ateniense, Mossé (1990), 52-87; Osborne (1997);
    Jameson (1997b).

76 Zeitlin (1996), 87.

es abolida; el acontecimiento trágico de la política ha tenido lugar[77]. Una vez que esto ocurre, el último héroe de la dinastía de los Átridas tiene que aceptar actuar dentro del nuevo marco institucional establecido por la comunidad. Pero esta aceptación tiene una contrapartida que afecta no sólo a Orestes sino a la humanidad entera tal como ella se instituye sobre la escena trágica: el poder del hombre se impone definitivamente sobre el poder de la mujer, puesto que «si Esquilo está interesado en el edificio del mundo, la piedra angular de esta arquitectura es el control de la mujer, el prerrequisito social y cultural para la construcción de la civilización»[78]. En efecto, tras haber sido exculpado de su crimen queda claro que junto con la suerte de Orestes se ha resuelto también la suerte futura de la *pólis*. Y es en este punto cuando las imágenes de los «otros» respecto de la comunidad viril quedan definitivamente confrontadas, emplazadas y rechazadas. Si la arrogancia de Agamenón ya resultaba en sí misma condenable para el público ateniense, Esquilo tiende a resaltar con mayor fuerza aún la *hýbris* que significa para el orden de la ciudad no sólo la presencia de la tiranía sino sobre todo el hecho de que ese poder esté en manos de una mujer[79], que se instaure una ginecocracia y que, además, este dominio se haya instituido a partir del adulterio y el asesinato del marido y con la anuencia de un hombre incapaz de llevar a cabo su cometido de venganza por sus exclusivos medios, aceptando así un rol femenino execrable por su renuncia a lo propio de su género y por su subordinación al poder de una mujer[80].

Es en este sentido que la reflexión del discurso esquíleo resulta fundamental para delinear un pensamiento sobre las condiciones de la política democrática ateniense. Pues las invocaciones de Atenea y el coro al final de *Euménides* para que no exista conflicto interno y todo el poder de la ciudad se vuelque hacia los enemigos de afuera (861-6, 976-87), implican no sólo la condena de la *stásis* sino también de la tiranía, despotismo que Atenea y el coro ya habían censurado y que en Esquilo se ve reforzado a partir de la asociación con lo femenino y la usurpación tiránica del poder. De esta manera, el tirano y la mujer se funden en un otro destinado

---

77 Cf. *infra*, cap. 13.

78 Zeitlin (1996), 88.

79 En cuanto a la *hýbris*, según la tragedia, como algo «natural femenino», cf. Lachaud (1991), 42-4.

80 Véase Lanza (1997), 63, 137; cf. Iriarte (1990), 146.

a convocar en la mente de los ciudadanos los beneficios de una
política decidida colectivamente por la comunidad masculina.

Así pues, bajo los aspectos de la venganza y el conflicto, la dominación y el género, hemos querido reflexionar sobre las imágenes del tirano que la tragedia construye de cara al público reunido
en el teatro. El héroe trágico nos sitúa, entonces, ante una figura
tiránica que no puede tener lugar en la ciudad democrática, cuya
presencia sólo puede adquirir la forma de la representación de una
ausencia[81]. Y esta representación de lo ausente en la escena teatral
cumple un papel fundamental en el diseño de la identidad cívica
ateniense[82], pues, como propone Lanza, «en la representación del
tirano, un aspecto específico aparece: su personaje constituye un
punto de encuentro entre la *pólis* verdadera y la *micropolis* de
la interioridad individual. Pero no se puede considerar estos dos
niveles como si fueran paralelamente análogos, sino que el juego
de las correspondencias se transforma en un juego de resonancias
que se ponen de relieve recíprocamente subrayando el carácter
"político" de la representación trágica»[83].

---

81 Respecto de este punto, Marin (1993), 11.

82 Sobre esta cuestión, Boegehold y Scafuro (eds. 1994).

83 Lanza (1997), 45-6.

Capítulo XIII
El acontecimiento de una nueva justicia en la *Orestía*[1]

a) Del *oîkos* a la *pólis*: el recorrido de la justicia

La escena se abre. Apostado en la azotea del palacio, el vigía comienza a recitar el prólogo[2]. Su tedio por un penoso y repetitivo trabajo indica que el tiempo parece haberse detenido. Los días y las noches se suceden de manera que el firmamento ha ido perdiendo para él sus secretos. Un año ha transcurrido ya desde que esta rutinaria tarea comenzó. Todo se ha movido hasta aquí según lo previsible. Pero, súbitamente, la sorpresa: el vigía prorrumpe en llanto. Su tedio da paso a la angustia y a las lágrimas: la casa ya no se rige como antaño, es una morada infortunada.

Es cierto, falta su jefe. Su regreso podrá poner las cosas en su lugar natural. Sin embargo, ¿qué enigma es ese que deja flotando tras de sí el vigía con sus últimas palabras antes de salir de escena? ¿Qué es eso que el palacio mismo podría contar si tuviera voz y que el vigía no va a relatar a los que nada saben? El anuncio luminoso de la antorcha no presagia la aclaración del enigma sino episodios totalmente inversos, oscuros[3]. Pero quienes los conocen, callan.

---

1   Una versión previa se publicó como «El pensamiento trágico de la política democrática. El acontecimiento de una nueva justicia en la *Orestía* de Esquilo», *Gerión*, 17 (1999), 179-211 (Universidad Complutense, Madrid).

2   Respecto del comienzo de la trilogía, Taplin (1977), 276-7.

3   Vernant y Vidal-Naquet (1987), 137: «La *Orestíada* se abre con la apa-

continúa »

Los protagonistas deberán descubrirlos por sí mismos, dilucidando así su propio destino.

El tiempo del tedio da paso a un tiempo de definiciones. En un lapso relativamente breve todo un ciclo habrá llegado a su fin, abriéndose camino una nueva temporalidad. En el transcurso de esta tremenda mutación, lo que parecía ser el infortunio de una casa se mostrará como un cataclismo que arrastrará no sólo a los hombres sino incluso a los dioses. Del héroe épico a la comunidad trágica, de la venganza privada a la justicia colectiva, de los antiguos dioses a las nuevas divinidades, las fuerzas violentas del Caos deberán dar paso al orden no menos violento del Cosmos, siendo diversos los niveles implicados en las vastas y profundas transformaciones que habrán de producirse. Sin embargo, todas estas polaridades no constituyen más que las expresiones de un único desplazamiento que es producto de una fuerza: la *pólis* como comunidad basada en una justicia política que vemos instituirse al final de las *Euménides*, es la imposición de un orden nuevo, el de los dioses olímpicos, cuyo cosmos periodiza la situación previa asignándole el lugar relativo del caos.

Múltiples son los campos semánticos que la tragedia articula según se considere uno u otro nivel del relato. Empero, esta multiplicidad de planos no significa separación, pues en Esquilo poesía y sentido trágico van de la mano. «Se trata de la misma y única dimensión del texto. Entre la metáfora y el presagio, la imagen y el signo de procedencia divina, existe una continuidad, como si los leones o las águilas de las apariciones y comparaciones irrumpieran de pronto en escena. Esta continuidad es posiblemente el aspecto más sorprendente del arte de Esquilo»[4].

Pero en la *Orestía* este conjunto de imágenes, metáforas y signos tiende a enmascarar aquello que terminará saliendo a plena luz a lo largo de las *Euménides*: el mundo de lo político. Así, la oposición entre naturaleza salvaje y civilización se halla presente por doquier. E incluso cuando se produzca el enfrentamiento entre los dioses, sólo en apariencia se dejará de lado el

---

rición de la antorcha que desde la Troya destruida trae a Micenas el "día en plena noche", "en invierno un retorno del verano", pero que presagia en realidad episodios inversos respecto a su apariencia». Cf. Tracy (1986).

4   Vernant y Vidal-Naquet (1989), 110-1. Sobre los problemas interpretativos inherentes a los diversos niveles del texto trágico, Heath (1987b), 124-64; cf. Segal (1986), 359-75; (1987), 13-42; Miralles (1989).

mundo humano, pues de lo que se trata siempre es del hombre y la ciudad[5]. Estos contenidos políticos van a cobrar toda su dimensión en torno al problema de la justicia, asunto que un rápido recorrido por los ejes principales de la trilogía pone inmediatamente de relieve.

En el *Agamenón*, la casa real ocupa de entrada el espacio escénico de la tragedia. La desmesura y la justicia de las acciones humanas se adueñan paralelamente del desarrollo del relato. Los roles sobresalientes de individuos singulares, la cadena sin fin de las venganzas privadas, en fin, los crímenes de sangre, todo nos conduce a un ámbito social donde el *oîkos* aristocrático tiene reservado los lugares de privilegio. En ese perímetro transcurrirá, necesariamente, el drama familiar que implica una justicia ligada a las venganzas por crímenes de sangre. Antes de que este ciclo quede interrumpido, antes de que la política emerja poniendo en ruptura este universo, la centralidad de la casa es, pues, un elemento que se destaca desde los primeros versos del drama.

Pero el *oîkos* de Agamenón no es uno más dentro del conjunto aristocrático, dado que la función dirigente y el liderazgo del rey hacen de su casa el sostén principal del gobierno de la ciudad (*Agamenón*, 18-20; cf. 2-3, 26-7)[6]. En tanto el palacio es el centro de las decisiones políticas, en el universo aristocrático, la casa real y la ciudad tienden tanto a identificarse como a oponerse. Así, aunque en un lugar en apariencia subordinado, la *pólis* se vislumbra como otra de las condiciones necesarias para la vida social de los hombres[7].

El segundo elemento que vemos aparecer va a denotar inmediatamente la presencia de un lenguaje de tipo jurídico: «poderoso querellante» (*mégas antídikos*) es la apelación que reciben los Átridas, Menelao y Agamenón (41), en su contienda contra Príamo, de modo que la guerra entre griegos y troyanos aparece planteada como un litigio (cf. 813-8)[8].

Hasta aquí han hablado los hombres. En el final de las *Euménides*, los hombres ya no hablan, lo hacen los dioses. Las Erinias

---

5   Vernant y Vidal-Naquet (1987), 156; cf. 157-9.

6   Cf. Gagarin (1976), 58, 62, 108.

7   En *Agamenón*, 29, se registra la primera aparición del término *polis* referido a Troya. Para una relación de la ocurrencia del término *pólis* en el *Agamenón*, Italie (1955), *s.v.* Cf. de Romilly (1977), 11-8; Plácido (2000).

8   Véase MacLeod (1982b), 133-4.

acaban de aceptar ser vecinas de Palas (*Euménides*, 916). Atenea señala entonces de quién es el triunfo: Zeus Agoraios, el protector del diálogo, vence para siempre la rivalidad (*éris*) en el bien (974-5). Las Erinias devenidas en Euménides invocan a su turno una protección duradera contra la discordia civil (*stásis*) dentro de la ciudad (977-9).

Sea, pues, el conflicto y la concordia. Del principio al fin, el *oîkos* y la *pólis*. De un extremo al otro, los hombres y los dioses. El contexto de este recorrido, un condensado de palabras clave para abordar el sentido político de la trilogía. El recorrido mismo: la trayectoria de la justicia. En tal marco, las acciones sobre *díke* constituirán el motor de las diversas escenas del drama que conducirán al desarrollo del desenlace trágico. Puntualicémoslo brevemente según los distintos actos de los principales personajes de la trilogía.

Agamenón da muerte a su hija Ifigenia como si fuera una víctima animal para un sacrificio religioso. Luego de esto destruye Troya y habilita a los ejércitos para que puedan saquear todo a su paso. Clitemnestra, por su parte, quiere vengar la muerte de Ifigenia, pero también desea continuar su relación adúltera con Egisto, por lo cual encuentra un doble motivo para asesinar a Agamenón. Egisto, a su turno, quiere vengar a su casa de una afrenta pasada; pero de su modo de actuar se induce el deseo de usufructuar una situación que no le corresponde: es un usurpador. Los ancianos de Argos argumentan que todo se mantuvo en orden y paz durante la ausencia de Agamenón; pero saben lo que viene ocurriendo en el palacio, y, aunque lo callan, no les es difícil augurar un futuro conflicto no lejano. Orestes se ampara en el derecho de la sangre y asesina a su madre, pero, en realidad, ha dado preeminencia al lazo matrimonial por sobre cualquier otra institución o vínculo de parentesco; por tanto, toma partido por su padre y condena la injusticia cometida por su madre. Las Erinias evocan el derecho de sangre, pero también ellas toman partido, aunque por la madre en este caso; al hacerlo así, se muestran prescidentes respecto de la acción cometida por Clitemnestra[9], que asesinó al rey Agamenón. Finalmente, una instancia judicial nueva se interpone entre las partes y mediatiza sus intereses en función de un interés superior y equidistante, colocado *es*

---

9   Respecto de la relación entre Clitemnestra y las Erinias, cf. Moreau (1985), 171-4.

méson, con respecto a las fuerzas en pugna: el primer tribunal humano para juzgar los crímenes de sangre fuera del circuito de las venganzas privadas.

b) Sobre héroes y dioses: el advenimiento trágico de la política

En la conformación de la subjetividad trágica que se esboza en la *Orestía*, heroísmo y justicia colectiva son dos enunciados que se encuentran contrapuestos. Existe entre ambos lo que ha dado en llamarse una interferencia trágica[10], o también, según otra perspectiva, un conflicto práctico[11]. A lo largo del drama, individuo y comunidad se implican y se rechazan constantemente de acuerdo con una dialéctica en la que el primero posee en principio una fuerza superior, fuerza que la segunda amenaza cercenar. Esta contraposición será luego una inversión: el individuo deberá subordinarse al poder de la comunidad, haciéndose evidente entonces que para que un horizonte político pueda advenir en el interior de la ciudad, la tiranía tendrá que ser expulsada a su exterior necesario.

A través de una secuencia temporal jalonada por la *hýbris* del héroe[12], se describirá y se pondrá de manifiesto ante el público que la tiranía no ha de tener cabida en el marco de la ciudad democrática. Agamenón, Clitemnestra, Egisto y Orestes deberán ceder sus privilegiados lugares de poder en favor de la comunidad. La imposibilidad del heroísmo, su fracaso incluso, constituirá el campo sobre el cual se fundará el advenimiento de la nueva justicia. Se trata, en rigor, de una paradójica imposibilidad, pues estos héroes trágicos, a pesar de remitir al pasado, un pasado ciertamente mítico, evocan en realidad una situación simbólica y son, por tanto, contemporáneos de quienes los contemplan, es decir, tienen existencia. De allí la paradoja de esta figura heroica.

En el marco delimitado por la encadenamiento de la *Orestía*, la alteridad fugaz e irrepetible de un acontecimiento único trazará las fronteras entre lo nuevo y lo viejo. Estamos ante

---

10 Loraux (1973).

11 Nussbaum (1995), 51-130.

12 Respecto de este problema en el marco de la *Orestía*, Fisher (1992), 270-95.

un momento privilegiado: los dioses, que han bajado al mundo humano, demuestran que *no pueden ya* juzgar al héroe; en contrapartida, los mortales *no pueden aún* decidir sobre sus actos[13]. Atenea establece entonces un tribunal. El héroe deberá enfrentar y asumir la mancha que lo avergüenza ya no ante la todopoderosa mirada de los dioses. Más que nada, tendrá ahora que absolver su culpa confesando y sometiéndose al juicio y al escrutinio de los hombres[14]. Pero para esto será menester que la comunidad humana se organice, dándose para sí misma instituciones y procedimientos a la vez públicos y colectivos. La política advendrá entonces en el acto mismo en que un tribunal humano juzgue por vez primera un crimen de sangre, mostrando que, de ahora en más, resultará imposible que un individuo imponga su voluntad particular por encima de la voluntad general de la comunidad. El héroe deberá someterse, ser juzgado y aceptar su culpa y su condena. La comunidad impondrá así su ley. La emergencia de la política habrá tenido lugar...

Se trata pues de determinar cuál es el sentido político de la *Orestía*[15]. Esto conlleva plantearse el problema de la justicia. Pero ¿de qué justicia se habla? ¿La de la venganza? ¿La que la reemplaza? Estas preguntas, que Thomson se formulaba más de medio siglo atrás, siguen siendo de momento válidas, más allá de que sus respuestas estén hoy día superadas[16]. Como lo ponen de manifiesto Podlecki, Gagarin, MacLeod y Goldhill[17], el problema central de la trilogía no es otro que el de la justicia, ya sea en el plano del *oîkos* –donde el ciclo sin límite de las venganzas tiene lugar–, ya sea en el marco de la *pólis* –en tanto producto del nuevo

---

13 Son ideas de Gernet (1980), 213.

14 De manera general, cf. Dodds (1980), 39-70; en torno a Esquilo, Miralles (1968), 57-110.

15 Una obra como la *Orestía*, única trilogía trágica conservada, no puede más que provocar una constante renovación de los análisis por parte de los estudiosos modernos. Cf. Herington (1986), 111-56; Ireland (1986), 23-33; Heath (1987b), 17-31. Últimamente merece destacarse el libro de Goldhill (1992), 22-92; también Rehm (1992), 77-108. Más recientemente, véase la discusión entre van Erp Taalman Kip (1996) y Garvie (1996) en torno al nivel en que debe ubicarse la unidad de la trilogía. Las diversas versiones del mito, de Homero a los trágicos, han sido recogidas por Fernández Canosa (1990).

16 Thomson (1949), 397.

17 Podlecki (1966a), 63-80; Gagarin (1976), 66-73, 76, 79; MacLeod (1982b), 133-8; Goldhill (1984a), 208-83.

orden–[18]. En este contexto, la intervención de los dioses resultará insoslayable, puesto que el pensamiento político de Esquilo se halla atravesado por una concepción teológica que tiene en Zeus su vértice medular[19]. Es cierto que Esquilo no trata el asunto de la justicia exclusivamente en la *Orestía*. Pero ella nos ofrece un movimiento temporal que permite comprender los cambiantes enunciados que pueden articularse en torno a *díke*.

Esto es lo que desde campos diversos y a partir de perspectivas de análisis muy distintas han señalado Meier y Badiou. Desde un punto de vista histórico, el primero sostiene que lo que Esquilo representa en la *Orestía* es un gran paso adelante en la historia de la civilización, pues se deja atrás la primitiva e inexorable cadena de venganzas –en la que el poder de la casa domina y los individuos hacen justicia por sí mismos– pasándose a una justicia permanente de la *pólis* donde el poder queda en manos del conjunto de los ciudadanos que integran la ciudad. Esta ruptura de la cadena de venganzas aparece como parte de un suceso que arrastra también a los dioses, y por eso transforma al mundo entero. De lo que se trata, en defintiva, es de la constitución de la *pólis* como un poder por encima de todos los particulares. Meier destaca que éste es el aspecto esencial de la trilogía, hasta el punto de que en el final de las *Euménides* la acción transcurre de lleno concentrada sobre Atenas y su reordenamiento político[20].

En un plano filosófico-político, Badiou aduce que el carácter trágico de la *Orestía* se pone en movimiento a partir de la muerte de Agamenón. Que Orestes se vea llevado a dar muerte a su madre (que a su vez ha matado a su padre), es algo que en cierto modo está prescrito por la dinámica infinita de las venganzas. Se trata de un espacio repetitivo que el coro nombra claramente: «Que un golpe

---

18 Ciertamente, esta dicotomía no es tan rígida como acabamos de plantearla, puesto que hay en rigor proyecciones recíprocas entre ambos términos. La relación dialéctica entre opuestos permite que los contenidos de uno y otro queden incorporados en su contrario. Los vínculos entre *oîkos* y *pólis* se resolverán, por decirlo de algún modo, a favor de este último término pero conservando elementos ya esbozados, como la ley del matrimonio defendida por Orestes, que asigna al hombre la autoridad sobre la mujer dentro del *oîkos* permitiendo que la *pólis* pueda reproducir sus ciudadanos. Cf. Plácido (1994), que pondera los mecanismos mediante los cuales la autoridad masculina se impone no sólo en la *pólis* sino también en el *oîkos*.

19 Véase Lloyd-Jones (1971), 79-103.

20 Meier (1988), 168.

mortal sea punido por un golpe mortal» (*Coéforas*, 309-10, 312-3).
Lo ilimitado es, por cierto, la deuda de sangre. Pero la trilogía se
orienta hacia el advenimiento en ruptura de lo nuevo, a partir de
un decreto excéntrico por ser de Atenea: es necesario interrumpir
la repetición infinita de las muertes por medio del acontecimiento
de un derecho nuevo que recomponga totalmente la lógica de la
decisión. Badiou concluye entonces que, «contra lo ilimitado de
la vieja regla, se trata de zanjar el litigio engendrando una nueva.
Coraje divisible del consejo, intrínsecamente referido a la justicia
del número. Que la división igualitaria de las voces selle la decisión
simboliza un cambio radical en el concepto mismo de lo que es
–y puede ser– una decisión. Escisión en la esencia del derecho.
La promulgación de Atenea produce una torsión igualitaria a partir de la cual la nueva coherencia jurídica, la de la deliberación
mayoritaria sin apelación, percibida y practicada, interrumpe la
serialidad mecánica de las venganzas»[21].

La fundación de una nueva justicia como atributo de la *pólis*,
capaz de dejar atrás la justicia privada, es de suyo un hecho político. La propia aparición del tribunal del Areópago señala que
la justicia queda desde entonces sometida al imperio de la ley y
las instituciones de la ciudad. No se trata de que los dioses ya no
intervengan. Pero desde entonces su integración con el mundo
humano seguirá otros canales[22]. Por otra parte, la construcción de
Esquilo se aboca no sólo a narrar el mito principal que da nombre
al conjunto, sino que se detiene también en otros mitos, dando
mayor riqueza expresiva al conjunto en función de manifestar a
la audiencia los códigos políticos de la *Orestía*. De este modo,
los mitos son tomados para tratar de ver los cambios recientes, en
una estructura en la que se articularán aspectos violentos (como la
sucesión de Cronos por Zeus) con otros no violentos (como la sucesión en Delfos). En las tradiciones míticas, el público ateniense
encontrará elementos que le permitirán elaborar en un sentido u
otro bajo qué condiciones adviene la nueva justicia[23].

Cabe observar que si bien los hombres cometen *hýbris* en
el contexto de una determinada forma de *díke*[24], no es menos
cierto que en la aplicación de la justicia son los dioses los que

---

21 Badiou (1982), 180-2 (cita en 182).

22 Sobre la relación entre hombres y dioses, cf. de Romilly (1980), 90-134.

23 Cf. Bowie (1993b). En forma general, Easterling (1993); Sourvi-
    nou-Inwood (1994).

24 Cf. Solmsen (1995), 221-4.

establecen para los hombres los premios y castigos. Se trata de un justicia cósmica cuyo cumplimiento encuentra en Zeus y Dike a sus principales actores inmortales. Pero el mundo humano y el de las deidades se hallan recorridos por una noción de justicia que no está absolutamente fija sino que, como lo pone de manifiesto la *Orestía*, puede transformarse y establecerse sobre nuevos criterios. De la fuerza a la persuasión es lo que propone Rabinowitz para entender el movimiento que describe la *Orestía* en tanto que mito cosmogónico. En este recorrido, los vínculos entre los dioses, entre los hombres y entre los dioses y los hombres se harán diferentes a partir de un nuevo orden que garantizará la coexistencia de tales relaciones de manera pacífica. Esta creación resultará desde entonces segura, estable y permanente, pues las furiosas incursiones «irracionales» de las Erinias, con sus connotaciones de muerte y destrucción, quedarán alejadas a partir de la reconciliación que Atenea les ofrece haciendo uso de la persuasión y ya no de la fuerza[25].

Sin embargo, el pasaje de la fuerza a la persuasión puede ser engañoso si no se toma en cuenta que en esta teodicea lo que se reafirma una y otra vez es el poder sin atenuantes de Zeus. Según Cohen, lo que comúnmente se denomina la justicia de Zeus es el arbitrario derecho del más fuerte. El orden cósmico y político no es moral ni justo sino más bien tiránico, de manera que la persuasión y la compulsión que emergen al final de la obra como garantes del nuevo orden, se encuentran en realidad sostenidas por el miedo y la fuerza que actúan como sus fundamentos[26].

De modo general, se puede relacionar este paso de la fuerza a la persuasión con la lucha entre el Caos y el Cosmos, una dialéctica que según Moreau se resuelve a favor del segundo. La posición del autor parece acercarse a la de Rabinowitz, pues si bien encuentra posible que se mantengan las coacciones mediante la integración de las violentas potencias ctónicas y las fuerzas del Caos, reconoce que, en definitiva, estas fuerzas van a terminar siendo reducidas por la pacificación y la conciliación, que conducen a un universo divino armonioso. La lucha desaparece; la dialéctica hace lugar a la síntesis. El Caos, con todas sus potencias oscuras, es vencido; la luminosidad del Cosmos impone finalmente su ley. «Si los mitos, las imágenes, los espectáculos, dice Moreau, presentan primero la visión de un universo ahogado

---

25 Rabinowitz (1981).

26 Cohen (1986); cf. Zak (1995), 28-45, 83-8.

en sangre, a menudo, al final de las trilogías, los coros celebran entonces la justicia portadora de paz y felicidad, la luz que da la vida y engendra el progreso, el amor cósmico esparciéndose sobre la tierra»[27].

Pero con otra concepción de la noción de cosmos, se podría retomar más que la idea de Rabinowitz sobre una sustitución donde la persuasión reemplaza a la violencia, la propuesta de Cohen acerca de la imposición tiránica de un orden donde la persuasión es sostenida por la fuerza. Lo cual requiere de otra imagen de las relaciones entre el Caos y el Cosmos, dado que es menester no una reducción de las fuerzas por la armonía sino mantener su accionar inmanente en los fundamentos mismos del orden alcanzado. Esto es lo que ha demostrado Deforge a través de la constatación de un doble movimiento que conduce a un equilibrio (inestable) entre el vocabulario del sometimiento y el de la liberación. En Esquilo, las metáforas principales se centran exclusivamente en el sometimiento; pero, paralelamente, hay ciertas imágenes secundarias tendientes a la liberación. Según el autor, no se trata, por cierto, de considerar a Esquilo como el poeta del caos, el sometimiento y la violencia, pero su carácter liberador ha estado mal planteado. No hay dominación, destrucción o eliminación de las antiguas fuerzas primordiales del sometimiento por las nuevas fuerzas de la liberación sino más bien dualidad, complementariedad y simultaneidad de ambos elementos, sin que un término logre primacía sobre el otro. «Por lo tanto –dice Deforge–, lo que da la *kháris bíaios* de los dioses, fuerzas totalizadoras, justicia e injusticia, sufrimiento y paz, es a la vez el sin sentido y la imposibilidad de rechazarla; la libertad no podría encontrarse en el rechazo de estas fuerzas; al contrario, ella está en su permanencia, en su integración; está en la armonía entre aquéllas y el hombre». En esto residiría la genialidad de la escena final de las *Euménides*, pues «a todo lo largo del drama, los tres grados de la identidad humana han sido seguidos del mismo paso, que en su última escena se realiza simultáneamente en la armonía cósmica del hombre, de la ciudad y del mundo»[28].

---

27 Moreau (1985), 333; cf. 246-52, 267-91.

28 Deforge (1986), 317-21 (cita en 320-1); cf. 217-23, 245-8, 266-78, sobre la *Orestía* en particular. Las ideas del autor implican una postura crítica respecto de las posiciones de Moreau, hecho que Deforge –sin desconocer los méritos de Moreau– reconoce explícitamente en 319 y n. 10. Respecto de la noción de *kháris bíaios*, que aparece en *Agamenón*, 182, cf. Pope (1974).

Esta coexistencia, esta dualidad sin síntesis, se evidencia no sólo en la integración final de las potencias ctónicas, las Erinias devenidas en Euménides[29], sino también en el acto mismo por el que se lleva a cabo el primer juicio por un crimen de sangre. Las furias vengadoras ya han aceptado no cobrarse su víctima directamente. El tribunal presidido por Atenea establecerá el dictamen y sólo entonces las Erinias podrán pedir el castigo, siempre y cuando los jueces voten favorablemente a su reclamo. Pero más allá del resultado del juicio, las potencias ctónicas han prestado su consentimiento para someterse a un procedimiento que conlleva la institución de un tribunal cuyo veredicto será colectivo, decidido por mayoría y sin apelación posible, y con una cláusula que establece que en caso de equidad de los votos se impone la absolución de Orestes.

Es verdad que la representación de los derechos del acusado por Apolo y los de la parte acusadora por las Erinias pone de relieve que este marco nuevo no anula la puja de las fuerzas[30], que se trata de la lucha de una *díke* contra otra *díke*[31]. Pero desde entonces, esto se desarrolla en un campo codificado donde las fuerzas deben seguir criterios que, en su realización práctica, permiten el advenimiento del espacio público de la *pólis*[32]. A lo largo de esta secuencia, el problema de la *díke*, y los actos de *hýbris* que la socavan, se resuelve en la instauración de una nueva justicia. El propio hecho de la representación de los derechos del acusado y el acusador es algo que debe llamarnos la atención, porque implica la inserción de una instancia que simetriza a las fuerzas en pugna y las hace equivaler ante una mirada externa a ellas mismas. Claro que esta equidistancia, este nuevo equilibrio, es resultado a su vez de una fuerza radicalmente innovadora, una nueva práctica jurídica que con su advenimiento reorganiza la situación. Este elemento hasta entonces inexistente es el que simetriza ante sí a las fuerzas en pugna, dando lugar a la conformación de un plano político. Es en este sentido que podemos

---

29 Sobre la presencia de las Euménides en la tragedia, Brown (1984), y esp. 267-76, donde se analiza la *Orestía*.

30 En torno al problema de la lucha como imagen recurrente en la *Orestía*, que cumple la función de unificar diversos niveles de acción de la trilogía, véase Poliakoff (1980).

31 Véase Vernant y Vidal-Naquet (1989), 113-5.

32 Cf. Podlecki (1966a), 81; Gagarin (1976), 83-4; Meier (1988), 224-9; MacLeod (1982b), 136; Goldhill (1992), 89-92.

afirmar que el discurso de Esquilo aparece como un pensamiento
político eficaz, capaz de sopesar cómo lo nuevo se instala sobre
lo viejo sin que implique la anulación de lo antiguo: efecto de un
acontecimiento, el nuevo orden político resignifica la situación
previa sin necesidad de anularla.

c) Singularidad del acontecimiento: decreto divino, justicia humana

Los contenidos políticos de la *Orestía* han sido tratados en
múltiples ocasiones y de acuerdo con diferentes ópticas. En los
apartados anteriores tuvimos oportunidad de abordar algunos estudios y señalar sus divergencias y convergencias. En esta sección
volveremos sobre estos análisis y retomaremos algunos de sus
aportes. Pero si existe algo que la mayor parte de los trabajos no
ha podido soslayar, es la situación de cambio radical que conlleva el pasaje de una justicia privada ligada al *oîkos* a una justicia
colectiva atributo de la *pólis*. Esta mutación delimita una separación entre dos series continuas, una discontinuidad que estaríamos
tentados en denominar el tránsito de un tiempo de los dioses a un
tiempo de los hombres, si no fuera porque en la trama trágica, así
como en la vida cotidiana, mortales e inmortales interactúan y se
superponen de manera tal que no siempre resulta fácil discernir
qué corresponde a unos o a otros[33].

Entre todas las cuestiones que las exégesis modernas prio-
rizan, hay una que sobresale con fuerza y que es menester volver a tratar aquí. La *Orestía*, exhibida en el año 458 a.C., es un
testimonio ineludible cuando de pensar las consecuencias de
las reformas de Efialtes se trata. El consejo del Areópago es, en
tal sentido, el elemento central que permite trazar la conexión
entre la situación histórica y el texto trágico. Una gran parte de
los trabajos ha girado en torno a ello, bien buscando en el texto
las alusiones precisas a los eventos contemporáneos o incluso
la posición de Esquilo respecto de los mismos, bien dejando
de lado la posibilidad de discernir a qué hechos puntuales hace

---

33 Sobre la permanente interacción entre mundo humano y mundo divino, cf.
    Sissa y Detienne (1994), *passim*; Vidal-Naquet (1983), 61-85. Respecto
    del modo en que Esquilo representa la presencia de los dioses en la escena
    teatral de las *Euménides*, ver Chiasson (2000).

referencia o qué postura hubo de sustentar el poeta trágico con relación a los mismos. Al pensar el sentido político de la *Orestía*, el asunto del tribunal del Areópago no ha podido en ningún caso ser soslayado[34].

Otro de los ejes de estas discusiones ha sido la alianza entre Atenas y Argos. El traslado de Orestes hacia la ciudad de Palas, la defensa de Apolo, la absolución del crimen por parte del Areópago con el voto favorable de Atenea, van a sellar una inquebrantable unión entre ambas ciudades, hecho que se menciona en tres ocasiones. Según se considere que se trata de alusiones a una situación real (la alianza entre ambas ciudades tiene lugar en el año 462 a.C.), o una formulación poética cuyo cometido es el despliegue de la secuencia dramática, el problema de cuál es el nivel en que debe situarse el carácter político de la *Orestía*, y en particular de las *Euménides*, cambia radicalmente. Si se da por buena la primera postura, que acepta lo alusivo de los pasajes en cuestión, entonces se puede especular sobre las opciones políticas de Esquilo: sería un demócrata, y no un conservador, que estaría a favor de la alianza con Argos y, por consiguiente, en contra de la alianza con Esparta que propugnaban los conservadores como Cimón (*Euménides*, 287-91, 667-73, 762-74)[35].

---

34 En torno al carácter político de las *Euménides*, cf. Dover (1957). Para una interpretación de la trilogía en función de las alusiones a los hechos reales de la Atenas contemporánea, Dodds (1973), 45-63. El balance de las diversas interpretaciones políticas de la *Orestía* hasta mediados de la década del '60 lo da Podlecki (1966a), 80-94. Después del libro de Podlecki merecen destacarse: Miralles (1968), 200-15; Gagarin (1976), 87-118; Meier (1988), 148-253. MacLeod (1982b) sostiene que, más allá de las posibles alusiones a la realidad política, la presencia de los pasajes que parecen aludir a lo real obedece a exigencias internas de la narración dramática. Cf. Goldhill (1992), 26-53; Bowie (1993b), 10-2. Recientemente, Samons (1998/99) ha vuelto a instalar el problema en el campo de lo alusivo al señalar que la posición de los Átridas y Orestes en la trilogía sirve de espejo a los Alcmeónidas en Atenas, y por ende tiene significativas implicancias para la situación de Pericles.

35 Respecto de la alianza entre Atenas y Argos según las *Euménides*, Quincey (1964); Dover (1957), 235-6; Dodds (1973), 48-9. Podlecki (1966a), 94-100 ha ponderado las divergencias entre Dover y Dodds. Acerca del carácter más poético que alusivo de la alianza argiva, MacLeod (1982b), 126-7. Meier (1991), 138-9, plantea que existen alusiones precisas a hechos del momento, como la alianza argiva, pero, no obstante, realiza un análisis no alusivo del sentido político de la tragedia. En un trabajo destinado a evaluar las diversas situaciones en las que los griegos transmitían los mitos, se ha

continúa »

Esto debería conectarse con el rol que juega el Areópago en la escena de las *Euménides*, a partir de su fundación por parte de Atenea. Si se adopta una interpretación en términos alusivos, de ello se seguiría que Esquilo sería un decidido demócrata que introduce su toma de partido en la confección poética, ya que presentaría una visión favorable a la alianza real de Atenas con Argos, y, en consecuencia, la presencia del Areópago en la escena trágica debería ser interpretada en el mismo sentido. De esto se deduciría, a su vez, que el poeta vería con simpatía la política de los demócratas de la década de 460, cuando las reformas de Efialtes dan por tierra con el poder de los conservadores y establecen un cambio radical en el estado de cosas de la sociedad ateniense[36].

Ahora bien, si se adopta una postura que considera el mensaje político de la *Orestía* no en función de las alusiones sino según otras vías, es menester ubicar entonces en qué plano del relato la trilogía trágica puede ser pensada como una forma de reflexión política. Los cambios de escena juegan en esto un papel importante. El primero de ellos, de Argos al templo de Apolo en Delfos, sólo constituye un intermedio previo al segundo cambio, que transporta el desenlace de la trama a la propia ciudad de Atenas[37]. La tragedia finaliza allí no sólo porque la obra concluye sino, sobre todo, porque en la conclusión de la pieza existe una salida hacia otro ciclo temporal que da por terminada la etapa de la justicia de la sangre[38]. El ciclo que se abre ya no es heroico sino político, puesto que se centra en la vigencia de la ley de la ciudad. Sin embargo, en este registro, la opción política de Esquilo permanece indecidible[39].

Dos series, pues, como ya hemos dicho. Y entre ambas, un corte abrupto, una discontinuidad radical. Es sobre esta etapa de cambios, y no en el antes y el después, que vamos a centrar nuestro análisis. Las interpretaciones no alusivas de la tragedia han ganado terreno últimamente, y si bien esta línea ha encontrado

---

creído conveniente destacar la excepcionalidad del caso de las *Euménides*, donde las alusiones a ciertos hechos contemporáneos, la alianza con Argos y las reformas en torno al consejo del Areópago, resultan aparentemente incontrastables; cf. Buxton (1996), 87-8.

36 Sobre estos cambios, cf. *supra*, cap. 2.

37 Véase Taplin (1977), 377-9.

38 Respecto del modo en que la *Orestía* representa el funcionamiento judicial ateniense en lo atinente a la aplicación del castigo a partir de la legitimidad de la autoridad estatal, cf. Allen (2000), 18-24.

39 Vernant y Vidal-Naquet (1989), 105-6.

también importantes adeptos entre los estudiosos de la *Orestía*, sin embargo, por lo general, estos trabajos han centrado sus miras en los cambios que la trilogía presenta a partir de un contraste entre el antes y el después[40]. Partamos de otra pregunta: ¿qué ocurre durante el momento mismo del cambio? Dar respuesta a este interrogante implica, a la vez, contestar la pregunta acerca del sentido político de la *Orestía* en función de la importancia asignada a la acción trágica misma y no a partir de las alusiones históricas.

Es menester que delimitemos ese período en que se produce la transformación. Desde un punto de vista estrictamente textual, el tiempo del acontecimiento ocurre en *Euménides* (470-753) desde el momento en que Atenea plantea su impotencia para dictar un veredicto ante las partes en pugna –pero también ante el público que asiste expectante al desenlace de la trama–, hasta el momento en que los jueces instituidos por la propia Atenea votan junto con ella el dictamen que brindará a Orestes la absolución de su crimen. Es decir que la práctica misma del primer juicio por sangre vertida forma parte de la producción del acontecimiento. E incluso el fallo dividido, el empate en los votos emitidos por los jueces y Atenea, que va a otorgar a Orestes la absolución de la condena por una convención de procedimiento, también forma parte de ese momento singular que constituye el tiempo del acontecimiento. Veamos, pues, cómo se desarrolla la irrupción trágica de esta temporalidad única.

Invirtamos de entrada la secuencia. Atenea ya ha elegido jueces y el proceso está tocando a su fin. La diosa protectora de la ciudad de Atenas habla directamente a los ciudadanos, y no en un sentido meramente figurado, puesto que la invocación al pueblo del Ática ocurre realmente ante los que se hallan sentados en las gradas del teatro. Atenea ordena a los atenienses que escuchen su ley «en el momento de dictar setencia (*thesmón*) en el primer proceso por sangre vertida» (681-2). Una larga exhortación a los ciudadanos para el futuro, concluye extrañamente en lo que parecía ser el punto de partida del primer juicio: «Establezco (*kathístamai*) este consejo de provechosos designios, sin mancha, venerable, de ánimo resuelto, siempre en vela por los que duermen y protector de la tierra» (704-6), sostiene Atenea antes de convocar a los jueces a emitir su dictamen mediante el voto.

---

40   Éste ha sido el tono general de los trabajos a los que nos referimos en esta
     sección.

La inversión de la secuencia permite dar más énfasis a nuestro extrañamiento, pues, en el tiempo del relato trágico, Atenea ya ha hecho saber anteriormente al público que iba a elegir jueces y los constituiría en un tribunal para siempre (483-4). Sin embargo, cuando el tribunal está por dar su veredicto, la diosa establece el tribunal. Estamos ante una fórmula en verdad paradójica, pues los jueces han venido actuando, y todos hasta aquí –Orestes, las Erinias, Apolo– han hablado para que ellos tomen una decisión que favorezca a uno u otro. En primer lugar, las Erinias, que exigen a Orestes que explique a los que juzgan las dos manchas de Clitemnestra (601). Seguidamente, Orestes, que pedirá a Apolo que intervenga dando su testimonio para que aquél pueda aclarar a los jueces si actuó justa o injustamente (613). Inmediatamente, Apolo, que señala que va a hablar para los jueces del alto tribunal de Atenea, insiste con similar fórmula ya avanzado su alegato y, en fin, vuelve a apelar a ellos asociándolos con el conjunto del pueblo (*leós*) que deberá dictar sentencia (614; cf. 629-30, 638-9).

Veamos el por qué de esta fórmula paradójica en la que el tribunal, que ya ha estado actuando, es instituido cuando el juicio está tocando a su fin. La consumación del acontecimiento implica, según los propios dichos de la diosa, una cadena de acciones que muestran su voluntad de producir esa situación inédita a partir de la cual un tribunal comenzará a juzgar los crímenes de sangre. Estas acciones de la diosa se conjugan fluctuando permanentemente entre el futuro y el presente. En efecto, en primer lugar, Atenea elige jueces (*dikastás... hairouméne*) con los que constituirá el tribunal (*thesmòn tòn... egò théso*), y «tras haber elegido (*krínasa*) a lo mejor de mis ciudadanos vendré a juzgar (*héxo diaireîn*) este asunto con toda verdad», señala la diosa (487-8). Así, el devenir presente de lo que se ha enunciado primero en futuro terminará trazando un desplazamiento del poder para juzgar desde la diosa al pueblo. Este desplazamiento es el tiempo del acontecimiento.

Atenea se retira de la escena para cumplir con la elección de los jueces y la constitución del tribunal con los ciudadanos más probos. Al volver ya ha realizado la labor de seleccionar a los hombres que la acompañarán[41]. Pero el tribunal aún no se ha constituido sino que se está instituyendo, puesto que se conformará en la práctica misma. La diosa lo pone de relieve cuando pide que se

---

41 Taplin (1977), 390-5.

haga silencio mientras se constituye el consejo y brinda a toda la ciudad sus instrucciones para que las aprenda para siempre (570-2). Entonces, Atenea empieza el juicio (582), otra acción enteramente presente. Mientras las partes exponen sus argumentos y sus pruebas en pro o en contra del reo, Atenea y los jueces –ya investidos como tales– sólo escuchan; participan así de la instrucción del proceso. Su forma de intervención será mediante el voto. Sólo Atenea ha hablado hasta aquí. Y así como ha dado comienzo a la acción judicial, también es ella la que pone fin a los testimonios: «¿Ordeno ya que éstos [los jueces] según su parecer emitan un voto justo, pues se ha hablado bastante?» (674-5).

Todas las partes están a la espera de la sentencia. Pero cuando todo parece encaminarse a la consumación del primer juicio a causa de un crimen de sangre, Atenea convoca a la multitud de los ciudadanos atenienses para exhortarlos a no hacer innovaciones en las leyes, y les aconseja respetar lo que no implique ni anarquía ni despotismo. Será conveniente que, en todo momento, el respeto (*sébas*) y su hermano el miedo (*phóbos*), junto al temor (*deinón*), no sean expulsados de la ciudad, pues todos asegurarán su salvación (690-701).

Estos mismos conceptos los hallamos ya en boca de las Erinias. El temor y el miedo conforman para ellas, así como para Atenea, la base del respeto a la justicia. El consejo que dan se mueve en la misma dirección que el de Palas: no se debe elogiar ni la anarquía ni el despotismo, sino el término medio. Vernant señala que en Esquilo esta coincidencia entre las formulaciones de las Erinias y las de Atenea no innova nada respecto de la tradición mítica y cultural que los propios atenienses conocían en torno al consejo del Areópago[42]. Sin embargo, dicha coincidencia, que no ha escapado a la mirada de ningún estudioso, se sustenta a su vez en una fórmula contradictoria que no puede ocultarse tras los acuerdos ya indicados. Estamos en el medio de un cambio radical, pero ello no significa una transformación total. Más allá de la coincidencia, hay una diferencia que estriba en qué es lo que puede ser anárquico y despótico para unas o para la otra. Que el miedo, el temor y el respeto son modos de inducir la buena conducta de los ciudadanos, es un asunto claramente establecido. Pero el punto conflictivo radica en la innovación radical que se está instituyendo a partir de la disposición de Atenea de fundar un tribunal humano.

---

42   Vernant y Vidal-Naquet (1987), 27-9, n. 3.

Para las Erinias, si el derecho y el perjuicio de Orestes llegaran a imponerse, sobrevendrían en seguida las destrucciones de las nuevas leyes (*nŷn katastrophaì néon thesmíon*: 490-3). Para Atenea, en cambio, se trata de instituir nuevas leyes que sean para siempre (485, 572). Ciertamente, parece existir una confluencia entre ambas, pues Palas reclama a sus propios ciudadanos que no produzcan innovaciones en las leyes (*autôn politôn mè 'pikainoúnton nómous*). Pero entre una fórmula y otra, la potencia de un acontecimiento sin precedentes adviene. Las Erinias profieren su canto contra la posibilidad de que Orestes quede absuelto. Atenea, en cambio, actúa para que lo que está instituyendo no sea modificado. Entre una proclama y la otra, una novedad radical: según el procedimiento del tribunal, la venganza de la sangre puede quedar sin efecto. El ciclo repetitivo de dar muerte por muerte puede hallar finalmente un punto de detención. Esto, evidentemente, cercena el poder punitivo inmediato de las Erinias. Es cierto que, tras la instauración de las nuevas leyes, Atenea se esfuerza por incorporar a las Erinias dentro del orden cívico cediéndoles un sitial de honor. Pero éste ya no es el tiempo del acontecimiento. Las propias Erinias condenan este cambio temporal cuando profieren su lamento ni bien se conoce el dictamen: «¡Ay, dioses jóvenes, pisoteasteis (*kathippásasthe*) las antiguas leyes y arrancasteis (*heílesthe*) de mis manos [a Orestes]!» (778-9). Ambos verbos ponen de manifiesto que la acción de instituir el tribunal así como la del primer juicio están terminadas. El tiempo del acontecimiento ha tocado a su fin una vez que el primer juicio por sangre vertida ha concluido.

Hasta aquí hemos invertido la secuencia del acontecimiento, mostrando su desenlace y su intermedio. Pero, ¿cuál es el punto de partida? Si la intención de Atenea ha sido en todo momento establecer, instaurar, instituir, la solución articulada por la diosa parece, sin embargo, ser el producto no de una fuerza todopoderosa sino de una falla, de una debilidad de sus dotes. En efecto, lo que se esperaría de una diosa como Atenea es que diera pronta salida al problema planteado. No obstante, ella no tiene otro remedio que reconocer su impotencia. En realidad, no se trata de una carencia de Atenea sino de algo que la excede: el hecho que debe juzgar está en exceso puesto que la potencia de las fuerzas en pugna inhibe que la diosa pueda pronunciarse de manera concluyente y sin apelar a más fuerzas que las suyas. «Lo que más sorprende, primero, es el discurso de Atenea, dice Gernet, que se revela contradictorio –demasiado para no sorprendernos: como los mortales no pueden decidir, entonces ella establece un tribunal que juzgará los casos–. Pero acaba de decir que ella misma, diosa, no podía decidir tampoco. Los dioses no pueden –no pueden ya– "juzgar"»[43]. Igualmente, la diosa no dejará de actuar. Apoyándose en aquello que excede sus fuerzas, desplegará su capacidad y su potencia operando sobre y con este exceso. Avancemos ahora en esta línea que nos conduce al comienzo de la secuencia que estamos analizando.

Orestes y el corifeo comparecen ante Atenea. La diosa se ha presentado rápidamente al escuchar desde el Escamandro un grito de llamada. Era el de Orestes, cuando las Erinias comenzaron a estrechar el cerco en torno suyo haciéndole oír el himno para atarlo (306)[44]. La diosa asume de entrada una prudente equidistancia respecto de ambos (407-9). Pero sólo las Erinias hacen oír su voz. Ellas estarían dispuestas a hacer los juramentos colectivamente, de modo que, por su número, obtendrían la victoria no por una comprobación del hecho sino por una decisión sobre el derecho[45]. Pero Orestes no está dispuesto a prestar su juramento ni a aceptar el de las Erinias. Atenea interviene entonces deconstruyendo con sus afirmaciones esta forma jurídica: un juramento no puede prevalecer sobre la justicia. ¿Qué procedimiento utilizar para dirimir un pleito si la conjuración ya no funciona? Mediante una invitación del corifeo, la diosa se erige en árbitro (429-34).

Cuando todo parece encaminarse hacia una resolución decisiva de parte de Atenea, que tendrá que comprobar los hechos y dictar sentencia, la diosa, súbitamente, se excusa de impartir justicia. Es un momento indecidible para los dioses, y también para los mortales. Así lo pone de manifiesto ella misma, pues si bien es verdad que «este asunto es demasiado grave para que lo juzguen los mortales», es igualmente cierto que tampoco a Atenea la autoriza «la ley (*thémis*) a dirimir en un juicio por homicidio cometido con intensa ira» (470-2). La fórmula que hemos presentado anteriormente debe ser retomada ahora: los dioses no pueden *ya*, los hombres no pueden *aún*. Estos dos modos temporales denotan una clara cesura: lo que ha sido, lo que habrá de ser. Pero ni unos ni otros tienen poder en el momento presente. No obstante, hay un poder, el de las fuerzas de los derechos en pugna, aunque sin una

---

43 Gernet (1980), 213.

44 Ver Faraone (1985).

45 Cf. Gernet (1980), 213-4.

decisión hacia un lado u otro[46]. ¿Qué tiempo es éste? Una *impasse*, por cierto. La discontinuidad de un tiempo no homogéneo, que es asimismo la temporalidad no continua del acontecimiento. Se trata de un punto de inflexión, momento privilegiado en el que la producción de una novedad radical puede advenir.

La disyuntiva gana el ánimo y la voluntad de la diosa que no puede decidir, sin perjuicio alguno, en un sentido u otro. Orestes ha venido bien preparado, pues ha sido purificado por Apolo[47], quien además es responsable junto con el hijo de Agamenón de haber realizado la venganza por la muerte de éste. Pero las Erinias poseen también una dignidad no desdeñable, y si no ganan el pleito extenderán sus males sobre la propia tierra del Ática (473-9): «Esto es así: ambas cosas –que se queden o que las expulse de aquí– constituyen para mí, desgraciadamente, calamidades sin remedio» (480-1).

Para Atenea, pues, la situación se presenta como indecidible. No obstante, algo debe hacer: ella tendrá que decidir. Pero, ¿cómo?, si no puede hacer una elección sin que implique un daño irreparable para la ciudad. En esta *impasse* en que todo, sin jerarquía alguna, parece contradecirse; en este punto de apertura e igualación, puesto que ni dioses ni hombres se encuentran capacitados para dar una respuesta inmediata y única; cuando las viejas reglas no brindan ya soluciones, generando un momento de zozobra por el estallido de las suturas que habían mantenido al mundo de los héroes unido bajo los preceptos de la venganza; en ese instante singular será menester tomar una decisión.

Ante esta tremenda disyuntiva, grave y paradójica por ser la de una diosa y no la de un mortal, no pueden operar ya las conocidas y expeditivas maneras de hacer justicia. Es un momento singular éste que las *Euménides* presentan ante el público ateniense durante el año 458: la producción de una alteridad radical, la invención en el terreno de lo social del campo de la política, bajo el modo de una nueva institución judicial que advendrá incluso como forma misma del procedimiento democrático. En efecto, veremos luego que votar una resolución judicial conlleva la posibilidad de una división de las voluntades, y que la adopción de una decisión por mayoría resulta una manera de salvar la escisión.

---

46 Ver Goldhill (1984a), 213-23.

47 El asunto de la purificación en Delfos ha sido últimamente discutido por A. L. Brown (1982), 30-2.

Ahora bien, Atenea –que no interrumpe ni un instante su discurso– pasa inmediatamente de la disyuntiva a la acción: después de plantear sus dudas propone el camino para resolver. No toma una vía u otra, es decir, no elige entre un derecho u otro (el de Orestes o el de las Erinias), sino que diseña un procedimiento que no anulará la puja de derechos sino que establecerá una instancia diferente para dirimir a quién asiste el derecho. Pero antes de decidir a quién asiste el derecho habrá que probar los hechos. Sólo entonces se resolverá mediante el voto colectivo del tribunal, que puede resultar unánime o extremadamente dividido, como ocurrirá en este caso. Es éste un desplazamiento súbito que coloca a la *pólis* en el centro de las decisiones[48]. Los príncipes de antaño, otrora poderosos, han perdido finalmente capacidad y autonomía; será un cuerpo colectivo el que comenzará a decidir. Esto, que bien podría preanunciar el predominio de la aristocracia según unas pautas sociales que históricamente se corresponderían con la ciudad arcaica[49], se corresponderá, sin embargo, con el advenimiento de un espacio democrático, hecho que queda evidenciado por la proliferación y reiteración de términos que se refieren al conjunto de los ciudadanos, al pueblo, y que aparecen asociados con las leyes recién fundadas por la diosa, la nueva institución judicial y las consecuencias que esto acarrea[50].

La decisión de la diosa es instituir jueces. El problema se ha presentado en Atenas de manera un tanto azarosa, por cier-

---

48   Véase Meier (1988), 229-50.

49   Tal como ocurrió de hecho en un momento de la era arcaica en que la aristocracia tomó para sí, en forma plena, las prerrogativas políticas, sociales e ideológicas, y desplazó para siempre a monarcas como Agamenón u Odiseo del horizonte de la ciudad. La idea de una semejanza entre pares adquiere, una vez eliminado esa especie de *primus inter pares* que era el monarca, una formulación sin límites jerárquicos: en el interior de la clase aristocrática ninguno es capaz de imponer ya un mando personal permanente. El poder, dentro del espacio nobiliario, se ha hecho colectivo. Hesíodo hablará de los reyes (*basileîs*) devo-radores de dones en plural, ya no en singular. En Atenas, el legendario comienzo del tribunal del Areópago nos señala también la constitución de un cuerpo colectivo cuyo carácter aristocrático no desaparecerá jamás. Sobre la semejanza dentro de la ciudad aristocrática, Vernant (1965); Detienne (1981), 87-108. Acerca de la fundación del consejo del Areópago y su desarrollo a lo largo de la historia ateniense, véase Wallace (1985), *passim*.

50   Los términos utilizados son *astós* (*Euménides*, 487, 691, 697, 708, 807, 862, 908), *laós* (638, 681, 775, 997), *polítes* (693, 789, 819, 854, 927, 980, 991, 1013) y *stratós* (566, 569, 667-8, 683, 762, 889).

to, según la lógica del relato[51], pero la diosa no se evade sino que actúa: «Puesto que el asunto ha llegado hasta este punto, eligiendo jueces de los homicidios ligados por los juramentos, yo constituiré un tribunal para siempre» (482-4). Parte de su decisión es también seleccionar a los jueces entre los mejores ciudadanos. En rigor, la diosa habla de «sus» ciudadanos: *astôn tôn emôn* (487). La expresión denota un evidente sesgo posesivo, que hace de los ciudadanos un conjunto en virtud de la unidad que Atenea les confiere. La diosa, en tanto protectora de la *pólis*, es la encarnación misma de la comunidad. Atenea es Atenas que emerge a la vida política como entidad ciudadana colectiva. El acto por el cual se establece un nuevo derecho es a la vez el acto en el que la comunidad se instituye a sí misma como fuerza superior a toda fuerza.

Elegir, constituir, seleccionar. Evidentemente, Atenea no deja de tomar decisiones y actuar en consecuencia. No las que la situación parecía exigir sino una serie de medidas que, en la práctica, producen una suplementación de la contradicción de derechos, una instancia que inaugura otro modo, político, de dirimir el conflicto. Las Erinias, lo hemos comentado, nominan desde una posición conservadora esta apertura hacia un estado de derecho: *nŷn katastrophaì néon thesmíon* (490-1). Aunque han aceptado el arbitraje de Atenea, advierten que si su justicia no triunfa, si llega a prevalecer el derecho del matricida, perderán su capacidad punitiva. Una vez que el proceso acabe y Orestes quede absuelto de los cargos, las Furias vengadoras encontrarán sus motivos para destilar su veneno contra la tierra del Ática: las nuevas leyes, que han venido a interrumpir el ciclo de las venganzas de la sangre, acontecen allí. Las hijas de Noche lo entienden muy bien: las «destrucciones de las nuevas leyes» cercenarán directamente su poder, algo insoportable para ellas sufrido además ante los ciudadanos, hecho que denota una clara desautorización del lugar que venían ocupando. Así como las Erinias perciben la situación según sus intereses, la diosa de los atenienses destaca lo que conviene a sus designios: se trata del primer proceso por sangre vertida, pero a partir de aquí no

---

51 En efecto, es Apolo el que, de modo inesperado, introduce a Atenas en el relato. Orestes está en su templo en Delfos como suplicante; el dios le recomienda huir y, al llegar a la ciudad de Palas, abrazarse como suplicante a la estatua de la diosa, pues allí habrá de disponer de jueces y discursos persuasivos. Cf. *ibid.*, 79-83.

se debe introducir cambio alguno en las leyes, de manera que funcionen también en el futuro (682, 693, 708).

Una vez que Atenea ha concluido su labor de establecer el tribunal y dar a los atenienses todas las recomendaciones (710: *eíretai lógos*), aquellos que han sido elegidos como jueces se incorporan y comienzan a depositar los votos en las urnas[52]. Apolo y el corifeo continúan con su lucha verbal en pos de convencer a los miembros del tribunal. Sus argumentos, sin embargo, se truecan en este momento en un intercambio punzante que destaca la diferencia entre los dioses nuevos y los viejos, pero que no parece agregar mucho más a las pruebas y los testimonios ya esgrimidos. Atenea da su veredicto (735-40)[53], un voto que habrá de sumarse a los demás votos ya emitidos. Hace saber que apoyará a Orestes y se alineará vivamente detrás de los argumentos de Apolo en torno a los lugares respectivos que corresponden al hombre y la mujer, según la ley del matrimonio ya indicada por Loxias (217-8). Atenea misógina, como bien se ha dicho[54], que aprueba siempre lo varonil excepto el casarse ella misma. Por eso no da preferencia a la muerte de una mujer por sobre la del esposo que gobierna la casa.

Pero la diosa, al mismo tiempo que se suma a los jueces como uno más, como un ciudadano cualquiera, anónimo, no deja de lado su poder instituyente. Una nueva cláusula se agrega a las ya dadas en función de constituir el tribunal: en caso de igualdad de votos, vence Orestes (741). Si había resultado paradójico que tanto los mortales como la propia diosa no pudieran juzgar, y que ella estableciera entonces un tribunal para que por vez primera los hombres lo hicieran, no es menos paradójico ahora que en el mismo acto en que se suma al resto de los jueces y emite su voto –sin situarse para ello en lugar jerárquico alguno–, establezca también una pauta que afecta no a su voto mismo sino al conjunto del procedimiento[55].

Acto instituyente por naturaleza que se acopla a los ya producidos, éste de la diosa propone un mecanismo de salida para la división. Así, al mismo tiempo que se suma a una de las partes de esta escisión y toma partido, Atenea establece simultáneamente dentro de qué instancias va a ser posible de ahora en más tomar

---

52 Sobre la escena del juicio, Goldhill (1984a), 245-61.

53 Véase Winnington-Ingram (1983), 95-101.

54 Cf. Sissa y Detienne (1994), 275-82.

55 Cf. Wise (1998), 165-8.

partido. Esta tensión es similar, de alguna manera, a la que recorre al término *dêmos*, que puede ser considerado o bien en su sentido más restringido de la parte que ejerce el poder en un gobierno democrático, o bien en su acepción genérica de comunidad de todos los ciudadanos. Esta ambivalencia da lugar a una situación semejante a la que acabamos de apuntar en el paradójico acto de Atenea, pues la parte popular, momento central en la puja política de las fuerzas democráticas, queda elidida cuando la resolución ha sido adoptada. En esas circunstancias, *dêmos* ya no designa la parte sino el todo, y es en su carácter de tal que puede establecer nuevas reglas de funcionamiento y pautas de acción para la *pólis*, que es lo que ocurre en el transcurso de la segunda mitad del siglo V en la asamblea ateniense[56]. Atenea es *parte* en tanto une su voto a los que lo hacen a favor de Orestes; pero es *todo* en cuanto actúa imponiendo reglas de funcionamiento. Atenea y el *dêmos*. Hallamos en ambos los dos puntos entre los que oscila la propia Atenas democrática: o gobierno de una parte que impone su poder sobre la otra, o momento de igualdad por excelencia en el que las partes no adquieren mayor poder que lo que el todo permite y donde la división queda incorporada al procedimiento democrático, el cual no prescribe qué parte será la que finalmente imponga su voluntad sino que, antes bien, propone un mecanismo que torna posible el trabajo político de la división.

La escisión recorre al *dêmos*, la escisión recorre a Atenas. Y recorre también a Atenea. Parece imposible que esto pueda ocurrir con una diosa. Pero, dado que ha mostrado su imposibilidad para juzgar, su delegación del poder en los ciudadanos atenienses instala una entidad colectiva cuyo modo de ser radica en la división. Y en tanto son «sus» ciudadanos, la escisión entre ellos, que se hace evidente al votar la sentencia que se aplicará a Orestes, es también su escisión. Sumarse a ellos implica necesariamente unirse a una de las partes. Establecer la ley conlleva, en cambio, situarse por encima de las partes dando reglas para el conjunto y reafirmando la fuerza productiva del acontecimiento, poder constituyente que se despliega en el tiempo del relato de la *Orestía*.

La resolución final otorga a Orestes la absolución del crimen. La sumatoria ha dado un empate. Pero la convención procedimiental en cuanto a que *in dubio pro reo* ha permitido que la situación no se bloquee. Atenea da el dictamen que concluye

---

56 Cf. *supra*, parte I.

el proceso. Inmediatamente antes, Apolo pone en evidencia cuáles son las nuevas leyes que rigen desde entonces: la *pólis* impone sus pautas al *oîkos*, pues en el recuento de los votos de los jueces de la ciudad –de acuerdo con la ley de la mayoría–, un sólo voto de más en contra o a favor del reo puede significar, respectivamente, la ruina o la salvación de una casa. Si la justicia de las Erinias, ligada a la venganza de la sangre, había hasta aquí impuesto su rigor, de ahora en más la justicia de las nuevas divinidades protectoras de la comunidad será la que rija en los procesos por sangre vertida[57]. El héroe trágico queda finalmente subordinado a la ciudad: la tiranía sucumbe, a la vez que el heroísmo deviene algo imposible. Lo comunal se superpone sobre lo individual. Las fuerzas dispersas del mundo aristocrático quedan emplazadas en virtud del advenimiento de una fuerza política colectiva, el nuevo orden cósmico de la ciudad. El acontecimiento está consumado.

El tiempo de este acontecimiento, que hemos tratado de captar en su singularidad, es, podríamos decir, el «mientras tanto», el del hacer, no el antes o el después del hecho. Así, del futuro activo de *títhemi* al presente medio de *kathístemi*[58], o del futuro activo de *héko* a los presentes también activos *eiságo* y *keleúo*[59], Atenea enuncia sus actos y los despliega en una temporalidad única, la del acontecimiento que está consumando, alteridad radical cuya capacidad para inaugurar un nuevo registro histórico no puede emplazarse ni en lo que fue ni en lo que será a partir de entonces. Y en el final del juicio se percibe algo similar: del futuro medio de *prostíthemi* al presente impersonal de *eimí*[60], nos encontramos ante un futuro que se realiza prontamente cuando el tribunal cuenta los votos emitidos[61]. La fluctuación de todos los verbos utilizados por Atenea entre el futuro y el presente, denota de manera precisa el tiempo de la acción instituyente, y nos muestra que estamos ante el despliegue de un acto fundante mediante una

---

57 Véase Gantz (1977), 37-8: puesto que el fuego simboliza la venganza, en *Euménides*, a raíz del nuevo marco jurídico que se esboza, que deja de lado la cadena de venganzas, disminuyen las referencias al fuego.

58 Cf. *Euménides*, 484: *egò théso*; 706: *kathístamai*.

59 Cf. *ibid.*, 188: *héko*; 582: *eiságo* y 674: *keleúo*.

60 Cf. *ibid.*, 735: *egò prosthésomai*; 753: *estín*.

61 Acto que en su realización narrativa pasa primero por una exhortación con valor de futuro con la que la diosa dispone que, en caso de empate en los votos, Orestes resulte vencedor; cf. *ibid.*, 741.

cadena concatenada de sucesos, que la diosa anticipa a veces en futuro pero sólo para dar paso a un inmediato acto posterior que se lleva a cabo en el tiempo presente. Cuando el juicio ha concluido, la protectora de los atenienses podrá utilizar el tiempo pasado, dando a entender que el acontecimiento ha llegado a su fin: «Éste hombre ha evitado (*ekpépheugen*) la justicia de la sangre» (752). Con la absolución de Orestes, la transformación que nos lleva del prederecho al derecho cívico de la *pólis* está terminada, aun cuando reste convencer a las Erinias para que se sumen al orden de la ciudad democrática, dejen sus vestimentas negras y adopten el atavío púrpura[62].

Hemos hablado de un acto instituyente. El deliberado accionar de Atenea en este sentido ha quedado destacado por la aparición del verbo *kathístamai*. ¿Constituye un lenguaje técnico preciso, o se trata, por el contrario, sólo de una simple elección artística? Es conveniente no perder de vista que estamos analizando una creación poética cuyo texto está destinado a la representación teatral. Aceptemos de entrada este nivel básico implicado en la composición trágica. Ello no agota, sin embargo, la posibilidad de que se pueda interpretar, como aduce Meier, la tragedia como arte político[63]. Vernant, por su parte, insiste con justa razón acerca del juego que llevan a cabo los poetas trágicos en torno a las ambigüedades, tensiones, incertidumbres, fluctuaciones, cambios de sentido, incoherencias, imprecisiones y oposiciones del vocabulario legal[64]. El trabajo poético sobre la lengua deviene así una forma eficaz de pensamiento político en el contexto del cual el uso de una terminología técnica resulta necesario. La afirmación de la diosa: «establezco este tribunal» (*toûto bouleutérion kathístamai*), es una reflexión aguda que denota a la vez un aspecto histórico, uno jurídico y uno político. Es el comienzo, en sentido histórico fuerte, de un nuevo derecho por medio de la instauración de una institución judicial, el consejo del Areópago, acto instituyente que es en sí mismo un acontecimiento que inaugura la política de la *pólis* bajo su modo colectivo, participativo y democrático.

---

62 Acerca de la vestimenta negra de las Erinias, cf. *Coéforas*, 1049; *Euménides*, 352, 370; sobre la adopción de la vestimenta púrpura, *ibid.*, 1028-9. Ver Tarkow (1980), 162-4; Griffith (1988).

63 Meier (1991), 131-74; (1987), 13-22, 117-21. Cf. Euben (1986); Heath (1987b), 64-71.

64 Vernant y Vidal-Naquet (1987), 17.

No es excepcional encontrar utilizado en la literatura griega el verbo en cuestión cada vez que se trata de señalar las consecuencias de un accionar que conlleva la instauración de una política radicalmente innovadora respecto de la vigente. Veamos dos ejemplos. En las *Historias* de Heródoto, *katístemi*, la versión jónica del término indicado, aparece usualmente en el texto para poner de relieve los cambios constitucionales dentro de las *póleis* griegas. Así ocurre cuando el historiador narra la historia de Clístenes, «que estableció (*katastésas*) las tribus y la democracia para los atenienses» (6, 131, 1). Lo mismo podemos observar en el discurso de Socles, cuando se opone a que los lacedemonios restablezcan (*katistánai*) las tiranías en las ciudades (5, 92, *c* 5), a quien Heródoto hace decir: «Pues si esto os parece ser ciertamente provechoso, que se tiranicen las ciudades, habiendo establecido (*katastesámenoi*) vosotros en primer lugar un tirano entre vosotros mismos, en tales circunstancias buscad también establecerlo (*katistánai*) en las demás» (5, 92, *a* 2).

Las reflexiones políticas de Aristóteles también son ricas en el uso del verbo *kathístemi*. Así podemos observarlo en la *Política* cuando relata el desarrollo de la democracia ateniense. Según su razonamiento, tras las guerras médicas los tribunales lograron tal poder que transformaron (*katéstesan*) la constitución en una democracia. Efialtes restringió la autoridad del consejo del Areópago y Pericles instituyó (*katéstese*) la retribución para los tribunales (1274a 5-11). Aristóteles también utiliza el mismo verbo para dar cuenta de la instauración de regímenes oligárquicos. En la *Constitución de Atenas*, al describir cómo en el año 411 se estableció en Atenas la oligarquía de los Cuatrocientos (32, 2), o cómo en 404 Lisandro estableció a los Treinta Tiranos (34, 2), los términos utilizados son, respectivamente, *katéste* y *katastêsai*.

Es evidente que los cambios políticos radicales que conducen a la emergencia de nuevas situaciones encuentran en las diversos usos del verbo *kathístemi* una forma privilegiada de expresión. La idea de proceso instituyente que implica la presencia de este verbo en sus distintos modos, aspectos, tiempos y personas constituye un claro intento de pensar el comienzo de una etapa nueva. Pero mientras que Heródoto y Aristóteles elaboran sobre la base de *kathístemi* una reflexión de carácter histórico sobre los asuntos políticos de la *pólis* (de allí que el verbo aparezca generalmente en pasado, excepto cuando se trata de algo dicho por un personaje volcado al texto en un estilo directo), Esquilo, en cambio, logra captar la temporalidad singular del acontecimiento en su puro presente, el presente de la acción, el del hacer. El tiempo del acontecimiento es, ciertamente, el tiempo de la narración, un relato destinado a ser representado teatralmente mediante la *mímesis*, de manera tal que todo parece estar ocurriendo en ese instante frente a los propios espectadores. Los personajes cobran vida. No se cuenta un suceso en estilo indirecto, ni lo narra el protagonista refiriendo algo ya pasado. Nada de eso. Atenea actúa en ese momento; en ese momento habla para los ciudadanos reunidos en el teatro; también en ese momento establece el primer tribunal para juzgar los crímenes.

¿Cuál es la relación de este acontecimiento trágico con el hecho real? ¿De qué modo determinar el sentido político de esta puesta en escena del acontecimiento? Sabido es que la institucionalización del consejo del Areópago como tribunal supremo reconoce en la Atenas histórica un origen legendario[65]. Basta recorrer los primeros capítulos de la *Constitución de Atenas* de Aristóteles para percibir que muy poco se sabe a ciencia cierta sobre sus comienzos, salvo que su poder real había marcado la rigurosidad de la constitución presoloniana constituyéndose en el guardián de las leyes (3, 1-6; 4, 4). Las medidas de Solón modifican el modo de composición del consejo del Areópago pero no su función de guardián de las leyes (8, 1-4)[66]. Recién hacia el final de las guerras médicas volvemos a hallar alguna información significativa sobre este consejo. Fue cuando, a raíz de su rol activo para concretar una adecuada estrategia en la batalla de Salamina, obtuvo el reconocimiento de su dignidad y recobró el predominio perdido con la tiranía de Pisístrato y las reformas de Clístenes (23, 1-2)[67]. A partir de allí y hasta la actuación de Efialtes, el consejo del Areópago actuó como guardián de la constitución. Pero Efialtes va a quitarle todas las funciones añadidas devolviendo unas al consejo, otras al pueblo y otras a los tribunales (25, 1-3)[68].

Ahora bien, la reflexión política de las *Euménides* parece situarse entre el suceso legendario de sus orígenes y el histórico de las reformas de Efialtes. En un plano del argumento trágico parece

---

65   Este origen legendario no quita un desempeño histórico en el período previo a las reformas de Solón, aunque no siempre pueda fecharse con precisión antes de esta fecha, dado lo tardío de los testimonios. Véase los esfuerzos de Wallace (1985), 3-47.

66   *Ibid.*, 48-69.

67   *Ibid.*, 70-83.

68   *Ibid.*, 83-7.

existir una defensa del carácter sagrado del consejo del Areópago, pues al hacer de Atenea la fundadora del tribunal, cualquier acción que se ejerza sobre éste, cualquier modificación de las leyes instituidas por la diosa, conlleva una destrucción que puede conducir al despotismo y la anarquía. Pero en otro plano de la construcción trágica parece percibirse que las funciones con las que Atenea lo inviste son estrictamente judiciales –en torno a los delitos de sangre– y no políticas –como guardián de las leyes–. Por lo tanto, desde este punto de vista parece no haber modificación de las disposiciones de Atenea porque no se producen innovaciones en cuanto a las normas que establecen al Areópago como tribunal. Pero aquí sólo podemos afirmar que parece esto o aquello, puesto que al no ser alusivo no hay posibilidad de concluir a partir del texto trágico hacia dónde se inclinan las simpatías de Esquilo. Este punto permanece indecidible.

Con todo, cabe señalar que el vínculo que la reflexión trágica establece con el suceso histórico no es algo externo al texto trágico mismo, sino que la propia tragedia lo instituye al instituirse a sí misma en la escena del teatro de la ciudad. En el desarrollo de la *Orestía*, la producción del acontecimiento como acción y efecto de un decreto de Atenea para los atenienses, implica ciertamente una relación discursiva con los medios intitucionales y los eventos políticos no discursivos: «En la medida en que refleja la promulgación de las reformas de Efialtes, señala Wallace, la *Orestía* de Esquilo marca el fin de un período en la historia del Areópago»[69]. En esta trama, en la que el acontecimiento mítico del origen del consejo del Areópago según su versión trágica se conjuga, aunque no sin tensión, con la evocación legendaria del supuesto comienzo real del consejo y con el suceso histórico de las reformas de Efialtes en torno al mismo, en esta conjunción de lo discursivo con lo no discursivo que la reflexión teatral convoca, lo que es menester destacar es la capacidad y la eficacia

---

69 *Ibid.*, 87. Cf. 90-3, donde Wallace discute las diversas interpretaciones que los autores han hecho de la *Orestía* en relación con el rol y las atribuciones del Areópago. Finalmente, el autor parece proponer la idea de que hay un sentido alusivo de la tragedia, pues no sólo señala las reformas de Efialtes como un referente histórico, sino incluso el ostracismo de Cimón, el asesinato del primero y las negociaciones de un grupo de atenienses con Esparta para derrocar la democracia (cf. Tucídides, 1, 107, 4). El Areópago simbolizaría el proceso legal capaz de garantizar que la *stásis*, la anarquía y el despotismo no tendrán lugar en la ciudad.

de Esquilo para dar a su pensamiento no una forma partidaria sino una forma que estaríamos tentados denominar «fidelidad al acontecimiento», siempre y cuando entendamos por fidelidad no el reflejo fiel de una realidad sino un acto interpretativo, una intervención del pensamiento que en el mismo acto razona sobre el acontecimiento a la vez que lo constituye como tal. Esquilo conecta así el acontecimiento trágico con el real porque propone una reflexión sobre la fundación y los mecanismos de la práctica judicial del Areópago a partir de un evento histórico que coloca en primer plano las atribuciones del Areópago y el ciclo temporal que cumple dicho consejo. La escritura del acontecimiento, como la verdad spinozista, es índice de sí misma. Su fidelidad consiste en el hecho de trazar una intervención que produce un encuentro de prácticas: las de la política democrática y las de la poética trágica, sin que le sea necesario pronuciarse tomando partido a favor o en contra. Así, la democracia deviene trágica y la tragedia arte político[70]. ¿El acontecimiento de las reformas de Efialtes en torno al consejo del Areópago hubiera adquirido la dimensión que alcanzó sin la reflexión esquílea[71]? Seguramente no, y eso es lo que no deja de sorprendernos.

d) Justicia política, espacio público y democracia: la palabra persuasiva

En nuestro análisis de la *Orestía* hemos hablado del paso del *oîkos* a la *pólis*, puesto que la aparición de una justicia colectiva

---

70   Respecto de la importancia de la *Orestía* para el desarrollo del pensamiento sobre la democracia, véase Rocco (2000), 177-215, que sostiene que la trilogía hace un aporte a la «política democrática de perturbación», pues, a la vez que celebra el advenimiento de la democracia, a través de la figura del «otro femenino» propone una resistencia a los mecanismos de normalización que implica la obtención de un consenso cuyo carácter disciplinario resulta inocultable.

71   Cf. Iriarte (1997), que a partir del análisis del nombre Efialtes traza una asociación entre las Erinias y los areopagitas y concluye que Esquilo está indicando el carácter violento de la mutación inducida por el hijo de Sofónides y la posibilidad de que la prepotencia de los poderes antiguos pueda reaparecer con los nuevos. Como ya señalamos (cf. *supra*, cap. 2), la transformación de un orden instituido es producto de la manifestación abierta e inconsistente de las fuerzas en pugna que permanecen subyacentes en la consistencia de todo contrato social.

es uno de los elementos que permiten diferenciar lo que Gernet denominaba prederecho del derecho de la ciudad. Uno de los planos donde esto se manifiesta en forma más evidente es en el cambiante estatuto que adquiere la idea de *peithó* a lo largo de la trilogía[72]. En efecto, si bien es verdad que este paso no se da como una dicotomía excluyente sino que hay trasiegos y relaciones dialécticas en las que cada uno de estos términos es capaz de incorporar los contenidos del otro, debe asimismo destacarse que el surgimiento de la justicia política implica elementos totalmente novedosos que, al ser presentados ante los ciudadanos en la escena del teatro, configuran con una notable capacidad crítica los aspectos radicales de este evento que conduce a la emergencia del espacio público propio de la ciudad democrática. Como heredero de la casa de Agamenón, Orestes es un representante del viejo orden que ha quedado incorporado al nuevo, pues una vez juzgado y absuelto debe atenerse a las disposiciones de las instituciones recientemente fundadas. Las Erinias al devenir en Euménides manifiestan también la conservación de elementos previos en la nueva organización política. Pero más allá de esto, lo que resulta interesante ahora es la capacidad innovadora del acontecimiento. En este sentido, podríamos retomar aquí las ideas de Cohen en cuanto a que el paso al nuevo orden no se da ni se sostiene sin fuerza alguna. La justicia de Zeus y los mecanismos persuasivos que habilita son efectos de fuerzas más o menos compulsivas que inducen a actuar de acuerdo con los criterios que conlleva el nuevo orden político[73]. Esta nueva justicia, que abre un juego posible entre posiciones que pueden hallarse absolutamente enfrentadas, es resultado de una imposición, de igual modo que la democracia ateniense es una conjunción paradójica entre una política que se abre al pueblo y la dominación imperialista[74].

En la visión de Esquilo, la política ateniense contiene los procedimientos necesarios que le permiten conciliar un cierto equilibrio interno con la dominación y, consiguientemente, el desequilibrio con respecto a otros pueblos. En efecto, una vez que las Erinias

---

72   Respecto de la importancia de la persuasión en la *Orestía*, véase ahora McClure (1999), 70-111.

73   Cf. Cohen (1986), 139-40, que señala el problema concisamente en las líneas que sirven de conclusión a su artículo. Véase Moreau (1985), 246-58.

74   Plácido (1997a), 216-8.

aceptan el lugar que Atenea les ofrece, lo que se hace evidente es que todos los esfuerzos se dirigirán a que cualquier atisbo de conflicto interno quede elidido en pos de un apasionado amor a la gloria en la guerra exterior, de modo que si odian lo hagan en unidad (*kaì stygeîn miâ phrení*), esto es, sin que exista discordia civil y utilizando todas las fuerzas contra los enemigos de afuera (*Euménides*, 861-6, 976-87). Es que Zeus y Ares, indican las Erinias cuando aceptan ser vecinas de Palas, ven a Atenas como baluarte y protectora de los dioses (916-20), señal clara de cuál es el lugar que, según Esquilo, debe ocupar la *pólis* ateniense en el contexto de las ciudades griegas. En el plano interno, la unidad se da necesariamente como consenso, pues el diálogo resulta una forma de eliminar la rivalidad y lograr el bien. Peitho y Zeus Agoraios son en este caso las deidades que deberán garantizar esta concordia (970-5).

En Atenas, el discurso o razonamiento concebido como medio de seducción de un auditorio implicaba de por sí la persuasión. Una palabra podía nuclear en torno suyo las múltiples voluntades de los oyentes si lograba exponer convincentemente un argumento razonable, o incluso si encontraba la fórmula para hacer creer a la mayor parte del público que la propuesta era razonable. Pero la persuasión no era sólo un simple atributo de la lengua sino también una divinidad: Peitho, deidad secundaria que integraba el cortejo de Afrodita. En ocasiones pasaba por ser hija de Ate, el Error o la Fatalidad. En otras circunstancias, en cambio, aparecía como hermana de Tykhe (Fortuna o Casualidad) y Eunomia (Disciplina o Buen Orden).

Esquilo traza en la *Orestía* un movimiento entre estos dos campos[75]. La singularidad de este desplazamiento, que va del repudio a la gratitud, pone de relieve la agudeza del poeta trágico para utilizar los relatos míticos conocidos por los atenienses como medios para reflexionar sobre el desarrollo de la *pólis*, y en particular sobre el advenimiento de la política democrática. Pero lo que Esquilo construye alrededor de la idea de *peithó* no es una simple evolución ni un mero juego teatral. El lenguaje trágico muestra aquí de qué manera puede operar con las ambigüedades inherentes al *lógos*, pues *peithó* será al mismo tiempo la palabra que convence en el diálogo con el otro y una divinidad. Bastará dirigir la mirada hacia los enunciados, las figuras portadoras de tales enunciados y sus condiciones de posibilidad,

---

75 Cf. Buxton (1982), 105-14.

para que comprendamos que la idea de *peithó* ha adquirido tal conformación en la discursividad esquílea que permite configurar una situación histórica en el plano del mito. Esta historización del relato mítico, efecto de la política, constituye uno de los ejes fundamentales de la trilogía.

La organización de los enunciados en torno a Peitho, la persuasión divinizada, constituye en la *Orestía* un ejemplo de la historicidad que el relato mítico adquiere en su tratamiento trágico. En efecto, con la *Orestía* nos encontramos ante un caso privilegiado, pues su conservación permite que se despliegue ante nosotros el movimiento temporal que traza el decurso del drama. La historización del mito se realiza mediante cambiantes situaciones en la vida de los mortales pero también a través de bruscas transformaciones en las leyes que rigen y organizan el orden social y los vínculos entre dioses y hombres. Incluso entre las divinidades las jerarquías y las relaciones de fuerza se transformarán.

En el *Agamenón*, el contexto en y los enunciados junto a los que aparece Peitho la muestran, en boca del coro de ancianos, como algo contrario a la justicia. No obstante esto, en *Coéforas* el coro de esclavas invoca la colaboración de Persuasión para que el engaño dé frutos. Entre un enunciado y otro se instala la ambigüedad, puesto que, en un sentido, no hay una variación importante, pero, desde otra perspectiva, los enunciados en verdad se encuentran distanciados entre sí. En efecto, las situaciones de enunciación y los portadores de los enunciados son diferentes. En *Coéforas* ha entrado en acción una poderosa divinidad, Apolo, que adquiere un peso determinante para que Orestes utilice el engaño o la astucia como arma de su acción[76]. Vemos que su carácter de deidad nueva dentro del panteón griego cumple un papel importante en su disputa de poder con las Erinias, esas viejas vengadoras de los crímenes de sangre que reclaman en forma insistente que un delito sea punido con otro. Estamos entonces a mitad de camino de una evolución que, como se aprecia en *Euménides*, se completará con los decretos de Atenea y sus invocaciones a la buena persuasión.

Pero si dejamos por ahora de lado estas cuestiones y nos remitimos solamente a las palabras proferidas, el carácter de Peitho parece ser negativo, aunque el asunto no es fácilmente decidible,

---

76 Cf. *Euménides*, 81-2: en la ciudad de Palas, Orestes podrá disponer no sólo de jueces sino también de discursos seductores, *thelkteríous mýthous*, para librarse de sus culpas.

sobre todo si se tiene en cuenta que en *Coéforas* la aparición del término se liga a la búsqueda de justicia por parte de Orestes, mientras que en *Agamenón* se asocia a la injusta acción de Paris. El hecho más general a considerar radica tal vez en que tanto en un caso como en el otro nos hallamos en el marco de un universo aristocrático, signado por el honor y la vergüenza, donde *peithó* es un elemento que colabora con el proceso cíclico y reiterativo de las venganzas de sangre. Cuando tras su intervención Atenea deje instituido el primer tribunal humano para juzgar dichos crímenes y un universo nuevo de carácter político quede organizado, la persuasión recibirá una condición más digna y positiva (*Euménides*, 968-75). El término quedará ligado desde entonces a un procedimiento consensuado y colectivo que lo colocará en el centro mismo del funcionamiento político y los mecanismos que producen el lazo discursivo comunitario. La persuasión ya no se considerará un sinónimo del engaño sino como la forma propia del *lógos* en el seno de un espacio público.

Veamos esta evolución con más detalle. La primera aparición en el *Agamenón* (385) hace de Persuasión una hija de la Fatalidad, personificación misma del error, deidad expulsada del Olimpo por Zeus y convertida desde entonces en una triste herencia para la humanidad. El hombre orgulloso, señala el coro de ancianos, que acumula riquezas mediante osadías ilícitas y sin respetar para nada la justa medida, desdeña la Justicia y la hace desaparecer: «Lo azuza, con violencia, la insolente (*tálaina*) Peitho, hija insoportable de Ate que le brinda sus consejos. Y vano es entonces todo antídoto: no consigue ocultarse, sino que brilla cual tétrica luz, su perversión» (375-89). En boca de los ancianos argivos, Paris, pues a él se refieren, ha actuado bajo los efectos de Peitho y Ate. Ambas divinidades resultan repudiables porque atentan contra Dike. La palabra, el razonamiento utilizado como modo de convencer y ejercer poder sobre otro, resulta así algo execrable. En la formulación del coro el vehículo de gobierno de la ciudad no es la palabra en tanto atributo de la comunidad, puesto que las relaciones jerárquicas entre los hombres, y entre éstos y los dioses, impiden que la palabra sea un medio de seducción de las voluntades en el seno de un cuerpo de semejantes. No existe lugar para el despliegue de un argumento a través de fórmulas retóricas y persuasivas, sino que la palabra válida es la que emana del vértice superior: el rey, el dios, el sacerdote. Se trata aún de la vigencia de la palabra mágico-religiosa por encima de la palabra-diálogo, el espacio jerárquico por sobre el espacio común, hecho que es evidenciado tanto por la presencia constante de augurios, sueños y oráculos como por el poder tiránico que despliegan y consuman los protagonistas. Si bien existe la posibilidad de un espacio común para todo el pueblo (845), éste no es más que el telón de fondo de la *pólis* sobre el cual se realiza la acción principal correspondiente al *oîkos* de Agamenón.

Por otra parte, más allá de las varias ocurrencias y las diversas circunstancias en las que la idea de persuasión aparece (cf. 87, 106, 207, 668, 1212, 1239, 1639), en el *Agamenón* el personaje más hábil y astuto para persuadir es la reina Clitemnestra, en cuya boca el término aparece en más ocasiones. La escena en la que Clitemnestra aparece como un personaje dispuesto a usar todos los recursos que otorga la persuasión es aquella en la que trata de que Casandra acepte sus argumentos, pasaje en que se juega permanentemente con las significaciones activa y pasiva del verbo, persuadir y obedecer (1049, 1052, 1054). En todos los casos, la capacidad de persuadir corresponde a Clitemnestra. Tanto en este caso como con respecto a Agamenón, la reina echa mano a los recursos persuasivos de la lengua, hablando como lo haría un varón, primero en forma prudente, luego de manera arrogante (11, 351, 1400-1). Todo se dirige a conseguir la venganza. La persuasión, subordinada a estas reglas, se liga al ocultamiento del verdadero objetivo de la acción, el engaño (*apáte*) que debe ponerse en relación con los sucesos oscuros que ocurren en el *oîkos* de Agamenón y con el poder de las Erinias, hijas de Noche. Así, en el caso de Clitemnestra, la persuasión toma una configuración similar a la que señalaba el coro cuando se refería a la acción de Paris: su acto es forzado por la insolente Persuasión hija del Error.

En *Coéforas*, Peitho vuelve a ser invocada pero como una divinidad útil. En la misma ciudad de Argos, pero luego de la muerte de Agamenón y en boca de las esclavas troyanas, Persuasión, asociada a la astucia o, si se prefiere, al engaño (*dolían*), puede transformarse en una ayuda necesaria para Orestes (726). Cierto es que entre los dichos del coro de ancianos y los de las esclavas, la guerra con los extranjeros se ha transfigurado en discordia civil dentro de la propia Argos. Agamenón ha sido asesinado por su esposa y otra tiranía ha quedado instaurada. Por otra parte, ancianos y esclavas se hallan distanciados en virtud de las jerarquías y los lugares respectivos que cada uno ocupa: los ancianos argivos, personajes de alta posición, sostienen el rechazo de Peitho, mientras que las esclavas troyanas, de baja extracción, si bien no dejan de reconocer que ella está ligada al engaño, la toman como aliada en determinadas ocasiones.

Las apariciones del verbo *peítho* en *Coéforas* son menores. En la mayoría de los casos su valor se corresponde con la idea de confiar, creer, obedecer (237, 297-8, 781). Pero en la ocasión en que su valor es persuadir, en boca del coro, su connotación es claramente negativa, pues Escila, persuadida por los regalos de Minos, quitó a su padre el cabello que lo hacía inmortal y lo llevó a la muerte (618). El mismo coro, sin embargo, pedirá que a Orestes le sean propicios los recursos de la engañosa Peitho. De modo que, en líneas generales, la persuasión aparece como algo negativo, aunque en ocasiones pueda resultar necesaria. Las invocaciones por parte de las esclavas no señalan que consideren a Peitho una divinidad benéfica sino, en realidad, sus anhelos de que Orestes, usando un discurso convincente, pueda hacer con Clitemnestra y Egisto algo similar a lo que éstos hicieron con Agamenón y Casandra. De acuerdo con esto, y considerando las escenas en las que Orestes indica que hará lo mismo que su madre y Egisto hicieron con su padre, persuadiéndolo mediante palabras y ardides (554-8), cabe pensar que en este caso la persuasión cumple un papel idéntico al que tiene asignado en *Agamenón*, donde, en tanto hija de Ate, aparece como uno de los recursos principales de Clitemnestra para consumar su crimen. Esto obedece a que la escena se desarrolla aún en el marco del *oîkos* y el ciclo de las venganzas por crímenes de sangre. Cuando al final de las *Euménides* se otorgue a Peitho un sitial de honor, ya no en boca de los mortales sino en los labios de una diosa como Atenea, estaremos entonces al final de un recorrido que pondrá a los enunciados de *Coéforas* a mitad de camino entre los dos extremos del desplazamiento.

Este desplazamiento no implica una síntesis ni nada que se le parezca entre los elementos que hasta aquí han otorgado a Peitho una connotación negativa, en boca tanto de los nobles ancianos argivos como de las esclavas troyanas. En rigor, estos dos pasajes se contraponen con los dos de las *Euménides* donde Peitho reaparece. En *Euménides*, al margen de las diversas ocurrencias del verbo, cuyos sentidos varían entre confiar, convencer, creer y obedecer (439, 593, 598, 599, 794, 826), son las ideas que aparecen en boca de Atenea las que marcan la evolución del término. Atenea habla de Persuasión como algo sacrosanto y majestuoso, que confiere a la lengua capacidad para calmar y hechizar y hace posible el uso de las palabras más apropiadas sin dejar que la boca profiera dichos que lleven a una ruptura con el interlocutor. Atenea se dirige en ambos casos a las Erinias, a las que acaba de ofrecer una sede en el panteón ático como divinidades benéficas y con todos los honores del caso (885-7, 970-2). La bondad de Persuasión queda de manifiesto en el triunfo de Zeus Agoraios, dios de la palabra que protege el diálogo en las asambleas. De modo evidente, Peitho se ha convertido en una divinidad confiable que posibilita el intercambio de ideas y pareceres tanto entre los dioses cuanto entre los hombres[77]. En el desarrollo de la trama hemos dejado atrás un universo ligado al poder mágico-religioso adentrándonos en el mundo de la palabra-diálogo. Entre ambos momentos, un acontecimiento singular traza el surco irreversible: cuando ni los hombres pueden todavía ni las deidades pueden ya juzgar en forma ecuánime los delitos de sangre; cuando la espiral de las venganzas avanza amenazando destruir todo lazo social; cuando entre las divinidades impera la discordia en torno a qué derecho es el que tiene más poder; es entonces cuando Atenea establece el primer tribunal humano para impartir justicia sobre los crímenes de sangre.

Está claro que la producción de una verdad quedará así asignada a una serie de procedimientos, entre los cuales cabe destacar el uso persuasivo del discurso en el espacio público de la *pólis*, el mundo de la palabra-diálogo. Hemos transitado así de unas circunstancias en que Peitho era una divinidad repudiada a otra en que es motivo de veneración[78]. Pero la astucia como atributo de la *peithó* subsiste, pues la verdad ya no será efecto de la univocidad de la *alétheia* sino de la equivocidad de la *apáte*, que permitirá operar con el lenguaje haciendo que el diálogo abra la palabra. Por cierto, en el espacio público de la *pólis* democrática, la apertura renovada del debate sin garantías de una verdad plena es la regla que rige la producción misma de la política. Cuando la ciudad imponga su ley como derecho de la comunidad, cuando el consejo del Areópago pueda dictar sentencias interrumpiendo la cadena de venganzas, todo lo que pueda ocurrir a los que duermen, durante la noche y el sueño, quedará entonces bajo la vigilancia de este tribunal (705-6). De este modo, los sucesos oscuros señalados al inicio de la trilogía han quedado expulsados, pues ante tales circunstancias el grupo humano tendrá en los procedimientos institucionales los medios necesarios y suficientes para poder resolverlos políticamente. La

---

77   Rosenmeyer (1982), 348-53.

78   Rabinowitz (1981), 183-6.

persuasión estará asociada desde entonces al espacio político y al uso de la palabra. Por tanto, su ligadura con el engaño quedará de algún modo transformada: tal vez sea conveniente hablar de aquí en más simplemente de ambigüedad, puesto que el plano de lo político será a la vez el terreno de lo *alethés* y de lo *pseudés*[79]

---

79 Cf. *supra*, cap. 9.

Capítulo XIV
La decisión popular en la escena de las *Suplicantes*[1]

a) Azar, angustia y destino: el carácter trágico del sujeto político

Las *Suplicantes* nos sitúan de entrada ante lo político y lo religioso convocados a la escena teatral. Tras huir de las bodas con los hijos de Egipto, las Danaides imploran a los dioses de la ciudad de Argos para que se les otorgue asilo. En ese contexto les parece necesario aclarar que ningún decreto de la ciudad (*psépho póleos*) las ha exiliado por delito de sangre alguno (7-8). ¿Cuál es el sentido político de esta apertura que va a colocar a la escena mítica en una situación trágica[2], que nos conducirá de manera indefectible a la ciudad del siglo V, a la que las decisiones le corresponden? Podríamos pensar en la vigencia de una situación de derecho, puesto que la ley de la ciudad se encuentra en el centro mismo de la escena trágica[3]. La apertura de la tragedia será también la

---

1   Versión muy ampliada de «Religión y política en la ciudad democrática. La ritualidad cívica en las *Suplicantes* de Esquilo», *Anales de Historia Antigua, Medieval y Moderna*, 32 (1999), 5-28 (Universidad de Buenos Aires).

2   Para un análisis del mito de las Danaides y la transformación del mismo que produce Esquilo, Detienne (1990), 36-7; cf. Moreau (1985), 297-301. Un estudio fundamental de la tragedia esquílea se hallará en Garvie (1969). Sobre sus contenidos políticos, *ibid.*, 141-62; también Podlecki (1966a), 42-62; Meier (1991), 111-26; Sommerstein (1997), 74-6; Zelenak (1998), 45-58. Para una síntesis de los problemas que presenta, Murray (1958); Lattimore (1960), 11-27; Herington (1986), 94-111.

3   Cf. Gernet (1980), 215-26; cf. Detienne (1981), 105-6.

apertura de un drama, el de la ciudad de los argivos, de manera tal que la situación de las suplicantes –asunto propio de un *génos*– se tornará un problema de la *pólis*, y por ende un asunto político, público y abierto al conjunto de los ciudadanos.

La ciudad y sus características serán puestas a la luz más adelante por el propio rey de los argivos ante los requerimientos del corifeo[4]. Pelasgo expone entonces por qué ejerce el dominio en el país (*gês arkhegétes*), de dónde le viene tal poder y cuáles son los territorios que domina (249-59). Pero su apariencia no delata nada de esto al corifeo que al verlo llegar puede imaginar diferentes posibilidades (246-8): un habitante de la ciudad (*éten*), un guardián del caduceo sagrado (*teròn hieroû rhábdon*), un gobernante de la ciudad (*póleos agón*). Ante la apariencia de Pelasgo, el corifeo puede concebir de manera abstracta la presencia o bien de un ciudadano, o bien de una figura religiosa, o bien de un gobernante. Pero el corifeo es incapaz de decidirlo si Pelasgo mismo no lo aclara, situación que adquiere aún más relieve si se tiene en cuenta que el rey se ha dirigido hasta el lugar donde se hallan las hijas de Dánao acompañado de su séquito. Nada parece distinguirlo a él de los demás. Sólo cuando Pelasgo comience a hablar quedará en evidencia que se trata del gobernante de la ciudad[5].

Tras haber aclarado quién era él y cuál era su procedencia e invitar al corifeo a hacer lo mismo, las últimas palabras del rey: «no olvides que esta ciudad no gusta de largos discursos» (273), confirman que la ciudad es la que ocupa el lugar central[6]. Algo similar había recomendado Dánao a sus hijas: no precipitarse en las respuestas, no ser excesivamente prolijas para no exponerse a las críticas de la gente del lugar (200-1; cf. 463-4). Si la apertura de la tragedia había puesto de relieve la vigencia de los decretos de la ciudad, las sugerencias de Pelasgo y Dánao muestran una de las condiciones de esta vigencia: las suplicantes deben explicar su procedencia y el motivo que las ha llevado a tierra argiva sin previo aviso. Es importante, pues, que su discurso sea entendido y aceptado por la ciudad. Al parecer, el uso adecuado de la palabra marcará el destino de las Danaides...

4　Respecto de esta escena, Zeitlin (1996), 136-43.

5　Cf. Burian (1974).

6　de Romilly (1977), 3: «Esquilo no piensa en los hombres sino como ligados a una ciudad»; cf. *ibid.*, 9-11.

Pero existe otro plano en el que la trama se desarrolla que resulta ineludible para los mortales. Las suplicantes han hecho su demanda ante los altares de los dioses argivos: no quieren ser esclavas del linaje de Egipto (332-4). Este pedido debe ser cumplido por la ciudad: Pelasgo resultará piadoso si no las entrega, aunque esto lleve a los argivos a emprender una guerra (339-41). En esta situación, el reclamo de las Danaides es que se respete la pompa de la ciudad, pues si no la cólera de Zeus será terrible (344-6). «Más fuerte que una torre es un altar: es escudo irrompible» (190), había ya anticipado Dánao a sus hijas cuando Pelasgo y su séquito se acercaban. Evidentemente, las instituciones públicas pueden resultar inexpugnables a condición de cumplir adecuadamente con los dioses de la ciudad, pues éstos son la encarnación misma de la justicia cívica.

Tales son las constricciones que la tragedia presenta: vigencia de la ley de la ciudad cuyas sentencias políticas son decididas por sufragio; uso adecuado de la palabra como modo de convencer a los ciudadanos; culto a los dioses públicos como garantía de justicia. Se trata de tres enunciados que organizan el desarrollo de la tragedia, cuya ocurrencia parece subordinarse a uno de ellos: la justicia divina y la armonía que impone como modo de representación del lazo comunitario. Es con respecto a esta concepción de la justicia que los hombres pueden caer en insolencia (*hýbris*) o proceder con moderación (*sophrosýne*), puesto que las decisiones de los hombres se miden en función de su mesura o su insensatez. La ciudad puede ser una e indivisa y vivir en concordia y sin tensiones, siempre y cuando los hombres no se muestran irreverentes ni la conduzcan a la discordia, evitando así que los dioses descarguen su ira sobre ella.

El rey argivo acaba de escuchar los argumentos de las Danaides: suplican a los dioses de la ciudad para no ser esclavas del linaje de Egipto, pues esos amadores son, en realidad, amos. Claramente, su deseo es la libertad (337). Sin embargo, la situación no es sencilla. El pedido que le hacen a Pelasgo es que no las entregue a los hijos de Egipto, cuyo significado inmediato para el rey es emprender una nueva guerra (341-2). Este diálogo instala el dilema de los protagonistas sobre la escena y ante el público, que asiste a la conformación de una fuerte disyuntiva[7]; darle o no

---

7   Miralles (1968), 121: «Esquilo se encargará incluso de dibujar bien en la mente de cada espectador, claramente, que el dilema es suyo, que pertenece a todos». Cf. Ferrari (1974).

asilo a las suplicantes. Prontamente esto se presentará como una
tensión entre dos fuerzas diferentes pero igualmente efectivas
que condicionan la vida de la ciudad (por un lado, la relación con
otras comunidades humanas; por el otro, el vínculo con el mundo
divino), lo cual se manifiesta a partir de las distintas opciones: la
guerra contra los hijos de Egipto o la ira de los dioses. Bajo esta
perspectiva, la forma en que Esquilo constituye la situación no
puede ser más precisa: se ha presentado algo inesperado e imprevisible que coloca a la ciudad en un dilema[8]. Pelasgo implora que
la ruina no azote la ciudad (355-8):

> «¡Ojalá que este asunto de hospedar a ciudadanos-extran-
> jeros (*astoxénon*) no sea luctuoso (*ánaton*), ni de lo ines-
> perado e imprevisto (*ex aélpton kapromethéton*) se derive
> una guerra para nuestra ciudad! Porque nuestra ciudad no
> lo necesita».

Lo destacable de la construcción de Esquilo es que de algo no
anhelado ni conocido pueda derivarse un efecto discernible en la
situación, aunque se trate, como en este caso, de algo tan inde-
seado como una guerra. Azar de lo inesperado y lo imprevisible,
sobre el cual se montará la producción de un acontecimiento: la
ciudad se encuentra a merced de unas fuerzas impensadas por
los hombres, pero que la pondrán en movimiento. Es a partir de
esas fuerzas que podrán producirse decisiones cuyas consecuencias sólo serán discernidas *a posteriori*. Se trata de los efectos
del azar y de la decisión humana sobre el sentido de ese azar.
Sobre este asunto, otro pasaje nos muestra de manera notable el
nudo inextricable entre lo azaroso y la decisión, y por supuesto,
tratándose de Esquilo, su necesaria remisión al plano de lo religioso (365-91)[9]. Ante el azar de lo inesperado e imprevisible,
los ciudadanos se ven solicitados a tomar una determinación; el
asunto debe considerarse políticamente, porque públicos son los
dioses que protegen a las suplicantes. De modo que es el pueblo
(*laós*) el que debe decidir, pues si la ciudad en común (*koinón*)
ha recibido una afrenta, el pueblo también en común es el que
tiene que buscar una solución y no el rey de acuerdo con su lugar

---

8   Respecto de la fatalidad en Esquilo, Doyle (1972); cf. Padel (1997), 295-
    9.

9   Ver Lesky (1966b), 85: «Dos elementos de alta significación pueden verse
    claramente en Esquilo: la inmediata unión de la necesidad impuesta por
    los dioses y la decisión personal para actuar».

jerárquico. «Yo no os puedo garantizar –señala Pelasgo– promesa alguna antes de haber consultado sobre este asunto con todos los ciudadanos (*astoîs dè pâsi koinósas*)» (368-9). En rigor, Pelasgo, el héroe de esta tragedia, no se asemeja a la mayoría de los héroes que evocan en la escena trágica a los aristócratas arcaicos devenidos en tiranos, sino que claramente es una metáfora del ciudadano democrático[10].

Pero las suplicantes arremeten señalando que, en tanto rey, Pelasgo es el pueblo (*démion*). El rey parece acomodarse a la situación (379-80), pero se paraliza de miedo y duda angustiado (*amekhanô dè kaì phóbos m'ékhei phrénas*)[11] entre obrar o no obrar (*drâsai mè drâsai*) elegiendo su destino (*týkhein heleîn*), pues debe elegir entre dos caminos excluyentes su ventura que es la de la ciudad: «Pero no puedo ayudaros sin perjuicio, mas tampoco es prudente lo contrario, es decir, despreciar vuestras súplicas» (377-8). Finalmente, el rey atribuirá al pueblo la responsabilidad de decidir la cuestión. Más allá del camino que se tome, lo importante es que debe decidirse el curso a seguir. Obrar o no obrar son, de cualquier forma, dos decisiones posibles. Este sino decidido es el que otorga carácter de necesidad a lo inesperado e imprevisible, ya que de las decisiones humanas depende que el azar genere o no efectos funestos.

El asunto involucra entonces a toda la comunidad, que se aboca a resolver el dilema: proteger a la ciudad de una guerra con los hombres o evitarle una guerra con los dioses. Si bien el dilema parece tener diferentes modos de presentación: obrar o no obrar, una guerra u otra, darle o no asilo a las suplicantes, de todas ma-

---

10 Vimos ya que, en un primer momento, para las suplicantes, el rey no se distinguía de su séquito. Sólo una vez que aquél habló y puso en claro su condición, ellas pudieron saber quién era quién en el cortejo que se había presentado ante ellas. Lo que citamos termina de confirmar nuestra idea: Pelasgo no ejerce el poder en virtud de ser un rey sino como un ciudadano democrático. De todos modos, como veremos a continuación, no es sólo esto lo que principalmente hace de este héroe trágico una metáfora del ciudadano democrático.

11 Esta ansiedad manifestada por Pelasgo había sido presentada ante los espectadores, aunque de otro modo, por el coro (41-175), canto donde, según de Romilly (1971b), 18, la angustia se nutre de sí misma en una progresión ascendente, a partir de una métrica más ágil y la acumulación de imágenes crípticas pero de gran peso dramático. Cf. Miralles (1968), 117; Verdenius (1985). Sobre el uso del término *phrén* en Esquilo, Thalmann (1986), que pondera las funciones e interrelaciones de las distintas facultades de pensamiento y sentimiento.

neras, el motivo es siempre el mismo en cada caso. Es importante destacar en este marco que la ley de cada ciudad es, al menos en la visión del rey argivo, algo singular: la decisión de los argivos sólo tiene vigencia en su patria, así como el dominio de los hombres de Egipto sobre las suplicantes sólo rige en la tierra de éstos. Esquilo plantea de este modo la necesidad de que se respete la ley de cada ciudad[12], lo cual abre la posibilidad de comprender que cada ciudad no responde a un modelo preconcebido. Parece, pues, que cada ciudad con sus respectivas leyes e instituciones es una singularidad. Por otra parte, sobre la ley y su sentido real, ya se trate de una ley divina o humana se debe decidir en situación. Tal es lo que tiene que enfrentar el rey argivo junto a la comunidad reunida en asamblea: o se respeta la ley divina o se respeta la ley humana. Claramente, derecho contra derecho, escisión entre dos leyes; la tragedia continúa[13].

El problema es delimitado claramente por el propio Pelasgo (407-17):

«Es necesario ciertamente un profundo pensamiento salvador (*batheías phrontídos soteríou*) ... a fin de que esto acabe, primero, sin que dañe a la ciudad y bien para mí mismo, y que no se encienda una guerra por tomar represalias, ni que, por entregaros cuando así estáis sentadas en las sedes de los dioses, nos atraigamos como terrible huésped al muy funesto dios vengador de los crímenes que ni en el Hades deja libre al muerto. ¿No te parece que necesitamos un pensamiento salvador?».

Lo notable en este caso, además de la contraposición entre el terreno de la acción humana y el de la divina, es la apelación a un profundo pensamiento salvador que, puesto en relación con la ciudad y los posibles daños que pudiera ocasionarle la situación presentada, implica el diseño de una reflexión precisa en función de una circunstancia que requiere una decisión política eficaz: análisis concreto de una situación concreta. Pero la búsqueda de un razonamiento adecuado no implica que el rey vaya a resolver el problema por sí mismo mediante la autoridad que su lugar institucional le asigna. Nada de eso. Está claro que el rey argivo

---

12 Anticipando, a su modo, ciertas posiciones que más tarde van a ser sustentadas por los sofistas, como veíamos en el pasaje de las *Euménides* sobre la superioridad del *nómos* ante la *phýsis*; cf. *supra*, cap. 10.

13 Vernant y Vidal-Naquet (1989), 115.

no se distingue del ciudadano común ni por sus dichos ni por su aspecto: los enunciados en torno suyo manifiestan que su rango es sólo aparente. Las prácticas políticas argivas reafirman la idea de que cada miembro de la *pólis* equivale a los demás, una igualdad democrática sin ningún tipo de jerarquías[14]. Sin embargo, el lenguaje trágico conserva sus tensiones y ambigüedades: el rey se distingue por su función e incluso por su nombre propio; pero simultáneamente se suma a los demás y se diluye en la multitud que compone la ciudad, perdiendo su lugar y su función y sometiéndose al escrutinio mayoritario del voto popular.

En el momento de su presentación en escena ante las Danaides, pero también ante el propio público ateniense, el rey se atribuye un poder soberano al afirmar: «yo, Pelasgo, domino (*kratô*)», verbo muy significativo con el que se quiere resaltar la fuerza del rey (250-9). Aunque Pelasgo esté lejos de ejercer un poder absoluto, en este pasaje el rey se presenta como poseyendo pleno poder. Pero en la misma presentación del rey, la construcción de Esquilo parece ya querer diluir ese poder soberano que éste declama. En efecto, la reiteración del verbo *kratô* (255, 259) y su distancia respecto del pronombre *egó* (250) nos inducen a pensar que la fuerza de este «yo» no es algo que se afirma por sí misma, con su sola presencia, sino que se diluye en el espacio poético a partir de la separación entre el pronombre y la acción que éste ejerce. La distancia que la construcción de los versos impone hace que la función del rey pierda poder y, en consecuencia, le resulte imperioso reiterarlo: *egó... kratô... kratô*. Lo curioso es que en su discurso el rey está afirmando cuáles son los territorios y los hombres que caen bajo su dominio. Es entonces cuando las ambigüedades y tensiones se acumulan hasta el límite por un doble movimiento: por un lado, la reiteración de *kratô* y su distancia respecto de *egó*; por el otro, el relato sobre a quiénes el rey domina, que conduce a una frontera abrupta tanto de este dominio como de los territorios que controla: «el límite del ondulante mar lo corta (*syntémnei d'hóros hygrâs thalásses*)»[15]. Estamos lejos de la figura poderosa de un Creonte que enuncia sin disimulo: «yo tengo todas las fuerzas (*egò kráte pánta... ékho*)», en una contigüidad inmediata entre el pronombre y el término

---

14 Cf. *supra*, cap. 5.

15 Respecto del mar como frontera del poder de Pelasgo, Tarkow (1975), análisis sobre el que volveremos. Cf. Moreau (1985), 219-28; también Murray (1958), 18-45; Smith (1965); Fowler (1971).

krátos que impacta sobre el coro y sobre el público, pues Creonte se dirige directamente a los hombres[16]. En los sucesivos pasajes el rey Pelasgo va a reconocer que, puesto que es la ciudad en común la que ha recibido una mancha, son todos los ciudadanos los que deben decidir (365-9), y que no puede hacer nada sin que el pueblo lo sepa, fórmula que decididamente tiende a alejar a la figura del rey del ejercicio de la fuerza que da el mando soberano (397-401). El rey, en fin, convoca al pueblo y lo único que puede hacer es tratar de que la comunidad se vuelva favorable a las suplicantes (517-8). En este decurso, el rey se verá despojado de su poder, el cual quedará convenientemente atribuido al pueblo, agente al que terminará asociándose el verbo *krateîn* cuando tome la decisión por votación mayoritaria. En la escena trágica de la ciudad democrática[17], el héroe mítico ha perdido su fuerza singular, quedando así sometido –junto a los arcaicos valores aristocráticos que encarna– a los cuestionamientos que ponen en vigencia principios democráticos.

El rey se excusa de resolver el asunto porque no puede hacer nada a «espaldas del pueblo (*démou*), ni siquiera teniendo un poder absoluto (*kratôn*)», para que en un futuro la multitud no lo juzgue por haber causado la perdición de la ciudad (397-401). La cercanía de los términos *dêmos* y *krátos* en el contexto en que el rey enuncia que no puede decidir por sí solo, evidencia el poder popular, que terminará enunciándose en el célebre *démou kratoûsa kheír*, donde la contigüidad entre pueblo y fuerza nos acerca a una posición similar a la de los términos «yo» y «fuerzas» que encontrábamos en boca de Creonte en la *Antígona* de Sófocles. Es evidente que además de no tener el poder absoluto ni poder decidir por sí sólo, el rey tampoco puede hacerlo en nombre del pueblo: cuando se toman decisiones, el rey no representa al cuerpo ciudadano, porque la política democrática impide la delegación del mando en una autoridad que pudiera eventualmente representar a la comunidad. La soberanía es la del poder popular.

En el caso de la ciudad argiva de las *Suplicantes*, cada ciudadano interviene en la asamblea por su propia cuenta sin delegar su rol político en instancia o autoridad alguna ni asumir la representación de un grupo determinado. Ni el rey ni ningún otro

---

16　Sófocles, *Antígona*, 173. El pasaje se abre en 161 con una invocación dirigida a los ancianos de Tebas.

17　Cf. Plácido (1992); (1997d); también Seaford (1994), 363-7.

pueden actuar en nombre de los ciudadanos: el pueblo delibera y gobierna directamente, sin necesidad de representantes. Es por eso que tras las declamaciones del coro pidiendo al rey que reconozca la *hýbris* de los hijos de Egipto y mantenga su ira contra ellos, ya que tiene el poder absoluto sobre el país (*pân krátos ékhon khthonós*: 425-7)[18], nos encontramos más adelante con una visión distinta por parte de las propias Danaides: «Que sin inquietud defienda sus honores el pueblo que gobierna esta ciudad (*tò dámoin, tò ptólin kratýnei*), poder previsor que vela por el bien común (*promathìs eukoinómetis arkhá*)» (699-700). La contraposición de los pasajes muestra cómo, en boca de las mismas suplicantes, la decisión que ellas atribuían al rey (y cuyas consecuencias sufrirían su casa y sus hijos), en realidad es atributo del pueblo que gobierna la ciudad y busca el bien común. En verdad, este cambio de perspectiva obedece en parte al hecho de que la asamblea del pueblo ha decidido favorablemente el pedido de asilo de las suplicantes. ¿Cómo se llega a esa decisión en la asamblea?

El rey da con el pensamiento que buscaba y se acerca a una decisión: «es totalmente necesario mover una gran guerra contra unos u otros» (439-40), pues es imposible tomar una decisión y que no exista ninguna consecuencia. Se trata de una lucha entre dos fuerzas: o bien con los hijos de Egipto, o bien con los dioses, el enfrentamiento es inevitable. Si anteriormente el rey manifestaba sus dudas y temores ante el hecho de no saber si obrar o no (379-80), ahora finalmente llega a la conclusión de que ante la angustia que el miedo provoca se debe asumir la circunstancia presentada con el coraje de sostenerse en el dilema tomando una decisión, pues «sin dolor (*áneu lýpes*) no existe salida en parte alguna» (442).

Tarkow ha llevado a cabo un lúcido análisis de las imágenes náuticas con las que Esquilo pone en escena el dilema de Pelasgo. En efecto, en el pasaje en el que el rey menciona la necesidad de dar con un pensamiento salvador, habíamos dejado de lado la imagen utilizada para exponerlo: «a manera de un buzo, cuya vista penetrante llega al fondo del mar» (408-9). Esto sugiere,

---

18 Las Danaides también argumentan que, no importa qué decisión tome el rey, en definitiva, «cualquiera de ambas decisiones que tú fundamentes (se refiere al rey) las habrán de pagar con idéntica ley (*homoían thémin*) tus hijos y tu casa. Medita bien esto: justa es la potencia de Zeus (*díkaia Dióthen kráte*)» (434-8).

señala Tarkow, que se trata de alguien que está explorando algo desconocido, difícil de resolver, quizá nuevo y extraño. Coherente con esto, Esquilo vuelve a usar imágenes náuticas para hacer decir al rey que ha dado con la reflexión que buscaba: «aquí se encalla, ... se ha clavado la barca como conducida mediante una perversa navegación» (438-41), lo cual se asocia, según Tarkow, con la idea ya expresada por Pelasgo en torno a su poder: «el límite del ondulante mar lo corta» (258-9). Es evidente que la falta de destreza para la navegación se debe a que el poder del rey no se extiende sobre el mar, su fuerza se muestra allí disminuida. Finalmente, el rey permite que los espectadores vean que, por más que haya dado con un pensamiento luego de haber indagado lo nuevo y extraño que se ha presentado, su poder es relativo y su angustia subsiste, pues no existen garantías plenas para la resolución del dilema: «de muchas formas, asuntos difíciles de combatir y una multitud de males me inundan como un río, y he desembocado en un mar sin fondo de dolor en modo alguno fácil de pasar» (468-71). En definitiva, plantea Tarkow, el uso mismo de imágenes nos sugiere un dilema, pues no hay concepto claro de lo nuevo y extraño que ha advenido en la ciudad de Argos[19]. A causa de su dilema, Pelasgo participa en temas, problemas y, por consiguiente, contradicciones que él comprende escasamente[20].

b) Controlar las pasiones: garantías divinas para la apuesta política

El problema que aqueja a los argivos ha sido presentado crudamente en escena. La disyuntiva esbozada tendrá que ser resuelta. La decisión deberá tomarse sin que existan garantías sobre sus resultados: «¡Que salga bien la cosa, contra lo que me temo!», es el deseo que expresa Pelasgo, mostrando que tanto lo bueno como lo malo puede ocurrir (454). ¿Existe algún modo de conjurar los peligros que se avecinan? La ayuda de los dioses puede ser útil. En efecto, la encomendación a las divinidades desempeña un papel que se supone moderador y atenuante de los

---

19 Algo que se mueve en este mismo sentido lo hallamos en *Agamenón*, 1243-4: «Me domina el miedo, dice el corifeo, cuando te oigo decir verdades sin representarlas mediante imágenes».

20 Tarkow (1975), 6-11.

efectos desconocidos que han de desencadenarse en la ciudad, y que pueden ser nefastos. Sacrificios para impetrar oráculos y abundantes víctimas ofrendadas a numerosos dioses pueden ser remedios contra las calamidades (449-52). El rito acompaña y en cierto modo duplica la práctica que se va a realizar –en este caso, tomar una decisión política en la asamblea–. El rito mismo, pues, es una práctica que se adosa a aquella que va a llevarse a cabo[21]. Si la acción constituye, por así decirlo, una presentación descarnada de las circunstancias, esta duplicación religiosa de la que hablamos parece en cierta forma *re*-presentar la acción pero en un plano diferente. La consulta oracular y la encomendación a los dioses resultan ya no los medios adecuados para la acción política que los ciudadanos han de decidir, sino remedios contra las desdichas y los males que inevitablemente se derivarán de la toma de decisiones. Invocar a los dioses mediante sacrificios y ofrendas implica un intento de predeterminar la enunciación de propuestas y las consecuentes decisiones que tendrán lugar en la asamblea. El proceso de decisión, tal como explícitamente lo menciona Pelasgo, está sometido a la persuasión (*peithó*) y al azar (*týkhe*), puesto que no existe garantía alguna en el azar del encuentro múltiple de las voces en la asamblea (522-3). La posibilidad de predeterminar la voluntad de los ciudadanos mediante el ritual religioso, trata de ubicar la decisión en un plano de trascendencia respecto de las condiciones inmanentes a la reunión de la asamblea. Se trata de dominar las desconocidas fuerzas de la multiplicidad a partir de la imposición de una verdad previa a la decisión. Pelasgo lucubra un acto religioso, en sí mismo externo a la asamblea, que va a quedar internalizado a partir de la propuesta que el rey hará ante los ciudadanos. Según este intento, la verdad no radicaría en las fuerzas políticas que traman la decisión en la asamblea sino en la apelación a los dioses como garantía superior y exterior a la reunión concreta de los ciudadanos. Por consiguiente, a la verdad producida por el procedimiento democrático se intenta superponerle una restricción a partir de la verdad de los dioses convocada por las ofrendas depositadas en sus altares. Esto aparece reforzado por la propia construcción dramática de Esquilo: no sólo la propuesta del rey es aprobada sino que además esto ocurre por unanimidad. Por eso en el momento de la decisión del pueblo argivo no hay escisión del cuerpo de ciudadanos sino armonía: la trascendencia divina

---

21 Véase la bibliografía citada en la introducción a la parte III.

destierra la división inmanente entre los hombres. La prudencia de la unidad traza un lazo comunitario que subsume los inlocalizables peligros de la desmesura que puede acarrear el conflicto de opiniones entre los ciudadanos presentes en la asamblea.

Es evidente pues que el problema crucial que manifiesta el rey argivo radica en el hecho de que hay un margen de maniobra que implica un tiempo esencialmente humano en el que los dioses no se encuentran convocados[22]. Sólo un pedido específico de los hombres vuelve a poner en escena, de modo benéfico, a los dioses. Si no hubiera opciones a partir de las cuales tomar una decisión, el destino ya estaría determinado de antemano, más allá de lo bueno o malo que pudiera acarrear. El drama nos presenta entonces la precariedad de la situación del hombre que, de alguna manera, ha quedado sometido a sus propias leyes. No es que los dioses ya no intervengan en el mundo, pero sólo parecen hacerlo después de que los hombres han echado su suerte. Los dioses no pueden –no pueden ya, decía Gernet– decidir el destino de los hombres, sólo pueden entonces acompañarlo, o juzgarlo *a posteriori*. Así, ante una práctica política que conlleva la subjetivación real del cuerpo que la realiza –en tanto se funda en una decisión derivada de una división, sobre la base de disyuntivas que se desarrollan en una determinada circunstancia–, una reduplicación de dicha práctica se concreta a través del ritual religioso, reduplicación que no es para nada la proyección de una imagen en espejo. Se trata de dos órdenes de prácticas montado uno sobre el otro. La práctica religiosa busca actuar sobre los desconocidos efectos que conlleva la práctica política, tratando de hacerlos previsibles, o al menos favorables; busca configurar una serie de reaseguros para la decisión sin garantías. En este sentido, se trata de una práctica que, en alguna medida, intenta establecer ciertos fines para la práctica política. Pero esto significa una representación, pues ya no se trata de los fines propios de la decisión sino de unos fines superpuestos desde una posición trascendente. Estamos, pues, ante un modo de inscripción imaginaria que busca atenuar las tensiones que se derivan del azar de lo inesperado, de lo imprevisible que resulta el tener que decidir sobre el sentido de un destino indeterminado. La práctica religiosa aparece así como una fuerza que busca poner fines a otras fuerzas, y que, por tanto, domina en tanto que determina –o busca determinar– el significado preciso que debe

---

22　Al respecto, Vidal-Naquet (1983), 61-85; también Sissa y Detienne (1994), 259-72.

asignársele a un suceso acaecido a los hombres. En este sentido, ocupa una posición que definimos como estatal respecto de la práctica política activa[23].

La invocación a los dioses trabaja de acuerdo con lo que, en un contexto diferente, ha sido definido como «las palabras maestras», cuya función es «la de ser invocadas en privado o en público a título de garantía o de fundamento para la veracidad, la autenticidad, la validez de un discurso, de una práctica, de un tipo de vida, de una obra»[24]. Pero cabe acotar aquí que la palabra divina, la palabra del soberano, la palabra inspirada proveniente de un oráculo, ya no implican una «solución» para un problema –como ocurría en el marco del universo mítico–, sino la creencia de que los dioses se pronunciarán favorablemente sobre la elección que los hombres, y sólo los hombres, han realizado o van a realizar. En el discurso trágico, los oráculos no dicen qué debe hacerse. Se trata en todo momento de descifrar un enigma, de modo que lo que queda introducido a partir de la consulta a los dioses no es una palabra salvadora con la garantía divina de su verdad, sino la palabra como instrumento, el *lógos* como posibilidad de decir, de hacer cosas con palabras, eso que Detienne ha denominado palabra-diálogo y palabra-acción[25].

Aunque estamos en presencia de un mundo humano, de todos modos, el hombre trágico no sabe a ciencia cierta qué depende de él y qué de los dioses. Si de entrada el rey señalaba la ocurrencia de algo inesperado e imprevisible sin inscribirlo ni en el orden de los hechos humanos ni en el de las obras divinas, al finalizar la pieza la posibilidad de que algo nuevo pueda advenir quedará limitada a la acción de los dioses: «si los dioses no han decidido alguna novedad, no cambiaré la ruta anterior de mi alma», sostiene el corifeo antes de dar paso al éxodo del coro (1016-7). Pero es preciso señalar que, aunque la acción corresponde claramente a la esfera de lo humano, como cuando Dánao relata a sus hijas lo ocurrido en la asamblea argiva, también entonces la acción es remitida a las potencialidades de la divinidad: «Zeus decidió el fin último (*Zeùs d'epékranen télos*)» (624). Se trata por cierto de la función ya consignada que cumplen las «palabras maestras».

---

23 Cf. *supra*, cap. 1.

24 Balibar (1995), 56-61, cita en 58.

25 Detienne (1981), 100-7. Cf. *infra*, cap. 9.

Las constantes apelaciones a Zeus que aparecen en las tragedias de Esquilo han sido relacionadas, de una u otra manera, con la concepción hesiódica de la divinidad y su justicia. Sin embargo, se debe tener en cuenta la mutación que ha introducido la concepción soloniana del mundo divino, pues desde entonces es el espacio de la ciudad lo que se representa. Incluso si es Zeus quien en último término decide, ya no se trata de la justicia de un orden cósmico sino de la justicia que se organiza en torno a una comunidad humana temporalmente situada y caracterizada por la diversidad[26]. Tal estado de cosas es lo que se percibe en el intercambio entre el coro y el rey, cuando el primero señala que Zeus inclina la balanza repartiendo justicia a buenos y malos, y pregunta al rey por qué no actúa según esta justicia; el rey, mientras tanto, duda y no decide. La justicia de Zeus, atributo de su ley divina, no es algo que los hombres conozcan claramente. Por ende, tampoco pueden discernir si la ley divina es tal o cual. Es evidente que la justicia de Zeus se abre paso mediante las leyes humanas, a través de las decisiones y acciones de los hombres (402-17). Incluso el hecho de que el rey apele a la necesidad de dar con un pensamiento salvador es el modo humano de acercarse al impenetrable pensamiento de Zeus. La justicia responde a la condición humana, precaria e históricamente situada.

El rol de los dioses en relación con el mundo humano puede ser observado también desde otra perspectiva. Esquilo permite comprender esta otra función de la religiosidad en la escena en que Pelasgo aconseja a Dánao que distribuya las ofrendas en distintos altares de los dioses del país para que todos los ciudadanos se compadezcan de la situación de las suplicantes. La práctica religiosa actúa entonces, o intenta actuar, como una forma de representación de la unidad de la comunidad, pues en tanto está organizada por rituales que reduplican los actos públicos y particulares de los ciudadanos, aparece como el modo ideológico de generar un lazo social comunitario. En efecto, ante un hecho sobre el que deberá decidirse en lo inmediato, se busca el consenso de los ciudadanos ya no a partir de la persuasión de la palabra pronunciada en la asamblea sino por medio de la práctica religiosa, cuyo fin es «que todos los ciudadanos (*pántes polîtai*) vean un signo de esta súplica y no sea rechazada la propuesta que yo les voy a hacer... Porque de esta manera quizá (*tákha*) ... odien la desmesura (*hýbrin*) de ese grupo de machos y el pueblo (*dêmos*)

---

26   Cf. Solmsen (1995), *passim*.

sea más benévolo con vosotros, pues todos (*pâs*) están dispuestos a serlo con los más débiles». Pero el acto religioso también parece querer poner un límite a una tensión recurrente en el juego de las fuerzas políticas: «pues la masa (*leós*) es amante de censurar al jefe (*kat'arkhês*)» (480-9). De todos modos, el «quizá» de Pelasgo connota que la operación no va a arrojar resultados automáticos que garanticen una decisión favorable. Sólo si la práctica religiosa genera el consenso buscado esta separación entre líder y pueblo terminará diluyéndose.

Esta búsqueda del consenso mediante un modo religioso conlleva una operación ideológica, pues se apela aquí a los dioses de la ciudad en tanto son la encarnación misma de la comunidad. Por otra parte, la decisión a tomar en la asamblea gira justamente en torno a si obrar contra los dioses o contra los hombres, por lo cual el plan de Pelasgo tiende a reforzar no sólo la decisión de dar asilo a las suplicantes –aunque esto implique una guerra con los hijos de Egipto–, sino a mantener la concordia interna, la armonía de la ciudad, la ciudad unida sin divisiones ni tensiones. Se perciben aquí los dos niveles distintos que ya mencionáramos: prácticas estatales y prácticas subjetivas de decisión, donde las primeras intentan instaurar plenamente los poderes de la unidad mientras que las segundas actúan según las fuerzas múltiples del cuerpo político colectivo, sin esperar jamás anular la división, que por otra parte es su modo de ser.

Así, el artificio instrumentado consiste en arrojar afuera de los límites de la ciudad al enemigo, al otro contradictorio[27], pues resulta evidente que si se decide no dar asilo a las hijas de Dánao, la guerra no será entonces contra los perseguidores extranjeros de las suplicantes sino contra los dioses patrios protectores de la ciudad. El mecanismo que permite arrojar al exterior de la ciudad los posibles conflictos y anudar una comunidad homogénea, capaz de dejar de lado la constante contraposición entre líder y pueblo, resulta de un desplazamiento importante: si antes el rey había alegado que de acuerdo con la ley de su ciudad los hijos de Egipto podían con todo derecho reclamar a las Danaides porque tenían poder sobre ellas (387-9), ahora, en cambio, Pelasgo argumenta que la conducta de estos parientes de las suplicantes implica una *hýbris* que todos los ciudadanos deberían odiar (487-8). Claramente, la singularidad de las leyes de cada ciudad, que antes había sido destacada por el propio Pelasgo, ha dado

---

27 Cf. Moreau (1985), 112-9.

paso ahora a la universalidad del poder de los dioses. Aunque también es preciso decir que la consideración que se hace del asunto implica más que nada una condena a los hijos de Egipto a partir de las leyes propias de la ciudad de Argos.

La representación de las leyes de la ciudad por medio de los dioses públicos nos sitúa ante una función estatal que, de manera manifiesta, intenta atenuar o hacer desaparecer el disenso civil o *stásis*[28]. Por otra parte, la acción de Pelasgo es perfectamente legítima, pues trata de poner en marcha todos mecanismos necesarios para conseguir que en la asamblea el pueblo decida por el argumento que él va a sostener. En este sentido, Pelasgo aparece claramente como un líder que utiliza los recursos que la situación democrática pone a su alcance y no como un rey que se vale de su posición jerárquica en la sociedad. Su búsqueda del consenso en la decisión responde en verdad a la consecución del fin político elaborado.

Que la resolución de la asamblea se tome finalmente por unanimidad, nos habla del pensamiento de Esquilo acerca de la justicia y la concordia en la ciudad. No obstante, como ya se verá, lo que se espera al momento de votar es saber hacia dónde se inclinará mayoritariamente el voto popular, y no cómo votará el pueblo de manera homogénea y sin fisura alguna[29].

Consecuentemente, ante una circunstancia sobre la que es menester decidir, la búsqueda de consenso resulta una operación ideológica. Pero la decisión política –que no se lleva a cabo al margen de los procedimientos institucionales vigentes, pero que puede producir innovaciones radicales imprevisibles[30]–, más allá

28	Respecto de esta función del estado, cf. *supra*, cap. 5.

29	Ver Vidal-Naquet (2000), 172-3, 184-7.

30	Cf. Tucídides, 3, 38, 4-5; Aristófanes, *Asambleístas*, 215-20, 575-80, 583-7. Ambos destacan la capacidad humana para inventar, ya no la capacidad de los dioses para hacerlo como propone Esquilo (cf. *supra*, cap. 4). En efecto, en cuanto a su representación imaginaria del mundo, Esquilo está más cerca de la visión tradicional que de aquello que adquirirá un auge extraordinario desde la segunda mitad del siglo V dando lugar a la idea del «primer inventor». Para Esquilo se trata de invocar la voluntad de Zeus, pues los sucesos en el terreno de lo humano son transcripciones de las decisiones divinas. De allí que el poeta se esfuerce por destacar varias veces a lo largo de las *Suplicantes* que el profundo pensamiento de Zeus es algo que los hombres no pueden nunca llegar a conocer. Sófocles, en cambio, se permite destacar que nada hay más asombroso que el hombre y su capacidad inventiva para articular un mundo que le pertenece (*Antígona*, 331-69). Cf. *supra*, cap. 10.

de la ideología que la enmarca, conlleva de manera indefectible la argumentación en torno a una propuesta, la votación de la misma a favor o en contra y una falta de garantías en cuanto a los efectos resultantes de la decisión adoptada. Pelasgo, por cierto, busca crear un marco adecuado para conseguir su objetivo, pero la posibilidad de una votación desfavorable a sus pretensiones es también algo cierto. Sus dudas, manifestadas al principio entre obrar o no obrar, se truecan en certeza conjuntamente con el cambio en su consideración hacia los hijos de Egipto: en la medida en que éstos cometen *hýbris* se debe entonces actuar en su contra. Sin embargo, la duda consiguiente que se instala en escena es si el pueblo aceptará la propuesta, porque como ya anticipara el propio Pelasgo, el líder suele ser cuestionado por la masa. Por ello el rey recomienda a Dánao cubrir de ofrendas los altares de los dioses para que al verlos los ciudadanos se compadezcan y sean entonces más benévolos con las suplicantes. Esta artimaña de Pelasgo nos sitúa ante un acto plenamente humano (se cree en los dioses pero también se hace uso de ellos de acuerdo con los intereses humanos) en un contexto político en el que ningún mortal puede de por sí imponer su voluntad a los demás: debe por necesidad utilizar los recursos disponibles, la persuasión y la astucia (480-9).

En términos aristotélicos, la relación establecida entre líder y masa, entre el rey Pelasgo y el pueblo argivo, podría percibirse como la interacción entre un gobernante (*árkhon*) y los gobernados (*arkhómenoi*), uno que debe saber mandar y los otros obedecer. Sin embargo, Pelasgo parece mostrar otra cosa, pues la multitud está más dispuesta a ponerse en contra del jefe que a obedecerle. La apelación al consenso por medio de los dioses nos habla de una astucia del rey para poder convencer a los ciudadanos y no para mandar sobre ellos, que era lo que Aristóteles intentaba conceptualizar. El rey es entonces un gobernante a la vez que un gobernado, y lo mismo ocurre con el pueblo. Nos hallamos ante una situación singular, en la que las jerarquías dejan de funcionar, hecho que nos remite al carácter múltiple, colectivo y dividido de la asamblea democrática.

c) La decisión política:
persuasión, asamblea y soberanía popular

El uso de medios consensuales no significa en modo alguno coartar la soberanía de la decisión popular sino tratar de imponer un partido a las voluntades ciudadanas en la situación de una asamblea en que un asunto singular habrá de ser decidido, toma de posición que concluye una vez tomada la decisión[31]. Por tanto, una vez que se ha operado con los medios disponibles para tratar de predisponer favorablemente a los ciudadanos, una vez en el espacio público de la asamblea lo único que se puede hacer es persuadir mediante el uso de la palabra.

El rey, ya en la asamblea, argumentará entonces a favor de ir contra otros hombres y no contra los dioses. En estas circunstancias, el miedo que el rey había puesto de manifiesto inicialmente en cierta medida permanece, aunque más o menos domeñado por el coraje de haber aceptado las nuevas condiciones sosteniéndose en una decisión. En este sentido, es sintomático que el rey, que anteriormente había expresado estar colmado de dudas y de miedo sin poder resolver si obrar o no haciendo una elección de su destino (379-80), responda ahora al corifeo, que había mostrado intranquilidad por el miedo que su alma sentía, que no corresponde sentir un miedo excesivo (513-4). El rey, ciertamente, ha dejado atrás su temor inicial, pero parece olvidar que se ha encontrado en una situación similar a la del corifeo. En todo caso, tendrá que enfrentar ahora la duda que implica desconocer qué decisión adoptará finalmente la asamblea, pero el problema se torna entonces algo colectivo. Que la resolución termine, en definitiva, ajustándose a la concordia con los dioses (esa es, en verdad, la aspiración que Esquilo suele transmitir) tiene mucho de ideológico, pues lo que se espera es que el consenso y la armonía actúen como garantes de la vigencia del lazo social comunitario. No obstante, esto no quita un ápice al carácter trágico del dilema y su resolución, puesto que aun cuando la ciudad se haya representado en forma imaginaria, mediante una práctica de matriz religiosa, el conflicto desatado por la presentación de algo inesperado e imprevisible, de todos modos, el problema de la decisión y los riesgos que ella conlleva permanecen. Imperceptible a partir de la regulación estatal, lugar de representación de los intereses comunitarios en

---

31 Cf. Finley (1981), 21.

función de armonizar la situación y producir la borradura de las tensiones liberadas por la presentación del vacío de lo azaroso e indeterminado, el carácter trágico de la decisión se hará finalmente visible por medio de los efectos que inevitablemente desencadenará. Todo parece girar aquí en torno de la idea esquílea de que el respeto escrupuloso de la ley divina implica que, más tarde o más temprano, los dioses sabrán proteger a la ciudad de los elementos disruptivos (494-5).

Ahora bien, si el rey ha dado con un pensamiento salvador profundo, si de ese modo ha dejado de lado su temor inicial llegando a concebir que el conductor jamás debe tener un miedo excesivo, sin embargo, la decisión aún no ha sido tomada. Es en la asamblea donde las posibilidades evaluadas podrán tornarse verdad. Es en el seno de la misma donde se podrá persuadir acerca de la pertinencia de no ofender a los dioses de la ciudad, para lo cual será menester que se dé asilo a las hijas de Dánao. Pero es evidente que para que esto ocurra deberá tomarse la decisión a partir de la convicción de cada ciudadano presente en la reunión. En este contexto, la práctica de la oralidad es fundamental. Repetidas veces observamos a lo largo de la tragedia la recomendación de hablar con precisión, haciendo que los mecanismos de la persuasión sean favorables[32]. El rey había recomendado a las suplicantes que hablaran con sencillez dejando de lado los dichos enigmáticos (464). Ya antes también, el rey había hecho saber a las hijas de Dánao que a la ciudad no le gustaban los largos discursos, ante lo cual el corifeo había reconocido que su respuesta iba a ser breve y fácil de entender (273-4)[33].

Pero es en la escena en que el rey se apresta a convocar al pueblo (*laoùs sygkalôn*) para hacer que la comunidad (*koinón*) se vuelva favorable a las súplicas de las Danaides, que podemos percibir la importancia de hablar, argumentar y convencer en público: «enseñaré a tu padre de qué forma ha de hablar (*khrè légein*)... ¡Ojalá que tenga persuasión (*peithó*) y suerte (*týkhe*) que lo lleve a feliz término!» (516-23). El rey se asemeja entonces a una especie de maestro de oratoria. Pero no estamos ante la presencia de un sofista sino más bien de un *rhétor*, un ciudadano que maneja los procedimientos y conoce los instrumentos adecuados para hablar y persuadir a los demás. El rey aparece claramente

---

32 Sobre la *peithó* en las *Suplicantes* de Esquilo, Buxton (1982), 67-90.

33 Respecto del carácter enigmático de las palabras de las Danaides, cf. Iriarte (1990), 58-9, 126-7.

como metáfora del ciudadano que participa en la asamblea y hace uso de la libertad de palabra y la igualdad de discurso para hacer propuestas en las reuniones públicas de la comunidad. Pelasgo es capaz no sólo de persuadir sino también de enseñar a otro las formas necesarias para hablar ante un público de iguales, que sólo resuelve a favor o en contra si la argumentación de quien presenta el asunto es adecuada, esto es, si en el momento de decidir el orador logra convocar la voluntad de los ciudadanos mediante el uso de la palabra.

Por otra parte, apelar a la *peithó* conjuntamente con la *týkhe* pone de manifiesto que el rey o Dánao –que hablará ante el pueblo argivo contando la situación de sus hijas– no controlan los efectos que sus discursos pueden provocar en los ciudadanos: no sólo es menester hablar de manera apropiada sino también que las condiciones resulten favorables. De modo que, en la propia instancia de decisión soberana de la democracia argiva, subsiste un plano de imprevisibilidad que sólo se resuelve en la situación concreta. Por lo tanto, la convocatoria a la asamblea del pueblo, a pesar de contar con el auspicio de un rey que previamente toma partido por una de las opciones, implica un debate público. Los ciudadanos pueden interesarse por las funestas consecuencias de una guerra, producida en este caso particular a causa de la aceptación como metecos de unas suplicantes que han huido de su patria. También pueden optar, y de hecho así ocurre en este caso, por ser respetuosos de los dioses, aunque ello implique una guerra con los hombres. Pero lo inevitable en todo este asunto es que la resolución final va a resultar de la presentación de una propuesta ante la asamblea, seguida de un debate en torno a su pertinencia y, finalmente, de una votación por mayoría. Por eso Dánao debe aprender las formas de hablar para convencer en público adquiriendo el arte de la persuasión[34]. Lo cual señala que, más allá de que el rey intente hacer propicio al común de la ciudad mediante las ofrendas a los dioses, en la asamblea hay que persuadir con el uso adecuado de la palabra. Es cierto que el hecho de ver los altares de la ciudad colmados de ofrendas podía actuar para predisponer favorablemente el ánimo de los ciudadanos hacia la propuesta de Pelasgo. Pero esto no evitaba ni constituía una garantía absoluta contra los imponderables que podían ocurrir en una reunión específica de la asamblea.

―――――――――

34   Cf. Zeitlin (1996), 143-6.

Al reaparecer en escena (600-1), Dánao señala a sus hijas que las cosas van bien con la gente del lugar, dado que el pueblo ha votado (*démou dédoktai*) decretos decisivos (*pantelê psephísmata*). Acto seguido el corifeo pregunta: «¿A qué determinación (*télos*) se ha llegado, cómo prevalece por mayoría (*plethýnetai*) la mano soberana del pueblo (*démou kratoûsa kheír*)?» (603-4). El pasaje, donde aparece el famoso sintagma que de inmediato se asocia con la idea de democracia, se presenta con una fuerza mucho mayor si lo consideramos en relación con las invocaciones previas del coro (590-9). Allí se dice que Zeus, él mismo padre procreador y soberano por mano propia (*autókheir ánax*), ejerce el poder (*kratýnei*) sobre los más fuertes (*kreîsson*), ya que no está debajo de ningún otro poder (*hyp'arkhâs oútinos*) ni respeta el poder de nadie, y sus órdenes y sus actos (*érgon hos épos*) se presentan a un tiempo para cumplir a toda prisa alguna decisión (*boúlios*) de su pensamiento (*phrén*).

Resulta altamente sugerente establecer un paralelo entre el poder de Zeus y el del pueblo; en ambos casos se trata del ejercicio del mismo por mano propia: *démou kratoûsa kheír*, en el caso de la asamblea, *autókheir ánax kratýnei*, en el de Zeus. Como vimos, la comunidad de ciudadanos argivos subordinaba la posición del rey, que si bien podía ejercer cierto liderazgo no tenía en sus manos la soberanía. Esto implica que nadie podía ubicarse por encima de la soberanía popular que se manifestaba en la asamblea. De allí que el rey convocara a una para resolver el problema presentado. De igual modo, Zeus, por su propia condición, tampoco admite ni admitirá jamás que exista poder alguno por sobre el suyo: no se ubica debajo de ningún poder, no respeta el poder de nadie, nadie se sienta por encima de él, y gobierna a los más fuertes en el menor detalle. Podemos ver también que, en ambos casos, es la conjunción de hechos y palabras lo que permite que las decisiones previamente lucubradas por el pensamiento se lleven a cabo. En el caso de Zeus, esto responde a un acto inmediato de su voluntad, y su pensamiento se manifiesta tanto en hechos como en palabras. En el caso del pueblo, se trata de una posibilidad que se concreta colectivamente, puesto que si bien es el rey el que encuentra un pensamiento salvador profundo, debe luego saber expresarlo con palabras apropiadas, mediante el uso de la persuasión en el marco de la asamblea, y tan sólo entonces se transformará en un hecho a partir de la decisión soberana de los ciudadanos. Otra de las características que asocian el poder del pueblo con el de Zeus se presenta en la escena en que el rey da con un pensamiento salvador: si la divinidad rige el destino mediante los designios de su insondable pensamiento, los hombres, en consecuencia, no pueden conocer su sino de antemano. Pero el rey cree haber dado con un pensamiento que implica la salvación de la ciudad, es decir, un sentido diáfano para su destino[35]. Sin embargo, para que esto pueda ocurrir en el terreno humano es necesario que la fuerza colectiva del pueblo, y no únicamente la iluminada visión del rey[36], se exprese mediante palabras decisivas y actos políticos. En el terreno de la divinidad, la propia voluntad de Zeus es suficiente para que acontezca lo que su mente dicta[37].

Para Esquilo, no obstante, es necesario algo más para que la soberanía del pueblo tenga en la ciudad una fuerza inquebrantable: las resoluciones deben tomarse en armonía, por unanimidad. El relato de Dánao a sus hijas sobre el modo en que el pueblo votó decretos decisivos se abre destacando el protagonismo popular[38]: «los argivos han decidido (*édoxen Argeíoisin*)» (605), y se cierra poniendo de relieve el papel de Zeus en el momento de decidir: «el pueblo de los pelasgos escuchó los giros persuasivos del orador, y Zeus decretó el fin último (*epékranen télos*)» (623-4). Entre la primera y la última de estas afirmaciones, Dánao cuenta de qué modo el pueblo decidió darle asilo a él y a sus hijas: «Pues tembló el aire al levantarse las manos diestras de todo el pueblo (*pandemía*) para votar este decreto (*krainónton lógon*)» (607-8). La conjunción entre la fuerza del pueblo y la de Zeus, lo mismo que el acceso de los hombres a un destino de salvación obtenido mediante un razonamiento profundo que se

---

35   Respecto del rey, cf. vv., 407-17, 439-40; en cuanto al pensamiento de Zeus, 1048-50, 1058-9.

36   De todos modos, el rey no está totalmente convencido de su suerte, hecho que, como vimos, le hace decir: «¡Que salga bien la cosa, contra lo que me temo!».

37   Cf. de Romilly (1971b), 114: «En las *Suplicantes*, el poder del pueblo y el de los dioses se reúnen y se corroboran. Incluso en el orden político, el universo esquíleo permanece palpitando la doble vida que la habita, y que desea que nada jamás sea vaciado de presencia divina. Hasta el fin, el temor conserva su carácter sagrado».

38   Respecto del relato de Dánao sobre la asamblea argiva, con una confrontación con los documentos relativos al funcionamiento de la asamblea ateniense en la época de Esquilo, cf. Petre (1986), que permite ver los mecanismos constitutivos y la significación del discurso trágico en relación con la ciudad y sus instituciones, y que destaca la utilización por parte del poeta de un lenguaje técnico preciso.

conecta con el impenetrable pensamiento de Zeus, implica que, según Esquilo, la democracia deba tener como condición de posibilidad el consenso pleno de la ciudadanía, de modo que el destino decretado por Zeus se vuelva favorable para los hombres. De todas maneras, para los hombres el camino que lleva a la certeza de una decisión implica dudas, angustias y sufrimientos que no desaparecen una vez que el asunto ha sido resuelto. El cuerpo de ciudadanos ha llegado a una determinación mediante la persuasión de los argumentos retóricamente trabajados por los oradores. Pero luego cada ciudadano deberá sostener con su propio cuerpo en el campo de batalla lo que ha votado en el seno de la asamblea.

Veamos entonces cómo se llega a la decisión. A pesar de que el rey ha delineado una propuesta de solución, tomando partido por una de las opciones y preparando el terreno por medio de ofrendas a todos los dioses de la ciudad para que el conjunto de los ciudadanos las vea, la convocatoria a la asamblea del pueblo por parte del rey va a implicar un debate público. La votación es la conclusión del debate, y nos sitúa en el centro mismo del mecanismo democrático: temas a tratar; problemas a resolver; argumentos a favor o en contra de tal o cual medida; votación de las propuestas por mayoría; finalmente, la decisión como patrimonio de la comunidad. En el recorrido de esta trayectoria se constituye la subjetividad del hombre responsable, del ciudadano que debe decidir su sino pero en comunidad, nunca aisladamente. En primer lugar, se presenta un problema imprevisible para los recursos del saber disponible; luego se plantea el dilema, aflorando la duda y la angustia ante las opciones excluyentes e irremediables abiertas por obra del azar; recién entonces se llega a una postura clara respecto del problema, que debe ser expuesta convincentemente ante el colectivo político. El rey parece en estas circunstancias gozar de alguna prerrogativa que los demás ciudadanos no poseen: conoce el problema presentado, entra en un dilema, arriba a una resolución, convoca a una asamblea y, para que el pueblo sea favorable a su parecer, cubre los altares públicos con sacrificios y enseña a Dánao cómo hablar ante la multitud. El pueblo, mientras tanto, se entera de la situación en la asamblea misma por boca de Dánao y escucha luego los argumentos del rey a favor de dar asilo a las hijas de aquél. Sin embargo, podemos suponer que si los ciudadanos iban a ver los altares de los dioses de la ciudad repletos de ofrendas, ello los llevaría a preguntarse por el motivo de tal situación. Por otra parte, la vida pública democrática implicaba, como una de sus condiciones, los intercambios constantes de parecer inherentes a una sociedad cara a cara. Todo esto coadyuvaba para que los miembros de la comunidad política tuvieran previamente a la reunión de la asamblea una idea de las circunstancias en las que se hallaba la ciudad. Una vez en la asamblea, los ciudadanos podían asistir al desarrollo de una puja dialéctica entre propuestas que se excluían entre sí. Los giros persuasivos de los oradores hallaban en la votación por mayoría al verdadero eje de la soberanía: el pueblo decidía los decretos inclinándose mayoritariamente por una u otra de las propuestas según el peso de la persuasión, y al hacerlo trazaba los límites y los alcances de la decisión así asumida. En fin, la decisión –que para Esquilo debía ser unánime como *una* y sin *stásis* debía ser la ciudad– quedaba atribuida al colectivo ciudadano: «los argivos han decidido», lenguaje propio de la decisión política que nos da una señal clara de que nadie podía atribuirse el mérito de la acción política lograda, nadie salvo el cuerpo cívico mismo. La decisión resultaba así insoslayable; y en este caso se disponía también que quien transgrediera el mandato sería detenido por los que debían velar por las leyes y los decretos de la ciudad. Y si esto no ocurriese, los ciudadanos que no cumplieran se verían privados de derechos y sufrirían la pena de destierro (605-24).

Ahora bien, ¿qué vieron los espectadores presentes en el teatro? En principio, el acto por el cual se llega a la decisión no transcurre en la escena. La reunión colectiva así como las explicaciones de Dánao, los argumentos con los cuales el rey Pelasgo convenció a los ciudadanos, la votación unánime del pueblo sin esperar siquiera a que el heraldo llamara a hacerlo, todo esto es referido por Dánao en la narración que hace de los hechos ante el pedido de sus hijas. La asunción de las prácticas democráticas desde el terreno discursivo no deja paso a la representación de las mismas en la escena teatral, producto tal vez de una situación histórica precisa, pues los ciudadanos atenienses conocían por experiencia el accionar de la asamblea y entendían de inmediato los mecanismos y formas bajo los cuales la resolución democrática había sido producida. Otro punto destacable es que la palabra *ekklesía* no está registrada ni una sola vez en las tragedias conservadas. Debemos destacar, asimismo, que ninguno de los personajes del drama (excepto el heraldo, personaje habitual de las tragedias) posee una ascendencia que no sea noble. Dánao y Pelasgo lo son. Incluso cuando se decreta que quien no defienda a las suplicantes sea declarado *átimon* y desterrado, el autor utiliza el vocablo *gamóron*, que puede asociarse con la nobleza, pero no habla de ciudadanos. Sólo cuando se alude a las decisiones que hay que tomar, o a la defensa del país, el pueblo es puesto en el centro del poder. Mas no en el centro de la escena trágica, puesto que la asamblea se desarrolla entre bastidores. Recién al final de la tragedia aparecerá un personaje de baja condición, el semicoro de las sirvientas de las suplicantes. Pero su función se asociará más con las Danaides que con el conjunto de la pieza: remarcar a través de los dichos de este semicoro, complementario y a la vez contradictorio de las Danaides, la *hýbris* de las suplicantes. Por otra parte, la función de las sirvientas en la escena depende de la acción de las Danaides, pues son éstas las que le otorgan un lugar al dirigirse a ellas: «vosotras sirvientas alternad en el canto» (1022). Aunque finalmente el coro se cierre sobre sí mismo, y sólo las Danaides emitan su canto en la escena final, sin embargo, el intercambio previo entre ambos semicoros parece poner de relieve la *sophrosýne* que anida en el pueblo bajo, pues son las sirvientas las que tienen bien claro que no se puede ir contra el destino decretado por Zeus.

d) El compromiso político: la responsabilidad del ciudadano

Prosigamos con el desenlace del drama según su propia secuencia temporal. Dánao ha terminado de narrar los acaecimientos ocurridos en la asamblea y se retira. Una vez tomada la decisión, el poeta cede nuevamente al coro la palabra y el dominio de la escena. Las suplicantes comienzan entonces su plegaria a Zeus pidiendo bienes para los argivos como premio a su bondad. Sin embargo, el público, que se ha sentido inquieto por la conformación del dilema de Pelasgo y que ha terminado de aliviarse recién a partir de la decisión de los argivos dando asilo a las Danaides[39], va a hallar en este canto de agradecimiento de las Danaides los anticipos de un nuevo mal: la guerra. En verdad, ya en las especulaciones de Pelasgo esto era un efecto probable de la opción argiva. Pero Esquilo

---

39 Resolución tomada sin *hýbris*, pues el pueblo no se ha insolentado con los dioses de la ciudad al dar asilo a las que suplicaban ante los altares públicos.

no dejará de aprovechar la oportunidad de condenar los males de la guerra, condena que es también una anticipación del porvenir.

El coro va a apelar al respeto por las leyes ancestrales y al funcionamiento de las instituciones que rigen bien a la ciudad, especialmente el consejo reunido en torno al hogar público y el pueblo que gobierna la ciudad, poder previsor y prudente que vela por el bien común, para que ni las armas de Ares ni la guerra civil tengan cabida[40]. Pero la guerra es el envío de un dios, Ares, y por tanto algo inevitable para los mortales (635-8; cf. 661-5). La condena de la guerra junto con las apelaciones al hogar común, la concordia del pueblo y la veneración de los ancestros, son las formas que Esquilo imagina para establecer una ciudad unida, sin divisiones ni males. Pero la reaparición de Dánao, marca la distancia que media entre los deseos de armonía expresados por el coro y la amenaza real que se cierne sobre el linaje de Dánao y el conjunto del pueblo argivo que ha asumido el compromiso de darle asilo y, si es necesario, defender a las suplicantes (710-33).

El temor vuelve a instalarse en la escena trágica cuando las suplicantes conocen que los hijos de Egipto se acercan a Argos. La única posibilidad para Dánao y sus hijas consiste en la firme decisión de los argivos. Las condenas morales a la guerra quedan momentáneamente de lado. El diálogo entre Dánao y el corifeo pone de relieve el valor guerrero de lo masculino por contraposición a lo femenino, pues «una mujer sola no vale nada. No hay en ella Ares» (734-40, 746-9). Conjuntamente con aquello que constituye uno de los ejes centrales del drama, la contraposición entre lo masculino y lo femenino[41], se abre paso la oposición entre la *pólis* y el *oîkos*[42]. El valor guerrero de la comunidad de hombres es lo único que puede sostener la posición de la mujer: su lugar en el *oîkos* sólo existe por mediación de la *pólis*, lo cual equivale a decir que una mujer depende del hombre para poder determinar con precisión su lugar. Ya anteriormente el coro de suplicantes había puesto de relieve que cualquiera fuera la decisión que Pelasgo adoptara, ello iba a incidir sobre sus hijos y su casa. Pero el rey, que había reconocido que él no tenía poder absoluto y que era el pueblo

---

40 Cf. vv., 666-73, 679-83, 698-710.

41 Zeitlin (1996), 123-171; cf. (1990a). También Des Bouvrie (1990), 147-66.

42 Al respecto, Vernant y Vidal-Naquet (1989), 171-4. En general, Plácido (1994).

el que debía decidir, señalaba que era la comunidad de ciudadanos la que debía tomar sobre sí esa carga. Por lo tanto, no es respecto de un *oîkos* en particular sino de la *pólis* en general que Zeus puede hacer sentir su poder en este caso (434-81). La existencia de la ciudad transcurre en el ámbito de lo público, delimitando a la vez el ámbito de lo doméstico. El cuerpo ciudadano, que ha decidido en asamblea el destino de las suplicantes, el ejército ciudadano, que sostendrá su compromiso luchando por las suplicantes, tales son las manifestaciones de la esfera de lo público. Ya tendremos otra oportunidad de observar esta disyuntiva entre lo público de la *pólis* y lo privado del *oîkos* cuando las Danaides se nieguen a casarse, lo cual constituirá un elemento más de su *hýbris* en el marco de la organización de la ciudad[43].

En un sentido similar se expresaba Apolo en las *Euménides* cuando ponía de relieve que el matrimonio determinaba los lugares respectivos del marido y la mujer. Es evidente que la defensa de Apolo de la institución matrimonial se enlaza con la complementariedad y las jerarquías existentes entre el hombre y la mujer que muestran las *Suplicantes*. Aunque debe también señalarse que, del mismo modo que en la *Orestía* el papel de Clitemnestra discute los lugares aceptados, en el caso de las Danaides su actuación pone en cuestión todas las reglas vigentes. La articulación entre *pólis* y *oîkos* se establece en el acto mismo del matrimonio. El rechazo de las Danaides a las bodas atenta, pues, contra esta articulación que hace al desarrollo armonioso de la vida. De allí la *hýbris* de su acción[44].

El rechazo de las suplicantes a ser tomadas como esposas por los hijos de Egipto es destacado por Esquilo para resaltar el episodio siguiente, el contrapunto violento entre el propio coro y el heraldo, recién desembarcado, que viene a llevarse a las hijas de Dánao (836-910). Éstas parecen rechazar en forma genérica la posibilidad de que un hombre roce su piel, prefiriendo la muerte al lecho nupcial[45]. Recién entonces indicarán que su rechazo se debe a la persecución de los hijos de Egipto, insoportables por su soberbia de origen masculino, referencia que vuelve a conducirnos a la contraposición recién indicada (789-90, 804-5, 817-8). La llegada de Pelasgo con los soldados interrumpe el intento de

---

43 Sobre el problema de la *hýbris* en las *Suplicantes* de Esquilo, Fisher (1992), 263-70; cf. Moreau (1985), 195-202.

44 Ver Zeitlin (1996), 123-7.

45 Cf. Gantz (1978); Seaford (1987).

los invasores, poniendo de nuevo en escena la diferencia entre el valor guerrero masculino y la debilidad de la mujer: «¿Crees acaso que has llegado a una ciudad en que sólo hay mujeres?», señala el rey al heraldo (913).

El debate entre ambos va a destacar la puja de derechos entre argivos y egipcios. Pero la resolución de la confrontación supera ya el marco del debate y las palabras. Como señala el heraldo, «Ares en verdad no decide (*dikázei*) estos asuntos mediante testimonios» (934-5), sino que se ingresa en una zona en que la responsabilidad respecto de la propia decisión y los derechos que asisten a cada uno deben ser refrendados en el campo de batalla. En este sentido, el discurso de Pelasgo más que expresar un rechazo de la guerra misma tiende a destacar las virtudes y las bondades de la libertad de palabra (*ex eleutherostómou glósses*)[46]. No se niega la posibilidad de que las Danaides se marchen con los hijos de Egipto, siempre y cuando lo hagan por propia voluntad, sin ningún tipo de violencia, es decir, persuadidas por un discurso piadoso (*eusebès píthoi lógos*), pues tal es el voto decidido por la ciudad por medio de la práctica popular (*demópraktos*: 940-9)[47]. Pero el destino está determinado de algún modo por las decisiones asumidas anteriormente: una guerra habrá de estallar (950). De todos modos, está claro que Argos cuenta con guerreros bien dispuestos: las suplicantes tienen como protector (*prostátes*) al rey así como al conjunto de los ciudadanos, todos sujetos a ese voto previo (952).

---

46 La contraposición entre violencia y persuasión que pone de relieve Pelasgo debe asociarse con la situación emergente tras los cambios acontecidos al final de la *Orestía*, cuando Atenea destaca que ha logrado convencer a las Erinias mediante los recursos de la persuasión y no de la violencia (cf. *supra*, cap. 13). Sin embargo, como destaca Gorgias, la persuasión que ejerce la palabra es también un modo de dominación sobre el cuerpo del persuadido (cf. *supra*, cap. 9), hecho que el rey parece reconocer cuando señala al heraldo de los hijos de Egipto que podrá llevarse a las hijas de Dánao sólo si ellas así lo quieren.

47 La relación entre la decisión política y la importancia de la libertad de palabra adquiere aquí una formulación comparable con las expresiones del discurso fúnebre de Pericles (Tucídides, 2, 40, 2-3): «Nosotros mismos, o bien emitimos nuestro propio juicio, o bien deliberamos rectamente sobre los asuntos públicos, y no consideramos un perjuicio para la acción sino el no aprender de antemano mediante la palabra antes de pasar de hecho a ejecutar lo que es preciso. Pues también poseemos ventajosamente esto: el ser audaces y deliberar especialmente sobre lo que vamos a emprender». Al respecto, Loraux (1993), 182-3.

La decisión tomada deberá ser sostenida por el cuerpo cívico, pues ha sido resuelta soberanamente por la asamblea. Consecuentemente, ningún ciudadano podrá escapar a la responsabilidad so pena de ser declarado *átimon*. Esto supone una firmeza inalterable de lo decretado, si es que en verdad la ley y la justicia rigen la ciudad. Una pauta básica de este funcionamiento político es la práctica de la oralidad. En tanto que vehículo para el debate de ideas en el seno de la asamblea, la palabra es el medio de persuasión entre iguales, así como el modo en que se sostiene la fidelidad a la propuesta decidida por la práctica popular, tal como Pelasgo lo pone de relieve con fuerza cuando se dirige al heraldo. La firmeza de la palabra se liga a la de la decisión, y no hace falta que quede escrito o sellado, pues se expresa con toda claridad mediante una lengua que habla libremente, estando todos los ciudadanos sometidos a estos principios. Esta materialidad de la palabra se efectúa sobre los cuerpos, ya que esta cultura política se monta sobre procedimientos que deben necesariamente producir algún tipo de consecuencias en la capacidad volitiva de los ciudadanos. El discurso no es un puro texto; persuade porque genera en el cuerpo ciudadano un deseo colectivo: tomar tal o cual resolución. Pero debido a la multiplicidad de voces y enunciados, la comunidad de ciudadanos se escinde, duda, entra en tensión, tironeada y angustiada ante la falta de garantías acerca de las consecuencias de cada opción en pugna. Sobre esta base precaria se instala la decisión. Una vez que ello ocurre, una vez que el cuerpo colectivo adviene como sujeto político, su fidelidad se constituye en torno a la decisión tomada en la situación. Los ciudadanos son responsables de sus actos en forma colectiva, pues, una vez alcanzada la resolución, el cuerpo político en tanto sujeto de decisión queda sujeto a la decisión.

A partir de ese momento, Pelasgo, es decir, cada ciudadano, pierde su temor. Si en un primer momento el miedo a lo desconocido había marcado el accionar del rey, permitiéndole entender que estaba en un aprieto y que debía reconocer que era imposible resolverlo únicamente a través de sus propios y escasos medios humanos, ahora se presenta en escena arrogante: «yo soy el protector y también todos los ciudadanos, cuyo decreto aquí precisamente se cumple. ¿A quién esperas más poderoso que éstos que están aquí?» (963-5). No existe nada con mayor poder que la voluntad general de una asamblea soberana. El rey, que antes había mostrado temor a transgredir la soberanía popular, se muestra ahora, a causa de esto mismo, confiado en el valor del pueblo. Cabe pensar junto con Tarkow que sin miedo el rey «carece también de conocimiento. Cuenta, en cambio, con la fuerza para intentar imponer una solución para una situación cuya magnitud está lejos de percibir. Ahora, confía completamente, pero es ignorante respecto de ese mismo poder limitado que anteriormente había temido y entendido»[48]. Tal es la situación del cuerpo ciudadano: la decisión, razonada, argumentada y votada, se torna entonces una verdad política que, a partir de los procedimientos prácticos de la asamblea, se constituye en el horizonte determinado de la acción, en una certeza plena y sin fisuras. Y esto ocurre más allá de que la decisión haya sido tomada de modo unánime, pues si hubiera sido adoptada por mayoría, igualmente, una vez resuelta se habría constituido en un patrimonio colectivo y, por tanto, en una certidumbre confiable. De allí la gran fuerza soberana del decreto popular, sin que nadie pueda adquirir más poder que los ciudadanos.

e) La incertidumbre trágica: lo inevitable y lo imprevisible

Volvamos a la escena. En el momento en que el rey señala que él y los ciudadanos están sujetos al voto de la asamblea, el coro se escinde: junto con las Danaides un nuevo coro hará el papel de sirvientas de las primeras[49]. Asunto importante porque, como vimos, la escisión resulta ser una de las características que se hace presente cuando una elección debe ser tomada. En este caso, la oposición de ambos coros deja la perspectiva de un final abierto que dará paso al desarrollo de nuevos acaecimientos. Las tensiones vuelven a aflorar a partir de la oposición entre dos conceptos importantes en estas circunstancias: *hýbris* y *sophrosýne*. Pareciera que en Esquilo el propio hecho de decidir implica, de modo forzoso, la posibilidad de caer en *hýbris*. Pero tal desmesura no aflora en forma clara en el plano del entendimiento humano: es desde la mirada omnipresente de Zeus que un acto resulta o

---

48   Tarkow (1975), 11-3.

49   Esquilo, *Suplicantes*, 954: Pelasgo menciona a las sirvientas; 975-9: las Danaides explican cómo cada una recibió una sirvienta como dote por parte de Dánao; 1022: las Danaides impulsan a las sirvientas a sumarse al canto. Sobre este desdoblamiento del coro, van der Graaf (1942); cf. Ferrari (1972); McCall (1976).

no cargado de *hýbris*. En el mundo de los hombres, en cambio, no siempre está claro si una conducta está imbuida de *hýbris*, pues muchas veces el accionar humano se presenta a partir de múltiples puntos de vista que habilitan diferentes alternativas. Sólo *a posteriori*, según la decisión asumida por el agente, se podrá percibir –a partir de los efectos que la elección desencadena– si el acto realizado fue hecho de acuerdo con la prudencia o conforme a una excesiva arrogancia que puede provocar la ira y el castigo de los dioses.

Veamos cómo se presenta el asunto en la escena final de las *Suplicantes*, según el discurso de Dánao, que reclama a sus hijas respeto por la *sophrosýne* aprendida y no ceder su virginidad al deseo de los hombres (que es el de Cipris, que impide apasionadamente que la flor virginal de las mujeres perdure), y a partir del contrapunto entre el coro de Danaides y el de sirvientas, donde éstas indican cuán cargado de *hýbris* se encuentra el acto de rechazar la ley divina del matrimonio por parte de aquéllas. Recientemente, la escena final, en la que Dánao recuerda a sus hijas que la moderación es más importante que la propia vida –esa prudencia inculcada por el propio Dánao–, ha sido reconsiderada[50]. Anteriormente se había pensando que el discurso de Dánao dejaba ver rasgos de su carácter frío y puritano[51]. También se puede argumentar, relacionando el pasaje en cuestión con la apertura de la obra, que se trata, en definitiva, de una confirmación de ese «innato odio al varón (*phyxanoría*)»[52]. Lo que parece seguirse a partir de esta perspectiva es que las Danaides rechazan cualquier boda. Sin embargo, los nuevos aportes acerca de las razones del rechazo a casarse con los hijos de Egipto parecen ir en otra dirección. Tal como destaca Rösler, el análisis de Sicherl a partir de ciertos escolios permite sacar una conclusión simple pero probable según el conocimiento de los antiguos: Dánao sabía por un oráculo que un yerno lo iba a matar. Por consiguiente, el motivo de las hijas de Dánao para no contraer matrimonio ni con los hijos de Egipto, ni con ningún otro hombre, radicaría en no volverse culpables o cómplices de la segura muerte de

---

50 Sicherl (1986), comentado por Rösler (1992).

51 Winnington-Ingram (1961).

52 Miralles (1968), 111-38, esp. 113-5, 125-7; asimismo, Ferrari (1977). Cf. MacKinnon (1978). En torno a las imágenes esquíleas sobre el tema de la huida en las *Suplicantes*, Dumortier (1935), 1-11; recientemente, Deforge (1986), 179-84.

su padre[53]. Ahora bien, en su discurso Dánao no apela a este argumento sino que aconseja a sus hijas prudencia (991-1013), es decir, no incitar el deseo de los hombres y no constituirse en la vergüenza de su padre ahora que habitan como metecos entre gente extraña. Ante la mirada plena de deseo de los hombres, que ven unas mujeres en edad de provocar estas reacciones, Dánao va a destacar en qué consiste la prudencia de la que les ha hablado: «hay que tener cuidado de no sufrir aquello por lo cual tantas fatigas ha habido que arrostrar y tanto mar ha habido que surcar a bordo de la nave, y de no hacer algo que nos traiga a nosotros (*hemîn*) vergüenza y placer a mis (*emoîs*) enemigos» (1006-9). El cambio en el pronombre personal de primera persona, pasando del plural al singular, parece destacar la situación de Dánao: la disputa con su hermano y el oráculo. El placer de sus enemigos radicaría en que el oráculo se cumpliera y que un yerno matase a Dánao. Los hijos de Egipto querrían las bodas con las Danaides para que el oráculo se realizara, puesto que serían la mejor garantía para dar cumplimiento a sus deseos. Pero si las Danaides consumaran otras bodas, aunque aquellos no fueran los esposos, de todos modos, el oráculo debería cumplirse, lo cual constituiría el placer de los enemigos de Dánao.

La *hýbris* de Dánao, oculta bajo el modo de la *sophrosýne* transmitida a sus hijas, consiste en querer evitar el designio divino transmitido oracularmente, eludiendo así su propio sino y asignando a sus hijas un destino, rehuir de las nupcias, cuyo sentido radica en no ser culpables por la muerte de su padre. Las Danaides aceptarán la imposición paterna bajo la excusa de que la prudencia es más estimable que la propia vida. Pero al hacerlo se volverán cómplices de la *hýbris* paterna. La invocación a la casta Ártemis por parte de las Danaides, para que no llegue la boda, se contrapone a la invocación a la fecunda Cipris por parte de las sirvientas, junto a otras divinidades como Hera, Deseo, Persuasión, Harmonía y Afrodita[54].

---

53 Cf. Rösler (1992), 175-6: las *Suplicantes* no serían la primera de las piezas sino la segunda. La trilogía comenzaría con los *Egipcios*, que relataría la disputa entre Dánao y Egipto reforzada por el oráculo; la escena transcurriría en el país del Nilo, y el coro sería el de los Egipcios que daría el nombre a la obra. El cambio de lugar, de Egipto a Argos, sería similar al que se da en la *Orestía*, donde Orestes huye de Argos a Delfos. Por cierto, debe reconocerse que la idea de Rösler acerca de la organización de la trilogía es un tanto radical, aunque no por eso menos sugerente. Cf. Zeitlin (1996), 127, n. 10; también Garvie (1969), 163-233; Taplin (1977), 194-8; Gantz (1980), 141-2.

Las sirvientas señalan también que nuevos castigos y funestos dolores se ciernen ya sobre las hijas de Dánao, y que ello depende del insondable pensamiento de Zeus. Pero las Danaides rechazan las bodas pidiendo a Zeus que aleje ese mal y que la justicia que ellas ansían sea acompañada de acuerdo con sus súplicas por la justicia divina. Por el contrario, las sirvientas indican la importancia de la mesura ante los dioses, pues no se puede imponer a una divinidad una voluntad que es solamente humana. Por eso dictaminan que las Danaides terminarán en bodas al igual que numerosas mujeres antiguas. El contrapunto entre ambos coros pone así de relieve la distancia que separa la *hýbris* de la *sophrosýne*. Pero para los mortales discernirlo no resulta nada fácil (1031-74). Queda claro, entonces, que si de entrada el motivo de la huida de las Danaides radica en las impías bodas con sus primos, al final de la obra se ve que es Dánao quien ha llevado a sus hijas a esta situación: él es el verdadero conductor[55]. El miedo al cumplimiento del oráculo, que vaticina su muerte a manos de un yerno, provoca en Dánao el rechazo de cualquier boda para sus hijas. Se trata, pues, de la apariencia engañosa de los hechos y de la salida a luz de su esencia hasta entonces oculta.

¿Qué sucede mientras tanto con la ciudad de Argos? Para la ciudad ha sido un hecho azaroso que Dánao y sus hijas se presentaran allí. A partir de lo imprevisto ha tenido que decidir su acción. En alguna medida, la *hýbris* de Dánao y sus hijas se ha posado también sobre los argivos, aunque éstos desconocen los acaecimientos que han marcado la disputa entre Dánao y Egipto. ¿De qué modo se garantiza la mesura en la ciudad? Esto es justamente lo que la pieza nos ha permitido rescatar en relación con el funcionamiento político: es la asamblea popular la que debe decidir qué hacer; es allí donde Pelasgo puede apelar a la prudencia no actuando contra los dioses sino contra los mortales; es mediante la persuasión entre iguales que se llega a una decisión[56]. Pero, ante la posibilidad de que la división exceda al procedimiento democrático, el voto popular unánime (*mía*: 942) parece ser el modo de asegurar el equilibrio entre los ciudadanos. En efecto, ante una situación extraña y cargada con

---

54 Lévy (1985), 29-45, pondera estos puntos en su contexto apropiado. Cf. Zeitlin (1996), 149-60; Vernier (1996), 175-80.

55 Sobre la relación entre las Danaides y su padre en tanto conductor, Verdenius (1990).

56 Cf. Zelenak (1998), 49-50.

una *hýbris* que los argivos desconocen, la unidad de la ciudad y la exclusión de la discordia (*stásis*: 661) se presentan como modos de conjurar los peligros de lo desconocido, es decir, los efectos que traerá la nueva situación. Para Esquilo, la oposición moderación-exceso (*sophrosýne-hýbris*) en el campo de las acciones humanas con respecto a los dioses parece ser paralela a la oposición unidad-conflicto (*mía-stásis*) en el plano de los actos y las decisiones de los hombres en relación con la ciudad. En el terreno político, expulsar la *hýbris* implica necesariamente dejar de lado la *stásis*. Pero así como resulta dificultoso para los mortales discernir *a priori* la distancia que separa la moderación del exceso, del mismo modo, también les resulta arduo llegar a la unanimidad. Por eso cuando las Danaides interrogan a su padre acerca de lo que se ha decidido, no le preguntan cuál es el voto unánime del pueblo sino hacia dónde se inclina por mayoría su fuerza soberana. Si el acto de *hýbris* sólo se conoce *a posteriori* por los efectos que una acción desencadena, la posibilidad de una ciudad dividida, la *stásis* como producto de la toma de una decisión política, sólo puede discernirse retrospectivamente. Más allá de los deseos de Esquilo de que la concordia interna sea uno de los valores de la *pólis* justa, la unanimidad es una circunstancia que probablemente jamás haya sido alcanzada en la asamblea democrática. Pero aun si esto fuera posible, no deja por ello de ser un efecto *a posteriori* de la decisión política. En el mundo humano, en las prácticas de los agentes, las fronteras entre los conceptos mencionados tienden a diluirse. Un acto no es en sí mismo *hybristés* o *stasiótes*; sólo lo es en la medida en que sus indeseadas consecuencias repercuten en el mundo social, ya sea con relación a los dioses, ya sea con respecto a los hombres, y también en sus vínculos recíprocos. En este sentido, Zeus aparece en Esquilo como la promesa de un lazo social plenamente vigente, una instancia estatal capaz de poner fines al conjunto de la sociedad. Y en tanto tal, es la representación de la unidad, la sabiduría y la prudencia, cuyo desprecio conduce a los males humanos que sus castigos vienen a corregir; sanciones que, por cierto, conllevan una determinada concepción de la justicia humana como algo irremediablemente establecido desde el mundo divino.

f) Héroe trágico, ciudadano democrático: advenimiento subjetivo en situación

No ha sido por un afán de completud que hayamos recorrido secuencia por secuencia el desarrollo del drama, sino que se trataba de mostrar en qué trayectoria temporal y en qué espacio escénico la tragedia permitía que la comunidad ateniense reflexionara sobre la constitución de una subjetividad. A lo largo de este camino hemos visto de qué manera una circunstancia determinada se transformaba en otra que incorporaba una novedad, aunque sin disimularla: la ciudad de Argos debía hacer un lugar a los extranjeros recién llegados. Este elemento azaroso e inesperado opera una apertura en la situación. Así, la apertura de la pieza, con la llegada de las Danaides, es al mismo tiempo una apertura de las condiciones apacibles en las que se desenvolvía hasta ese momento la ciudad de Argos. Aparece entonces un elemento novedoso, no previsto, pero imposible de ser ignorado. Esta situación resulta similar a la ateniense de la segunda mitad del siglo V, en la que la política no genera un cierre definitivo de las condiciones sino que habilita la posibilidad misma de operar sobre lo que cabría denominar un vacío dentro del conjunto de elementos que conforman una realidad determinada. Es decir que si consideramos que toda situación se halla determinada –pues los elementos que la constituyen resultan conocidos para un «habitante» de la situación[57]–, la presentación de lo imprevisto resulta, por consiguiente, algo desconocido y, en su carácter de tal, indeterminado para los recursos con los que se cuenta en tales condiciones. Esto es lo que ocurre en la Argos de la ficción trágica: se carece de recursos previos para actuar ante un suceso inesperado, pues la situación humana no es una estructura cerrada sino que, bajo ciertas circunstancias, debe operar sobre un vacío, sin saber previo que brinde garantías. Por lo tanto, se impone la invención de un sentido para el elemento extraño y novedoso, invención que al ser decidida mediante los mecanismos de decisión de la *pólis*, adquiere un carácter político: se trata, pues, de un modo de «hacer lugar» a algo «deslocalizado».

En esta situación, es evidente que la conformación de una subjetividad no depende únicamente del momento político de la toma de una decisión. Ciertamente, el decidir es un elemento

---

57 Cf. Badiou (1988), 361-77, 391-408.

insoslayable en la conformación de un sujeto. Pero que algo tenga que ser decidido implica, previamente, la presentación de un «indecidible», algo que no responde a los elementos conocidos y que no encaja en ninguno de los lugares con los que ya se cuenta; algo que, en definitiva, no puede ser discernido desde los saberes del estado de cosas dado. De allí el modo en que Pelasgo interroga a las Danaides apenas ingresa a escena: distancia y desconocimiento marcan el tono de su locución ante unas recién llegadas que por su apariencia se ven como bárbaros, pero que imploran como griegos a los dioses de la ciudad. Es evidente que para el rey se trata de la presencia misma de la alteridad, sin poder aún asignarle un lugar preciso en la organización político-social[58]. De allí también la importancia del azar, lo inesperado y lo imprevisible, porque todo esto nos indica que no se podrá apelar a ningún expediente previo. Es en tales condiciones que la invención de una política resulta posible. El desarrollo del drama parece estructurarse de modo tal que el acto de invención implica una discontinuidad estableciendo un antes, un durante y un después que justifica su abordaje detallado según sus diferentes secuencias.

En un primer momento, el público asiste al delineamiento de una situación política sobre la que se deberá decidir[59]. Dánao y sus hijas llegan a Argos y suplican ante los dioses de la ciudad. Luego se acerca Pelasgo y su séquito. Queda claro entonces que desde la perspectiva argiva se ha presentado una novedad cuyas consecuencias deberán ser sopesadas. Obrar o no obrar, dar o no dar asilo a las suplicantes, guerra con los dioses o con los hombres, son todas opciones excluyentes que resultan por ende indecidibles, en el sentido de que no se puede actuar con el recurso simple de aplicar una norma que garantice una conducta adecuada que les quite a los hombres la responsabilidad de decidir según las oposiciones radicales consignadas. Hasta el verso 437 se asiste a la conformación del dilema. A partir de entonces, Pelasgo enuncia que ha dado con un pensamiento para salir de la indecisión: va a ser necesario dar una guerra contra unos u otros,

---

58 Hall (1989), 160-200, señala el carácter ateniense de esta retórica acerca del bárbaro, retórica que permite delinear los límites étnicos y espaciales y las leyes comunes de lo griego en contraposición con la figura del bárbaro. No se trata, entonces, de una construcción «panhelénica», sino, como destaca Hall, de una retórica para la democracia ateniense.

59 Cf. Garvie (1978), 74-7.

pues sin dolor no hay salida en parte alguna. Desde allí y hasta el verso 523 la escena nos muestra ya no la duda desgarrada por la angustia ante la novedad radical introducida sino las estrategias en función de construir las condiciones favorables para decidir por una de las opciones de guerra que ha pensado el rey: dar asilo a las suplicantes y, consecuentemente, tener una guerra con los hijos de Egipto. Desde el verso 524 hasta el 599, es el tiempo de la decisión efectiva por parte del pueblo argivo reunido en la asamblea soberana. El coro en soledad ocupa la escena, cosa lógica porque Dánao está exponiendo ante el pueblo su situación y la de sus hijas y Pelasgo es el ciudadano orador que buscará persuadir a sus iguales haciendo una propuesta para que sea votada mayoritariamente. Por tanto, el proceso de toma de decisión no sube a escena. Luego de este intermedio fundamental y necesario, asistimos a un segundo momento, desde el verso 600, en que Dánao relata la decisión de los argivos utilizando el lenguaje típico de los decretos: *édoxen Argeíoisin* (605). A partir del verso 625, en que el coro vuelve a hacerse dueño de la escena, se desarrolla el relato sobre las inevitables e ineludibles consecuencias que la decisión acarrea: la responsabilidad de los argivos es puesta a prueba por la llegada de los egipcios. La guerra y el dolor preanunciados por Pelasgo aparecen ante el público, pero ello no amedrenta a los ciudadanos, dispuestos como están no sólo a respetar el asilo otorgado sino sobre todo a no defraudarse a sí mismos, a ser fieles a su política democrática.

En este trayecto, un sujeto ha quedado delineado, haciéndose cargo no sólo de la decisión adoptada sino también de la novedad radical ocurrida en Argos: situación dada, azar de lo inesperado, decisión humana en torno al sentido de ese azar, apuesta política colectiva a través de una práctica democrática, responsabilidad del conjunto de la comunidad ante la guerra. En el desarrollo de este recorrido aparece una serie de oposiciones cuyas evoluciones respectivas nos indican bajo qué condiciones la toma de posición subjetiva se hace lugar.

En primer lugar, la diferencia extranjero-ciudadano, Danaides-argivos, que en los versos 234-240 adquiere su máxima expresión en boca del rey recién entrado en escena: se trata de gente no griega, incluso bárbara, pues así lo muestran sus vestidos. En adelante, esta oposición se va a mover hacia una especie de asociación –las suplicantes muestran su origen argivo–, hecho que da lugar a que el rey enuncie, en 356, que las Danaides son *astoxénoi*, ciudadanos-extranjeros, una figura que nos recuerda al mismo tiempo el lugar ambiguo de la mujer en la ciudad[60]. En definitiva, el estatuto que se les otorga es el de metecos, extranjeros establecidos en otra ciudad[61], con lo cual se pone en claro que la oposición entre ciudadano-extranjero se resuelve pero sin que haya síntesis entre los términos.

En segundo lugar, la oposición masculino-femenino, que se enuncia prontamente y da pábulo a la posición social del hombre en tanto ciudadano, subrayando su rol político y guerrero. En efecto, en el verso 749 las propias Danaides ponen de relieve que una mujer sola no vale nada, que no hay en ella Ares. También el rey lo destaca, en los versos 911-913, cuando se dirige al heraldo egipcio: se trata del país de los hombres pelasgos no de una ciudad en la que sólo hay mujeres. Pero la mención explícita a la oposición masculino-femenino está subsumida en otra de carácter más general que parece recorrer de modo subyacente toda la pieza: la distancia entre *pólis* y *oîkos*. Ambos elementos coexisten, se necesitan y se implican mutuamente. Mas el asunto que se ventila gira en torno a una cuestión jerárquica: ¿cuál de los dos impone su ley al otro? Está claro que estamos en plena vigencia de la ley de la ciudad. De allí que la oposición de las Danaides a contraer bodas no sólo con los hijos de Egipto sino con otros hombres resulte una subversión de la ley de la ciudad que se expresa en el matrimonio, que otorga y reafirma los lugares del hombre y la mujer de acuerdo con lo antes señalado.

En tercer lugar, en los versos 911-953, la antítesis evidente y enteramente masculina entre argivos y egipcios a partir de la guerra que entre ellos tendrá lugar. Lo cual señala a su vez un campo de confrontación más amplio, amigos-enemigos, que en esta tragedia han quedado convenientemente identificados como los de adentro y los de afuera, respectivamente, pues la unanimidad en la toma de decisión hace del campo de los amigos un campo sin fisuras y pone en la separación respecto de los enemigos el eje de la división.

En cuarto lugar, la diferencia entre mundo humano y mundo divino. Aquí el par *hýbris-sophrosýne*, conjuntamente con el par *stásis-mía*, muestra la distancia aunque también las articulaciones entre la ley divina y la humana. En ambos casos, y para ambos opuestos, los mortales se creen en condiciones de apelar a una u

---

60 Zeitlin (1996), 125, 141. En general, cf. Vidal-Naquet (1993).

61 Respecto de la *metoikía* de las Danaides como fuente para la *metoikía* ateniense, cf. Bakewell (1997).

otra deidad según su posición y circunstancia. A lo largo de toda la obra se percibe la incidencia de un tiempo de los dioses que necesariamente debe actuar sobre el tiempo de los hombres. Sin embargo, la representación imaginaria de esta relación es enteramente humana, pues son los propios protagonistas, humanos todos ellos, los que constantemente indican algo relativo al mundo sobrehumano. Esto supone una intrincada trama de vínculos entre hombres y dioses[62].

En definitiva, es la enunciación de cada una de estas oposiciones lo que va constituyendo a los propios personajes en la escena trágica. Los espectadores no asisten al desarrollo de un drama personalísimo y particular sino uno colectivo y, en consecuencia, de alcance general. El coro de suplicantes y el de sirvientas al final de la pieza ponen en escena los caracteres femeninos que posibilitan resaltar los masculinos a través de un juego discursivo en el que instituciones como la *pólis*, el matrimonio, el *oîkos*, serán destacadas y cuestionadas, afirmadas y puestas en tensión. Los roles de Pelasgo, Dánao y el heraldo ponen de relieve a su vez las interrelaciones posibles dentro del mundo viril entre el ciudadano, el meteco y el enemigo. En las acciones de cada uno de estos personajes se vislumbran unas implicancias que desbordan al agente e implican un espacio colectivo. El mundo humano, centrado en la ciudad y atravesado por las oposiciones entre lo público y lo privado; el mundo divino, organizado también a partir de sus diversos niveles y rivalidades. La trama trágica no delinea ante los ciudadanos una simple reflexión expresiva sobre la política democrática. Nada de eso. Lo que la tragedia pone en escena es el carácter singular de una situación con sus avatares, en la que la acción de los hombres y su relación con los dioses, la importancia de los lugares socialmente aceptados e instituidos, la posibilidad, en ciertos casos, de transgredir dichos lugares, y, sobre todo, la decisión –corazón de la tragedia y de la democracia directa– ante el dilema que estos desplazamientos producen, nos ubican en el espacio propio del discurso trágico, en el que sus objetos establecen un encuentro con los elementos que la práctica política pone en circulación.

Es así que el encuentro entre prácticas se torna cierto, encuentro no reglado ni fijado de antemano, encuentro que puede producir

---

62 Con relación al vínculo entre el mundo divino y el humano, sus jerarquías y poderes, Zeitlin (1996), 146-9. Estos aspectos han sido, de alguna manera, desarrollados por Padel (1992), 3-11; (1997), *passim*.

efectos no en el plano de la significación posible y aceptable (la proliferación codificada, y por ende controlada, de los mensajes) sino en el plano del sentido como alternativa de invención ya no de significados sino sobre todo de reglas nuevas para los significados[63]. Tal es el carácter que otorgamos a la posición del héroe trágico en tanto metáfora de la situación del ciudadano democrático: no es ni expresión ni alusión sino advenimiento subjetivo en situación. Es decir que el encuentro entre las figuras subjetivas del héroe trágico y el ciudadano democrático se da a partir de la historicidad que cada uno establece, es decir, la discontinuidad que cada agente traza bajo unas condiciones que, en principio, lo sobrepasan.

Así, en la singularidad de la presentación de las obras dramáticas, que en la Atenas clásica implicaba siempre un *estreno*[64], los ciudadanos se veían convocados, en cierta forma, a reflexionar en torno a los mecanismos de decisión sobre el azar bajo la figura de lo indecidible, y concibiendo la decisión como algo irreversible y radicalmente nuevo. Es en tal sentido que podemos acordar con Deleuze que la literatura, pensada no según los criterios de un código de significación sino bajo el modo de lo que lo excede, establece una suerte de lengua extranjera, que no es otra lengua, ni una jerga encontrada, sino un devenir-otro de la lengua, una «minoración» de esta lengua mayor, una «especie de delirio» que la arrastra, una «línea de hechicería» que se escapa del sistema dominante[65]. Se trata de la creación, en la lengua de una situación, de unas condiciones para que la totalidad del lenguaje tienda hacia su límite o su propio afuera. Ese devenir-otro, que es, en principio, el del escritor, es también el del público presente en el estreno en el teatro de Dioniso. Devenir otro del autor, devenir otro del público,

---

63 Cf. Segal (1993), 244: «La tragedia del siglo V a.C. fue capaz de combinar la seriedad moral y religiosa y la imaginación mítica de la épica oral con la exploración intelectual de una época de extensión de la alfabetización que ensayaba atrevidas conceptualizaciones en torno al hombre y la naturaleza en el terreno de la ciencia, la medicina, la filosofía, la historia, la geografía y otros campos. En tragedia, lo mismo que en filosofía, pensamiento y visión alcanzan el reino de lo desconocido. Esquilo compara el "pensamiento profundo" con la zambullida de un buceador "en las profundidades" o intenta comprender la mente de Zeus, que es "una visión insondable", algo que escapa a la comprensión humana».

64 Cf. Badiou (1993), 17-22.

65 Deleuze (1993), 11-7.

reconocemos aquí la fuente dionisíaca del teatro: «Dioniso –tal como sugiere Vernant– no encarna el autodominio, la moderación o la conciencia de los propios límites, sino la búsqueda de una locura divina, de una posesión extática, la nostalgia de un más allá absoluto; no la estabilidad y el orden, sino el prestigio de una especie de magia, la evasión hacia un horizonte diferente; es un dios cuya figura inalcanzable, aunque cercana, atrae a sus fieles hacia las rutas de la alteridad y les abre paso a una experiencia religiosa casi única en el paganismo, la del destierro radical de sí mismo»[66]. Es por ello que Gernet plantea que Dioniso nos hace pensar en lo *otro*, siendo el símbolo por excelencia de la actividad teatral en tanto dios que juega-interpreta y que hace jugar-interpretar[67]. Dioniso en la escena teatral nos manifiesta al discurso trágico como la enunciación colectiva de un pueblo, no según las palabras maestras a las que ya hicimos alusión en el trabajo, sino de acuerdo con las emergencias subjetivas de los agentes singulares, desterrados radicalmente de su identidad estatal apacible a raíz de un destino escindido[68]. La tragedia es, pues, un agenciamiento colectivo de enunciación[69], y Esquilo como autor resulta así portador de una posición de lectura en interioridad de las prácticas políticas democráticas. Su producción de enunciados nuevos hacen de él un fundador de discursividad[70]. El lugar que ocupa depende, entonces, no de su genio individual sino de las formas colectivas de enunciación que su trabajo sobre la lengua es capaz de producir cuando el texto se consuma como espectáculo público. Su rol como poeta implica, en este sentido, un pensamiento de la política[71].

---

66 Vernant y Vidal-Naquet (1989), 20; cf. 247-280. Sobre la alteridad y el afuera, Foucault (1966).

67 Gernet (1980), 75, 79.

68 Cf. *supra*, cap. 11.

69 Cf. Deleuze y Guattari (1988), 81-153.

70 Al respecto, Foucault (1969).

71 Vernant y Vidal-Naquet (1989), 90-2.

Conclusiones

Es necesario concluir. En el largo recorrido que lleva desde la invención de la política en la Grecia antigua hasta el surgimiento de la democracia ateniense y el pensamiento político que la acompaña, un doble problema no ha dejado de estimularnos: la política como actividad producida por las decisiones colectivas del pueblo en tanto sujeto agente y el pensamiento en interioridad como balance en acto que constituye al pueblo en sujeto de esa experiencia. La otra cuestión también abordada a lo largo de todo el trabajo ha sido la del acontecimiento de la democracia, que nos ha permitido percibir las consecuencias y mutaciones que produce la irrupción en el campo de lo social de una alteridad política radical que interrumpe la continuidad de una serie dada.

El análisis de las prácticas concretas de la asamblea, consideradas a partir no de los mecanismos institucionales sino del compromiso asumido por los ciudadanos en un marco de enfrentamientos, el uso de la palabra como dispositivo productor de divisiones y tensiones, la votación por mayoría simple como modo de toma de la decisión y resolución circunstancial de la escisión, nos han permitido comprender cómo durante la segunda mitad del siglo V a.C. la comunidad de ciudadanos se había constituido en sujeto activo de su destino político. La acción política se presentaba así como un producto eminentemente humano, y, por ende, también el destino de la ciudad lo era.

En la práctica asamblearia, el *démos* producía las decisiones colectivas a partir del trabajo sobre los enunciados políticos –que habilitaba la posibilidad efectiva de tomar nuevas decisiones subjetivas–, la relativización de la verdad de los enunciados –que posibilitaba forzar nuevos lugares de enunciación– y la toma de la decisión en acto –que implicaba atribuir a los enunciados pronunciados y confrontados un valor de verdad de índice político–. Detrás de estas operaciones, la proliferación de los enunciados ponía de relieve la particularidad de las condiciones de enunciación propias de la asamblea en tanto sitio de una subjetividad política singular. La enunciación de asamblea no tenía un emisor claramente discernible sino que manifestaba su insistencia a través de las voces de los ciudadanos, por medio de un cambio permanente de los enunciados. De allí la importancia de las prácticas de oralidad y el carácter público y abierto de los debates, que eran los que en definitiva habilitaban la productividad política de la asamblea.

Bajo estas condiciones, se producirá la invención de los procedimientos retóricos de argumentación persuasiva. El uso de la elocuencia transcurrirá básicamente en un plano de igualdad genérica entre todos los ciudadanos, puesto que desde el momento en que se instaura la *pólis* democrática las diferencias sociales quedan desplazadas de lo político. En efecto, en la asamblea no se podía imponer la propia opinión a partir de un lugar jerárquico sino que era preciso argumentar y demostrar que lo sostenido era verosímil. En el momento de votar, el sufragio de cada ciudadano valía lo mismo, y no había otra manera de hacer que se votara tal o cual proyecto que la persuasión. Era necesario, pues, convencer a los ciudadanos confrontando en la asamblea a través de la palabra. Una vez que la política se tornó una práctica pública y colectiva, la verdad ya no pudo seguir ligada a la enunciación de ciertos lugares privilegiados. La verdad operaría desde entonces a partir de los enunciados, en unas circunstancias donde la palabra quedaba colocada en el centro. El lugar de enunciación seguía trabajando pero de modo tal que todo funcionaba como si la verdad dependiera del enunciado.

Esta operatoria con los enunciados y la manipulación de los mismos en el contexto de la asamblea generaba una división de la verdad, puesto que no había una verdad única, esencial e inmutable, sino una cuya existencia era precaria y sin garantías de autoridad alguna que la situara por encima del cuerpo político. La verdad debía decidirse cada vez que en la asamblea se había instalado un debate. La asamblea era, pues, la condición de posibilidad de un encuentro de las voces de los ciudadanos como fuerzas que se suplementaban entre sí, es decir, discursos en un pie de igualdad sin partidos que garantizaran una mayoría automática a alguna de las posturas. Condición de posibilidad que era también condición de producción de la política: en cada ocasión, tras el debate de las voces, la votación de los ciudadanos a favor de una u otra postura haría surgir a partir del encuentro contradictorio de las fuerzas una decisión política no determinada ni reglada de antemano, y, por consiguiente, imprevista y novedosa.

Si las argumentaciones retóricas del discurso oratorio, el uso de la persuasión sobre el auditorio y el debate público de las propuestas producían esa división de la verdad ya indicada, era en virtud de que la contraposición de voces en la asamblea impedía que alguna de ellas reclamara para sí una verdad esencial o se proclamara dueña de la verdad. Cada ciudadano que hacía una propuesta a la asamblea intentaba persuadir al público argumentando «su verdad», pero no era la única voz que allí se escuchaba, puesto que se hallaba en un pie de igualdad respecto de las demás voces. En realidad, en el seno de la asamblea cada voz actuaba como una fuerza que confrontaba con otras fuerzas –las demás voces–, lugar que, de esta manera, se convertía en el cara a cara de las fuerzas manifestadas como voces que se encontraban en el debate.

La confrontación en el debate, al instaurar una división de la verdad política, conllevaba a su vez la necesidad de decidir la verdad de los enunciados en la situación concreta de cada reunión de la asamblea, para lo cual el mecanismo instrumentado era la votación. Así, los discursos resultaban suplementados por la fuerza colectiva de los ciudadanos que adherían a uno u otro en la votación, ya que, estando la verdad dividida y no habiendo ninguna garantía de unidad de la misma, el único camino posible era arribar a decisiones políticas que *a posteriori* volvieran verdaderos los enunciados votados por mayoría. De esta manera, la verdad quedaba subordinada a la decisión tomada luego de la confrontación de las posturas: nadie podía atribuirse previamente la verdad de la decisión, y, una vez tomada, la resolución aparecía como un atributo del cuerpo político que implicaba la responsabilidad colectiva de sostener la propuesta votada asumiendo sus consecuencias irreversibles. La responsabilidad no recaía, pues, en el sector de la asamblea que había votado a favor de la medida sino en el conjunto del *dêmos*, hecho expresado en las inscripciones de los decretos bajo la fórmula: «el pueblo ha decidido». Por otra parte, las consecuencias de la decisión adoptada resultaban irreversibles en tanto perduraran los efectos de la misma. La acción no podía ser revertida; según los efectos que produjera, sólo podía ser suplementada por medio de nuevas decisiones y acciones –es decir que se trata ya de una nueva situación–. Cabe decir, en este sentido, que no hay vuelta atrás. Tal era el decurso de las reuniones de la asamblea ateniense, que era capaz de reconsiderar un tema político no porque se creyera que se había cometido un error –pues, en rigor, cada asamblea concluía sobre sí misma–, sino una vez que las consecuencias de una acción anterior se habían hecho sentir entre los ciudadanos.

Así pues, la confrontación de los discursos, el trato con la verdad a partir de los enunciados, la toma en acto de la decisión por parte de los ciudadanos y la irreversibilidad de los efectos producidos por las decisiones políticas adoptadas conformaban una serie estrechamente articulada que configuraba el modo práctico de ocurrencia del sujeto político durante la experiencia democrática ateniense de la segunda mitad del siglo V. Dentro del funcionamiento reglado de la institución asamblearia, la decisión habilitaba la posibilidad de una escisión del sujeto político a partir de la elección de una de las disyuntivas propuestas en el debate. El hecho de que los discursos manifestados en la asamblea fueran sometidos a discusión, elección y votación instauraba en escena el problema de la verdad de los enunciados. La consecución de los fines explícitos e implícitos en las decisiones tomadas por la asamblea ponía de relieve la irreversibilidad de las consecuencias que las acciones emprendidas acarreaban, contexto en el cual se planteaba el problema del compromiso del ciudadano.

Por otra parte, a través del trayecto diseñado hemos tratado de mostrar por qué el pensamiento de la política en interioridad no se confunde ni con una teoría sistemática ni con una ideología, puesto que nada, por necesidad, prescribe que así sea. El problema medular del libro ha consistido, justamente, en pensar una política y las formas de pensamiento en interioridad a dicha política. Es decir que el problema de qué significa pensar o qué significa pensamiento ha resultado central. En este sentido, la primera puntualización que debe realizarse es la distinción entre reflexión contemplativa y pensamiento activo de la política. La reflexión contemplativa de la política es claramente la posición de Aristóteles. De allí el uso que de sus textos hemos hecho, y de allí también el contraste notable que trazamos entre sus reflexiones y las de Esquilo, Heródoto y los sofistas en torno a la democracia ateniense de la segunda mitad del siglo V a.C. En efecto, el pensamiento activo de la política construye, propone y establece recursos para pensar la política en el mismo momento y en el campo propio de prácticas en que la política es realizada por el sujeto. Desde un cierto punto de vista, el pensamiento en interioridad de la política ateniense implicaba una toma partido, pero no porque se manifestara abiertamente a favor o en contra de una política (cosa que, por lo demás, pudo haber ocurrido) sino fundamentalmente debido a que organizaba su pensamiento en función de los recorridos singulares de la política con la cual sostenía esa relación en interioridad. Así, mientras que la reflexión contemplativa resulta una mirada externa a las prácticas mismas, y por consiguiente pasiva respecto de la política en acto, el pensamiento en interioridad, en cambio, obtiene su sentido en una articulación directa –pero no por ello expresiva– con la trayectoria activa del sujeto político, y en ello consiste la operación propia del pensamiento político activo.

La distinción entre reflexión pasiva y pensamiento político activo nos lleva a una segunda puntualización con respecto a cómo se ha entendido la política. En cuanto a esto el libro señala una discriminación entre la política como instancia dominante y la política como actividad subjetiva. La primera noción articula lo político a lo económico y el estado en una organización totalizadora y estructurada. La segunda, en cambio, hace de la política el punto de excepción o *impasse* a los lugares, las pautas, las condiciones y las jerarquías establecidas por el orden de la estructura social vigente. La articulación entre la instancia política dominante y la instancia económica determinante conlleva fijar la atención en la definición y el funcionamiento del estado. En un sentido amplio, planteamos que el estado podía definirse como una maquinaria políticamente neutra aunque socialmente de clase: el estado opera entonces una cuenta de los sectores sociales a partir de la asimetría entre las clases dominante y dominada, definidas a partir de sus respectivas posiciones socioeconómicas. Si no hay política activa, el estado aparece potenciando la asimetría económica y las jerarquías sociales. A este nivel, la política sólo aparece concebida en un sentido estructural y ligada a la definición objetiva del estado y las clases sociales.

La política así entendida aparece como una objetividad[1], es decir, estructuralmente articulada a partir de condiciones ob-

---

1   En este párrafo retomo casi literalmente una formulación de la tesis sobre lo objetivo y lo subjetivo enunciada por Ignacio Lewkowicz en un documento de trabajo que me ha enviado en función del problema aquí planteado.

jetivas. Pero a nuestro entender, en el terreno que estamos abordando, no hay objetividad alguna en sí misma, aunque sí la hay para una capacidad subjetiva. Es preciso no confundir esta tesis con la del relativismo epistemológico. Pues no se refiere al conocimiento de las objetividades sino al reconocimiento (o incluso, al padecimiento) de las objetividades. Es objetivo eso que un sujeto padece por impotencia. Se llama objetividad a los puntos de detención de un recorrido subjetivo. Cuando los términos que componen un sujeto no pueden incorporar fielmente una condición con la que se cruzan en su recorrido, esa condición se convierte por eso mismo en condición objetiva. Objetiva significa: no subjetivada, no apropiada subjetivamente. Es objetiva porque el sujeto no ha podido transformar eso en componente del sujeto. Por eso mismo se convierte en lo no sujeto del recorrido: la objetividad.

Pero la política activa producida por la emergencia de un sujeto no se piensa en éstos términos, o, mejor dicho, la política como actividad subjetiva no se reduce a ni se explica a partir de las condiciones objetivas estructuralmente organizadas en el estado y las clases sociales. No se reduce porque nuestro axioma fundamental postula el carácter singular del sujeto político en tanto su actuación produce una interrupción, una discontinuidad, en la organización reglada y continua del orden social dado. No se explica porque, justamente, la actuación política subjetiva resulta de la producción de una *impasse*, una apertura en el conjunto de los lugares y jerarquías sociales. La política del sujeto, ciertamente, puede apropiarse de condiciones estatales, que por lo tanto comienzan a funcionar entonces como condiciones de esa política, pero no como condicionantes de la misma. Si el estado se concibe como parte de las condiciones objetivas, es decir, como una objetividad, la apropiación por parte del sujeto no hace de éste un elemento sometido a las pautas de esa objetividad sino que, por el contrario, el trabajo del sujeto conlleva una producción a partir de las inconsistencias de esa objetividad. Para la posición subjetiva, el estado es, pues, una condición sobre la cual tramar una eficacia simbólica, esto es, un pensamiento activo de la política.

En síntesis, la producción política de la asamblea democrática se fundaba en dos elementos incontrastables: la división como forma misma del sujeto político en el proceso de toma de decisión y la verdad en el enunciado de acuerdo con el procedimiento de la argumentación retórica y el debate. Es en torno de estos ejes que se constituyeron las tramas discursivas de una serie de géneros literarios así como su capacidad para pensar la política democrática en interioridad. Ciertamente, la irrupción de la política democrática implicó una proliferación de prácticas discursivas como la historia, la sofística y la tragedia que procesaron la experiencia democrática tramando la consistencia de la Atenas clásica como una cultura vitalmente atravesada por la política. Esquilo, Heródoto y los sofistas, pensadores lúcidos de la democracia, configuraron en sus discursos las matrices de un pensamiento en interioridad de la política del *dêmos* en tanto sujeto de la experiencia radicalmente nueva operada durante la segunda mitad del siglo V.

Abreviaturas

AAntHung	*Acta Antiqua*
AC	*L'Antiquité Classique*
ACD	*Acta Classica*
AFLB	*Annali della Facoltà di Lettere e Filosofia di Bari*
AHAM	*Anales de Historia Antigua, Medieval y Moderna*
AHB	*Ancient History Bulletin*
AJAH	*American Journal of Ancient History*
AJPh	*American Journal of Philology*
Annales ESC	*Annales: Économie, Société, Civilisation*
Annales HSS	*Annales: Histoire et Sciences Sociales*
Anuario IEHS	*Anuario del Instituto de Estudios Histórico-Sociales*
AncSoc	*Ancient Society*
ASNP	*Annali della Scuola Normale Superiore di Pisa*
BRL	*Bulletin of the John Rylands Library*
BSFPh	*Bulletin de la Société Française de Philosophie*
C&M	*Classica et Mediaevalia*
CAH²	*Cambridge Ancient History*, 2ª ed.
CCC	*Civiltà Classica e Cristiana*
CFC	*Cuadernos de Filología Clásica*
CJ	*Classical Journal*
ClAnt	*Classical Antiquity*
CPh	*Classical Philology*
CQ	*Classical Quarterly*
CR	*Classical Review*
CS	*Critica Storica*
CSCA	*Californian Studies in Classical Antiquity*
DHA	*Dialogues d'Histoire Ancienne*

DK   H. Diels y W. Kranz (eds.), *Die Fragmente der Vorsokratiker*, Berlín, 1952⁶.

EAC   *Entretiens sur l'Antiquité Classique*

EAnt   *Estudios de la Antigüedad*

EClás   *Estudios Clásicos*

FGrHist   F. Jacoby (ed.), *Die Fragmente der griechischen Historiker*, Berlín, 1923-58.

G&R   *Greece and Rome*

GRBS   *Greek, Roman and Byzantine Studies*

HAnt   *Hispania Antiqua*

HSPh   *Harvard Studies in Classical Philology*

H&S   *L'Homme et la Société*

IG   *Inscriptiones Graecae*

JHS   *Journal of Hellenic Studies*

LHR   *Law and History Review*

MH   *Museum Helveticum*

MHA   *Memorias de Historia Antigua*

M&L   R. Meiggs y D. Lewis (eds.), *A selection of Greek inscriptions to the end of fifth century BC*, Oxford, 1989².

MPL   *Mélanges Pierre Lévêque*

P&P   *Past and Present*

PCPhS   *Proceedings of the Cambridge Philological Society*

PP   *Parola del Passato*

QS   *Quaderni di Storia*

QUCC   *Quaderni Urbinati di Cultura Classica*

REA   *Revue des Études Anciennes*

REG   *Revue des Études Grecques*

RIL   *Rendiconti dell'Istituto Lombardo*

RP   *Raison Présente*

RSI   *Rivista Storica Italiana*

SdS   *Storia della Storiografia*

SHHA   *Studia Historica. Historia Antigua*

SicGymn   *Siculorum Gymnasium*

SO   *Symbolae Osloenses*

StudClas   *Studii Clasice*

TAPhA   *Transactions and Proceedings of the American Philological Association*

WS   *Wiener Studien*

YCIS   *Yale Classical Studies*

ZPE   *Zeitschrift für Papyrologie und Epigraphik*

Bibliografía

AA.VV. (1965), *La «Politique» d'Aristote*, Ginebra (*EAC*, 11).

AA.VV. (1975), *Le monde grec. Hommages à Claire Préaux*, Bruselas.

AA.VV. (1981), *El marxismo y los estudios clásicos*, Madrid.

AA.VV. (1989), *Usos del olvido*, Buenos Aires.

AA.VV. (1990), *Hérodote et les peuples non grecs*, Ginebra (*EAC*, 35).

AA.VV. (1991a), *Aristophane*, Ginebra (*EAC*, 38).

AA.VV. (1991b), *Théorie du sujet et théorie sociale*, París (*H&S*, 101).

AA.VV. (1992), *2500 years of democracy*, Atenas.

ADKINS, A.W.H. (1972), *Moral values and political behaviour in ancient Greece from Homer to the end of the fifth century*, Londres.

ADKINS, A.W.H. (1973), «*Areté, tékhne*, democracy and sophists: *Protagoras* 316b-328d», *JHS*, 93, 3-12.

ALBINI, U. (1999), *Nel nome de Dioniso. Vita teatrale nell'Atene classica*, Milán.

ALEGRE, A. (1988), «Los goznes de la tragedia griega: religión, mito, pero política», *Faventia*, 10, 7-19.

ALLAN, D.J. (1965), «Individual and state in the *Ethics* and *Politics*», en AA.VV. (1965), 55-85.

ALLEN, D.S. (2000), *The world of Prometheus. The politics of punishing in democratic Athens*, Princeton.

ALSINA, J. (1970), «Historia y política en Tucídides», *Emerita*, 38, 329-49.

ALSINA, J. (1971), *Tragedia, religión y mito entre los griegos*, Barcelona.

ALSINA, J. (1979), *Esquilo. La Orestía* (texto, traducción y notas), Barcelona.

ALSINA, J. (1990), «Una guerra y su historiador. Tucídides y la guerra del Peloponeso», en Alsina (ed. 1990), 27-64.

ALSINA, J. (ed. 1990), *La historiografía griega. Estudios, documentación y selección de textos*, Barcelona.

ALTHUSSER, L. (1988), *Filosofía y marxismo. Entrevista por Fernanda Navarra*, México.

ÁLVAREZ GÓMEZ, A. y Martínez Castro, R. (eds. 1998), *En torno a Aristóteles. Homenaje al Profesor Pierre Aubenque*, Santiago de Compostela.

AMPOLO, C. (1979), «Polis e ideologia della polis», *Athenaeum*, 57, 154-9.

AMPOLO, C. (1981), *La politica in Grecia*, Roma-Bari.

ANDREWES, A. (1977), «Kleisthenes' reform bill», *CQ*, 27, 241-8

ANDREWES, A. (1982), «The growth of the Athenian state», *CAH²*, III, 3, 360-91.

ARENDT, H. (1993), *La condición humana*, Barcelona.

ARNAOUTOGLOU, I. (1998), «Between *koinon* and *idion*: legal and social dimensions of religious associations in ancient Athens», en Cartledge, Millett y von Reden (eds. 1998), 68-83.

ARNHART, L. (1981), *Aristotle on political reasoning. A commentary on the «Rhetoric»*, Illinois.

ARNOTT, P.D. (1989), *Public and performance in the Greek theatre*, Londres.

ARON, R. (1983), «Tucídides y el relato histórico», en *Dimensiones de la conciencia histórica*, México, 134-78.

AUBENQUE, P. (1965), «Théorie et pratique politiques chez Aristote», en AA.VV. (1965), 99-114.

AUBENQUE, P. (1980), «Politique et éthique chez Aristote», *Ktèma*, 5, 211-21.

AUBENQUE, P. (1998), «Aristote etait-il communitariste?», en Álvarez Gómez y Martínez Castro (eds. 1998), 31-43.

AUGÉ, M. (1993), *El genio del paganismo*, Barcelona.

AUGÉ, M. (1996), *El sentido de los otros. Actualidad de la antropología*, Barcelona.

AUSTIN, M.M. (1990), «Greek tyrants and the Persians, 546-479 B.C.», *CQ*, 40, 289-306.

AVERY, H.C. (1982), «One Antiphon or two?», *Hermes*, 110, 145-58.

BADIAN, E. (1971), «Archons and *strategoi*», *Antichton*, 5, 1-34.

BADIAN, E. (ed. 1966), *Ancient society and institutions. Studies presented to Victor Ehrenberg*, Oxford.

BADIOU, A. (1982), *Théorie du sujet*, París.

BADIOU, A. (1985), *Peut-on penser la politique?*, París.

BADIOU, A. (1988), *L'être et l'événement*, París.

BADIOU, A. (1991), *D'un désastre obscur. Droit, état, politique*, París.

BADIOU, A. (1992), *Conditions*, París.

BADIOU, A. (1993), *Rapsodia por el teatro*, Málaga.

BAKEWELL, G.W. (1997), «Metoikia in the *Supplices* of Aeschylus», *ClAnt*, 16, 209-28.

BALIBAR, E. (1985), *Spinoza et la politique*, París.

BALIBAR, E. (1995), *Nombres y lugares de la verdad*, Buenos Aires.

BALL, R. (1979), «Generation dating in Herodotos», *CQ*, 29, 276-81.

BARKER, E. (1960), *Greek political theory. Plato and his predecessors*, Londres.

BARTHES, R. (1982), *Investigaciones retóricas I. La antigua retórica*, Buenos Aires.

BAYONA AZNAR, B. (1999), «El convencionalismo político de Protágoras», *Polis*, 11, 53-83.

BENARDETE, S. (1969), *Herodotean inquiries*, La Haya.

BENASAYAG, M. y Charlton, E. (1993), *Esta dulce certidumbre de lo peor. Para una teoría crítica del compromiso*, Buenos Aires.

BERNSEN, N.O. (1969), «Protagoras' homo-mensura-thesis», *C&M*, 30, 109-44.

BERTRAND, J.-M. (1992), *Inscriptions historiques grecques*, París.

BERTRAND, J.-M. (1999), *De l'écriture à l'oralité. Lectures des* Lois *de Platon*, París.

BERTRAND, J.-M. y Brunet, M. (1993), *Les athéniens. À la recherche d'un destin*, París.

BIGNONE, E. (1974), *Antifonte oratore e Antifonte sofista* (edición a cargo de B. Gentilli y G. Morelli), Urbino.

BINGEN, J. (1975), «Préambule et promoteur dans le décret attique» en AA.VV. (1975), 470-9.

BLAISE, F. (1995), «Solon. Fragment 36 W. Pratique et fondation des normes politiques», *REG*, 108, 24-37.

BLOEDOW, E.F. (1987), «Pericles' powers in the counter-strategy of 431», *Historia*, 36, 9-27.

BODEI, R. (1995), *Una geometría de las pasiones. Miedo, esperanza y felicidad: filosofía y uso político*, Barcelona.

BOEDEKER, D. (1998), «Presenting the past in fifth-century Athens», en Boedeker y Raaflaub (eds. 1998), 185-202.

BOEDEKER, D. y Raaflaub, K.A. (eds. 1998), *Democracy, empire, and the arts in fifth-century Athens*, Cambridge, Mass.

BOEGEHOLD, A. (1996), «Resistance to change in the law at Athens», en Ober y Hedrick (eds. 1996), 203-14.

BOEGEHOLD, A.L. y Scafuro, A.C. (eds. 1994), *Athenian identity and civic ideology*, Baltimore.

BORDES, J. (1980), «La place d'Aristote dans l'évolution de la notion de *politeia*», *Ktèma*, 5, 249-56.

BORDES, J. (1982), Politeia *dans la pensée grecque jusqu'à Aristote*, París.

BORGEAUD, P. (1993), «El rústico», en Vernant (ed. 1993), 323-38.

BORGES, J.L. (1974), *Obras completas*, Buenos Aires.

BOSWORTH, A.B. (2000), «The historical context of Thucydides' funeral oration», *JHS*, 120, 1-16.

BOUDOURIS, K. (ed. 1995), *Aristotelian political philosophy*, Atenas.

BOURRIOT, F. (1982), «La famille et le milieu social de Cléon», *Historia*, 31, 404-35.

BOWIE, A.M. (1993a), *Aristophanes. Myth, Ritual and Comedy*, Cambridge.

BOWIE, A.M. (1993b), «Religion and politics in the *Oresteia*», *CQ*, 43, 10-31.

BRANNAN, B.T. (1963), «Herodotus and history: the constitutional debate preceding Darius' accesion», *Traditio*, 19, 427-38.

BRAUND, D. (2000), «Friends and foes: monarchs and monarchy in fifth-century Athenian democracy», en Brock y Hodkinson (eds. 2000), 103-18.

BREMER, J.M. (1969), *Hamartia. Tragic error in the* Poetics *of Aristotle and in Greek tragedy*, Amsterdam.

BRIANT, P. (1990), «Hérodote et la société perse», en AA.VV. (1990), 69-104.

BRISSON, L. (1975), «Le mythe de Protagoras. Essai d'analyse structurale», *QUCC*, 20, 7-37.

BRISSON, L. (1994), *Platon, les mots et les mythes. Comment et pourquoi Platon nomma le mythe?*, 2ª ed. París.

BROCK, R. (1991), «The emergence of democratic ideology», *Historia*, 40, 160-9.

BROCK, R. y Hodkinson, S. (eds. 2000), *Alternatives to Athens. Varieties of political organization and community in ancient Greece*, Oxford.

BROWN, A.L. (1982), «Some problems in the *Eumenides* of Aeschylus», *JHS*, 102, 26-32.

BROWN, A.L. (1983), «The Erinyes in the *Oresteia*: real life, the supernatural, and the stage», *JHS*, 103, 13-34.

BROWN, A.L. (1984), «Eumenides in Greek tragedy», *CQ*, 34, 260-81.

BROWN, T.S. (1982), «Herodotus' portrait of Cambyses», *Historia*, 31, 387-403.

BRUIT-ZAIDMANN, L. y Schmitt-Pantel, P. (1992), *Religion in the ancient Greek city*, Cambridge.

BRULÉ, P. (1995), «Formes et organisations politiques», en P. Briant y P. Lévêque (eds.), *Le monde grec aux temps classiques. 1- Le Ve siècle*, París, 133-226.

BRULÉ, P. (1999), «La mortalité de guerre en Grèce classique: l'exemple d'Athènes de 490 à 322», en Prost (ed. 1999), 51-68.

BUGH, G.R. (1988), *The horsemen of Athens*, Princeton.

BURIAN, P. (1974), «Pelasgus and politics in Aeschylus' *Danaid* trilogy», *WS*, 8, 5-14.

BURN, A.R. (1970), *Persia and the Greeks. The defence of the West, c. 546-478 B.C.*, 2ª ed. Londres.

BUTLER, D. (1962), «Competence of the *demos* in the Spartan Rhetra», *Historia*, 11, 385-96.

BUTTI DE LIMA, P.F. (1988), «Dalla verità nella guerra alla verità nella storia», *QUCC*, 28, 91-102.

BUXTON, R.G.A. (1982), *Persuasion in Greek tragedy. A study of* peitho, Cambridge.

BUXTON, R.G.A. (1996), *La Grèce de l'imaginaire. Les contextes de la mythologie*, París.

CAIRNS, D.L. (1996), «*Hybris*, dishonour, and thinking big», *JHS*, 116, 1-32.

CALAME, C. (1986), *Le récit en Grèce ancienne. Enonciations et représentations de poètes*, París.

CALAME, C. (1999), «Performative aspects of the choral voice in Greek tragedy: civic identity in performance», en Goldhill y Osborne (eds. 1999), 125-53.

CALONGE RUIZ, J. (1981), *Platón. Critón* (introdución, traducción y notas), en *Diálogos I*, Madrid.

CAMASSA, G. (1988), «Aux origines de la codification écrite des lois en Grèce», en Detienne (ed. 1988), 130-55.

CANFORA, L. (1973), «Storici e società ateniese», *RIL*, 107, 1136-73.

CANFORA, L. (1980), *Studi sull'*Athenaion Politeia *pseudosenofontea*, Turín.

CANFORA, L. (1993), «El ciudadano», en Vernant (ed. 1993), 139-77.

CANTARELLA, E. (1987), «Tra diritto e prediritto: un problema aperto», *DHA*, 13, 149-60.

CANTARELLA, E. (1991), *La calamidad ambigua. Condición e imagen de la mujer en la antiguüedad griega y romana*, Madrid.

CANTARELLA, R. (1965), «Atene: la polis e il teatro», *Dioniso*, 39, 39-55.

CANTO, M. (1986), «Politiques de la réfutation. Entre chien et loup: le philosophe et le sophiste», en Cassin (ed. 1986), 27-51.

CAPIZZI, A. (1970), «Il 'mito di Protagora' e la polemica sulla democrazia», *Cultura*, 8, 552-71.

CAPIZZI, A. (1986), «La confluence des sophistes à Athènes après la mort de Périclès et ses connexions avec les transformations de la société attique», en Cassin (ed. 1986), 167-77.

CAPIZZI, A. (1990), *I sofisti ad Atene. L'uscita retorica dal dilemma tragico*, Bari.

CAPRIGLIONE, J.C. (1985), «Elena tra Gorgia e Isocrate ovvero se l'amore diventa politica», *SicGymn*, 38, 429-43.

CARBONELL, C.-O. (1985), «L'espace et le temps dans l'oeuvre d'Hérodote», *SdS*, 7, 138-49.

CAREY, C. (1994), «Rhetorical means of persuasion», en Worthington (ed. 1994), 244-63.

CAREY, C. (1996), «*Nomos* in Attic rhetoric and oratory», *JHS*, 116, 33-46.

CAREY, C. (1998), «The shape of Athenian laws», *CQ*, 48, 93-109.

CARLIER, P. (1977), «La vie politique à Sparte sous le règne de Cléomène Ier: essai d'interprétation», *Ktèma*, 2, 65-84.

CARRIÈRE, J.C. (1969), «Comunicazione sulla tragedia antica greca, ausiliaria della giustizia e della politica», *Dioniso*, 43, 169-74.

CARRIÈRE, J.C. (1979), *Le carnaval et la politique. Une introduction à la comédie grecque suivie d'un choix de fragments*, París.

CARTER, L.B. (1986), *The quiet Athenian*, Oxford.

CARTLEDGE, P. (1990), *Aristophanes and his theatre of the absurd*, Londres.

CARTLEDGE, P. y Harvey, F.D. (eds. 1985), *Crux. Essays in Greek history presented to G.E.M. de Ste. Croix on his 75th birthday*, Londres.

CARTLEDGE, P., Millett, P. y Todd, S. (eds. 1990), *Nomos. Essays in Athenian law, politics and society*, Cambridge.

CARTLEDGE, P., Millett, P. y von Reden, S. (eds. 1998), *Kosmos. Essays in order, conflict and community in classical Athens*, Cambridge.

CASCAJERO, J. (1993), «Escritura, oralidad e ideología. Hacia una reubicación de las fuentes escritas para la Historia Antigua», *Gerión*, 11, 95-144.

CASERTANO, G. (1986), «L'amour entre *logos* et *pathos*. Quelques considérations sur l'*Hélène* de Gorgias», en Cassin (ed. 1986), 211-9.

CASEVITZ, M. (1983), «Mon *asty*, sa *polis*: les exemples d'Hérodote», *Ktèma*, 8, 75-83.

CASSIN, B. (1985), «Gorgias critique de Parmenide», *SicGymn*, 38, 299-310.

CASSIN, B. (1994), «Del organismo al *picnic*. ¿Qué consenso para qué ciudad?», en *idem* (ed.), *Nuestros griegos y sus modernos. Estrategias contemporáneas de apropiación de la Antigüedad*, Buenos Aires, 85-107.

CASSIN, B. (1995), *L'effet sophistique*, París.

CASSIN, B. (ed. 1986), *Positions de la sophistique*, París.

CASTORIADIS, C. (1988), «La *polis* griega y la creación de la democracia», en *Los dominios del hombre: las encrucijadas del laberinto*, Barcelona, 97-131.

CASTORIADIS, C. (1989), *La institución imaginaria de la sociedad. 2: El imaginario social y la institución*, Barcelona.

CASTORIADIS, C. (1993), *El mundo fragmentado*, Buenos Aires.

CATENACCI, C. (1996), *Il tiranno e l'eroe. Per un'archeologia del potere nella Grecia antica*, Milán.

CAUJOLLE-ZASLAWSKY, F. (1986), «Sophistique et scepticisme, L'image de Protagoras dans l'oeuvre de Sextus Empiricus», en Cassin (ed. 1986), 149-65.

CAWKWELL, G.L. (1988), «*Nomophylakía* and the Areopagus», *JHS*, 108, 1-12.

CERRI, G. (1969), «*Isos dasmós* come equivalente di *isonomía* nella silloge teognidea», *QUCC*, 8, 97-104.

CERRI, G. (1979), *Legislazione orale e tragedia greca. Studi sull'*Antigona *di Sofocle e sulle* Supplici *di Euripide*, Nápoles.

CHAPPELL, T.D.J. (1995), «Does Protagoras refute himself?», *CQ*, 45, 333-8.

CHÂTELET, F. (1968), *El pensamiento de Platón*, Barcelona.

CHÂTELET, F. (1969), *Pericles*, París.

CHÂTELET, F. (1978), *El nacimiento de la historia. La formación del pensamiento historiador en Grecia*, México.

CHÂTELET, F. (1993), *Una historia de la razón*, Buenos Aires.

CHIASSON, C. (2000), «*Sophronountes en chronoi*: the Athenians and time in Aeschylus' *Eumenides*», *CJ*, 95, 139-61.

CIMINO, G. (1976), «Il problema dei *nothoi* e il filopericleismo erodoteo in Hdt. 1, 173», *ASNP*, III, 6, 9-14.

CLINTON, K. (1982), «The nature of the late fifth-century revision of the Athenian law code», en AA.VV., *Studies in Attic epigraphy, history and topography presented to Eugene Vanderpool, Hesperia Suppl.* 19, 27-37.

CLOCHÉ, P. (1960), «Les hommes politiques et la justice populaire dans l'Athènes du IVe siècle», *Histoire*, 9, 80-95.

COGAN, M. (1981), *The human thing. The speeches and principles of Thucydides' History*, Chicago.

COHEN, D. (1986), «The theodicy of Aeschylus: justice and tyranny in the *Oresteia*», *G&R*, 33, 129-41.

COHEN, D. (1994), «Classical rhetoric and modern theories of discourse», en Worthington (ed. 1994), 69-82.

COHEN, D. (1995), *Law, violence, and community in classical Athens*, Cambridge.

COHEN, R. (1961), *Atenas, una democracia*, Barcelona.

COLE, A.T. (1972), «The relativism of Protagoras», *YClS*, 22, 19-45.

COLE, J.R. (1974), «Cimon's dismissal, Ephialtes' revolution and the Peloponnesian Wars», *GBRS*, 15, 369-85.

COLE, S.G. (1993), «Procession and celebration at the Dionysia», en Scodel (ed. 1993), 25-38.

COLE, T. (1991), *The origins of rhetoric in ancient Greece*, Baltimore.

COLLARD, C. (1975), «Formal debates in Euripides' drama», *G&R*, 22, 58-71.

COLLINGWOOD, R.G. (1952), *Idea de la historia*, México.

CONNOR, W.R. (1971), *The new politicians of fifth-century Athens*, Princeton.

CONNOR, W.R. (1984), *Thucydides*, Princeton.

CONNOR, W.R. (1989), «City Dionysia and Athenian democracy», *C&M*, 40, 7-32.

CONNOR, W.R. (1996), «Civil society, dionysiac festival and the Athenian democracy», en Ober y Hedrick (eds. 1996), 217-26.

COPPOLA, A. (1997), «Eschilo e il leone», *Athenaeum*, 85, 227-33.

CORNFORD, F.M. (1974), «La armonía de las esferas», en *La filosofía no escrita y otros ensayos*, Barcelona, 45-65.

COSTA, C.D.N. (1962), «Plots and politics in Aeschylus», *G&R*, 9, 22-34.

COULET, C. (1996), *Communiquer en Grèce ancienne. Écrits, discours, information, voyages*, París.

CRESPO, M.I. (2000), «*Andróboulos gyné, dýstheos gyné*: la construcción de Clitemnestra como heroína trágica en el discurso dramático de la *Orestíada*», en E. Caballero, E. Huber y B. Rabaza (eds.), *El discurso femenino en la literatura grecolatina*, Rosario, 67-108.

CROISET, M. (1965), *Eschyle*, 3ª ed. París.

DANIELI, R. (1991), «Lavoro e commercio nelle *Storie* di Erodoto», *Aevum*, 65, 13-34.

DARAKI, M. (1994), *Dionysos et la déesse Terre*, París.

DARBO-PESCHANSKI, C. (1987), *Le discours du particulier. Essai sur l'Enquête hérodotéenne*, París.

DARBO-PESCHANSKI, C. (1998), «L'historien grec ou le passé jugé», en Loraux y Miralles (eds. 1998), 143-89.

DARBO-PESCHANSKI, C. (2000), «*Historia* et historiographie grecque: "les temps des hommes"», en Darbo-Peschanski (ed. 2000), 89-114.

DARBO-PESCHANSKI, C. (ed. 2000), *Constructions du temps dans le monde grec ancien*, París.

DAVID, E. (1984a), *Aristophanes and Athenian society of the early fourth century B.C.*, Leiden.

DAVID, E. (1984b), «Solon, neutrality and partisan literature of late fifth-century Athens», *MH*, 41, 129-38.

DAVIES, J.K. (1967), «Demosthenes on liturgics. a note», *JHS*, 87, 33-40.

DAVIES, J.K. (1981a), *La democracia y la Grecia clásica*, Madrid.

DAVIES, J.K. (1981b), *Wealth and the power of wealth in classical Athens*, Nueva York.

550   JULIÁN GALLEGO

DAVISON, J.A. (1966), «Aeschylus and Athenian politics, 472-456 B.C.», Badian (ed. 1966), 93-107.

DE BRUYN, O. (1995), *La competence de l'Aréopage en matière de proces publics: des origines de la* polis *athenienne à la conquête romaine de la Grèce (vers 700-146 a. J.-C.)*, Stuttgart.

DE CERTEAU, M. (1985), *La escritura de la historia*, México.

DE CERTEAU, M. (1986), *Heterologies. Discourse on the other*, Minneapolis.

DEFORGE, B. (1986), *Eschyle, poète cosmique*, París.

DEFORGE, B. (1997), *Le festival des cadavres. Morts et mises à mort dans la tragédie grecque*, París.

DE LAIX, R.A. (1973), Probouleusis *at Athens. A study of political decision making*, Berkeley.

DELEUZE, G. (1984), *Spinoza: filosofía práctica*, Barcelona.

DELEUZE, G. (1987), *Foucault*, Buenos Aires.

DELEUZE, G. (1989), *Lógica del sentido*, Barcelona.

DELEUZE, G. (1993), *Critique et clinique*, París.

DELEUZE, G. (1995), *Conversaciones 1972-1990*, Valencia.

DELEUZE, G. (1996), *Spinoza y el problema de la expresión*, Barcelona.

DELEUZE, G. y Guattari, F. (1988), *Mil Mesetas*, Valencia.

DELEUZE, G. y Guattari, F. (1993), *¿Qué es la filosofía?*, Barcelona.

DELEUZE, G. y Parnet, C. (1980), *Diálogos*, Valencia.

DEMAN, A. (1975), «Eschyle et les crues du Nil», en AA.VV. (1975), 115-26.

DEMONT, P. y Lebeau, A. (1996), *Introduction au théâtre grec antique*, París.

DE ROMILLY, J. (1956), «La crainte dans l'œuvre de Thucydide», *C&M*, 17, 119-27.

DE ROMILLY, J. (1971a), *La loi dans la pensée grecque des origines à Aristote*, París.

DE ROMILLY, J. (1971b), *La crainte et l'angoisse dans le théatre d'Eschyle*, 2ª ed. París.

DE ROMILLY, J. (1971c), «La vengeance comme explication historique dans l'oeuvre d'Hérodote», *REG*, 84, 314-37.

DE ROMILLY, J. (1975), *Problèmes de la démocratie grecque*, París.

DE ROMILLY, J. (1977), «La tragedia griega y la crisis de la ciudad», *EClás*, 79, 1-58.

DE ROMILLY, J. (1980), *L'évolution du pathétique, d'Eschyle a Euripide*, 2ª ed. París.

DE ROMILLY, J. (1989), *La Grèce antique a la découverte de la liberté*, París.

DE ROMILLY, J. (1990), *La construction de la verité chez Thucydide*, París.

DE ROMILLY, J. (1997a), *Los grandes sofistas en la Atenas de Pericles*, Barcelona.

DE ROMILLY, J. (1997b), *¿Por qué Grecia?*, Madrid.

DERRIDA, J. (1975), *La diseminación*, Madrid.

DERRIDA, J. (1989), *La desconstrucción en las fronteras de la filosofía*, Barcelona.

DESBORDES, F. (1996), *La rhétorique antique. L'art de persuader*, París.

DES BOUVRIE, S. (1990), *Women in Greek tragedy. An anthropological approach*, Oslo.

DE STE. CROIX, G.E.M. (1956), «The constitution of the Five Thousand», *Historia*, 5, 1-23.

DE STE. CROIX, G.E.M. (1972), *The origins of the Peloponnesian war*, Londres.

DE STE. CROIX, G.E.M. (1981), *The class struggle in the ancient Greek world*, Londres.

DETIENNE, M. (1981), *Los maestros de verdad en la Grecia arcaica*, Madrid.

DETIENNE, M. (1986), *Dionisio a cielo abierto*, Barcelona.

DETIENNE, M. (1988), «L'espace de la publicité: ses opérateurs intellectuels dans la cité», en Detienne (ed. 1988), 29-81.

DETIENNE, M. (1990), *La escritura de Orfeo*, Barcelona.

DETIENNE, M. (ed. 1988), *Les savoirs de l'écriture. En Grèce ancienne*, Lille.

DETIENNE, M. y Vernant, J.-P. (1988), *Las artimañas de la inteligencia. La metis en la Grecia antigua*, Madrid.

DEVELIN, R. (1985), «Herodotos and the Alkmeonids», en J.W. Eadie y J. Ober (eds.), *Craft of the ancient historian. Essays in honor of Chester G. Starr*, Lanham, 125-39.

DEWALD, C. (1981), «Women and culture in Herodotus' *Histories*», en Foley (ed. 1981), 91-123.

DIAMANTOPOULOS, A. (1957), «The *Danaid* tetralogy of Aeschylus», *JHS*, 77, 220-9.

DIANO, C. (1969), «Sfondo sociali e politico della tragedia greca antica», *Dioniso*, 43, 117-38.

DÍAZ, E. (1995), *La filosofía de Michel Foucault*, Buenos Aires.

DI BENEDETTO, V. (1971), *Euripide: teatro e società*, Turín.

DI BENEDETTO, V. (1989), «Spazio e messa en scena nelle tragedie di Eschilo», *Dioniso*, 59, 65-101.

DIHLE, A. (1962), «Herodot und die Sophistik», *Philologus*, 106, 207-20.

DODDS, E.R. (1973), *The ancient concept of progress and other essays on Greek literature and belief*, Oxford.

DODDS, E.R. (1980), *Los griegos y lo irracional*, Madrid.

DONADI, F. (1985), «Considerazione in margine all' 'Encomio di Elena'», *SicGymn*, 38, 479-90.

DONINI, G. (1986), «Sofocle e la città ideale», *ASNP*, III, 16, 449-60.

DONLAN, W. (1980), *The aristocratic ideal in ancient Greece. Attitudes of superority from Homer to the end of the fifth century B.C.*, Kansas.

DOVER, K.J. (1957), «The political aspect of Aeschylus' *Eumenides*», *JHS*, 77, 230-7.

DOYLE, R.E. (1972), «The objective concept of *áte* in Aeschylean tragedy», *Traditio*, 28, 1-28.

DUCHEMIN, J. (1968), *L'AGON dans la tragédie grecque*, 2ª ed., París.

DUMORTIER, J. (1935), *Les images dans la poésie d'Eschyle*, París.

DUPRÉEL, E. (1948), *Les sophistes*, Neuchâtel.

DÜRING, I. (1990), *Aristóteles. Exposición e interpretación de su pensamiento*, 2ª ed. México.

EARP, F.R. (1953), «The date of the *Supplices* of Aeschylus», *G&R*, 22, 118-23.

EASTERLING, P.E. (1993), «Tragedy and ritual», en Scodel (ed. 1993), 7-23.

EASTERLING, P.E. (1996), «Weeping, witnessing, and the tragic audience: response to Segal», en Silk (ed. 1996), 173-81.

ECO, U. (1978), *La estructura ausente. Introducción a la semiótica*, Barcelona.

ECO, U. (1986), *La estrategia de la ilusión*, Barcelona.

EDMUNDS, L. (1980), «Aristophanes' *Acharnians*», *YClS*, 26, 1-41.

EGGERS LAN, C. (1987), *Platón. Critón* (introducción, traducción y notas), 4ª ed. Buenos Aires.

Eggers Lan, C. (1995), *El nacimiento de la matemática en Grecia*, Buenos Aires.

Ehrenberg, V. (1946), *Aspects of the ancient world*, Oxford.

Ehrenberg, V. (1950), «Origins of democracy», *Historia*, 1, 515-48.

Ehrenberg, V. (1954), *Sophocles and Pericles*, Oxford.

Ehrenberg, V. (1957), *L'Atene di Aristofane. Studio sociologico della commedia Attica antica*, Florencia.

Ehrenberg, V. (1960), *The Greek state*, Oxford.

Eliot, C.W.J. (1962), *Coastal demes of Attika. A study in the policy of Kleisthenes*, Toronto.

Escohotado, A. (1975), *De* physis *a* polis. *La evolución del pensamiento filosófico griego desde Tales a Sócrates*, Barcelona.

Escribano Pano, M.V. (1993), «El vituperio del tirano: historia de un modelo ideológico», en E. Falqué y F. Gascó (eds.), *Modelos ideales y prácticas de vida*, Sevilla, 9-35.

Euben, J.P. (1986), «Introduction», en Euben (ed. 1986), 1-42.

Euben, J.P. (ed. 1986), *Greek tragedy and political theory*, Berkeley.

Evans, J.A.S. (1976), «Herodotus and the Ionian revolt», *Historia*, 25, 31-7.

Evans, J.A.S. (1979), «Herodotus' publication date», *Athenaeum*, 57, 145-9.

Evans, J.A.S. (1981), «Notes on the debate of the Persian Grandees in Herdotus 3, 80-82», *QUCC*, 7, 79-84.

Evans, J.A.S. (1991), *Herodotus, explorer of the past*, Princeton.

Faraone, C.A. (1985), «Aeschylus' *hýmnos désmios* (*Eum.* 306) and Attic judicial curse tablets», *JHS*, 105, 150-4.

Farrar, C. (1988), *The origins of democratic thinking. The invention of politics in classical Athens*, Cambridge.

Fartzoff, M. (1984), «*Oikos* et *polis* dans l'*Orestie*: quelques considérations», *Ktèma*, 9, 171-84.

Fehling, D. (1989), *Herodotus and his 'sources'. Citation, invention and narrative art*, Leeds.

Ferguson, J. (1975), *Utopias of the classical world*, Londres.

Fernández Canosa, J.A. (1990), «La *Orestíada*: un problema de poder y generación», *Polis*, 2, 1-31.

Fernández-Galiano, M. (1986), «Introducción general», en *Esquilo. Tragedias*, Madrid, 7-213.

FERRARI, F. (1972), «Il coro delle ancelle nell'esodo delle *Supplici* di Eschilo», *Maia*, 24, 353-6.

FERRARI, F. (1974), «Il dilemma di Pelasgo», *ASNP*, III, 4, 375-85.

FERRARI, F. (1977), «La misandria delle Danaidi», *ASNP*, III, 7, 1303-21.

FERRARI, F. (1986), «Visualità e tragedia. Per una lettura scenica di *Persiani, Sette contro Tebe* e *Supplici*», *CCC*, 7, 133-54.

FERRILL, A. (1978), «Herodotus on tyranny», *Historia*, 27, 385-98.

FINLEY, M.I. (1966), *Los griegos de la antigüedad*, Barcelona.

FINLEY, M.I. (1974), *La economía de la antigüedad*, México.

FINLEY, M.I. (1975), «Tucídides el moralista», en *Aspectos de la antigüedad. Descubrimientos y disputas*, Barcelona, 63-79.

FINLEY, M.I. (1977), *Uso y abuso de la historia*, Barcelona.

FINLEY, M.I. (1980), *Vieja y nueva democracia*, Barcelona.

FINLEY, M.I. (1981), «Demagogos atenienses», en *idem* (ed.), *Estudios sobre historia antigua*, Madrid, 11-36.

FINLEY, M.I. (1983a), *La Grecia primitiva: edad del bronce y era arcaica*, Barcelona.

FINLEY, M.I. (1983b), «Política», en Finley (ed. 1983), 33-48.

FINLEY, M.I. (1984), *La Grecia antigua. Economía y sociedad*, Barcelona.

FINLEY, M.I. (1986a), *El nacimiento de la política*, Barcelona.

FINLEY, M.I. (1986b), *Historia antigua. Problemas metodológicos*, Barcelona.

FINLEY, M.I. (1990), «La revolución en la antigüedad», en R. Porter y M. Teich (eds.), *La revolución en la historia*, Barcelona, 71-87.

FINLEY, M.I. (ed. 1983), *El legado de Grecia. Una nueva valoración*, Barcelona.

FISHER, N.R.E. (1992), Hybris. *A study in the values of honour and shame in ancient Greece*, Warminster.

FLENSTED-JENSEN, P., Heine Nielsen, T. y Rubinstein, L. (eds. 2000), *Polis and politics. Studies in ancient greeek history*, Copenhague.

FLORY, S. (1980), «Who read Herodotus' *Histories*», *AJPh*, 101, 12-28.

FOLEY, H.P. (1981), «The concept of women in Athenian drama», en Foley (ed. 1981), 127-68.

FOLEY, H.P. (ed. 1981), *Reflections of women in antiquity*, Nueva York.

FORD, G.B. (1965), «The *Knights* as a source of Aristophanes' attitude toward the demagogue and the *demos*», *Athenaeum*, 43, 106-10.

FORNARA, C.W. (1971), *Herodotus. An interpretative essay*, Oxford.

FORNARA, C.W. y Samons, L.J. (1991), *Athens from Cleisthenes to Pericles*, Berkeley.

FORREST, W.G. (1966), *La democracia griega. Trayectoria política del 800 al 400 a.C.*, Madrid.

FORREST, W.G. (1984), «Herodotos and Athens», *Phoenix*, 38, 1-11.

FORREST, W.G. y Stockton, D. (1987), «The Athenian archons: a note», *Historia*, 36, 235-40.

FOUCAULT, M. (1966), «La pensée du dehors», *Critique*, 229, 523-46.

FOUCAULT, M. (1967), *Las palabras y las cosas*, México.

FOUCAULT, M. (1969), «Qu'est-ce qu'un auteur?», *BSFPh*, 63, 73-95.

FOUCAULT, M. (1970), *La arqueología del saber*, México.

FOUCAULT, M. (1973), *El orden del discurso*, Barcelona.

FOUCAULT, M. (1978), *Microfísica del poder*, Madrid.

FOUCAULT, M. (1990), *Historia de la locura en la época clásica I*, Buenos Aires.

FOUCAULT, M. (1993), *Genealogía del racismo*, Buenos Aires.

FOUCAULT, M. (1997), *Discorso e verità nella Grecia antica*, Roma.

FOUCHARD, A. (1986), «Des 'citoyens egaux' en Grèce ancienne», *DHA*, 12,147-72.

FOUCHARD, A. (1997), *Aristocratie et démocratie. Idéologies et sociétés en Grèce ancienne*, París.

FOWLER, B.H. (1971), «Aeschylus' imagery», *C&M*, 28, 1-74.

FOWLER, R.L. (1996), «Herodotos and his contemporaries», *JHS*, 116, 62-87.

FOXHALL, L. (1993), «Farming and fighting in ancient Greece», en J. Rich y G. Shipley (eds.), *War and society in the Greek world*, Londres, 134-45.

FRANCISCO, H.R. (inédito), *Representación de la tiranía en «Las Historias» de Heródoto*, Buenos Aires.

FROST, F.J. (1964), «Pericles, Thucydides, son of Melesias, and Athenian politics before the war», *Historia*, 13, 385-99.

FROST, F.J. (1976), «Tribal politics and the civic state», *AJAH*, 1, 66-75.

FROST, F.J. (1994), «Aspects of early Athenian citizenship», en Boegehold y Scafuro (eds. 1994), 45-56.

FUKS, A. (1984), *Social conflict in ancient Greece*, Leiden.

GABAUDE, J.-M. (1992), «L'avènement grec de la *parrhesie* et son actualité au bout de 2500 ans», en AA.VV. (1992), 103-8.

GABBA, E. (1988), «La società ateniense nel 'Vecchio Oligarca'», *Athenaeum*, 66, 5-10.

GAGARIN, M. (1976), *Æschylean drama*, Berkeley.

GAGARIN, M. (1990), «The ancient tradition on the identity of Antiphon», *GRBS*, 31, 27-44.

GAGARIN, M. (1994), «Probability and persuasion: Plato and early Greek rhetoric», en Worthington (ed. 1994), 46-68.

GALLEGO, J. (1996a), «La sociedad campesina: del territorio rural al espacio cívico. Tierra y política en la Grecia antigua», *Anuario IEHS*, 11, 273-99.

GALLEGO, J. (1996b), «¿Revolución o invención? Moses Finley, Tulio Halperín Donghi y el análisis histórico de la política», *Entrepasados. Revista de Historia*, 11, 101-16.

GALLEGO, J. (1997), «'Costumbres en común', de Hesíodo a Aristófanes. Las prácticas de sociabilidad campesina en la Grecia antigua», *AHAM*, 30, 7-70.

GALLEGO, J. y Lewkowicz, I. (1996), «En búsqueda del eslabón perdido: el hombre griego», *AHAM*, 29, 147-67.

GANNON, J.F. (1990), «Aeschylus, *Agamemnon* 984-6, 998», *CQ*, 40, 46-53.

GANTZ, T.N. (1977), «The fires of the *Oresteia*», *JHS*, 97, 28-38.

GANTZ, T.N. (1978), «Love and death in the *Suppliants* of Aischylos», *Phoenix*, 32, 279-87.

GANTZ, T.N. (1980), «The Aeschylean tetralogy: attested and conjectured groups», *AJPh*, 101, 133-64.

GANTZ, T.N. (1981), «Divine guilt in Aischylos», *CQ*, 31, 18-32.

GARNER, R. (1987), *Law and society in classical Athens*, Londres.

GARVIE, A.F. (1969), *Aeschylus'Supplices. Play and trilogy*, Cambridge.

GARVIE, A.F. (1978), «Aeschylus' simple plots», en R.D. Dawe, J. Diggle y P.E. Easterling (eds.), *Dionysiaca. Nine studies in Greek poetry*, Oxford, 63-86.

GARVIE, A.F. (1996), «The tragedy of the *Oresteia*: response to van Erp Taalman Kip», en Silk (ed. 1996), 139-48.

GASKIN, R. (1990), «Do Homeric heroes make real decisions?», *CQ*, 40, 1-15.

GAUTHIER, P. (1990), «Quorum et participation civique dans les démocraties grecques», en Nicolet (ed. 1990), 73-99.

GENTILI, B. (1996), *Poesía y público en la Grecia antigua*, Barcelona.

GEORGES, P. (1994), *Barbarian Asia and the Greek experience from the archaic period to the age of Xenophon*, Baltimore.

GERNET, L. (1923), *Antiphon. Discours* (texto, traducción, introducción y notas), París.

GERNET, L. (1980), *Antropología de la Grecia antigua*, Madrid.

GIL, L. (1970), «La irresponsabilidad del 'demos'», *Emerita*, 38, 351-73.

GIL, L. (1989), «La ideología de la democracia ateniense», *CFC*, 23, 39-50.

GIL, L. (1995), «La mentalidad democrática ateniense», *Helmantica*, 46, 5-21.

GIL, L. (1996), *Aristófanes*, Madrid.

GILLI, G.A. (1988), *Origini dell'eguaglianza. Ricerche sociologiche sull'antica Grecia*, Turín.

GINZO FERNÁNDEZ, A. (1992), «La referencia a la ciudad antigua en el pensamiento político de Rousseau», *Polis*, 4, 107-42.

GIRAUDEAU, M. (1984), *Les notions juridiques et sociales chez Hérodote. Études sur le vocabulaire*, París.

GODELIER, M. (1989), *Lo ideal y lo material*, Madrid.

GOLDHILL, S. (1984a), *Language, sexuality, narrative: the* Oresteia, Cambridge.

GOLDHILL, S. (1984b), «Two notes on *télos* and related words in the Oresteia», *JHS*, 104, 169-76.

GOLDHILL, S. (1987), «The Great Dionysia and civic ideology», *JHS*, 107, 58-76.

GOLDHILL, S. (1988), «Battle, narrative and politics in Aeschylus' *Persae*», *JHS*, 108, 189-93.

GOLDHILL, S. (1992), *Aeschylus: the Oresteia*, Cambridge.

GOLDHILL, S. (1996), «Collectivity and otherness -The authority of the tragic chorus: response to Gould», en Silk (ed. 1996), 244-56.

GOLDHILL, S. (2000), «Civic ideology and the problem of difference: the politics of Aeschylean tragedy, once again», *JHS*, 120, 34-56.

GOLDHILL, S. y Osborne, R. (eds. 1999), *Performance culture and Athenian democracy*, Cambridge.

GOMME, A.W. (1933), *The population of Athens in the fifth and fourth centuries B.C.*, Oxford.

GOMPERZ, T. (1951), *Pensadores griegos. Historia de la filosofía en la antigüedad*, Buenos Aires, tomo I.

González López, J.L. (1998), «Aristóteles como historiador de la filosofía. Análisis de un proyecto historiográfico», en Álvarez Gómez y Martínez Castro (eds. 1998), 285-313.

Gould, J. (1989), *Herodotus*, Londres.

Gould, J. (1996), «Tragedy and the collective experience», en Silk (ed. 1996), 217-43.

Granero, I. (1977), «*Moira, ananke* y responsabilidad individual en Esquilo. I», *Argos*, 1, 30-49.

Granero, I. (1978), «*Moira, ananke* y responsabilidad individual en Esquilo. II», *Argos*, 2, 7-46

Gregory, J. (1991), *Euripides and the instruction of the Athenians*, Ann Arbor.

Griffin, J. (1998), «The social function of attic tragedy», *CQ*, 48, 39-61.

Griffith, G.T. (1966), «*Isegoria* in the assembly at Athens», en Badian (ed. 1966), 115-38.

Griffith, R.D. (1988), «Disrobing in the *Oresteia*», *CQ*, 38, 552-4.

Griffiths, A. (1989), «Was Kleomenes mad?», en A. Powell (ed.), *Classical Sparta. Techniques behind her success*, Norman, 51-78.

Grimal, P. (1990), *Los extravíos de la libertad*, Barcelona.

Grimaldi, W.M.A. (1996), «How do we get from Corax-Tisias to Plato-Aristotle in Greek rhetorical theory?», en Johnstone (ed. 1996), 19-43.

Guthrie, W.K.C. (1957), «Aristotle as a historian of philosophy: some preliminaries», *JHS*, 77, 35-41.

Guthrie, W.K.C. (1988), *Historia de la filosofía griega III. Siglo V. Ilustración*, Madrid.

Hakim, A. (1992), «La statufication du personnage dans la tragedie grecque», *Pallas*, 38, 33-45.

Hall, E. (1989) *Inventing the Barbarian. Greek self-definition through tragedy*, Oxford.

Hall, L.G.H. (1990), «Ephialtes, the Areopagus and the Thirty», *CQ*, 40, 319-28.

Halperín Donghi, T. (1972), *Revolución y Guerra. Formación de una élite dirigente en la Argentina criolla*, Buenos Aires.

Halperín Donghi, T. (1994a), en R. Hora y J. Trímboli (eds.), *Pensar la Argentina. Los historiadores hablan de historia y política*, Buenos Aires, 36-54.

Halperín Donghi, T. (1994b), *La larga agonía de la Argentina peronista*, Buenos Aires.

HAMEL, D. (1995), «*Strategoi* on the *bema*: the separation of political and military authority in fourth-century Athens», *AHB*, 9, 25-39.

HAMMOND, N.G.L. (1965), «Personal freedom and its limitations in the *Oresteia*», *JHS*, 85, 42-55.

HANNICK, J.-M. (1981), «Notes sur la *graphè paranomôn*», *AC*, 50, 393-7.

HANSEN, M.H. (1974), *The sovereignty of the people's court in Athens in the fourth century B.C. and the public action against unconstitutional proposals*, Odense.

HANSEN, M.H. (1975), Eisangelia: *the soverignty of the people's court in Athens in the fourth century B.C. and the impeachment of generals and politicians*, Odense.

HANSEN, M.H. (1979), «*Misthos* for magistrates in classical Athens», *SO*, 54, 5-22.

HANSEN, M.H. (1980), «Athenian *nomothesia* in the fourth century B.C., and Demosthenes' speech against Leptines», *C&M*, 32, 87-104.

HANSEN, M.H. (1981), «Initiative and decision: the separation of powers in fourth-century Athens», *GRBS*, 22, 345-70.

HANSEN, M.H. (1982a), «Demographic reflections on the number of Athenian citizens 451-309 B.C.», *AJAH*, 7, 172-89.

HANSEN, M.H. (1982b), «The Athenian *heliaia* from Solon to Aristotle», *C&M*, 33, 9-47.

HANSEN, M.H. (1983), *The Athenian ecclesia I. A collection of articles 1976-83*, Copenhage.

HANSEN, M.H. (1985), «The history of the Athenian constitution», *CPh*, 80, 51-66.

HANSEN, M.H. (1987), *The Athenian assembly in the age of Demosthenes*, Oxford.

HANSEN, M.H. (1989a), *The Athenian ecclesia II. A collection of articles 1983-89*, Copenhage.

HANSEN, M.H. (1989b), «Solonian democracy in fourth century Athens», *C&M*, 40, 71-99.

HANSEN, M.H. (1989c), «Athenian democracy: institutions and ideology», *CPh*, 84, 137-48.

HANSEN, M.H. (1989d), «Athenian democracy», *CR*, 39, 69-76.

HANSEN, M.H. (1990), «The political powers of the people's court in fourth-century Athens», en Murray y Price (eds. 1990), 215-43.

HANSEN, M.H. (1991), *The Athenian democracy in the age of Demosthenes. Structure, principles and ideology*, Oxford.

HANSEN, M.H. (1993), «Introduction. The *polis* as a citizen-state», en Hansen (ed. 1993), 7-29.

HANSEN, M.H. (1994), «The 2500th anniversary of Cleisthenes' reforms and the tradition of Athenian democracy», en Osborne y Hornblower (eds. 1994), 25-37.

HANSEN, M.H. (1996), «The ancient Athenian and the modern liberal view of liberty as a democratic ideal», en Ober y Hedrick (eds. 1996), 91-104.

HANSEN, M.H. (1998), *Polis and city-state. An ancient concept and its modern equivalent*, Copenhague.

HANSEN, M.H. (2000), «The Hellenic *polis*», en *idem* (ed.), *A comparative study of thirty city-state cultures. An investigation conducted by the Conpenhagen Polis Centre*, Copenhague, 141-87.

HANSEN, M.H. (ed. 1993), *The ancient Greek city-state*, Copenhage.

HANSON, V.D. (1995), *The other Greeks. The family farm and the agrarian roots of western civilization*, Nueva York.

HANSON, V.D. (1996), «Hoplites into democrats: the changing ideology of the Athenian infantry», en Ober y Hedrick (eds. 1996), 289-312.

HANSON, V.D. (1998), *Warfare and agriculture in classical Greece*, 2ª ed. Berkeley.

HARRIOTT, R.M. (1982), «The Argive elders, the discerning shepherd and the fawning dog: misleading communication in the *Agamemnon*», *CQ*, 32, 9-17.

HARRIOTT, R.M. (1986), *Aristophanes. Poet and dramatist*, Baltimore.

HARRIS, D. (1994), «Freedom of information and accountability: the inventory lists of the Parthenon», en Osborne y Hornblower (eds. 1994), 213-25.

HARRIS, E.M. (1986), «How often did the Athenian assembly meet?», *CQ*, 36, 363-77.

HARRIS, E.M. (1991), «When did the Athenian assembly meet? Some new evidence», *AJPh*, 112, 325-41.

HARRIS, W.V. (1989), *Ancient literacy*, Cambridge, Mass.

HARRISON, A.H.W. (1955), «Law-making at Athens at the end of the fifth century B.C.», *JHS*, 75, 26-35.

HART, J. (1982), *Herodotus and Greek history*, Londres.

HARTOG, F. (1980), *Le miroir d'Hérodote. Essai sur la représentation de l'autre*, París.

HARTOG, F. (1998), «Premières figures de l'historien en Grèce: historicité et histoire», en Loraux y Miralles (eds. 1998), 123-41.

HARTOG, F. (1999), *Memoria de Ulises. Relatos sobre la frontera en la antigua Grecia*, Buenos Aires.

HARVEY, D. (1990), «The sykophant and sykophancy: vexatious redefinition?», en Cartledge, Millett y Todd (eds. 1990), 103-21.

HARVEY, F.D. (1965), «Two kinds of equality», *C&M*, 26, 101-46.

HARVEY, F.D. (1966a), «Literacy in the Athenian democracy», *REG*, 79, 585-635.

HARVEY, F.D. (1966b), «The political sympathies of Herodotus», *Historia*, 15, 254-5.

HARVEY, P. (1986), «New harvests reappear: the impact of war on agriculture», *Athenaeum*, 64, 205-18

HASS, J. (1985), «Athenian naval power before Themistocles», *Historia*, 34, 29-46.

HAUSSOULLIER, B. (1884), *La vie municipale en Attique: essai sur l'organisation des dèmes au quatrième siècle*, París.

HAVELOCK, E.A. (1982), *The literate revolution in Greece and its cultural consequences*, Princeton.

HEATH, M. (1987a) *Political comedy in Aristophanes*, Gottinga.

HEATH, M. (1987b), *The poetics of Greek tragedy*, Londres.

HEDRICK, C.W. (1994), «Writing, reading, and democracy», en Osborne y Hornblower (eds. 1994), 157-74.

HEDRICK, C.W. (1999), «Democracy and the Athenian epigraphical habit», *Hesperia*, 68, 387-439.

HEGEL, G.W.F. (1955), *Lecciones sobre historia de la filosofía II*, México.

HEGEL, G.W.F. (1968), *Ciencia de la Lógica*, 2ª ed. Buenos Aires, 1968.

HEGYI, D. (1973), «Historical authenticity of Herodotus in the Persian 'Logoi'», *AAntHung*, 21, 73-88.

HELD, D. (1992), *Modelos de democracia*, Madrid.

HELLER, A. (1983), *Aristóteles y el mundo antiguo*, Barcelona.

HENDERSON, J. (1990), «The *dêmos* and the comic competition», en Winkler y Zeitlin (eds. 1990), 271-313.

HENDERSON, J. (1998), «Attic old comedy, frank speech, and democracy», en Boedeker y Raaflaub (eds. 1998), 255-73.

HERINGTON, J. (1986), *Aeschylus*, New Haven.

HERMAN, G. (1994), «How violent was Athenian society?», en Osborne y Hornblower (eds. 1994), 99-117.

HESK, J. (1999), «The rhetoric of anti-rhetoric in Athenian oratory» en Goldhill y Osborne (eds. 1999), 201-30.

HESK, J. (2000), *Deception and democracy in classical Athens*, Cambridge.

HIGNETT, C. (1952), *A history of Athenian constitution to the end of the fifth century B.C.*, Oxford.

HINDESS, B. y Hirst, P. (1979), *Los modos de producción precapitalistas*, Barcelona.

HOBSBAWM, E. (1992), «Introduction: inventing traditions», en E. Hobsbawm y T. Ranger (eds.), *The invention of tradition*, Cambridge, 1-14.

HÖFFE, O. (1991), *La justice politique. Fondement d'une philosophie critique du droit et l'Etat*, París.

HOHTI, P. (1976), *The interrelation of speech and action in the* Histories *of Herodotus*, Helsinki.

HÖLKESKAMP, K.-J. (1992), «Written law in archaic Greece», *PCPhS*, 38, 87-117.

HOLLADAY, A.J. (1978), «Athenian strategy in the Archidamian war», *Historia*, 27, 399-427.

HORNBLOWER, S. (1985), *El mundo griego 479-323 AC*, Barcelona.

HORNBLOWER, S. (1987), *Thucydides*, Baltimore.

HUMPHREYS, S.C. (1970), «Economy and society in classical Athens», *ASNP*, II, 39, 1-26.

HUMPHREYS, S.C. (1983), *The family, women and death. Comparative studies*, Londres.

HUMPHREYS, S.C. (1988), «The discourse of law in archaic and classical Greece», *LHR*, 6, 465-93.

HUNTER, V. (1982), *Past and process in Herodotus and Thucydides*, Princeton.

HUXLEY, G.L. (1985), «On Aristotle's best state», en Cartledge y Harvey (eds. 1985), 139-49.

IMMERWAHR, H.R. (1973), «Pathology of power and speeches in Thucydides», en Stadter (ed. 1973), 16-31.

IRELAND, S. (1986), *Aeschylus*, Oxford.

IRIARTE, A. (1990), *Las redes del enigma. Voces femeninas en el pensamiento griego*, Madrid.

IRIARTE, A. (1996), *Democracia y tragedia: la era de Pericles*, Madrid.

IRIARTE, A. (1997), «El nombre de Efialtes», en AA.VV., *Xaîre. Homenaje al Profesor Fernando Gascó*, Sevilla, 173-9.

IRIARTE, A. (1999a), «Los peligros del olvido como estrategia política», *Claves de Razón Práctica*, 93, 73-5.

IRIARTE, A. (1999b), «Le chant interdit de la clairvoyance», en M. Goudot (ed.), *Cassandre*, París, 42-64.

IRWIN, T.H. (1985), «Moral science and political theory in Aristotle», en Cartledge y Harvey (eds. 1985), 150-68.

ITALIE, G. (1955), *Index Aeschyleus*, Leiden.

JAEGER, W. (1946), *Aristóteles. Bases para la historia de su desarrollo intelectual*, México.

JAEGER, W. (1957), *Paideia. Los ideales de la cultura griega*, México.

JAMESON, M.H. (1997a), «Religion in the Athenian democracy», en I. Morris y K.A. Raaflaub (eds.), *Democracy 2500? Questions and Challenges*, Dubuque, Iowa, 171-95.

JAMESON, M.H. (1997b), «Women and democracy in fourth-century Athens», en P. Brulé y J. Oulhen (eds.), *Esclavage, guerre, économie en Grèce ancienne. Hommages à Yvon Garlan*, Rennes, 95-107

JAMESON, M.H. (1999), «The spectacular and the obscure in Athenian religion», en Goldhill y Osborne (eds. 1999), 321-40.

JARRATT, S.C. (1991), *Rereading the sophists. Classical rhetoric refigured*, Carbondale-Edwarsville

JEDRKIEWICZ, S. (1992), «Teatro attico e comunicazione di massa: ipotesi di ricerca», *QUCC*, 42, 7-24.

JOACHIM, H.H. (1951), *Aristotle. The* Nicomachean Ethics, Oxford.

JOHNSTONE, C.L. (1996a), «Introduction: the origins of the rhetorical in archaic Greece», en Johnstone (ed. 1996), 1-18.

JOHNSTONE, C.L. (1996b), «Greek oratorical settings and the problem of the Pnyx: rethinking the Athenian political process», en Johnstone (ed. 1996), 97-127.

JOHNSTONE, C.L. (ed. 1996), *Theory, text, context. Issues in Greek rhetoric and oratory*, Albany, N.Y.

JOHNSTONE, S. (1999), *Disputes and democracy. The consequences of litigation in ancient Athens*, Austin.

JONES, A.H.M. (1957), *Athenian democracy*, Oxford.

JONES, L.A. (1987), «The role of Ephialtes in the rise of Athenian democracy», *ClAnt*, 6, 1987, 53-76.

JONES, N.F. (1999), *The associations of classical Athens. The response to democracy*, Oxford.

JOUANNA, J. (1981), «Les causes de la défaite des barbares chez Eschyle, Hérodote et Hippocrate», *Ktèma*, 6, 3-15.

JOUANNA, J. (1984), «Collaboration ou résistance au barbare: Artémise d'Halicarnasse et Cadmos de Cos chez Hérodote et Hippocrate», *Ktèma*, 9, 15-26.

KAHN, C.H. (1981), «The origins of social contract theory», en G.B. Kerferd (ed.), *The sophists and their legacy*, Wiesbaden, 92-108.

KALLET-MARX, L. (1994), «Money talks: *rhetor*, *demos*, and the resources of the Athenian empire», en Osborne y Hornblower (eds. 1994), 227-51.

KAMINSKY, G. (1990), *Spinoza: la política de las pasiones*, Buenos Aires.

KAMP, A. (1985), «Aristotele e l'ottima *polis*: leggi, *politeia*, aristocrazia o regno?», *ASNP*, III, 15, 337-88.

KAVOULAKI, A. (1999), «Processional performance and the democratic polis», en Goldhill y Osborne (eds. 1999), 293-320.

KEARNS, E. (1985), «Change and continuity in religious structures after Cleisthenes», en Cartledge y Harvey (eds. 1985), 189-207.

KEAVENEY, A. (1996), «Persian behaviour and misbehaviour: some Herodotean examples», *Athenaeum*, 84, 23-48.

KELLEY, D.R. (1990), *The human measure. Social thought in the western legal tradition*, Harvard.

KELLY, D.H. (1981), «Policy-making in the Spartan assembly», *Antichthon*, 15, 47-61.

KENNEDY, G.A. (1994), *A new history of classical rhetoric*, Princeton.

KENNEDY, G.A. (1996), «Reworking Aristotle's *Rhetoric*», en Johnstone (ed. 1996), 169-84.

KERFERD, G.B. (1986), «Le sophiste vu par Platon: un philosophe imparfait», en Cassin (ed. 1986), 13-25.

KERFERD, G.B. (1988), *I sofisti*, Bolonia.

KINZL, K.H. (1989), «Regionalism in Athens? Or: an anachronism in Herodotos 1, 59, 3?», *AHB*, 3, 5-9.

KITTO, H.D.F. (1961), *Greek tragedy. A literary study*, 3ª ed. Londres.

KITTO, H.D.F. (1969), «Political thought in Aeschylus», *Dioniso*, 43, 159-68.

KLOSKO, G. (1986), *The development of Plato's political theory*, Nueva York.

KNIGHT, W.F.J. (1943), «The Aeschylean universe», *JHS*, 63, 15-20.

KNOX, B. (1952), «The lion in the house (*Ag.* 716-736)», *CPh*, 47, 17-25.

KNOX, B. (1982), «Sophocles and the *polis*», en AA.VV., *Sophocle*, Ginebra, (*EAC*, 29), 1-27.

KONIARIS, G.L. (1980), «An obscene word in Aeschylus. On *histotribés, Ag.* 1443», *AJPh*, 101, 42-4.

KONSTAN, D. (1981), «Marxismo y esclavismo romano», en AA.VV. (1981), 127-48

LACHAUD, M.-P. (1991), «Nature et identité», en F. Noudelmann (ed.), *La nature. De l'identité à la liberté*, París, 31-46.

LACHENAUD, G. (1978), *Mythologies, religion et philosophie de l'histoire dans Hérodote*, Lille.

LACHENAUD, G. (1985), «Les études hérodotéennes de l'avant-guerre à nos jours», *SdS*, 7, 6-27.

LAMI, A. (1975), «Il mito del *Protagora* e il primato della politica», *CS*, 12, 1-45.

LANE FOX, R. (2000), «Theognis: an alternative to democracy», en Brock y Hodkinson (eds. 2000), 35-51.

LANG, M.L. (1968), «Herodotus and the Ionian revolt», *Historia*, 17, 24-36.

LANG, M.L. (1984), *Herodotean narrative and discourse*, Cambridge, Mass.

LANGDON, M.M. (1985), «The territorial basis of the Attic demes», *SO*, 60, 5-15.

LANZA, D. (1997), *Le tyran et son public*, París.

LARSEN, J.A.O. (1962), «Freedom and its obstacles in Ancient Greece», *CPh*, 57, 230-4.

LASSERRE, F. (1976), «Hérodote et Protagoras: le débat sur les constitutions», *MH*, 33, 65-84.

LATEINER, D. (1989), *The historical method of Herodotus*, Toronto.

LATTIMORE, R. (1960), *The poetry of Greek tragedy*, Baltimore.

LAUROT, B. (1981), «Idéaux grecs et barbarie chez Hérodote», *Ktèma*, 6, 39-48.

LAZARUS, S. (1985), *Peut-on penser la politique en intériorité?*, París.

LAZARUS, S. (1988), *La catégorie de révolution dans la Révolution Française*, París.

LAZARUS, S. (1996), *Anthropologie du nom*, París.

LE GUEN, B. (1995), «Théâtre et cité à l'époque hellénistique. 'Mort de la cité' - 'mort du théâtre'?», *REG*, 108, 59-90.

LEAHY, D.M. (1970), «The role of Cassandra in the *Oresteia* of Aeschylus», *BRL*, 52, 144-78.

LEAR, J. (1994), *Aristóteles. El deseo de comprender*, Madrid.

LEBECK, A. (1971), *The* Oresteia*: a study in language and structure*, Cambridge.

LEDUC, C. (1976), *La* Constitution d'Athènes *attribuée a Xénophon*, París.

LEDUC, C. (1981), «En marge de l'*Athenaion Politeia* atribuée à Xénophon», *QS*, 7, 281-334.

LEDUC, C. (1984), «Encore le vieil oligarque», *DHA*, 10, 429-37.

LEFF, M.C. (1996), «Agency, performance, and interpretation in Thucydides' account of the Mytilene debate», en Johnstone (ed. 1996), 87-96.

LEGRAND, P.-E. (1955), *Hérodote. Introduction*, París.

LENARDON, R.J. (1959), «The chronology of Themistokles' ostracism and exile», *Historia*, 8, 23-48.

LESKY, A. (1966a), *La tragedia griega*, Barcelona.

LESKY, A. (1966b), «Decision and responsability in the tragedy of Aeschylus», *JHS*, 86, 78-85.

LESKY, A. (1968), *Historia de la literatura griega*, Madrid.

LESZL, W. (1985), «Il potere della parola in Gorgia e in Platone», *SicGymn*, 38, 65-80.

LÉVÊQUE, P. (1978), «Las diferenciaciones sociales en el seno de la democracia ateniense del siglo V», en AA.VV., *Ordenes, estamentos y clases*, Madrid, 5-17.

LÉVÊQUE, P. y Vidal-Naquet, P. (1964), *Clisthène l'Athénien. Essai sur la représentation de l'espace et du temps en Grèce de la fin du VIe siècle à la mort de Platon*, París.

LÉVI-STRAUSS, C. (1958), *Anthropologie structurale*, París.

LÉVI-STRAUSS, C. (1983), «Histoire et ethnologie», *Annales ESC*, 38, 1217-31.

LÉVY, E. (1976), *Athènes devant la défait de 404. Histoire d'une crise idéologique*, París.

LÉVY, E. (1980), «Cité et citoyen dans la *Politique* d'Aristote», *Ktèma*, 5, 223-48.

LÉVY, E. (1984), «Naissance du concept de barbare», *Ktèma*, 9, 5-14.

LÉVY, E. (1985), «Inceste, mariage et sexualité dans le *Suppliantes* d'Eschyle», en AA.VV., *La femme dans le monde méditerranéen*, Lion, t. I, 29-45.

LÉVY, E. (1990), «La cité grecque: invention moderne ou réalité antique?», en Nicolet (ed. 1990), 53-67.

LEWIS, D.M. (1963), «Cleisthenes and Attica», *Historia*, 12, 22-40.

LEWIS, J.D. (1971), «Isegoria at Athens: when did it begin?», *Historia*, 20, 129-40.

LEWIS, R.G. (1997), «Themistokles and Ephialtes», *CQ*, 47, 358-62.

LEWIS, S. (1996), *News and society in the Greek polis*, Chapel Hill.

LINTOTT, A. (1982), *Violence, civil strife and revolution in the classical city 750-330 B.C.*, Baltimore.

LINTOTT, A. (1992), «Aristotle and democracy», *CQ*, 42, 114-28.

LINTOTT, A. (2000), «Aristotle and the mixed constitution», en Brock y Hodkinson (eds. 2000), 152-66.

LISI, F.L. (1989), «La clasificación de los Estados en la teoría platónica», *MHA*, 10, 23-43.

LLINARES, J.B. (1997), «¿Son verdaderos "sujetos" los seres humanos de la Grecia arcaica? Notas en torno a la interpretación de la antropología homérica», en V. Sanfélix Vidarte (ed.), *Las identidades del sujeto*, Valencia, 23-57.

LLOYD, M. (1992), *The agon in Euripides*, Oxford.

LLOYD-JONES, H. (1962), «The guilt of Agamemnon», *CQ*, 12, 187-99.

LLOYD-JONES, H. (1964), «The *Suppliants* of Aeschylus», *AC*, 33, 355-74.

Lloyd-Jones, H. (1971), *The justice of Zeus*, Berkeley.

LLOYD-JONES, H. (1983), «Artemis and Iphigeneia», *JHS*, 103, 87-102.

LONG, T. (1987), *Repetition and variation in the short stories of Herodotos*, Francfort.

LONGO, O. (1985) «La retorica di Gorgia: tecnica della persuasione ed esercizio del potere», *SicGymn*, 38, 57-63.

LONGO, O. (1990), «The theater of the *polis*», en Winkler y Zeitlin (eds. 1990), 12-9.

LÓPEZ EIRE, A. (1990), «De Heródoto a Tucídides», *SHHA*, 8, 75-96.

LÓPEZ EIRE, A. (1994), «Literatura y vida pública: orígenes de la retórica», en López Eire y Schrader (1994), 9-73.

LÓPEZ EIRE, A. y Schrader, C. (1994), *Los orígenes de la oratoria y la historiografía en la Grecia clásica*, Zaragoza.

LORAUX, N. (1973), «L'interférence tragique», *Critique*, 317, 908-26.

LORAUX, N. (1979), «Aux origines de la démocratie. Sur la 'transparence' démocratique», *RP*, 49, 3-13.

LORAUX, N. (1984), *Les enfants d'Athéna. Idées athéniennes sur la citoyenneté et la division des sexes*, 2ª ed. París.

LORAUX, N. (1985), *Façons tragiques de tuer une femme*, París.

LORAUX, N. (1986), «Thucydide et la sédition dans les mots», *QS*, 21, 95-134.

LORAUX, N. (1988), «Solon et la voix de l'écrit», en Detienne (ed. 1988), 95-125.

LORAUX, N. (1991a), «Aristophane, les femmes d'Athènes et le théâtre», en AA.VV. (1991a), 203-44.

LORAUX, N. (1991b), «Reflections of the Greek city on unity and division», en A. Molho, K.A. Raaflaub y J. Emlen (eds.), *City-states in classical antiquity and medieval Italy*, Stuttgart, 33-51.

LORAUX, N. (1993), *L'Invention d'Athènes. Histoire de l'oraison funèbre dans la «cité classique»*, 2ª ed. París.

LORAUX, N. (1995a), *Madres en duelo*, Buenos Aires.

LORAUX, N. (1995b), *The experiences of Tiresias. The feminine and the Greek man*, Princeton.

LORAUX, N. (1996), *Né de la Terre. Mythe et politique à Athènes*, París.

LORAUX, N. (1997), *La cité divisée. L'oubli dans la mémoire d'Athènes*, París.

LORAUX, N. (1999), *La voix endeuillé. Essai sur la tragédie grecque*, París.

LORAUX, N. y Miralles, C. (eds. 1998), *Figures de l'intellectuel en Grèce ancienne*, París.

LORD, C. (1996), «Aristotle and the idea of liberal education», en Ober y Hedrick (eds. 1996), 271-88.

LOZANO, J. (1987), *El discurso histórico*, Madrid.

LUCE, T.J. (1997), *The Greek historians*, Londres.

LYNN-GEORGE, M. (1993), «A reflection on Homeric dawn in the parodos of Aeschylus, *Agamemnon*», *CQ*, 43, 1-9.

MACDOWELL, D.M. (1975), «Law-making at Athens in the fourth century B.C.», *JHS*, 95, 62-74.

MACDOWELL, D.M. (1995), *Aristophanes and Athens. An introduction to the plays*, Oxford.

MACKINNON, J.K. (1978), «The reason for the Danaids' flight», *CQ*, 28, 74-82.

MACLEOD, C.W. (1982a), «Aeschylus, *Agamemnon* 1285-1289», *CQ*, 32, 231-2.

MACLEOD, C.W. (1982b), «Politics and the *Oresteia*», *JHS*, 102, 124-44.

MADDOLI, G. (1979), «Erodoto e i Ioni», *PP*, 34, 256-66.

MADDOLI, G. (1985), «'Attikà' prima di Erodoto?», *SdS*, 7, 101-12.

MANOS, A. (1992), «Plato's controversial views on democracy», en AA.VV. (1992), 118-22.

MANVILLE, P.B. (1980), «Solon's law of *stasis* and *atimia* in archaic Athens», *TAPhA*, 110, 213-21.

MANVILLE, P.B. (1990), *The origins of citizenship in ancient Athens*, Princeton.

MANVILLE, P.B. (1994), «Toward a new paradigm of Athenian citizenship», en Boegehold y Scafuro (eds. 1994), 21-33.

MARÍAS, J. (1970), «Introducción», en *Aristóteles. Política*, 2ª ed. Madrid, xxiii-xlii.

MARIN, L. (1993), *Des pouvoirs de l'image*, París.

MARINCOLA, J. (1989), «Thucydides I, 22, 2», *CPh*, 84, 216-23.

MARINCOLA, J. (1997), *Authority and tradition in ancient historiography*, Cambridge.

MARKLE, M.M. (1985), «Jury pay and assembly pay at Athens», en Cartledge y Harvey (eds. 1985), 265-97.

MARKLE, M.M. (1990), «Participation of farmers in Athenian juries and assemblies», *AncSoc*, 21, 149-65.

MARR, J.L. (1983), «Notes on the Pseudo-Xenophontic *Athenaion Politeia*», *C&M*, 34, 45-54.

MARROU, H.-I. (1965), *Historia de la educación en la antigüedad*, Buenos Aires.

MARTIN, J. (1974), «Von Kleisthenes zu Ephialtes. Zur Entstehung der athenischen Demokratie», *Chiron*, 4, 5-42.

MASSENZIO, M. (1995), *Dioniso e il teatro di Atene. Interpretazioni e prospettive critiche*, Roma.

MATTÉI, J.-F. (1992), «Platon et la démocratie», en AA.VV. (1992), 123-33.

MATTINGLY, H.B. (1997), «The date and purpose of the Pseudo-Xenophon *Constitution of Athens*», *CQ*, 47, 352-7.

MAXWELL-STUART, P.G. (1973), «The appearance of Aeschylus' Erinyes», *G&R*, 20, 81-4.

MAZON, P. (1946), *Eschyle* (edición, traducción, introducción y notas), tomo I, 4ª ed. París.

McCALL, M. (1976), «The secondary choruses in Aischylus' *Supplices*», *CSCA*, 9, 117-31.

McCLURE, L. (1999), *Spoken like a woman. Speech and gender in Athenian drama*, Princeton.

McGlew, J.F. (1993), *Tyranny and political culture in ancient Greece*, Ithaca.

Meier, C. (1985), *Introducción a la antropología política de la antigüedad clásica*, México.

Meier, C. (1987), *La politique et la grâce. Anthropologie politique de la beauté grecque*, París.

Meier, C. (1988), *La nascita della categoria del politico in Grecia*, Bolonia.

Meier, C. (1991), *De la tragédie grecque comme art politique*, París.

Meier, C. (1996), *Atene*, Bolonia.

Meier, C. y Veyne, P. (1989), *L'identità del cittadino e la democrazia in Grecia*, Bolonia.

Meiggs, R. (1972), *The Athenian empire*, Oxford.

Meiksins-Wood, E. (1988), *Peasant-citizen and slave. The foundations of Athenian democracy*, Londres.

Meiksins-Wood, E. (1996), «*Demos* versus 'We, the people': freedom and democracy ancient and modern», en Ober y Hedrick (eds. 1996), 121-37.

Melero Bellido, A. (1996), *Sofistas. Testimonios y fragmentos* (introducción, traducción y notas), Madrid.

Meritt, B.D. (1940), *Epigraphica Attica*, Cambridge, Mass.

Micalella, D. (1983), «Nomotheta e politico in Aristotele: il problema della *soteria tes poleos*», *Athenaeum*, 61, 88-110.

Mikalson, J.D. (1977), «Religion in the Attic demes», *AJPh*, 98, 424-35.

Mikroyannakis, E. (1992), «The pathology of democracy», en AA.VV. (1992), 56-60.

Millett, P. (1989), «Patronage and its avoidance in classical Athens», en A. Wallace-Hadrill (ed.), *Patronage in ancient society*, Londres, 15-47.

Milner, J.-C. (1989), «El material del olvido», en AA.VV. (1989), 67-78.

Milner, J.-C. (1999), *Los nombres indistintos*, Buenos Aires.

Miralles, C. (1968), *Tragedia y política en Esquilo*, Barcelona.

Miralles, C. (1989), «La creazione di uno spazio: la parola nell'ambito del dio dell' alterità», *Dioniso*, 59, 23-44.

Miralles, C. (1992), «La refondation athénienne de la condition héroique», *Pallas*, 38, 69-78.

Mirhady, D.C. (1996), «Torture and rhetoric in Athens», *JHS*, 116, 119-31.

MISSIOU, A. (1992), *The subversive oratory of Andokides. Politics, ideology and decision-making in democratic Athens*, Cambridge.

MITCHELL, L.G. (1996), «New for old: friendship networks in Athenian politics», *G&R*, 43, 11-21.

MOMIGLIANO, A. (1960), Reseña de E.A. Havelock (*The liberal temper in Greek politics*, New Haven, 1957), *RSI*, 72, 534-41.

MOMIGLIANO, A. (1984), *La historiografía griega*, Barcelona.

MOMIGLIANO, A. (1985), «History between medicine and rhetoric», *ASNP*, III, 15, 767-80.

MOMIGLIANO, A. (1986), *Génesis y desarrollo de la biografía en Grecia*, México.

MONTANO, A. (1985), «*Lógos* ed *aísthesis* nel discorso gorgiano sulla realtà», *SicGymn*, 38, 119-44.

MONTONERI, L. (1985), «La dialettica gorgiana nel trattato *Perì toû mè óntos*», *SicGymn*, 38, 283-97.

MORAUX, P. (1965), «Quelques apories de la *Politique* et leur arrière-plan historique», en AA.VV. (1965), 127-48.

MOREAU, A.M. (1985), *Eschyle: la violence et le chaos*, París.

MORGAN, K. (1992), «*Agamemnon* 1391-1392: Clytemnestra's defense foreshadowed», *QUCC*, 42, 25-7.

MORRIS, I. (1996), «The strong principle of equality and the archaic origins of Greek democracy», en Ober y Hedrick (eds. 1996), 19-48.

MORRIS, I. (2000), *Archaeology as cultural history. Words and things in Iron Age Greece*, Malden, Mass.

MORRISON, J.S. (1961), «Antiphon», *PCPhS*, 187, 49-58.

MOSSÉ, C. (1962), *La fin de la démocratie athénienne*, París.

MOSSÉ, C. (1967), «La conception du citoyen dans la *Politique* d'Aristote», *Eirene*, 6, 17-22.

MOSSÉ, C. (1973), «Le statut des paysans en Attique au IVe siècle», en M.I. Finley (ed.), *Problèmes de la terre en Grèce ancienne*, París, 179-86.

MOSSÉ, C. (1973), *La dottrine politiche in Grecia*, Messina.

MOSSÉ, C. (1978), «Le thème de la *patrios politeia* dans la pensée grecque du IVe siècle», *Eirene*, 16, 81-9.

MOSSÉ, C. (1979a), «Citoyens actifs et citoyens 'passifs' dans les cités grecques: une approche théorique du problème», *REA*, 81, 241-9.

MOSSÉ, C. (1979b), «Comment s'élabore un mythe politique: Solon, 'père fondateur' de la démocratie athènienne», *Annales ESC*, 34, 425-37.

MOSSÉ, C. (1981), *Historia de una democracia: Atenas*, Madrid.

MOSSÉ, C. (1990), *La mujer en la Grecia clásica*, Madrid.

MOSSÉ, C. (1994-95), «Les relations de 'clientèle' dans le fonctionnement de la démocratie athénienne», *Métis*, 9-10, 143-50.

MOSSÉ, C. (1995), *Politique et société en Grèce ancienne. Le «modèle» athénien*, París.

MOTTE, A. (1981), «Persuasion et violence chez Platon», *AC*, 50, 562-77.

MOULTON, C. (1981), *Aristophanic poetry*, Gottinga.

MOURELATOS, A.P.D. (1985), «Gorgias on the function of language», *SicGymn*, 38, 607-38.

MUIR, J.V. (1982), «Protagoras and education at Thourioi», *G&R*, 19, 17-24.

MÜLLER, R. (1986), «Sophistique et démocratie», en Cassin (ed. 1986), 179-93.

MURRAY, G. (1940), *Aeschylus, the creator of tragedy*, Oxford.

MURRAY, G. (1947), *Historia de la literatura clásica griega*, Buenos Aires.

MURRAY, O. (1987), «Herodotus and oral tradition», en H. Sancisi-Weerdenburg y A. Kuhrt (eds.), *Achaemenid history II: the Greek sources*, Leiden, 93-115.

MURRAY, O. (1993), «*Polis* and *politeia* in Aristotle», en Hansen (ed. 1993), 197-210.

MURRAY, O. y Price, S. (eds. 1990), *The Greek city from Homer to Alexander*, Oxford.

MURRAY, R.D. (1958), *The motif of Io in Aeschylus' Suppliants*, Princeton.

MUSIOLEK, P. (1981), «Zur Bedeutung von *asty* und *polis* im archaischen Griechenland», *AAntHung*, 29, 133-8.

MUSTI, D. (1985), «Pubblico e privato nella democrazia periclea», *QUCC*, 20, pp. 7-17.

MUSTI, D. (2000), Demokratía. *Orígenes de una idea*, Madrid.

NAKATEGAWA, Y. (1988), «Isegoria in Herodotus», *Historia*, 37, 257-75.

NANCY, G. (1986), «La voix du choeur», *ASNP*, III, 16, 461-80.

NARCY, M. (1986), «A qui la parole? Platon et Aristote face à Protagoras», en Cassin (ed. 1986), 75-90.

NARCY, M. (1990), «Le contrat social: d'un mythe moderne à l'ancienne sophistique», *Philosophie*, 28), 32-56.

NATALI, C. (1986), «Aristote et les méthodes d'enseignement de Gorgias (*Réf. Soph.* 34, 183 b-184 a 8)», en Cassin (ed. 1986), 105-16.

NATALICCHIO, A. (1996), *Atene e la crisi della democrazia: i Trenta e la querelle Telamene-Cleofonte*, Roma.

NEGRI, A. (1993), *La anomalía salvaje. Ensayo sobre poder y potencia en Baruch Spinoza*, Barcelona.

NEGRI, A. (1994), *El poder constituyente. Ensayo sobre las alternativas de la modernidad*, Madrid.

NESTLE, W. (1961), *Historia del espíritu griego*, Madrid.

NEVILLE, J. (1979), «Was there an Ionian revolt?», *CQ*, 29, 268-75.

NEWMAN, W.L. (1887-1902), *The* Politics *of Aristotle*, Oxford, 4 vols.

NICOLET, C. (ed. 1990), *Du pouvoir dans l'Antiquité: mots et réalités*, Ginebra.

NICOLOSI, G. (1969), «Dimensione sociale della coscienza del fato nella tragedia greca», *Dioniso*, 43, 435-44.

NUSSBAUM, M.C. (1995) *La fragilidad del bien. Fortuna y ética en la tragedia y la filosofía griega*, Madrid.

OBER, J. (1989), *Mass and elite in democratic Athens. Rhetoric, ideology, and the power of the people*, Princeton.

OBER, J. (1996), *The Athenian revolution. Essays on ancient Greek democracy and political theory*, Princeton.

OBER, J. (1998), *Political dissent in democratic Athens. Intellectual critics of popular rule*, Princeton.

OBER, J. (2000), «Living freely as a slave of the law. Notes on why Sokrates lives in Athens», en Flensted-Jensen, Nielsen y Rubinstein (eds. 2000), 541-52.

OBER, J. y Hedrick, C. (eds. 1996), Dêmokratia. *A conversation on democracies, ancient and modern*, Princeton.

OBER, J. y Strauss, B. (1990), «Drama, political rhetoric, and the discourse of Athenian democracy», en Winkler y Zeitlin (eds. 1990), 237-70.

O'BRIEN, D. (1977), «Heavy and light in Democritus and Aristotle: two conceptions of change and identity», *JHS*, 97, 64-74.

O'NEIL, J.L. (1981), «The exile of Themistokles and democracy in the Peloponnese», *CQ*, 31, 335-46.

O'NEIL, J.L. (1995), *The origins and development of ancient Greek democracy*, Lanham, Maryland.

OSBORNE, R. (1985a), Demos: *the discovery of classical Attika*, Cambridge.

OSBORNE, R. (1985b), «Law in action in classical Athens», *JHS*, 105, 40-58.

OSBORNE, R. (1990a), «The *demos* and its divisions in Classical Athens», en Murray y Price (eds. 1990), 265-93.

OSBORNE, R. (1990b), «Vexatious litigation in classical Athens: sykophancy and the sykophant», en Cartledge, Millett y Todd (eds. 1990), 83-102.

OSBORNE, R. (1997), «Law, the democratic citizen and the representation of women in classical Athens», *P&P*, 155, 3-33.

OSBORNE, R. (1998), *La formación de Grecia, 1200-479 a.C.*, Barcelona.

OSBORNE, R. (1999), «Inscribing performance», en Goldhill y Osborne (eds. 1999), 341-58.

OSBORNE, R. y Hornblower, S. (eds. 1994), *Ritual, finance, politics. Athenian democratic accounts presented to David Lewis*, Oxford.

OSTWALD, M. (1969), Nomos *and the beginnings of the Athenian democracy*, Oxford.

OSTWALD, M. (1973), «Was there a concept *agraphos nomos* in classical Greece», en E.N. Lee, A.P.D. Mourelatos y R.M. Rorty (eds.), *Exegesis and argument. Studies in Greek philosophy presented to Gregory Vlastos*, Assen, 70-104.

OSTWALD, M. (1986), *From popular sovereignty to the sovereignty of law. Law, society, and politics in fifth-century Athens*, Berkeley.

OSTWALD, M. (1988), «The reform of the Athenian state by Cleisthenes», *CAH²*, V, 303-34.

OSTAWALD, M. (2000), Oligarchia. *The development of a constitutional form in ancient Greece*, Stuttgart.

O'SULLIVAN, N. (1995), «Pericles and Protagoras», *G&R*, 42, 15-23.

O'SULLIVAN, N. (1996), «Written and spoken in the first sophistic», en Worthington (ed. 1996), 115-27.

OULETTE, G.-P. (1994), «La parole et le meurtre dans l'*Agamemnon* d'Eschyle», *REG*, 107, 183-91.

PADEL, R. (1990), «Making space speak», en Winkler y Zeitlin (eds. 1990), 336-65.

PADEL, R. (1992), *In and out of the mind. Greek images of the tragic self*, Princeton.

PADEL, R. (1997), *A quien un dios quiere destruir, antes lo enloquece. Elementos de la locura griega y trágica*, Buenos Aires.

PADGUG, R. (1981), «Clases y sociedad en la Grecia clásica», en AA.VV. (1981), 73-103.

PAGE, D.L. (1972), *Aeschyli tragoediae* (edición), Londres.

PALERM, V.R. (1996), «Antifonte de Ramnunte y la 'cuestión antifontea'. Actualización crítica e interpretación unitaria», *Habis*, 27, 23-39.

PALOMAR PÉREZ, N. (1998), «La figure du poète tragique dans la Grèce ancienne», en Loraux y Miralles (eds. 1998), 65-106.

PARAIN, C. (1978), «Los caracteres específicos de la lucha de clases en la antigüedad clásica», en AA.VV., *El modo de producción esclavista*, Madrid, 257-87.

PARKE, H.W. (1977), *Festivals of the Athenians*, Londres.

PARKER, R. (1987), «Festivals of the Attic demes», en T. Linders y G. Nordquist (eds.), *Gifts to the gods*, Uppsala, 137-47.

PARRY, A.M. (1981), Logos *and* ergon *in Thucydides*, Salem, New Hampshire.

PATTERSON, C.B. (1998), *The family in Greek history*, Cambridge, Mass.

PAYEN, P. (1990), «Discours historique et structures narratives chez Hérodote», *Annales ESC*, 45, 527-50.

PAYEN, P. (1995), «Comment résister à la conquête? Temps, espace et récit chez Hérodote», *REG*, 108, 308-38.

PAYEN, P. (1997), *Les îles nomades. Conquérir et résister dans l'Enquête d'Hérodote*, París.

PECIRKA, J. (1967), «A note on Aristotle's conception of citizenship and the role of foreigners in fourth century Athens», *Eirene*, 6, 23-6.

PECORELLA LONGO, C. (1971), *«Eterie» e gruppi politici nell'Atene del IV sècolo a.C.*, Florencia.

PECORELLA LONGO, C. (1988), «Sulla legge 'soloniana' contro la neutralità», *Historia*, 37, 374-9.

PELLING, C. (1997), «Aeschylus' *Persae* and history», en *idem* (ed. 1997), 1-19.

PELLING, C. (ed. 1997), *Greek tragedy and the historian*, Oxford.

PERLMAN, S. (1963), «The politicians in the Athenian democracy of the fourth-century B.C.», *Athenaeum*, 41, 327-55.

PERLMAN, S. (1967), «Political leadership in Athens in the fourth-century B.C.», *PP*, 22, 161-76.

PETRE, Z. (1980), «*Astoxenoi*. A propos du statut des femmes dans la cité d'Eschyle», *RHH*, 19, 173-81.

PETRE, Z. (1986), «Le décret des *Suppliantes* d'Eschyle», *StudClas*, 14, 25-32.

PETRE, Z. (2000), «Les temps des ruptures», en Darbo-Peschanski (ed. 2000), 357-70.

PETRUZZELLIS, N. (1957), «Aristofane e la sofistica», *Dioniso*, 20, 38-62.

PETRUZZELLIS, N. (1965), «Euripide e la sofistica», *Dioniso*, 39, 356-79.

PHYLAETOU, C. (1989), «L'interprétation du concept de liberté politique athénienne», *RIDA*, III, 36, 99-117.

PICCIRILLI, L. (1976), «Aristotele e l'*atimia* (*Athen. Pol.* 8, 5)», *ASNP*, III, 6, 739-62.

PICCIRILLI, L. (1987), «L'assassinio di Efialte», *ASNP*, III, 17, 9-18.

PICCIRILLI, L. (1988), *Efialte*, Génova.

PICKARD-CAMBRIDGE, A. (1953), *The dramatic festivals of Athens*, Oxford.

PISSAVINO, P. (1985) «La polis e la sua immagine complessa», *Athenaeum*, 63, 489-91.

PISSAVINO, P. (1986), «*Polis* e democrazia in Atene. Linee preliminari di ricerca», *Athenaeum*, 64, 218-22.

PLÁCIDO, D. (1972), «Protágoras y Pericles», *HAnt*, 2, 7-19.

PLÁCIDO, D. (1973) «El pensamiento de Protágoras y la Atenas de Pericles», *HAnt*, 3, 29-68.

PLÁCIDO, D. (1984a), «La proyección ideológica de la democracia ateniense», *EAnt*, 1, 7-21.

PLÁCIDO, D. (1984b) «Protagoras et la société athénienne: le mythe de Prométhée», *DHA*, 10, 161-78.

PLÁCIDO, D. (1985a), «Le phénomène classique et la pensée sophistique», en *Praktika. Tou XII diethnous sunedriou klasikes arkhaiologias*, Atenas, 221-5.

PLÁCIDO, D. (1985b) «Platón y la guerra del Peloponeso», *Gerión*, 3, 43-62.

PLÁCIDO, D. (1986), «De Heródoto a Tucídides», *Gerión*, 4, 17-46.

PLÁCIDO, D. (1988), «La condena de Protágoras en la historia de Atenas», *Gerión*, 6, 21-37.

PLÁCIDO, D. (1989a), «Antifonte», en M.J. Hidalgo de la Vega (ed.), *Homenaje a Marcelo Vigil Pascual*, Salamanca, 29-36.

PLÁCIDO, D. (1989b), «Nombres de libres que son esclavos (Pólux, III, 82)», en AA.VV., *Esclavos y semilibres en la Antigüedad clásica*, Madrid, 55-79.

PLÁCIDO, D. (1991), «Plato, a source for the knowledge of the relationships between Socrates and Protagoras», en K. Boudouris (ed.), *The philosophy of Socrates*, Atenas, 272-77.

PLÁCIDO, D. (1992), «El héroe épico en la escena trágica de la ciudad democrática», en J. Alvar, C. Blánquez y C.C. Wagner (eds.), *Héroes, semidioses y daimones*, Madrid, 51-8.

PLÁCIDO, D. (1994), «*Polis* y *oikos*: los marcos de la integración y de la 'desintegración' femenina», en M.J. Rodríguez Mampaso, E. Hidalgo y C.G. Wagner (eds.), *Roles sexuales. La mujer en la historia y la cultura*, Madrid, 15-21.

PLÁCIDO, D. (1995), «Imperialismo y democracia: coherencia y paradoja de la Atenas del siglo V a.C.», *AHAM*, 28, 73-87.

PLÁCIDO, D. (1997a), *La sociedad ateniense. La evolución social en Atenas durante la guerra del Peloponeso*, Barcelona.

PLÁCIDO, D. (1997b), «El estratego en la ciudad democrática», en M.I. Loring (ed.), *Homenaje al Profesor Abilio Barbero*, Madrid, 539-52.

PLÁCIDO, D. (1997c), «La ciudad se define: Sócrates y los sofistas», en J. Alvar y J.M. Blázquez (eds.), *Héroes y antihéroes en la antigüedad clásica*, Madrid, 69-77.

PLÁCIDO, D. (1997d), «La imagen heroica de la Atenas democrática», en Plácido, Alvar, Casillas y Fornis (eds. 1997), 129-34.

PLÁCIDO, D. (2000), «La presencia de la mujer griega en la sociedad: democracia y tragedia», *SHHA*, 18, 49-63.

PLÁCIDO, D., Alvar, J., Casillas, J.M. y Fornis, C. (eds. 1997), *Imágenes de la Pólis*, Madrid.

PODLECKI, A.J. (1966a), *The political background of Aeschylean tragedy*, Ann Arbor.

PODLECKI, A.J. (1966b), «The political significance of the Athenian "tyrannicide"-cult», *Historia*, 15, 129-41.

PODLECKI, A.J. (1977), «Herodotus in Athens?», en AA.VV., *Greece and the eastern Mediterranean in ancient history and prehistory. Studies presented to Fritz Schachermeyr*, Berlin, 246-65.

POLIAKOFF, M. (1980), «The third fall in the *Oresteia*», *AJPh*, 101, 251-9.

POPE, M. (1974), «Merciful heavens? A question in Aeschylus' *Agamemnon*», *JHS*, 94, 100-13.

POPE, M. (1988), «Thucydides and democracy», *Historia*, 37, 276-96.

PÒRTULAS, J. (1981), «Tragédie et lutte des classes dans l'Athènes classique», *Faventia*, 3, 31-46.

POULAKOS, J. (1996) «Extending and correcting the rhetorical tradition: Aristotle's perception of the sophists», en Johnstone (ed. 1996), 45-63.

POWELL, A. (1988), *Athens and Sparta. Constructing Greek political and social history from 478 B.C.*, Londres.

POWELL, J.E. (1938), *A lexicon to Herodotus*, Cambridge.

PRESS, G.A. (1982), *The development of the idea of history in antiquity*, Kingston, 1982.

PROST, F. (1999), «Les combattants de Marathon: idéologie et société hoplitiques à Athènes au Ve s.», en Prost (ed. 1999), 69-88.

PROST, F. (ed. 1999), *Armées et sociétés de la Grèce classique. Aspects sociaux et politiques de la guerre aux Ve et IVe s. av. J.-C.*, París.

PUGLIESE CARRATELLI, G. (1946), «La città platonica», *PP*, 1, 6-21.

QUINCEY, J.H. (1964), «Orestes and the Argive alliance», *CQ*, 14, 190-206.

RAAFLAUB, K.A. (1989), «Contemporary perceptiones of democracy in fifth-century Athens», *C&M*, 40, 33-70.

RAAFLAUB, K.A. (1996) «Equalities and inequalities in Athenian democracy», en Ober y Hedrick (eds. 1996), 139-74.

RAAFLAUB, K.A. (1998), «The transformation of Athens in the fifth century», en Boedeker y Raaflaub (eds. 1998), 15-41.

RABINOWITZ, N.S. (1981), «From force to persuasion: Aeschylus' *Oresteia* as cosmogonic myth», *Ramus*, 10, 159-91.

RAHE, P.A. (1994), *Republics ancient and modern. 1- The ancien régime in classical Greece*, Chapel Hill.

RAMÍREZ VIDAL, G. (1998), «Humanismo y cosmopolitismo en Antifonte», *Habis*, 29, 37-50.

RANCIÈRE, J. (1992), «Politics, identification, and subjectivization», *October*, 61, 58-64.

RANCIÈRE, J. (1996), *El desacuerdo. Política y filosofía*, Buenos Aires.

REDFIELD, J. (1985), «Herodotus the tourist», *CPh*, 80, 97-118.

REDFIELD, J. (1992), *La tragedia de Héctor. Naturaleza y cultura en la Ilíada*, Barcelona.

REHM, R. (1992) *Greek tragic theatre*, Londres.

REVERDIN, O. (1945), «Remarques sur la vie politique d'Athènes au Ve siècle», *MH*, 2, 201-12.

RHODES, P.J. (1972a), *The Athenian boule*, Oxford.

RHODES, P.J. (1972b), «The Five Thousand in the Athenian revolutions of 411 B.C.», *JHS*, 92, 115-27.

RHODES, P.J. (1980), «Athenian democracy after 403 B.C.», *CJ*, 75, 305-23.

RHODES, P.J. (1981), *A commentary on the Aristotelian* Athenaion Politeia, Oxford.

RHODES, P.J. (1982) «Problems in Athenian *eisphora* and liturgies», *AJAH*, 7, 1-19.

RHODES, P.J. (1985), «*Nomothesia* in fourth-century Athens», *CQ*, 35, 55-60.

RHODES, P.J. (1986), «Political activity in classical Athens», *JHS*, 106, 132-44.

RHODES, P.J. (1987), «*Nomothesia* in classical Athens», *Le educazione giuridica* (Perugia), vol. 2, 5-26.

RHODES, P.J. (1991), «The Athenian code of laws, 410-399 B.C.», *JHS*, 111, 87-100.

RHODES, P.J. (1993), «The Greek *poleis*: demes, cities and leagues», en Hansen (ed. 1993), 161-82.

RHODES, P.J. (1996), «Personal enmity and political opposition in Athens», *G&R*, 43, 21-30.

RHODES, P.J. (1998), «Enmity in fourth-century Athens», en Cartledge, Millett y von Reden (eds. 1998), 144-61.

RHODES, P.J. (2000a), «Oligarchs in Athens», en Brock y Hodkinson (eds. 2000), 119-36.

RHODES, P.J. (2000b), «Who ran democratic Athens?», en Flensted-Jensen, Nielsen y Rubinstein (eds. 2000), 465-77.

RIHLL, T.E. (1995), «Democracy denied: why Ephialtes attacked the Areiopagus», *JHS*, 115, 87-98.

RIVIER, A. (1968), «Remarques sur le 'nécessaire' et la 'nécessité' chez Eschyle», *REG*, 81, 5-39.

ROBB, K. (1994), *Literacy and* paideia *in ancient Greece*, Oxford.

ROBERTS, D.H. (1984), «Blood or fate: a note on *Choephori* 927», *CQ*, 34, 255-9.

ROBERTS, J.T. (1996), «Athenian equality: a constant surrounded by flux», en Ober y Hedrick (eds. 1996), 187-202.

ROBERTSON, N. (1990), «The laws of Athens, 410-399 B.C.: the evidence for review and publication», *JHS*, 110, 43-75.

ROBINSON, E.W. (1997), *The first democracies. Early popular government outside Athens*, Stuttgart.

ROCCHI, G.D. (1971), «L'*Athenaion Politeía* del V secolo a.C.», *PP*, 26, 323-41.

ROCCO, C. (2000), *Tragedia e ilustración. El pensamiento político ateniense y los dilemas de modernidad*, Barcelona.

RODRÍGUEZ ADRADOS, F. (1975), *La democracia ateniense*, Madrid.

RODRÍGUEZ ADRADOS, F. (1983), *Fiesta, comedia y tragedia*, Madrid.

RODRÍGUEZ ADRADOS, F. (1997), *Democracia y literatura en la Atenas clásica*, Madrid.

ROKEAH, D. (1982), «*Tà déonta perì tôn aieì parónton*. Speeches in Thucydides: factual reporting or creative wrinting?», *Athenaeum*, 60, 386-401.

ROLLER, D.W. (1989), «Who murdered Ephialtes?», *Historia*, 38, 257-66.

ROMERO, J.L. (1952), *De Heródoto a Polibio. El pensamiento histórico en la cultura griega*, Buenos Aires.

ROMERO, J.L. (1980), *El ciclo de la revolución contemporánea*, Buenos Aires.

ROMERO, J.L. (1988), *La vida histórica*, Buenos Aires.

ROSELLINI, M. y Saïd, S. (1978), «Usages de femmes et autres *nomoi* chez les 'sauvages' d'Hérodote: essai de lecture structurale», *ASNP*, III, 8, 949-1006.

ROSENMEYER, T.G. (1982), *The art of Aeschylus*, Berkeley.

ROSENMEYER, T.G. (1983), «Teatro», en Finley (ed. 1983), 131-65.

ROSIVACH, V.J. (1988), «The tyrant in Athenian democracy», *QUCC*, 30, 43-57.

RÖSLER, W. (1992), «Danaos et les dangers de l'amour (Eschyle, *Suppliantes*, 991-1013)», *Pallas*, 38, 173-8.

ROSS, W.D. (1946), *Aristotele*, Bari.

ROSSETTI, L. (1985), «Como instaurare un nuovo assetto costituzionale secondo Platone. La 'spiacevole necesittà': chi, se non il Demos?», *Gerión*, 3, 63-77.

ROSSETTI, L. (1986), «La certitude subjetive inébranlable», en Cassin (ed. 1986), 195-209.

ROTHWELL, K.S. (1990), *Politics and persuasion in Aristophanes'Ecclesiazusae*, Leiden.

ROUSSEAU, J.-J. (1993), *El contrato social*, Barcelona.

ROUSSEL, D. (1975), *Los historiadores griegos*, Buenos Aires.

RTSKHILADZE, R. (1974), «La spécificité de l'Orient dans les 'Histoires' d'Hérodote», *AAntHung*, 22, 487-94.

RUBINSTEIN, L. (1998), «The Athenian political perception of the *idiotes*», en Cartledge, Millett y von Reden (eds. 1998), 125-43.

RUSSO, C.F. (1984), *Aristofane autore di teatro*, Florencia.

RUZÉ, F. (1983), «Les tribus et la décision politique dans les cités grecques archaïques et classiques», *Ktèma*, 8, 299-306.

RUZÉ, F. (1984), «*Plethos*. Aux origines de la majorité politique», en AA.VV., *Aux origines de l'hellénisme. La Crète et la Grèce. Hommage à Henri van Effenterre*, París, 247-63.

RUZÉ, F. (1988), «Aux débuts de l'écriture politique: le pouvoir de l'écrit dans la cité», en Detienne (ed. 1988), 82-94.

RUZÉ, F. (1997), *Délibération et pouvoir dans la cité grecque de Nestor à Socrate*, París.

RYAN, F.X. (1994), «The original date of the *dêmos plethýon* provisions of *IG* I³ 105», *JHS*, 114, 120-34.

SAÏD, S. (1981), «Darius et Xerxès dans les *Perses* d'Eschyle», *Ktèma*, 6, 17-38.

SAÏD, S. (1985), *Sophiste et tyran ou le problème du* Prométhée enchaîné, París.

SAÏD, S. (1996), «The *Assemblywomen*: women, economy, and politics», en Segal (ed. 1996), 282-313.

SAÏD, S. (1998), «Tragedy and politics», en Boedeker y Raaflaub (eds. 1998), 275-95.

SAKELLARIOU, M. (1989), «*Polis* et cité; état-*polis* et état-cité», *MPL*, 2, 375-7.

SALKEVER, S.C. (1986), «Tragedy and the education of the *dêmos*: Aristotle's response to Plato», en Euben (ed. 1986), 274-303.

SAMONS, L.J. (1998-99), «Aeschylus, the Alkmeonids and the reform of the Areopagos», *CJ*, 94, 221-33.

SANCHO ROCHER, L. (1990), «*Homoiótes*: los *hómoioi* de Esparta», *Gerión*, 8, 45-71.

SANCHO ROCHER, L. (1991), «*Isonomía kaì demokratía*», *REA*, 93, 237-61.

SANCHO ROCHER, L. (1997a), *Un proyecto democrático. La política en la Atenas del siglo V*, Zaragoza.

SANCHO ROCHER, L. (1997b), «La *polis* y el bien común: un aspecto de la polémica política en la Atenas de fines del siglo V», en Plácido, Alvar, Casillas y Fornis (eds. 1997), 107-26.

SANTONI, A. (1979), «Aristotele, Solone e l'*Athenaion Politeia*», *ASNP*, III, 9, 959-84

SARTORI, F. (1951), *La crisi del 411 a.C. nell'*Athenaion Politeia *di Aristotele*, Padova.

SAUNDERS, T.J. (1985), «Gorgias' psychology in the history of the free-will problem», *SicGymn*, 38, 209-28.

SAVALLI, I. (1984), «La concessione della *politeia* negli studi di storia greca: bilancio storico-critico», *ASNP*, III, 14, 849-71.

SAXONHOUSE, A.W. (1992), *Fear of diversity. The birth of political science in ancient Greek thought*, Chicago.

SAXONHOUSE, A.W. (1996), *Athenian democracy. Modern mythmakers and ancient theorists*, Notre Dame.

SCAFURO, A.C. (1994), «Introduction: bifurcations and intersections», en Boegehold y Scafuro (eds. 1994), 1-20.

SCAIFE, R. (1996), «Protagorean frames of reference in Thucydides», *AHB*, 10, 31-7.

SCHADEWALDT, W. (1990), «Los orígenes de la historiografía entre los griegos», en Alsina (ed. 1990), 3-13.

SCHEIN, S.L. (1982), «The Cassandra scene in Aeschylus' *Agamemnon*», *G&R*, 29, 11-6.

SCHIAPPA, E. (1996), «Toward a predisciplinary analysis of Gorgias' *Helen*», en Johnstone (ed. 1996), 65-86.

SCHIAPPA, E. (1999), *The beginnings of rhetorical theory in classical Greece*, New Haven.

SCHLESINGER, A.C. (1963), *Bounderies of Dionysus. Athenian foundations for the theory of tragedy*, Cambridge, Mass.

SCHMITT-PANTEL, P. (1990), «Collective activities and the political in the Greek city», en Murray y Price (eds. 1990), 199-213.

SCHOFIELD, M. (1998), «Political friendship and the ideology of reciprocity», en Cartledge, Millett y von Reden (eds. 1998), 37-51.

SCHRADER, C. (1994), «Tipología y orígenes de la historiografía griega», en López Eire y Schrader (1994), 75-199.

SCHWARTZ, J. (1969), «Hérodote et Périclès», *Historia*, 18, pp. 367-70.

SCODEL, R. (ed. 1993), *Theater and society in the classical world*, Ann Arbor.

SEAFORD, R. (1981), «Dionysiac drama and the dionysiac mysteries», *CQ*, 31, 252-75.

SEAFORD, R. (1984), «The last bath of Agamemnon», *CQ*, 34, 247-54.

SEAFORD, R. (1987), «The tragic weding», *JHS*, 107, 106-30.

SEAFORD, R. (1989), «The attribution of Aeschylus, *Choephoroi* 691-9», *CQ*, 39, 302-6.

SEAFORD, R. (1994), *Reciprocity and ritual. Homer and tragedy in the developing city-state*, Oxford.

SEAFORD, R. (2000), «The social function of Attic tragedy: a reponse to Jasper Griffin», *CQ*, 50, 30-44.

SEAGER, R. (1982), Reseña de C. Meier (*Die Entstehung des Politischen bei der Griechen*, Frankfort, 1980), *JHS*, 102, pp. 266-7.

SEALEY, R. (1960), «Regionalism in archaic Athens», *Historia*, 9, 155-80.

SEALEY, R. (1964), «Ephialtes», *CPh*, 59, 11-22.

SEALEY, R. (1981), «Ephialtes, *eisangelia*, and the council», en AA.VV., *Classical contributions. Studies in honour of M.F. McGregor*, Nueva York, 125-34.

SEALEY, R. (1983), «How citizenship and the city began in Athens», *AJAH*, 8, 97-129.

SEALEY, R. (1987), *The Athenian republic. Democracy or the rule of law?*, Pensilvania.

SEGAL, C. (1962), «Gorgias and the psychology of the *logos*», *HSPh*, 66, 99-155.

SEGAL, C. (1980), «Artemis in *Agamemnon*: a postscript», *AJPh*, 101, 165-9.

SEGAL, C. (1981), *Tragedy and civilization. An interpretation of Sophocles*, Cambridge, Mass.

SEGAL, C. (1986), *Interpreting Greek tragedy. Myth, poetry, text*, Ithaca.

SEGAL, C. (1987), *La musique du Sphinx. Poésie et structure dans la tragédie grecque*, París.

SEGAL, C. (1988), «Vérité, tragédie et écriture», en Detienne (ed. 1988), 330-58.

SEGAL, C. (1993), «El espectador y el oyente», en Vernant (ed. 1993), 211-46.

SEGAL, C. (1996), «Catharsis, audience, and closure in Greek Tragedy», en Silk (ed. 1996), 149-72.

SEGAL, E. (ed. 1996), *Oxford readings in Aristophanes*, Oxford.

SHIMRON, B. (1989), *Politics and belief in Herodotus*, Stuttgart.

SICHERL, M. (1986), «Die Tragik der Danaiden», *MH*, 43, 81-110.

SIENKEWICZ, T.J. (1980), «Circles, confusion, and the chorus of *Agamemnon*», *Eranos*, 78, 133-42.

SILK, M.S. (ed. 1996), *Tragedy and the tragic. Greek theatre and beyond*, Oxford.

SIMON, B. (1984), *Razón y locura en la antigua Grecia*, Madrid.

SIMONDON, M. (1982), *La mémoire et l'oubli dans la pensée grecque jusqu'à la fin du Ve siècle avant J.-C.*, París.

SINCLAIR, R.K. (1988), *Democracy and participation in Athens*, Cambridge.

SISSA, G. y Detienne, M. (1994), *La vida cotidiana de los dioses griegos*, Madrid.

SLINGS, S.R. (1992), «Orality and the poet's profession», *AAntHung*, 33, 9-14.

SMITH, O. (1965), «Some observations on the structure of imagery in Aeschylus», *C&M*, 26, 10-72.

SOLANA DUESO, J. (2000), *El camino del ágora. Filosofía política de Protágoras de Abdera*, Zaragoza.

SOLMSEN, F. (1995), *Hesiod and Aeschylus*, 2ª ed. Ithaca.

SOMMERSTEIN, A.H. (1989), «Again Klytaimestra's weapon», *CQ*, 39, 296-301.

SOMMERSTEIN, A.H. (1997), «The theatre audience, the *demos*, and the *Suppliants* of Aeschylus», en Pelling (ed. 1997), 63-79.

SOULEZ, A. (1986), «Le dire comme acte du sophiste. Ou: invention et répudiation par Platon de la pragmatique sophistique», en Cassin (ed. 1986), 53-73.

SOURVINOU-INWOOD, C. (1990), «What is *polis* religion?», en Murray y Price (eds. 1990), 295-322.

SOURVINOU-INWOOD, C. (1994), «Something to do with Athens: tragedy and ritual», en Osborne y Hornblower (eds. 1994), 269-90.

SPINA, L. (1986), *Il cittadino alla tribuna. Diritto e libertà di parola nell'Atene democratica*, Nápoles.

SPINOZA, B. (1977), *Ética*, México.

SPINOZA, B. (1986), *Tratado teológico-político*, Madrid.

SPRINGBORG, P. (1992), *Western republicanism and the oriental prince*, Cambridge.

STADTER, P.A. (1993), «Pericles y los intelectuales», *Polis*, 5, 227-40.

STADTER, P.A. (ed. 1973), *The speeches in Thucydides. A collection of original studies with a bibliography*, Carolina del Norte.

STANTON, G.R. (1984), «The tribal reform of Kleisthenes the Alkmeonid», *Chiron*, 14, 1-41.

STANTON, G.R. y Bicknell, P.J. (1987), «Voting in tribal groups in the Athenian assembly», *GRBS*, 28, 51-92.

STARR, C.G. (1990), *The birth of Athenian demcracy. The assembly in the fifth century B.C.*, Oxford.

STAVELEY, E.S. (1972), *Greek and Roman voting and elections*, Londres.

STEVENSON, J.G. (1974), «Aristotle as historian of philosophy», *JHS*, 94, 138-43.

STINTON, T.C.W. (1979), «The first stasimon of Aeschylus' *Choephori*», *CQ*, 29, 252-62.

STOCKTON, D. (1982), «The death of Ephialtes», *CQ*, 32, 227-8.

STOCKTON, D. (1990), *The classical Athenian democracy*, Oxford.

STOESSL, F. (1952), «Aeschylus as a political thinker», *AJPh*, 73, 113-39.

STORM, W. (1998), *After Dionysus. A theory of the tragic*, Ithaca.

STRASBURGER, H. (1955), «Herodot und das perikleische Athen», *Historia*, 4, 1-25.

STRAUSS, B.S. (1986), *Athens after the Peloponnesian war. Class, faction and policy 403-386 B.C.*, Ithaca.

STRAUSS, B.S. (1987), «Athenian democracy: neither radical, extreme, nor moderate», *AHB*, 1, 127-9.

STRAUSS, B.S. (1996), «The Athenian trireme, school of democracy», en Ober y Hedrick (eds. 1996), 313-25.

STRAUSS, B.S. (2000), «Democracy, Kimon, and the evolution od Athenian naval tactics in the fifth century B.C.», en Flensted-Jensen, Nielsen y Rubinstein (eds. 2000), 315-26.

SVENBRO, J. (1988), Phrasikleia. *Anthropologie de la lecture en Grèce ancienne*, París.

SVENBRO, J. (1998), «La Grecia arcaica y clásica. La invención de la lectura silenciosa», en G. Cavallo y R. Chartier (eds.), *Historia de la lectura en el mundo occidental*, Madrid, 57-93.

TAAFFE, L.K. (1993), *Aristophanes and women*, Londres.

TAPLIN, O. (1977), *The stagecraft of Aeschylus. The uses of exits and entrances in Greek tragedy*, Oxford.

TAPLIN, O. (1999), «Spreading the word through performance», en Goldhill y Osborne (eds. 1999), 33-57.

TARKOW, T.A. (1975), «The dilemma of Pelasgus and the nautical imagery of Aeschylus' *Suppliants*», *C&M*, 31, 1-13.

TARKOW, T.A. (1980), «Thematic implications of costuming in the *Oresteia*», *Maia*, 32, 153-65.

TEDESCHI, A. (1987), «Aristotele, la 'stasis' e l'uguaglianza», *AFLB*, 30, 141-54.

TERRAY, E. (1990), *La politique dans la caverne*, París.

THALMANN, W.G. (1986), «Aeschylus' psychology of the emotions», *AJPh*, 107, 489-511.

THOMAS, C.G. y Webb, E.K. (1994), «From orality to rhetoric: an intellectual transformation», en Worthington (ed. 1994), 3-25.

THOMAS, R. (1989), *Oral tradition amd written record in classical
Athens*, Cambridge.

THOMAS, R. (1992), *Literacy and orality in ancient Greece*, Cambridge.

THOMAS, R. (1994), «Literacy and the city-state in archaic and classical
Greece», en A.K. Bowman y G. Woolf (eds.), *Literacy and power in
the ancient world*, Cambridge, 33-50.

THOMAS, R. (1996), «Written in stone? Liberty, equality, orality, and
the codification of law», en L. Foxhall y A.D.E. Lewis (eds.), *Greek
law in its political settings. Justifications not justice*, Oxford, 9-31.

THOMAS, R. (1997), «Ethnography, proof and argumentation in Herodotus' *Histories*», *PCPhS*, 43, 128-48.

THOMPSON, N. (1996), *Herodotus and the origins of the political community. Arion's leap*, New Haven.

THOMSON, G. (1949), *Eschilo e Atene*, Turín.

THÜR, G. (1996), «Reply to D.C. Mirhady: torture and rhetoric in
Athens», *JHS*, 116, 132-4.

TIMPANARO CARDINI, M. (1962), «Aristotele e i pitagorici», *ASNP*, II,
31, 133-50.

TODD, O.J. (1962), *Index Aristophaneus*, Hildesheim.

TODD, S.C. (1993), *The shape of Athenian law*, Oxford.

TODD, S.C. y Millett, P. (1990), «Law, society and Athens», en Cartledge,
Millett y Todd (eds. 1990), 1-18.

TODOROV, T. (1993), *Las morales de la historia*, Barcelona.

TORDESILLAS, A. (1992), «Démocratie et sophistique. Une philosophie
politique du langage», en AA.VV. (1992), 66-76.

TORTORA, G. (1985), «Il senso del *kairós* in Gorgia», *SicGymn*, 38,
537-64.

TOZZI, P. (1977), «Erodoto e le reponsabilità dell'inizio della rivolta
ionica», *Athenaeum*, 55, 127-35.

TRACY, S.V. (1986), «Darkness from light: the beacon fire in the *Agamemnon*», *CQ*, 36, 257-60.

TRAILL, J.S. (1986), Demos *and* trittys. *Epigraphical and topographical
studies in the organization of Attica*, Toronto.

TUSZYNSKA-MACIEJEWSKA, K. (1989), «Gorgias *apate* as an inevitable
and justified error of man's aesthetic activity», *ACD*, 25, 19-22.

TYRRELL, W.B. (1980), «An obscene word in Aeschylus. On *histotribés*,
Ag. 1443», *AJPh*, 101, pp. 44-6.

UNTERSTEINER, M. (1949), *I sofisti*, Turín.

USCATESCU, G. (1969), «L'uomo e lo stato nella tragedia greca», *Dioniso*, 43, 219-26.

VAN DER GRAAF, V. (1942), «Les suivants dans le chœur final des *Suppliantes* d'Eschyle», *Mnemosyne*, 10, 280-5.

VAN EFFENTERRE, H. (1967), *L'histoire en Grèce*, París.

VAN ERP TAALMAN KIP, A.M. (1990), *Reader and spectator. Problems in the interpretation of Greek tragedy*, Amsterdam.

VAN ERP TAALMAN KIP, A.M. (1996), «The unity of the *Oresteia*», en Silk (ed. 1996), 119-38.

VAN WEES, H. (2000), «Megara's mafiosi: timocracy and violence in Theognis», en Brock y Hodkinson (eds. 2000), 52-67.

VEGETTI, M. (1993), «El hombre y los dioses», en Vernant (ed. 1993), 289-321.

VERDENIUS, W.J. (1985), «Notes on the parodos of Aeschylus' *Suppliants*», *Mnemosyne*, 38, 281-306.

VERDENIUS, W.J. (1990), «Danaus and his daughters: notes on Aeschylus' *Suppliants* vv. 176-233», *Mnemosyne*, 43, 426-32.

VERNANT (inédito), *L'invention du politique*, París.

VERNANT, J.-P. (1965), *Los orígenes del pensamiento griego*, Buenos Aires.

VERNANT, J.-P. (1982), *Mito y sociedad en la Grecia antigua*, Madrid.

VERNANT, J.-P. (1985), *Mito y pensamiento en la Grecia antigua*, 2ª ed. Barcelona.

VERNANT, J.-P. (1989), *L'individu, la mort, l'amour. Soi-même et l'autre en Grèce ancienne*, París.

VERNANT, J.-P. (1991), *Mito y religión en la antigua Grecia*, Barcelona.

VERNANT, J.-P. (ed. 1993), *El hombre griego*, Madrid.

VERNANT, J.-P. y Vidal-Naquet, P. (1987), *Mito y tragedia en la Grecia antigua I*, Madrid.

VERNANT, J.-P. y Vidal-Naquet, P. (1989), *Mito y tragedia en la Grecia antigua II*, Madrid.

VERNIER, B. (1996), «Théorie de l'inceste et construction d'objet. Françoise Héritier, la Grèce antique et les Hittites», *Annales HSS*, 51, 173-200.

VEYNE, P. (1984), *Il pane e il circo. Sociologia storica e pluralismo politico*, Bolonia.

VIDAL-NAQUET, P. (1983), *Formas de pensamiento y formas de sociedad en el mundo griego. El cazador negro*, Barcelona.

VIDAL-NAQUET, P. (1992), *La democracia griega, una nueva visión. Ensayos de historiografía antigua y moderna*, Madrid.

VIDAL-NAQUET, P. (2000), *Les grecs, les historiens, la démocratie. Le grand écart*, París.

VÍLCHEZ, M. (1972), «Tradición e innovación en Heródoto», *Habis*, 3, 29-57.

VÍLCHEZ, M. (1988), «Sobre el campo semántico de la política en Eurípides», *Emérita*, 56, 289-323.

VLASTOS, G. (1953), «*Isonomia*», *AJPh*, 74, 337-66.

WACHTEL, N. (1976), *Los vencidos. Los indios del Perú frente a la conquista española, 1530-1570*, Madrid.

WALBANK, F.W. (1960), «History and tragedy», *Historia*, 9, 216-34.

WALBANK, M.B. (1988), «Busy days in Athenian *ekklesia*», *AHB*, 2, 57-9.

WALLACE, R.W. (1974), «Ephialtes and the Areopagos», *GRBS*, 15, 259-69.

WALLACE, R.W. (1985), *The Areopagos council to 307 B.C.*, Baltimore.

WALLACE, R.W. (1994), «Private lives and public enemies: freedom of thought in classical Athens», en Boegehold y Scafuro (eds. 1994), 127-55.

WALLACE, R.W. (1996), «Law, freedom, and the concept of citizens' rights in democratic Athens», en Ober y Hedrick (eds. 1996), 105-19.

WALLACE, R.W. (1998), «The sophists in Athens», en Boedeker y Raaflaub (eds. 1998), 203-22.

WALTERS, K.R. (1976), «The 'ancestral constitution' and fourth-century historiography in Athens», *AJAH*, 3, 129-44.

WATERS, K.H. (1966), «The purpose of dramatisation in Herodotos», *Historia*, 15, 157-71.

WATERS, K.H. (1970), «Herodotus and the Ionian revolt», *Historia*, 19, 504-8.

WATERS, K.H. (1971), *Herodotos on tyrants and despots. A study in objectivity*, Wiesbaden.

WATERS, K.H. (1972), «Herodotos and politics», *G&R*, 19, 136-50.

WATERS, K.H. (1985), «The relationship of material and structure in the history of Herodotos», *SdS*, 7, 123-37.

WATERS, K.H. (1990), *Heródoto el historiador. Sus problemas, métodos y originalidad*, México.

WEIL, R. (1965), «Philosophie et histoire. La vision de l'histoire chez Aristote», en AA.VV. (1965), 161-89.

WEIL, R. (1985), «Par quoi commencer?», *SdS*, 7, 28-37.

WESOLY, M. (1985), «Le tecniche argomentative di Gorgia intorno alla tesi che nulla esiste», *SicGymn*, 38, 311-41.

WEST, M.L. (1979), «The parodos of the *Agamemnon*», *CQ*, 29, 1-6.

WEST, S. (1985), «Herodotus' epigraphical interests», *CQ*, 35, 278-305.

WEST, W.C. (1973), «The speeches in Thucydides: a description and listing», en Stadter (ed. 1973), 3-15.

WESTLAKE, H.D. (1973), «The settings of Thucydidean speeches», en Stadter (ed. 1973), 90-108.

WHITEHEAD, D. (1981), «The archaic Athenian *zeugîtai*», *CQ*, 31, 282-6.

WHITEHEAD, D. (1983), «Competitive outlay and community profit: *philotimia* in democratic Athens», *C&M*, 34, 55-74.

WHITEHEAD, D. (1986), *The demes of Attica 508/7-ca. 250 B.C. A political and social study*, Princeton.

WHITEHEAD, D. (1993), «Cardinal virtues: the language of public approbation in democratic Athens», *C&M*, 44, 37-75.

WHITMAN, C.H. (1964), *Aristophanes and the comic hero*, Cambridge, Mass.

WILES, D. (1988), «The staging of the recognition scene in the *Choeforoi*», *CQ*, 38, 82-5.

WILL, E. (1978), «Un nouvel essai d'interprétation de l'*Athenaion Politeia* pseudoxénophantique», *REG*, 91, 77-95.

WILLIAMS, B. (1983), «Filosofía», en Finley (ed. 1983), 213-65.

WILLIAMS, J.M. (1983), «Solon's class system, the manning of Athens' fleet, and the number of Athenian *thetes* in the late fourth century», *ZPE*, 52, 241-5.

WILSON, J.R. (1990), «*Sophrosyne* in Thucydides», *AHB*, 4, 51-7.

WILSON, P. (1997), «Leading the tragic *khoros*: tragic prestige in the democratic city», en Pelling (ed. 1997), 81-108.

WINDELBAND, W. (1955), *Historia de la filosofía antigua*, Buenos Aires.

WINKLER, J.J. y Zeitlin, F.I. (eds. 1990), *Nothing to do with Dionysos? Athenian drama in its social context*, Princeton.

WINNINGTON-INGRAM, R.P. (1954), «Aeschylus' *Agamemnon* 1343-71», *CQ*, 4, 23-30.

WINNINGTON-INGRAM, R.P. (1961), «The *Danaid* trilogy of Aeschylus», *JHS*, 81, 141-52.

WINNINGTON-INGRAM, R.P. (1983), «Clytemnestra and the vote of Athena», en E. Segal (ed.), *Oxford readings in Greek tragedy*, Oxford, 84-103.

WINTON, R.I. y Garnsey, P. (1983), «Teoría política», en Finley (ed. 1983), 48-74.

WISE, J. (1998), *Dionysus writes. The invention of theatre in ancient Greece*, Ithaca.

WOLFF, E.A. (1958), «The date of Aeschylus' *Danaid* trilogy», *Eranos*, 56, 119-39.

WOLFF, E.A. (1959), «The date of Aeschylus' *Danaid* trilogy», *Eranos*, 57, 6-34.

WOLIN, S.S. (1996), «Transgression, equality, and voice», en Ober y Hedrick (eds. 1996), 63-90.

WOLSKI, J. (1973), «*Medismós* et son importance en Grèce à l'époque des guerres médiques», *Historia*, 22, 3-15.

WOLSKI, J. (1985), «Hérodote et la construction de la flotte athénienne par Thémistocle», *SdS*, 7, 113-22.

WOLSKI, J. (1989), «Thémistocle, était-il promoteur de la démocratie athénienne?», *AAntHung*, 32, 43-9.

WOOZLEY, A.D. (1979), *Law and obedience. The arguments of Plato's Crito*, Londres.

WORTHINGTON, I. (1991), «Greek oratory, revision of speeches and the problem of historical reliability», *C&M*, 42, 55-74.

WORTHINGTON, I. (1994), «The canon of the ten Attic orators», en Worthington (ed. 1994), 244-63.

WORTHINGTON, I. (1996), «Greek oratory and the oral / literate division», en Worthington (ed. 1996), 165-77.

WORTHINGTON, I. (ed. 1994), *Persuasion. Greek rhetoric in action*, Londres.

WORTHINGTON, I. (ed. 1996), *Voice into text. Orality and literacy in ancient Greece*, Leiden.

YORKE, E.C. (1954), «The date of the *Supplices* of Aeschylus», *CR*, 4, 10-1.

YOURCENAR, M. (1995), «Clitemnestra o el crimen», en *Fuegos*, Madrid, 103-11.

YUNIS, H. (1988), «Law, politics, and the *graphe paranomon* in fourth-century Athens», *GRBS*, 29, 361-82.

YUNIS, H. (1996), *Taming democracy. Models of political rhetoric in classical Athens*, Ithaca.

YUNIS, H. (1998), «The constraints of democracy and the rise of the art of rhetoric», en Boedeker y Raaflaub (eds. 1998), 223-40.

ZAK, W.F. (1995), *The polis and the divine order. The* Oresteia, *Sophocles, and the defense of democracy*, Lewisburg.

ZEITLIN, F.I. (1965), «The motif of the corrupted sacrifice in Aeschylus' *Oresteia*», *TAPhA*, 96, 463-508.

ZEITLIN, F.I. (1966), «Postscript to sacrificial imagery in the *Oresteia*», *TAPhA*, 97, 645-53.

ZEITLIN, F.I. (1990a), «Patterns of gender in Aeschylean drama: *Seven against Thebes* and the *Danaid* trilogy», en M. Griffith y D.J. Mastronarde (eds.), *Cabinet of the Muses. Essays on classical and comparative literature in honor of Thomas G. Rosenmeyer*, Atlanta, 103-15.

ZEITLIN, F.I. (1990b), «Thebes: theater of self and society in Athenian drama», en Winkler y Zeitlin (eds. 1990), 63-96.

ZEITLIN, F.I. (1996), *Playing the other. Gender and society in classical Greek literature*, Chicago.

ZELENAK, M.X. (1998), *Gender and politics in Greek tragedy*, Nueva York.

ZELNICK-ABRAMOVITZ, R. (2000), «Did patronage exist in classical Athens?», *AC*, 69, 65-80.

ZUCCHI, H. (1986), «Introducción», *Aristóteles. Metafísica*, 2ª ed. Buenos Aires, 11-27.

ZUNTZ, G. (1955), *The political plays of Euripides, Manchester.*

Índice de Materias y de Nombres

Los nombres de los autores griegos y sus respectivas obras que figuran en el «Índice de Pasajes Citados» no se citan en este índice.

Abdera, 326, 328-9, 332, 361, 375 (véase Protágoras)

acontecimiento, 35, 49, 56, 66, 180, 229, 237-9, 245, 256, 401, 478-80, 523-9; de la democracia, 35, 53-4, 65-94, 247, 255, 264-8, 270, 274, 306, 347-56; e invención / innovación / revolución política, 14, 26-31, 49, 61, 67, 84, 128, 142, 154-5, 167, 239, 247, 255, 285, 348, 352-3, 531; y sujeto, 27, 44, 65-78, 82, 92, 137, 207, 212, 262, 307, 384, 427

Afrodita, 482, 521

Agamenón, 135, 421-30, 434-40, 442-9, 453-5, 457, 470, 481, 485-6

agón, en la literatura ática, 131, 329; en la tragedia esquílea, 403-7; como discusión o lucha en la democracia, 144, 312-3, 329, 332; ver conflicto, *stásis*

agotamiento, de la democracia radical ateniense, 24, 53-4, 76-8, 94, 148, 162, 226, 228, 358; de la política, 25-9; discursivo, 345

Alcibíades, 219

Alcmeónidas, 266-7

alétheia, como no-olvido, 241, 322; desvalorización de, 323, 377; diferencia con *apáte*, 325, 364, 487; y enunciación, 324; evolución de la noción, 130; ver *apáte*, opinión, verdad, verosimilitud

Alexándrides, 278

Althusser, L., 29

anarquía, y democracia, 107, 115, 129, 155, 168, 188-93; y tiranía, 447, 467, 479; ver *krátos, arkhé*

Anaximandro, 183, 249, 255

Antígona, 218

apáte, como engaño, 130, 485; carácter equívoco de, 487; noción de, 130, 323-5; y persuasión, 344

ápeiron, en Aristóteles, 178; e igualdad, 182-4; y producción política, 184, 190; relación con *aóristos*, 180-1

Apolo, 138, 403-6, 425, 438-40, 444-5, 461, 463-4, 466, 470, 473, 475, 483, 515

Ares, 137, 439, 482, 514, 516, 526

Arginusas, 228

Argos, 400-7, 423-4, 434, 436-7, 445-7, 454, 463-4, 485, 489, 498, 504, 514, 516, 521, 523-5

Aristágoras, 279-80, 289, 291

Índice de Pasajes Citados

244-5: 438
269-74: 438
271-2: 439
276-7: 439
297-8: 439, 486
300: 438
304-5: 436 (n. 52)
309-10: 438, 458
312-3: 438, 458
328: 438
345-53: 427 (n. 21)
358-9: 446
385-92: 438
398: 438
400-4: 438
435-7: 438
438: 443
455: 438
461: 439
466-8: 439
472-4: 439
479: 446
479-80: 427 (n. 21)
492-4: 425 (n. 15)
497-9: 438
554-8: 440, 486
558-9: 439
585-652: 440
588: 432 (n. 38)
594: 432 (n. 38)
618: 486
629-30: 430 (n. 30)
663-4: 431 (n. 35)
707-8: 441
716: 441
726: 441 (n. 61), 485
781: 486
803-5: 444
844-7: 441
851-3: 442
854: 441
869: 442
888-90: 440 (n. 58)
889: 443
894-5: 442
896-8: 442
900-2: 443
903: 444
904-7: 430 (n. 31), 442
918-21: 430-1 (nn. 31 y 35)
925: 444
927: 442

929-30: 442, 444
931-4: 444
948-9: 444
953-6: 439 (n. 57)
973: 446
973-4: 444
975-9: 442
1007-9: 444
1016-43: 444-5
1048-50: 445
1049: 476 (n. 62)
1053-4: 445
1057-8: 445
1061-2: 445
1074-6: 445
Euménides
79-83: 440, 472 (n. 51)
81-2: 486 (n. 76)
213-8: 405, 430 (n. 31)
217-8: 403, 473
287-91: 463
306: 469
352: 476 (n. 62)
370: 476 (n. 62)
407-9: 469
429-34: 469
432-3: 404 (n. 28)
439: 486
470-81: 469-70
470-753: 465
482-4: 472
483-4: 466
484: 475 (n. 58)
485: 468
487: 471 (n. 50), 472
487-8: 466
488: 475 (n. 59)
490-1: 153, 472
490-3: 468
527: 447
566: 471 (n. 50)
569: 471 (n. 50)
570-2: 467
572: 468
582: 467, 475 (n. 59)
593: 486
598-9: 486
601: 466
613-4: 466
629-30: 466
638: 471 (n. 50)
638-9: 466

Hesíodo
Trabajos y días

Homero
Ilíada

Inscripciones Griegas

Isócrates
Panegírico